SÉRIE COMENTÁRIOS BÍBLICOS

JOÃO CALVINO

Tradução: Valter Graciano Martins

Salmos

Vol. 3

| C168s | Calvin, Jean, 1509-1564
Salmos / João Calvino ; tradução: Valter Graciano Martins. – 2. reimpr. – São José dos Campos, SP: Fiel, 2018.
4 v. – (Comentários bíblicos)
Tradução de: Calvin's commentaries: commentary on the book of Psalms.
Inclui referências bibliográficas.
ISBN 9788599145708 (v.1)
     9788599145944 (v.2)
     9788581320113 (v.3)
     9788599145494 (v.4)
1. Bíblia. A.T. Salmos - Comentários. I. Martins, Valter Graciano. II. Título. III. Comentários bíblicos (Fiel).
CDD: 223.207 |

Catalogação na publicação: Mariana C. de Melo Pedrosa – CRB07/6477

Salmos Volume 3- Série Comentários Bíblicos João Calvino
Título do Original: Calvin's Commentaries: Commentary on the book of Psalms by John Calvin
Edição baseada na tradução inglesa de James Anderson, publicada por Baker Book House, Grand Rapids, MI, USA, 1998.

■

Copyright © 2012 Editora Fiel
Primeira Edição em Português 2012

■

Todos os direitos em língua portuguesa reservados por Editora Fiel da Missão Evangélica Literária

PROIBIDA A REPRODUÇÃO DESTE LIVRO POR QUAISQUER MEIOS, SEM A PERMISSÃO ESCRITA DOS EDITORES, SALVO EM BREVES CITAÇÕES, COM INDICAÇÃO DA FONTE.

A versão bíblica utilizada nesta obra é uma variação da tradução feita por João Calvino

■

Diretor: Tiago J. Santos Filho
Editor: Tiago J. Santos Filho
Editor da Série João Calvino: Franklin Ferreira
Tradução: Valter Graciano Martins
Capa: Edvanio Silva
Diagramação: Wirley Corrêa - Layout
Direção de arte: Rick Denham
ISBN: 978-85-81320-11-3

Caixa Postal 1601
CEP: 12230-971
São José dos Campos, SP
PABX: (12) 3919-9999
www.editorafiel.com.br

Sumário

Salmo 69 7

Salmo 70 44

Salmo 71 45

Salmo 72 64

Salmo 73 85

Salmo 74 125

Salmo 75 150

Salmo 76 161

Salmo 77 174

Salmo 78 195

Salmo 79 251

Salmo 80 266

Salmo 81 281

Salmo 82 300

Salmo 83 311

Salmo 84 326

Salmo 85 342

Salmo 86 356

Salmo 87 371

Salmo 88 386

Salmo 89 398

Salmo 90 441

Salmo 91 460

Salmo 92 476

Salmo 93 490

Salmo 94 496

Salmo 95 519

Salmo 96 536

Salmo 97 548

Salmo 98 558

Salmo 99 563

Salmo 100 573

Salmo 101 577

Salmo 102 587

Salmo 103 616

Salmo 104 637

Salmo 105 664

Salmo 106 699

Salmo 69

Existe estreita semelhança entre este Salmo e o 22. Nos versículos iniciais, Davi se queixa da bárbara crueldade de seus inimigos e das graves injustiças que lhe haviam infligido.[1] Sua mente, porém, afirma ele, não foi com isso reduzida a um estado tal de aflição que o impedisse de pacientemente confiar na proteção divina, nem o desencorajou de continuar no curso retilíneo de uma vida santa e justa. Ele, ao contrário disso, testifica que sua piedade, bem como a coragem e a atividade que ele manifestara em manter os interesses da glória divina, eram a causa da hostilidade desferida contra ele pelas artimanhas dos homens. Depois de haver novamente se queixado de não ser menos execrado do que cruelmente oprimido por seus inimigos, ele invoca a Deus para que os visitasse com merecida punição. No final, exultando como se já obtivera seus mais nobres desejos, ele se entrega a Deus como solene sacrifício de louvor.

Ao mestre de música em Shoshannim de Davi.

---

1 Os inimigos particulares de quem ele fala são incertos; alguns conectam a ocasião da composição do Salmo à perseguição desferida por Saul contra ele; outros, à rebelião de Absalão. Mas, em qualquer parte da acidentada vida de Davi a que o Salmo se refere primariamente, pode-se concluir, à luz da freqüência com que ele é citado e aplicado a Cristo no Novo Testamento, que ele era uma profecia que apontava para ele [Cristo], de quem Davi, rejeitado e perseguido, era um eminente tipo. Ele é citado no Novo Testamento pelo menos sete vezes: o quarto versículo, em João 15.25; o nono versículo, em João 2.17 e Romanos 15.3; o vigésimo primeiro versículo, em Mateus 27.34, 48 e João 2.17, 28, 29; o vigésimo segundo e o vigésimo terceiro versículos, em Romanos 11.9, 10; e o vigésimo quinto versículo, em Atos 1.16, 20.

Em outro lugar já falamos da palavra *Shoshannim*. Seu sentido próprio é incerto e obscuro; a conjetura mais provável, porém, é que ela era a abertura de algum cântico. Entretanto, caso alguém prefira considerá-la como sendo o nome de algum instrumento musical, não faço objeção. A opinião mantida por alguns, porém, de que este Salmo foi composto na estação da primavera, quando os lírios começavam a florescer, é totalmente infundada e frívola.² Antes de prosseguir avante, gostaríamos que o leitor observasse o fato de que Davi escreveu esta inspirada ode não tanto em seu próprio nome, como no nome de toda a Igreja, de cuja Cabeça ele era um eminente tipo, como será mais claramente realçado na seqüência. Isso é sublimemente digno de nossa observação, a saber, que à luz dessa consideração podemos ser levados a contemplar com estrita atenção a representação que é aqui dada à comum condição de todo o povo de Deus. Além disso, é muitíssimo provável que Davi não tenha compreendido aqui somente um gênero de perseguição, mas todos os males que sofrera durante o curso de muitos anos.

[vv. 1-5]
Salva-me, ó Deus, pois as águas entraram em minha alma. Atolei-me em profundo lamaçal, onde não há apoio para o pé [ou pôr-me de pé]; estou entrando em águas profundas, e correntes³ de água me cobrem. Estou exausto de tanto gritar; minha garganta, além disso, se tornou roufenha; meus olhos têm desfalecido com [ou em] esperar por meu Deus. Os que me odeiam sem causa são em maior número que os cabelos de minha cabeça; aumentam meus injustos adversários, os quais ardentemente desejam me destruir;⁴ aquilo que não tomei por espólio, então⁵ o restaurei. Ó Deus, tu conheces minha estultícia; e meus erros não mais ocultarei de ti.

---

2 Apoiam essa opinião no significado que atribuem à palavra שׁוֹשַׁנִּים, *Shoshannim*, no título do Salmo, o qual traduzem por *lírios*.
3 "Ou, la force et le fil." – *n.m.f.* "Ou, a força e o curso."
4 "Ou, fortifiez." – *n.m.f.* "Ou, fortaleci."
5 A palavra hebraica, אָז, para *então*, aparenta ser enfática. "אָז; *in ipso articulo* (Schltens *in* Pv 7.22); imediatamente, sem qualquer contenda ou delonga." Lowth, citado em *Merrich's Annotations*.

1. Salva-me, ó Deus, pois as águas entraram em minha alma. Sob a figura de águas, o salmista representa sua condição como tão extremamente angustiante que o levou à beira do desespero; e no entanto sabemos que, embora fosse ele uma pessoa sensível e débil, defrontava-se e vencia as terríveis tentações com inusitada coragem. Daí podermos visualizar a amargura e angústia com que era atingido naquela ocasião. Há quem entende o termo *alma* como que denotando *vida*;[6] mas isso fornece um significado insípido e insatisfatório. Ao contrário, ele significa *o coração*. Uma pessoa, quando cai num abismo de águas, pode impedir por algum tempo que a água penetre seu corpo, fechando sua boca e suas narinas; mas, por fim, em virtude de ser impossível ao ser humano viver sem respiração, a sufocação o obrigará a entregar-se às águas, deixando-as penetrar até mesmo em seu coração. Davi, pelo uso dessa metáfora, informa não só que as águas o haviam coberto e dominado, mas também que havia sido forçado a deixá-las invadir seu corpo.

2. Atolei-me em profundo lamaçal, onde não há apoio para o pé. Aqui ele compara suas aflições a um profundo charco, onde existe um perigo ainda pior; pois se uma pessoa firma seus pés num fundo sólido, ela consegue manter-se de pé, havendo casos em que tal pessoa, firmando seus pés no fundo, de repente emerge e escapa do risco provindo das águas; mas quando outra pessoa, uma vez se veja submersa em algum charco ou rio lodoso, se sente de todo envolta e sem esperança de salvamento.[7] O salmista faz uma alusão a circunstâncias adicionais como uma ilustração de sua aflitiva condição. Ele declara: **Estou entrando em águas profundas, e correntes de águas me encobrem**; expressão essa que indica a desordem e confusão que suas angústias e perseguições produziram.

---

6 "As *águas estão penetrando minha alma*; isto é, um dilúvio de irresistíveis calamidades ameaça minha vida: cf. v. 16." – *Cresswell*. Williams crê que a alusão é a uma nave vazante ou a uma inundação.

7 "Comme nous en voyons plusieurs qui donnans du pied au fond, de roideur trouvent façon d'eschapper le peril de l'eau: mais depuis qu'on se trouve une fois enfoncéu en quelque bourbier ou riviere limonnseuse, c'est fait, il n'y a nul moyen de se sauver." – *v.f.*

3. Estou exausto de tanto gritar. Davi, ao buscar e invocar a Deus, quando suas atividades se tornaram de tal forma confusas e em condição de desespero, demonstrou um exemplo de rara e prodigiosa paciência. Ele se queixa de haver gritado sem cessar até que se sentiu exausto e roufenho, sem ver nenhum propósito em tudo isso. Pelo termo *exausto* ele não quer dizer que renunciara a oração, como se houvera lançado de si todo o amor e o deleite no exercício de encontrar aquilo que provasse ser de inestimável meio de livramento. Ele antes descreve sua incansável perseverança; e a mesma idéia é expressa por sua *garganta roufenha* e seus *olhos desfalecidos*.[8] Com toda certeza, ele não gritou diante dos homens por mera afetação, tampouco contraíra a rouquidão durante toda sua vida. Percebemos, pois, que, embora seus sentidos físicos desfalecessem, o vigor de sua fé de forma alguma se extinguira. Ao refletirmos sobre o fato de Davi haver falado, por assim dizer, como boca de Cristo e, por assim dizer, como boca de todos os crentes genuínos que são membros de Cristo, não devemos imaginar que algo estranho nos sucede, em algum tempo, quando somos tragados tanto pela morte quanto pela incapacidade de divisarmos a mais tênue esperança de vida. Sim, aprendamos antes, em tempo, enquanto Deus nos poupar, a meditar nesta verdade e a extrair o auxílio que se adeqüe a comunicar em nossa calamidade que mesmo nas maiores profundezas da adversidade a fé nos sustenta e, ainda mais importante, nos eleva a Deus; deparando-nos ali, no dizer de Paulo [Rm 8.39], nem altura, nem profundidade pode separar-nos do infinito amor daquele que nos arrebata das maiores profundezas, sim, até mesmo do próprio inferno.

4. Os que me odeiam sem causa são em maior número que os cabelos de minha cabeça. O salmista agora expressa, sem o uso de figura, o que havia dito pelo uso das metáforas do charco e do tempestuoso ímpeto das águas. Perseguido como se achava por tão grande multidão de

---

8 "'Minha vista desfalece' etc. Isso é dito metaforicamente, sendo a metáfora extraída da dor ocasionada pelos olhos que se mantêm demorada e atentamente fixos no mesmo ponto." – *Cresswell*.

inimigos, também tinha boas razões para temer a morte que nos vem por múltiplos caminhos. Tampouco é sua linguagem hiperbólica, ao representar seus inimigos como *mais numerosos que os cabelos de sua cabeça*, uma vez que ele era mortalmente odiado e detestado por todo o reino, sendo a convicção universal de que ele não passava de vil e ímpio traidor de seu país. Ainda mais, sabemos que pela história sacra quão numerosos e poderosos exércitos eram aqueles que Saul expedira a persegui-lo. Ele expressa o ódio mortal que nutriam por ele, quando nos narra que buscavam sofregamente sua destruição, avidamente ansiosos de vê-lo exposto a uma morte violenta; não obstante declara que nada fizera para merecer uma perseguição tão implacável. O termo hebraico חנם, *chinnam*, o qual traduzimos por *sem causa*, e o qual há quem traduza por *nada*, notifica que foram impelidos por insofreável desejo de fazer-lhe mal, ainda que não lhes causara o mais leve dano, nem lhes dirigira a menor provocação, nem lhes revelara o menor sinal de má vontade. Por essa razão, ele aplica a seus inimigos a alcunha שקר, *sheker*, ou, seja, *mentirosos*, uma vez que não tinham nenhuma razão plausível para declarar-lhe guerra, embora pretendessem o contrário. Portanto, seguindo seu exemplo, caso um dia formos submetidos à perseguição, esforcemo-nos por ter o apoio oriundo do testemunho de uma boa consciência de podermos francamente protestar perante Deus, que o ódio que nossos inimigos nutrem contra nós seja totalmente infundado. Isso implica certo autocontrole, ao qual é muito difícil alguém habituar-se; o mais difícil, porém, a mais vigorosa obrigação, é ver seus esforços concretizados. É mera efeminação considerar como um intolerável mal o ser injustamente afligido; e a loucura disso é bem notoriamente expressa por aquela famosa resposta de Sócrates a sua esposa que, havendo certo dia lamentado junto à prisão, de que ele era condenado injustamente, recebeu dele esta réplica: "Ora, bem, você preferiria, em meu lugar, suportar a morte devido a minhas ofensas?" Além disso, Davi acrescenta que não só havia sofrido os males da violência, mas também suportara mais de cem mortes. Muitos se encontram resolutamente preparados para o encontro com a morte, e que de forma alguma estão preparados para exibir igual fortaleza no confronto com a humilhação. Além do mais, Davi fora não só espoliado de seus bens pela violência dos ladrões, mas fora também lacerado em sua pessoa, como se não passasse de um reles ladrão e mestre de extorsão: **Aquilo que não tomei por espólio, então o restaurarei**.[9] Quando seus inimigos o saquearam e o maltrataram, indubitavelmente se vangloriaram de agir como juízes de um homem perverso e ímpio; e sabemos que eram tidos em elevada estima como juízes. Portanto, aprendamos, à luz deste exemplo, a preparar-nos não só para suportar pacientemente todas as perdas e aflições, sim, até mesmo a própria morte, mas também a humilhação e o reproche, se em tal ocasião nos virmos sobrecarregados com infundadas acusações. Cristo mesmo, a fonte de toda justiça e santidade, não foi isentado de calúnia execrável, por que então nos sentiríamos consternados quando nos depararmos com semelhante provação? Que fortifique bem nossas mentes quando considerarmos que perseverar inabalavelmente na prática da justiça, embora tal seja a retribuição que recebemos do mundo, é o genuíno teste de nossa integridade.

5. Ó Deus, tu conheces minha estultícia. Agostinho laborou sem resultado para demonstrar de que maneira estas palavras são aplicáveis a Cristo; e por fim ele transferiu para seus membros o que não podia, propriamente dito, dizer-se da Cabeça.[10] Davi, aqui, usa a linguagem de

---

9 "Há uma aparente impropriedade na linguagem deste versículo, ainda que o sentido seja perfeitamente claro. É uma expressão proverbial assinalar a injustiça e a extorsão dos inimigos a quem são imputadas, os quais compeliam quem fala, sem qualquer direito, a entregar seus bens às pessoas de quem não era devedor." – *Walford*. Horsley observe que esta última sentença é uma expressão proverbial, sendo este o significado: "Tenho sido culpado dos crimes de outrem." Dr. Adam Clarke também observa que esta é uma sorte de expressão proverbial, por exemplo: "Os que sofreram a injustiça pagam a conta" – "os reis pecam e o povo é castigado." Isso se aplica preeminentemente a Cristo, que era perfeitamente santo, porém que, ao levar o castigo devido à culpa do homem, fez satisfação à justiça divina pelos pecados que jamais cometera, e restaurou as bênçãos das quais ele jamais usurpara.

10 Segundo Agostinho, o Messias, quando o salmista diz: "minha estultícia" e "minhas iniquidades", fala dos pecados dos homens que lhe foram imputados, e pelos quais sofreu e morreu sob a maldição da lei, a qual o tratou como se fora um pecador, em consequência dos pecados assim a ele imputados. Interpretação semelhante é apresentada por Horsley e Horne, bem como por muitos outros. "O Messias", diz o primeiro desses críticos, "aqui, como em muitos lugares, pode falar das estultícias e crimes dos homens, pelos quais se fizera pessoalmente responsável, como se fossem seus." Admitindo, como estamos dispostos a fazer, ainda que Calvino prefira o ponto de vista oposto, que a passagem se aplica a Cristo, poderia ser duvidoso se esta é a interpretação correta. Os pecados daqueles em prol de quem Cristo morreu, sendo-lhe os mesmos imputados, sem dúvida se tornaram seus em relação à lei,

ironia; e com essa forma de expressão ele pretende notificar que, arrasado com os julgamentos injustos dos homens, ele recorre a Deus e lhe implora a apresentar-se como o defensor de sua causa. Isso é muito mais enfático do que se ele afirmasse claramente, e sem qualquer figura, que sua integridade era notória diante de Deus. Dessa forma ele administra uma severa repreensão a seus inimigos e, por assim dizer, lança um olhar de nobre desdém sobre a caluniosa linguagem que proferiam contra ele; como Jeremias faz, quando diz: "Persuadiste-me, ó Senhor, e persuadido fiquei" [Jr 20.7]. Algumas pessoas ignorantes elaboram uma construção violenta para essas palavras de Jeremias, como se implicassem que ele fora realmente enganado; enquanto, ao contrário, ele deve ser entendido como a ridicularizar seus caluniadores com amargo sarcasmo, os quais, ao falarem mal dele, se faziam culpados de dirigir reproches e blasfêmias contra Deus mesmo. Davi, de igual modo, na passagem que se acha diante de nossos olhos, como um meio de preservar-se de sucumbir sob os perversos juízos dos homens, apela para Deus como o Juiz de sua causa;

---

num sentido tal que se tornou responsável por eles. As Escrituras, porém, deve-se observar, enquanto falam dele como "ferido por *nossas* transgressões, e moído por *nossas* iniquidades", como "levando em seu corpo *nossos* pecados", como se temesse usar alguma forma de expressão que mesmo aparentasse denegrir sua imaculada pureza, nunca fala dos pecados daqueles por quem ele morreu como sendo pecados propriamente *nossos*. O que Horsley acrescenta, à guisa de explicação adicional, é muito desprotegido. Diz ele: "Talvez ele, embora fosse sem pecado, sendo contudo tentado em todos os aspectos como nós o somos, estivesse, em sua humildade, falando da *incitação das paixões em sua própria mente como fraqueza e falta*, fazendo confissão dela diante do Pai." Nada, indubitavelmente, estava mais distante da mente do prelado do que ensinar alguma coisa inconsistente com a perfeita santidade do Filho de Deus; e ele expressamente afirma que "ele era sem pecado"; a linguagem, porém, que ele emprega é escassamente consistente com essa posição, nenhuma idéia pode comunicar sobre o tema senão uma em extremo errônea. "O príncipe deste mundo chegou", disse Jesus a seus discípulos, "e ele nada tem a ver comigo" – *nada tem a ver comigo*, isto é, para usar as palavras do Dr. Doddridge, "nenhuma culpa propriamente minha, que pudesse dar-lhe poder sobre mim; nenhuma corrupção interior, para tomar parte em suas tentações." A explicação do texto que parece ser a mais natural e consistente é aquela que considera o Salvador solenemente apelando para o Pai em vindicação de sua inocência. Seus inimigos falsamente o acusavam de crimes, e faziam tais acusações com base de seu procedimento cruel e maligno. O divino Sofredor, pois, com confiança apela para Deus, dizendo: Tu que és o Juiz onisciente e plenamente justo, sabes que sou inocente dos crimes de que me acusam, e te invoco em defesa de minha causa. Esta interpretação, a qual é adotada por vários críticos eminentes, tais como o Dr. Boothroyd, Dr. Morrison, Walford e outros, é fortemente apoiada pelo contexto. O versículo precedente contém fortes asseverações de sua inocência; e era muito natural acompanhar as mesmas com um apelo, à luz da falsidade e da calúnia dos homens, para o justo Juiz do universo que tudo vê.

e de posse, como de fato estava, do testemunho aprovado por uma boa consciência, ele atenta bem, até certo ponto com indiferença, para a injusta estima que os homens poderiam forma de seu caráter. Seria deveras desejável que nossa integridade fosse também reconhecida e aprovada pelos homens, não tanto por nossa própria causa, mas para a edificação de nossos irmãos. Mas se, depois que tivermos feito tudo a nosso alcance para levar os homens a formar uma opinião favorável a nosso respeito, confundir e perverter toda boa palavra que tivermos proferido e toda boa ação que tivermos realizado, que conservemos tal grandeza de mente e de postura física, desprezando o mundo e todos os falsos acusadores; que repousemos satisfeitos no juízo divino, e tão-somente nele. Pois aqueles que se afadigam demasiadamente para manter seu bom nome, não podem experimentar outra coisa senão o desfalecimento do coração. Estejamos sempre prontos a satisfazer os homens; mas caso se recusem a ouvir o que temos a dizer em defesa própria, prossigamos em nossa trajetória através das boas e das más notícias, seguindo o exemplo de Paulo em 1 Coríntios 4.5, onde destemidamente apela para o juízo divino: "que trará à luz as coisas ocultas das trevas".

[vv. 6-9]
Ó Jehovah, Senhor dos Exércitos, não sejam envergonhados por minha causa aqueles que esperam em ti; não sejam envergonhados por minha causa aqueles que te buscam, ó Deus de Israel! Pois por tua conta tenho suportado afrontas; a vergonha cobriu meu rosto. Tenho sido um estranho para com meus irmãos, e me tornei um estrangeiro para com os filhos de minha mãe.[11] Pois o zelo de tua casa me tem consumido; e as afrontas daqueles que te afrontaram têm recaído sobre mim.

---

11 No oriente, onde prevalece a poligamia, os que são filhos do mesmo pai, mas de mães diferentes, raramente consideram uns aos outros como irmãos e irmãs, e, sim, como estranhos ou inimigos; enquanto que os que são filhos da mesma mãe se consideram com afeição peculiarmente forte. Daí dizer Gibeão a Zeba e Zalmuna que haviam entregue seus irmãos à morte: "Meus irmãos eram filhos de minha mãe; viva o Senhor que, se os tivésseis deixado com vida, eu não vos mataria" (Jz 8.19). Portanto, grandemente agravava-se a aflição de Davi que se fizera "um estrangeiro para com os filhos de minha mãe", de quem poderia ter esperado afeição e simpatia; quanto menos poderia ele esperar ser considerado por seus irmãos que eram filhos de seu pai com outras esposas.

6. Ó Jehovah, Senhor dos Exércitos, não sejam envergonhados por minha causa aqueles que esperam em ti. Davi declara que fora posto como exemplo do qual todo o povo de Deus podia extrair motivo ou de esperança ou de desespero. Ainda que fosse mantido como alguém detestável, execrado por grande parte do povo, todavia restavam ainda uns poucos que se dispunham a dar um justo e imparcial testemunho de sua inocência, sabendo sobejamente bem que ele era injustamente afligido por seus perseguidores; que ele repousava constantemente na graça e benevolência divinas; e que nenhuma tentação poderia desencorajá-lo nem impedi-lo de continuar inabalável na prática da genuína piedade. Quando, porém, observavam as angústias e calamidades a que, não obstante, se sujeitara, a única conclusão a que podiam chegar era que todas as dores e labores que ele enfrentava por devotadamente servir a Deus foram inteiramente debaldes. Visto que todos os exemplos nos quais Deus estende seu socorro a seus servos são os tantos selos por meio dos quais ele nos confirma e nos concede a certeza de sua bondade e graça, os fiéis teriam se sentido profundamente desencorajados, fosse Davi abandonado no extremo de sua angústia. Ele então põe diante de Deus o perigo de serem eles assim desencorajados; não que Deus carecesse de ser lembrado de alguma coisa; mas porque ele permite que o tratemos com familiaridade ante o trono de sua graça. O verbo *esperar* deve ser entendido propriamente em termos de *esperança*; e a expressão, *buscar a Deus*, em termos de *oração*. A conexão de ambas nos ensina proveitosa lição, a saber, que a fé não é um princípio inativo, visto que ela é o meio de impelir-nos a buscar a Deus.

7. Pois por tua conta tenho suportado afrontas. Ele agora expressa mais distintamente o que afirmara ironicamente no quinto versículo, onde assevera que suas faltas não estavam ocultadas a Deus. Ao contrário, ele avança mais declarando não só que os maus tratos que recebera de seus inimigos eram injustos e totalmente imerecidos, mas também que sua causa era realmente a causa de

Deus, visto que tudo quanto empreendera e em que estava engajado foi expressamente em obediência ao mandamento de Deus. Saul, sem dúvida, tinha outras razões ou, pelo menos, outras pretensões em perseguir Davi; mas, como o ódio que nutria contra ele procedia mais inquestionavelmente do fato de Deus o haver chamado e ungido rei de Israel, Davi, neste ponto, com razão protesta dizendo que não fora por alguma impiedade que havia sido comissionado, mas porque havia obedecido a Deus, razão por que os homens em geral o desaprovavam e impiedosamente o condenavam. É fonte de profunda consolação para os verdadeiros crentes quando podem protestar que têm a autorização e vocação divinas para tudo o que empreendem ou a que se devotam. Se somos odiados pelo mundo por fazermos uma pública profissão de nossa fé, uma coisa que devemos esperar, sendo evidente à luz da observação de que o perverso ordinariamente nunca é mais forte do que quando assalta a verdade de Deus e a verdadeira religião, temos motivo para nutrir dobrada confiança.[12] Também aprendemos desta passagem quão monstruosa é a malícia dos homens que convertem num motivo de afronta e repreensão o zelo pela glória divina por meio da qual os verdadeiros crentes se animam.[13] Mas é bom para nós que Deus não só remove as afrontas que os perversos nos lançam, mas também as sublima para que excedam a todas as honras e triunfos do mundo. O salmista agrava ainda mais sua queixa pela circunstância adicional, ou, seja, que se tornara cruelmente proscrito por seus parentes e amigos; à luz desse fato somos instruídos que, quando em virtude de nosso devotamento à causa da religião não podemos evitar que se suscite o desprazer de nossos irmãos contra nós, é nosso dever simplesmente seguir a Deus e não confiar em carne e sangue.

---

12 Isto é, a confiança oriunda da reflexão de que estamos, em *primeiro lugar*, sofrendo injustamente; e, *em segundo lugar*, que estamos sofrendo pela causa de Deus.
13 "Qui convertissent en diffame et blasme le desir que les fideles ont de sa glorie." – *v.f.*

9. Pois o zelo de tua casa me tem consumido.[14] Os inimigos de Davi, sem dúvida, professavam que nada estava mais distante de sua mente do que ofender o sacro nome de Deus; ele, porém, reprova suas hipócritas pretensões, e afirma que ele estava engajado na disputa de Deus. A forma como ele fazia isso, ele mostra que era através do zelo pela Igreja de Deus com que sua alma se inflamava. Não só assinala a causa dos maus tratos que recebia – seu zelo pela casa de Deus –, mas também declara que, qualquer que fosse o tratamento de que imerecidamente fosse alvo, todavia, por assim dizer, esquecendo de si mesmo, ele se arderia de santo zelo para manter a Igreja, e ao mesmo tempo a glória de Deus, com a qual vive em comunhão indestrutível. Para tornar essa idéia ainda mais clara, que se observe bem isto: embora todos se gabem verbalmente de atribuir a Deus a glória que lhe pertence, todavia quando a lei, a regra de virtude e santo viver, apresenta-lhes suas reivindicações, os homens simplesmente motejam dele; não só isso, mas furiosamente se precipitam contra ele pela oposição que fazem a sua Palavra. Procedem assim como se quisessem ser honrados e servidos meramente com o sopro do lábio, não tivesse ele erigido, antes, um trono entre os homens donde os governa por meio de leis. Davi, portanto, aqui coloca a Igreja no lugar de Deus; não que fosse sua intenção transferir para a Igreja o que pertence a Deus, mas para mostrar a vaidade das pretensões humanas, as quais os homens fazem por serem o povo de Deus, quando se perturbam fugindo do controle da santa lei de Deus, da qual a Igreja é a fiel guardiã. Além disso, Davi teve que tratar com certa classe de homens que, embora sendo uma raça hipócrita e bastarda, professava ser o povo de Deus; pois todos quantos aderiam a Saul se gabavam de ter um lugar na Igreja, e estig-

---

14 "O verbo significa não só 'consumir ou devorar', mas 'corroer ou devastar', separando as partes umas das outras, como o fogo (veja-se Parkhurst sobre אכל, ii.); e o radical que redunda da palavra hebraica para 'zelo' parece ser 'desgastar, corroer como o fogo'. A palavra (diz Parkhurst) é, na Bíblia hebraica, geralmente aplicada às afeições fervorosas ou ardentes da estrutura humana, cujos efeitos são bem conhecidos como sendo semelhantes aos do fogo que corrói e consome; e, conseqüentemente, os poetas, tanto antigos quanto modernos, se saturam das descrições dessas ardentes e devoradoras afeições, extraídas do fogo e de seus efeitos (veja-se sobre קנא)." – *Mant.*

matizavam a Davi como um apóstata ou um membro corrupto. Com esse tratamento indigno, longe estava Davi de desencorajar-se, podendo espontaneamente conter todos os assaltos em defesa da verdadeira Igreja. Ele declara que se viu imobilizado por toda sorte de injustiça e vitupério que pessoalmente sofreu nas mãos de seus inimigos. Pondo de lado toda preocupação por si próprio, ele se inquieta e se perturba unicamente pela condição opressiva da Igreja, ou, melhor, se arde de angústia e se sente consumido pela veemência de sua tristeza.

A segunda sentença do versículo visa ao mesmo ponto, denotando que ele não se aparta de Deus em nada. Há quem a explica num sentido diferenciado, entendendo-a como indicando o perverso e soberbo que, com o intuito de agredir a Davi, dirigiu sua fúria e violência contra o próprio Deus, e desse modo indiretamente espicaçou o coração desse santo homem com suas blasfêmias, sabendo muito bem que nada lhe seria mais grave do que suportar tudo isso. Tal interpretação, porém, é por demais forçada. Igualmente forçada é a dos que consideram Davi como insinuando que não se prostrava com menos humildade e súplica ante o trono de misericórdia sempre que ouvia o nome de Deus dilacerado pelas afrontas e blasfêmias, do que se ele pessoalmente houvera sido culpado de traição contra a majestade divina. Eu, portanto, mantenho-me firme na opinião que já expressei, a saber, que Davi ignorou a si próprio, e que toda a tristeza que sentia era procedente do santo zelo com que ardia quando via o sacro nome de Deus insultado e ultrajado com horríveis blasfêmias. Através desse exemplo somos assim instruídos: embora sejamos natural e acentuadamente inclinados e sensíveis quanto à capacidade de suportar ignomínia e afronta, devemos empenhar-nos por livrar-nos desse infeliz estado mental; ao contrário, devemos, sim, entristecer-nos e agonizar-nos com as afrontas que são lançadas contra Deus. Por conta disso, passamos a sentir profunda indignação e até mesmo a dar-lhe expressão em linguagem veemente; mas devemos suportar os erros e afrontas que pessoalmente sofremos sem murmuração. Até que tenhamos aprendido a dar pouco valor a nossa reputação pessoal, jamais seremos inflamados com genuíno zelo em contender pela preservação e avanço dos interesses da glória divina. Além disso, visto que Davi fala em nome de toda a Igreja, tudo quanto diz concernente a si próprio cumpria ser concretizado na suprema Cabeça. Portanto, não surpreende encontrar o evangelista aplicando a Cristo esta passagem [Jo 2.17]. De igual modo, Paulo, em Romanos 15.3, 5, 6, exortando os fiéis a que imitassem a Cristo, aplica o segundo membro a todos eles, e aí também nos ensina que a doutrina contida nele é muito abrangente, requerendo deles total devotamento ao avanço da glória divina, diligenciando-se em todas as suas palavras e ações a preservá-la intata e a pôr-se totalmente em guarda para que a mesma não fosse obscurecida por algum deslize deles. Visto que Cristo, em quem resplandece toda a majestade da Deidade, não hesitou a expor-se a todo gênero de afronta para a manutenção da glória de seu Pai, quão vil e ignominioso será se nos reduzirmos a semelhante sorte.

> [vv. 10-13]
> E chorei, minha alma jejuou; e isso me foi posto como uma afronta. Também fiz do cilício minha vestimenta: tornei-me um provérbio para eles. Aqueles que se assentam à porta me difamam; e eu sou a canção daqueles que bebem licor inebriante. Quanto a mim, porém, minha oração é para ti, ó Jehovah! num tempo de teu favor [ou boa vontade], ó Deus; responde-me na multidão de tuas misericórdias, na veracidade de tua salvação.

10. E chorei, minha alma jejuou. Aqui Davi prova, por meio de sinais ou efeitos, que seus esforços em promover a glória divina procedia de um zelo puro e bem equilibrado, visto que não se sentia impelido ou inflamado pela impetuosidade da carne, mas, antes, humildemente se aviltou diante de Deus, escolhendo-o para ser a testemunha de sua dor. Com isso ele mostra, o mais evidentemente possível, a incorrigível perversidade de seus inimigos. Amiúde sucede que, os que ousadamente se apresentam em defesa da glória de Deus, provocam e exasperam os maus ao mais elevado grau ao opor-se-lhes contenciosa e imoderadamente. O zelo de Davi, porém, era tão temperado que deve ter abrandado até mesmo o mais duro aço. Com tal circunstância ele, contudo, pretendia mostrar que era oprimido com violência tão extrema, pela pertinácia de seus inimigos, que não ousou nem mesmo abrir sua boca para articular uma única palavra em defesa da causa de Deus, e nenhum outro meio lhe restou para defendê-la, senão prantear e gemer. Ele foi privado, como bem o sabemos, da liberdade de dar vazão às emoções de seu coração; do contrário suas palavras, como sendo as de um condenado, teriam sido repelidas com cruéis afrontas. Foi uma prova da mais ingente constância quando ele, em tais circunstâncias, continuava a arder em zelo tão inquebrantável como nunca, e perseverou na dor voluntária que havia abraçado com vistas a manter a honra e a glória de Deus. Conseqüentemente, ele declara que *chorou, sua alma jejuou e que se vestira de cilício*; o que era emblema de profunda dor entre os judeus. Seus inimigos, porém, converteram todos esses sentimentos em motejo e pilhéria;[15] à luz do quê se manifesta que se empolgaram com a fúria dos demônios. É muito importante que nos fortifiquemos com tal exemplo, para que nos dias atuais não nos sintamos desencorajados quando nos deparamos com a mesma perversidade pela qual os inimigos do evangelho provam ser mais diabos do que seres humanos. Entretanto, devemos precaver-nos de derramar azeite sobre o fogo que ora já arde com extrema ferocidade, e que imitemos antes a Davi e Ló que, embora não estivessem livres para repreender os ímpios, todavia sentiam profunda tristeza em seu coração. E ainda quando os ímpios são constrangidos a nos ouvir, a mansidão e a humildade serão um poderoso meio, ou, melhor, serão a melhor ponderação para temperar o santo zelo. Os que concebem Davi como a insinuar que se resignara a sofrer punição no lugar ou em favor de seus inimigos, tentam buscar apoio para sua opinião no fato de se haver ele vestido de cilício. Não obstante, eu o considero mais simplesmente neste sentido: quando ele viu as coisas em tal estado de confusão, voluntariamente se precipitou em seu doloroso

---

15 *"Que se converteu em minha afronta*, isto é, tornou-se um motivo de afronta para mim." – Cresswell.

exercício de testificar que nada lhe era mais grave do que testemunhar o santo nome de Deus sendo exposto a contumélia.

12. Aqueles que se assentam à porta me difamam. Houvera Davi sido molestado apenas por bufões vulgares e pelo refugo do povo, lhe haveria sido mais facilmente suportável; pois não surpreende que pessoas vis, que não levam em consideração o que é conveniente e honroso, se degradem dedicando-se à difamação sem qualquer recato. Quando, porém, os próprios juízes, esquecidos do que requer a dignidade de seu ofício, entregam-se à mesma conduta audaciosa, a iniqüidade e a vileza dele grandemente se agrava. Conseqüentemente, Davi expressamente se queixa de que fora feito um estigma e um provérbio por aqueles que pertencem à mais elevada esfera da vida. A opinião de alguns de que pela expressão: *aqueles que se assentam à porta*, subentende-se todo o povo,[16] é tanto frígida quanto inconsistente com as palavras do texto; pois embora os homens de toda categoria e condição se reunissem junto aos portões, todavia ninguém senão os juízes e conselheiros sentavam-se ali.[17] Isso é confirmado pela segunda sentença do versículo; pois pela expressão: *aqueles que bebem bebida forte*,[18] entendem-se os governadores que eram exaltados por sua riqueza e dignidade. Era, aliás, um tratamento muito cruel por que passava este santo varão, não só molestado pelas classes mais humildes do povo, senão que as próprias pessoas que persistiam na causa da justiça e os dignitários da Igreja encabeçavam os demais.

---

16 "*Aqueles que se assentam à porta* – pessoas fúteis e ociosas que gastam seu tempo ali, onde costumava haver confluência de pessoas." – *Rosenmüller*. "*Aqueles que se assentam à porta*, isto é, os anciãos. Entretanto, a expressão pode visar à multidão reunida ali para ouvir as decisões dos magistrados (comp. 2Rs 7.1-18)." – *Cresswell*.

17 Os juízes sentavam-se ali no exercício de suas funções judiciais; sendo os portões das cidades, antigamente, os lugares onde as cortes da magistratura se reuniam para examinar todas as causas e decidir todas as atividades. Veja-se Jó 29.7, comparado com os versículos 12, 16 e 17; Deuteronômio 25.7; Rute 4.1, 2; 1 Reis 22.10; Ester 2.19.

18 "*Bibentes siceram*." – *versão latina*. Cresswell traz a seguinte nota sobre esta cláusula do versículo: "Mais literalmente, *Tenho o tema das canções daqueles que bebem sicera*. Sicera era, segundo Crisóstomo, um licor inebriante, feito do suco da palmeira; sendo o fruto dessa árvore esmagado e fermentado, provavelmente era a bebida da mais baixa categoria, como o *bouza* da Etiópia.

Visto que o mesmo sucede em nossos próprios dias, não é sem motivo que o Espírito Santo tenha posto este exemplo diante de nossos olhos. No papado descobrimos que, quanto mais alto um homem é exaltado em honra, proporcionalmente ele se torna mais violento e insultuoso em sua oposição ao evangelho e a seus ministros, para que se exiba como o mais valente defensor da fé católica. Sim, eis uma malícia com a qual quase todos os reis e príncipes são atingidos; a qual provém de eles não considerarem a verdadeira dignidade e excelência como consistindo em virtude, e de pensarem que estão autorizados a agir sem restrição como lhes apraz. E qual é o respeito que nutrem pelos fiéis servos de Cristo? Um fato que não se pode negar é que uma das principais coisas com as quais se preocupam é escarnecê-los e difamar deles, não só ao redor de suas mesas, mas também assentados em seus tronos, a fim de que, se possível, ultrajantemente os constranjam a renunciarem sua fé. Em geral, também, zombam de todo o povo de Deus, e sentem o maior prazer em caçoar de sua simplicidade, como se fossem idiotas em esbaldar-se e consumir-se no serviço de Deus.

13. Quanto a mim, porém, minha oração é para ti, ó Jehovah! Era um emblema de incomum virtude em Davi que mesmo esse duro tratamento não pôde abalar sua mente e precipitá-lo no desespero. Ele nos informa dos meios pelos quais se fortificou contra aquele terrível empecilho. Quando os ímpios dirigiam contra ele suas observações chistosas e desdenhosas, como se fossem máquinas de guerra procurando arruinar sua fé, o recurso a que ele recorre a fim de repelir todos seus assaltos era derramar seu coração em oração a Deus. Ele se viu constrangido a guardar silêncio diante dos homens e, sendo assim expulso do mundo, a valer-se de Deus. De igual modo, ainda que os fiéis nos dias atuais sejam incapazes de causar alguma impressão nos ímpios, todavia por fim triunfarão, contanto que se retraiam do mundo e vão diretamente a Deus levando suas orações perante seu trono. O significado, em suma, consiste em que Davi, havendo tentado todos os meios a seu alcance, e descobrindo que seu labor não o levava a nada, deixou de tratar com os homens e passou a tratar somente com Deus.

O que se segue, **um tempo de teu favor, ó Deus!**, é explicado de outra forma por muitos intérpretes, os quais lêem as duas sentenças do versículo numa só frase, assim: *Quanto a mim, porém, orei a Deus num tempo favorável*; correspondendo àquela passagem de Isaías [55.6]: "Invocai-o enquanto está perto." Outros o resolvem assim: *Orei para que viesse o tempo favorável e para que Deus começasse a ser misericordioso para comigo.* Davi, porém, está antes falando da consolação que então recebera ao ponderar em seu íntimo que, embora suas orações parecessem totalmente sem valor, todavia o favor divino regressaria a ele também. Portanto o profeta Habacuque diz: "Sobre minha guarda estarei, e sobre a fortaleza me apresentarei e vigiarei, para ver o que falará a mim, e o que eu responderei quando for argüido" [2.1]. De igual modo, Isaías diz: "E esperarei no Senhor, que esconde seu rosto da casa de Jacó, e a ele aguardarei" [9.17]. E Jeremias: "Portanto em ti esperamos, pois tu fazes todas estas coisas" [14.22]. O único meio pelo qual, em nossa aflição, podemos obter a vitória é pela esperança que resplandece sobre nós, em meio às trevas, e pela influência mantenedora que desponta de nossa expectativa do favor divino. Depois de Davi sentir-se fortificado para continuar em perseverança na atitude de expectativa, imediatamente acrescenta: **Responde-me na multidão de tua bondade**; e com *bondade* ele junta **a veracidade da salvação**,[19] sugerindo que a misericórdia divina é provada por indubitável efeito quando ele socorre a seus servos que se vêem reduzido ao mais profundo desespero. O que o inspirou a apresentar esta oração foi a plena convicção que nutria de que as trevas nas quais ora se achava envolto no momento azado seriam dispersas, e que viria o tempo sereno e sem nuvem do favor divino; convicção essa que nasce de todas suas reminiscências de Deus, as quais não o deixaram desfalecer ante o hostil tratamento que recebera da parte dos ímpios.

[vv. 14-18]

---

19 Dr. Wells explica *a veracidade de tua salvação* no sentido de "segundo as promessas que fizeste de salvar-me."

Livra-me do lamaçal, para que não me atole; esteja eu livre de meus adversários e das profundezas das águas. Não seja eu arrastado pelo dilúvio de águas; que as profundezas não me traguem, e que o poço[20] não feche sua boca sobre mim. Responde-me, ó Jehovah, pois tua misericórdia[21] é boa; olha para mim na multidão de tuas compaixões.[22] E não escondas tua face de teu servo; pois estou em tribulações; depressa! responde-me! Chega bem perto de minha alma, e redime-a; livra-me por causa de meus inimigos.

14. Livra-me do lamaçal, e não me deixes atolar. O salmista reitera a mesma similitude que usara antes, mas de uma maneira diferente. Previamente disse que se afundara no lamaçal, e agora ora para que não se atolasse nele. Em suma, ele agora ora para que aquelas coisas não lhe sobreviessem. É muito fácil, porém, conciliar tal diversidade de afirmações; pois no início do Salmo ele expressou-se segundo seu real sentimento e experiência; agora, porém, olhando para o resultado, embora vivendo com a morte rondando, ele nutre esperança de livramento. Isso é expresso ainda mais claramente na última sentença do versículo 15, onde ele ora: *que o poço não feche a boca sobre mim*; é como se dissesse: que a grande multidão e peso de minhas aflições não me esmaguem, e a dor não me trague.

16. Responde-me, ó Jehovah, pois tua misericórdia é boa. O apelo que aqui ele faz à misericórdia e compaixão de Deus é uma evidência da angustiante condição a que chegara. Não pode haver dúvida de que ele enfrentava um terrível conflito, quando recorrera a estas [misericórdia e compaixão] como o único recurso de sua segurança. É uma questão muito difícil crer que Deus nos é misericordioso quando ele está irado contra nós, e que está perto de nós quando ele se retrai de nós. Davi, cônscio desse fato, traz para diante de seus olhos um assunto que pudesse oferecer resistência a essa dúvida, e ao apelar para o

---

20 "O Intérprete caldeu entende *o poço* como sendo gehenna." – *Cresswell*.
21 O termo original, חסד, *chesed*, aqui traduzido por *misericórdia*, significa, como observa o Dr. Adam Clarke, "*exuberância de bondade*".
22 רחמיך, *rachamecha*, para *compaixões*, significa, segundo o mesmo autor, a afeição como a das mães que suportam seus filhos, e em Deus existe רב, *rob*, uma multidão delas.

exercício da misericórdia e grandes compaixões de Deus em seu favor, mostra que a única consideração que o inspirava à esperança era o caráter benigno e misericordioso de Deus. Ao dizer, um pouco adiante, **olha para mim**, faz uma oração para que Deus fizesse manifesto que realmente o ouvira, concedendo-lhe seu socorro. No versículo seguinte, ele expressa uma oração semelhante. E ao repetir com freqüência as mesmas coisas, ele declara tanto a amargura de sua tristeza como o ardor de seus desejos. Quando ele implora a Deus, **não escondas tua face**, não era porque nutrisse preocupação de ser rejeitado, mas porque os que são oprimidos com calamidades não conseguem evitar de se agitarem e de se sentirem perturbados com inquietude mental. Visto, porém, que Deus, de uma forma peculiar, convida seus servos a que vão a ele, Davi se assegura de ser um dentre seus membros. Ao expressar-se assim, como já demonstramos, e mais adiante teremos ocasião de expressar mais extensamente, ele não se vangloria dos serviços por conta dos quais podia preferir qualquer reivindicação a uma retribuição divina; antes, porém, depende da eleição graciosa de Deus; ainda que, ao mesmo tempo, deva ser entendido como a adicionar o serviço que fielmente prestara a Deus, por quem era chamado, como uma evidência de sua piedade.

18. Chega bem perto de minha alma, redime-a. Davi estava sem dúvida plenamente persuadido, pela fé, de que Deus estava perto dele; mas, como costumamos medir a presença ou ausência divina pelos efeitos, Davi aqui tacitamente se queixa, julgando segundo a carne, de que Deus estava longe dele. Pela expressão, *Chega bem perto*, sua intenção é que, no que podia deduzir de sua real situação, Deus parecia não estar levando em conta seu bem-estar. Além disso, ao invocar a Deus *para aproximar-se de sua vida*, o que parecia haver esquecido, ele exibe uma notável prova da força de sua fé. Quanto mais cruelmente era molestado pelos ímpios e soberbos, mais confiava que Deus viria livrá-lo. Como já se observou em outro lugar, deve-se sempre afirmar como uma verdade axiomática que, uma vez que "Deus resiste os soberbos"

[Tg 4.6], ele por fim reprimirá a insolência e orgulho daqueles que, obstinadamente, o resistem, embora pareça conivente com eles por certo tempo.

[vv. 19-21]
Tu conheces meu opróbrio e minha confusão e minha ignomínia; todos meus adversários estão diante de ti. O opróbrio partiu meu coração, e estou aflito; esperei por alguém que tivesse piedade de mim, mas não houve nenhum; e por consoladores, mas não os encontrei. E puseram fel em minha comida; e em minha sede me deram vinagre a beber.

19. Tu conheces meu opróbrio e minha confusão e minha ignomínia. Eis uma confirmação da sentença precedente. Donde é que a maioria dos homens se torna deprimida quando vêem o ímpio ultrajantemente precipitar-se sobre eles, e sua impiedade, como um dilúvio que a tudo arrasta a sua frente, senão porque crêem que o céu está por demais escurecido e sobrecarregado de nuvens que impede Deus de divisar o que se faz aqui na terra? Portanto, nesta matéria, que nos venha à memória a doutrina da Providência divina; e que, contemplando-a, asseguremo-nos, além de toda dúvida, de que Deus surgirá no devido tempo em nosso socorro; pois ele não pode, por um lado, fechar seus olhos a nossas misérias; e é impossível que ele, por outro lado, permita a licenciosidade que os ímpios assumem ao praticarem o mal impunemente, sem negar-se a si mesmo. Davi, pois, extrai conforto da consideração de que Deus é testemunha de sua tristeza, medo, dores e preocupações; nada estando oculto dos olhos daquele que é o Juiz e Soberano do mundo. Tampouco é uma fútil repetição quando ele fala tão amiúde de seu *opróbrio e ignomínia*. Uma vez que se sujeitara a tão terríveis assaltos provindos das tentações, a tal ponto que faria o mais destemido coração tremer, era indispensavelmente necessário para sua própria defesa colocar contra eles uma forte barreira como resistência. Nada é mais amargo aos homens de um espírito ingênuo e nobre do que o opróbrio. Quando, porém, isso se repete, ou, melhor, quando a ignomínia e o opróbrio se nos acumulam, quão necessário se faz, pois, que tomemos posse de uma força muito mais profunda que a ordinária, para que não nos sucumbamos diante deles! Pois quando o socorro se delonga, nossa paciência é muito propícia a fraquejar, e o desespero mui facilmente se engalfinha conosco. Essa ignomínia e opróbrio podem referir-se propriamente tanto à aparência externa quanto aos sentimentos reais da mente. É bem notório que ele por toda parte enfrentava o desprezo público; e os motejos que experimentava não podiam senão golpeá-lo com ignomínia e dor. Pela mesma razão, ele acrescenta que **meus inimigos estão diante de ti**, ou eram seus conhecidos; como se quisesse dizer: Senhor, tu sabes como, à semelhança de uma pobre ovelha, estou cercado por milhares de lobos.

20. O opróbrio partiu meu coração, e estou aflito. Ele expressa mais distintamente não só que estava confuso ou humilhado no doloroso aspecto que assumira ao ser abandonado, mas que estava bem próximo de ser esmagado pela dor, permanecendo por longo tempo sob o opróbrio e a ignomínia. Donde se faz evidente que ele não venceria essa dor sem forte batalha; e que a razão por que tão firmemente resistia as ondas de tentações era não porque elas deixaram de atingir seu coração, mas porque, sendo dolorosamente golpeado, fazia resistência com um grau correspondente de intrepidez. Ele declara, como um adicional agravo de sua angústia, que o próprio ofício de humanidade lhe fora negado; que não havia ninguém que lhe demonstrasse compaixão, ou a quem pudesse descarregar suas tristezas. Há quem toma a palavra נוד, *nud*, no sentido de *dizer* ou *contar minuciosamente*; e, indubitavelmente, quando derramamos nossas queixas sobre nossos amigos, tal ato propicia algum alívio a nossa angústia. E assim ele emprega como argumento, para obter a misericórdia divina, a ponderação de que se encontrava privado de todo auxílio e conforto de seus companheiros.

21. E puseram fel em meu alimento. Aqui ele reitera uma vez mais que seus inimigos levaram sua crueldade em relação a ele ao máximo extremo que podiam. Ele fala em termos metafóricos, ao descrevê-los como *misturando fel* ou veneno *em sua comida*, e *vinagre, em sua bebida*;[23] o mesmo disse Jeremias: "Eis que darei de comer absinto a este povo, e lhe darei a beber água de fel" [9.15]. O apóstolo João, porém, declara que esta Escritura se cumpriu quando os soldados deram a Cristo, na cruz, vinagre para beber [Jo 19.28-30]; pois o requisito era que, qualquer crueldade que o réprobo praticasse contra os membros de Cristo, seria um sinal visível que se via em Cristo mesmo. Expressamos o mesmo princípio, em nossas observações sobre o Salmo 22.18, que, quando os soldados repartiram entre si as vestes de Cristo, esse versículo foi citado com propriedade: "Repartem entre si minhas vestes, e lançam sortes sobre minha roupa"; ainda que o objetivo de Davi fosse expressar, por meio de linguagem figurada, que ele fora roubado, e que todos seus bens lhe foram violentamente arrebatados, e feitos presa de seus inimigos. O sentido natural, contudo, deve ser retido, ou, seja, que o santo profeta não recebera nenhum lenitivo; e que se via na condição semelhante a de um homem que, já exacerbadamente aflito, descobriu, como uma agravante adicional de sua angústia, que seu alimento estava envenenado, e que sua bebida se tornara nauseabunda pelos ingredientes amargos que lhe foram misturados.

[vv. 22-29]

---

23 A palavra ראש, *rosh*, aqui denominada *fel*, é imaginada por Celso, Michaelis, Boothroyd e outros como sendo *cicuta*. Segundo o Dr. Adam Clarke e Williams, ela indica *amargura* em geral, e particularmente aquela de natureza deletéria. Bochart, de uma comparação desta passagem com João 19.29, crê que ראש, *rosh*, é a mesma erva que o evangelista chama u`sswpoj, "hissopo"; espécie essa que viceja na Judéia, o que ele prova à luz de Isaac Bem Orman, escritor árabe, de ser tão amargo que não se podia provar. Theophylact nos diz expressamente que o hissopo era adicionado como sendo deletério ou venenoso; e a paráfrase de Nonnus é: "alguém dava o ácido mortiferamente misturado com hissopo". Veja-se Parkhurst sobre ראש. A palavra ocorre em Deuteronômio 29.18; 32.33; e é, em último lugar, traduzida por *veneno*. Em Oséias 10.4 é traduzida por *cicuta*; e em Amós 6.12, ela é posta em oposição à palavra ali traduzida por *cicuta*, embora a mesma palavra seja também traduzida por *absinto* ou *losna*.

Vinagre, entendemos, aqui significa vinho levedado, tal como era dado aos escravos ou prisioneiros no oriente. Pessoas em melhores circunstâncias usavam limões ou romãs para dar a sua bebida uma agradável acidez. Era, pois, um grande insulto a um personagem real oferecer-lhe em sua sede a bebida de escravo ou de um miserável prisioneiro; e Davi emprega tal figura a fim de expressar os insultos que lhe eram dirigidos por seus inimigos. Veja-se *Harmer's Observations*, Vol. II. pp. 158, 159.

Que[24] sua mesa, diante deles, se lhes converta em laço; e sua prosperidade[25] [ou coisas para a paz], em rede. Que seus olhos se escureçam, para que não vejam; e faz com que seus lombos tremam continuamente. Derrama sobre eles tua ira; e se apodere deles o ardor de teu desprazer. Que sua habitação fique deserta; que ninguém habite em suas tendas. Pois perseguiram aquele a quem golpeaste; e acrescentaram tristeza àqueles a quem feriste [literalmente, dos que te feriram]. Acrescenta iniqüidade a sua iniqüidade; e que não entrem em tua justiça. Que sejam apagados do livro dos vivos; e que não sejam inscritos entre os justos. Quanto a mim, sou pobre e entristecido; tua salvação me exaltará.

22. Que sua mesa, diante deles, se lhes converta em laço. Deparamo-nos aqui com uma série de imprecações, com respeito às quais devemos ter em mente o que observamos em outro lugar, ou, seja, que Davi não se deixou derramar precipitadamente sua ira, ainda quando a maioria dos homens, ao sentir-se injustiçada, intempestivamente dá vazão a suas emoções pessoais; mas, pondo-se sob a orientação do Espírito Santo, ele guardou-se de avançar para além dos limites do dever,[26] e simplesmente invocou a Deus para que exercesse justo juízo contra os réprobos. Além do mais, não é em seu próprio favor que apela dessa forma, senão que um santo zelo pela glória divina o impelia a convocar os ímpios a comparecerem perante o tribunal divino. Era também devido a isto: que ele não fosse arrebatado pela violência

---

24 Este e os versículos seguintes, que são aqui expressos na forma de imprecações, são traduzidos por muitos no tempo futuro, como predições: "Sua mesa diante deles se tornará em armadilha" etc.
25 A LXX traduziu a palavra aqui traduzida por prosperidade, usando uma palavra que signivfica *recompensa*: "Que sua mesa diante deles lhes seja uma armadilha, καὶ εἰς ἀνταπόδοσιν, e *em recompensa*, e numa pedra de tropeço." Paulo, ao citar este e o versículo imediatamente seguinte, como descritivo dos juízos que recaíram sobre os judeus de rejeitarem o Messias, cita com alguma ligeira diferença as palavras da LXX. Ele traz: Εἰς ἀνταπόδομα αὐτοῖς, "em retribuição sobre eles". Os inimigos do salmista lhe haviam dado fel por seu alimento, e em sua sede lhe deram vinagre a beber, e ele anuncia males semelhantes sobre eles, como se quisesse dizer: Sua própria mesa lhes seria transformada em amarga miséria e desgraça, e a comida fornecida para a nutrição e fortalecimento de seus corpos, transformada na justa retribuição divina, no meio de injúria e destruição. "Michaelis", diz Walford, "mostra quão exatamente essas ameaças se cumpriram na história do cerco final de Jerusalém pelos romanos. Muitos milhares dos judeus se reuniram na cidade para comerem o cordeiro pascal, quando Tito inexperadamente fez um assalto sobre eles. Nesse cerco, a maioria dos habitantes de Jerusalém pereceu miseravelmente."
26 "Mais estant conduit par le Sainct Esprit, il n'a point passé outre les limites." – *v.f.*

da paixão, como os que são movidos pelo desejo de tomar vingança. Visto, pois, que o Espírito de sabedoria, de justiça e de moderação pôs tais imprecações na boca de Davi, seu exemplo não pode ser com justiça pleiteado em autodefesa por aqueles que derramam sua ira e se vingam de todos quantos se põem em seu caminho, ou que são arrebatados por tola impaciência de tomar vingança, nunca se permitindo refletir por um instante sobre a que bom propósito isso poderia servir, nem envidar qualquer esforço em manter suas emoções dentro dos devidos limites. Necessitamos de sabedoria para fazer distinção entre os que são totalmente réprobos e aqueles para quem há ainda esperança de regeneração; necessitamos também de retidão para que ninguém se devote exclusivamente a seus próprios interesses privados; bem como de moderação, com o fim de dispor nossas mentes à serena paciência. Sendo evidente, pois, que Davi se distinguia por essas três qualidades, quem quer que o siga corretamente não deve se permitir prorromper, com precipitada e cega impetuosidade, em linguagem de imprecação; deve, além do mais, reprimir as turbulentas emoções de sua mente e, em vez de confinar seus pensamentos exclusivamente em seus próprios interesses privados, que antes use seus desejos e afetos em buscar o avanço da glória de Deus. Em suma, se formos legítimos imitadores de Davi, que primeiro nos revistamos com o caráter de Cristo, para que ele nos administre, no presente momento, a mesma repreensão que administrou a dois de seus discípulos de outrora: "Vós não sabeis de que espírito sois" [Lc 9.55].

Davi se queixara que seus inimigos haviam adicionado fel a sua comida; e agora ora para que a mesa deles se lhes convertesse numa armadilha, e que as coisas que são para a paz se lhes convertessem numa rede. Tais expressões são de caráter metafórico, e implicam um desejo, a saber: que todas as coisas que lhe haviam sido repartidas providencialmente para a preservação da vida, e para seu bem-estar e conveniência, fossem convertidas por Deus em ocasião ou instrumento da destruição deles. À luz desse fato deduzimos que as coisas que naturalmente, e por si sós, são prejudiciais, se tornam o meio de proporcionar nosso bem-estar, quando desfrutamos do favor divino; portanto, quando sua ira é manejada contra nós, todas essas coisas que têm uma tendência natural para produzir nossa felicidade se nos tornam em maldição e se convertem em inúmeras causas de nossa destruição. É um exemplo da justiça divina, que devemos imprimir profundamente em nossa mente com espanto, quando o Espírito Santo declara que todos os meios de preservar a vida são mortais para os réprobos [Tt 1.15]; por isso o próprio sol que leva cura sob suas asas [Ml 4.2], meramente bafeja um hálito de morte sobre eles.

23. Que seus olhos sejam escurecidos, para que não vejam. Aqui o salmista menciona principalmente duas faculdades do corpo: os *olhos* e os *lombos*; e não hesito em considerar sua linguagem como uma oração para que Deus privasse seus inimigos de razão e de entendimento, e ao mesmo tempo debilitar suas forças, para que fossem totalmente inaptos para exercê-los com propriedade. Sabemos quão indispensável é que, para que algo seja feito corretamente, o conselho vá adiante para iluminar, e que também se deve acrescentar a faculdade de estabelecer o que se propõe para a execução. A maldição aqui expressa pende sobre as cabeças de todos os inimigos da Igreja; e portanto não temos razão de nos sentirmos terrificados ante a malícia dos ímpios. Deus, sempre que lhe apraz, pode golpeá-los com súbita cegueira, para que nada vejam, e pode ferir seus lombos,[27] para que fiquem prostrados em ignomínia e confusão.

24. Derrama tua fúria sobre eles. Não surpreende que Davi pronuncie uma alentada série de imprecações; pois bem sabemos que os fanáticos inimigos da Igreja, para quem seu objetivo era inspirar terror, não se comovem facilmente. Ele, pois, ergue sua voz contra eles em tons de forte veemência, para que fossem levados a desistir de sua injusta e insolente conduta. Ele, contudo, tinha principalmente sua mira voltada para os verdadeiros crentes que, sendo oprimidos

---

27 Os lombos, em cada animal, são a sede da força; e daí a oração: "Faz seus lombos tremerem continuamente", é simplesmente para que sua força fosse danificada ou inteiramente desfalecida.

com calamidades, não têm nenhum outro arrimo em que apoiar-se, senão aquele que provém da voz que ouvem procedente dos lábios de Deus, declarando a terrível vingança que está preparada para seus inimigos, caso os mesmos se encontrem entre os réprobos. Quanto àqueles, para quem havia ainda esperança de que se arrependessem e se emendassem, Davi deseja que fossem corrigidos com castigos; quanto, porém, àqueles, para quem não mais havia esperança de arrependimento e emenda, ele ora para que a destruição recaísse sobre suas cabeças, e que, portanto, não escapassem do castigo que lhes estava designado, e que bem mereciam.

25. Que sua habitação fique desolada. Aqui ele vai além do que está no versículo precedente, orando para que Deus fizesse sua ira descer sobre a posteridade deles; e não é novidade que os pecados dos pais sejam lançados no regaço dos filhos. Como Davi pronunciara essas imprecações movido por inspiração e influência do Espírito Santo, assim ele as considera pelo prisma da própria lei, na qual Deus ameaça que "visitará a iniqüidade dos pais nos filhos, até a terceira e quarta gerações daqueles que o odeiam" [Êx 20.5]. Sobre essa base ele deseja que a memória deles seja amaldiçoada, e assim Deus não os pouparia mesmo depois de sua morte.

26. Pois perseguiram aquele a quem golpeaste. Ele traz a lume o crime com que se fizeram culpados, a fim de tornar manifesto que sobejamente mereciam esses terríveis castigos. Há quem explica o versículo assim: "Esses inimigos, ó Senhor, não contentes com os golpes que me infligiste, ainda praticaram sua crueldade sobre um homem desventurado, que já fora ferido por tua mão." E visto ser o ditame da humanidade socorrer o golpeado, aquele que pisa o oprimido indubitavelmente denuncia a brutal crueldade de sua disposição. Outros rejeitam tal exposição, se sobre base suficiente, não sei, observando que Davi, propriamente falando, não fora golpeado ou ferido pela mão divina, e que é da índole violenta de seus inimigos que ele se queixa em todo o Salmo. Por conseguinte, eles recorrem a uma interpretação sutil, e consideram Davi como que tencionando dizer que seus inimigos impiamente pretendiam ser justa sua causa contra ele, e se vangloriavam de ser ministros de Deus, cujo ofício era executar castigo sobre ele, como sendo uma pessoa perversa. Eis um pretexto sob o qual o ímpio geralmente se escuda e por meio do qual são levados a imaginar que podem licitamente fazer o que bem queiram contra os que estão em situação miserável, sem nunca ter que prestar contas por isso. E assim encontramos esse propósito dos ímpios expresso em outro lugar: "Deus o desamparou; persegui-o e tomai-o, pois não há quem o livre" [Sl 71.11]. Eu, porém, sou antes de opinião que o salmista aplica o termo *golpeaste* ao homem a quem Deus tenciona humilhar como um de seus próprios filhos; de modo que, no próprio castigo ou correção, há uma marca esculpida do amor paternal de Deus. E ele emprega a expressão, *o ferido de Deus*, quase no mesmo sentido em que Isaías [26.19] fala de *os mortos de Deus*, denotando o profeta com isso os que continuam sob a guarda divina, mesmo na própria morte. Isso não pode estender-se a todos os homens em geral, senão que é exclusivamente aplicável aos verdadeiros crentes, cuja obediência Deus põe à prova por meio de aflições. Se desse fato os ímpios tomam ocasião para perseguir os justos com maior severidade, não surpreende que se envolvam na condenação celestial. Ao verem tais exemplos postos diante de si, a forma na qual têm raciocinado consigo mesmos é esta: "Se essas coisas são feitas numa árvore verde, o que será feito na [árvore] seca?" [Lc 23.31]. Mas à medida em que se tornam mais e mais empedernidos, é evidente que a soberba e a insolência que manifestam contra os filhos de Deus procedem de seu desprezo e ódio pela verdadeira religião. A palavra hebraica יספרו, *yesapperu*, a qual comumente se traduz *eles relatarão*, eu interpretaria de maneira diferenciada. Propriamente significa *numerar*, e portanto pode ser própria e razoavelmente traduzida por *acrescentar* ou *aumentar*,[28] dando aqui

---

28 Essa é a tradução fornecida pela LXX, cuja leitura é: προσέθηκαν, "acrescentaram a"; e semelhante é a das versões Siríaca, Vulgata, Arábica e Etiópica e a do erudito Castellio, cuja redação é: "Sauciorum tuorum numerum adaugentes", "aumentando o número de tuas feridas". "ספר", diz Hammond, "significa *numerar*, e do qual ser a *adição* uma sorte."

este significado: Do que as pessoas falavam, de acrescentar miséria sobre miséria, suscitou tristeza no mais elevado nível.

27. Acrescenta iniqüidade a sua iniqüidade. Visto que a palavra hebraica אָוֹן, *avon*, signifique às vezes tanto *culpa* como *iniqüidade*, há quem traduz o versículo assim: *Acrescenta tu*, isto é, tu, ó Deus, *castigo a seu castigo*. Outros a estendem ainda mais, considerando-a como uma oração para que os ímpios pudessem puni-los por sua impiedade. Mas é sobejamente evidente, à luz da segunda sentença, que a oração de Davi era, antes de tudo, como é quase universalmente admitido, para que Deus retirasse definitivamente seu Espírito dos ímpios, tornando sua mente ainda mais impenitente, para que nunca mais buscassem nem nutrissem desejo algum de ser conduzidos ao genuíno arrependimento e transformação. Alguns interpretam a frase, *vir para a justiça*, no sentido de *ser absolvido* ou *inocentado*;[29] mas o espírito da linguagem aqui usada, pela qual Davi tenciona expressar, parece requerer muito mais. Por conseguinte, as palavras devem ser explicadas assim: Que sua impiedade aumente mais e mais, e que repilam com aversão todo e qualquer pensamento de mudança, para ficar manifesto que estão totalmente alienados de Deus.[30] Visto que essa forma de expressão é familiar nos Escritos Sacros, e onde quer que a encontremos não devemos interpretá-la como sendo abrupta, e é ridículo torcê-la, como alguns fazem, com o intuito de evitar o que poderia parecer absurdo. A explicação que lhe oferecem é: Que Deus acrescente pecados sobre pecados por tolerá-los;[31] e defendem uma disposição tal, asseverando

---

29 Essa é a idéia atribuída a ela por Horsley, que traduz o versículo assim: "Dá-lhe castigo sobre castigo, e não lhes concedas tua justificação." Cresswell a explica assim: "Que não sejam restaurados a teu favor, nem experimentam tua clemência."

30 "Qu'ils sont alienez et bannis de la presence de Dieu." – *v.f.* "Que são alienados e banidos da presença de Deus."

31 Essa é a explicação dada por Hammond. A palavra hebraica נְתַן, *nathan*, aqui traduzida por *acrescentar*, ele traduz por *dar* ou *permitir*; o que ele apoia com a seguinte nota: "Que נָתַן, *dar*, significa também *permitir*, transparece de Ester 9.13, נִתּוֹן, 'conceda-se aos judeus', isto é, lhes seja permitido. Também Êxodo 12.23: 'e não deixará [o hebraico tem יִתֵּן, *conceder*] o destruidor entrar em vossas casas para vos ferir'. A Caldaica traz שְׁבַק, 'permitir', e a LXX, ἀφήσει, no mesmo sentido. Também o Salmo 16.10: [nem permitirás יָתֵּן, novamente *dar*, *conceder*] que teu Santo veja

que esse é um estilo da linguagem hebraica, asseveração essa cuja exatidão nenhum erudito hebreu admitirá. Tampouco é necessário apresentar qualquer tergiversação com o intuito de escusar a Deus; pois quando cega os réprobos, é-nos suficiente saber que ele tem boas e justas razões para agir assim; e é debalde que os homens murmurem contra ele e discutam com ele, como se pecassem por mero impulso. Embora as causas por que são cegados às vezes estejam ocultas nos secretos propósitos da Deidade, não há ninguém que não seja reprovado por sua própria consciência; e é nosso dever adorar e admirar os sublimes mistérios de Deus, os quais excedem nosso entendimento. É plenamente plausível o que está escrito: "teus juízos são um grande abismo" [Sl 36.6]. Indubitavelmente, seria profundamente perverso envolver Deus numa parte da culpa dos ímpios, sempre que ele execute seus juízos sobre eles; como, por exemplo, quando ele executa o juízo ameaçado na passagem que está diante de nós. O equivalente é que os ímpios são precipitados num abismo profundo de impiedade pela justa vingança do Céu, para que jamais readquiram o são entendimento e para que, aquele que é imundo, se torne ainda mais imundo[32] [Ap 22.11]. Deve-se observar ainda que eu não explico *a justiça de Deus* como que denotando a justiça que ele concede a seus escolhidos, ao regenerá-los por seu Espírito Santo, mas a santidade manifestada na vida que lhe é tão aprazível.

---

corrupção'. E também עון תנה, *dar à impiedade*, é não mais que permitir; pois assim é comum com Deus, como castigo de algum grande pecado ou pecados antigos, ainda que não infunda qualquer malignidade, todavia, ao retrair sua graça, e ao entregá-los a si próprios, permite que venham mais pecados, um nos calcanhares do outro, longe de transformar-se e emendar-se, se tornam dia a dia cada vez piores, cada vez mais obstinados, e assim por fim nunca chegam a ter acesso à justiça de Deus; isto é, naquela via de obediência requerida por ele, e a qual será aceita por ele, ou (como צדק, na noção de *misericórdia*, poderia significar ser aplicado a Deus), *em sua misericórdia*, no sentido de se fazer participante dela." Uma afirmação e ilustração mais completas do ponto de vista de Calvino sobre este ponto são apresentadas em suas *Institutas*, Livro I. cap. XVIII.

[32] Na versão francesa, os dois últimos verbos da frase estão expressos no tempo futuro, pela qual a idéia comunicada é um pouco modificada: "En sorte qu'ils ne retourneront jamais à bom sens, et celuy qui est ord, deviendra encore plus ord." – "De modo que nunca readquirirão o são entendimento, e aquele que é imundo se tornará ainda mais imundo

28. Que sejam apagados do livro dos vivos.[33] Aqui temos a última imprecação, e ela é a mais terrível de todas; mas, não obstante isso, segue invariavelmente os que perseveravam na impenitência e incorrigível obstinação, dos quais o salmista falou previamente. Depois de haver afastado deles toda esperança de arrependimento, ele anuncia contra eles eterna destruição, que é o óbvio significado da oração, para que fossem apagados do livro dos vivos; pois todos os que inevitavelmente se destinam a perecer não se encontram escritos ou arrolados no livro da vida. Essa é deveras uma forma apropriada de falar; porém é uma forma bem adaptada a nossa limitada capacidade, sendo o livro da vida nada mais nada menos que o eterno propósito de Deus, pelo qual ele predestinou seu próprio povo para a salvação. Deus, indubitavelmente, é absolutamente imutável; e, além do mais, sabemos que os que são adotados à esperança da salvação já estavam arrolados antes da fundação do mundo [Ef 1.4]; visto, porém, ser incompreensível o eterno propósito de Deus relativo à eleição, diz-se, à guisa de acomodação à imperfeição do entendimento humano, que aqueles a quem Deus publicamente, e por meio de sinais, arrola entre seu povo, *estão inscritos*. Em contrapartida, aqueles a quem Deus publicamente rejeita e os faz proscritos de sua Igreja são, pela mesma razão, *apagados*. Como, pois, Davi deseja que a vingança divina se manifeste, ele mui apropriadamente fala da reprovação de seus inimigos em linguagem acomodada ao nosso entendimento; como se dissesse: Ó Deus, não os compute no número ou rol de teu povo, e que não sejam reunidos com tua Igreja; ao contrário, mostra, através de sua destruição, que tu os rejeitaste; e ainda que, por algum tempo, ocupem um lugar entre teus fiéis, por fim os eliminarás, para fazer manifesto que eram estranhos, ainda que vivessem como membros de tua família. Ezequiel usa linguagem em sentido semelhante, quando

---

33 "Esta frase", observa o bispo Mant, "a qual não é comum na Escritura, alude ao costume das cidades bem organizadas, as quais conservavam os registros contendo todos os nomes dos cidadãos. Desses registros, os nomes de apóstotas, fugitivos e criminosos eram apagados, bem como os dos falecidos; daí a expressão 'riscar' ou 'apagar' nomes do livro da vida."

diz: "E minha mão será contra os profetas que vêem vaidade e que adivinham mentira; não estarão na congregação de meu povo, nem nos registros da casa de Israel se escreverão, nem entrarão na terra de Israel" [13.9]. Entretanto, continua sendo verdadeiro o que é expresso pelo apóstolo João [1Jo 2.19], que nenhum dos que realmente uma vez se fizeram filhos de Deus apostatará finalmente, nem será cortado.[34] Visto, porém, que os hipócritas presunçosamente se gabam de ser os principais membros da Igreja, o Espírito Santo expressa claramente sua rejeição, fazendo uso da figura que os mostra sendo apagados do livro da vida. Além do mais, deve-se observar que, na segunda cláusula, todos os eleitos de Deus são chamados *os justos*; pois, como diz Paulo em 1 Tessalonicenses 4.2, 4, 7: "Esta é a vontade de Deus, a vossa santificação, que cada um de vós saiba como possuir seu vaso em santificação e honra; pois Deus não nos chamou para a impureza, e, sim, para a santidade." E é bem conhecido o clímax a que o apóstolo chega no capítulo 8 de sua epístola aos Romanos, no versículo 30: "A quem predestinou, a esses também chamou; e a quem chamou, a esses também justificou; e a quem justificou, a esses também glorificou."

29. Quanto a mim, sou pobre e entristecido.[35] À luz deste versículo percebemos mais distintamente como Davi expulsou de si a soberba e o sentimento rancoroso dos que, com fúria incontrolável, derramam imprecação e vingança. Ele aqui, sem dúvida, se oferece a Deus como sacrifício de um coração quebrantado e humilde, para que, por essa brandura de espírito, obtivesse o favor divino.

Ele, pois, acrescenta imediatamente em seguida: **Tua salvação me exaltará**. Os que resolutamente se deixam impelir pela vingança pessoal, movidos por seus próprios espíritos descontrolados, longe estão de ser humildes, se exaltam a uma posição à qual não estão autorizados. Há aqui declarada uma mútua relação entre a dor proveniente da opressão e o socorro divino pelo qual esperavam ser soerguidos.

---

34 "Et se retrancher du tout." – *v.f.*
35 Boothroyd traduz assim: "humilhado e aflito."

Ao mesmo tempo, ele se assegura de que tudo o que para outros era considerado motivo de desespero, para ele provaria ser a causa de sua salvação. Esta frase poderia também ser explicada adversativamente, assim: Embora agora eu pranteie sob o peso da aflição, todavia tua salvação, ó Deus, me exaltará. De minha parte, porém, considero indiscutível que Davi apresenta aqui sua aflição como uma súplica para assegurar-se da misericórdia da mão divina. Tampouco ele diz simplesmente que seria soerguido, mas expressamente fala de *ser exaltado*; e nisto ele alude às fortalezas que são construídas em lugares altos; pois essa é a significação própria da palavra hebraica שגב, *sagab*, aqui empregada.

[vv. 30-33]
Celebrarei o nome de Deus com cântico, e o magnificarei com louvor. E isso será mais agradável a Jehovah do que um novilho que tem chifres e unhas. Os aflitos viram isso, e os que buscam a Deus se alegrarão nele; e vosso coração viverá. Porque[36] Jehovah ouviu os aflitos e não desprezou seus prisioneiros.

30. Celebrarei o nome de Deus com cântico. O salmista agora, dominado pela alegria e sustentado por confiante esperança de livramento, entoa triunfantes melodias de vitória. Há sobejas razões para se crer que este Salmo foi composto depois de haver ele se libertado de toda apreensão de perigos; mas não pode haver dúvida de que os mesmos tópicos com que o conclui eram o assunto de sua meditação, quando se estremecia de ansiedade em meio a suas tribulações; pois ele se apoderara da graça de Deus com fé confiante, embora essa graça estivesse então oculta dele e fosse simplesmente o motivo de sua esperança. Deus é aqui apresentado como *sendo magnificado por nossos*

---

36 Venema e outros conjeturam que, o que se segue, deste versículo até ao final do Salmo, foi acrescentado durante o cativeiro dos judeus em Babilônia; enquanto outros, à luz das expressões que ocorrem nestes versículos, relacionam todo o Salmo àquele período; e observam que a letra hebraica, ל, *lamed*, prefixada para o nome de Davi no título, nem sempre significa *de*, mas às vezes, como em Gênesis 1.11, significa *segundo*, e assim pode destinar-se a descrever este Salmo como sendo segundo o método de Davi. Paulo, porém, em Romanos 11.9, o atribui a Davi.

louvores; não porque se pudesse fazer alguma adição a sua dignidade e glória, as quais são infinitas, mas porque, por meio de nossos louvores, seu nome é exaltado entre os homens.

31. E isso será mais agradável a Jehovah do que um novilho. Por mais eficientemente se fortalecesse para esse exercício, Davi afirma que as ações de graças que ele está para render serão para Deus um sacrifício de aroma suave e aceitável. Não pode haver um incitamento mais poderoso às ações de graças do que a inabalável convicção de que esse exercício religioso é altamente agradável a Deus; ainda quando a única recompensa que ele requer por todos os benefícios que profusamente nos concede é que honremos e louvemos seu nome. Isso jorra a mais forte luz sobre a inescusabilidade daqueles que são tão indolentes que, por seu silêncio ou esquecimento, suprimem os louvores devidos a Deus. Davi não omitia nem desprezava os sacrifícios externos que a lei requeria; mas, com sobejas razões, preferia o exercício espiritual que era o objetivo de todas as cerimônias levíticas. Fiz uma ampla abordagem deste tema no Salmo 50.10, 14. A propósito, a humildade de Davi é digna de ser notabilizada; pois, embora subisse tão alto ao ponto de tornar-se um modelo celestial, todavia não se importou em humilhar-se para o comum benefício da Igreja, como se fizesse parte da classe comum do povo, para que, pelas figuras da lei, aprendesse a verdade que desde então mais claramente se manifestou no evangelho, ou, seja, que os louvores de Deus, enquanto procedem de nossos lábios, só são impuros, se forem santificados por Cristo. Quão grosseira e estúpida, porém, é a superstição daqueles que nada lucrariam introduzindo o uso de pompa externa de cerimônias que foram abolidas pelo único sacrifício da morte de Cristo, e crer que Deus é verdadeiramente pacificado quando chegam à exaustão por nada! Que valor tem isso senão obscurecer ou cobrir, pela intervenção de espessos véus, esse exercício legítimo de ações de graças, o qual Davi não hesitou em grandemente preferir às cerimônias mosaicas, embora estas fossem de designação divina? Pela expressão, *um novilho*, sua intenção era dizer um dos mais escolhidos ou selecionados, e a idéia que tinha em mente comunicar era que não havia sacrifício ou vítima, por mais valiosa ou preciosa que pudesse oferecer, na qual Deus se deleitasse tão profundamente, a não ser em ações de graças.

32. Os aflitos viram isso. Ele aqui mostra que os benditos efeitos de seu livramento se estenderiam tanto a outros como a si mesmo, ponto sobre o qual freqüentemente insiste nos Salmos, como já vimos no Salmo 22.23, 26, e em muitos outros passos. E seu objetivo em agir assim é, em parte, enaltecer a bondade e graça de Deus para com os verdadeiros crentes; e, em parte, para que, com esse argumento pudesse prevalecer diante de Deus e este se dispusesse a socorrê-lo. Além disso, ele não quer dizer que o povo de Deus se alegrasse ante tal espetáculo meramente com base na comunhão fraterna, mas porque, no livramento de uma pessoa, uma garantia seria dada a outros, oferecendo-lhes também a segurança da salvação. Por essa mesma razão ele os denomina de *os aflitos*. Quem quer que busque a Deus (diz ele), ainda que enfrente aflições, não obstante tomará alento em meu exemplo. A primeira e segunda sentenças do versículo devem ser lidas juntas; pois um sentido conectado não seria preservado se o significado não fosse entendido assim: Que o exemplo de Davi ofereceria base de júbilo a todos os fiéis servos de Deus quando buscassem um antídoto para suas aflições. Ele mui oportunamente junta o desejo de buscar a Deus com a aflição; pois todos os homens não só se beneficiam sob a mão disciplinadora de Deus como também em buscar a salvação dele no exercício de uma fé sincera e ardente. Na parte conclusiva deste versículo há uma mudança de pessoa: **e vosso coração viverá**. Esta apóstrofe, porém, longe está de traduzir o sentido obscuro que, ao contrário, o expressa com maior força, como se uma coisa presente fosse descrita. Ao dirigir-se aos que estavam sob a pressão da aflição e jaziam prostrados como mortos, ele põe diante deles um gênero de imagem da ressurreição; como se quisesse dizer: Ó vós que estais mortos, novo vigor vos será restaurado. Não significa que a fé perece nos filhos de Deus, e permanece totalmente morta até que seja vivificada novamente para a vida pelo exemplo do livramento de outros; mas, sim, que a luz que estava acesa é apagada, e então, por assim dizer, a vida recomeça uma vez mais. O salmista imediatamente a seguir [v. 33] descreve o meio pelo qual isso sucederá aos filhos de Deus, o qual consiste em que, crendo que o livramento de Davi é um emblema ou penhor comum da graça de Deus apresentada diante deles, confiadamente chegarão à conclusão de que Deus estima os necessitados e não despreza os prisioneiros. Assim vemos que ele considera o que foi feito a um único homem como uma clara indicação, da parte de Deus, que ele estará pronto a socorrer a todos os que enfrentam adversidade.[37]

[vv. 34]
Que os céus e a terra o louvem; os mares e tudo quanto neles se move. Porque Deus salvará Sião e edificará as cidades de Judá; e habitarão ali e a possuirão por herança. E a herdará a semente de seus servos; e os que amam seu nome habitarão nela.

34. Que os céus e a terra o louvem. À luz dessa expressão podemos concluir com a mais profunda certeza de que, como já mencionamos acima, Davi, em todo este Salmo, falou em nome de toda a Igreja. Pois agora transfere para a Igreja o que falara em particular concernente a si próprio. Ao evocar os elementos, os quais são destituídos de pensamento e entendimento, a louvar a Deus, ele fala hiperbolicamente, e por essa forma de expressão ele nos ensina que não somos animados com suficiente solicitude de coração a celebrar os louvores de Deus, cuja infinitude excede ao mundo todo, a menos que subamos acima de nosso próprio entendimento. Acima, porém, de tudo o que inflamou esse ardor no coração de Davi estava sua preocupação pela preservação da Igreja. Além do mais, não há dúvida de que, pelo Espírito de profecia, ele compreendeu todo aquele período durante o qual Deus teria mantido o reino e

---

37 "Tous ceux qui seront oppressez à tort." – *v.f.* "Todos quantos serão injustamente oprimidos."

o sacerdócio entre o antigo povo de Israel. No entanto ele começa com a restauração de um novo estado de coisas, a qual, por seu expediente, subitamente foi efetuada com a morte de Saul, quando a melancólica devastação ameaçou imediatamente a completa destruição do culto divino e a desolação de todo o país. Ele diz, em primeiro lugar, que **Sião será salva**, porque Deus defenderia o lugar que havia escolhido para nele ser invocado, e não suportaria que o culto que ele mesmo instituíra fosse abolido. No próximo lugar da arca do concerto e do santuário ele representa a bênção divina estendendo-se por toda a terra; porque a religião era o fundamento sobre o qual repousava a felicidade do povo. Ele ensina mais que tal mudança para melhor não seria de curta duração; senão que o povo seria preservado incólume através da constante e duradoura proteção de Deus: **E habitarão ali e a possuirão por herança**. Ele, pois, notifica que a promessa que tinha tão amiúde feito na lei, de que herdariam aquela terra para sempre, foi realmente confirmada no início de seu reinado. Ele contrasta habitação tranqüila e estável com uma mera residência temporária; como se quisesse dizer: Agora que o trono sagrado está erigido, virá o tempo em que os filhos de Abraão desfrutarão do repouso que lhes foi prometido, sem medo de serem removidos dele.

36. E a semente de seus servos habitará nela. Neste versículo ele declara que a bênção ora mencionada se estenderia através de uma sucessão contínua de eras – que os pais transmitiriam a seus filhos a posse que haviam recebido, como de mão em mão, e os filhos de seus filhos; e a duradoura posse de todas as coisas boas depende de Cristo, de quem Davi era um tipo. Não obstante, o salmista ao mesmo tempo notifica em termos breves que somente os filhos legítimos de Abraão, como tais, é que herdarão a terra: **Os que amam seu nome habitarão nela**. Fazia-se necessário remover todas as bases para autoglorificação dos hipócritas que, olhando e dependendo unicamente das circunstâncias relacionadas com a origem de sua raça, tolamente se vangloriavam de que a terra lhes pertencia por direito de herança, não obstante terem eles apostatado da fé de seus ancestrais. Embora essa terra fosse dada ao povo escolhido para ser possuída até o advento de Cristo, devemos ter em mente que ela era um tipo da herança celestial, e que, portanto, o que é aqui escrito concernente à proteção da Igreja recebeu um cumprimento mais genuíno e substancial em nossos próprios dias. Não há razão para temer-se que o edifício do templo espiritual, no qual o poder celestial de Deus se tem manifestado, poderá cair em ruínas.

Salmo 70

Este Salmo é uma mera parte do 40, e a inscrição: *Evocar a lembrança*, destina-se, provavelmente, a indicar isso; Davi, havendo tomado estes cinco versículos daquele outro Salmo, os acomodou para que fossem usados em alguma ocasião particular. Repetirei aqui apenas as palavras do texto; e indicaria ao leitor a interpretação em lugar apropriado.

Ao mestre de música de Davi, para evocar a lembrança.

[vv. 1-5]
Ó Deus, apressa-te em livrar-me; ó Jehovah, apressa-te em socorrer-me. Fiquem envergonhados e confusos os que procuram minha vida; voltem para trás e sejam envergonhados os que me desejam o mal. Que pereçam como recompensa de sua ignomínia os que me dizem: Ah! Ah! Regozijem-se e exultem em ti todos os que te buscam; os que amam tua salvação digam: Seja Deus magnificado para sempre! Eu, porém, sou pobre e necessitado; ó Deus, apressa-te; tu és meu socorro e meu libertador; ó Jehovah, não te demores.

Salmo 71[1]

Havendo Davi falado, no início, de sua confiança em Deus, em parte o invoca por livramento e em parte se queixa da soberba de seus inimigos. Por fim, para confirmar sua fé, ele se prepara para dedicar um grato tributo de louvor pelos benefícios que Deus lhe havia conferido.

[vv. 1-4]
Em ti, ó Jehovah, ponho minha confiança; que não seja eu entregue à confusão para sempre. Livra-me em tua justiça e resgata-me; inclina teu ouvido e salva-me. Sê para comigo como uma rocha de fortaleza[2] [ou como uma rocha forte], à qual eu possa recorrer em todos os tempos; deste mandamento para salvar-me; pois tu és minha torre e minha fortaleza. Livra-me, ó Deus, das mãos do homem mau; das mãos do homem perverso e violento.

1. Em ti, ó Jehovah, ponho minha confiança. Tem-se concluído que a ocasião da composição deste Salmo foi durante a conspiração de Absalão; e a referência particular que Davi faz a sua idade torna essa conjetura não improvável. Como quando nos aproximamos de

---

1 "Embora este Salmo não tenha título, é pelo consenso geral atribuído a Davi, e supõe-se ter sido composto durante a revolta de Absalão, quando ele menciona sua velhice e seu risco de perecer. Ele é quase uma cópia do Salmo 31; e, como as passagens no presente Salmo, as quais mencionam sua idade avançada, estão ausentes no outro, é como se o Salmo 31 (escrito provavelmente durante a perseguição de Saul) fosse tomado e adaptado, por uma pequena alteração e adição, a suas últimas aflições." – *Illustrated Commentary upon the Bible*.

2 No hebraico temos: "Sê para comigo como uma rocha de habitação." Mas, em vez de מעון, *maon*, 'habitação', muitos MSS. do Dr. Kennicott e De Rossi trazem מעוז, *maoz*, 'munição' ou 'defesa'. "Sê tu minha rocha de defesa."

Deus é tão-somente a fé que nos abre as vias de acesso, Davi, a fim de obter o que buscava, protesta, segundo sua atitude costumeira, que não derramava no trono da graça orações hipócritas, mas que recorria a Deus com sinceridade de coração, plenamente persuadido de que sua salvação está posta na mão divina. O homem cuja mente está num constante estado de flutuação, e cuja esperança é dividida por volver-se em diferentes direções, em cada uma das quais ele está procurando por livramento, ou que, sob a influência do medo, disputa consigo mesmo ou que obstinadamente recusa a assistência divina, ou que se irrita e dá vazão a sua incontrolável impaciência, esse é indigno de receber o socorro de Deus. A partícula לעולם, *leolam*, no final do primeiro versículo, a qual traduzimos *para sempre*, admite um duplo sentido, como já demonstrei no Salmo 31.1. Ou tacitamente implica um contraste entre as presentes calamidades de Davi e o feliz resultado que antecipara, como se Davi quisesse dizer: Presentemente me acho no pó como um homem confuso; mas o tempo virá quando tu me concederás livramento. Ou *não ser envergonhado para sempre* significa nunca ser envergonhado. Como estes versículos quase correspondem ao início do Salmo 31, indicarei o lugar para essas observações explicativas que aqui propositadamente omito, não querendo abusar da paciência de meus leitores com reiterações desnecessárias.

Nestas palavras do terceiro versículo, **à qual eu possa recorrer em todos os tempos**, as quais não serão encontradas no outro Salmo [31], Davi ora em termos breves para que pudesse mui pronta e tranqüilamente aproximar-se de Deus para obter socorro, bem como encontrar nele um refúgio seguro sempre que ameaçado por algum perigo imediato. É como se ele dissesse: Senhor, encontre eu sempre pronto socorro em ti, e tu me satisfaças com um sorriso de benignidade e graça, quando recorrer-me a ti. A expressão que se segue: **Deste mandamento para salvar-me**, é determinada por alguns no modo optativo; como se Davi solicitasse que fosse confiado à guarda dos anjos. Mas é preferível reter o pretérito do verbo, e entendê-lo como a animar-se, à luz de sua experiência em tempos idos, a esperar por um resultado feliz para suas presentes calamidades. Tampouco há qualquer necessidade de limitar aos anjos o verbo: *deste mandamento*. Deus, sem dúvida, os emprega em defesa de seu povo; mas, como ele possui inumeráveis maneiras de salvá-lo, a expressão, imagino eu, é usada indefinidamente para ensinar-nos que ele promulga mandamento concernente à salvação de seus servos segundo ele mesmo se propõe sempre que apresenta algum manifesto emblema de seu favor para com eles em sua providência; e o que determinou em sua própria mente, ele executa, às vezes com um simples aceno, e às vezes pela instrumentalidade dos homens ou de outras criaturas. Entrementes, Davi notifica que tal é o poder auto-suficiente de Deus, intrinsecamente considerado, que sem haver recorrido a qualquer auxílio adventício, seu mandamento sozinho é sobejamente adequado para efetuar nossa salvação.

4. Ó meu Deus, livra-me da mão do homem mau. Aqui ele usa o singular; mas não se deve entendê-lo como indicativo de um só homem.[3] É muitíssimo provável que ele envolva toda a hoste dos inimigos que o assaltavam. Temos tido em outro lugar ocasião de observar quão imensamente contribui para inspirar-nos com a confiança de sermos atendidos em nossas solicitações, quando nos sentimos seguros de nossa própria integridade, bem como de podermos livremente apresentar nossas queixas diante de Deus, dizendo que somos injusta e impiamente assaltados por nossos inimigos. Pois não devemos duvidar que Deus, que prometeu ser o defensor dos que são injustamente oprimidos, nesse caso defenderá nossa causa.

---

3 Ao mesmo tempo, pode-se observar que, se este Salmo foi escrito durante a rebelião de Absalão, este filho cruel ou Aitofel poderia ser a pessoa a quem Davi tem aqui diante de seus olhos e descreve no singular. Se ele aponta seu próprio filho, quão profundo deve ter sido sua agonia de alma ver-se obrigado a apelar para Deus em suas atuais e angustiantes circunstâncias, contra um filho ímpio e desnaturado, em direção a quem todos os afetos de seu coração se inclinavam! O que Calvino traduz, na última cláusula do versículo. "o homem violento", literalmente é "homem fermentado". O fermento parece ser uma imagem para a profunda e inveterada depravação de qualquer gênero. "Acautelai-vos do fermento dos fariseus e saduceus", disse nosso Senhor. (Mt 16.6; veja-se também 1Co 5.8).

[vv. 5-8]
Pois tu és minha expectativa [ou esperança], ó Senhor Jehovah, a confiança de minha juventude. Por ti tenho sido apoiado [ou tenho sido sustentado] desde o ventre;[4] tu és aquele que me tirou das entranhas de minha mãe; meu louvor é continuamente teu. Tenho sido como um pródigo para os grandes,[5] e todavia[6] tu és minha forte confiança. Minha boca se encheu diariamente com teu louvor e com tua glória.

5. Pois tu és minha expectativa, ó Senhor Jehovah! Aqui o salmista repete o que dissera um pouco antes acerca de convicção ou confiança. Mas talvez alguns se inclinem a atribuir sua frase mais à razão ou motivo que se lhe oferece para convicção e confiança do que para as emoções de seu coração; supondo-o dizer que, pelos benefícios que Deus lhe conferira, achava-se munido de esperança bem fundamentada. E certamente ele aqui não declara simplesmente que esperava em Deus, mas com isso ele conjuga experiência e reconhecimentos de que, inclusive desde sua juventude, ele recebera sinais do favor divino, do que pôde aprender que a confiança deve repousar exclusivamente em Deus. Ao chamar a atenção para o que Deus fizera por ele,[7] expressa a causa real da fé (se posso assim dizer); e à luz desse fato podemos facilmente perceber a poderosa influência que teve a memória dos benefícios divinos em nutrir sua esperança.

6. Por ti tenho sido sustentado desde o ventre. Este versículo corresponde ao precedente, exceto que neste Davi se estende mais. Ele não só celebra a bondade de Deus, a qual experimentara desde sua infância, mas também aquelas provas dela que recebera antes de seu nascimento. Uma confissão quase similar está contida no Salmo 22.9, 10, pela qual se manifesta o maravilhoso poder e inestimável munificência divina na geração dos homens, a forma e o método da qual seriam totalmente incríveis não fosse o fato com o qual estamos

---

4 "Des le ventre *de ma mere*." – *v.f.* "Desde o ventre *de minha mãe*."
5 "Ou, à plusieurs." – *n.m.f.* "Ou, para muitos."
6 "Et *toutesfois*." – *v.f.*
7 Na versão latina temos: "Ab affectu ipso"; o que provavelmente é um equívoco para "Ab effecto ipso." Na versão francesa temos: "Par l'effet mesme."

plenamente familiarizados. Se nos sentimos atônitos ante aquela parte da história do dilúvio, na qual Moisés declara [Gn 8.13] que Noé e sua família viveram dez meses no meio de desagradável incômodo oriundo de tantas criaturas vivas, quando não podiam nem ainda respirar bem, não temos igual razão de maravilhar-nos ante o fato de um feto, encerrado no ventre materno, poder viver em tal condição que sufocaria o homem mais forte em poucos minutos? Mas dessa forma vemos quão pouca conta fazemos dos milagres que Deus opera, em conseqüência de nossa familiaridade com eles. O Espírito, pois, com razão censura tal ingratidão, recomendando a nossa consideração esse memorável exemplo da graça de Deus, a qual se exibe em nossa geração e nascimento. Quando nascemos para o mundo, embora a mãe exerça sua função, e a parteira esteja presente com ela, e muitos outros corram em seu auxílio, todavia o que seria de nós se Deus não pusesse, por assim dizer, sua mão debaixo de nós, nos recebendo em seu regaço? E que esperança teríamos para o prosseguimento de nossa vida? Sim, não fosse por isso, nosso próprio nascimento seria o ingresso a mil mortes. É expresso, pois, com a mais elevada propriedade, que Deus *nos tirou das entranhas de nossa mãe*. A isso corresponde a parte conclusiva do versículo: **Meu louvor é continuamente teu**; pelo quê o salmista quer dizer que se vira munido de sobejos motivos para louvar a Deus sem interrupção.

7. Tenho sido como um pródigo para os grandes. Ele então faz a transição para a linguagem de queixa, declarando que se tornara quase universalmente repugnante em virtude das grandes calamidades com que fora afligido. Há uma aparente – ainda bem que só aparente! – discrepância entre essas duas afirmações: primeiro, que ele sempre fora coroado com os benefícios divinos; e, segundo, que fora considerado um pródigo em virtude de suas grandes aflições; mas podemos extrair daí a doutrina muitíssimo proveitosa, a saber, que não fora tão esmagado por suas calamidades, pesadas como eram, ao ponto de mostrar-se insensível para com a bondade divina que havia experimentado. Portanto, embora percebesse que se tornara objeto de repúdio, todavia a memória das bênçãos que Deus lhe conferira não podia ser extinta mesmo pelas mais densas sombras das trevas que o circundavam, mas serviu como lâmpada em seu coração para nortear sua fé. Pelo termo *pródigo*[8] não se expressa nenhuma calamidade ordinária. Não houvera ele sido afligido de uma maneira inusitada e fora do comum, aqueles a quem a miserável condição de humanidade não era conhecida não teriam se esquivado dele com tal horror, considerando-o como um espetáculo demasiadamente repulsivo. Foi, portanto, uma prova mui sublime e mui recomendável de sua constância que seu espírito não fosse nem quebrantado nem debilitado pela ignomínia, senão que repousou em Deus com a mais forte confiança, por mais proscrito que fosse do mundo. A frase deve ser explicada adversativamente, implicando que, *conquanto* os homens nutrissem aversão por ele, como se fosse um monstro, todavia, apoiando-se em Deus, ele prosseguia a despeito de toda essa impassividade. Se for preferível traduzir a palavra רבים, *rabbim*, a qual traduzi *os grandes*, pela palavra *muitos*, o sentido será que as aflições de Davi eram geralmente conhecidas, e haviam adquirido grande notoriedade, como se as mesmas fossem exibidas num palco e expostas à vista de todo o povo. Em minha opinião, porém, será mais adequado entender a palavra como uma referência aos *grandes homens* ou aos *nobres*. Não existe coração tão forte e impermeável às influências externas que não se sinta profundamente espicaçado quando os que se consideram exceler em sabedoria e juízo, e que são investidos com autoridade, tratam um homem sofredor e aflito com

---

8 Green traduz assim: "Tornei-me como um espantalho para a multidão." Horsley: "'Tornei-me um pródigo à vista de muitos'. *Uma visão prodigiosa*, 'um sinal que será contraditado' (Lc 2.34)." "'Tornei-me, por assim dizer, um sinal portentoso para muitos.' Muitos se dispõem a convencer-se de que minhas tribulações procedem diretamente da ira divina, e se destinam a adverti-los contra seguir semelhante curso de conduta." – *French e Skinner*. "*Um monstro*, ou seja, suposto objeto do profundo desprazer divino. Cf. Isaías 20.3; Ezequiel 12.6; 24.24, 27." – *Cresswell*. Outros, porém, presumem que כמופת, *hemopheth*, *como um pródigo*, implica que os grandes e inúmeros perigos a que se expusera, bem como os extraordinários livramentos que experimentara, o caracterizavam como alvo de prodígio, de sorte que os homens olhavam para ele como se fosse excluído da sorte comum da humanidade, como se possuísse uma vida encantadora e fosse invulnerável a todos os assaltos; e o segundo membro do versículo tem sido considerado como a razão pela qual ele era tão considerado: "*porque* tu és meu forte refúgio."

tamanha indignidade, que se esquivam dele com horror, como se fosse um monstro. No versículo seguinte, como se o desejo de seu coração fora satisfeito, ele expressa ser sua resolução declarar a Deus seu grato reconhecimento. Para encorajar-se a esperar com maior confiança por um resultado feliz em meio a suas atuais tribulações, ele promete celebrar retumbantemente os louvores de Deus, e fazer isso não só numa ocasião, mas perseverando nesse exercício sem interrupção.

[vv. 9-13]
Não me rejeites no tempo de minha velhice; não me abandones no declínio de minha força. Pois meus inimigos têm falado de mim, e os que vigiam minha vida se têm consultado juntos, dizendo: Deus o abandonou; ide após ele e agarrai-o; pois não há ninguém que o livre. Ó Deus, não fiques longe de mim; meu Deus, apressa-te em socorrer-me. Sejam confundidos[9] e consumidos os que são meus inimigos; cubram-se de opróbrio e humilhação os que buscam meu mal.

9. Não me rejeites no tempo de minha velhice. Acabando Davi de declarar que Deus fora o protetor de sua vida em seu natalício, e depois seu pai de criação em sua infância e o guardião de seu bem-estar durante toda a trajetória de sua existência pregressa, sendo agora vencido pela idade, lança-se de novo no regaço paternal de Deus. À proporção que nossas forças se esvaem – e então inevitavelmente nos impelem a buscar a Deus –, na mesma proporção deveríamos esperar na espontaneidade e prontidão de Deus em socorrer-nos para sermos fortes. A oração de Davi, em suma, equivale a isto: "Ó Senhor, tu que me tens sustentado vigoroso e forte na flor de minha juventude; não me abandones agora quando estou debilitado e quase decrépito; quanto mais, porém, me sinto na dependência de teu auxílio, mais a decrepitude e as enfermidades me impelem rumo a ti na expectativa de tua compaixão." À luz deste versículo, os expositores, não destituídos de boas razões, concluem que a conspiração de Absalão é o tema tratado

---

9 Outros traduzem assim: "Os que são inimigos de minha vida serão confundidos" etc., entendendo as palavras como sendo denúncias proféticas.

neste Salmo. E com certeza era um horrível e trágico espetáculo, que tendia a levar não só o povo comum, mas também os que exceliam em autoridade, a desviar seus olhos dele, como se fosse um monstro detestável, quando o filho, tendo expulso do reino a seu próprio pai, o perseguia até mesmo pelos desertos, com o fim de matá-lo.

10. Pois meus inimigos têm falado de mim etc. Ele usa uma forma de argumento com o fim de convencer a Deus a demonstrar-lhe misericórdia, numa circunstância adicional, porquanto os ímpios haviam assumido mais intensa ousadia, perseguindo-o cruelmente, no afã de convencê-lo de que fora rejeitado e abandonado por Deus. Em sua mais profunda vileza, os homens, como todos sabemos, se tornam mais ousados e audaciosos quando, ao atormentarem o inocente, imaginam que essa é uma questão que não tem absolutamente nada a ver com Deus. Não só se sentem encorajados pela esperança de escapar impunemente, mas também se gabam de que tudo sucederá segundo seus desejos, quando nenhum espetáculo se apresenta para refrear seus perversos desejos. O que sucedeu a Davi, naquele tempo, é quase a experiência comum dos filhos de Deus; ou, seja, que os perversos, quando uma vez acreditam ser da vontade de Deus que seu povo seja exposto diante deles como sua presa, arremetem-se incontrolavelmente com o intuito de fazer-lhe mal. Medindo o favor divino segundo a presente condição dos homens, imaginam que todos quantos ele expõe à aflição são desprezados, abandonados e proscritos de Deus. Tal sendo sua convicção, encorajam e estimulam uns aos outros à prática de todo gênero de suplício e injúria contra os crentes, como pessoas que não têm ninguém que defenda e vingue sua causa. Mas tal procedimento, libertino e insultuoso,[10] de sua parte, deve encorajar nossos corações, já que a glória de Deus requer que as promessas que ele tem feito com tanta freqüência, de socorrer o pobre e aflito, realmente se cumprirão Os ímpios podem iludir-se com a esperança de obter dele o perdão; mas essa louca imaginação de forma alguma alivia a

---

10 "Atqui proterva hæc eorum insultatio." – *v.l.* "Mais cest enragé desdain et outrage." – *v.f.*

iniqüidade de sua conduta. Ao contrário disso, fazem dupla injúria a Deus, extorquindo dele o que especialmente lhe pertence.

12. Ó Deus, não fiques longe de mim. Dificilmente seria possível expressar quão severa e penosa tentação era para Davi, quando estava ciente de que os ímpios nutriam a convicção de que ele fora rejeitado por Deus. Faziam circular essa notícia sem qualquer consideração por ele; mas, depois de haver dado a impressão de terem avaliado sabiamente todas as circunstâncias, apresentaram sua opinião sobre algo que aparentemente estava além de toda e qualquer disputa. Era, pois, uma evidência de heróica coragem da parte de Davi[11] revelar-se superior aos perversos juízos deles e, diante de todos eles, assegurar-se de que Deus ser-lhe-ia gracioso, e assim recorre a ele de forma familiar. Tampouco se deve duvidar que, ao chamar Deus o *meu Deus*, faça uso desse recurso como meio de defender-se dessa agressão impiedosa e grave.

Enquanto invoca o auxílio divino, ele ao mesmo tempo ora [v. 13] para que seus inimigos se encham de ignomínia e sejam consumidos. Tais palavras, contudo, não podem propriamente ser lidas no tempo futuro; pois é freqüentemente o costume de Davi, depois de encerrar sua oração, erguer-se contra seus inimigos e, por assim dizer, triunfar sobre eles. Eu, porém, tenho deduzido aquilo que parece ser mais concorde com o escopo da passagem. Havendo desfrutado de ocasião, em outra parte, de explicar esta imprecação, torna-se-me desnecessário repetir, neste lugar, o que já expressei previamente.

[vv. 14-16]
Eu, porém, esperarei continuamente e aumentarei[12] todos teus louvores.
Minha boca notificará diariamente tua justiça e tua salvação; pois não conheço o número delas. Irei nas forças do Senhor Jehovah! Farei menção de tua justiça, tão-somente dela.

---

11 "Parquoy ç'a este une vertu à David plus qu'humnaine." – *v.f.* "Era, pois, uma coragem mais que humana para Davi."

12 Horsley traduz assim: "'Eu terei acrescentado' ou 'feito uma adição'; literalmente, 'ser feito para ser acrescentado à soma de teu louvor.'" "O sentido é", diz ele, "que as misericórdias, para o salmista, muniriam os servos de Deus com um novo tópico de louvor e ações de graças."

14. Eu, porém, esperarei continuamente. Davi uma vez mais, depois de haver obtido a vitória, prepara-se para as ações de graças. Entretanto, não há dúvida de que ele, durante o tempo em que os ímpios ridicularizaram sua simplicidade, lutou virilmente mergulhado em suas ansiedades, como se pode deduzir da palavra *esperança*. Ainda que, pela aparência externa, não houvesse prospecto algum de ver-se livre de suas tribulações, e ainda que os ímpios não cessassem de arrogantemente lançar desprezo sobre sua confiança em Deus, Davi, não obstante, determinou perseverar no exercício da esperança; ainda quando seja uma genuína prova de fé olhar exclusivamente para a divina promessa a fim de ser guiado tão-só por sua luz em meio às densas trevas das aflições. A força, pois, da esperança da qual Davi fala consiste em ser ele avaliado pelos conflitos que naquele tempo sustentava. Ao dizer: **Aumentarei todos teus louvores**, ele revela a confiança com que antecipou um almejado escape de suas tribulações. É como se dissesse: Senhor, desde muito estou acostumado a receber teus benefícios, e esse novo acesso a eles, não tenho dúvida, me fornecerá novo motivo para celebrar tua graça.

15. Minha boca notificará diariamente tua justiça e tua salvação. Aqui ele expressa mais claramente que gênero de sacrifício de louvor ele resolveu apresentar a Deus, prometendo proclamar continuamente sua justiça e salvação. Tenho tido freqüente ocasião de observar que a *justiça de Deus* não significa aquela propriedade de sua natureza pela qual ele recompensa a justiça de cada um, mas a fidelidade que ele observa em prol de seu próprio povo, quando o nutre, defende e livra. Daí a inestimável consolação que emana de saber que sua salvação é tão inseparavelmente associada com a justiça divina quanto ter a mesma estabilidade com esse atributo divino. *A salvação de Deus*, evidentemente, é aqui considerada no sentido ativo. O salmista conecta essa salvação com justiça como o efeito com a causa; pois sua confiante convicção de obter a salvação procede tão-somente da reflexão de que Deus é justo e que não pode negar-se a si mesmo. Uma vez que havia sido salvo com muita freqüência e de muitas e diversas formas, e tão maravilhosamente, ele se empenha a aplicar-se continuamente à celebração da graça de Deus. A partícula כִּי, *ki*, a qual tenho traduzido *para* ou *por*, é por muitos traduzida adversativamente, *embora* ou *ainda que*, e explicada da seguinte forma: Embora a salvação divina seja para mim incompreensível, e transcenda minha capacidade, todavia a notificarei. A significação própria, porém, da palavra é mais adequada neste lugar, não existindo nada que deva ser mais eficaz em acender e excitar nossos corações a cantar os louvores de Deus do que os imutáveis benefícios que ele nos tem concedido. Embora nossos corações não possam ser afetados por havermos experimentado só um ou dois dos benefícios divinos; embora possam permanecer frios e impassíveis ante alguns deles, todavia nossa ingratidão é inescusável, se não nos despertarmos de nosso torpor e indiferença quando uma inumerável multidão deles nos é profusamente cumulada. Aprendamos, pois, a não provar da bondade divina displicentemente e, por assim dizer, com indisposição, mas a aplicar-lhe todas nossas faculdades em toda sua plenitude, para que nos extasiemos de admiração. É surpreendente como os autores da versão grega nunca pensaram em traduzir assim esta sentença: *Não soube aprender*,[13] erro esse digno de observação, não fosse que alguns fanáticos, nos tempos idos, para gabar-se de sua

---

13 A presente redação da Septuaginta é Οὐκ ἔγνων πραγματείας, "Não conheço as atividades dos homens"; Nobilius, porém, em suas Notas sobre a Septuaginta, observa que em algumas cópias gregas temos γραμματείας, "aprendendo", cuja redação Agostinho faz menção; e como a Vulgata traz "literaturam", "aprendendo", isso torna mais provável que a redação mais antiga da LXX não era πραγματείας, mas γραμματείας. Horsley seguiu a LXX. Ele considera esta cláusula como o início de uma nova setença, e a conecta com o versículo 16, assim: –
"Embora eu não seja proficiente em aprender,
Eu entrarei na posse de [o vassalo de] o grande poder do Senhor Jehovah;
Comemorarei tua justiça."
Na nota de rodapé ele indica João 7.15, "Como sabe este letras, não as tendo aprendido?" e Mateus 13.54, 56; e numa nota adicional, ele diz: "É estranho que Houbigant tratasse uma interpretação com desdém, a qual é apoiada pelas versões LXX, Jerônimo e a Vulgata; a qual as palavras hebraicas naturalmente apoiarão e a qual imprime grande vivacidade ao sentimento." Street traduz
"Embora eu seja ignorante de livros,
procederei com vigor" etc.;
e observa que "a palavra מִסְפָּר significa *número*, mas סֵפֶר, significa *uma epístola, um livro*."

ignorância, se gloriavam de que, segundo o exemplo de Davi, toda cultura e ciências liberais devem ser desprezadas; ainda quando, nos dias atuais, os anabatistas não tenham outro pretexto para vangloriar-se de serem eles pessoas espirituais, mas que são grosseiramente ignorantes[14] de toda e qualquer ciência.

16. Eu irei na força do Senhor Jehovah! Isso também pode ser traduzido com propriedade assim: *Eu irei nas forças*; e esta interpretação não é menos provável do que a outra. Como o medo e a angústia tomam posse de nossas mentes no tempo de perigo, por não refletirmos com aquela atenção profunda e solícita voltada para o poder de Deus, assim o único remédio para aliviar nossa dor, em nossas aflições, é tomar posse das energias de Deus, sabendo que elas nos envolvem e nos defendem de todos os lados. Sou mais propenso a reter a outra redação; porém, que é mais geralmente aceita, visto a mesma ser mais adequada, embora os intérpretes difiram quanto a seu significado. Há quem a explica assim: Eu prosseguirei a batalhar, dependendo do poder de Deus. Isso, porém, é restrito demais. *Ir* é equivalente a continuar numa condição de firmeza, estável e permanente. Os crentes genuínos, deve-se realmente admitir, longe estão de gastar suas energias sem dificuldade e de prosseguir jovialmente em seu curso celestial; ao contrário, eles gemem de exaustão; mas, visto que superam com invencível coragem todos os obstáculos e dificuldades, não se retraindo nem se declinando na reta trajetória, não se desfalecendo um mínimo sequer pelo desespero, por essa conta diz-se que avançam até que tenham chegado ao término de sua trajetória. Em suma, Davi se alegra por jamais decepcionar-se de não haver ainda recebido um sinal do socorro divino. E visto que nada é mais raro ou difícil na presente condição de fraqueza e enfermidade do que continuar perseverando, ele coordena todos seus pensamentos a fim de entregar-se com total confiança, exclusivamente, à justiça divina. Quando ele diz que será atento ***tão-somente*** *a ela*, o sentido é este:

---

14 "Expertes." – *v.l.* "Gros asniers." – *v.f.*

desvencilhando-se de toda confiança corrupta com que quase o mundo inteiro se acha engolfado, ele dependerá totalmente da proteção divina, não se permitindo vaguear seguindo suas próprias imaginações, nem se deixará atrair aqui e acolá por objetos circunjacentes. Agostinho cita este texto mais de cem vezes como um argumento que destrói o mérito das obras, e plausivelmente contrasta a justiça que Deus concede gratuitamente com a justiça meritória dos homens. Entretanto, deve-se confessar que ele torce as palavras de Davi e imprime-lhes um sentido estranho ao seu genuíno significado, o qual é simplesmente este: que ele não confiava em sua própria sabedoria, nem em sua própria habilidade, nem em sua própria força, nem em quaisquer riquezas que porventura possuísse, como base para nutrir a confiante esperança da salvação, mas que a única base sobre a qual repousa essa esperança é esta: como Deus é justo, é impossível que ele o abandone. *A justiça de Deus*, como acabamos de observar, não denota aqui aquele dom gratuito pelo qual ele reconcilia os homens consigo mesmo, ou pelo qual ele os regenera para novidade de vida, mas é sua fidelidade em conservar suas promessas, pelas quais ele pretende mostrar que é justo, reto e veraz para com seus servos. Ora, o salmista declara que somente a justiça de Deus estaria continuamente diante de seus olhos e em sua memória; porque, a menos que mantenhamos nossa mente fixa exclusivamente neste fato, Satanás, que possui portentosos meios pelos quais nos pode iludir, prosseguirá nos desviando após a vaidade. Tão logo as esperanças de diferentes fontes comecem a insinuar-se em nossa mente, nada existe que contenha maior perigo do que sermos conduzidos à apostasia. E qualquer um que, não contente tão-só com a graça de Deus, busca em outra parte um mínimo de socorro, com toda certeza fracassará, e assim servirá de exemplo para que outros aprendam quão fútil é a tentativa de confundir os arrimos do mundo com o socorro divino. Se Davi, ao considerar sua mera condição externa de vida, só pôde permanecer resoluto e bem estabelecido ao renunciar todas as demais confianças e ao lançar-se no seio da justiça divina, que estabilidade – peço-lhe que pondere bem – igualmente teremos, quando a questão é relativa à vida espiritual e eterna, se fracassarmos – que não seja por muito menos! – em nossa dependência da graça de Deus? Portanto, é inegável que a doutrina inventada pelos papistas, a qual divide a obra de perseverança na santidade entre o livre-arbítrio humano e a graça de Deus,[15] precipita as almas miseráveis na destruição.

> [vv. 17-19]
> Ó Deus, tu me tens instruído desde minha juventude; até aqui ensinei tuas maravilhosas obras. E agora, ó Deus, que sou velho e de cabelos brancos, não me abandones até que tenha declarado tua força à geração e teu poder a todos os que ainda virão. E tua justiça, ó Deus, é muito sublime; pois tens feito grandes coisas. Ó Deus, quem é semelhante a ti?

17. Ó Deus, tu me tens instruído desde minha juventude. O salmista declara uma vez mais a imensurável obrigação sob a qual ele se achava diante de Deus por sua benevolência, não só com vistas a estimular-se à gratidão, mas também com vistas a animar-se a prosseguir nutrindo esperança em relação ao futuro; o que notaremos no versículo seguinte. Além disso, visto que Deus nos ensina tanto por palavras quanto por atos, é indubitável que a segunda espécie de ensino é aqui indicada, ou, seja, que a idéia comunicada é que Davi aprendeu, mediante a experiência contínua, ainda desde a tenra idade, que nada é melhor do que descansar inteiramente no Deus verdadeiro. Para que jamais fosse privado dessa verdade prática, ele testifica que fizera grande proficiência nela. Ao prometer que voltaria a publicar as portentosas obras de Deus, seu objetivo em anunciar tal comprometimento era que, por ingratidão sua, não fosse interrompido o curso da beneficência divina.

Quanto à verdade aqui expressa, ele continua a oração que apresenta no versículo 18, para que não fosse esquecido em sua velhice. Eis seu raciocínio: Visto, ó Deus, que desde o início de minha existência

---

15 Isto é, que representa essa obra como realizada em parte por Deus e em parte por um poder que o homem tem em si mesmo derivado de Deus.

me concedeste uma abundância tal de provas de tua bondade, tu não estenderás tua mão para socorrer-me, quando agora me vês tão decadente em decorrência da influência da idade? Aliás, a conclusão é completamente inevitável, a saber, como Deus dignou-se a amar-nos quando éramos criancinhas, e abraçou-nos com sua graça quando éramos juvenis e tem prosseguido sem interrupção a fazer-nos o bem durante todo o curso de nossa vida, ele não pode fazer outra coisa senão perseverar agindo em nosso favor da mesma forma, principalmente no fim [da vida]. Por conseguinte, a partícula גַּם, *gam*, a qual traduzimos por *ainda*, aqui significa *portanto*; sendo o desígnio de Davi, à luz da consideração de que a bondade divina jamais poderá exaurir-se, e que ele não é mutável como os homens, extrair a inferência do fato de Deus ser o mesmo em relação a seu povo em sua velhice, como fora em sua infância. Em seguida corrobora sua oração fazendo uso de outro argumento, ou, seja: se ele fracaçasse ou desfalecesse em sua velhice, a graça de Deus, pela qual fora até então sustentado, ao mesmo tempo logo a perderia de vista. Se porventura Deus nos subtraísse imediatamente sua graça, depois de a termos já provado superficialmente, ela rapidamente se desvaneceria de nossa memória. De igual sorte, fosse ele abandonar-nos no extremo de nossa vida [terrena], depois de haver nos conferido muitos benefícios durante todo esse tempo, sua liberalidade por tal meio seria muitíssimo despojada de seu interesse e atração. Davi, pois, roga a Deus que o assistisse até o fim, para que pudesse recomendar à posteridade o ininterrupto curso da bondade divina e testificar, mesmo em sua própria morte, que Deus nunca decepciona os fiéis que recorrem a ele. Pela expressão, *a geração e os que virão*, ele tem em mente os filhos e os filhos dos filhos a quem a memória da munificência divina não pode ser transmitida a não ser que ela seja perfeita em todos os aspectos e tenha completado seu curso. Ele menciona *força* e *poder* como os efeitos da justiça de Deus. Entretanto, ele deve ser entendido pelo prisma do livramento que esses elementos lhe proporcionaram, no que ele se congratula; como se quisesse dizer que Deus, na maneira como concretizou seu livramento, lhe proporcionara uma manifestação de seu incomparável e auto-suficiente poder.

19. E tua justiça, ó Deus, é muitíssimo sublime.[16] Há quem conecta este versículo com o precedente e, repetindo o verbo *declararei* como sendo comum a ambos os verbos, traduz: *E eu declararei tua justiça, ó Deus!* Sendo isso, porém, uma questão de pequena importância, não insistirei sobre ela. Davi avança em grande extensão na abordagem do tema que previamente afirmara. Em primeiro lugar, ele declara que *a justiça de Deus é muitíssimo sublime*; em segundo lugar, que ela operou prodigiosamente; e, por fim, ele expressa profunda admiração: **Quem é semelhante a ti?** É digno de nota que a justiça divina, cujos efeitos nos cercam e são mui claros, não obstante é colocada na esfera da sublimidade, visto não poder ser compreendida por nossa finita compreensão. Enquanto medimo-la por nosso limitado padrão pessoal, somos esmagados e tragados pela menor tentação. Portanto, a fim de ela dar livre curso a nossa salvação, cabe-nos estender nossa vista de forma ampla e abrangente – olhar para cima e para baixo, para o horizonte longínquo, procurando formar as devidas proporções de sua amplitude. As mesmas observações se aplicam à segunda sentença, a qual faz menção das obras de Deus: **Pois tens feito grandes coisas**. Se atribuirmos a seu notório poder o louvor a ele devido, jamais nos faltará motivo para nutrirmos boa esperança. Por fim, nosso senso da bondade divina se estenderia tanto que nos arrebataria com santa admiração; pois assim virá suceder a nossas mentes que, amiúde distraídas por profana inquietude, repousarão em Deus somente. Se alguma tentação se assenhoreia de nós, imediatamente lhe damos a amplitude de um elefante; ou, melhor, escalamos todas as altas montanhas, as quais impedem a mão divina de alcançar-nos; e ao mesmo tempo com vileza restringimos o pode de Deus. A exclamação de Davi, pois, *Quem é semelhante a ti?* se destina a ensinar-nos uma lição, a

---

16 "Usque in excelsum." – v.l. "Est eslevee jusques en haut." – v.f. אד מרום, ad marom – subir para o lugar exaltado – chegar até o céu. A misericórdia divina enche todo espaço e lugar. Ela coroa nos céus o que governou na terra." – Dr. Adam Clarke.

saber: que se faz mister que forcemos nossa via de acesso, pela fé, rompendo todo impedimento, e consideremos o poder de Deus o qual tem todo o direito de ser respeitado como superior a todos os obstáculos. Todos os homens, aliás, confessam com a boca que ninguém é semelhante a Deus; mas raramente há um entre centenas que se sente real e plenamente convencido de que ele é o único suficiente para salvar-nos.

[vv. 20-24]
Tu me tens feito ver grandes e dolorosas angústias; voltando, porém, me vivificarás, e, voltando,[17] me levantarás das regiões profundas da terra.[18] Tu multiplicarás minha grandeza; e, voltando, consolar-me-ás. Eu também te louvarei, ó Deus, com o saltério, por tua verdade; cantar-te-ei com a harpa, ó Santo de Israel! Quando cantar-te, meus lábios se deleitarão, e minha alma que redimiste. Minha língua também declarará diariamente tua justiça; pois os que buscam meu mau se confundirão e se envergonharão.

20. Tu me tens feito ver grandes e dolorosas angústias. O verbo *ver*, como é bem notório entre os hebreus, se aplica também a outros sentidos. Por conseguinte, quando Davi se queixa de que calamidades lhe haviam sido *mostradas*, sua intenção é dizer que as havia sofrido. E como ele atribui a Deus o louvor dos livramentos que obtivera, assim, em contrapartida, reconhece que todas as adversidades que suportara lhe foram infligidas de conformidade com o conselho e vontade de Deus. Antes devemos considerar, porém, o objetivo que Davi tinha em vista, ou, seja, tornar, à guisa de comparação, a graça de Deus o mais proeminente possível, lembrando quão duramente havia sido tratado. Houvera sempre desfrutado de uma invariável trajetória de prosperidade, sem dúvida teria sobejos motivos de regozijar-se; mas, nesse caso, ele não haveria experimentado o que significa ser libertado da destruição pelo estupendo poder de Deus. Seria preferível sermos humilhados mesmo à vista dos portões da morte para que Deus seja

---

17 "Et te retournant, estant appaisé." – *v.f.* "E, retornando, estando apaziguado."
18 "*Os abismos da terra*, expressão da mais baixa condição de miséria e sofrimento." – *Hewlett*.

visto como nosso libertador. Visto que nascemos sem pensamento e entendimento, nossa mente, durante a primeira parte de nossa vida, não é suficientemente impressa com o senso do Autor de nossa existência; mas quando Deus vem em nosso socorro, quando nos vemos em condição de desespero, tal ressurreição se nos afigura como um brilhante espelho do qual se vê refletida sua graça. É assim que Davi amplifica a bondade divina, declarando que, embora mergulhados num abismo sem fundo, não obstante Deus de lá nos arranca com sua bendita mão e somos restaurados à luz. E ele se gloria não só de haver sido preservado perfeitamente a salvo pela graça de Deus, mas de haver também sido alcançado a mais sublime honra – mudança essa que era, por assim dizer, a coroação de sua restauração, e era como se fora elevado do inferno em direção ao mais alto céu. O que ele reitera pela terceira vez, com respeito à *volta de Deus*, é um enaltecimento da Providência divina, idéia essa que ele pretende comunicar, a saber, que nenhuma adversidade lhe sobreveio por acaso, como se faz evidente à luz do fato de sua condição se reverter tão logo o favor divino se lhe manifestou.

22. Eu também, ó meu Deus, te louvarei. Uma vez mais ele se prorrompe em ações de graças; pois estava cônscio de que o desígnio divino, ao socorrer liberalmente a seus servos, era para que sua bondade fosse celebrada. Ao pretender empregar *o saltério* e *a harpa* em tal exercício, sua alusão é ao costume geralmente prevalecente de seu tempo. Cantar os louvores de Deus ao som da harpa e do saltério inquestionavelmente formava uma parte do aprendizado da lei e do serviço de Deus sob aquela dispensação de sombras e figuras; mas não devem agora ser usadas nas ações de graças públicas. Nós, aliás, não somos proibidos de usar, em particular, instrumentos musicais, mas eles são banidos das igrejas pelo claro mandamento do Espírito Santo, quando Paulo, em 1 Coríntios 14.13, estabelece como regra invariável que devemos louvar a Deus e orar a ele tão-somente em língua conhecida. Pela palavra *verdade* o salmista tem em mente que a esperança que depositara em Deus foi galardoada, quando Deus o preservou em meio aos perigos. As promessas de Deus, bem como sua fidelidade em cumpri-las, estão inseparavelmente jungidas. A não ser que dependamos da palavra de Deus, todos os benefícios que ele nos confere nos serão insípidos ou sem proveito; nem jamais nos impelirá à oração ou às ações de graças, caso não sejamos previamente iluminados pelo palavra divina. Tanto mais revoltante, pois, é a insensatez desse homem diabólico, Serveto, que ensina ser pervertida a regra de louvar caso a fé esteja fixa nas promessas; como se pudéssemos ter algum acesso à presença de Deus somente quando ele nos convida, com sua própria voz, a nos chegarmos a ele.

23. Meus lábios se deleitarão[19] quando cantar a ti. Neste versículo Davi expressa mais distintamente sua resolução de dar graças a Deus, não hipocritamente, nem de forma superficial, mas envolvendo-se com empenho não fingido nesse exercício religioso. Pelas figuras que ele introduz, em termos breves nos ensina que louvar a Deus seria a fonte de seu maior prazer; e assim ele indiretamente censura a hilaridade profana daqueles que, esquecendo-se de Deus, limitam suas congratulações a sua própria prosperidade. O escopo deste último versículo visa ao mesmo propósito, implicando que nenhuma alegria lhe seria deleitável e desejável senão aquela conectada com os louvores de Deus, e que celebrar os louvores de seu Redentor lhe propiciaria a maior satisfação e deleite.

---

19 "A palavra original, רנן, expressa um movimento vigoroso, vibratório, como o dos lábios quando se canta com aparência jovial ou o som provocado pelos pés na dança. Daí, figuradamente, significa *regozijar-se* ou *exultar*. Nesta passagem, ela pode ser entendida, literalmente, de *os lábios* e, figuradamente, da alma.

Salmo 72

Davi, neste Salmo, ora a Deus, no nome de toda a Igreja, em prol da contínua prosperidade do reino que lhe fora prometido, e nos ensina, ao mesmo tempo, que a verdadeira felicidade dos santos consiste em serem eles colocados sob o governo de um rei que tomou assento no trono pela designação celestial.

De Salomão.[1]

À luz da inscrição deste Salmo, não podemos determinar quem foi seu autor. Visto dizer-se expressamente, no final, ser ele as últimas orações de Davi, é mais provável tenha sido composto por ele do que por Salomão, seu sucessor.[2] Entretanto, pode-se conjeturar que Salomão reduziu a oração de seu pai numa medida poética para fazê-la mais geralmente conhecida e introduzi-la mais extensivamente ao uso entre o povo – conjetura essa não impossível. Visto, porém, que a letra ל, *lamed*, possui muitas significações no hebraico, ela pode ser

---

1 "Ou, pour Solomon." – *n.m.f.* "Ou, para Salomão." O prefixo ל, *lamed*, pode ser traduzido ou *de* ou *para*.

2 A isso pode acrescentar-se, como Dathe observa, que "Salomão não poderia, sem a imputação de vaidade, haver predito em tais acordes a glória de seu reino, a admiração com que seria considerado por outras nações e a felicidade de seus súditos, oriundo de sua prudência e virtude." O mesmo escritor acrescenta: "Mas quando Davi, ou o autor inspirado, seja lá quem for, predisse a prosperidade do reino de Salomão, a promessa dada (2Sm 7) de que o maior e melhor dos reis, que estava para surgir da família de Davi, parece ter surgido em sua mente. Essa é a razão de ser a descrição apresentada, em vários aspectos, mais adequada para o reinado do Messias do que para o reinado de Salomão."

explicada como a denotar que este Salmo foi composto por Salomão ou em menção a ele. Se tal for admitido, deve-se observar que, sob a pessoa de um homem, há envolvido o estado do reino através de eras sucessivas. Depois de haver cuidadosamente pesado toda a questão, estou disposto a aquiescer à conjetura de que as orações às quais Davi deu expressão em seu leito mortuário foram reduzidas por seu filho na forma de um Salmo, com vistas a que fosse o mesmo guardado em memória eterna. Para indicar a grande importância de sua oração, e para induzir os fiéis com a maior solicitude possível a unir suas orações com a memorável oração desse santo rei, acrescenta-se expressamente que esta foi a última que ele pronunciou. Visto que Salomão nada mais fez do que elaborar no estilo de poesia a matéria a que seu pai deu expressão, Davi deve ser considerado como o principal autor desta inspirada composição. Os que o interpretariam simplesmente como uma profecia do reino de Cristo parecem elaborar uma construção nas palavras que lhes fazem violência; e então se precaveriam sempre de dar aos judeus ocasião de apresentar seu protesto, como se nosso propósito fosse, sofisticamente, aplicar a Cristo as coisas que não lhe dizem respeito diretamente. Como Davi, porém, que fora ungido rei pela ordenação divina, sabia que os termos sobre os quais ele e sua posteridade possuíam o reino consistiam em que o poder e domínio por fim viriam a Cristo; e como ele sabia ainda que o bem-estar temporal do povo, no momento, estava compreendido nesse reino, como era mantido por ele e sua posteridade, e que dele, que era apenas um tipo ou sombra, procederia por fim algo muito superior – ou, seja, a felicidade espiritual e eterna; conhecendo, como conhecia, tudo isso, ele com razão fez da perpétua duração desse reino o alvo de sua mais intensa solicitude, e orou com a mais profunda ansiedade em seu favor – reiterando sua oração em seus últimos momentos, com vistas a distintamente testificar que, de todas suas preocupações, esta era a maior. O que aqui se diz de *domínio eterno* não pode limitar-se a um só homem, ou a uns poucos, nem mesmo a uns vinte séculos, mas realça-se a sucessão que tinha sua concretização final e completa em Cristo.

[vv. 1-6]
Ó Deus, dá ao rei teus juízos, e ao filho do rei, tua justiça. Ele julgará teu povo com justiça e teus pobres com juízo. As montanhas trarão paz ao povo e as colinas, justiça.³ Ele julgará os pobres dentre o povo; ele salvará os filhos dos aflitos; e quebrará em pedaços o caluniador. Eles te temerão com o sol; e geração de gerações te⁴ temerão na presença da lua. Ele descerá como chuva sobre a grama roçada; como as chuvaradas⁵ que umedecem a terra.

1. Ó Deus, dá ao rei teus juízos.⁶ Embora Davi, a quem a promessa fora feita, em sua morte afetuosamente encomendou a Deus seu filho, que o sucederia em seu reino, indubitavelmente compôs a forma comum de oração, para que os fiéis, convencidos da impossibilidade de serem prósperos e felizes, exceto sob uma liderança, quis mostrar todo respeito e render toda obediência a essa legítima ordem de coisas, e também para que desse reino típico pudessem ser conduzidos a Cristo. Em suma, eis uma oração em resposta da qual Deus muniria o rei a quem escolhera com o espírito de retidão e sabedoria. Pelos termos *justiça* e *juízo* o salmista tem em mente uma administração governamental apropriada e bem regulamentada, a qual ele contrasta com a licenciosidade tirânica e desenfreada dos reis pagãos, os quais, desprezando a Deus, governam em consonância com os ditames de sua própria vontade; e assim o santo rei de Israel, que fora ungido para seu ofício por designação divina, se distingue dos demais

---

3 Na Septuaginta, *justiça* é conectada com o versículo seguinte – "Com justiça ele julgará os pobres do povo." Dr. Adam Clarke considera esta como sendo uma divisão correta.

4 "*Te craindra*", "*te temerão*", é um suplemento na versão francesa. Não existe suplemento na versão latina.

5 "Comme les pluyes drues et longues." – *v.f.* "Como os chuviscos abundantes e prolongados."

6 "Em outros lugares, os eventos que Deus mesmo faz acontecer ao defender os justos e ao castigar os ímpios são chamados *seus juízos*, como no Salmo 36.7; mas os estatutos promulgados por Deus para a regulamentação da conduta humana são também intitulados *seus juízos*. Nesse sentido, os juízos e as leis de Deus podem ser considerados como termos sinônimos (Sl 119.20, 30, 39, 52, 75). A cláusula é com razão explicada por Jarchi: '*O conhecimento dos juízos* – ter conhecimento das regras particulares do direito – *que tens ordenado na lei*.' A explicação dada por Kimchi é também adequada: 'Para que não erre ao divulgar sentenças, dar-lhe conhecimento e entendimento, para que ele julgue com juízo e justiça'." – *Rosenmüller on the Messianic Psalms, Biblical Cabinet*, vol. XXXII. pp. 232, 233.

reis terrenos. À luz das palavras descobrimos, a propósito, que nenhum governo no mundo pode ser treinado corretamente senão sob a administração de Deus e pela diretriz do Espírito Santo. Se os reis possuíssem em si mesmos recursos suficientemente copiosos, não haveria nenhum propósito em Davi haver buscado outros, por meio de oração, se ele já estivesse suprido de seus próprios recursos. Mas ao requerer que a justiça e o juízo divinos fossem dados aos reis, ele lembra-lhes que ninguém está tão pronto a ocupar uma tão elevada condição, exceto na medida em que se adestrarem para ela pela mão divina. Por conseguinte, nos Provérbios de Salomão [8.15], a *Sabedoria* proclama aos reis que tomem posse dela para que possam reinar. Tampouco se deve admirar, ao considerarmos que o governo civil é uma instituição tão excelente que Deus requer que o reconheçamos como seu Autor, e reivindica para si todo o louvor dele. Mas é mister que desçamos do geral para o particular; porque, visto ser a obra peculiar de Deus estabelecer e manter um governo justo no mundo, fazia-se-lhe muito mais necessário comunicar a graça especial de seu Espírito para a manutenção e preservação daquele sacro reino, o qual escolhera ele em preferência a todos os demais. Pelo termo, *filho do rei*, Davi, sem dúvida, quer dizer seus sucessores. Ao mesmo tempo, seus olhos estão voltados para esta promessa: "Do fruto de teu ventre, porei sobre teu trono" [Sl 132.11]. Não obstante, nenhuma estabilidade tal como indicada nesta passagem se encontrou nos sucessores de Davi, até que Cristo viesse. Sabemos que, depois da morte de Salomão, a dignidade do reino decaiu; e desde esse tempo sua riqueza tornou-se reduzida, ao ponto de o povo ser levado para o cativeiro, morte ignominiosa ser infligida sobre seu rei e o reino envolver-se em ruína total. E mesmo depois de seu regresso de Babilônia, sua restauração não foi tal que os inspirasse com alguma esperança mais alentadora, até que, por fim, Cristo brotasse do tronco murcho de Jessé. Portanto, ele se mantém como a cabeça de ponte no meio dos filhos de Davi.

2. Ele julgará teu povo com justiça. Há quem lê isso na forma de um desejo – *Oh, que julgue* etc. Outros retêm o tempo futuro; e assim se converte em profecia. Nós, porém, nos aproximamos muito mais da interpretação correta, entendendo que algo intermediário deve estar implícito. Tudo quanto se expressa depois, concernente ao rei, é oriundo da suposição de que a bênção solicitada em oração, no primeiro versículo, lhe é conferida – a partir da suposição de que ele é adornado com justiça e juízo. A oração, pois, deve ser explicada assim: Que nosso rei governe, ó Deus, que ele julgue. Ou, assim: Quando houveres concedido ao rei tua justiça, então ele julgará com retidão. Governar bem uma nação é um dote muitíssimo excelente para levar a terra ao desenvolvimento; mas o governo espiritual de Cristo, por meio do qual todas as coisas são restauradas à perfeita ordem, deve ser muito mais considerado como um dom do céu. Na primeira sentença do versículo, Davi fala de todo o povo em geral. Na segunda sentença, ele expressamente menciona *os pobres*, os quais, em virtude de sua pobreza e impotência, são carentes do auxílio de terceiros, e em prol de cuja causa os reis são armados com a espada com o fim de garantir-lhes compensação quando injustamente oprimidos. Daí, também, procede *a paz*, da qual se faz menção no terceiro versículo. Sendo o termo *paz* empregado entre os hebreus para denotar não só *descanso* e *tranqüilidade*, mas também *prosperidade*, Davi nos ensina que o povo desfrutará de prosperidade e felicidade quando as atividades da nação forem administradas segundo os princípios de justiça. *A produção da paz* é uma expressão figurada extraída da fertilidade da terra.[7] E quando se diz que *as montanhas* e *as colinas produzirão paz*,[8] o significado consiste em que nenhum recanto será encontrado no país em que ela não prevaleça, nem mesmo as partes menos auspiciosas, indicadas pelas montanhas, as quais comumente são estéreis ou, pelo menos, não produzem frutos com tanta exuberância como se dá nos

---

7 Como a terra produz frutos, assim as montanhas produzirão paz. A mesma figura é usada no Salmo 85.12, onde se diz: "e nossa terra dará seu fruto".

8 Dathe e Boothroyd assumem outro ponto de vista. Segundo eles, a alusão é ao costume que nos tempos antigos prevalecia no oriente, ou, seja, de anunciar as boas e as más notícias do alto dos montes ou outros lugares altos; por meio do quê, atos de justiça eram expeditamente comunicados às partes mais remotas do país. A mesma imagem é usada em Isaías 40.9.

vales. Além disso, tanto a palavra *paz* quanto a palavra *justiça* são conectadas com cada sentença do versículo, e devem ser reiteradas[9] duas vezes, sendo que a idéia que se pretende comunicar é que a paz por meio da justiça[10] seria difundida por todas as partes do mundo. Há quem lê simplesmente *justiça*, em vez de *com justiça*, pressupondo ser a letra ב, *beth*, aqui, uma redundância, o que, entretanto, não parece ser o caso.[11]

4. Ele julgará os pobres dentre o povo. O poeta prossegue em sua descrição do propósito e fruto de um governo justo, e esclarece em maior extensão o que havia em termos breves expresso concernente aos aflitos dentre o povo. Não obstante, é uma verdade que precisamos ter em mente, ou, seja, que é tão-somente pela graça divina que os reis podem manter-se dentro de certos limites da justiça e eqüidade; pois quando não se deixam governar pelo Espírito de justiça, procedente do céu, seu governo se converte num sistema de tirania e extorsão. Visto que Deus prometera estender seu cuidado aos pobres e aflitos no seio de seu povo, Davi, como argumento para reforçar a oração que ora apresenta em favor do rei, mostra que a concessão de tal cuidado se destina ao conforto dos pobres. Deus, aliás, não tem respeito por classe de pessoas; mas não é sem razão que Deus exerça um cuidado especial mais pelos pobres do que pelos demais, visto que estes vivem expostos a injúrias e violência. Se as leis e a administração da justiça forem retiradas, a conseqüência será esta: quanto mais

---

9 Ou, seja, devemos ler assim: "As montanhas produzirão paz para o povo com justiça; e as colinas produzirão paz para o povo com justiça."

10 "Paz por meio da justiça." Calvino considera o salmista a representar a paz como um fruto ou efeito natural da justiça. Tal é também a interpretação de Rosenmüller: "'E *as colinas produzirão paz com justiça, ou por causa da justiça.*' *Justiça* e *paz* são atreladas como causa e efeito. Quando a iniqüidade ou injustiça prevalece, miséria generalizada é a conseqüência; e, ao contrário disso, a prevalecência da justiça é seguida pela felicidade geral. O sentido da cláusula consiste em que a felicidade reinará por toda a terra pelo fato de o povo ser governado com eqüidade."

11 Rosenmüller, de modo semelhante, faz objeção a essa redação. "Alguns expositores", diz ele, "consideram o prefixo ב, *beth*, como sendo redundante, ou como denotando que o substantivo está no caso acusativo; e que a cláusula pode ser traduzida assim: *E as colinas produzirão justiça*. Noldius, em sua concordância, adiciona várias passagens como exemplos de uma construção similar; mas parecem, todas elas, ser construídas sobre um princípio diferente."

poderoso for um homem, mais capaz será ele de oprimir seus irmãos pobres. Davi, pois, menciona particularmente que o rei será o defensor daqueles que só poderão estar a salvo sob a proteção do magistrado, e declara que será seu vingador quando forem vítimas de injustiça e erro. A frase *os filhos dos aflitos* substitui *os aflitos*, uma expressão idiomática muitíssimo comum entre os hebreus, e uma forma semelhante de expressão é às vezes usada pelos gregos, como quando dizem υἱους ἰατρων, *os filhos dos médicos*, em lugar de *os médicos*.[12] Mas, como o rei não pode cumprir o dever de socorrer e defender os pobres, o qual Davi lhe impôs, a menos que coíba os perversos pela autoridade e pelo poder da espada, acrescenta-se com razão, no final do versículo, que quando a justiça reina, os *opressores* ou *extorsores serão feitos em pedaços*. Seria estultícia esperar que entrem em acordo. Têm de ser reprimidos pela espada, para que sua audácia e perversidade sejam impedidas de avançar em maior extensão. Portanto, um dos requisitos de um rei é que ele seja *sábio* e esteja resolutamente preparado a refrear com eficiência os violentos e injuriosos, a fim de que os direitos dos humildes e ordeiros sejam preservados incólumes. Portanto, ninguém estará pronto para governar um povo senão quando tiver aprendido a ser rigoroso se o caso o demandar. A licenciosidade inevitavelmente prevaleceria sob um soberano efeminado e inativo, ou mesmo sob alguém de disposição por demais gentil e condescendente. Há muita verdade no antigo dito, de que é pior viver sob um príncipe para cuja clemência tudo é lícito, do que sob um tirano para o qual não há absolutamente liberdade alguma.

5. Eles te temerão com o sol. Se isso pode ser lido como uma apóstrofe, ou mudança de pessoa, então pode com propriedade e sem violência ser entendido como sendo a pessoa do rei, implicando que os ornamentos ou distinções que primordialmente asseguram a um soberano a reverência de seus súditos é o mesmo que imparcialmente

---

12 Muitos exemplos desse hebraísmo poderia ser citado. Em Eclesiastes 10.17, "filho de nobres" substitui "uma pessoa nobre"; no Salmo 18.45, *filhos de estranhos*, em lugar de *estranhos*; e, em muitas passagens, *filhos* ou *filhos dos homens*, simplesmente considerados.

assegurar a cada pessoa a posse de seus próprios direitos, e em manifestar seu espírito humanitário em todo tempo solidário em socorrer os pobres e miseráveis, tanto quanto um espírito rigorosamente determinado a subjugar a audácia dos perversos. Será mais apropriado, porém, sem mudança de pessoa, explicá-lo como uma referência a Deus mesmo.[13] A preservação da eqüidade mútua entre os homens é uma bênção inestimável; o serviço divino, porém, é mui digno de ser preferível mesmo àquela. Davi, portanto, mui apropriadamente nos recomenda os benditos frutos de um governo santo e justo, ao dizer-nos que ele introduzirá em suas fileiras a verdadeira religião e o temor de Deus. E Paulo, quando nos ordena em 1 Timóteo 2.2 a orarmos pelos reis, faz expressa menção do que devemos ter em vista em nossas orações, ou, seja, "para que vivamos vida tranqüila e pacífica com toda piedade e honestidade". Como não há o menor risco, caso o governo civil viesse a ser subvertido, de a religião ser destruída e o culto divino ser aniquilado, Davi suplica a Deus que tenha consideração por seu próprio nome e glória na preservação do rei. Com esse argumento, ele prontamente lembra aos reis seus deveres, e estimula o povo a orar; porquanto não podemos ser melhor empregados do que dirigindo todos nossos desejos e orações em prol do avanço do serviço e honra pertencentes a Deus. Quando chegamos a Cristo, isso é muito mais legitimamente aplicável a ele, sendo a verdadeira religião estabelecida no reino e em nenhuma outra parte. E certamente Davi, ao descrever o culto ou o serviço devidos a Deus como que continuando até o fim do mundo, notifica, a propósito, que ele se eleva em pensamento àquele reino eterno que Deus prometera: **Eles te temerão com o sol; e geração de gerações te temerão na presença da lua.**[14]

---

13 "O poeta, nesta cláusula, se dirige a Deus; não ao rei, de quem sempre fala na terceira pessoa. O sentido é que esse rei estabeleceria e preservaria entre seus súditos a verdadeira religião – o culto divino sem corruptela. Michaelis, sobre esta passagem, com razão observa que tal coisa não poderia, sem excesso de lisonja, ser dito de Salomão." – *Dathe*.
14 "Com o sol" e "na presença da lua" são expressões idiomáticas hebraicas, designando a eternidade do reino do Messias. 'Venerar-te-ão com o sol, e na presença da lua'; ou, seja, assim como o sol brilha, e é sucedido pela lua, ou enquanto o sol e a lua continuam fornecendo luz – numa pala-

6. Ele descerá como a chuva sobre a relva roçada. Essa comparação pode parecer, à primeira vista, um tanto abrupta; mas ela elegante e contrariamente expressa a grande vantagem que se deriva de toda boa e eqüitativa constituição de um reino. Bem sabemos que os prados são roçados no início do verão, quando o calor prevalece; e que a terra não embebida de nova umidade pela carência chuva, até mesmo as próprias raízes da pastagem se secavam em virtude do estado estéril e ressequido do solo. Davi, pois, nos ensina que, como Deus defende a terra do calor do sol, regando-a, assim ele, de igual modo, provê o bem-estar de sua Igreja e a defende sob o governo do rei. Essa predição, porém, recebeu seu mais elevado cumprimento em Cristo que, destilando sobre a Igreja sua secreta graça, a faz frutífera.

[vv. 7-11]
Em seus dias, o justo florescerá; e haverá abundância de paz enquanto durar a lua.[15] Ele exercerá domínio de mar a mar, e desde o rio até os confins da terra. Os habitantes do deserto se curvarão diante dele; e seus inimigos lamberão o pó. Os reis de Társis e das ilhas trarão presentes; os reis de Sabá e de Seba oferecerão uma dádiva. E todos os reis se prostrarão diante dele; todas as nações o servirão.

7. Em seus dias, o justo florescerá. Torna-se-me desnecessário reiterar com freqüência o que já uma vez afirmei, ou, seja, que todas essas frases dependem do primeiro versículo. Davi, portanto,

---

vra, para sempre. Compare-se o versículo 7, onde a mesma idéia é expressa, apenas de uma forma ligeiramente diferente – *até que não haja lua*. Salmo 89.37: 'Será estabelecido para sempre como a lua e como uma testemunha fiel no céu.' A palavra לפני [traduzida *na presença de*], nesta passagem, deve ser entendida no mesmo sentido de Gênesis 11.28, *Mortuus est Haran*, על־פני, *coram facie* Terah; 'E Harã morreu diante da face de Terá', isto é, enquanto Terá ainda vivia. Daí, no Salmo 102.29, onde לפניך, *coram te*, 'diante de ti', é usada em referência a Deus – a versão Alexandrina traz εἰς αἰῶνας, 'para sempre'. Aqui o sentido é expresso nas palavras imediatamente seguintes, דור דורים, *generatio generationum*, 'uma geração de gerações' te venerará; em outros termos, através de todas as gerações, ou durante uma série contínua de anos, os homens celebrarão teu feliz e glorioso reinado." *Rosenmüller*. Calvino também traz דור דורים, "geração de gerações", no caso nominativo. Os tradutores de nossa Bíblia inglesa completam com a preposição ל, *lamed*, ficando assim: "através de todas as gerações." Em ambos os casos, porém, o significado é o mesmo.

15 Literalmente, "até que a lua não exista"; até o fim do mundo – para sempre.

orou para que o rei fosse adornado com justiça e juízo; para que florescesse e fizesse próspero o povo. Esta predição recebe seu mais elevado cumprimento em Cristo. Era, aliás, o dever de Salomão manter a justiça; o ofício próprio de Cristo, porém, é fazer justos os homens. Ele não só dá a cada um o que é propriamente seu, mas também renova seus corações pela agência de seu Espírito. Por esse meio ele faz regressar a justiça do exílio, por assim dizer, do contrário ela seria completamente banida do mundo. O regresso da justiça resulta no estabelecimento da bênção divina, pela qual Deus faz com que todos seus filhos se alegrem, fazendo-os perceber que, sob seu Rei, Cristo, faz-se toda provisão para que desfrutem de toda forma de prosperidade e felicidade. Se porventura alguém preferir tomar a palavra *paz* em sua significação própria, e mais restrita, não faço objeção alguma. E com toda certeza, para a consumação de uma vida feliz, nada é mais desejável do que a paz; pois em meio aos tumultos e intrigas da guerra, os homens quase não derivam nenhum benefício do fato de possuírem abundância de todas as coisas, quando ela é então devastada e destruída. Além do mais, quando Davi representa a vida do rei como a prolongar-se até o fim do mundo, isso mostra mas claramente que ele não só tem em mente seus sucessores que ocupariam o trono terreno, mas também se eleva até Cristo que, ao ressurgir dos mortos, obteve para si mesmo vida e glória celestiais, para que pudesse governar sua Igreja para sempre.

8. Ele terá domínio de mar a mar. Visto que o Senhor, quando prometeu a seu povo a terra de Canaã por herança, designou-lhe essas quatro fronteiras [Gn 15.18], Davi informa que, enquanto o reino continuasse a existir, a posse da terra prometida seria total, com o intuito de ensinar aos fiéis que a bênção divina não pode ser plenamente compreendida a não ser quando esse reino florescesse. Ele, pois, declara que exercerá domínio desde o Mar Vermelho, ou desde aquele braço marítimo do Egito até o mar da Síria, o qual chama-se o Mar dos Filisteus,[16] e também desde o rio Eufrates até ao grande deserto.

---

16 Ou Mediterrâneo.

Caso alguém objete, dizendo que limites tão estreitos não correspondem ao reino de Cristo, o qual se estenderia desde o nascente do sol até ao poente dele, respondemos que Davi, obviamente, acomoda sua linguagem a seu próprio tempo, não sendo ainda a amplitude do reino de Cristo, como agora, plenamente exibido. Portanto, ele começou sua descrição na fraseologia bem conhecida e em uso familiar sob a lei e os profetas; e ainda o próprio Cristo iniciou seu reino dentro dos limites aqui demarcado antes que o mesmo penetrasse as fronteiras mais extremas da terra; como se expressa no Salmo 110.2: "O Senhor enviará o cetro de tua fortaleza desde Sião." Mas, logo depois, o salmista continua falando da extensão ampliada do império desse rei, declarando que os reis dalém mar também serão tributários dele; e também que os habitantes do deserto aceitarão seu jugo. A palavra ציים, *tsiim*,[17] a qual traduzimos por *habitantes do deserto*, não tenho dúvida de que deve estar implícito os que, residindo mais ao sul, viviam bem distantes da terra de Canaã. O profeta imediatamente acrescenta que **os inimigos do rei lamberão o pó** em sinal de sua reverência. Essa, como se sabe muito bem, era nos tempos antigos a cerimônia costumeira entre as nações do Oriente; e Alexandre o Grande, depois de conquistar o Oriente, quis compelir seus súditos a praticá-la, tentativa essa que suscitou grande insatisfação e contendas, recusando-se os macedônios desdenhosamente a dobrar-se a tal servidão e degradante estigma de sujeição.[18] O significado, pois, consiste em que o rei escolhido por Deus na

---

17 ציים, *tsiim*, procede de ציה, *tsiyah*, *uma região seca e abrasada, um deserto*. Rosenmüller a traduz assim: *as nações rudes*. "A palavra ציים", diz ele, "parece significar tribos rudes, bárbaras; os habitantes dos lugares desérticos – das regiões vastas e incógnitas. Esse sentido parece ser mais adaptável, tanto aqui quanto no Salmo 74.14. Daí ser usado em Isaías 13.21; 34.14; Jeremias 1.39 para animais –, bestas selvagens que habitam selvas e desertos." A LXX a traduz por Ἀιθίοπες, "os etíopes"; e de igual modo as versões Vulgata, Etiópica e Arábica. Boothroyd é de opinião que podem subtender-se aqui os árabes selvagens.

18 Os reis da Pérsia nunca admitiam alguém a sua presença sem impor tal ato de adoração, e foi esse costume persa que Alexandre quis introduzir entre os macedônios – *Rollin's Ancient History*, vol. IV. p. 288. Tal costume é ainda existente entre os turcos. Assim que um embaixador vê o sultão, ele cai sobre seus joelhos e beija o chão.

Judéia alcançaria vitória tão completa sobre seus inimigos, longínqua e ampla, que viriam humildemente prestar-lhe homenagem.

10. Os reis de Társis e das ilhas trarão presentes. O salmista continua ainda, como no versículo precedente, falando da extensão do reino. Os hebreus aplicam a designação *Társis* a toda a costa que olha para a Cilícia. Pela expressão, *as ilhas*, portanto, denota-se toda a costa do Mar Mediterrâneo, desde a Cilícia até a Grécia. Como os judeus, contentando-se com as comodidades de seu próprio país, não empreendiam viagens a países distantes, como faziam as demais nações; Deus, havendo expressamente requerido deles que se confinassem dentro dos limites de seu próprio país, para que não se corrompessem pelos costumes estrangeiros, costumavam, em conseqüência disso, aplicar o designativo *ilhas* aos países que ficavam no outro lado do mar. Aliás, admito que Chipre, Creta e outras ilhas eram compreendidas por tal designativo; mas também sustento que ele se aplica a todos os territórios que ficavam situados para além do Mar Mediterrâneo. Pelos termos מנחה, *minchah, um presente*, e אשכר, *eshcar, um donativo* ou *dom*, deve-se entender qualquer tributo ou direito alfandegário, e não oferendas voluntárias; pois ele está falando de inimigos vencidos e da marca ou sinal de sua sujeição. Tudo indica que neste lugar tais termos foram usados intencionalmente a fim de mitigar o opróbrio que tal marca de sujeição provocava;[19] como se o escritor inspirado indiretamente reprovasse quem defraudava seus reis de seus fiscos. Por שבא, *Sheba*, há quem pensa ser a Arábia; e por סבא, *Seba*, a Etiópia. Há outros, contudo, que, pelo primeiro termo, entendem toda aquela parte do Golfo da Arábia que vai para a África; e, pelo segundo, que é escrito com a letra ס, *samech*, o país dos sabeus,[20]

---

19 מנחה, *minchah*, significa propriamente uma *oferta amigável*; e אשכר, *eshcar*, um *presente de compensação* feito em virtude de benefícios recebidos – uma dádiva que uma pessoa presenteia como emblema de gratidão. – Veja-se Apêndice.

20 Supõe-se ficar na Arábia Félix. "A Septuaginta traz: 'Os reis dos árabes e dos sabeus trarão ofertas.' De sorte que, provavelmente, Seba fosse o nome geral da Arábia; e Sabá, ou Sabæa, fosse aquela província específica dele chamada Arábia Félix, ficando ao sul, entre o Golfo Pérsico e o Mar Vermelho." – *Hewlett*.

país esse muito prazenteiro e fértil. Essa opinião é provavelmente das duas a mais correta. É desnecessário aqui observar quão insensatamente esta passagem tem sido torcida na Igreja de Roma. Incensam este versículo como sendo ele uma referência aos filósofos ou sábios que foram adorar a Cristo; como se, aliás, estivesse no poder dos filósofos fazer reis num piscar de olhos; e, além disso, o direito de mudar os quatro cantos do mundo, fazendo que o leste seja o sul ou o oeste.

11. E todos os reis se prostrarão diante dele. Este versículo contém uma afirmação muito distinta da verdade: para que o mundo todo seja conduzido em sujeição à autoridade de Cristo. O reino de Judá inquestionavelmente nunca floresceu mais do que sob o reinado de Salomão; mas ainda assim houve apenas um pequeno número de reis que lhe prestaram homenagem, e a que prestaram foi numa equivalência inconsiderada; e, além do mais, foi prestada numa condição que lhes permitiria viver no desfruto da liberdade sob suas próprias leis. Enquanto Davi, pois, começou com seu próprio filho e a posteridade deste, ele apontava, pelo Espírito de profecia, para o reino espiritual de Cristo; ponto este digno de nossa especial atenção, visto nos ensinar ele que não foi por acaso que fomos chamados à esperança da salvação eterna, mas porque nosso Pai celestial já havia determinado dar-nos seu Filho. Deste fato também aprendemos que, na Igreja e rebanho de Cristo, há lugar para os reis, a quem Davi aqui não desarma de suas espadas nem os despojam de suas coroas para que sejam admitidos na Igreja, mas, antes, declara que virão com toda a dignidade de sua condição prostrar-se aos pés de Cristo.

> [vv. 12-15]
> Porque ele livrará o pobre quando clamar-lhe; e o aflito que não tem ninguém que o socorra. Ele apiedar-se-á do pobre e indigente; e salvará as almas [ou vidas] dos pobres. Redimirá suas almas da fraude e da violência; e seu sangue será precioso a seus olhos. E viverá; e lhe será dado do ouro de Sabá; e far-se-á oração contínua por ele, e diariamente será abençoado.

12. Porque ele livrará o pobre quando clamar-lhe. O salmista novamente afirma que o reino que ele magnifica tão intensamente não será nem tirano nem cruel. A maioria dos reis, negligenciando o bem-estar da comunidade, tem sua mente totalmente açambarcada por seus interesses pessoais. A conseqüência disso é que oprimem impiedosamente seus míseros súditos; e ainda sucede que o mais formidável dentre eles, quanto mais se deixa absorver por sua rapacidade, mais é considerado eminente e ilustre. Mas o rei aqui descrito é muito diferente disso. O seguinte tem sido declarado como provérbio de toda a humanidade: "Nada aproxima mais os homens de Deus do que sua beneficência"; e seria muitíssimo inconsistente que tal virtude não resplandecesse naqueles reis a quem Deus mantém mais próximos de si. Conseqüentemente Davi, ao tornar bem-amado o rei a quem Deus escolheu, com razão declara, não só que será o guardião da justiça e eqüidade, mas também que será tão humano e compassivo, que se disporá a oferecer socorro aos mais desamparados; qualidades por demais raras para serem encontradas nos soberanos que, deslumbrados com seu próprio esplendor, se retraem à distância dos pobres e aflitos, como se fossem dele indignos e longe da possibilidade de sua dignidade fazer deles o objeto de sua solicitude. Davi declara que o sangue do povo comum, que geralmente é considerado vil e como algo sem qualquer valor, será mui precioso na estima desse rei celestial. Constância e magnanimidade se denotam das palavras *ele redimirá*; seria pouco demais ser o dever de um rei simplesmente odiar a fraude e a extorsão, deixando de resolutamente punir tais crimes e pôr-se em defesa dos que são oprimidos.[21] Sob os termos *fraude* e *violência* está compreendido todo tipo de malfeitos; pois o indivíduo, ao agir mal, é ou um leão ou uma raposa. Alguns se expressam com violência franca, enquanto que outros procedem agindo insidiosamente mal fazendo uso de artimanhas secretas. Além do mais, sabemos que a soberania suprema, tanto no céu quanto na terra, foi delegada a Cristo [Mt 28.18],

---

21 "Si d'un grand coeur il ne se presentoit pour les punir et en faire la vengence, et s'opposoit

a fim de que pudesse defender seu povo não só de todos os perigos temporais, mas especialmente de todos os ferinos molestamentos de Satanás, até que, os havendo por fim libertado de todos os problemas, os reúna no descanso eterno de seu reino celestial.

15. E ele viverá. Atribuir o verbo *viverá* aos pobres, como fazem alguns, parece forçado. O que Davi afirma é que tal rei será recompensado com longevidade, a qual é não menos que as bênçãos terrenas de Deus. As palavras que se seguem devem ser lidas indefinidamente, ou, seja, sem determinar qualquer pessoa em particular;[22] como se houvera dito: O ouro da Arábia lhe será dado, e orações serão por toda parte feitas em prol de sua prosperidade. E assim uma vez mais reitera o que dissera previamente concernente a seu poder; pois se a Arábia lhe pagará tributo, quão vasta quantidade de riquezas se juntará dos muitos países mais próximos! Cristo, é verdade, não reina para cumular ouro; Davi, porém, pretendia ensinar por meio desta figura que mesmo as nações que eram mais remotas render-lhe-iam tal homenagem, como se quisessem, pessoalmente, dedicar-lhe tudo o que possuíam. Não é algo incomum ver a glória do reino espiritual de Cristo sendo retratada sob imagens de esplendor externo. Davi, de conformidade com esse estilo usual da Escritura, tem aqui demonstrado que o reino de Cristo seria distinto por sua riqueza; mas isso deve ser compreendido como uma referência a seu caráter espiritual. Daí transparecer quão ímpia e depravadamente os papistas têm pervertido esta passagem, fazendo-a subserviente a seus propósitos de cumular para si as riquezas perecíveis do mundo. Demais, quando fala das orações comuns do povo, pelas quais encomendarão a prosperidade do rei aos cuidados divinos, ele notifica que tão prazerosamente serão seus

---

22 "C'est à dire, sans determiner quelque certaine personne." – *v.f.* No hebraico, os três últimos verbos do versículo estão no singular, no futuro do *kal* ativo, e não há nominativo com o qual concordem. Calvino os traduz literalmente: "Et dabit ei de auro Seba: et orabit pro eo semper, quotidie benedicit eum"; "E lhe dará do ouro de Seba, e orará por ele continuamente, e o abençoará diariamente." Mas, na margem da versão francesa, ele assim explica a construção: "C'est, on luy donnera, &c., on priera, &c. on benira." "Ou, seja, o ouro de Seba lhe será dado, far-se-á oração por ele continuamente e será abençoado diariamente."

súditos, que nada considerarão tão desejável quanto render inteira submissão a sua autoridade. Muitos, sem dúvida, rejeitam seu jugo, e os hipócritas se irritam e murmuram secretamente em seus corações, e de bom grado extinguiriam toda lembrança de Cristo, caso estivesse em seu poder fazê-lo. Mas o afetuoso interesse aqui predito é aquele com o qual todos os crentes genuínos se preocupam em cultivar, não só porque orar pelos reis terrenos seja um dever a eles ordenado na Palavra de Deus, mas também porque devem sentir especial desejo e solicitude pelo alargamento das fronteiras desse reino, no qual tanto a majestade divina resplandece como seu próprio bem-estar e felicidade se acham inclusos. Conseqüentemente, no Salmo 118.25 encontraremos uma forma de oração destinada a toda a Igreja, ou, seja, que Deus abençoará esse rei; não que Cristo careça de nossas orações, mas porque ele, com justiça, requer de seus servos tal manifestação ou prova de genuína piedade; e por ela podem também exercitar-se na oração em prol da vinda do reino de Deus.

[vv. 16-20]
Um punhado de trigo estará na terra, sobre o topo das montanhas; o fruto disso se moverá como o Líbano;[23] e os que saírem da cidade, como se fossem uma planta da terra. Seu nome durará para sempre; seu nome estará continuamente na presença do sol; e todas as nações se abençoarão nele, e o chamarão bem-aventurado. Bendito seja Jehovah Deus! o Deus de Israel que sozinho faz coisas portentosas. E bendito seja seu glorioso nome [literalmente, o nome de sua glória] para sempre; e que toda a terra se encha de sua glória. Amém, e amém. Aqui terminam as orações de Davi, filho de Jessé.

16. Um punhado de trigo estará[24] no topo das montanhas. A opinião dos que tomam *um punhado*[25] como sendo uma pequena

---

23 "Ou, le Leban." – *n.m.f.* "Ou, Líbano."
24 Na versão francesa, a palavra *semee*, isto é, *disseminar*, é suprida.
25 O substantivo פסה, *phissah*, aqui traduzido por *punhado*, se encontra somente nesta passagem. Ao explicar 1 Reis 18.44, o intérprete da caldaica, para as palavras hebraicas, traduziu "como a mão de um homem", tem יד כפסת, *kephissath yad*, o que estritamente significa: "como se uma parte da mão". Sobre essa autoridade, diversos expositores, juntamente com Calvino, têm entendido פסה, *phissah*,

porção, parece estar bem fundamentada. Acreditam que, pelas duas circunstâncias aqui referidas, indica-se uma rara e incomum fertilidade. Apenas uma bem pequena quantidade de trigo fora semeada, não mais do que uma pessoa pudesse manter na palma de sua mão, mesmo sobre o topo dos montes, que geralmente estão longe de ser frutíferos; e no entanto tão abundante será o acréscimo, que as espigas ondularão e sussurrarão nos ventos como as árvores do Líbano. Entretanto, não sei se uma comparação tão refinada entre o tempo de semeadura e a colheita era a intenção de Davi. Suas palavras podem ser consideradas mais simplesmente como denotando que tão grande seria a fertilidade, tão abundante a produção de trigo se daria nos topos das montanhas, que o mesmo poderia ser colhido a mão cheia. Por meio dessa figura se retrata a grande exuberância de todas as boas coisas que, pela bênção de Deus, seriam desfrutadas sob o reinado de Cristo. A isso se acrescenta o aumento dos filhos. Não só a terra produziria com abundância todas as espécies de frutos, mas as cidades e vilas também seriam férteis na produção de homens: *E sairão*[26] *da cidade como a erva da terra*. Preferi traduzir a palavra *Líbano* no caso genitivo em vez do nominativo; pois a metonímia de dar nome à montanha de Líbano,

---

no sentido de "uma pequena quantidade de trigo", o suficiente para caber na mão de uma pessoa, ou quanto ele pode manter dentro dela. E alguns, no início do versículo, suprem a partícula condicional, אם, *im, se*. Rosenmüller, porém, crê que "outros com mais propriedade consideram o substantivo פסה no sentido de פסיון, *diffusio, uberitas*, 'difundindo amplamente, abundantemente', e como que derivado do verbo פסא, o qual, tanto na caldaica como na Arábica, significa *expandit, diffudit se*, 'ele difunde amplamente, ele se alargou'. O intérprete da Siríaca teve, sem dúvida, esse mesmo sentido em vista, quando traduziu as palavras *multitudinem frumenti*, 'uma abundância de trigo'".

26 A palavra ציץ, *tsits*, a qual Calvino traduz por *sairão*, significa *erguer, brotar*. "Ela é usada", diz Rosenmüller, "com respeito a plantas ou ervas quando, rompendo a semente, surgem acima do solo, belas e graciosas (Nm 17.8, 23). É usada para denotar também a reprodução do gênero humano em circunstâncias prósperas (Is 27.6). À luz do substantivo מעיר [da cidade], não perdemos nada em suprir o nominativo próprio do verbo precedente: *ex civitatibus* singulis cives *efforescent*, 'das cidades severamente os cidadãos surgirão'. A expressão assemelha-se bastante com aquela do Salmo 68.27, onde os descendentes de Israel diz-se nascerem *da fonte de Israel*." A extraordinária fertilidade e grande aumento da população aqui predita ocorreu na Palestina sob o reinado de Salomão, como se faz evidente de 1 Reis 4.20, onde se diz que, no tempo de Salomão, "Judá e Israel eram tantos como a areia que está na praia do mar, em grande multidão, comendo e bebendo e dando-se em casamento." Mas essa profecia se destina a receber seu mais pleno cumprimento sob o reinado do Messias.

às árvores existentes em seu topo, o que é renunciado por outros, é um tanto abrupta.

17. Seu nome durará para sempre. O escritor inspirado reitera uma vez mais o que afirmara previamente concernente à perpétua duração desse reino. E indubitavelmente pretendia cuidadosamente distingui-lo dos reinos terrenos, os quais ou subitamente se desvanecem ou, por fim, oprimido por sua própria grandeza, caem em ruínas, dando com sua destruição incontestável evidência de que nada neste mundo é estável e de longa duração. Ao dizer que *seu nome durará para sempre*, não se deve entender que sua intenção era simplesmente que seu nome sobreviveria a sua morte, como as pessoas mundanas que ambicionam que seu nome não seja sepultado com seu corpo. Antes, ele está falando do reino quando diz que o nome desse príncipe continuaria perenemente ilustre e glorioso. Há quem explica as palavras לפני־שמש, *liphney-shemesh*, as quais traduzimos, *na presença do sol*, como se sua intenção fosse que a glória com que Deus investisse os reis de Judá excederia o resplendor do sol; tal idéia, porém, está em oposição ao contexto, pois ele dissera acima [v. 5], no mesmo sentido: *com o sol, e na presença da lua*.

Portanto, depois de haver feito menção da duração eterna do nome desse rei, ele junta, à guisa de explicação: seu nome estará continuamente na presença do sol. Literalmente, seu nome terá filhos[27]

---

27 "Filiabitur nomen ejus." – *Henry*. Na margem de nossas Bíblias inglesas há "Ele será como um filho a continuar o nome de seu pai." O bispo Patrick, portanto, faz a seguinte paráfrase: "Sua memória e fama nunca morrerão, mas serão difundidas de pai para filho, enquanto o sol brilhar." Rosenmüller traduz: "*Sobolescet nomen ejus*, 'seu nome aumentará', ou seja, continuará enquanto o sol durar; o governo continuará em sua posteridade em perpétua sucessão." "O verbo ינון, *nun*", acrescenta ele, "o qual ocorre somente nesta passagem, é explicado à luz do substantivo נין, *nin*, Gn 21.23; Jó 18.19; Is 14.22. Nessas passagens, a palavra tem obviamente o sentido de progênie, e pelos intérpretes caldeus é constantemente traduzida pela palavra בר, *bar, filius*, 'um filho'. Portanto, pode-se presumir com certeza que o verbo נון, *nun*, significa *sobolem procreare*, 'procriar descendentes'. Entretanto, pode-se acrescentar que a versão alexandrina tem aqui διαμενει, tradução essa na qual tanto a Vulgata quanto a de Jerônimo concordam: '*perseverabit nomen ejus*', 'seu nome durará'." Dathe assume esse último ponto de vista mencionado. Ele supõe que em vez de ינון, *yinnon*, devemos ler יכון, *yikon*, *stabilietur – permanebit*; "será estabelecido – continuará". "O verbo נון, *nun*", diz ele, "não se encontra nem no hebraico nem nas línguas cognatas, e é explicado – meramente por conjetura – *augescere – sobolescere* –, 'aumentar ou multiplicar',

(pois o verbo hebraico se deriva do substantivo filho), que equivale dizer que será perpetuado de pai para filho;28 e como o sol nasce diariamente para iluminar o mundo, e assim continuará de geração a geração, para sempre. De igual modo, mais adiante veremos que o sol e a lua são chamados testemunhas da mesma eternidade [Sl 89.38].

Daí se segue que isso não pode ser entendido do reino terreno, o qual só floresceu por pouco tempo na casa de Davi, e não só perdeu seu vigor no terceiro sucessor, mas foi, por fim, ignominiosamente extinto. Propriamente se aplica ao reino de Cristo; e embora esse reino amiúde cambaleie sobre a terra ao ser assaltado pelo furioso ódio do mundo inteiro, e danificado pelos mais formidáveis engenhos de Satanás, todavia é maravilhosamente preservado e sustentado por Deus, de sorte que não se desvanece totalmente. As palavras que se seguem, Todas as nações se abençoarão nele, admitem um duplo sentido. Os hebreus às vezes usam essa forma de expressão quando o nome de alguém é usado como um exemplo ou fórmula de oração por bênçãos. Por exemplo, um homem se abençoa em Davi, rogando a Deus que lhe seja tão favorável e liberal como demonstrou ser para com Davi. Em contrapartida, ele diz se amaldiçoar em Sodoma e Gomorra quem empregar os nomes dessas cidades por meio dos quais pronuncie alguma maldição. Se, pois, essas duas expressões, se abençoarão nele, e o chamarão bem-aventurado, são usadas no mesmo sentido, a expressão, se abençoarão no rei, significará simplesmente orar para que a mesma prosperidade que foi conferida a esse rei altamente favorecido nos seja conferida, cuja feliz condição excitará a admiração universal. Mas se for considerado preferível distinguir entre essas duas expressões (o que não é menos provável), abençoar-se alguém no rei denotará

---

porque, como substantivo em alguns dos dialetos, ele significa um *peixe*. Na Septuaginta, a palavra é traduzida por διαμενει na Vulgata e na de Jerônimo, *perseverabit*; na Caldaica, *præparatum est*; na Siríaca, *existet nomen ejus*. Todas estas, sem dúvida, lêem יכון, *yikon*, '*preparado – estabelecido – fixado*' – a palavra que encontramos na passagem paralela de Salmo 89.38. As letras כ, *caph*, e נ, *nun*, é evidente, pode muito facilmente ser intercambiada de sua similaridade na forma."

28 "(Car c'est un verbe en la langue Hebraique qui vient du nom de Fils) c'est à dire, sera perpetué de pere en fils." – *v.f.*

buscar a felicidade dele [o rei]; pois as nações se convencerão de que nada é mais desejável do que receber dele leis e ordenanças.

18. Bendito seja Jehovah Deus, o Deus de Israel.[29] Davi, depois de haver orado pela prosperidade de seus sucessores, se prorrompe em louvar a Deus, visto que lhe fora assegurado pelo oráculo divino que suas orações não seriam em vão. Não houvera ele, com os olhos da fé, visto as coisas que previamente vimos, seu júbilo teria sido menos espontâneo e vivaz. Quando ele diz que *só Deus faz coisas maravilhosas*, isso, sem dúvida, é expresso em referência ao tema do qual ele está presentemente tratando, com vistas não só a enaltecer a excelência do reino, mas também admoestar-se, bem como a outros, da necessidade que há em Deus exibir seu maravilhoso e estupendo poder para a preservação desse reino. E certamente não se deveu a algum dos sucessores de Davi, com pouca exceção, que o trono real não houvera caído centenas de vezes; sim, que não fora inclusive completamente destruído. Para não ir muito longe, não foi a mui desditosa apostasia de Salomão merecedora de completa destruição? E quanto ao restante de seus sucessores, com a exceção de Josias, Ezequias, Josafá e outros poucos, não desceram de mal a pior, como se cada um se rivalizasse em ultrapassar seus predecessores, e assim tanto provocaram a ira divina, como se fora deliberadamente, que é admirável que não tenha imediatamente lançado os trovões de sua vingança sobre toda aquela raça para completamente destruí-la? Além do mais, como Davi, estando revestido do Espírito de profecia, não ignorava que Satanás continuaria sempre sendo um cruel inimigo do bem-estar da Igreja, ele indubitavelmente sabia que a graça de Deus, da qual presentemente fala, enfrentaria grandes e ardorosas dificuldades para vencer a fim de permanecer para sempre em sua própria nação. E o evento inquestionavelmente mostrou mais tarde por meio de quantos milagres Deus concretizou suas promessas, quer consideremos o regresso

---

29 Este Salmo conclui o segundo livro dos Salmos, e este e o versículo seguinte são uma doxologia semelhante àquela com a qual o primeiro livro e os outros três se concluem.

de seu povo do cativeiro babilônico, ou pelos espantosos livramentos que se seguiram até a vinda de Cristo, como um tenro ramo arrancado de uma árvore morta. Davi, pois, com boas razões ora para que a glória do divino nome pudesse encher toda a terra, visto que o reino estava para estender-se até mesmo às fronteiras mais remotas do globo. E para que todos os piedosos, com solícito e ardente afeto do coração, pudessem unir-se com ele nas mesmas orações, há uma confirmação adicionada às palavras: **Amém e Amém**.

20. Aqui terminam as orações de Davi, filho de Jessé. Já observamos antes que isso foi acrescentado por Salomão sem motivo plausível (caso venhamos a supor que ele pôs este Salmo na forma de composição poética), não só para que não viesse a defraudar seu pai do encômio a ele devido, mas também para estimular a Igreja a mais solicitamente derramar na presença de Deus as mesmas orações que Davi continuara a oferecer ainda em seu último suspiro. Lembremo-nos, pois, de que é nosso estrito dever orar a Deus, tanto com sincera solicitude quanto com incansável perseverança, para que se lhe agrade sustentar e defender a Igreja sob o governo de seu Filho. O nome de Jessé, pai de Davi, parece ser aqui introduzido com o intuito de despertar a lembrança da origem de Davi, para que a graça de Deus surja ainda mais ilustre por sua origem provir do pastorado de um homem de humilde nascimento, bem como o mais jovem e de menos valor entre seus irmãos e por havê-lo elevado a um grau tão sublime de honra, ao ponto de fazê-lo rei sobre o povo eleito.

Salmo 73

Davi, ou quem quer que tenha sido o autor deste Salmo, contendendo, por assim dizer, contra o julgamento dos sentidos e da razão carnais, começa enaltecendo a justiça e benevolência de Deus. Em seguida confessa que, quando via os ímpios amontoando riquezas e vivendo entregues a todo gênero de prazeres, sim, até mesmo escarnecendo impudicamente de Deus e cruelmente molestando os justos, e quando via, por outro lado, como na mesma proporção ao desvelo com que alguns se esforçavam em praticar a retidão, era o grau em que eram oprimidos por dificuldades e calamidades, e que em geral todos os filhos de Deus eram acossados e oprimidos por preocupações e angústias, enquanto Deus, como que assentado no céu ociosa e despreocupadamente, não interferia para medicar tal estado desordenado de coisas, ele sentiu tão duro golpe que quase se dispôs a expulsar todo interesse pela religião e pelo temor de Deus. Em terceiro lugar, ele reprova sua própria estultícia em agir temerária e impetuosamente pronunciando juízo meramente à luz de um conceito da presente condição de coisas, e mostra a necessidade de exercitarmos a paciência para que nossa fé não se desvaneça sob tais angústias e inquietações. Por fim ele conclui que, uma vez que deixarmos a providência divina assumir nosso próprio curso, na forma como Deus determinou em seu propósito secreto,[1] no fim, não importa que assuma um aspecto

---

1 "Pourveu que nous laissions la providence de Dieu tenir sa procedure par les degrez, qu'il a determinez en son conseil secret." – v.f.

diferente, veremos que, de um lado, os justos não serão defraudados de seu galardão; e, do outro, os ímpios não escaparão das mãos do Juiz.

Salmo de Asafe

[vv. 1-3]
Na verdade Deus é bom para com Israel, para com aqueles que são de coração reto. Quanto a mim, meus pés quase se resvalaram, meus passos por pouco não escorregaram. Pois invejei os néscios, quando vi a prosperidade dos ímpios.

Quanto ao autor deste Salmo, não me disponho a gastar muita energia em sua discussão, ainda que creia eu ser provável que o nome de Asafe fosse prefixado para que a incumbência de cantá-lo lhe fosse confiada, enquanto que o nome de Davi, seu real autor, fosse omitido simplesmente como ocorre conosco quando as coisas, nitidamente, não constituem problema se as fazemos notórias. Quanto proveito podemos extrair da meditação sobre a doutrina contida neste Salmo, ou, seja, é fácil descobrir à luz do exemplo do profeta que, embora ele não exercesse um grau comum da piedade genuína, todavia tinha dificuldade em manter-se de pé enquanto era arremessado de um lado para o outro no chão escorregadio em que se achava posto. Sim, ele reconhece que, antes que pudesse voltar ao equilíbrio mental que o capacitasse a formar um reto juízo das coisas que ocasionaram sua provação, havia caído num estado de estupidez quase irracional. Quanto a nós, a experiência nos mostra quão superficiais são as impressões que formamos da providência de Deus. Sem dúvida que todos nós concordamos em admitir que o mundo é governado pela mão de Deus; mas se tal verdade estivesse profundamente radicada em nossos corações, nossa fé seria muito mais destacada por maior firmeza e perseverança ao nos vermos cercados pelas tentações com que somos assaltados na adversidade. Quando, porém, a menor tentação que procura desalojar esta doutrina de nossa mente, prova-se que não fomos ainda verdadeira e energicamente convencidos de sua veracidade.

Além disso, Satanás possui inúmeros artifícios pelos quais ofusca nossos olhos e aturde nossa mente; e então a confusão das coisas que prevalecem no mundo produz uma névoa tão espessa que se torna por demais difícil vermos através dela e podermos chegar à conclusão de que Deus governa e estende seu cuidado às coisas aqui embaixo. Os ímpios em sua maioria triunfam; e ainda que deliberadamente instiguem a ira divina e provoquem sua vingança, todavia, ao serem poupados, é como se, ao escarnecerem dele, nada fizessem de faltoso, e que nunca serão chamados a prestar contas de tal comportamento.[2] Por outro lado, os justos, atormentados com pobreza, oprimidos com muitas dificuldades, acossados por múltiplas injustiças e cobertos de ignomínia e afronta, choram e gemem; e na proporção da solicitude com que se exercitam no empenho de fazer o bem a todos os homens está a liberdade que os perversos têm de, com impudência, abusar de sua paciência. Quando tal é o estado das dificuldades, onde acharemos uma pessoa que às vezes não se sinta tentada e importunada pela ímpia sugestão de que as atividades do mundo vão ao léu e, como costumamos dizer, são governadas pelo acaso?[3] Tal execrável imaginação, indubitavelmente, granjeou completa posse da mente dos incrédulos, a qual não é iluminada pelo Espírito de Deus, e desse modo não elevam seus pensamentos à contemplação da vida eterna. Por conseguinte, descobrimos a razão por que Salomão declara que, "Tudo sucede igualmente a todos; o mesmo sucede ao justo e ao ímpio, ao bom e ao puro, como ao impuro; assim ao que sacrifica como ao que não sacrifica; assim ao bom como ao pecador; ao que jura como ao que teme o juramento. Este é o mal que há entre tudo quanto se faz debaixo do sol; a todos sucede o mesmo; e que também o coração dos filhos dos homens está cheio de maldade, e que há desvarios em seu coração enquanto vivem, e depois se vão aos mortos" [Ec 9.2, 3] – a razão é porque não consideram que as coisas aparentemente assim desordenadas estão sob a direção e governo de Deus.

---

2 "Il semble qu'ils ont bom marché de se mocquer de luy, et qu'il n'en sera autre chose." – *v.f.*
3 "Que le monde tourne à l'aventure, et (comme on dit) est gouverné par fortune?" – *v.f.*

Alguns dos filósofos pagãos discorreram sobre e defenderam a doutrina de uma Providência Divina; mas, à luz da experiência, era evidente que, não obstante, não possuíam real e total persuasão de sua veracidade; pois quando as coisas se saíam contrárias a sua expectativa, publicamente voltavam atrás no que previamente haviam confessado.[4] Disso temos memorável exemplo em Bruto. É difícil imaginar um homem que o excedesse em coragem, e todos quantos intimamente o conheceram davam testemunho de sua extraordinária sabedoria. Pertencendo à seita dos filósofos estóicos, ele falou muitas coisas excelentes em enaltecimento do poder e providência de Deus; e no entanto, quando por fim foi vencido por Antônio, gritou que em tudo quanto havia crido concernente à virtude não tinha fundamento na verdade, mas era uma mera invenção humana, e que todas as penas de viver honesta e virtuosamente não passaram de perda de tempo, visto que a fortuna governa todas as atividades do gênero humano. E assim esse personagem, que fora distinguido por coragem heróica e um exemplo de prodigiosa resolução, renunciando a virtude, e em nome dela amaldiçoando a Deus, fracassou vergonhosamente. Daí se manifesta como os sentimentos dos ímpios flutuam com a própria flutuação dos acontecimentos. E como se pode esperar que os pagãos, que não são regenerados pelo Espírito de Deus, sejam capazes de resistir assaltos tão poderosos e violentos, quando mesmo o próprio povo de Deus necessita de especial assistência de sua graça para prevenir-se contra a mesma tentação de acontecer o mesmo em seus corações, e quando são às vezes abalados por ela e tendem a cair, da mesma forma que Davi aqui confessa que seus passos quase se resvalaram? Mas, prossigamos agora na consideração das palavras do Salmo.

1. Na verdade Deus é bom para com Israel. O advérbio אך,[5] *ach*, não implica aqui uma simples afirmação, *na verdade*, como às vezes

---

[4] "Ce poinct de doctrine, lequel ils avoyent fait mine de tenir bien resoluement." – *v.f.* "Esta doutrina, a qual tudo fizeram para demonstrar que confessavam mui resolutamente."

[5] "Este partícipio aqui expressa o estado de mente de uma pessoa ponderando sobre uma questão difícil na qual ela se sente muito interessada e é difícil chegar a uma conclusão – estado esse, no caso do salmista, entre a esperança e o desespero, ainda que fortemente inclinando-se para a primeira." – *Horsley*.

faz em outros lugares, mas é tomado adversativamente para *todavia*, *não obstante*, ou alguma palavra afim. Davi abre o Salmo de forma abrupta; e disso aprendemos, o que é digno de particular observação, que antes de prorromper-se nessa linguagem, sua mente ficou agitada com muitas dúvidas e sugestões conflitantes. Como bravo e valente campeão, ele fora treinado em muitas e dolorosas lutas e tentações; mas, depois de longo e árduo queixume, por fim resolveu sacudir todas as perversas imaginações e chegar à conclusão de que *todavia* Deus é gracioso para com seus servos e o fiel guardião de seu bem-estar. Portanto, essas palavras contêm um tácito contraste entre as imaginações impuras a ele sugeridas por Satanás e o testemunho em favor da verdadeira religião com que ele agora se fortalece, denunciando, por assim dizer, o juízo da carne, ao dar lugar a pensamentos desencontrados com respeito à providência de Deus. Vemos, pois, quão enfática é esta exclamação do salmista. Ele não sobe à cátedra para disputar segundo o método dos filósofos e enunciar seu discurso num estilo de bem elaborada oratória; mas, como se houvera escapado do inferno, ele proclama, com voz altissonante e com arrebatada emoção, que por fim alcançara a vitória. Para ensinar-nos através de seu próprio exemplo a dificuldade e o ardor do conflito, ele abre, por assim dizer, seu coração e seu recôndito, e deseja que entendamos algo mais do que expressa pelas palavras que ele emprega. O equivalente de sua linguagem é que, embora Deus, aos olhos do sentido e da razão, possa parecer negligenciar seus servos, todavia sempre os abraça em sua graça. Ele celebra a providência de Deus, especialmente quando se estende para os genuínos crentes; para mostrar-lhes, não só que são governados por Deus em comum com outras criaturas, mas que ele vela sobre seu bem-estar com especial interesse, mesmo quando o chefe de uma família cuidadosamente provê e atende por sua própria casa. Deus, é verdade, governa o mundo inteiro; mas ele graciosamente se agrada em exercer a mais estrita e peculiar vigilância sobre sua Igreja, a qual ele se diligencia em manter e defender.

Eis a razão por que o profeta fala expressamente de *Israel*; e por que imediatamente a seguir limita esse nome a *os que são retos de coração*, o que é uma espécie de correção da primeira sentença; pois muitos orgulhosamente se põem a reivindicar o nome de Israel, como se constituíssem os membros principais da Igreja, enquanto não passam de ismaelitas e edomitas. Davi, pois, com vistas a apagar do catálogo dos santos todos os filhos degenerados de Abraão,[6] a ninguém reconhece como pertencente a Israel senão aos que cultuam a Deus com pureza e retidão; como se quisesse dizer: "Quando declaro que Deus é bom para com Israel, não tenho em mente todos os que, descansando contentes numa mera profissão de fé externa, exibem o título *israelitas*, mas para quem tal título não se adequa; falo, porém, dos filhos espirituais de Abraão, que se consagram a Deus com sincero afeto do coração." Há quem explica a primeira sentença, *Deus é bom para com Israel*, como uma referência a seu povo escolhido; e a segunda sentença, *aos que são retos de coração*, como uma referência aos estrangeiros, com quem Deus seria gracioso, contanto que andassem em genuína retidão. Essa, porém, é uma interpretação insípida e forçada. É melhor aderir ao que apresentei. Davi, ao enaltecer a benevolência divina para com o povo escolhido e para com a Igreja, sentia a necessidade de eliminar de sua membresia a muitos hipócritas que haviam apostatado do culto divino, e eram, portanto, indignos de desfrutar do paternal favor de Deus. A suas palavras corresponde a linguagem de Cristo a Natanael [Jo 1.47]: "Eis um verdadeiro israelita em quem não há dolo!" Uma vez que o temor de Deus entre os judeus estava naquele tempo quase extinto, e não restava entre eles quase nada mais senão a "circuncisão feita por mãos [humanas]", ou, seja, a circuncisão exterior, Cristo, para discriminar entre os filhos legítimos de Abraão e os hipócritas, estabelece uma característica distinta

---

6 "Ceux qui estans descendus d'Abraham n'ensuyvoyent point sa sainctete." – *v.f.* "Os que sendo descendentes de Abraão não imitavam sua santidade."

dos primeiros, os quais são isentos de falsidade. E com certeza, no serviço de Deus, nenhuma qualificação é mais indispensável do que a retidão de coração.

2. Quanto a mim, meus pés quase se resvalaram. *Quanto a mim* deve ser lido com bastante ênfase; pois Davi tem em mente que as tentações, as quais maculam e afrontam a honra de Deus, e massacram a fé, não só assaltam a classe comum dos homens, mas também os que são dotados só com pequena medida do temor de Deus; quanto a ele, porém, que deve ter tido mais proveito que os demais na escola de Deus, experimentara sua própria porção delas. Ao colocar-se como um exemplo, ele tencionava o mais efetivamente possível despertar-nos e incitar-nos a atentar bem para nós mesmos. É verdade que ele não sucumbiu sob a tentação; mas, ao declarar que *seus pés quase se resvalaram*, e que *seus passos quase escorregaram*, ele nos adverte, dizendo que todos estamos em perigo de cair, a menos que sejamos sustentados pela poderosa mão divina.

3. Pois invejava os néscios.[7] Aqui ele declara a natureza da tentação com que fora assaltado. Consistia nisto: quando ele viu o atual estado de prosperidade dos ímpios, e a partir daí os considerou felizes, então invejou sua condição. Por certo que estamos diante de uma tentação grave e danosa, quando nós, não só em nossa própria mente, questionamos com Deus por não colocar as coisas em sua devida ordem, mas também quando damos rédeas soltas a nossas inclinações, ousadamente cometemos iniquidade, porque nos parece que podemos cometê-las e ainda escapar impunemente. É conhecida a zombeteira pilhéria de Dionísio, certo tirano da Sicília, quando, depois de haver roubado o templo de Siracusa, empreendeu uma lucrativa viagem com o produto do saque.[8] "Vocês não percebem", diz ele aos que estavam

---

[7] A palavra original para *néscio* significa "pessoa sem princípio, bruta, leviana, vangloriosa." Boothroyd a traduz assim: "loucamente profano", e Fry: "vanglorioso".

[8] "On sçait assez par les histoires de brocard duqel usa anciennement un tiran de Sicile nommé Denis le jeune, quand apres avoir pillé le temple de Syracuses, il se mit sur la mer, et veit qu'il avoit fort bom vent pour naviger." – *v.f.*

consigo, "como os deuses favorecem os sacrílegos?" De igual modo, a prosperidade dos ímpios é tomada como um incentivo à prática de pecado; pois nos predispomos a imaginar que, já que Deus lhes concede tantas coisas boas nesta vida, então são alvos de sua aprovação e favorecimento. Percebemos como sua próspera condição atingiu Davi no coração, levando-o a quase acreditar que nada lhe seria melhor que juntar-se à companhia deles e seguir a trajetória de sua vida.[9] Aplicando ao ímpio a alcunha de *néscio*, sua intenção não é simplesmente dizer que os pecados que cometiam eram cometidos na ignorância ou inadvertência, mas ele põe a estultícia deles em oposição ao *temor* de Deus, o qual é o elemento primordial da genuína sabedoria.[10] Os ímpios são, sem dúvida, astutos; mas, sendo destituídos do princípio fundamental de todo bom senso, o qual consiste nisto: que devemos regular e estruturar nossa vida segundo a vontade de Deus – o que prova que são néscios, que é o efeito de sua própria cegueira.

[vv. 4-9]
Porque não há algemas em sua morte, e sua força é vigorosa.[11] Não se acham na apertura que é comum ao homem; nem são afligidos [ou golpeados] como outros homens. Por isso a soberba os cerca como uma corrente, o adorno da violência os cobriu. Seus olhos saltam pela gordura; têm [ou excedem] mais que seu coração poderia imaginar. Tornaram-se insolentes e perversamente falam de extorsão;[12] falam arrogantemente. Puseram sua boca contra os céus, e sua língua percorre a terra.[13]

---

9 "Et suyvre leur train." – *v.f.*
10 "Laquelle est le fondement et le comble de sagesse." – *v.f.* "Que é o fundamento e pedra de remate da sabedoria."
11 Literalmente: "Sua força é gorda." "Jerônimo o traduz como se por אוּלָם, seu MSS, tivesse אוּלָמֵיהֶם, 'et firma sunt vestibula eorum'; 'suas mansões são declaradamente firmes.' A estabilidade de um habitante é uma imagem significativa de prosperidade geral." – *Horsley*.
12 "*Opressão*. Dr. Boothroyd junta esta palavra com a última cláusula, assim: 'Concernente à opressão, eles falam altivamente. Cremos ser isso preferível.' – *Williams*.
13 "Os poderosos efeitos da língua são expressos pelo uso de uma figura extraída de um provérbio grego preservado por Suidas. Γλῶσσα ποῖ πορεύῃ; πόλιν ἀνορθώσουσα καὶ πόλιν καταστρέψουσα. 'Língua, por onde andas? Edificando uma cidade e destruindo uma cidade.' A garrulice é chamada 'o vaguear da língua', num verso citado por Stobæus (Serm. 36) de Astydamas –
Γλώσσης περίπατός ἐστιν ἀδολεσχία."
Merrick's Annotations.

4. Porque não há algemas em sua morte. O salmista descreve os confortos e vantagens dos ímpios, os quais são, de certo modo, tentações tantas a abalar a fé do povo de Deus. Ele começa com a sólida saúde de que desfrutam, dizendo-nos que eles são robustos e vigorosos, e não têm que desperdiçar fôlego com as dificuldades provindas de constantes enfermidades, como amiúde é o caso com os crentes genuínos.[14] Há quem explica *algemas em sua morte* no sentido de *delongas*, considerando as palavras como que implicando que os ímpios morrem de súbito e num instante, não tendo que lutar com as dores agudas da dissolução. No livro de Jó se reconhece entre as felicidades terrenas dos ímpios que, depois de haver desfrutado de todos os prazeres luxuriantes, "num momento descem à sepultura" [21.13]. É atribuído a Júlio César o seguinte: um dia antes de sua morte, ele concluiu que uma morte súbita e inesperada parecia-lhe ser uma morte feliz. E assim, pois, segundo a opinião desses expositores, Davi se queixa de que os ímpios caminham para a morte seguindo uma vereda amena e tranqüila, sem muita perturbação nem ansiedade. Eu, porém, sinto-me antes disposto a concordar com os que lêem estas duas sentenças simultaneamente, assim: *Sua força é vigorosa* e, com respeito a eles, *não há algemas para a morte*; porque não são arrastados para a morte como prisioneiros.[15] Uma vez que as doenças deixam prostrado

---

14 "Comme souvnt il en prendra aux fideles." – *v.f.*

15 "Não são arrastados para a morte", diz Poole, "nem por mãos nem por sentença do magistrado, o que merecem, nem por qualquer prolongamento nem por dolorosos tormentos mentais ou físicos, que é o caso com relação a muitos homens bons; mas desfrutam de uma morte suave e tranqüila, descendo à sepultura como o fruto maduro da árvore, sem qualquer violência utilizada contra eles (cf. Jó 5.26 e 31.13)". A palavra traduzida por *algemas* ocorre somente em outro lugar na Escritura, Isaías 58.6, onde em todas as versões antigas é traduzida por *algemas*. *Algemas*, porém, podem conter diversos significados. No estilo hebraico, às vezes significam *as dores do recém-nascido*; e portanto o significado aqui pode ser: *não sentiram dores em sua morte*; ou, seja, tiveram uma morte tranqüila, conseguindo viver até aos extremos da velhice, quando a estrutura da vida gradual e tranqüilamente se esvaiu. Era também usada pelos hebreus para expressar *enfermidades* de qualquer espécie, e esse é o sentido que Calvino a entende. Assim Jesus diz da "mulher que tinha um espírito de enfermidade", uma dolorosa doença infligida sobre ela por um espírito maligno, "dezoito anos", "Fica livre de tua enfermidade" (e libertar, sabemos nós, aplica-se a algemas); e novamente a descreve como "esta filha de Abraão, a quem Satanás mantinha presa dezoito anos"; e diz mais: "Não deveria ela ser libertada desta prisão?", ou, seja, curada desta

nosso vigor, elas representam os tantos mensageiros da morte, advertindo-nos da fragilidade e curta duração de nossa vida. Portanto, elas são com propriedade comparadas a algemas, com as quais Deus nos prende a seu jugo, a fim de que nossa força e vigor não nos incitem à licenciosidade e rebelião.

5. Nem são afligidos como outros homens. Aqui declara-se que os ímpios desfrutam de deleitoso repouso e são, como por especial privilégio, isentos das misérias a que a humanidade em geral se acha sujeita. Sem dúvida, eles também se envolvem simultaneamente nas aflições e no bem, e Deus amiúde executa seus juízos sobre eles, porém, com o expresso propósito de testar nossa fé, ele sempre coloca alguns deles em estágio elevado, como a desfrutar os privilegiados de viverem eles em um estado de isenção das calamidades, como aqui se descreve. Ora, quando consideramos que a vida dos homens é saturada de labor e misérias, e que essa é a lei e a condição de viver destinadas a todos, é uma dolorosa tentação contemplar os que desprezam a Deus entregues a seus luxuriantes prazeres e em pleno desfruto de grande tranquilidade, como se estivessem colocados acima do resto do mundo, em uma região de deleite, onde separaram um ninho para si próprios.[16]

6. Por isso a soberba os cerca como uma corrente. Esta queixa é mais razoável que a anterior; pois somos aqui informados que,

---

doença? (Lc 13.11, 12, 16). Segundo este ponto de vista, o significado seria: *não sofreram doenças violentas em sua morte*. Horsley lê: "Não há fatalidade em sua morte." Depois de observar que a palavra חרצבה, traduzida por *algemas*, ocorre apenas em outro lugar em toda a Bíblia (Is 58.6); onde a LXX traduziu por συνδεσμον, e a Vulgata por *colligationes*, diz ele: "À luz de seu sentido ali, e à luz de sua aparente afinidade com as raízes חרץ e צבה, presumo que, num sentido secundário e figurativo, a palavra pode denotar as mais fortes de todas as algemas ou nós, necessariamente físicas ou fatídicas; e pode ser tomada nesse sentido aqui. A queixa consiste em que a constituição ordinária do mundo pressupõe-se não conter certa provisão para o extermínio dos ímpios; que não há conexão necessária e imediata entre o mal moral e a maldade e morte físicas." A Septuaginta lê: ὅτι οὐκ ἔστιν ἀνάνευσις ἐν τῷ θανάτῳ αὐτῶν: "Pois não há sinal de relutância em sua morte." A Vulgata: "Quia non est respectus morti eorum": "Pois não pensam em morrer"; ou: "Pois não tomam nenhuma nota de sua morte." A Caldaica: "Não são terrificados ou atribulados por causa do dia de sua morte."

16 "En un lieu de plaisance, et comme pour avoir leur nid à parte." – *v.f.*

embora Deus veja os ímpios vil e perversamente abusando de sua benevolência e clemência, não obstante suporta sua ingratidão e rebelião. O salmista emprega uma similitude extraída das vestes e atavios do corpo, com o fim de mostrar que tais pessoas se gloriam em seus malfeitos. O verbo ענק, *anak*, o qual traduzimos *os cerca como uma corrente*, é oriundo de um substantivo que significa *corrente*. A linguagem, portanto, implica que os ímpios se gloriam em sua audácia e demência, como se fossem ricamente adornados com uma corrente de ouro;[17] e que a violência lhes serve de indumentária, imaginando, como fazem, que ela os converte em pessoas em extremo célebres e honradas. Alguns traduzem a palavra hebraica שית, *shith*, a qual traduzimos por *indumentária* em lugar de *nádegas*; este, porém, é um sentido que o escopo da passagem de forma alguma admitirá. Davi, não tenho dúvida, após haver começado no pescoço ou cabeça – pois o verbo hebraico ענק, *anak*, usado por ele, às vezes significa também *coroar*[18] –, agora se destinava a compreender, numa palavra, todos os atavios de uma pessoa. O equivalente da afirmação é que os ímpios se fazem tão cegos ante sua prosperidade, que se tornam mais e mais soberbos e insolentes.[19] O salmista, com muita propriedade, põe a *soberba* em primeiro lugar, e então adiciona a *violência* como sua irmã gêmea; pois qual o motivo de os ímpios apoderarem-se e pilharem tudo quanto podem abocanhar de todos os lados, e praticarem crueldade em excesso,

---

17 Há aqui uma alusão metafórica aos ricos colares ou correntes usados nos pescoços de grandes personagens como ornamentos. Cf. Provérbios 1.9 e Cantares 4.9. A soberba envolvia esses homens prósperos e perversos *como por uma corrente*; usavam-na como ornamento como se faz com as correntes ou colares de ouro, usados no pescoço, descobrindo-o por seu imponente porte. Veja-se Isaías 3.16. Ou poderia haver aqui uma alusão ao ofício que alguns deles exercem; pois correntes de ouro estavam entre as insígnias da magistratura e poder civil.

18 Conseqüentemente, a Caldaica, em vez de "cercá-los com uma corrente", traz "coroá-los como faz na cabeça a coroa ou diadema.

19 "*A violência os cobre como um manto.* Os ímpios que são prósperos e soberbos geralmente são opressores em relação aos demais; e com freqüência são muito francos em seus atos de violência, os quais são publicamente praticados, e são vistos por todos os homens como as vestes que usam em suas costas; e com freqüência as vestes que usam são obtidas por meio de rapina e opressão, de modo que podem ser com propriedade chamados mantos da violência. Veja-se Isaías 59.6." – *Dr. Gill.*

senão porque consideram todos os demais homens como nada sendo em comparação a eles próprios, ou, antes, se convencem de que a humanidade vem à existência somente em função deles? A soberba, pois, é, por assim dizer, a fonte e mãe de toda violência.

7. Seus olhos saltam através da gordura.[20] Ele agora acrescenta que não é de se admirar ver os ímpios precipitando-se com tal violência e crueldade, visto que, em virtude da gordura e mimo, seus olhos estão quase a saltar de suas cabeças. Há quem explica o verbo *saltar* no sentido em que seus olhos, cobrindo-se e ocultando-se na gordura, se ocultavam, por assim dizer, não podendo ser mais percebidos em suas órbitas. Mas, visto que a gordura faz com que os olhos se projetem da cabeça, prefiro reter o sentido próprio das palavras. Entretanto, observemos bem que Davi não deve ser entendido como que falando do semblante físico, mas como que expressando metaforicamente a soberba com que os ímpios se deixam inchar à vista da abundância que possuem. São tão glutões e se sentem tão intoxicados por sua prosperidade, que logo se dispõem a deixar-se devorar pela soberba. A última sentença do versículo é também explicada de duas maneiras. Há quem pensa que pelo verbo עבר, *abar*, o qual traduzimos por *passou além*, denota *presunção irrefreável*;[21] pois os ímpios não se contentam em mantê-la dentro dos limites ordinários, mas que em seus projetos selvagens e extravagantes sobem acima das nuvens. Sabemos, aliás, que amiúde deliberam em como poderão tomar posse do mundo inteiro; sim, gostariam que Deus criasse novos mundos para eles. Em suma, sendo totalmente insaciáveis, vão além do céu e da terra em seus desejos selvagens e sem fronteira. Naturalmente, não seria apropriado explicar o verbo no sentido em que seus dementes pensamentos não se deixam regular por lei alguma, nem se deixam manter

---

20 "Seus olhos saltam para a gordura." – *Horsley*. "*Seus olhos incham com gordura* – esta é uma expressão proverbial, usada para designar os opulentos, os quais comumente se entregam à sensualidade. Cf. Jó 15.27; Salmo 17.10." – *Cresswell*.

21 "*As fantasias de suas mentes correm em excesso*; ou, seja, deixam sua imaginação governá-los." – *Cresswell*.

dentro dos devidos limites. Mas há outra explicação que é também muito adequada, a saber, que a prosperidade e sucesso que granjeiam excedem a todas as lisonjeiras perspectivas que haviam delineado em suas imaginações. Certamente vemos alguns deles ajuntando mais do que já haviam desejado, como se, enquanto dormiam, a fortuna tecesse suas redes e os pescasse[22] – emblema sob o qual o rei Demétrio, nos tempos antigos, fora chistosamente pintado, o qual havia tomado inúmeras cidades, embora não fosse nem hábil nem vigilante, nem de acurada previsão. Se nos inclinarmos a adotar este ponto de vista das palavras, esta sentença será adicionada à guisa de explicação, visando a ensinar-nos o que está implícito no conceito *gordura*, expresso anteriormente – significando que Deus cumula os ímpios e os enche de grande abundância de todas as coisas excelentes, muito além do que haviam desejado ou imaginado.

8. Tornaram-se insolentes, e perversamente falam de extorsão. Há quem toma o verbo ימיקו, *yamicu*, num sentido transitivo ativo, e o explica no sentido em que os ímpios se enervam, ou, seja, tornam os outros pusilânimes ou amedrontados, e os intimidam.[23] Como, porém, o tom da linguagem admite também ser entendido no sentido neutro, adotei a interpretação que concorda melhor com o escopo da passagem, ou, seja, que os ímpios, esquecidos de que são homens, e por sua ilimitada audácia pisam sob a planta de seus pés todo pudor e honestidade, não dissimulam sua perversidade, mas, ao contrário, com voz altissonante se gabam de sua extorsão. E, aliás, vemos que os ímpios, em sua prosperidade, depois de haverem obtido tudo, por algum tempo, satisfazendo seus desejos, renegam todo pejo e não se

---

22 "Et pesche pour eux." – *v.f.*
23 "Exposans que les meschans amolissent, c'est à dire, rendent lasches les autres, c'est à dire, les espouantent et intimident." – *v.f.* ימיקו, *yamicu*, é traduzido por Vatablus, Conceius, Gejer e Michaelis, "Fazem consumir ou desaparecer." "Derretem ou dissolvem outros", diz o Dr. Gill, "os consomem e debilitam suas emoções com opressão e violência; fazem que seus corações se derretam com suas ameaças e palavras terrificantes; ou os fazem dissolutos em suas vidas, mantendo-os em sua companhia." Diz Mudge: "Portam-se corruptamente"; e Horsley: "Estão no estágio final de degenerecência."

dão ao trabalho de dissimular-se quando terminam de praticar iniquidade, senão que, de forma espalhafatosa, proclamam sua própria estupidez. Dirão eles: "O que não está em meu poder que me impeça de apossar-me de tudo quanto você possui, inclusive de cortar sua garganta?" Aliás, os ladrões também podem agir assim, mas logo depois se ocultam de medo. Estes gigantes, ou, melhor, estes monstros desumanos, de quem Davi fala, ao contrário, não só imaginam que são isentos da sujeição à lei, mas, inconscientes de sua fragilidade pessoal, espumam-se furiosamente, como se não houvesse distinção alguma entre o bem e o mal, entre o certo e o errado. Não obstante, se a outra interpretação for preferível – que os ímpios intimidam o inocente e pacífico, vangloriando-se das grandes opressões e ultrajes que têm perpetrado sobre ele –, não faço objeção. Quando o pobre e aflito se encontra à mercê dos perversos, nada pode fazer senão tremer, e, por assim dizer, se derrete e se dissolve, vendo-os de posse de tão imenso poder. Com respeito à expressão: **falam elevadamente**,[24] ela implica que derramavam sua insolência e linguajar abusivo sobre as cabeças dos demais. Como homens soberbos que desdenham de olhar diretamente para qualquer corpo, diz-se no idioma latino, *despicere*, e no grego, καταβλέπειν, ou, seja, *com superioridade*;[25] assim Davi os introduz falando do alto, porque é como se não tivessem nada em comum com os demais homens, mas que pensam de si próprios como se fossem pertencentes a uma classe distinta de seres e, por assim dizer, pequenos deuses.[26]

---

24 A palavra original, ממרום, *memmarom*, para *elevadamente*, é traduzida em nossas versões *arrogantemente*. Mas Musculus, Junius, Tremellius, Piscator, Mudge, Horsley e outros traduzem com Calvino, *elevadamente*. *Falam elevadamente*, "como se estivessem no céu e acima de todas as criaturas, e mesmo do próprio Deus; e como se o que dizem fossem oráculos, devendo ser recebidos como tais sem qualquer escrúpulo e hesitação. Assim falaram Faraó, Senaqueribe e Nabucodonosor (Êx 5.2; Is 36.20; Dn 3.15)." – *Dr. Gill*.

25 "Car comme les Latins et aussi les Grees, quand ils descrivent la contenance des gens enyvrez d'orgueil, ont des verbes qui signfient Regarder en bas d'autant que telles gens ne daignent pas regarder droit les personnes." – *v.f.* "Como os romanos, e também os gregos, quando descrevem o semblante de pessoas intoxicadas pelo orgulho, têm palavras que significam *com superioridade*, porque tais pessoas não se condescendem em olhar diretamente para a outra pessoa."

26 "Pource qu'il ne leur semble point avis qu'ils ayent rien de commun avec les autres hommes,

9. Puseram sua boca contra os céus. Aqui se declara que eles pronunciam suas palavras insultuosas, tanto contra Deus como contra os homens; pois imaginam que nada lhes é demasiadamente difícil para alcançar, e se gabam de que o céu e a terra lhes estão sujeitos. Caso alguém se empenhe em adverti-los, pondo diante deles o poder de Deus, audaciosamente quebram essa barreira; e, com respeito aos homens, não fazem idéia de dificuldade alguma, erguendo-se de todos os lados. Portanto não existe obstáculo algum que reprima sua soberba e linguagem jactanciosa, senão que **sua língua percorre toda a terra**. Esta forma de expressão parece ser hiperbólica; mas quando consideramos quão grande e ilimitada é sua pretensão, então admitimos que o salmista nada ensina senão o que a experiência revela ser matéria de fato.

[vv. 10-14]
Por isso seu povo voltará para cá, e águas de um copo cheio se lhes espremem. E dizem: Como sabe Deus? Há conhecimento no Altíssimo? Eis que esses são os ímpios, e no entanto desfrutam para sempre de repouso [ou tranqüilidade]; eles amontoam riquezas. Com certeza em vão purifiquei meu coração e lavei diariamente[27] minhas mãos. Pois tenho sido diariamente atormentado, e meu castigo tem sido a cada manhã.

10. Por isso seu povo voltará para cá. Comentaristas torcem esta frase em sentidos variados. Em primeiro lugar, como se usa o relativo *seu*, sem um antecedente que indique de que povo está falando, alguns o entendem simplesmente em relação aos ímpios, como se quisesse dizer que os ímpios sempre recorrem à reflexão. E vêem a palavra *povo* como denotando um *grande grupo* ou *bando*; pois tão logo um ímpio ergue sua bandeira, sempre sucede de arrastar após si uma grande

---
mais pensent estre quelque chose à part, et comme des petis dieux." – *v.f.*
27 "Et lavé mês mains en nettete." – *v.f.* "E lavei minhas mãos na inocência." O salmista pode estar fazendo alusão ao rito da oblação que estava em uso entre os judeus. Vejam-se Deuteronômio 21.6 e Salmo 26.6. Ou poderia ter em mente a metáfora de lavar as mãos em geral, os esforços que ele fazia para ser inculpável em toda sua vida externa. Diz Merrick: "Contrário à frase: *lavar na inocência* é o *scelere imbuere* de Cícero (*Philipp.* V.): 'Cum autem semel gladium scelere imbuisset'" etc. Veja-se Jó 9.30.

multidão de associados. Portanto, crêem que o significado seja que cada ímpio próspero conta com pessoas se aglomerando a sua volta, ao ponto de formar batalhões; e que quando se vêem dentro de seu palácio ou mansão magnificente, se contentam em obter água para beber; tanta influência essa imaginação perversa produz entre eles. Mas há outro sentido muito mais correto, e que é também aprovado pela maioria dos comentaristas, ou, seja, que o povo de Deus[28] regressa para cá. Alguns tomam a palavra הלם, *halom*, a qual traduzimos por *cá*, como denotando *aflito*;[29] essa, porém, é uma interpretação forçada.

Não obstante, o significado não é, como agora, suficientemente evidente, e portanto devemos inquirir sobre ele de forma mais detida.[30] Há quem lê todo o versículo conectadamente, assim: O povo de Deus volta para cá, para que possa esgotar os copos de água da dor. Em minha opinião, porém, este versículo depende das afirmações precedentes, e o sentido é que muitos dos que haviam se considerado pertencentes ao povo de Deus foram arrebatados por essa tentação, e foram até mesmo naufragados e tragados por ela. O profeta não parece falar aqui do povo eleito de Deus, mas simplesmente aponta para os israelitas hipócritas e contraditórios que ocupavam um lugar na Igreja. Ele declara que tais pessoas são esmagadas na destruição porque, sendo insensatamente levadas a invejarem os ímpios e a desejarem segui-los,[31] dizem adeus ao Senhor e a toda a religião. Não obstante, é

---

28 As versões Septuaginta, Vulgata, Siríaca, Arábica e Etiópica trazem: "meu povo".
29 "Abu Walid", diz Hammond, "tem um modo peculiar de traduzir הֶלֶם, como se fosse הָלָם, o infinitivo, *com quebrantamento de espírito.*" Uma interpretação similar é adotada por Horsley. "Para הלם, diz ele, "muitos MSS. trazem הלום, o que tomo como o particípio *pual* do verbo הלם, 'Contusus miseria', scilicet." Ele redige assim:
"Portanto seu [de Deus] povo se assenta desolado."
Para formar esta tradução, ele adota outra dentre as diversas redações de manuscritos. "Para ישיב, diz ele, "muitos MSS. trazem ישוב; eu transponho o *vau*, e leio יושב. A terceira pessoa futura, *hophal*, significa *fazer-se sentar, ser estabelecido*, assistindo com tristeza e consternação a audácia impune dos profanos."
30 "Et pourtant il nous y faut aviser de plus pres." – *v.f.*
31 "Stulta æmulatione decepti." – *v.l.* "Se abusans par leur folie à porter envie aux meschans, et les vouloir ensuyvre." – *v.f.*

possível que isso, sem qualquer impropriedade, se refira à descendência eleita, sendo muitos dos quais tão violentamente assenhoreados por essa tentação, que se desviam pelo atalho tramado; não que se devotassem à perversidade, mas porque não perseveraram com firmeza na vereda reta. O sentido, pois, será que, não só a horda dos profanos, mas até mesmo a de crentes genuínos que determinaram servir a Deus, são tentados com esta ilícita e perversa inveja e emulação.[32] O que se segue, **águas de um copo cheio se lhes espremem**,[33] parece ser a razão da afirmação na sentença precedente, implicando que são atormentados com vexações e dores, quando nenhuma vantagem parece derivar-se do cultivo da verdadeira religião. *Ser saturado com água* é expresso metaforicamente para o sorver a mais amarga angústia e sentir-se saturado com profundas tristezas.

11. E dizem: Como sabe Deus? Há comentaristas que defendem a idéia de que o profeta aqui se volve para os ímpios e relacionam os escárnios e blasfêmias com que se estimulam e se encorajam com cometer pecado; mas não posso aprovar tal idéia. Davi, antes, explica o que havia declarado no versículo anterior, quanto ao fato de os fiéis se entregarem a maus pensamentos e ímpias imaginações quando a curta vida de prosperidade dos ímpios ofusca seus olhos. Ele nos diz

---

32 Embora Calvino admita que as palavras, *seu povo*, poderiam referir-se aos verdadeiros crentes, ele concebe que os israelitas carnais e hipócritas estão em pauta aqui. Uma grande objeção à opinião de que os verdadeiros crentes estão em pauta consiste em que, aos tropeções, às vezes se acham nas distribuições inigualáveis do presente estado, e culpáveis ainda que às vezes possam estar divertidamente murmurando idéias em referência a esta questão, dificilmente podemos imaginar que, longe de afastar-se do próprio princípio da verdade e propriedade, como prorromper-se em linguagem tal como se acha descrita no versículo 11 em relação às pessoas aqui referidas: "Como sabe Deus? Há conhecimento no Altíssimo?" Nem Davi nem Jeremias, ainda que muito perplexos em conciliar a prosperidade dos ímpios e o aflitivo estado do povo de Deus, com a justiça e a bondade da Providência Divina, puseram nos lábios o uso de tal linguagem. Vejam-se Salmo 38 e Jeremias 12. Walford pensa que "é muito mais consoante com todo o desígnio da passagem interpretar as palavras, *seu povo*, como sendo as ligações dos amigos e dos ímpios, os quais imitam suas ações." Em apoio desta idéia pode observar-se que a descrição da condição, conduta e palavras desses prósperos perversos começam no versículo 4 e parecem continuar até o versículo 13, onde as reflexões do salmista sobre o tema começam e prosseguem até o final do Salmo.

33 Isso tem sido também entendido como a denotar prosperidade, a abundância de todas as boas coisas externas concedidas às pessoas referidas.

que começam então a perguntar se de fato há conhecimento em Deus. Entre os homens profanos, tal demência é por demais comum. Ovídio assim fala num de seus versos:

> "Sollicior nulos esse putare deos."
> "Sou tentado a imaginar que não há deuses."

Na verdade foi um poeta pagão que falou nesses termos; mas como sabemos que os poetas expressam os pensamentos comuns dos homens e a linguagem que geralmente predomina em suas mentes,[34] é indubitável que ele falou, por assim dizer, na pessoa da grande massa da humanidade, quando francamente confessou que, tão logo alguma calamidade surja, os homens ignoram todo conhecimento de Deus. Não só põem em dúvida sobre onde poderia existir um Deus, mas até mesmo entram em debate com ele e o censuram. Que outro significado poderia ter a queixa que descobrimos no poeta latino –

> "Nec Saturnius hæc oculis pater adspicit æquis."

"Nem o grande deus, o filho de Saturno, considerou essas coisas com olhos imparciais" –, senão que a mulher, de quem ele aqui fala, acusa a seu deus Júpiter de injustiça, visto ela não ter sido tratada da maneira que esperava?

É tão comum entre a parte incrédula da humanidade negar que Deus cuida do mundo e o governa, e afirmar que tudo provém do acaso.[35] Davi aqui, porém, nos informa que inclusive os verdadeiros crentes tropeçam nesta questão; não que irrompam em tal blasfêmia, mas porque são incapazes, todos juntos, de manter suas mentes controladas quando Deus parece cessar de executar seu ofício. É bem conhecida a advertência de Jeremias [12.1]: "Justo serias, ó Senhor, ainda que eu entrasse contigo num pleito; contu-

---

34 "Et les discours qui regnent communeement en leur cerveaux." – *v.f.*
35 "Que tout vient à l'aventure." – *v.f.*

do falarei contigo de teus juízos. Por que prospera o caminho dos ímpios, e vivem em paz todos os que procedem aleivosamente?" À luz desta passagem parece que mesmo os pios são tentados a duvidar da Providência de Deus; mas, ao mesmo tempo, as dúvidas sobre este tema não penetram fundo em seus corações; pois Jeremias, no início, protesta o contrário; e ao agir assim, põe, por assim dizer, um freio em sua própria boca. Não obstante, nem sempre antecipam tão prontamente as sutilezas de Satanás para que não perguntem, sob a influência de um espírito de dúvida, como é possível que suceda, estando realmente Deus sobre o controle do mundo, que ele não remedie a grande confusão que prevalece nele. Dos que impiamente tagarelam contra Deus, negando sua providência, há dois tipos. Alguns deles derramam suas blasfêmias de maneira franca, asseverando que Deus, deleitando-se em ócio e prazeres, de nada cuida senão em deixar ao sabor do acaso o governo de todas as coisas. Outros, ainda que conservem em seu íntimo os pensamentos sobre este tema, e guardem silêncio diante dos homens, todavia não cessam de secretamente impacientar-se contra Deus e de acusá-lo de ser injusto ou indolente, de ser conivente com a perversidade, de negligenciar os pios e de permitir que todas as coisas sejam envolvidas em confusão e irem a pique. O povo de Deus, porém, antes que tais perversos e detestáveis pensamentos penetrem seus corações, depositam no seio de Deus esse terrível fardo,[36] e seu único desejo é aceitar seus secretos juízos, por que razão se acham ocultos deles. O ensino desta passagem, portanto, consiste em que não só os ímpios, quando vêem as coisas num mundo tão saturado de desordem, só concebem um cego governo, o qual atribuem à fortuna ou acaso; mas, mesmo os verdadeiros crentes se deixam abalar pelas dúvidas acerca da Providência de Deus; e a menos que sejam prodigiosamente preservados pela mão divina, serão completamente tragados por esse abismo.

---

36 "En la presence de Dieu." – *v.f.* "Na presença de Deus."

12. Eis que são esses os ímpios. O salmista aqui mostra, como por uma vívida e pictórica representação, o caráter daquela inveja que por pouco não o venceu. *Eis*, diz ele, *que são esses os ímpios!* E contudo desfrutam, com facilidade e sem perturbação, de prazeres e sucesso, e são enaltecidos em seu poder e influência; e não por poucos dias, senão que sua prosperidade é de longa duração e têm, por assim dizer, uma trajetória interminável. E há algo que pareça a nossos olhos menos razoável do que essas pessoas, cuja famosa e detestável perversidade, mesmo aos olhos dos homens, serem tratadas por Deus com tanta liberalidade e indulgência? Há quem toma aqui a palavra hebraica עולם, *olam*, por *o mundo*, ainda que impropriamente. Ao contrário, ela denota, nesta passagem, *uma era* ou *época*;[37] e do que Davi se queixa é que a prosperidade dos ímpios é estável e de longa duração, e vê-la durar tanto desfibra a paciência dos justos. Ao ver os ímpios sendo tratados tão compassivamente por Deus, ele passa a considerar sua própria causa; e como sua consciência lhe dava testemunho de que havia andado com sinceridade e retidão, então arrazoa consigo mesmo sobre que vantagem derivara de haver solicitamente se devotado à prática da retidão, já que era afligido e molestado num grau muitíssimo raro. Ele nos conta que era *açoitado diariamente*, e que com tanta freqüência quanto o sol se levanta, uma ou outra aflição lhe era preparada, de modo que não havia fim para suas calamidades. Em suma, eis o equivalente para seu raciocínio: "Na verdade tenho laborado em vão para obter e preservar um coração puro e mãos limpas, vendo aflições contínuas a minha espera e, por assim dizer, se põem em guarda para interceptar meus passos e arruinar meu dia. Uma condição tal com certeza demonstra que não há recompensa diante de Deus para a inocência, já que ele não trata com maior compaixão os que o servem." Uma vez que a santidade genuína, pela qual os piedosos se distinguem, consiste em duas partes: primeiramente da pureza do coração e em segundo lugar da justiça na conduta externa, Davi atribui a si ambas. Aprendamos de seu exemplo

---

37 "Plustost il signifie yei un siecle." – *v.f.*

a conservá-las juntas; comecemos, em primeiro lugar, com a pureza de coração, e então apresentemos evidência dela diante dos homens por meio da retidão e integridade em nossa conduta.

[vv. 15-17]

Se eu dissesse: Falarei assim: Eis a geração de teus filhos, teria transgredido.[38] Embora aplicasse minha mente a entender isso, foi um sofrimento [ou algo doloroso] a minha vista; até que entrei nos santuários de Deus, e compreendi[39] sua sorte final.

15. Se eu dissesse: Falarei assim. Davi, percebendo a pecaminosidade dos pensamentos com que era tentado, põe um freio em sua boca e reprova sua inconstância, permitindo sua mente entrter dúvidas sobre tal problema. É possível ficarmos surpresos ante a descoberta de seu significado, mas há certa dificuldade ou obscuridade nas palavras. O último verbo hebraico no versículo, בגד, *bagad*, significa *transgredir* e também *enganar*. Portanto, há quem o traduz: *Tenho enganado a geração de teus filhos*, como se Davi dissesse: Se eu fosse falar assim, defraudaria teus filhos de sua esperança. Outros lêem: *Tenho transgredido contra a geração de teus filhos*; ou, seja: Se fosse falar assim, seria culpado de infligir injúria sobre eles. Visto, porém, que as palavras do profeta se acham nesta ordem: *Eis a geração de teus filhos: tenho transgredido*; e visto que um sentido muito próprio pode ser extraído delas, as explicarei simplesmente assim: Fosse eu aprovar os pensamentos e dúvidas de tais ímpios, estaria transgredindo; porque, eis que os justos estão vivendo sobre a terra, e tu, em cada época, reservas para ti algumas pessoas. E assim se faz desnecessário prover algum suplemento para completar o sentido, e o verbo בגדתי, *bagadti, tenho transgredido*, terá sentido em si mesmo, e não precisará ser construído com alguma outra parte do versículo. Em outra parte tivemos ocasião de observar que o substantivo hebraico, דור, *dor*, o

---

38 "Ou, J'ay transgressé contre la generation de tes enfans." – *v.m.f.* "Ou, tenho transgredido contra a geração de teus filhos."

39 "Aye consideré." – *v.f.* "Considerei."

qual traduzimos por *geração*, deve propriamente referir-se ao tempo. A idéia que Davi pretendia comunicar é agora perfeitamente evidente. Enquanto os homens mundanos dão rédeas soltas a suas profanas especulações, ao ponto de se tornarem empedernidos, e, despindo-se de todo o temor de Deus, expulsam juntamente com ele a esperança de salvação, Deus se refreia para não precipitá-los na destruição. *Falar* ou *declarar*,[40] aqui, significa *vocalizar o que foi premeditado*. Seu significado, pois, é que ele pronunciara juízo sobre este tema como uma coisa certa; ele teria sido culpado de uma transgressão muito hedionda. Ele se descobriu antes de se envolver em dúvida, mas agora reconhece que havia ofendido gravemente; e a razão disso ele põe entre as palavras nas quais expressa esses dois estados mentais, ou, seja: visto que Deus sempre vê que alguns dentre seu próprio povo permanecem no mundo. Ele parece repetir a partícula demonstrativa, *Eis!*, à guisa de contraste. Ele dissera um pouco antes: *Eis que esses são os ímpios*; e aqui ele diz: *Eis a geração de teus filhos*. É com certeza nada menos que um estupendo milagre que a Igreja, que é tão furiosamente assaltada por Satanás e inumeráveis hostes de inimigos, continue ilesa.

16. Embora aplicasse minha mente a entender isso. O primeiro verbo חשב, *chashab*, que ele emprega significa propriamente *computar* ou *levar em conta*, e às vezes *considerar* ou *pesar*. As palavras, porém, que se seguem na sentença requerem o sentido que tenho dado, a saber, que ele aplicava sua mente a conhecer a parte atribuída à Divina Providência. Ele já se condenara por haver transgredido; mas ainda reconhece que, antes de entrar nos santuários de Deus, não havia ainda se desembaraçado das dúvidas com que sua mente se toldara em perplexidade. Em suma, ele notifica que havia refletido sobre este tema, olhando-o de todos os ângulos; e, não obstante, em toda sua

---

40 A palavra no texto hebraico é ספר, *saphar*. Horsley a traduz por 'argumentar' –
"Se eu resolvesse argumentar assim,
Seria um traidor da geração de seus filhos."
"O verbo ספר", diz ele, "que literalmente significa contar ou computar, pode facilmente significar 'arrazoar alguém em seu íntimo', como é, aliás, o caso com as palavras correspondentes em muitos idiomas; como logizesqai, *ratiocinari*, *putare*, considerar, contar."

ponderação sobre o mesmo, não podia compreender como Deus, em meio a tão grandes desordens e confusões, continuava a governar o mundo. Além do mais, ao falar assim de si mesmo, ele nos ensina que, quando os homens se põem meramente sob a diretriz de seu próprio entendimento, a conseqüência inevitável é que se afundam em inquietação, perdendo a capacidade de tomar suas próprias deliberações e raciocínios, chegam inevitavelmente a certas conclusões fixas; pois não há dúvida de que ele fala de *os santuários de Deus* em oposição à razão carnal. Daí se segue que todo o conhecimento e sabedoria que os homens possuem inerentemente são vãos e sem conteúdo; uma vez que toda sabedoria genuína existente entre os homens – tudo o que merece ser assim denominado – consiste neste único ponto:[41] que sejam dóceis, e implicitamente se submetam ao ensino da Palavra de Deus. O salmista não fala de incrédulos que são obstinadamente cegos, que se envolvem em erros e são também mui prontos em achar algum motivo ou pretexto para se ressentirem, para que se ponham a longa distância de Deus. Ele está falando de si mesmo; e ainda que aplicasse sua mente à investigação dos assuntos divinos, não só solicitamente, mas também com toda humildade; e ainda que, ao mesmo tempo, contemplasse, segundo sua tacanha medida, os sublimes juízos de Deus, não só com atenção, mas também com reverência, contudo confessa que não alcançou êxito; pois a palavra *inquietação*, aqui, implica sem proveito e perda de tempo. Portanto, todo aquele que, ao aplicar-se ao examine dos juízos divinos, espera tornar-se familiarizado com eles através de seu entendimento natural, ficará desapontado e descobrirá que se encontra engajado numa tarefa concomitantemente dolorosa e sem proveito; e, portanto, é indispensavelmente necessário erguer-se mais alto e buscar a iluminação do céu.

Pelo termo, **os santuários de Deus**, alguns, mesmo entre os hebreus, entendem as mansões celestiais nas quais os espíritos dos

---

41 "D'autant que toute la vraye sagesse qui doit estre ainsi nommees és hommes, consiste en umn seul poinet." – *v.f.*

justos e anjos habitam; como se Davi dissesse: Isso foi algo em extremo doloroso a minha vista, até que vim a reconhecer seriamente que os homens não foram criados para prosperar por um breve tempo neste mundo, nem para entregar-se a seus prazeres concupiscentes enquanto nele vivem, mas para que sua condição aqui seja a de peregrinos, anelando por chegar aos céus. Prontamente admito que ninguém pode formar um reto juízo da Providência de Deus senão aquele que eleva sua mente acima da terra; porém é mais simples e natural entender a palavra *santuário* como a denotar a doutrina celestial. Como o livro da lei estava depositado no santuário, do qual os oráculos celestiais deveriam ser obtidos, ou, seja, a declaração da vontade de Deus,[42] e como essa era a genuína maneira de adquirir proveitosa instrução, Davi, mui apropriadamente, fraseia *entrando nos santuários*,[43] *para chegar à escola de Deus*, como se sua intenção fosse esta: Até que Deus se tornou meu professor, e até que aprendi, ouvindo sua palavra, o que de outra forma minha mente, ao entrar em considerações sobre o governo do mundo, não poderia compreender, eu parei de uma vez e nada entendi sobre o assunto. Quando, pois, somos aqui informados de que os homens são incapazes de contemplar as disposições da Providência Divina até que obtenham sabedoria em outra parte fora deles mesmos, como é possível obtermos sabedoria senão recebendo submissamente o que Deus nos ensina, quer por sua Palavra, quer por seu Espírito Santo? Davi, pela palavra *santuário*, faz alusão ao método externo de ministrar ensino que Deus havia designado no seio de seu antigo povo; mas, juntamente com a Palavra, ele aponta para a iluminação secreta do Espírito Santo.

---

42 "C'est à dire, la declaration de la volonte de Dieu." – *v.f.*

43 "É notável", observa Horsley, "que a palavra original para 'santuário', neste lugar, é plural, o que é sem precedente quando o santuário está literalmente em pauta." Ele considera a expressão: "até que entrei no santuário de Deus", no sentido de: "Até que entrei nas regiões secretas onde Deus trata com a humanidade." Cresswell o explica assim: "Até que entrei nas regiões onde Deus trata com os homens, como se acha explicado pelos escritos sacros, os quais são depositados no lugar dedicado a seu culto."

Pela expressão, *fim* dos ímpios, não se pretende sua saída do mundo, ou sua partida da presente vida, a qual diz respeito a todos os homens – pois, que necessidade havia de entrar nos santuários de Deus para entender isso? –, mas a palavra *fim* deve ser considerada como uma referência aos juízos de Deus, pelos quais ele faz manifesto que, mesmo quando comumente se imagina que está a dormitar, ele simplesmente delonga por algum tempo, segundo a conveniência, a execução do castigo que os ímpios merecem. Isso tem de ser explicado em maior extensão. Se aprendermos de Deus qual é a condição dos ímpios, ele nos ensina que, depois de haverem prosperado por um breve tempo, subitamente fenecem; e embora suceda de desfrutarem eles um curso contínuo de prosperidade até a morte, não obstante tudo isso é mera nulidade, já que sua vida em si nada é. Visto, pois, que Deus declara que todos os ímpios perecerão miseravelmente, se o visualizarmos executando manifesta vingança sobre eles nesta vida, recordemos que o juízo divino está presente. Se, ao contrário, não percebermos qualquer castigo infligido sobre eles neste mundo, cuidemos de não concluir que hajam escapado, ou que sejam objetos do favor e aprovação divinos;[44] antes, porém, suspendamos nosso juízo, enquanto o fim ou o último dia ainda não tiver chegado. Em suma, se tirarmos proveito corretamente em formularmos nossa avaliação das obras de Deus, que antes de tudo roguemo-lhe que abra nossos olhos (pois os que não passam de tolos, a seu critério são lúcidos e de juízo penetrante), e então devemos também dar todo o devido respeito a sua Palavra, atribuindo-lhe aquela autoridade que lhe é inerente.

[vv. 18-20]
Certamente tu os puseste em lugares escorregadios; tu os precipitarás na destruição. Como têm sido destruídos, como por um momento! Têm perecido, têm se consumido com terrores. Como um sonho, quando se acorda, assim, ó Senhor, quando acordares,[45] farás que sua imagem se dissipe [ou, seja desprezada].

---

44 "Gardons-nous de penser qu'ils soyent eschappez, ou que Dieu leur favorise." – *v.f.*
45 Martin crê que há aqui uma alusão ao tempo em que sentenças judiciais era pronunciadas, o que se dava de manhã, quando os homens acordavam do sono noturno.

18. Certamente tu os puseste em lugares escorregadios. Davi, passando em revista seus conflitos, começa, se pudermos usar tal expressão, sentindo-se um novo homem; e fala com mente tranqüila e compassada, sendo, por assim dizer, elevado a uma torre de vigia, donde obtém uma clara e distinta visão das coisas que antes lhe eram ocultas. A resolução do profeta Habacuque era de assumir tal posição, e, por seu exemplo, ele nos prescreve isso como um antídoto em meio às tribulações – "Pôr-me-ei em minha guarda", diz ele, "e pôr-me-ei sobre a torre" (Hc 2.1). Davi, pois, mostra quanta vantagem se pode derivar do acesso a Deus. Agora vejo, diz ele, como procedes em tua providência; pois, embora os ímpios continuem estáveis por um breve tempo, contudo estão, por assim dizer, empoleirados em lugares escorregadios,46 a fim de caírem antes que sejam precipitados na destruição. Ambos os verbos deste versículo estão no pretérito; mas o primeiro, os puseste em lugares escorregadios, deve ser entendido no tempo presente, como se houvesse dito: Deus, por um breve período, os põe em lugares altos, e, quando caem, sua queda pode ser extremamente pesada. É verdade que essa parece ser a porção tanto dos justos quanto dos ímpios; pois tudo neste mundo é escorregadio, incerto e mutável. Visto, porém, que os crentes dependem do céu, ou, melhor, visto que o poder de Deus é o fundamento sobre o qual descansam, não se afirma deles que são postos em lugares escorregadios, não obstante a fragilidade e incerteza que caracterizam sua condição neste mundo. Que embora tremam ou mesmo caiam, o Senhor tem sua mão sob eles para sustê-los e fortalecê-los quando tremerem, e erguê-los quando estiverem prostrados. A incerteza da condição dos ímpios, ou, como ele aqui o expressa, sua condição escorregadia, procede disto: que eles sentem prazer em contemplar seu próprio poder e grandeza, e se admiram por essa conta, tal como uma pessoa que teria de caminhar ociosamente sobre o gelo;47 e assim, por sua

---

46 "Comme junchez en lieux glissans." – *v.f.*
47 "Qu'ils prenent plaisir à contempler leur puissance et grandeur, et sy mirent, comme qui voudroit se pourmener à loisir sur la glace." – *v.f.*

enfatuada presunção, se preparam para cair de ponta cabeça. Não devemos delinear em nossa imaginação a roda da fortuna, a qual, quando gira, enreda todas as coisas em total confusão; devemos, porém, admitir a verdade em relação à qual o profeta aqui chama a atenção, e a qual ele nos diz se faz conhecida de todos os santos no santuário, ou, seja, que há uma secreta e divina providência que administra todas as atividades do mundo. Sobre este tema, meus leitores, caso decidam, podem estudar os belos versos de Claudiano em seu livro Contra Rufino.

19. Como têm sido destruísdos, como por um momento! A linguagem de espanto com que o salmista se sente impelido serve bem para confirmar o conteúdo do versículo precedente. Uma vez que a consideração da prosperidade dos ímpios induz certo torpor a nossas mentes, aliás, as torna até mesmo estúpidas, portanto sua destruição, sendo súbita e imprevista, tende a despertar-nos mais eficazmente, sendo cada um de nós constrangido a inquirir como é possível suceder um fato como esse, o qual todos os homens jamais poderiam imaginar que se concretizasse. O profeta, pois, fala do mesmo na forma exclamativa, como de algo incrível. Não obstante, ele ao mesmo tempo nos ensina que Deus está diariamente trabalhando de maneira tal que, se pelo menos abríssemos nossos olhos, veríamos a manifestação de coisas que no mínimo excitariam nosso espanto. Sim, mais ainda, se pela fé olhássemos à distância para os juízos de Deus, diariamente chegando mais e mais perto de nós, nada aconteceria que considerássemos por demais estranho ou difícil de se crer; pois a surpresa que sentimos procede da lentidão e displicência com que procedemos na aquisição do conhecimento da divina verdade.[48] Quando se diz: *São consumidos com terror*, pode-se entender a expressão de duas maneiras. Ou significa que Deus troveja sobre eles de uma maneira tão inusitada, que a própria singularidade do fato os abala com consternação; ou que Deus, embora não estenda suas mãos sobre seus inimigos, não obstante os precipita em consternação e os reduz a

---

[48] "De nostrre tardivete et nonchalance à profiter en la doctrine." – *v.f.*

nada, tão-somente pelo terror de seu sopro, exatamente no momento em que são surpreendidos desprezando todos os perigos, como se estivessem em perfeita segurança e fazendo um pacto com a morte.[49] Daí virmos antes Davi introduzindo-os a estimular-se em sua obstinação com essa linguagem ostensiva: "Quem é senhor sobre nós?" [Sl 12.4]. Sou mais inclinado a adotar o primeiro sentido; e a razão que me leva a fazer isso é que, quando Deus percebe que somos por demais lentos na avaliação de seus juízos, então ele inflige sobre os ímpios juízos de um gênero mui severo, e os persegue com espantosa manifestação de sua ira, como se provocasse tremores na terra, a fim de, com isso, corrigir a obtusidade de nossa percepção.

20. Como um sonho, quando se acorda. Tal similitude será freqüentemente encontrada nos Escritos Sagrados. Assim Isaías [29.7], falando dos inimigos da Igreja, diz: "Será como o sonho numa visão noturna." Citar outros textos de conteúdo similar seria um trabalho tedioso e desnecessário. Na passagem que se acha diante de nós, a metáfora é mui apropriada. Como explicar o fato de a prosperidade dos ímpios ser vista com tanta admiração, senão porque nossa mente se acha por demais embotada por profundo sono? E, em suma, os quadros que esboçamos em nossa imaginação, da felicidade dos ímpios, bem como de sua tão desejável condição, são precisamente como os reinos imaginários que construímos em nossos sonhos quando dormimos. Os que, ao serem iluminados pela Palavra de Deus, são despertos podem, de fato, sentir-se em algum grau impressionados com o esplendor com que os ímpios se acham cercados; mas não tão ofuscados por ele ao ponto de se deixar dominar; pois são assim impedidos por uma luz de um gênero oposto, a qual excede muitíssimo em

---

49 "*São totalmente consumidos com terrores*; sua destruição é não somente súbita, mas completa; assemelha-se ao quebrar de um vaso em muitos pedaços, cujos fragmentos não podem ser ajuntados para algum uso; o como o precipitar ao mar uma pedra de moinho, a qual nunca mais vem à tona; e isso é feito *com terrores* – quer por terríveis juízos infligidos sobre eles externamente, ou com terrores íntimos pressionando sua mente e consciência, como no momento de calamidades temporais, ou na morte, e com certeza no juízo, quando a terrível sentença for pronunciada contra eles. Veja-se Jó 27.20." – *Dr. Gill.*

brilho e atração. O profeta, pois, ordena que acordemos para podermos perceber que tudo o que nos fascina neste mundo nada é senão mera vaidade; mesmo quando ele pessoalmente, agora volvendo-se a seu bom senso, reconhece que estivera apenas sonhando e tresvariado. Adiciona-se a razão: porque Deus fará **que sua imagem se dissipe**, ou **seja desprezível**. Pelo termo *imagem* há quem entende a alma humana, visto que a mesma fora formada segundo a imagem de Deus. Em minha opinião, porém, tal explicação é injustificada; porquanto o profeta simplesmente faz alusão à pompa ou exibição[50] externa que ofusca os olhos humanos, ainda que desvaneça num instante. Já nos deparamos com uma forma semelhante de expressão no Salmo 39.6: "Na verdade, todo homem anda numa vã aparência", cujo sentido é: Na verdade todo homem se desliza como água que não tem limpidez; ou, melhor, como a imagem refletida num espelho que não tem substância. A palavra *imagem*, pois, nesta passagem, significa o que comumente denominamos *aparência*, ou *manifestação externa*; e por isso o profeta indiretamente repreende o erro no qual caímos quando consideramos como reais e substanciais aquelas coisas que são meramente ilusões criadas por nossa imaginação, mas que não têm existência real.

---

50 Com isso concorda o Bispo Horsley e o Dr. Adam Clarke. O primeiro o traduz assim:
"Como o sonho de um homem que começa a despertar-se publicamente,
Ó Senhor, tu fizeste desprezível sua vã exibição."
O segundo o traduz assim:
"Semelhante a um sonho depois que alguém acorda,
Assim tu, ó Jehovah, quando te ergues,
Destróis sua sombria grandeza."
A palavra original, צלם, *tselem*, para *imagem*, significa *semelhança*, corpórea ou incorpórea; e ela concorda com צל, *tsel*, uma sombra, porquanto uma imagem é semelhante à sombra ou imagem refletida do corpo. Veja-se Bythner sobre o Salmo 39.6. "Parece ser tomado aqui", diz Hammond, "por aquilo que possui um ser fantástico só em oposição ao ser de substância real." "O termo hebraico", diz Walford, "significa uma aparência sem substância, esplêndida enquanto permanece, mas que num instante desaparece." A prosperidade que os ímpios desfrutam por algum tempo, sua grandeza, riquezas, honra e felicidade, por mais fascinantes e agressivas, não passam de uma *imagem refletida* e *sombra* de prosperidade, uma forma vazia e fantasmagórica; e dentro de um curto período cessa de existir assim como uma sombra, absolutamente fútil e evanescente, convencendo somente as pessoas aflitas, a quem ela compromete com dúvidas a retidão do governo divino, que é seu real caráter, o que jamais põe em perplexidade o estudante da Divina Providência.

A palavra בעיר, *bair*, propriamente significa *na cidade*.⁵¹ Mas como essa seria uma forma insípida de expressão, muitos têm judiciosamente concluído que a palavra perdeu uma letra, e que ela é a mesma palavra בהעיר, *bahair*, opinião essa de que ela é também munida com o ponto *kamets*, sendo colocado sob ב, *beth*. Segundo esse ponto de vista, ela deve ser traduzida: *ao despertar*, ou, seja, depois que esses sonhos que nos ludibriam tiverem passado. E isso ocorre não só quando Deus restaura com certa medida de ordem as questões que antes foram envolvidas em confusão, mas também quando, dissipando as trevas, ele alegra nossa mente com uma luz amiga. É verdade que nunca vemos as coisas tão bem ajustadas no mundo quanto desejamos; pois Deus, com o propósito de conservar-nos sempre no exercício da esperança, prorroga a perfeição de nosso estado para o dia do juízo final. Mas sempre que estende sua mão contra os ímpios, ele nos faz ver como se fossem alguns raios no morrer do dia, para que as trevas, se tornando por demais espessas, não nos embalem o sono e afetem nosso entendimento com torpor.⁵² Há quem aplica esta expressão, *ao despertar*, ao último juízo,⁵³ como se Davi pretendesse dizer: Neste mundo os ímpios amontoam riquezas e poder, e essa confusão, que é como se fosse uma noite trevosa, continuará até que Deus ressuscite os mortos. Certamente admito que essa é uma doutrina provável; mas ela não nos é ensinada aqui, cujo escopo da passagem não concorda absolutamente com tal interpretação. Se alguém preferir a redação: *na cidade* –

---

51 A LXX tem a leitura: ἐν τῇ πόλει σου, "em tua cidade", derivando a palavra original de עיר, *ir*, *uma cidade*. Tal é também a redação das versões Vulgata, Arábica e Etiópica. Mas a palavra é oriunda de עור, *ur*, *despertar*, e está no infinitivo *hiph*. ב, *beth*, excluindo ה, *he*, característica da conjugação.

52 "*Como o sono de alguém que desperta*. O pensamento, aqui, é como um suave sonho que se desvanece instantaneamente, despertando-nos, assim os prazeres de tais pessoas se desvanecerão e revelarão sua natureza sem substância, quando Deus efetuar seu justo juízo." – *Walford*. Então a prosperidade dos ímpios é vista como algo fantástico, consistindo apenas de "os sonhos são feitos de palha".

53 "A versão Caldaica, em sua paráfrase, aponta para o dia do juízo, quando os ímpios erguerem-se de suas sepulturas e Deus manifestar sua ira contra eles (תבסר ברגז דמוחהון), "em fúria tu escarnecerás deles ou os desprezarás), segundo a expressão de Daniel 12.2: "Muitos dos que dormem no pó da terra se despertarão, alguns para vergonha e desprezo eternos." – *Hammond*.

Na cidade tu farás que sua imagem seja desprezada –, o significado será que, quando Deus se agrada em converter em desprezo a beleza transitória e a vã exibição dos ímpios, essa não será uma vingança secreta ou oculta, senão que a mesma se fará plenamente manifesta e conhecida de todos, como se fosse apresentada na praça pública do mercado de uma cidade. A palavra *despertar*, porém, se adequa melhor quando é posta em oposição a *sonhar*.

[vv. 21-24]
Porque meu coração jazia em fermento, e eu era picado em meus rins. Eu era estulto e ignorante; eu era para contigo como uma besta irracional. Não obstante, eu estava continuamente contigo; tu seguravas minha mão direita. Tu me guiarás com teu conselho; e por fim me levarás para [ou me receberás em] a glória.

21. Porque meu coração jazia em fermento. O salmista volta novamente à confissão que previamente fizera, reconhecendo que, enquanto sentia seu coração espicaçado por perversa inveja e emulação, ele se queixava de Deus de uma maneira impertinente ou irritadiça. Ele compara sua ira ao *fermento*. Há quem traduz: *Meu coração estava mergulhado em vinagre*. Contudo é mais apropriado explicar o verbo assim: *Meu coração estava ferido* ou *inchado*, como a massa de pão se incha pelo [efeito do] fermento. Assim Plauto, ao falar de uma mulher inflamada pela ira, diz que ela é invadida por fermento.[54] Há quem lê a última sentença do versículo assim: *Meus rins foram picados*; e concluem que א, *aleph*, no início da palavra אשתונן, *eshtoman*, o verbo para *picado* é usado em vez de ה, *he*;[55] mas isso pouca diferença faz ao sentido. Sabemos que a palavra כליות, *kelayoth*, pela qual os hebreus denotam *os rins*, é oriunda do verbo כלה, *kalah*, que significa *desejar, cobiçar ardentemente*, sendo esta palavra usada para os rins, uma vez que se diz que os desejos do homem têm sua sede naquela parte do

---

54 As palavras de Plauto são: "Mea uxor tota in fermento jacet"; "Minha esposa está posta toda em fermento." "Ele tem algum vinagre em seu peito?"
55 Essa é a opinião de Kimchi e Houbigant.

corpo. Davi, portanto, declara que esses pensamentos perplexivos e angustiantes eram, por assim dizer, espinhos que o feriam.[56] Já falamos como ele foi afetado por essa pungente e ferina vexação do espírito. Encontraremos muitos homens profanos que, embora neguem que o mundo seja governado pela Providência de Deus, todavia isso não os perturba muito, mas simplesmente sorriem para os caprichos da fortuna. Em contrapartida, os verdadeiros crentes, quanto mais firmemente estejam convencidos de que Deus é o juiz do mundo, mais aflitos se sentem quando o procedimento dele não corresponde aos desejos deles.

22. E eu era estulto e ignorante. Aqui Davi censura a si próprio de forma cortante, como lhe cabia fazer, em primeiro lugar declarando que se tornara estulto; em segundo lugar, ele se culpa de ignorância; e, em terceiro, ele afirma que se assemelhara aos irracionais. Houvera simplesmente reconhecido sua ignorância, poder-se-ia perguntar: Donde procedia tal vício ou mácula de ignorância? Ele, pois, a atribui a sua própria estultícia; e ao expressar mais enfaticamente sua estultícia, ele se compara aos animais inferiores. Equivalendo a isto: a inveja perversa de que falara era oriunda da ignorância e erro, e a culpa de haver assim errado devia ser imputada unicamente a si próprio, visto que perdera o são juízo e discernimento, e não de uma forma corriqueira, mas numa extensão tal que se reduzira ao estado de brutal estupidez. O que já afirmamos previamente é a pura verdade, ou, seja, que os homens nunca formulam um reto juízo das obras de Deus; pois quando aplicam suas mentes a avaliá-las, todas suas faculdades falham, tornando-se impróprias para a tarefa; no entanto Davi, com razão, põe a culpa de tal fracasso em si próprio, porque, havendo perdido o juízo de ser humano, caíra, por assim dizer, na categoria das criaturas irracionais. Sempre que nos sentirmos insatisfeitos com o

---

56 "O verbo hebraico [*picar, ferir*] indica a dor aguda provinda de uma arma cortante. (Veja-se Parkhurst, sobre שנן, IV.) A experiência comum mostra que as operações da mente, particularmente dos sentimentos de alegria, tristeza e medo, possuem um efeito muito tremendo nos rins."
– *Mant.*

método da providência divina em governar o mundo, lembremo-nos que tal coisa se deve atribuir à perversidade de nosso entendimento. A palavra hebraica עִמָּךְ, *immach*, a qual traduzimos *contigo*, aqui deve ser tomada, à guisa de comparação, por *diante de ti*; como se Davi dissesse: Senhor, embora neste mundo tenha eu a aparência de alguém dotado de juízo e razão superiores, contudo, diante de tua sabedoria celestial, tenho me portado como um dos animais inferiores. É com a máxima propriedade que inseri esta partícula. Devido a esse fato, os homens se deixam ludibriar não tanto por sua própria estultícia, mas por isto: enquanto se entreolham, todos interiormente se mimam. Entre os cegos, cada um acredita possuir um olho; em outros termos, que ele sobressai aos demais; ou, pelo menos, deleita-se com a reflexão de que seus amigos em sentido algum lhe são superiores em sabedoria. Quando, porém, as pessoas vão a Deus, e se comparam a ele, esse erro tão prevalecente, no qual todos bem depressa adormecem, não pode encontrar qualquer guarida.

23. Não obstante, eu estava continuamente contigo.[57] Aqui o salmista declara, em um sentido distinto, que ele estava *com Deus*. Ele lhe rende graças por havê-lo guardado da queda sumária, quando enfrentava tão grande perigo de ser precipitado na destruição. A grandeza do favor, para o qual ele chama a atenção, é a mais extraordinária confissão já manifestada, a qual ele verbalizou um pouco antes dizendo que era falto de juízo e, por assim dizer, um bruto irracional; pois sobejamente merecera ser expulso da presença de Deus, quando ousou murmurar contra ele. Afirma-se que os homens estão com Deus de duas maneiras: primeiro, no sentido de apreensão e pensamento, quando são persuadidos de que vivem em sua presença, são governados por sua mão e sustentados com seu poder; segundo, quando Deus, não percebido por eles, põe-lhes um freio, por meio do qual, quando se desviam, ele secretamente

---

57 "Não obstante esses loucos pensamentos, permaneço sob a proteção de tua boa providência." – *Patrick*.

os restringe e os impede de apostatarem irreversivelmente dele. Portanto, quando uma pessoa imagina que Deus não exerce seu cuidado para com ela, tal pessoa não está *com Deus*, no que tange a seu próprio sentimento e apreensão; mas até mesmo tal pessoa, se não é abandonada, habita com Deus, visto que a graça secreta ou oculta de Deus permanece com ela. Em suma, Deus está sempre perto de seus eleitos; pois ainda que, às vezes, lhe volvam suas costas, ele, não obstante, mantém sempre seus olhos paternais volvidos para eles. Quando o salmista fala de Deus como *sustentando-o com sua mão direita*, sua intenção é dizer que ele, pelo portentoso poder de Deus, retrocedia ou escapava daquele profundo abismo no qual são lançados os réprobos. Ele, pois, atribui totalmente à graça de Deus o fato de ser capaz de refrear-se de exprimir blasfêmias irreprimíveis e procrastinar-se no erro, bem como foi capaz de condenar-se de estultícia – o que ele atribui totalmente à graça de Deus, o qual lhe estendia sua mão para sustê-lo e poupá-lo de uma queda que o teria envolvido em fatal destruição. À luz desse fato vemos quão preciosa nossa salvação é aos olhos de Deus; pois quando vagueamos longe dele, ele ainda continua a mirar-nos com seus olhos vigilantes e a estender sua mão para estreitar-nos em seus braços. É preciso, pois, que cuidemos para não pervertermos esta doutrina a pretexto de indolência. A experiência, não obstante, nos ensina que, quando mergulhamos em torpor e insensibilidade, Deus intensifica seu cuidado sobre nós, e que mesmo quando fugimos e nos afastamos dele, ele ainda está perto de nós. A força da metáfora contida na linguagem, a qual representa Deus como a *sustentar-nos com a mão direita*, precisa ser particularmente observada; pois não há tentação, por mais leve que seja, que não nos subjugue com facilidade, não fosse o poder de Deus que nos sustenta e nos apoia. A razão, pois, por que não sucumbimos, mesmo nos conflitos mais árduos, outra não é senão porque recebemos o auxílio do Espírito Santo. Na verdade, ele nem sempre estende seu poder sobre nós de uma maneira evidente e notável (pois amiúde ele o aperfeiçoa em nossa fraqueza); mas, baste-nos que ele nos socorra, embora sejamos ignorantes e inconscientes de que ele nos sustenta quando nos sentimos estremecidos, e ainda nos levanta quando prostrados.

24. Tu me guiarás com teu conselho. Como os verbos estão expressos no tempo futuro, o sentido natural, em minha opinião, é que o salmista se assegurou de que o Senhor, desde que o trouxera de volta ao reto caminho, doravante continuaria a guiá-lo até que, por fim, o recebesse em sua gloriosa presença no céu. Sabemos que o método usual de Davi, em render graças a Deus, era olhar confiadamente para o futuro. Por conseguinte, após reconhecer suas próprias mazelas, ele celebrou a graça de Deus, o auxílio e o conforto que havia experimentado; e agora ele renova a esperança de que a divina assistência continuaria a estender-se-lhe até o fim. Primeiramente vem a *diretriz por meio de conselho*. Não obstante os estultos e irrefletidos às vezes desfrutarem de êxito em suas atividades (pois Deus remedia nossas faltas e erros e converte em resultado próspero e ditoso as coisas já consideradas como perdidas), todavia a forma como Deus ordinária e mui sobejamente abençoa seu próprio povo é dando-lhe sabedoria. Daí precisamos pedir-lhe especialmente que nos governe pelo Espírito de conselho e de bom senso. Quem quer que ouse, num espírito de confiante entrega a sua própria sabedoria, engajar-se em algum empreendimento, inevitavelmente se envolverá em confusão e vexame decorrentes de sua presunção, já que arroga para si o que é peculiar e exclusivamente de Deus. Se Davi carecia de Deus como seu guia, quanto mais necessitamos nós de viver sob a divina orientação. A *conselho* se acrescenta *glória*, o que, penso eu, não deve limitar-se à vida eterna, como alguns se inclinam a fazer. Compreende todo o curso de nossa felicidade, desde o início, a qual é vista aqui na terra, até que venha a consumação que, esperamos, se concretize no céu. Davi, pois, se assegura da glória eterna, através do soberano e imerecido favor divino, e todavia não exclui as bênçãos que Deus concede a seu povo aqui embaixo, com vistas a proporcionar-lhes, ainda nesta vida, alguma prelibação daquela felicidade por vir.

[vv. 25-28]
Quem há no céu por mim?[58] E na terra não tenho almejado a nenhum outro senão a ti.[59] Minha carne e meu coração desfalecem; Deus, porém, é a força de meu coração e minha porção para sempre. Pois eis que perecerão os que se afastam de ti; tu tens destruído todos quantos se prostituem de ti.[60] Quanto a mim, é bom aproximar-me de Deus; pus minha confiança no Senhor Jehovah, para que eu possa anunciar todas tuas obras.[61]

25. Quem há no céu por mim? O salmista revela mais distintamente quanto proveito recebera no santuário de Deus; para satisfazer-se somente com Deus, o salmista rejeita todos os demais objetos, ficando unicamente com o Deus que se lhe fez presente. A forma de expressão que ele emprega, ao juntar uma interrogação com uma afirmação, é muito comum no idioma hebraico, ainda que abrupta em outros idiomas. Quanto ao significado, não há ambigüidade. Davi declara que nada deseja, quer no céu quer na terra, senão a Deus somente; e que, fora de Deus, todos os demais objetos que atraem o coração dos homens para si eram-lhe totalmente sem atrativos. E sem dúvida Deus então obtém de nós a glória com a qual ele é intitulado, quando, em vez de sermos levados de um objeto a outro, somos sustentados exclusivamente por ele, satisfazendo-nos com ele só. Se dermos a menor porção que seja de nosso afeto às criaturas, com isso defraudamos a Deus da honra que lhe pertence. E contudo nada tem sido mais comum em nossa época do que esse sacrilégio, o qual prevalece tanto em nossos dias. Quão ínfimo é o número daqueles que guardam seus afetos depositados em Deus somente! Assim vemos como a superstição lhe reúne muitos outros como rivais em busca de

---

58 Calvino, aqui, faz uma tradução literal do original hebraico. A pergunta aparece em forma elíptica; e, portanto, na versão francesa, ele introduziu o suplemento: "si non toy?" "senão a ti ou tu?" – "Quem há por mim no céu senão tu?"
59 "C'est, outre toy." – *m.f.* "Ou, seja, além de ti."
60 "Asçavoir, en te delaissant." – *m.f.* "Isto é, esquecendo-se de ti."
61 A Septuaginta adiciona aqui: ἐν ταῖς πύλαις τῆς θυγατρὸς Σιών; "nos portões da filha de Sião." As versões Vulgata, Arábica e Etiópica trazem a mesma adição. Isso parece fazer uma melhor conclusão; essas palavras, porém, não estão em nossas cópias atuais da Bíblia Hebraica, nem são apoiadas por qualquer dos manuscritos já colecionados.

nossos afetos. Embora os papistas admitam na palavra que todas as coisas dependem de Deus, estão, não obstante, constantemente buscando granjear o auxílio deste ou de outro objeto independente dele [Deus]. Outros, inchados de orgulho, têm o desplante de associar a Deus ou eles próprios ou outros homens. Por essa conta, é mister que sejamos mais criteriosos em atentar para esta doutrina: que nos é ilícito desejar algum outro objeto além de Deus. Pelas palavras *céu e terra* o salmista denota todo e qualquer objeto concebível; mas, ao mesmo tempo, ele parece propositadamente apontar para estes dois em particular. Ao dizer que não buscava a nenhum outro no céu senão a Deus somente, ele rejeita e renuncia todos os falsos deuses com os quais, através do erro e loucura comuns da humanidade, os céus ficaram abarrotados. Ao afirmar que a ninguém deseja na terra além de Deus, ele faz, suponho eu, uma referência aos ludíbrios e ilusões com que quase o mundo inteiro se deixa intoxicar. Pois os que não se deixam iludir pelos antigos artifícios de Satanás, como os que fabricam para si falsos deuses, nem se deixam engodar pela arrogância, confiando em sua própria habilidade, ou força, ou prudência, desviando-se de usurpar aquelas prerrogativas que pertencem a Deus com exclusividade; tampouco se deixam enredar por fascinações ilusórias quando põem sua confiança no favor dos homens, nem confiam em suas próprias riquezas e outros auxílios que porventura possuam. Se, pois, buscarmos a Deus de forma correta, então que cuidemos para não nos desviarmos por incontáveis veredas, e, despidos de toda superstição e orgulho, nos valhamos direta e indiretamente dele. Essa é a única maneira de buscá-lo. A expressão, *não tenho almejado a nenhum outro senão a ti*, equivale a isto: Sei que tu, por ti mesmo, à parte de todo e qualquer outro objeto, és suficiente para mim; sim, muito mais que suficiente, e por isso não me deixo desviar por uma infinidade de desejos, senão que descanso em ti e me contento plenamente contigo. Em suma, para que nos sintamos satisfeitos unicamente com Deus, é muitíssimo importante que conheçamos a plenitude das bênçãos que ele oferece para nossa aceitação.

26. Minha carne e meu coração desfalecem. Há quem entende a primeira parte do versículo no sentido em que o coração e a carne de Davi o traíram através do ardente desejo com que se via ele impelido; e pensam que, com isso, ele pretendesse testificar da ardente solicitude com que aplicava a Deus sua mente. Deparamo-nos com uma forma semelhante de expressão em outra lugar; mas a sentença imediatamente seguinte, *Deus é a força de meu coração*, parece demandar uma explicação diferente. Disponho-me, antes, a crer que haja aqui um contraste entre o *desfalecimento* que Davi sentiu em si mesmo e a *força* com que foi divinamente suprido; como se dissesse: Separado de Deus, nada sou, e tudo quanto tento fazer, termina em nada; mas quando me chego a ele, encontro abundante suprimento de força. É-nos muitíssimo necessário considerar o que somos sem Deus; pois ninguém se precipitará de corpo e alma em direção a Deus a não ser aquele que se sente em condição de desfalecimento e que se desespera ante a insuficiência de seus próprios poderes. Nada buscamos de Deus senão aquilo de que temos consciência não possuirmos. Aliás, todos os homens confessam isso, e a maioria crê que tudo o de que necessitam é que Deus os socorra em suas debilidades, ou lhes forneça socorro quando não tiverem meios para adequadamente aliviar-se. A confissão de Davi, porém, é muito mais ampla do que isso, quando ele depõe, por assim dizer, sua própria nulidade perante Deus. Ele, pois, mui apropriadamente acrescenta: *Deus é minha porção*. A porção de um indivíduo é uma expressão figurada, empregada na Escritura para denotar a condição ou sorte com que cada pessoa se contenta. Por conseguinte, a razão por que Deus é representado como uma porção consiste no fato de ser ele para nós o único sobejamente suficiente; e também porque é nele que consiste a perfeição de nossa felicidade. Daí se segue que somos culpados de ingratidão se desviarmos dele nossa mente e a fixarmos em qualquer outro objeto, como lemos no Salmo 16.4, onde Davi explica mais claramente a essência da metáfora. Há quem estultamente assevera que Deus é chamado *nossa porção* porque nossa alma é oriunda dele. Não sei como um conceito tão ridículo logrou ingresso em seus cérebros; pois ele está tão longe do pensamento de Davi como o céu dista da terra, e nele se acha envolvida a bestial noção dos maniqueus, pela qual Serveto se deixou enfeitiçar. Mas, geralmente sucede que os homens que não se exercitam nas Escrituras, nem se imbuem da sã teologia, ainda que bem familiarizados com o idioma hebraico, todavia erram e cometem equívocos logo nos princípios rudimentares. Sob a palavra *coração* o salmista compreende toda a alma. Entretanto, quando fala do *coração desfalecendo*, ele não tem em mente que a essência ou substância da alma desfalece, mas que todas as faculdades que Deus em sua benevolência lhe concede, e o uso das quais ela retém até onde apraz a Deus, caem em decadência.

27. Pois eis que perecerão os que se apartam de ti. Aqui ele prova, usando um argumento extraído das coisas contrárias, que nada lhe era melhor do que simplesmente repousar exclusivamente em Deus; pois no mesmo instante em que alguém se aparta de Deus, inevitavelmente cai na mais terrível destruição. Todos quantos se apartam dele dividem e dispersam sua esperança entre uma infinidade de objetos. A expressão, *se prostituem*,[62] é de teor afim; pois o pior tipo de adultério consiste em dividir nosso coração para que o mesmo não permaneça fixo exclusivamente em Deus. Isso será mais facilmente compreendido pela definição de castidade espiritual de nossa mente, a qual consiste em fé, em invocação a Deus, em integridade do coração e em obediência à Palavra. Quem quer que não se submeta, pois, à Palavra de Deus, que não o reconheça como o único Autor de todas as boas coisas, que não dependa dele, que não se renda a seu governo, que não se valha dele em todo tempo e não lhe devote todos seus afetos, tal pessoa é semelhante a uma mulher adúltera que abandona seu próprio esposo e se conspurca com estranhos. A linguagem de Davi, pois, é como se ele denunciasse como sendo adúlteros todos os apóstatas que se revoltam contra Deus.

---

62 "*Se prostituem* etc.; ou, seja, abandonam a Deus por falsos deuses, que é adultério espiritual."
– *Sutcliffe*. Quando se diz que Deus *tem destruído* dessa forma, há quem pensa que há uma alusão àquela parte da lei mosaica que sentenciava os idólatras à punição com a morte, como culpados de alta traição contra Jehovah, o Rei de Israel.

28. Quanto a mim, é bom aproximar-me de Deus. Literalmente, a redação é: *E eu* etc. Davi, falando expressamente de si mesmo, afirma que, embora visualizasse toda a humanidade em estado de alienação de Deus e vagueando após os vertiginosos erros e superstições do mundo, não obstante insistiria em prosseguir sempre na luta de aproximar-se de Deus. Que os demais pereçam, diz ele, se suas voluntariosas paixões não se deixam refrear e nem impedir que corram após os enganos do mundo; quanto a mim, porém, continuarei firme na resolução de manter uma santa comunhão com Deus. Na sentença subseqüente, ele nos informa que nos achegarmos para bem perto de Deus é uma atitude correta, quando nossa confiança prossegue solidamente firmada nele. Deus não nos susterá em sua mão a menos que nos convençamos plenamente da impossibilidade de continuarmos firmes e seguros de outra forma senão tão-somente por sua graça. Esta passagem é digna de detida observação, para que não sejamos conduzidos por maus exemplos, associando-nos aos ímpios e agindo como agem, ainda que o mundo inteiro ceda à incredulidade; mas para que aprendamos a desviar nossas afeições de outros objetos e volvê-las exclusivamente para Deus. Concluindo, o salmista notifica que, depois que houver se devotado com exclusividade a Deus, nunca mais lhe faltará motivo para louvá-lo, já que Deus nunca frustra a esperança que seu povo deposita nele. Disto se segue que ninguém amaldiçoa a Deus nem murmura contra ele, senão aqueles que voluntariamente fecham seus olhos e se envolvem de trevas para não conhecerem nem observarem sua providência e se deixarem induzir a declarar sua fidelidade e proteção.

Salmo 74

O povo de Deus, neste Salmo, deplora a desolada condição da Igreja, que era de tal vulto que o próprio nome de Israel fora quase extinto. Transparece de suas humildes súplicas que imputavam a seus pecados pessoais todas as calamidades que suportavam; ao mesmo tempo, porém, punham perante Deus seu próprio pacto por meio do qual adotara a raça de Abraão como seu povo peculiar. Depois evocam a memória de quão poderosa e gloriosamente havia Deus nos dias de outrora ostentado seu poder no livramento de sua Igreja. Reanimando-se por tais considerações, eles suplicam-lhe que por fim venha em seu auxílio e remedie condições tão deploráveis e desesperadoras.

Instrução de Asafe.

A inscrição, משכיל, *maskil*, se harmoniza muito bem com o tema do Salmo; porque, embora ela às vezes se aplique a temas de uma descrição triunfante, como se pode ver no Salmo 45, não obstante, em geral, ela indica que o tema tratado envolve os juízos divinos, pelos quais os homens são compelidos a mirar a si próprios e a examinar seus próprios pecados, de tal modo que se humilham perante Deus. É fácil deduzir, à luz do conteúdo do Salmo, que sua composição não pode ser atribuída a Davi; pois em seu tempo não havia motivo para uma condição tão debilitante e calamitosa da Igreja como é aqui retratada. Os que endossam uma opinião diferente alegam que Davi, mediante o espírito de profecia, predisse o que não havia ainda ocorrido. Visto, porém, ser provável que hajam muitos Salmos que foram compostos por diferentes autores depois da morte de Davi, este Salmo, não tenho dúvida, é um de seu número. Que calamidade é aqui retratada não é fácil determinar com precisão. Sobre este ponto há duas opiniões. Há quem supõe que a referência é àquele período da história judaica em que a cidade e o templo foram destruídos, e em que o povo foi levado cativo para Babilônia sob o rei Nabucodonosor;[1] e outros, que ele se relaciona com o período quando o templo foi profanado, sob Antíoco Epífanes. Há alguma plausibilidade em ambas essas opiniões. À luz do fato de que os fiéis aqui se queixem de estar agora sem sinais e sem profetas, a segunda opinião pareceria a mais provável; pois é bem conhecido que muitos profetas floresceram quando o povo foi levado para o cativeiro. Em contrapartida, quando se diz um pouco antes que os santuários foram carbonizados, as obras de escultura destruídas, e que nada restou inteiro, essas afirmações não se aplicam à crueldade e tirania de Antíoco. Deveras ele ignominiosamente contaminou o templo, introduzindo nele superstições pagãs; mas o edifício propriamente dito continuou intocado, e a madeira e pedras não foram naquele tempo consumidas pelo fogo. Há quem sustenta que pelo termo *santuários* devemos entender as *sinagogas* nas quais os judeus costumavam manter suas santas assembléias, não só em Jerusalém, mas também nas outras cidades da Judéia. É igualmente uma suposição que os fiéis, contemplando a terrível profanação do templo praticada por Antíoco, foram tomados por tal melancolia ante o espetáculo, que retrocederam seus pensamentos para o tempo quando ele foi queimado pelos caldeus, e que enfeixaram as duas calamidades

---

[1] Esta é a opinião de Calmet, Poole, Wells, Mant, Walford e outros. "Uma ocasião de melancolia", diz Mant, "comemorada com uma elegia de ternura e queixume correspondentes. Seria difícil denominar um espécimen mais excelente de poesia elegíaca do que este Salmo patético de Asafe." Se foi composto durante o cativeiro babilônico, e se Asafe, cujo nome está no título, foi o autor dele, teria sido uma pessoa diferente do contemporâneo de Davi, previamente observado – provavelmente um descendente do mesmo nome e família. O dr. Gill crê que ele foi o Asafe do tempo de Davi, e presume que sob a influência do espírito de profecia, ele poderia falar dos sofrimentos da Igreja em épocas posteriores, assim como Davi e outros testificaram de antemão dos sofrimentos de Cristo e da glória que os seguiria.

numa só descrição. E assim a conjetura será mais provável do que dizer que tais queixas pertencem ao tempo de Antíoco;[2] pois a Igreja de Deus estava, então, sem profetas. Entretanto, se alguém o atribuir, antes, ao cativeiro babilônico, será uma dificuldade fácil de resolver; pois ainda que Jeremias, Ezequiel e Daniel estivessem, então, vivos, todavia sabemos que estiveram em silêncio por algum tempo, como se tivessem concluído o curso de sua vocação, até que, por fim, Daniel, um pouco antes do dia de seu livramento, novamente surge com o propósito de inspirar os pobres exilados com ânimo para regressarem a seu próprio país. O profeta Isaías parece ter notado esse fato, quando diz no início do capítulo 40 de suas profecias: "Consolai, consolai a meu povo, diz vosso Deus." O verbo, que ali está no tempo futuro, mostra que os profetas se uniram para manter sua paz por algum tempo.

> [vv. 1-8]
> Ó Deus, por que nos rejeitaste para sempre? Por que se acende tua ira contra o rebanho de tuas pastagens? Lembra-te de tua congregação, a qual possuíste desde a antigüidade, o bordão de tua herança que redimiste, este monte Sião em que habitaste. Ergue teus pés para destruíres para sempre todo inimigo que faz mal a teu santuário. Teus adversários têm rugido no meio de teus santuários; puseram suas insígnias por sinais. Alguém se torna famoso por alçar os machados contra árvores grossas, crendo fazer excelente obra. E agora despedaçam a obra entalhada com machados e martelos. E lançaram fogo a teus santuários; profanaram a habitação de teu nome, lançaram-na ao chão. Disseram em seu coração: Destruamo-los todos ao mesmo tempo; queimaram todos os tabernáculos de Deus na terra.

1. Ó Deus, por que nos rejeitaste para sempre? Se esse lamento foi escrito quando o povo se encontrava cativo em Babilônia, ainda que Jeremias houvera designado o septuagésimo ano de seu cativeiro como sendo o período de seu livramento, não surpreende que tão longa espera fosse para eles uma aflição tão amarga que gemiam diariamente sob ela e que um período tão delongado lhes parecia como

---
2 Rosenmüller é de opinião que este é o período referido. "Pois de minha parte", diz o dr. Geddes, "creio que ele teria sido composto durante a perseguição de Antíoco Epífanes; e o melhor comentário sobre ele é o primeiro capítulo do livro de Macabeus. O autor poderia ter sido Matatias."

uma eternidade. Quanto aos que foram perseguidos pela crueldade de Antíoco, poderiam, não sem razão, queixar-se de que a ira de Deus era perpétua, devido a sua falta de informação quanto a determinado tempo definido quando essa perseguição terminaria; especialmente quando viam a crueldade de seus inimigos se avolumando dia após dia sem qualquer esperança de alívio, e que sua condição estava cada vez mais se tornando de mal a pior. Havendo sido antes disso grandemente reduzidos pelas muitas e desastrosas guerras, as quais seus vizinhos, um após outro, declararam contra eles, chegaram agora quase à beira da total destruição. É preciso observar que os fiéis, quando perseguidos pelas nações pagãs, elevavam seus olhos para Deus, como se todos os males que sofriam fossem infligidos tão-somente por sua mão. Estavam convencidos de que, não fora a ira de Deus contra eles, às nações pagãs não se teria permitido uma tal liberdade de injuriá-los. Estando persuadidos, pois, de que estavam enfrentando não uma mera oposição da carne e sangue, mas que eram afligidos pelo justo juízo de Deus, dirigem seus pensamentos para a verdadeira causa de todas suas calamidades, as quais provinham do fato de que Deus, sob cujo favor antigamente viveram uma vida de prosperidade e felicidade, os renegava e se decidira não mais considerá-los seu rebanho.

O verbo זנח, *zanach*, significa *rejeitar* e *detestar*, e às vezes também *retirar-se alguém a uma certa distância*. Não tem importância alguma em qual desses sentidos é ele aqui tomado. Podemos considerar o equivalente do que se declara como sendo simplesmente isto: sempre que somos visitados por adversidades, estas não são setas da fortuna arremessadas contra nós ao acaso, mas os azorragues ou varas de Deus que, em sua secreta e misteriosa providência, prepara e faz uso para castigar nossos pecados. *Abandonar* e *ira*, aqui, devem referir-se à apreensão ou juízo da carne. Propriamente falando, Deus não está irado contra seus eleitos, cujas enfermidades ele cura com aflições como se fossem pura medicina; mas como as disciplinas que experimentamos poderosamente tendem a produzir em nossas mentes apreensões de sua ira, o Espírito Santo, mediante o termo *ira*, admoesta os fiéis ao reconhecimento de suas culpas na presença da pureza infinita. Quando, pois, Deus executa sua vingança sobre nós, é nosso dever seriamente refletir no que temos merecido e considerar que, embora ele não esteja sujeito a sentimentos de ira, todavia não é merecimento nosso, que o temos gravemente ofendido com nossos pecados, que sua ira não seja flamejada contra nós. Além do mais, seu povo, como alegação para obter misericórdia, foge à lembrança do pacto por meio do qual foram adotados para serem seus filhos. Ao denominar-se *rebanho das pastagens de Deus*, eles o magnificam por os haver gratuitamente escolhido, pelo quê foram separados dos gentios. Isso eles expressam mais nitidamente no versículo seguinte.

2. Lembra-te de tua congregação, a qual possuíste desde a antigüidade.[3] Aqui eles se gloriam de haver sido o povo peculiar de Deus, não em virtude de algum mérito propriamente seu, mas pela graça da adoção. Gloriam-se igualmente em sua antigüidade – que não se encontram debaixo do governo de Deus por apenas uns poucos meses, mas que ele tomou posse deles por direito de herança. Quanto mais longo era o período durante o qual ele mantinha seu amor pela semente de Abraão, mais plenamente era a fé deles confirmada. Declaram, pois, que tinham sido o povo de Deus desde o princípio, ou, seja, desde o tempo em que ele firmou um pacto inviolável com Abraão. Adiciona-se também a redenção pela qual a adoção foi ratificada; pois Deus não só significou por meio de palavra, mas também demonstrou por meio de ato, ao tempo em que essa redenção foi efetuada, de que ele seria seu Rei e Protetor. Tais benefícios eles receberam das mãos divinas e os puseram diante de seus olhos à guisa de encorajamento, a fim de avivar sua confiança nele, e os narram diante dele, o Benfeitor que lhos concedera, como um argumento para que não desistisse da obra de suas próprias mãos. Inspirados com confiança pelos mesmos benefícios, denominam-se de **a vara de sua herança**; querendo dizer,

---

3 O arcebispo Secker crê que este versículo pode ser lido assim: "Lembra-te de tua congregação, a qual compraste, a redimiste desde a antigüidade; a tribo de tua herança; este monte Sião" etc.

a herança que ele mediu para si. A alusão é ao costume então prevalecente de medir ou marcar os limites de terrenos com estacas, como se fosse com cordas ou linhas. Há quem prefere antes traduzir por *tribo* a palavra שבט, *shebet*, a qual traduzimos por *vara*; prefiro, porém, a outra tradução, fazendo com que o significado seja que Deus separou Israel dentre outras nações a fim de ser seu território próprio e apropriado, mediante a secreta predeterminação que teve origem em seu próprio beneplácito, como que por uma vara de medir. Em último lugar, menciona-se o templo no qual Deus prometera habitar; não que sua essência fosse encerrada nesse espaço – observação essa que se tem feito com freqüência –, mas porque seu povo experimentou que ele ali estaria bem perto deles e presente com eles pela manifestação de seu poder e graça. Agora percebemos claramente donde o povo derivou confiança em oração: foi da graciosa eleição e promessas de Deus e do sacro culto que haviam estabelecido em seu meio.

3. Ergue teus pés. Aqui o povo de Deus, em contrapartida, roga-lhe que infligisse ferida mortal em seus inimigos, correspondente à crueldade com que haviam desferido contra seu santuário. Insinuavam que um grau moderado de castigo não era suficiente para tais ímpios furiosos e sacrílegos; e que, portanto, os que se demonstraram ser inimigos tão violentos do templo e dos cultos divinos seriam completamente destruídos, sendo sua impiedade totalmente insensata. Uma vez que o Espírito Santo ditou essa forma de oração, podemos inferir dela, em primeiro lugar, o infinito amor que Deus sente por nós, quando se lhe apraz castigar de forma a mais severa as injustiças infligidas sobre nós; e, em segundo lugar, o alto apreço em que ele mantém o culto celebrado a sua divina majestade, quando persegue com tanto rigor os que porventura o tenham violado. Com respeito às palavras, há quem traduz פעמים, *pheamim*, a qual traduzimos por *pés* ou *passos*,[4]

---

4 "Que פעמים significa *pés* ou *passos* é evidente à luz dos Salmos 17.5; 57.6; e 58.10. *Ergue teus pés*, não lentamente nem furtivamente, mas com passos largos e magníficentes, à plena vista de todos; vem a teu santuário, o qual há tanto tempo vem sofrendo devastação; examina o que tem sido feito ali, e que tua graça e auxílio, até aqui tão furtivos, se estendam sobre nós." – *Gejer. Er-*

e subentende a Igreja em oração para que o Senhor erga seus pés e corra velozmente a esmagar seus inimigos. Outros a traduzem por *martelos*,[5] o que se adequa muito bem. Eu, contudo, não hesito em seguir a opinião dos que consideram a referência como sendo ao ato de golpear, e que os pés estão em evidência. A última sentença do versículo é explicada por alguns no sentido em que o inimigo corrompera todas as coisas no santuário.[6] Como, porém, esta construção não será encontrada em parte alguma, não devo apartar-me da redação aceita e aprovada.

4. Teus adversários têm rugido no meio de teus santuários. Aqui o povo de Deus compara seus inimigos a leões [Am 3.8], com o fito de realçar a crueldade que exerciam inclusive nos próprios santuários de Deus.[7] Nesta passagem devemos entender que a indicação é ao templo de Jerusalém, em vez das sinagogas judaicas; nem é motivo de objeção a esta interpretação que o templo esteja aqui denominado no plural, *santuários*, como amiúde se dá em outros lugares, sendo ele assim chamado por ser dividido em três partes. Entretanto, se alguém crê ser preferível considerar as sinagogas como estando em pauta, não discutiria a questão.

---

guer os pés é um hebraísmo para "pôr-se alguém em movimento"; "sair em viagem", como se pode ver à luz de Gênesis 24.1, onde se diz de Jacó: "Ele ergueu seus pés e partiu para o país do oriente." Erguer os pés é usado para ir, do mesmo modo que abrir a boca é para falar.

5 "Há outra noção de פעם, uma *marreta* ou *martelo*, Isaías 41.7; e Kimchi mantém esse sentido aqui, הורם פעם: 'ergue tua marreta', em oposição aos 'machados e martelos', versículo 6; e assim também Abu Walid: 'ergue teus instrumentos esmagadores'. E a LXX, que lê: ἔπαρον τὰς χεῖρας, 'ergue tuas mãos', chega bem perto." – *Hammond*.

6 Este é o sentido dado às palavras por alguns intérpretes judaicos. Assim Abu Walid: "Ergue teus instrumentos esmagadores, por causa das totais destruições que os inimigos têm feito, e por causa de todo o mal que têm feito no *ou* sobre o santuário." Aben Ezra tem: "por causa das desolações perpétuas", ou, seja, por causa de tua herança que é posta em ruína." Piscator assume o mesmo ponto de vista: "Atenta bem para Jerusalém, para que possas ver essas perpétuas desolações que os babilônios causaram." De igual modo Gejer, que observa que esse sentido é preferível àquele que considera as palavras como uma oração para que Deus erguesse seus pés sobre a perpétua ruína do inimigo, porque o salmista até aqui se ocupou de uma mera descrição de miséria, e não usou nenhuma linguagem de imprecação. Mas a Caldaica tem: "Ergue teus pés *ou* passos, para tornar desoladas as nações para sempre"; ou, seja, Vem e espalha desolação entre aqueles inimigos que têm invadido e reduziram a ruínas, com tanta crueldade, teu santuário.

7 Em vez de cânticos de louvor e outros atos de devoção, agora nada se ouvia nos lugares judaicos de culto, senão vociferação profana e estrondos tumultuosos vindos de um exército pagão. Isso é com grande beleza e efeito comparado ao rugir de um leão.

Sim, sem qualquer impropriedade, pode incluir toda a terra, a qual Deus consagrou a si. Mas a linguagem é muito mais enfática quando consideramos o templo como estando implícito. E assim ele notifica que a fúria do inimigo era tão ilimitada e indiscriminada que nem mesmo poupou o templo de Deus. Ao dizer: **puseram suas insígnias por sinais**,[8] isso serve para realçar sua conduta insultuosa e desprezível – que, ao erigir seus estandartes, soberbamente triunfavam até mesmo sobre o próprio Deus. Alguns explicam isto como sendo divinizações mágicas,[9] mesmo quando Ezequiel testifica [21.21, 22] que Nabucodonosor buscava conselho do vôo e da voz das aves; este sentido, porém, é restrito demais. A explicação que tenho formulado pode-se considerar como sendo mui adequada. Quem quer que entrasse na Terra Santa sabia que o culto de Deus, que se desenvolvia ali, era de um caráter muito especial e diferente daquele que era celebrado em qualquer outra parte do mundo:[10] o templo era o emblema da presença de Deus, e se assemelhava a uma bandeira desfraldada a proclamar que o povo estava sob sua autoridade e domínio. Com esses símbolos, os quais distinguiam as tribos escolhidas das nações pagãs, o profeta aqui contrasta os padrões sacrílegos que seus inimigos trouxeram para o templo.[11] Ao reiterar duas vezes a palavra *sinais*, sua intenção é agravar a abominável natureza de seu ato; pois tendo subtraído os emblemas e insígnias do genuíno serviço devido a Deus, estabeleceram em seu lugar símbolos estranhos.

8 Hammond traduz: "puseram suas insígnias por troféus". A palavra original, tanto para insígnias quanto para troféus, é אות, *oth*. Ele, porém, observa que ela aqui requer uma tradução um pouco diferente. אות, *oth*, significa *um sinal*, e daí *um estandarte* ou *insígnia militar*. A colocação do mesmo em qualquer lugar que foi tomado pelo exército é um emblema ou sinal da vitória alcançada; e, conseqüentemente, uma insígnia ou estandarte assim estabelecido se torna *um troféu*. Portanto, para comunicar o significado distintivo, ele afirma que é necessário nesta passagem fazer traduções diferentes para a mesma palavra.

9 Ou, seja, entendem *sinais* no sentido de *sinais* tais como os adivinhos ou vaticinadores costumavam dar, por meio dos quais prediziam as coisas futuras. Jarchi, que adota esta interpretação, dá este sentido: Os inimigos do povo de Deus, tendo completado sua vitória segundo os auspícios ou sinais dos adivinhos, se convenciam plenamente de que tais sinais eram sinais reais; em outros termos, que a arte da adivinhação era genuína.

10 "Qu'il y avoit un service divin, special et different de ce qui se faisoit ailleurs." – *v.f.*

11 "*Seus próprios símbolos que puseram por sinais*. Representações profanas, sem dúvida, de conformidade com seu próprio culto. Veja-se 1 Macabeus 1.47." – *Dr. Geddes*.

5. Alguém se torna famoso por alçar os machados contra árvores grossas, crendo fazer excelente obra. O profeta novamente agrava ainda mais as bárbaras e brutais crueldades dos inimigos de seus compatrícios, à luz da circunstância de que selvagemente demoliram um edifício que fora construído com gastos astronômicos para que fosse de extrema beleza e magnificência e concluído com labor e arte de extrema grandeza. Há nas palavras certa obscuridade; o sentido, porém, no qual elas são quase universalmente entendidas provém disto: quando o templo estava para ser construído, os que cortavam e preparavam a madeira exigiram que ela fosse de grande reputação e renome. Há quem toma o verbo מֵבִיא, *mebi*, num sentido ativo, e explicam as palavras neste sentido: que as pessoas indicadas eram ilustres e bem conhecidas, como se tivessem oferecido sacrifícios a Deus. *A grossura das árvores* é posta em oposição às vigas polidas para mostrar o mais vividamente possível com que arte estranha o vigamento bruto e não trabalhado introduzia uma forma de maior beleza e magnificência. Ou o profeta pretendia dizer – minha inclinação é buscar a interpretação mais correta possível – que nas florestas densas, onde havia vasta abundância de madeira, tomava-se grande cuidado na seleção das árvores, para que ninguém cortasse outra senão a que fosse da melhor qualidade. Porventura não poderia ser entendido neste sentido: nessas florestas densas as árvores, às quais os machados estavam para ser aplicados, eram bem conhecidas e marcadas, como sendo já de grande peso e expostas à vista dos observadores? Seja qual for o sentido, o profeta, sem a menor sombra de dúvida, neste versículo enaltece a excelência do material que era selecionado com muito cuidado, e era tão exótico que atraía a vista e excitava a admiração de todos quantos o viam; mesmo porque no versículo seguinte, por obra entalhada ou esculpida, se quer dizer a beleza do edifício que fora terminado com arte inigualável. Agora, porém, declara-se que os caldeus, com total irresponsabilidade, fizeram com seus machados terrível devastação neste esplêndido edifício, como se seu objetivo fosse pisar sob a planta de seus pés a glória de Deus, destruindo tão magnificente estrutura.[12]

7. E lançaram fogo a teus santuários. O salmista agora se queixa de que o templo foi queimado e assim completamente arrasado e demolido pelos instrumentos de guerra. Muitos têm presumido que a ordem das palavras foi aqui invertida,[13] não conseguindo perceber como um significado adequado se poderia extrair delas, e portanto poderiam ser assim construídas: *Puseram fogo em teus santuários*. Entretanto, não tenho dúvida de que o sentido que tenho dado, embora o acento seja contra ela, é verdadeiro e natural: Que o templo se nivelava ao solo totalmente calcinado. Este versículo corrobora mais plenamente a afirmação que eu já fiz, a saber: que o templo é chamado *santuários* no plural porque ele consistia de três partes: o santuário mais interior, o santuário intermédio e o átrio externo; pois daí se deduz imediatamente a expressão: *O lugar de habitação de teu nome*. O nome de Deus é aqui empregado para ensinar-nos que sua essência não se limitava ao templo nem estava encerrada dentro dele, mas que o habitava através de seu poder e operação, para que o povo ali o invocasse com maior confiança.

8. Disseram em seu coração: Destruamo-los todos ao mesmo tempo; queimaram todos os tabernáculos de Deus na terra. Para expressar mais energicamente a atroz crueldade dos inimigos da Igreja, o profeta os introduz falando concomitantemente e se excitando mutuamente a cometer devastação sem limite nem medida. Sua lin-

---

12 No Livro de Oração Comum da Inglaterra, o quinto e sexto versículos estão assim traduzidos: "Aquele que antes cortou das árvores grossas o madeiramento é conhecido como quem pretende realizar excelente obra. Agora, porém, derrubaram daí toda obra esculpida com machados e martelos." A paráfrase do Dr. Nicholls é assim expressa: "Sabe-se muito bem à luz dos registros sacros de nossa nação a que admirável beleza a habilidosa mão dos artífices trouxeram os cedros brutos que eram cortados pelos machados dos lenhadores de Hirão nas densas florestas de Tiro. Agora, porém, demoliram as esculturas raras que custaram tanto tempo e trabalho primoroso, com machados e martelos e outros instrumentos de ferro." "Este é um sentido claro e consistente da passagem", diz Mant, "e oferece um notável e bem imaginado contraste."

13 A ordem das palavras é esta: שלחו באש מקדשך, *shilchu baesh mikdashecha*, literalmente: "Eles têm enviado ao fogo teu santuário."

guagem implica que cada um deles, como se não possuíssem coragem bastante para fazer dano, provocava e estimulava seu companheiro a devastar e a destruir todo o povo de Deus, sem sequer deixar um deles. No final do versículo ele assevera que todas as sinagogas foram queimadas. Prontamente tomo a palavra hebraica מוֹעֲדִים, *moadim*, no sentido de *sinagogas*,[14] porque ele diz *todos os santuários*, e fala expressamente de *toda a terra*. A explicação dada por alguns é muito insossa, a saber, que esses inimigos, ao descobrirem que não podiam ferir nem fazer violência ao santuário de Deus no céu, volveram seu furor contra o templo ou sinagogas materiais. O profeta simplesmente se queixa de que estavam tão dispostos a apagar o nome de Deus, que não deixaram um único canto em que não ficasse a marca da mão da violência. A palavra hebraica מוֹעֲדִים, *moadim*, é comumente tomada para o *santuário*; mas quando consideramos sua etimologia, não se aplica impropriamente aos lugares onde as santas assembléias costu-

---

14 Tem-se objetado que, se este Salmo foi composto no tempo do cativeiro dos judeus, por Nabucodonosor, e a desolação da Terra Santa, pelos caldeus, מוֹעֲדִי, *moadey*, não pode significar *sinagogas*, porque os judeus não tinham sinagogas para o culto público ou para a instrução pública senão depois do cativeiro babilônico. Conseqüentemente, o Dr. Prideaux pensa que o que está implícito são os *Proseuchæ*. Estes eram átrios semelhantes àqueles onde o povo orava no tabernáculo, e mais tarde no templo, construídos por aqueles que viveram distantes de Jerusalém, e que eram impossibilitados de em todo tempo freqüentar os mais distantes. Foram erigidos como locais nos quais os judeus pudessem oferecer suas orações diárias. "Diferiam", diz Prideaux, "das sinagogas em vários particulares. Primeiro, porque nas sinagogas as orações eram oferecidas em formas públicas e comuns a toda a congregação; mas nos Proseuchæ oravam como o faziam no templo, cada um individualmente. Segundo, as sinagogas eram casas cobertas; mas os Proseuchæ eram átrios abertos, construídos na forma de fóruns, que eram recintos abertos. Terceiro, as sinagogas eram todas construídas dentro das cidades a que pertenciam; os Proseuchæ, porém, do lado de fora." – *Conection of the History*, &c., Part I. Book VI. PP. 139-141. As sinagogas foram mais tarde usadas para o mesmo propósito que os Proseuchæ, e daí ambos vieram a ser designados pelo mesmo nome. O mesmo autor supõe que aquelas estavam situadas nas cidades dos levitas, e que as escolas dos profetas, longe para o povo receber instrução, tendo sido chamadas, como o foram os Proseuchæ, מוֹעֲדֵי־אֵל, *moadey-el*, estão também aqui pretendidas. "A palavra מוֹעֲדֵי, *moadey*", diz o Dr. Adam Clarke, "a qual traduzimos por *sinagogas*, bem que poderia ser tomada num sentido mais geral e significar *quaisquer lugares* onde se reuniam *as assembléias religiosas*; e que tais lugares e assembléias existiram bem *antes* do cativeiro babilônico é sobejamente evidente à luz de diferentes partes das Escrituras." Veja-se 2 Reis 4.23; Ezequiel 33.31; Atos 15.21. Todos esses lugares foram consumidos até as cinzas pelos invasores hostis, cujas desolações são deploradas, tendo sido seu propósito extinguir para sempre a religião judaica e, como o meio mais provável de efetuar seu objetivo, destruir toda memória dela.

mavam atender à convocação, não só para ler e explanar os profetas, mas também para invocar o nome de Deus. Os perversos, como se o profeta tivesse dito, têm feito tudo a seu alcance para extinguir e aniquilar o culto de Deus na Judéia.

> [vv. 9-12]
> Já não vemos nossos sinais; já não há profeta, nem há entre nós quem saiba até quando isso durará. Até quando, ó Deus, o adversário nos afrontará? O inimigo blasfemará teu nome para sempre? Até quando retrais tua mão, tua mão direita? Consome-os de dentro de teu seio. ¹⁵Deus, porém, é o meu Rei desde o princípio, operando os livramentos no meio da terra.

9. Já não vemos nossos sinais. Aqui os judeus piedosos mostram que suas calamidades se agravaram à luz da circunstância, e que não havia nenhuma consolação para aliviá-los. É um poderoso meio de encorajar os filhos de Deus, quando ele os capacita a nutrir a esperança de ainda reconciliá-los consigo mesmo, prometendo que mesmo no fogo de sua ira se lembrará de sua misericórdia. Há quem limita *os sinais* aqui mencionados aos milagres por meio dos quais Deus outrora testificara, ao mesmo tempo em que afligia seu povo para que, não obstante, continuasse ainda sendo gracioso para com eles. Os fiéis, porém, antes se queixavam de haver ele removido de seu meio os emblemas de seu favor e de alguma forma havia ocultado deles seu rosto.¹⁶ Estamos submersos em trevas, como se o profeta dissesse, porque tu, ó Deus, já não fazes teu rosto resplandecer sobre nós como costumavas fazer. Assim nos é comum falar de pessoas nos dando mostras ou de seu amor ou de seu ódio. Em suma, o povo de Deus aqui se queixa não só de que o tempo estava nublado e escuro, mas também que se achavam envoltos em trevas tão espessas, que já não aparecia sequer um raio

---

15 O verbo, que é כלה, *kalleh*, na conjugação Pihel, é de כלה, *kalah, consumptus est*. No Salmo 59.13 ele é usado duas vezes, כלה בחמוה כלה, *kalleh bechemah kalleh*, consome-*os* na ira, consome-*os*." Portanto, tudo indica ser preferível a tradução *consumir*, em vez de *tirar*, que é o verbo de algumas de nossas versões, e *conservar*, segundo outras.

16 "Já não vemos qualquer sinal de tua divina presença conosco." – *Tremellius*.

de luz. Receber dos profetas a certeza de futuro livramento era um dos principais sinais do favor divino; por isso lamentam que já não há profeta que previsse o fim de suas calamidades. Disto aprendemos que o ofício de comunicar consolação havia sido confiado aos profetas, para que o povo alçasse seus corações mergulhados em tristeza, inspirando-os com a esperança da mercê divina. Na verdade eram [os profetas] arautos e testemunhas da ira de Deus que impeliam os obstinados e rebeldes ao arrependimento diante de ameaças e terrores. Mas tinha simplesmente, e sem restrição, proclamado a vingança de Deus, sua doutrina, a qual foi designada e destinada para a salvação do povo, quando poderia ter sido um mero meio de sua destruição. Conseqüentemente, a predição do surto de calamidades, embora ainda ocultas no futuro, lhes é atribuída como parte de seu ofício; pois os castigos temporais são as disciplinas paternais de Deus, e a só consideração de que são temporários já alivia a dor; seu contínuo desprazer, porém, leva os pobres e miseráveis pecadores a mergulharem em completo desespero. Se, pois, também acharmos motivo para a paciência e consolação, quando nos acharmos sob a mão disciplinadora de Deus, aprendamos a fixar nossos olhos nesta moderação da parte de Deus, pela qual ele nos encoraja a nutrir esperança positiva; e daqui aprendamos a descansar certos de que, ainda que esteja irado, todavia ele não cessa de ser nosso Pai. A correção que traz livramento não inflige angústia não mitigável; a tristeza que ela produz está mesclada de alegria. Este é o objetivo que todos os profetas se esforçavam por ter em vista, a saber: a doutrina que eles transmitiam. Sem dúvida, amiúde lançavam mão de linguagem muito dura e severa em seu trato com o povo, a fim de, inspirando-os com terror, quebrar e subjugar sua rebelião; mas sempre que viam os homens humilhados, imediatamente dirigiam-lhes palavras de consolação, as quais, contudo, não seriam nenhuma consolação se eles não fossem encorajados a nutrir esperança de futuro livramento.

É possível que surja aqui a pergunta se Deus, com vistas a mitigar a tristeza proveniente dos castigos que infligira, sempre determinou o número de anos e dias durante os quais durariam. A isto respondo que, embora os profetas nem sempre tivessem demarcado e definido um tempo fixo, todavia amiúde transmitiam ao povo a certeza de que o livramento estava bem próximo; e, além do mais, todos eles falavam da futura restauração da Igreja. Se uma vez mais se objeta dizendo que o povo, em sua aflição, errava em não aplicar a si as promessas gerais, as quais certamente eram propriedade comum de todas as eras, respondo que, como era o modo usual de Deus enviar, em cada aflição, um mensageiro para anunciar as boas-novas de livramento, o povo, quando no tempo presente nenhum profeta parecia ter sido expressamente enviado para tal propósito, não sem causa se queixava de que estavam privados dos sinais do favor divino os quais estavam acostumados a desfrutar. Até a vinda de Cristo era muito necessário que a memória do livramento prometido fosse renovada de tempos em tempos, para mostrar ao povo de Deus que, quaisquer que fossem as aflições a que estivessem sujeitos, ele ainda continuava a cuidar deles e a oferecer-lhes seu socorro.

10. Até quando, ó Deus, o adversário nos afrontará? Aqui se insinua que nada que lhes fosse infligido seria mais angustiante do que ver o nome de Deus blasfemado pelos ímpios. Com esta forma de oração, o objetivo do escritor inspirado era acender em nossos corações o zelo pela manutenção da glória divina. Somos por natureza demasiadamente delicados e frágeis quando enfrentamos calamidades; porém é uma prova decidida de genuína piedade quando a afronta que é lançada sobre Deus entristece e inquieta nossa mente mais do que todos nossos sofrimentos pessoais juntos. Os pobres judeus, não pode haver dúvida, eram assaltados com infindas espécies de afronta mais que qualquer um sob o tirano mais cruel e entre a mais bárbara nação. O profeta, porém, falando na pessoa da Igreja, não faz quase nenhuma conta das afrontas que eram lançadas sobre o povo em comparação com as execráveis blasfêmias dirigidas contra Deus; segundo a afirmação contida no Salmo 69.9, "As afrontas dos que te afrontam caíram sobre mim." A frase *para sempre* é novamente adicionada; porque quando os ímpios continuam impunes, isso causa o efeito de endurecimento e os torna ainda mais audaciosos, especialmente quando os ultrajes que derramam contra Deus parecem passar por ele sem ser notados. Portanto, acrescenta-se imediatamente no próximo versículo:

11. Até quando retrais tua mão? É fácil de perceber o que o profeta aqui tem em mente, e no entanto os intérpretes não estão concordes quanto às palavras. Pela palavra *mão*, na primeira parte do versículo, há quem entende como sendo a *mão esquerda*, para distingui-la da *mão direita*, mencionada na última sentença do versículo. Mas isso não passa de trivialidade; pois quando usa o termo *mão direita*, ele simplesmente repete a mesma coisa de acordo com seu método usual. Há quem traduz o verbo כלה, *kalah*, a última palavra do versículo, por *impedir* ou *restringir*, como se o profeta quisesse dizer: Por fim estenderás tua mão, a qual tens guardado por tanto tempo em teu seio. Esse, porém, é um sentido forçado demais, em prol do qual recorrem sem qualquer matiz de razão. Os que o traduzem no sentido de *consumir* entendem *dentro do seio de Deus* como denotando alegoricamente seu templo,[17] interpretação da qual não posso partilhar. Será melhor continuar a interrogação até a última palavra, assim: "Até quando retrairás tua mão? Sim, a manterás dentro de teu seio? Portanto, consome esses homens ímpios que tão soberbamente te desprezam." Poderíamos também, não impropriamente, considerar as palavras como uma oração para que, quando os inimigos de Deus se persuadissem de que ele era indolente e ocioso, visto não se pôr em movimento nem publicamente

---

17 "O árabe judaico lê: 'Não retires deles tua mão, sim, tua mão direita, mas consome-os do meio de tua casa'; sugerindo que a *casa de Deus* é chamada חיק" – *Hammond*.

erguer sua mão, os levaria a sentir que ele era perfeitamente apto a destruí-los apenas com um aceno, quando não carecia de mover sequer um dedo.

12. Deus, porém, é o meu Rei desde o princípio. Neste versículo, como temos visto amiúde ser o caso em outros passos, o povo de Deus mistura meditações com suas orações, para com isso adquirir renovado vigor para sua fé e estimular-se a uma maior solicitude no dever da oração. Sabemos quão difícil é pairar acima de todas as dúvidas e ousadamente perseverar num livre e irrestrito curso de oração. Aqui, pois, os fiéis evocam a reminiscência das provas da mercê e operação de Deus, com o quê ele certificou, através de uma série contínua de eras, que ele era o Rei e Protetor do povo ao qual escolhera. Por meio deste exemplo somos instruídos que, como não basta orar com os lábios, a menos que também oremos com fé, devemos sempre ter em mente os benefícios pelos quais Deus tem dado uma confirmação de seu paternal amor para conosco e considerá-los como tantos testemunhos de seu amor eletivo. Está bem claro que o título *Rei*, que aqui se aplica a Deus, não deve restringir-se meramente a sua soberania. Ele é abordado por este epíteto em virtude de haver tomado sobre si o governo do povo judeu, com o fim de preservá-lo e mantê-lo em segurança. Já declaramos o que está implícito nas palavras *desde o princípio*. Pela expressão, *no meio da terra*, alguns crêem que o enfoque é a Judéia, porque ela estava situada como se fosse no centro do globo habitável. Não há dúvida de que se deve entender como sendo um lugar que está proeminentemente em foco. Descobrimos que a expressão usada neste sentido, nestas palavras que Deus ordenou que Moisés falasse a Faraó: "E naquele dia eu separarei a terra de Gósen, em que meu povo habita, para que nela não haja enxames de moscas e para que saibas que eu sou o Senhor no meio desta terra" [Êx 8.22]. O significado simples e natural, portanto, é que Deus tinha operado muitos livramentos no meio do povo escolhido, o que era tão público e manifesto como se tivessem sido exibidos num teatro público.

[vv. 13-17]
Por teu[18] poder tu dividiste o mar; nas águas quebraste as cabeças dos dragões.[19] Fizeste em pedaços a cabeça[20] do Leviatã,[21] e o deste por alimento a teu povo no deserto. Fendeste [ou dividiste] a fonte e a torrente; secaste poderosos rios. Teu é o dia, e também tua é a noite; ordenaste[22] a luz[23] e o sol. Puseste [ou fixaste] todos os limites da terra; tu fizeste o verão e o inverno.

13. Com teu poder dividiste o mar. O profeta agora colige certos tipos de livramentos muitíssimo dignos de serem lembrados; entretanto, todos eles pertencem ao primeiro livramento por meio do qual Deus emancipou seu povo da tirania do Egito. Encontrá-lo-emos mais tarde tecendo enaltecimento geral da bondade de Deus que se difunde por todo o mundo. E assim, da graça especial que Deus outorga a sua Igreja, passa a falar do beneplácito que ele exibe em prol de toda a humanidade. Em primeiro lugar, ele diz: *Tu dividiste ou fendeste o mar*. Há quem pensa que a sentença seguinte é anexada como um efeito do que está declarado na primeira sentença: Deus, ao secar o mar, causou

---

18 Há aqui uma mudança de pessoa e uma transição da forma de narrativa para o apóstrofo que dá animação à composição e realça sua beleza poética.
19 A palavra תנינים, *thanninim*, para *dragões*, é usada pelos escritores sacros de uma forma um tanto intermediária, e os tradutores a traduzem de forma variada por baleias, serpentes, dragões, crocodilos e outros monstros marinhos. (Veja-se Gn 1.21; Êx 7.12; Dt 32.33; e Sl 148.7.) Não podemos agora certificar-nos que animal particular se denota em cada caso, e poderia mui provavelmente ser um mero termo geral equivalente a nossa palavra 'monstro' para qualquer criatura estranha e prodigiosa. תנינים, *thanninim*, é aqui explicada por Williams como que denotando "monstros marinhos ou grandes serpentes". "Que animal está implícito por esse nome", diz Mant, "não é bem certificado. Mas parece ter sido alguma criatura aquática ou anfíbia, comumente conhecida na vizinhança do Egito, porém não o crocodilo, como aquilo que se nota sob um nome diferente no versículo seguinte." É possível que a expressão, *os dragões*, fosse a intenção do povo egípcio.
20 No hebraico temos "as cabeças".
21 "C'est, le plus grand monstre marin qui soit." – *m.f.* "Ou, seja, o maior monstro marinho que existe."
22 "Ou, establi." – *m.f.* "Ou, estabeleceste."
23 מאור, *maor*, aqui traduzida por *a luz*, de אור, *or*, *brilhar*, significa, em geral, qualquer luminária ou receptáculo de luz; o sol ou a lua indiscriminadamente. Veja-se Gênesis 1.16. Mas sendo aqui associada com e oposta ao sol, como a noite está para o dia na cláusula precedente, tem-se presumido significar a lua, a luminária da noite, como o sol é o do dia. O caldaico, a LXX, a siríaca e a arábica o traduzem por *a lua*. A Vulgata tem "auroram", "o alvorecer".

a morte das baleias e de outros grandes peixes. Entretanto, sou de opinião que ela deve ser tomada metaforicamente por Faraó e seu exército; sendo essa forma de expressão muito comum entre os profetas, especialmente quando falavam dos egípcios, cujo país era banhado por um mar rico em peixes e dividido pelo Nilo. Portanto, Faraó não é com propriedade denominado *Leviatã*,[24] por conta das vantagens do mar possuídas por seu país, e porque, ao reinar sobre aquela terra com grande esplendor, ele pôde ser comparado a uma baleia movendo-se e deixando-se levar placidamente pelas águas do poderoso oceano.[25] Como Deus manifestou seu poder naquele tempo para o livramento do povo, com vista a assegurar à Igreja que ele sempre foi o protetor e o guardião de seu bem-estar, o encorajamento propiciado por esse

---

24 Calvino presume que a baleia é o animal aqui indicado, e essa era a opinião por muito tempo universalmente sustentada. Mas à luz de uma comparação da descrição dada por Jó do Leviatã (cap. 41) com o que é conhecido da história natural acerca do crocodilo, não pode haver a menor dúvida de que o crocodilo é o Leviatã da Escritura. Isso é agora amplamente aceito. "Quase todos os comentaristas mais antigos", diz o Dr. Good, "posso dizer incondicionalmente que todos eles concorreram em considerar a baleia como o animal" imaginado como o Leviatã. "Beza e Diodato estavam entre os primeiros que o interpretavam como 'o crocodilo'. E Bochart desde então tem apoiado esta última tradução com uma série de argumento, com o qual ele quase esmagou toda oposição e trouxe quase todo comentarista para sua opinião." – Dr. Good's New Translation of Job. "Com respeito ao Leviatã", diz Fry, "todos estão agora de pleno acordo de que ele só pode aplicar-se ao crocodilo, e provavelmente não foi nada senão um conhecimento deficitário da linguagem do livro de Jó ou da história natural sobre este esplêndido animal, o que levou os comentaristas anteriores a imaginarem a descrição aplicável a qualquer outro." – Fry's New Translation and Exposition of the Book of Job. Este animal egípcio, o crocodilo do Nilo, como já observamos (vol. 2, p. 672, nota), antigamente era empregado como símbolo do poder egípcio ou de seu rei. Parkhurst observa que na Física Sacra de Scheuchzer é possível que tenha sido uma medalha com a cabeça de Júlio César, de um lado, e no outro um crocodilo com esta inscrição: Ægypte Capta, Egito Conquistado. Isso corrobora a conclusão de que o crocodilo é o animal tencionado pelo nome Leviatã. Tanto a etimologia do nome Leviatã, quanto a que linguagem ele pertença, segundo Simonis, são desconhecidos. Mas, segundo Gesenius, ele significa "propriamente o animal enroscado". É afirmado pelos lexicógrafos árabes citados por Bochart (Phaleg. Lib. i. cap. 15), que Faraó, no idioma egípcio, significava crocodilo; e se esse é o caso, é possível que haja alguma alusão a seu nome nesta passagem e em Ezequiel 24.3 e 32.2, onde o rei do Egito é representado pelo mesmo animal, como foi feito com o nome de Draco, quando Heródico (num sarcasmo registrado por Aristóteles, Phet. Lib. ii. cap. 23) disse que suas leis – que eram muito severas – eram as leis ouvk avnqrw,pou avlla. dra,kontoj, non hominis sed draconis. – Merrick's Annotations. "As cabeças do Leviatã" poderia denotar o príncipe do Egito ou os líderes dos exércitos egípcios.

25 "Regnoit en grand triomphe, commer la balene se pourmene à son aise au milieu de ce grande amas d'eaux." – *v. f.*

exemplo não deve limitar-se exclusivamente a uma época. Portanto, é com boas razões aplicado aos descendentes daquela antiga raça para que pudessem melhorá-lo como um meio de confirmar e estabelecer sua fé. O profeta aqui não relata todos os milagres que Deus operara na partida do povo da terra do Egito; mas, ao advertir alguns deles, ele envolve por meio de sinédoque tudo o que Moisés escreveu sobre eles de forma mais extensa. Ao dizer que o Leviatã foi dado aos israelitas *para alimento*, e isso ainda no deserto,[26] há uma bela alusão à destruição de Faraó e seu exército. É como se ele quisesse dizer que então uma abundante provisão de víveres foi providenciada para a nutrição do povo. Pois quando seus inimigos eram destruídos, a calma e segurança que o povo, conseqüentemente, desfrutava servia, por assim dizer, de alimento para prolongar sua vida. Pelo termo *o deserto* não se quer dizer os países que viviam na costa marítima, ainda que fosse seca e árida, mas os desertos que jaziam a uma grande distância do mar. O mesmo sujeito está presente no versículo seguinte, onde se declara que a fonte foi *fendida* ou *dividida*, ou, seja, isso se deu quando Deus fez um fluxo de água jorrar da rocha para suprir as necessidades do povo.[27] Finalmente acrescenta-se que *poderosos rios*[28] *se secaram*,

---

26 Calvino traduz: "teu povo no deserto." Mas *teu*, no original, não existe em seu sentido literal, que é: "a um povo, àqueles do deserto." Aqueles que adotam esta tradução não concordam quanto ao que está implícito na expressão. Há quem pensa significar as aves e os animais de rapina, que devoravam os corpos mortos de Faraó e o exército egípcio, quando espalhados pela costa do Mar Vermelho, lançados pelas marés. Veja-se Êxodo 14.30. Se porventura é esse o sentido, essas aves e animais de rapina são chamados "o povo do deserto", como sendo seus principais habitantes. Que עם, *am*, *povo*, às vezes deve ser assim interpretado na Escritura, é evidente à luz de Provérbios 30.25, 26, onde tanto as *formigas* quanto os *coelhos* são chamados *um povo*. Mas como o deserto litorâneo do qual os egípcios foram precipitados era habitado por tribos de pessoas que viviam de peixes – mesmo daqueles da maior espécie que encontravam nas praias trazidos pelas marés – e daí eram chamados Ιχθυοφάγοι, ou *comedores de peixes*. Alguns intérpretes presumem que estes são "o povo do deserto" aqui mencionado; e que, como Faraó e seu exército são representados sob a figura do Leviatã e outros monstros das profundezas, assim essas pessoas, em alusão a seu método comum de viver, têm figuradamente seus cadáveres devorados, pelo que se entende que Israel se enriqueceu com seus despojos.

27 "Quand Dieu feit que de la roche saillit un cours d'eau pour la necessite du peuple." – *v.f.*

28 *Rios* está no plural, à luz do quê tudo indica que o Jordão não foi o único rio que se secou, propiciando uma fácil passagem aos israelitas. A versão caldaica especifica o Arnon, o Jaboque e o Jordão como os rios aqui mencionados. Com respeito ao Jordão, veja-se Josué 3.16. Quanto ao

fato esse que ocorreu quando Deus fez com que as águas do Jordão retrocedessem para abrir caminho para que seu povo passasse. Alguns insistem que a palavra hebraica איתן, *ethan*, que significa *poderoso*, é nome próprio, como se a tradução correta fosse *rios de Ethan*. Essa tradução, porém, é totalmente sem fundamento.

16. Teu é o dia, tua também a noite. O profeta então desce à consideração dos benefícios divinos que em comum se estendem a toda a humanidade. Havendo começado com as bênçãos especiais, por meio das quais Deus se manifestava como sendo o Pai de seu povo eleito, ele agora habilmente declara que Deus exerce sua beneficência em prol de toda a família humana. Ele nos ensina que não é por acaso que os dias e noites se sucedem em sucessão regular, mas que essa ordem foi estabelecida pela determinação divina. A causa secundária desses fenômenos é adicionada, sendo esse o arranjo pelo qual Deus revestiu o sol com poder e com a função de iluminar a terra. Porque, depois de falar *da luz*, acrescenta *o sol* como o principal meio de comunicá-la e, por assim dizer, a carruagem que a conduz quando ela vem exibir-se aos homens.[29] Como, pois, a incomparável bondade de Deus para com a raça humana claramente se manifesta nesse maravilho arranjo, o profeta com razão deriva dele um argumento para corroborar e estabelecer sua confiança em Deus.

17. Tu fixaste[30] todos os limites da terra. O que é aqui expresso concernente às fronteiras ou limites designados à terra, e concernente à recorrência regular e sucessiva de verão e inverno, todo ano, tem o

---

milagre da secagem quer do Arnon ou do Jaboque, não temos nenhum relato distinto na Escritura. Mas em Números 21.13, depois de mencionar que os israelitas "se alojaram no outro lado do Arnon", lemos nos versículos 14 e 15: "Por isso se diz no livro das guerras do Senhor: O que fiz no Mar Vermelho e nos ribeiros de Arnon e à corrente dos ribeiros que, descendo para as habitações de Ar, se põe nas fronteiras de Moabe." À luz disto tudo indica que Deus operou em "os ribeiros de Arnon e nas fontes dos ribeiros que descem para as moradas de Ar", milagres semelhantes àquele que foi operado no Mar Vermelho, quando foi dividido para abrir passagem às tribos escolhidas.

29 "Comme le principal instrument d'icelle, et par maniere de dire, le chariot auquel elle est apportee, quand elle se vient monstrer aux hommes." – *v.f.*

30 A palavra original implica "estabelecer, colocar solidamente numa determinada situação ou lugar". Veja-se *Parkhurst, Lexicon* sobre יצג.

mesmo propósito que o versículo precedente. É duvidoso se o profeta tem em mente os confins mais remotos do mundo, ou se fala das fronteiras particulares pelas quais os países estão separados uns dos outros. Embora estes sejam amiúde perturbados pela violência dos homens, cuja insaciável cupidez e ambição não podem ser refreadas por nenhuma das linhas de demarcação que existe no mundo, senão que estão sempre se esforçando por invadi-las,[31] todavia Deus manifesta sua singular benevolência em demarcar para cada nação seu próprio território no qual possa habitar. Entretanto, minha opinião, antes, é que a sentença deve ser entendida em referência aos limites que não podem ser desordenados ao bel-prazer humano e considerar o significado como sendo que Deus repartiu aos homens espaço de terra que viu ser-lhes suficiente para sua habitação. Além do mais, as sucessões bem reguladas de verão e inverno claramente indicam com que cuidado e benignidade Deus tem suprido as necessidades da família humana. À luz desse fato, o profeta com razão conclui que nada é mais improvável do que Deus negligenciar a tarefa de pai para com sua própria prole e casa.

[vv. 18-23]
Lembra-te disto: o adversário tem blasfemado de Jehovah; e um povo indigno tem lançado insulto a teu nome. Não dês às feras a alma de tua rola; não esqueças para sempre a congregação de teus pobres. Atenta para teu pacto; porque os lugares tenebrosos da terra estão cheios das habitações da violência. Aquele que é oprimido [ou afligido] não se volva envergonhado; que o pobre e necessitado louve teu nome. Ergue-te, ó Deus, pleiteia tua causa; lembra-te da afronta que o homem estulto te tem feito diariamente. Não te esqueças da voz de teus adversários; o tumulto daqueles que se levantam contra ti aumenta continuamente.

18. Lembra-te disto. Havendo o profeta encorajado os corações dos piedosos, magnificando o divino poder e benevolência, agora se volve para o seguimento de sua oração. Ele primeiro se queixa de que

---

31 "Entant que leur cupidite et ambition insatiable ne peut estre retenue par quelque separation qu'il y ait, mais tasche tousjours d'enjamber par dessus." – *v.f.*

os inimigos de seu povo ultrajam a Deus e todavia seguem em frente impunemente. Ao dizer: *Lembra-te disto*, a forma de expressão é enfática; e a ocasião que se demanda envolve um crime não de pequena magnitude, a saber, tratar de modo vil o sacro nome de Deus. Porque, à guisa de contraste, ele declara que era uma pessoa indigna e louca aquela que insolentemente presumia lançar assim suas afrontas contra Deus. A palavra hebraica נבל, *nabal*, denota não só *um homem louco*, mas também *uma pessoa perversa e infame*. O profeta, pois, com razão descreve os que desprezam a Deus como pessoas de profunda vileza e indignidade.

19. Não dês às feras a alma de tua rola. A palavra hebraica חית, *chayath*, a qual traduzimos por *feras*, às vezes significa *a alma* ou *vida*, e assim alguns a explicam na segunda frase deste versículo, onde ela ocorre outra vez. Aqui, porém, ela deve inquestionavelmente ser tomada ou por *um animal selvagem* ou por *uma multidão*. Entendida em uma dessas formas, esta forma de expressão conterá uma comparação mui conveniente entre a vida de uma ave frágil e timorata e um poderoso exército de homens, ou um animal cruel. A Igreja é comparada a *uma rola*;[32] porque, embora os fiéis se constituíssem em um número

---

32 Visto que nenhuma das versões antigas tem 'rola', e visto que a tradução da LXX é ἐξομολογουμένην σοι, *te confessando*, alguns têm imaginado como sendo bem provável que a palavra חורך, *torecha*, *tua rola*, em nossas cópias hebraicas atuais, seja חודך, *todecha, te confessando*; um erro que amanuenses poderiam facilmente ter cometido, escrevendo ר, *resh*, em vez de ד, *daleth*. Houbigant, que aprova esta opinião, ousadamente afirma outra que representa o povo de Deus sob a figura de *uma rola*, sendo "putidum et aliunde conquisitum". Mas, diz Secker: "A rola, que Houbigant chama *putidum*, não seria assim chamada, considerando que יונתי (Ct 2.14) é a mesma coisa." A passagem, como a temos agora, concorda com outros textos da Escritura que representam o povo de Deus sob a imagem de uma ave (Nm 24.21; Jr 22.23; 48.28). A rola é uma criatura indefesa, solitária, tímida e lamentosa, igualmente destituída de habilidade e disposição para defender-se das rapaces aves de rapina sedentas de seu sangue. E isso transmite uma representação muito hábil e afetiva do estado da Igreja quando este Salmo foi escrito. Ela vivia em condição de fraqueza, desamparo e tristeza, correndo o risco de ser inesperadamente devorada pelos inimigos inveterados e implacáveis que, como aves de rapina, a cercavam de todos os lados, buscando avidamente sua destruição. "Com a mais profunda solicitude ela pleiteia sua causa junto ao Onipotente, neste e nos versículos seguintes; tornando-se continuamente mais insistente em suas petições à medida que o perigo aumenta. Por assim dizer, no último versículo, ela parece ouvir os tumultuosos clamores do inimigo que se aproxima, crescendo a cada minuto à medida que avançam. E assim deixando a 'rola' sem a divina assistência, pronta para mergulhar sob as

considerável, todavia, até onde tinham que enfrentar seus inimigos, ao contrário estavam-lhes expostos como presa. Em seguida ele acrescenta: *Não te esqueças da alma* ou *congregação de teus pobres*. A palavra hebraica, חיה, *chayath*, é outra vez empregada; e há certa elegância quando, em virtude de sua ambigüidade, é usada duas vezes no mesmo versículo, porém em sentidos distintos. Tenho preferido traduzi-la por *congregação*, em vez de *alma*, porque a passagem parece ser uma oração para que seja do agrado de Deus vigiar e defender seu próprio pequeno rebanho das poderosas hostes de seus inimigos.

20. Atenta para teu pacto. Para que Deus esteja cada vez mais inclinado a revelar misericórdia, o profeta lhe traz à memória o pacto divino, mesmo quando o refúgio dos santos, quando se encontram envolvidos em perigos extremos, tem sido esperar sempre por livramento, porque Deus prometeu, no pacto que fez com eles, ser-lhes como um pai. Deste fato aprendemos que o único e sólido fundamento sobre o qual nossas orações podem descansar está no fato de que Deus nos adotou para sermos seu povo procedente de sua soberana eleição. Donde também se percebe quão diabólico era o frenesi daquele cão imundo, Serveto, que não se envergonhava em afirmar que é louco e grosseiro motejo pôr diante de Deus suas próprias promessas quando nos encontramos no exercício da oração. Além do mais, os judeus piedosos novamente nos mostram quão severamente eram afligidos, quando declaravam que a violência e a opressão prevaleciam por toda parte; como se em todos os lugares estivessem covis de degoladores e antros de assaltantes.[33]

---

garras da águia rapace." – *Mant.*

"A expressão do salmista, *tua rola*, talvez possa ser mais ilustrada à luz do costume, antigo e moderno, de manter a pomba como uma ave favorita (veja-se Theocritus, v. 96; e Virgílio, Eclog. iii.v.68, 69), e à luz do cuidado tomado com o intuito de assegurar-lhes proteção contra tais animais que tanto lhes são perigosos." – *Merrick's Annotations.*

33 As cavernas, os antros, os bosques etc. *da terra* estão cheios de assaltantes, degoladores e assassinos, os quais se põem continuamente a destruir teu povo; de modo que a santa semente se assemelha a algo inteiramente decepado, e *o pacto* promete impedir tal coisa." – *Dr. Adam Clarke.*

"*Porque os lugares tenebrosos da terra*, ou, seja, as cavernas da Judéia, estão cheios das habitações da violência, ou, seja, de homens que vivem de rapinagem. Entretanto, alguns entendem por *lugares tenebrosos da terra* a sede do cativeiro dos judeus." – *Cresswell.*

Lemos: *os lugares tenebrosos da terra*, porque, sempre que Deus parece ocultar seu rosto, os ímpios imaginam que, qualquer que seja a perversidade que pratiquem, estarão, sempre que possam, em lugares secretos onde estejam incólumes.

21. Aquele que é oprimido não se volva envergonhado. A palavra *volver*, como uma referência a Deus, é equivalente à expressão *despedir vazio*. O fiel, pois, roga-lhe que não o deixe envergonhar-se, sofrendo repulsa em suas mãos. Chamam a si mesmos de *aflitos, pobres* e *necessitados*, à guisa de argumento com o intuito de obter o favor e mercê divinos. Entretanto, é preciso observar que não falam movidos por insinceridade, nem esboçam uma representação exagerada de suas angústias, porém notificam que, mediante às tantas calamidades que os conduziram a uma condição tão humilhante, não mais lhes restaria um canto do mundo onde pudessem esperar algum auxílio. Por meio de tal exemplo, somos instruídos que, quando somos reduzidos aos mais intensos extremos, há sempre um remédio preparado como antídoto a nossa miséria, a saber: invocar a Deus.

22. Ergue-te, ó Deus, pleiteia tua causa. Os judeus piedosos uma vez mais suplicam a Deus que tome assento em seu tribunal. Por isso lhe dizem que se *erga* quando, depois de haver exercido longamente sua paciência, que mostre, nos próprios atos, que não olvidou seu ofício de Juiz. Com o intuito de induzi-lo a defender sua causa com mais prontidão, o invocam para que mantenha seu próprio direito. É como se dissessem: Senhor, visto que a questão em pauta é o que peculiarmente te interessa, não é mais tempo de te permaneceres inativo. Ao mesmo tempo declaram como essa era, num sentido especial, a causa de Deus. Assim era porque os loucos diariamente lhe lançavam suas afrontas. Aqui novamente podemos traduzir a palavra נבל, *nabal*, como *pessoas indignas*, em vez de *pessoas loucas*. A perversidade lançada contra as pessoas indicadas é agravada pela circunstância, a saber, não contentes em exprobrar a Deus numa ocasião, continuaram seu escárnio e motejo sem interrupção. Por essa razão, os fiéis concluíram, ao invocar a Deus, que ele não se esqueceria de uma conduta humana tão ousada que não só tinha a audácia de zombar de sua majestade, mas que feroz e ultrajantemente derramavam suas blasfêmias contra ele. Tudo indica que, na verdade, faziam isso indiretamente; mas, visto que desprezavam a Deus, assevera-se que *se erguiam contra ele* com inconseqüente e enfatuada presunção, segundo o costume dos antigos gigantes, e que sua arrogância era levada a extremo excesso.

Salmo 75

Refletir que o mundo é governado exclusivamente pela vontade de Deus e que a própria Igreja é sustentada unicamente por sua graça e poder propicia motivo de júbilo e ação de graças a toda a Igreja. Encorajada por essa consideração, ela triunfa sobre os orgulhosos zombadores de Deus que, por sua enfatuada presunção, são levados de roldão a toda prática de excesso.

Ao mestre de música. Não destrua. Salmo de Asafe. Cântico.

[vv. 1-7]
Louvar-te-emos, ó Deus, louvar-te-emos, e teu[1] nome está perto; eles declararão [ou relatarão[2]] tuas maravilhosas obras. Quando eu tiver assumido a congregação,[3] julgarei retamente.[4] A terra é dissolvida e todos seus habitantes; estabelecerei[5] suas colunas. Eu disse aos insensatos: Não ajais nesciamente; e aos ímpios: Não levanteis a fronte. Não ergueis vossa fronte altiva e não faleis com um pescoço obstinado. Porque as exaltações não vêm do oriente, nem do ocidente, nem do deserto.[6] Pois Deus é Juiz;[7] ele abate e ele exalta.

1. Louvar-te-ei, ó Deus! Com respeito ao título deste Salmo já falei

---

1 "C'est, car." – *v.f.m.* "Isto é, porque."
2 "*Par ainsi* on racontera." – *v.f.* "*Portanto*, relatarão."
3 "Quando j'auray prins assignation." Ou, assemblé la congregation." – *v.f.m.* "Ou, reunida a congregação."
4 "C'est, je remettray les choses en leur estat." – *v.f.m.* "Ou, seja, restaurarei as coisas à ordem."
5 "*Mais* j'affermiray." – *v.f.* "*Mas* suportarei ou sustentarei."
6 "C'est, du Midi." – *v.f.m.* "Ou, seja, do sul."
7 "C'est, gouverne le monde." – *v.f.m.* "Ou, seja, governa o mundo."

suficientemente ao explicar o Salmo 57. Quanto a seu autor, este é um ponto na determinação do qual não me inclino a me sobrecarregar com excessiva preocupação. Quem quer que tenha sido, seja Davi ou algum outro profeta, ele se prorrompe logo no início em termos de alegria e ações de graças: *Louvar-te-ei, ó Deus, louvar-te-ei*. A repetição serve para mais energicamente expressar sua forte afeição e seu ardente zelo, cantando os louvores de Deus. Os verbos no hebraico estão no pretérito; porém o tema do Salmo requer que sejam traduzidos no tempo futuro, o que se pode fazer em perfeita consistência com o estilo da língua hebraica. O escritor inspirado, contudo, poderia declarar que Deus tinha sido louvado entre seu povo por causa dos benefícios que lhes outorgara nos tempos de outrora, tendo como propósito induzir a Deus a continuar agindo da mesma maneira, para que, continuando assim, ele pudesse de tempo em tempo propiciar a seu povo novo motivo de celebrar seus louvores. A mudança de pessoa na parte conclusiva do versículo tem levado alguns intérpretes a completarem com o pronome relativo אשר, *asher, que*, como se a leitura fosse: *Ó Senhor, te louvaremos; e teu nome está perto daqueles que declaram tuas obras grandiosas*.[8] Mas não tenho dúvida de que o profeta põe o verbo *declarar* indefinidamente, ou, seja, sem determinar a pessoa;[9] e ele usou a conjunção *e* em vez da partícula causal *porque*, como ocorre com freqüência. Sua intenção, pois, é produzir um sentido bem apropriado: Louvar-te-emos, ó Deus, porque teu nome está perto; e portanto tuas maravilhosas obras serão declaradas. Sem dúvida sua intenção era que as mesmas pessoas de quem disse que celebrariam o louvor divino seriam os publicadores de suas obras prodigiosas. Certamente Deus, ao exibir seu poder, abre os lábios de seus servos para que relatem suas obras. Em suma, o desígnio é notificar

---

8 Esta é a redação adotada por Hammond; mas em vez de completá-la com o pronome אשר, *asher*, como fazem alguns, ele traduz ספרו, *sipperu*, como um particípio plural no sentido do caso dativo: "Teu nome está perto, ספרו, *sipperu*, de quem declara tuas obras portentosas." Ele tira este ponto de vista da caldaica e da tradução do erudito Castellio.

9 "C'est à dire, sans déterminer personne." – *v.f.*

que há um motivo justo para Deus ser louvado, o qual se mostra estar perto a providenciar socorro a seu povo. O *nome* de Deus, como é bem notório, é tomado em lugar de *seu poder*; e sua *presença*, ou *proximidade*, é julgada pela assistência que ele concede a seu povo no tempo de suas necessidades.

2. Quando eu tiver assumido a congregação. O verbo hebraico יעד, *yaäd*, significa *designar um lugar ou dia*; e o substantivo מועד, *moed*, derivado dele, o qual é aqui usado, significa tanto *assembléias santas*, ou *uma congregação de fiéis reunida no nome do Senhor*, como *dias de festas* ou *dias solenes designados*. Sendo indubitável que Deus é aqui introduzido a falar, qualquer desses sentidos concordará com o escopo da passagem. Pode ser considerado como a denotar que, ou tendo reunido seu povo a si ele restaurará à devida ordem questões que estavam num estado de desordem e confusão, ou que ele fará a escolha de um tempo oportuno para exercer seu juízo. Ao abandonar por algum tempo seu povo à mercê de seus inimigos, parece esquecer-se deles e deixar de exercer seu cuidado em seu favor; de modo que se assemelham a um rebanho de ovelhas que se acha disperso e vagueia de um lado a outro sem um pastor. Sendo seu objetivo, pois, comunicar, por meio destas palavras, uma promessa que remediaria tal estado de confusão, ele mui apropriadamente começa com a reunião de sua Igreja. Se porventura alguém decidir antes entender a palavra מועד, *moed*, como uma referência a *tempo*,[10] então é preciso entender que Deus admoesta seu povo, dizendo que seu dever prescrito é exercer paciência até que ele realmente mostre que chegou o tempo oportuno de corrigir os vícios, uma vez que somente ele tem os anos e os dias em seu próprio poder e conhece melhor a conjuntura e momento certos para realizar esta obra. A interpretação a que mais me inclino é esta: determinar o fim e a medida das calamidades, bem como o melhor tempo de suscitar o livramento de seu povo – questões cuja determinação os

---

10 A redação adotada pela maioria dos críticos eminentes é: "Quando tiver conseguido um tempo ou ocasião designada ou oportuna, eu julgarei retamente." Isso é abonado por todas as versões antigas.

homens de bom grado reivindicam para si –, é da alçada de Deus, está em suas próprias mãos fazê-lo e inteiramente sujeito a seu beneplácito. Ao mesmo tempo, sinto-me plenamente satisfeito com a primeira interpretação, a qual aplica a passagem à reunião da Igreja. Tampouco deve parecer absurdo ou desarmonioso que Deus seja aqui introduzido como a dar resposta às orações de seu povo. Esta representação gráfica, por meio da qual eles são apresentados como que falando no primeiro versículo, enquanto ele é introduzido como que falando no segundo, é muito mais forçada do que se o profeta tivera simplesmente dito que Deus, por fim, e no tempo determinado, se mostra como o protetor de sua Igreja, e a reúne novamente quando for dispersa e feita em pedaços. Em suma, equivale a isto: embora Deus não possa socorrer seu próprio povo imediatamente, contudo jamais se esquece dele; se simplesmente delonga sua intervenção até que chegue o tempo oportuno, contudo tem um remédio em prontidão para eles. *Julgar retamente* é simplesmente restaurar as coisas a um melhor estado, as quais se acham enredadas e desordenadas. E assim Paulo diz em 2 Tessalonicenses 1.6, 7: "Se de fato é justo diante de Deus que dê em paga retribuição aos que vos atribulam, e a vós, que sois atribulados, descanso conosco, quando se manifestar o Senhor Jesus desde o céu com os anjos de seu poder." Deus, portanto, declara que é seu ofício pôr em ordem e ajustar essas coisas que estão em confusão, para que, nutrindo esta expectativa, sejamos sustentados e confortados por meio dela em todas nossas aflições.

3. A terra é dissolvida, e todos seus habitantes. Muitos comentaristas são de opinião que essas palavras são propriamente aplicáveis a Cristo, em cuja vinda cumpre que a terra e seus habitantes sejam abalados. Ele reina, como bem sabemos, para que possa destruir o velho homem e comece seu reinado espiritual com a destruição da carne; porém conduz sua administração de tal maneira que depois se concretize ali a restauração do novo homem. Da segunda parte do versículo, *estabelecerei as colunas dela*, fazem a mesma aplicação, explicando-a como se Cristo dissesse: Tão logo eu venha ao mundo, a terra e seus habitantes se desvanecerão e serão dissolvidos; mas imediatamente a seguir a estabelecerei sobre firmes e sólidos fundamentos; pois meus eleitos, renovados pelo Espírito Santo, não mais serão como a relva ou flores murchas, mas lhes será conferida uma estabilidade nova e inusitada. Entretanto, não creio que uma interpretação tão refinada tenha penetrado a mente do profeta, cujas palavras considero como simplesmente significando que, embora a terra seja dissolvida, Deus a ampara ou a sustenta em sua própria mão. Este versículo está conectado ao precedente; pois ele confirma a verdade de que Deus, no devido tempo, se manifestará como um Juiz imparcial e justo; sendo-lhe algo fácil, ainda quando toda a atividade do mundo caia em ruínas, reconstruir este mundo partindo de sua matéria em decomposição. Ao mesmo tempo, não tenho dúvida alguma de que há uma referência ao estado atual de coisas no mundo natural. A terra ocupa um lugar inferior na esfera celestial, e todavia, em vez de ter fundamentos sobre os quais seja sustentada, ela não está, antes, suspensa em pleno ar? Além disso, uma vez que tantas águas penetram e percorrem suas veias, não seria ela dissolvida se não fora estabelecida pelo poder secreto de Deus? Entretanto, embora o profeta faça alusão ao estado natural da terra, não obstante ele sobe mais alto e nos ensina que, se o mundo já estivesse em ruínas, é no poder de Deus que ele seria restabelecido.

4. Eu disse aos néscios: Não ajam com estultícia.[11] Depois de pôr a função de Deus a satisfazer sua própria visão e a dos fiéis, ele agora triunfa sobre todos os ímpios, a quem ele acusa de demência e fúria cega, efeito de seu desprezo por Deus, o que os leva a entregar-se a excesso de soberba e autoglorificação. Esse santo enaltecimento a que ele dá expressão depende do juízo que em nome de Deus anunciou estar próximo. Pois quando o povo de Deus

---

11 "Ou, Não seja louco." O verbo é תהוֹלוּ, *tahollu*, de הלל, *halal*, *ele estava louco quando se vangloriou*. – Bythner.

espera que ele esteja vindo para executar juízo, e se persuadem de que não mais delongará sua vinda, se gloriam ainda que seja em meio a suas opressões. A demência dos perversos transborda e se dilata com fúria e derrama dilúvios com o fim de submergi-los. Basta-lhes, porém, saber que sua vida está protegida pelo poder de Deus, o qual pode com a mais perfeita facilidade humilhar a todos os soberbos e refrear suas tentativas mais ousadas e presunçosas. Os fiéis aqui zombam e desprezam tudo o que os perversos tramam e conspiram executar, e lhes dão a chance de desistir de sua demência; e ao convidá-los a agir assim, notificam que eles estão agindo em vão, incitando-se e se amotinando, assemelhando-se a loucos que andam às cegas, seguindo suas próprias imaginações tresloucadas. É preciso observar que o salmista representa os soberbos como sendo a causa ou mãe de todos os empreendimentos temerários e audaciosos. A razão por que os homens se precipitam com tal imprudência à prática de projetos ilícitos, em sua maioria consiste em que, cegados por sua soberba, formam uma estima indevida e exagerada de seu próprio poder. Sendo esta uma enfermidade que se erradica facilmente dos corações dos homens, reitera-se uma vez mais a admoestação: *Não ergueis vossa fronte altiva*.[12] Em seguida são proibidos de *falar com um pescoço ostentoso*; querendo dizer com isso que não falassem temerária e injuriosamente;[13] pois é comum as pessoas soberbas fazerem seus pescoços eretos e sua

---

12 *Não ergueis vossa fronte altiva*, ou, seja, não ajam com insolência com base em falsa noção de seu poder (cf. Am 6.13). Presume-se que a metáfora é extraída da forma como os animais de chifres se portam quando estão em estado de excitação. A prática entre os abissínios, descrita por Bruce, foi também aduzida como a lançar luzes sobre este versículo. Ele observa que os governadores das províncias abissínias usam uma faixa larga em torno da cabeça, a qual é amarrada atrás. No meio dessa faixa está um chifre ou uma peça cônica de prata, banhada a ouro, modelado como nosso apagador de vela. Isso é chamado *chifre*; e só é usado em inspeções ou procissões depois de uma vitória. A maneira como lançavam a cabeça para trás, quando usavam esse ornamento (para que não caísse) dá uma *firmeza* à posição da cabeça; e isso parece explicar a linguagem do salmista, quando faz menção de *falar com um pescoço rígido*. Em vez de *com um pescoço rígido*, Parkhust o traduz *com um pescoço torcido*; observando que "esse é um gesto de soberba, de desprezo ou de desdém bem conhecido".

13 "Præfracte." – *v.l.* "Rigoureusement et outrageusement." – *v.f.*

cabeça levantada quando pronunciam suas ameaças. Outros traduzem as palavras, *Não faleis obstinadamente com vosso pescoço*; a outra tradução, porém, é mais correta.

6. Porque as exaltações não vêm do oriente nem do ocidente.[14] O profeta aqui fornece um admirável remédio para corrigir a soberba, ensinando-nos que a promoção ou melhoramento não procede da terra, mas exclusivamente de Deus. Aquilo que mais freqüentemente cega os olhos dos homens consiste nisto: olham para a esquerda e para a direita, e cumulam riquezas e recursos de todos os quadrantes para que, fortalecidos com isso, sejam capazes de satisfazer seus desejos e luxúrias. O profeta, pois, afirma que, uma vez que não conseguem ver além do mundo, laboram em grande equívoco, visto ser somente Deus quem tem o poder de exaltar e de humilhar. Poder-se-ia dizer: "Isso parece estar em oposição à experiência comum, sendo que a maioria dos homens que alcançam o mais elevado grau de honra deve sua elevação ou a sua própria política e entendimento perspicaz, ou ao favor popular e partidário, ou a outro meio de um gênero terreno. O que é apresentado como a razão desta asseveração, *Deus é juiz*, parece ser também insatisfatório." Minha resposta é que, embora muitos alcancem situações de exaltação, quer por meio de artes ilícitas ou mediante o auxílio de instrumentos profanos, todavia isso não sucede por acaso; alcançando tais pessoas sua elevada posição pelo secreto propósito de Deus, isso pode em seguida ser por elas dissipado como refugo ou palha. O profeta não atribui simplesmente *juízo* a Deus. Ele também define que tipo de juízo é esse, afirmando que o mesmo consiste nisto: abatendo um homem e elevando outro à dignidade, ele ordena as atividades da raça humana segundo bem lhe parece. Já afirmei que a consideração disto é o meio pelo qual os espíritos arrogantes são mais eficientemente humilhados; pois a razão pela qual os homens profanos têm ousado tentar qualquer coisa que lhes venha à

---

14 "*Porque a promoção* etc. O significado é: as fortunas dos homens não são governadas por influências planetárias, mas conduzidas pela Providência de Deus. As nações orientais do mundo sempre eram e são até hoje muito escravizadas à astrologia judicial." – *Warner*.

mente é porque concebem um Deus encerrado no céu e não crêem que são mantidos sob restrição por sua secreta providência. Em suma, eles o privam de todo poder soberano, para que se vejam num curso livre e desimpedido com o fim de satisfazer suas luxúrias. Para ensinar-nos, pois, com moderação e humildade, a permanecer contentes com nossa própria condição, o salmista claramente define em que consiste o juízo de Deus, ou a ordem que ele observa no governo do mundo, dizendo-nos que lhe pertence exclusivamente exaltar ou abater dentre os seres humanos a quem lhe agrade.

À luz deste fato segue-se que todos quantos, abrindo as asas de sua vaidade, aspiram qualquer tipo de exaltação, sem qualquer consideração ou dependência de Deus, são culpados de roubá-lo, o quanto podem, de suas prerrogativas e poder. Isso é mui evidente, não só à luz de seus desvairados conselhos, mas também das blasfemas vanglórias a que se entregam, dizendo: Quem me impedirá? O que me resistirá? Como se na verdade fosse algo difícil para Deus, com apenas um gesto, lançar de repente em seu caminho mil obstáculos, com os quais tornaria ineficaz todos seus esforços. Visto que os homens profanos, com sua temeridade e perversos artifícios, são culpados de tentar despojar a Deus de sua régia dignidade, assim, sempre que somos atingidos por suas ameaças, nos fazemos perversamente culpados de pôr limites ao poder e soberania de Deus. Se ao ouvirmos o soprar dos ventos com algum grau de violência,[15] nos enchemos de medo como se fôssemos atingidos por um trovão lançado do céu, uma prontidão tão extrema de deixar-nos precipitar num estado de consternação manifestamente revela que não compreendemos completamente a natureza daquele governo que Deus exerce sobre o mundo. Sem dúvida, deveríamos envergonhar-nos de roubá-lo de seu título de juiz; sim, quase não existe indivíduo que não se encolha com horror ante o pensamento de tão grande blasfêmia. No entanto, quando nosso entendimento natural realça em nós a confusão de que ele é o juiz e o supremo soberano

---

15 "Si tost que nous oyons le vent de quelque esmotion." – *v.f.*

do mundo, o concebemos como a manter somente um gênero de soberania inativa, a qual não sei como caracterizar, como se ele não governasse a humanidade com seu poder e sabedoria. Mas a pessoa que crê ser um princípio estabelecido que Deus dispôs todos os homens como bem parece a seus olhos, e determina a cada pessoa sua condição neste mundo, não se deixará deter ante os meios terrenos: ela olhará para cima e para além das coisas – olhará para Deus. O aproveitamento que se deve fazer desta doutrina é que os piedosos se submetam totalmente a Deus e se cuidem de não exaltar-se com vã confiança. Quando virem os ímpios avolumando seu orgulho, que não hesitem em desprezar sua louca e enfatuada presunção. Além disso, embora Deus tenha em sua própria mão o soberano poder e autoridade, de modo que pode fazer tudo quanto lhe aprouver, todavia ele é intitulado *juiz* para ensinar-nos que governa as atividades da humanidade com a mais perfeita eqüidade. Donde se segue que cada homem que se abstém de lançar injúrias e de cometer atos nocivos pode, quando injuriado e tratado injustamente, apelar para o tribunal de Deus.

[vv. 8-10]
Porque na mão de Jehovah há um cálice cujo vinho é túrbido [ou cheio de borra[16]]; está cheio de mistura e ele o dará de beber; seguramente sorverão a borra dele e todos os perversos da terra beberão dele. Mas eu publicarei para sempre e cantarei louvores ao Deus de Jacó. E eu quebrarei todos os chifres dos perversos; mas os chifres dos justos serão enaltecidos.

8. Porque na mão de Jehovah há um cálice.[17] O salmista aqui aplica mais diretamente ao costume dos piedosos aquele juízo de que acabou de falar. Ele afirma que o objetivo para o qual Deus reina é que

---

16 "Ou, rouge." – *v.f.m.* "Ou, rubro."

17 "Aqui parece haver uma alusão ao *cálice de maldição*, como os judeus chamavam 'o cálice de vinho misturado' e olíbano, o qual usavam para dar de beber aos criminosos condenados antes de sua execução, a fim de amortecer seus sentidos. Assim o Targum Caldaico parafraseia a passagem: 'Porque um *cálice de maldição* está na mão do Senhor, e vinho forte cheio de uma mistura amarga, para tirar o entendimento dos perversos'." – *Parkhurst*, citado por Mant.

nenhuma iniqüidade pode permanecer impune; senão que, quando os perversos tiverem quebrado toda restrição, entregando-se à perversidade, ele pode arrastá-los ao merecido castigo. À luz deste fato novamente aprendemos qual a estima que devemos formar da providência de Deus – devemos considerá-la como a exercer seu controle por meio de uma energia sempre presente sobre cada parte de nossa vida. Portanto, assevera-se que Deus tem em sua mão um cálice de cujo conteúdo leva o ímpio a embriagar-se. A palavra חמר, *chamar*, significa *cheio de borra*, e também *rubro*. Como o vinho tinto entre os judeus era o mais forte e o mais ácido, podemos supor que a referência aqui seja a ele; e a similitude é muito apropriada, a qual representa Deus como que tendo na mão vinho de um caráter extremamente embriagante, com o qual leva o ímpio a embriagar-se até a morte. Está implícito que a velocidade da vingança divina é incrível, assemelhando-se à rapidez e poder com que o vinho forte penetra no cérebro, produzindo ou demência ou febre cruel. É nesse sentido que se diz que o vinho do cálice de Deus é de cor rubra; como lemos em Provérbios 23.31: "Não olhes para o vinho quando se mostra vermelho, quando resplandece no copo e se escoa suavemente." Tampouco serve de objeção dizer que ele é descrito pouco depois como *cheio de mistura*. Essas duas coisas não concordam mal entre si: primeiro, que os perversos são de repente embriagados pela vingança de Deus; e, segundo, que o bebem até borra, até que pereçam. Alguns dão uma explicação diferente do termo *mistura*, considerando, porém sem qualquer base plausível, que a alusão é ao costume que prevalece nos climas quentes de diluir o vinho com água. Esta expressão, *ele está cheio de mistura*, foi antes acrescentada para imprimir força adicional à afirmação do profeta; sendo seu objetivo comparar a veemência e fúria da ira de Deus com o vinho temperado.[18] Por meio dessas figuras ele notifica que será

---

18 *Vinho misturado* naturalmente nos sugere a idéia de vinho mais fraco do que em seu estado puro. Conseqüentemente, Green, em vez de "cheio de mistura", traduz "sem mistura", o que ele significa vinho sem mistura de água. Ele percebeu que, à primeira vista, está implícito o vinho de qualidade mais forte, e evidentemente não tendo nenhuma idéia de alguma outra mistura além da

impossível que os ímpios escapem de sorver o cálice que Deus porá em suas mãos, e que eles serão compelidos a sorvê-lo até a última gota.

9 e 10. Eu, porém, publicarei para sempre. Esta conclusão do Salmo realça a alegria que o povo de Deus sentia de haver experimentado que ele era seu libertador na adversidade; pois tudo indica ser sua própria experiência a que eles passam a publicar e em virtude da qual resolvem cantar louvores a Deus. Do quê também deduzimos que, através do auxílio divino, eles vencerão todo o poder dos réprobos; e que, sendo eles mesmos recipientes da justiça e da eqüidade, estarão suficientemente armados para sua própria preservação e defesa. A expressão, *os chifres dos justos serão enaltecidos*,[19] implica que os filhos de Deus, mediante uma vida irrepreensível e santa, adquirem maior força e eficientemente se protegem mais do que se fosse seu empenho buscar seus próprios interesses por toda espécie de perversidade.

água, a qual enfraqueceria o vinho, ele tomou a liberdade de traduzir as palavras מלא מסך, *male mesech*, por "sem mistura". Os gregos e latinos, da mesma forma, por "vinho misturado" entendiam o vinho diluído e enfraquecido com água. Mas a frase entre os hebreus geralmente denota o vinho tornado mais forte mediante a adição de ingredientes mais elevados e mais poderosos. No oriente os vinhos são muito misturados com drogas de um tipo estimulante e embriagante; de modo que, quando comumente tiravam dos recipientes em que eram preservados, estavam filtrados para o uso. O que permanece é o espesso sedimento dos ingredientes fortes e estimulantes com que foi misturado. Este é o que os perversos estão condenados a beber. "A introdução dessa circunstância", diz Mant, "forma um excelente clímax e traz a idéia da indignação de Deus ao ponto mais elevado." Alguns intérpretes têm explicado a passagem no sentido em que Deus derramaria o vinho puro e claro para seus amigos, enquanto compele seus inimigos a beberem a borra. Mas a referência é inteiramente a seus inimigos que tinham de esgotar totalmente o cálice de seu furor. Essa nos profetas é uma imagem muito comum da ira divina.

19 "Pelo termo *chifres* dos perversos subentende-se seu *orgulho*; pelo termo *chifres* dos justos, por outro lado, subentende-se seu poder. Basílio observou que o chifre é mais exaltado e mais sólido do que qualquer outra parte do corpo a que ele pertença; e que, ao mesmo tempo, ele fornece ornamento para a cabeça e é também a arma de defesa. Daí, ele é expresso metaforicamente tanto para força e poder quanto também para orgulho." – *Cresswell*. Aqui ameaça-se que o poder e honra dos perversos, os quais têm sido empregados como instrumentos de cruel injustiça e opressão, seriam destruídos, e seu orgulho eficientemente humilhado; enquanto que os justos seriam exaltados em poder e dignidade.

Salmo 76

Aqui estão celebradas a graça e a verdade de Deus por ter este defendido, segundo sua promessa de que seria o protetor da cidade de Jerusalém, com seu prodigioso poder contra os inimigos, o qual foi renovado em seu valor guerreiro e bem equipado com todos os requisitos para a guerra.[1]

Ao mestre de música sobre Neginoth. Salmo de Asafe. Cântico.

É bem provável que este Salmo tenha sido composto depois da morte de Davi; e, conseqüentemente, há quem pensa que o que aqui se descreve é o livramento dos judeus do poder amonita que se deu no reinado do rei Josafá. Todavia me sinto inclinado a adotar uma opinião diferente, atribuindo o Salmo àquele livramento das mãos da Assíria que alcançaram, registrado em 2 Reis 19. Os assírios, sob o comando de Senaqueribe, não só invadiram a Judéia, mas também desferiram um violento assalto contra a cidade de Jerusalém, a capital do reino. O resultado é bem notório. Viram-se compelidos a levantar o cerco por causa da miraculosa intervenção divina, que numa só noite destruiu aquele exército com terrível matança efetuada pela mão de seu anjo (2Rs 19.35)[2] Daí o profeta, não sem razão, afirmar que Deus quebrou as

---

1 "Et bien equippez de toutes choses requises à la guerre." – *v.f.*
2 A inscrição prefixada ao Salmo, na Septuaginta, menciona expressamente esse fato como a ocasião de sua composição, Ὠδὴ πρὸς τὸν Ἀσσύριον "Uma ode contra os assírios". Se a versão dos LXX é correta neste particular, e se Asafe, a quem o Salmo é atribuído, foi a pessoa desse nome que viveu nos dias de Davi, uma de suas composições deve ter sido adotada como adequadamente

flechas, as espadas e os escudos. Entretanto, o ponto que é primordialmente necessário saber e para o qual atentar é que o cuidado contínuo de Deus em defender a Igreja, a qual escolhera, é aqui celebrado com o objetivo de encorajar os fiéis, destituídos de qualquer dúvida ou hesitação, a gloriar-se em sua proteção.

[vv. 1-6]
Deus é conhecido em Judá; seu nome é grande em Israel. E seu tabernáculo estava em Salém e sua habitação, em Sião. Ali ele quebrou as flechas do arco, o escudo, a espada e a batalha. Selá. Tu és mais glorioso e terrível do que os montes de caça. Os de coração ousado foram despojados; dormiram seu sono e todos os homens de força não acharam suas mãos.³ A tua repreensão, ó Deus de Jacó, carros e cavalos foram precipitados em sono profundo.

1. Deus é conhecido em Judá. No início somos ensinados que não foi por meios humanos que os inimigos de Israel se viram compelidos a bater em retirada sem lograr coisa alguma, mas foi pelo auxílio de Jehovah que será para sempre lembrado. Donde procediam *o conhecimento de Deus e a grandeza de seu nome*, os quais são aqui descritos, senão do fato de ele haver estendido sua mão de uma maneira extraordinária, fazendo publicamente manifesto que tanto o povo eleito quanto a cidade estavam sob sua defesa e proteção? Portanto, assevera-se que a glória de Deus foi claramente exibida quando os inimigos de Israel foram frustrados por uma interposição tão miraculosa.

2. E seu tabernáculo estava em Salém. Aqui designa-se a razão por que Deus, pondo em fuga os assírios, dignou-se a libertar a cidade de Jerusalém e a tomá-la sob sua proteção. A razão é porque ele havia escolhido para si um lugar para nele habitar, onde seu nome pudesse ser invocado. Em suma, equivale dizer, primeiro, que os homens não

---

descritiva desse memorável livramento. Entetanto, é possível que ele fosse uma pessoa diferente com o mesmo nome, e provavelmente foi um de seus descendentes, como já se observou, que viveu nos dias de Exequias. O bispo Patrick e Calmet são desta última opinião. Os que adotam a primeira presumem que a referência original do Salmo foi à vitória alcançada por Davi sobre os filisteus no vale de Refaim.

3 "N'ont peu trouver leurs mains." – *v.f.* "Não foram capazes de achar as próprias mãos."

tinham razão de arrogar para si participação alguma no livramento da cidade aqui descrito, havendo Deus extraordinariamente mostrado que toda a glória lhe pertence, manifestando do céu seu poder ante os olhos de todos os homens; e, segundo, que ele se viu induzido a opor-se a seus inimigos não por outra razão, senão que foi movido por sua soberana escolha da nação judaica. Havendo Deus, por meio de seu próprio exemplo, testificado que seu poder é invencível na preservação de sua Igreja, chama e encoraja a todos os fiéis a repousarem confiadamente sob sua sombra. Sendo seu nome por si só precioso, ele é uma garantia e segurança não ordinárias a imbuir nossa fé quando nos assegura que sua vontade consiste em que a grandeza de seu poder seja conhecida na preservação de sua Igreja. Além do mais, visto sua Igreja ser um eminente teatro no qual a divina glória se exibe, devemos sempre tomar a maior cautela de não encobrir nem sepultar no olvido, em decorrência de nossa ingratidão, os benefícios que têm sido concedido a ela, especialmente aqueles que devem ser mantidos em grata memória em todas as eras. Demais, embora Deus não seja agora cultuado no tabernáculo visível, todavia, visto que Cristo ainda habita em nosso meio, aliás, em nosso íntimo, indubitavelmente sempre lembraremos que fomos expostos aos perigos, e que sob sua proteção estamos em perfeita segurança. Se o santuário terreno de Jerusalém oferecia ao antigo povo de Deus socorro enquanto estava de pé, podemos descansar certos de que ele não terá menos cuidado de nós, que vivemos precisamente nestes dias, quando consideramos que ele se dignou escolher-nos como seus templos nos quais pudesse habitar por meio de seu Espírito Santo. Aqui o profeta, falando de Jerusalém, meramente usa o nome *Salém*, que era o nome simples e não composto da cidade, e que lhe fora aplicado desde a antigüidade, como se comprova à luz de Gênesis 14.18. Há quem pensa que o nome, no curso do tempo, assumiu sua forma composta, sendo *Jebus* prefixado a *Salém*; pois Jebus era o nome pelo qual ela foi depois conhecida no período interveniente, como aprendemos à luz do Livro dos Juízes [19.10], sendo assim chamada por ser habitada pelos jebuseus.

Mas estaremos mais certos quanto à etimologia da palavra se a derivarmos do verbo יראה, *yereh*, que significa *verá*,[4] porque Abraão disse: "Deus proverá para si um cordeiro para o holocausto" [Gn 22.8].

3. Ali ele quebrou as frechas do arco. Temos aqui expresso a maneira particular na qual Deus foi conhecido em Judá. Ele foi conhecido pelas provas prodigiosas de seu poder, o qual ele exibiu na preservação da cidade. Sob essas figuras, descreve-se a destruição dos inimigos do povo eleito.[5] Não poderiam de outra forma ter sido destruídos senão sendo despojados de suas armaduras e armas bélicas. Portanto, diz-se que *as flechas, as espadas e os escudos foram quebrados*; aliás, todos os implementos de guerra; significando que esses ímpios inimigos da Igreja se viram privados do poder de fazer dano. Aliás, o fato é que foram feridos e mortos, enquanto suas armas permaneceram sem efeito; mas essa metonímia não é imprópria, por meio da qual o que lhes sobreveio é representado como que acontecendo a seus implementos de guerra. Alguns traduzem a palavra רשפים, *reshaphim*, como *posições* de armas. Propriamente dito, ela deve ser traduzida como *fogos*;[6] porém é mais acurado tomá-la como *flechas*. Até mesmo as aves são às

---

4 De ראה, *raäh*, ele *viu*, ou *contemplou*.

5 Essa parece uma alusão à destruição miraculosa do exército assírio, como se acha registrado em Isaías 27.36." – *Warner*.

6 "O hebraico רשף [aqui traduzido *flechas*] significa fogo (Jó 5.7), onde 'faíscas que levantam para voar' são poeticamente expresso por [בני רשף, 'os filhos do fogo'. Por meio de metáfora, ela se aplica a uma 'flecha' ou 'dardo' que se atira do arco, e, pela velocidade do movimento, supunha-se estar aceso. Veja-se Cântico dos Cânticos 8.6, onde o amor é descrito como (não as *brasas*, mas) 'as flechas, daí serem flechas de fogo' que ele atira, fere, queima o coração do homem, inflama-o veementemente, ferindo-o. A expressão poética será melhor preservada retendo-se alguns traços do sentido primário em sua tradução: 'fogos ou relâmpagos do arco', ou, seja, as armas hostis que são mui furiosas e formidáveis, como o fogo atirado de um arco." – *Hammond*. A tradução de Parkhurst é: "cintilando flechas chamejantes", ou, melhor: "flechas inflamadas ou incendiárias"; tais como, por certo, eram usadas em tempos posteriores nos cercos e nas batalhas; o βελη πεπυρωμενα dos gregos, a que Paulo alude em Efésios 6.16, e a *phalarica* dos romanos a que Sérvio (sobre Virgílio, Æn. lib. IX.V.705) descreve como um dardo ou javali com uma cabeça esférica deprimente, à qual matéria inflamável estava atada, e à qual posto fogo, a arma era dardejada contra o inimigo. e quando lançada por mão poderosa, matava aqueles para quem apontava, e os edifícios incendiados. Walford traz: "flechas inflamadas." "As flechas, diz ele, "são descritas como que ferozes, para denotar ou a rapidez de seu movimento, ou que foram embebidas com alguma droga venenosa para torná-las ainda mais mortíferas."

vezes metaforicamente assim chamadas, em razão de sua velocidade; e no Salmo 91.6, atribui-se vôo às flechas.

Adiciona-se mais [v. 4] que *Deus é mais glorioso e terrível que as montanhas de presa*. Pela expressão *montanhas de presa* estão implícitos os reinos distinguidos por sua violência e extorsão. Sabemos que desde o princípio aquele que se excedia em assaltos e pilhagem era o homem que mais alargava suas fronteiras e chegava a ser o maioral. Aqui, pois, o salmista compara esses grandes reis, que haviam adquirido grandes domínios através da violência e do derramamento de sangue humano, a bestas selvagens que vivem única e exclusivamente de presas, e seus reinos a montanhas cobertas com florestas, as quais eram habitadas por animais ferozes habituados a viverem da destruição de outros animais. Os inimigos do antigo povo de Deus se acostumara à prática de assaltos violentos e furiosos contra Jerusalém; afirma-se, porém, que Deus a todos eles superou infinitamente em poder, e que os fiéis não mais precisavam viver aterrados pelo medo.

5. Os de coração ousado foram despojados. O poder de Deus na destruição de seus inimigos é aqui exaltado pelo uso de uma outra forma de expressão. O verbo אשתוללו, *eshtolelu*, o qual traduzimos por *foram despojados*, é derivado de שלל, *shalal*; e a letra א, *aleph*, é usada no lugar da letra ה, *he*.[7] Há quem traduza assim: *se fizeram insensatos*;[8] isso, porém, é forçado demais. Não obstante, admito que ele é do mesmo teor, como se fosse dito que foram privados de sabedoria e coragem; porém devemos aderir à significação própria da palavra. O que se acrescenta na segunda sentença tem o mesmo propósito: *Todos os homens de poder não acharam suas mãos*;[9] equivale dizer que se

---

7 O verbo está no pretérito, *hithpahel*; e tem א, *aleph*, em vez de ה, *he*, segundo o idioma hebraico, que muda ה, a característica hebraica de *hiphil*, e hithpahel para א.

8 Como o verbo significa tem *saqueado, despojado*, e como ele aqui está no pretérito, *hithpahel*, que geralmente denota ação recíproca, ou, seja, alguém agindo por conta própria, ele foi aqui traduzido por alguns, *se despojaram* da mente, *ficaram dementes, furiosos*. Hammond traduz assim: "Os de coração ousado se despojaram ou se desarmaram." A paráfrase caldaica é: "Lançaram fora suas armas."

9 "waxm al <hydy pode ser traduzido não encontraram suas mãos, ou, seja, não tiveram capacidade de usá-las para a resistência, oferecendo-as a outros ou mesmo em sua própria defesa."

viram tão incapazes de lutar como se suas mãos perdessem o vigor ou fossem cortadas. Em suma, sua força, da qual se vangloriavam, ficou completamente aniquilada. As palavras, *dormiram seu sono*,[10] se referem ao mesmo assunto; implicando que, embora antes se mostrassem ativos e resolutos, agora seus corações desfalecem e mergulham em profundo sono, entorpecidos e sem poder ouvir. O significado, pois, é que os inimigos do povo eleito se viram privados daquela coragem heróica da qual se blasonavam e a qual lhes inspirava tanta audácia; e que, conseqüentemente, nem a mente, nem o coração, nem as mãos, tampouco suas faculdades mentais ou corporais, puderam exercer sua função. Somos assim instruídos que todos os dons e poder que os homens parecem possuir estão nas mãos de Deus, de modo que ele pode, em qualquer ápice de tempo, privá-los da sabedoria que lhes foi outorgada, fazendo seus corações efeminados e tornando suas mãos sem vigor para a guerra e toda sua força aniquilada. Não é sem razão que tanto a coragem quanto o poder desses inimigos sejam magnificados; o desígnio disso é para que os fiéis fossem guiados, à guisa de contraste, a enaltecer o poder e a operação de Deus. O mesmo tema é ainda mais confirmado à luz da afirmação de que *os carros e os cavalos caíram em profundo sono à repreensão de Deus*.[11] Significa isso que qualquer que seja a atividade caracterizada por esses inimigos, ela tornou-se impotente, simplesmente pelo aceno de Deus. Portanto,

---

– Hammond. A paráfrase caldaica é: "Não puderam segurar suas espadas em suas mãos", ou, seja, não puderam usar suas mãos para manejar suas armas. Na Septuaginta, temos a seguinte redação: εὗρον οὐδὲν ταῖς χερσιν αὐτῶν; "nada encontraram com suas mãos", ou, seja, foram incapazes de fazer algo com elas; o vasto exército dos assírios, o mais poderoso e vitorioso exército então no mundo, nada efetuou, senão "regressar envergonhados a sua própria terra" (2Cr 32.21).

10 "*Dormiram seu sono*." "Dormiram, porém jamais voltaram a despertar-se." – *Hammond*. É possível que aqui tenha havido uma alusão à catástrofe que recaiu sobre o exército assírio durante a noite, quando, como se de repente *adormecessem* em suas tendas, cento e oitenta e cinco mil deles fossem mortos (Is 37.36).

11 O carro e o cavalo podem ser expressos poeticamente cocheiros e cavaleiros. Os carros formavam uma parte muito importante no aparato bélico das batalhas dos povos antigos. Veja-se Juízes 4.3. Em vez de "tanto os carros quanto os cavalos", Horsley traduz: "tanto os cavaleiros quanto os cavalos." "Não é improvável", diz ele, "que a pestilência que atingiu o exército de Senaqueribe se apoderasse dos cavalos e dos homens, embora a morte dos animais não seja mencionada pelo historiador sacro."

embora possamos ser privados de todos os meios de auxílio criados, descansemos satisfeitos simplesmente com o favor de Deus, considerando-o como infinitamente suficiente, visto não ter ele necessidade de grandes exércitos para repelir os assaltos do mundo inteiro, porém é capaz, pelo mero sopro de sua boca, subjugar e dissipar todos os assaltantes.

[vv. 7-12]
Tu, sim, tu és terrível; e quem permanecerá diante de tua face quando estás irado? Desde o céu fizeste ouvir teu juízo; a terra foi tomada de medo[12] e aquietou-se, quando Deus se levantou para juízo,[13] para salvar todos os mansos[14] da terra. Selah. Seguramente, a ira dos homens te louvará, e o restante da ira tu restringirás. Fazei votos e pagai[15] a Jehovah vosso Deus; que todos os que o cercam lhe tragam presentes, ao que é digno de ser temido[16] [literalmente, ao que é terrível]. Ele cortará o espírito dos príncipes; ele é terrível para com os reis da terra.

7. Tu, sim, tu és terrível. A repetição do pronome *Tu* se propõe a excluir todos os demais do que aqui é predicado de Deus, como se quisesse dizer: Todo e qualquer poder que porventura haja no mundo, imediatamente se desvanece e é reduzido a nada, quando ele vem e se manifesta; e, portanto, somente ele é terrível. Isso é confirmado pela comparação que se acrescenta imediatamente a seguir, a qual notifica que, embora os perversos sejam tão saturados de soberba ao ponto de quase entrarem em combustão, todavia são incapazes de suportar o olhar e presença de Deus. Mas como ele às vezes guarda silêncio e parece simplesmente olhar como um espectador indolente, assevera-se expressamente que tão logo começa ele a irar-se, a ruína se torna muito mais próxima de todos os perversos. Embora possam então, por algum tempo, não só ficar de pé, mas também erguer-se acima

---

12 "*Dont* la terre a eu frayeur." – v.f. "*Com que* a terra ficou amedrontada."
13 "*Pour* faire jugement." – v.f. "*Para* executar juízo."
14 "Tous les humbles." – v.f. "Todos os humildes."
15 "Rendez *vos vœus*." – v.f. "Pagai *vossos votos*."
16 "Ou, à cause de la frayeur." – v.f.m. "Ou: por causa do temor."

das nuvens, em sua fúria, não obstante somos aqui admoestados de que devemos esperar pelo tempo da ira. Observemos ainda que esse terror é pronunciado contra os perversos de uma maneira tal que ele suavemente atrai todos os verdadeiros crentes em direção a Deus.

8. Desde o céu tu fizeste ouvir teu juízo. Pelo título *céu* o salmista vigorosamente notifica que o juízo de Deus era demasiadamente manifesto para admitir a possibilidade de o mesmo ser atribuído ao acaso ou à política humana. Às vezes Deus executa seus juízos obscuramente, de modo a parecer que procedem da terra. Por exemplo, quando ele ergue um príncipe piedoso e corajoso, a santa e legítima administração que advirá sob o reinado de tal príncipe será o juízo de Deus, porém o mesmo não será vividamente percebido como a proceder do céu. Como, pois, a assistência indicada era de um gênero extraordinário, ela é distinguida por meio de recomendação especial. As mesmas observações se aplicam a *ouvir o juízo de Deus* de que fala o salmista. Realça mais o fato de os juízos divinos ecoarem como o som de um trovão, e estourarem os ouvidos de todos os homens com seu ruído, do que se fossem simplesmente vistos com os olhos. Não tenho dúvida de que existe aqui uma alusão aos poderosos trovões pelos quais os homens se vêem chocados com temor.[17] Ao lermos, *a terra aquietou-se*, apropriadamente a referência é aos ímpio que, sentindo-se aturdidos pelo pânico, atribuem a vitória a Deus e não mais ousam enfurecer--se como costumavam fazer. É tão-somente o temor que tem o efeito de conduzi-los à submissão; e, por conseguinte, o temor é com razão representado como sendo a causa dessa quietude. Não significa que se refrearam espontaneamente, mas que Deus os compele querendo eles ou não. O equivalente é que, sempre que os trovões de Deus reboam

---

17 Quando um anjo do Senhor descia para efetuar alguma obra poderosa para a qual fora comissionado, trovões e terremotos amiúde acompanhavam a execução de sua comissão; e é muitíssimo provável que ambos esses fenômenos acompanhavam tão estupenda exibição de poder, como aquele que foi apresentado pela matança de cento e oitenta e cinco mil homens do exército de Senaqueribe. Pela expressão, *fizeste ouvir os juízos de Deus*, pode ser entendido como o trovão que haviam ouvido; e o que se segue, "A terra foi tomada de medo", poderia significar o terremoto que então ocorreu.

do céu, os tumultos que a insolência dos ímpios instiga, quando as coisas estão num estado de confusão, chegam ao fim. Somos, ao mesmo tempo, advertidos sobre o que os homens esperaram lucrar com sua rebelião; porque, quem quer que despreze a voz paternal de Deus que ecoa em som altissonante, será destruído pelos raios de sua ira.

9. Quando levantou-se para juízo. O grande objetivo que Deus tinha em vista ao executar esse juízo é agora declarado, ou, seja: para que ele pudesse fornecer prova de seu amor paternal para com seu povo. Portanto, ele é introduzido como que falando, não com sua boca, mas com sua mão, a fim de mostrar a todos quão preciosa a seus olhos é a salvação de todos quantos o temem e o amam. Sob o verbo *levantar* há uma referência à inatividade e indolência atribuídas a Deus pelos homens perversos, opinião que os levara a assumir para si tanta liberdade. Então lemos que Deus desce para seu juízo quando indica claramente que exerce um cuidado especial sobre sua Igreja. O desígnio da passagem é mostrar ser impossível que Deus abandone os aflitos e inocentes, assim como lhe é impossível negar-se a si mesmo. Deve-se observar que ele é intitulado *Juiz*, porque oferece socorro aos pobres que são injustamente oprimidos. A designação *os mansos* ou *humildes da terra* se aplica aos fiéis que, subjugados pelas aflições, não buscam coisas elevadas, mas, com humildes gemidos, pacientemente suportam o fardo da cruz. O melhor fruto das aflições é aquele que nos leva a purgar nossas mentes de toda e qualquer arrogância e a incliná-las à mansidão e modéstia. Quando tal é o efeito, podemos concluir com certeza que estamos sob a guarda e proteção de Deus, e que ele está pronto a estender-nos seu auxílio e seu favor.

10. Seguramente, a ira dos homens te louvará. Há quem entende essas palavras como denotando que, depois que esses inimigos tiverem se rendido a Deus, lhe oferecerão o louvor da vitória; sendo constrangidos a reconhecer que foram subjugados por sua poderosa mão. Outros lhe atribuem um sentido mais refinado, a saber: que quando Deus incita os ímpios e impele sua fúria, desse modo ele oferece uma exibição mais estupenda de sua própria glória; tendo em mente o que disse sobre ter incitado o coração de Faraó visando a este exato propósito [Êx 14.4; Rm 9.17]. Entendido nesse sentido, o texto sem dúvida contém uma doutrina mui proveitosa; sendo, porém, esta, receio eu, uma explicação refinada demais; me inclino a considerar o significado como sendo simplesmente este: ainda que a princípio o furor dos inimigos de Deus e de sua Igreja lance todas as coisas em confusão, e, por assim dizer, os envolva em trevas, todavia tudo por fim redundará em seu louvor; porquanto este resultado se fará manifesto, ou, seja, tudo quanto venham a engendrar e a tentar, não poderão, no mínimo grau, prevalecer contra ele. A parte conclusiva do versículo, *O restante da ira tu restringirás*, pode também ser interpretado de duas formas. Visto que a palavra חגר, *chagar*, significa *cingir*, alguns a complementam com o pronome *te*, ficando assim o sentido: todos os inimigos da Igreja não estão ainda destruídos; tu, porém, ó Deus, *te* cingirás para destruíres os que deles restarem. A outra interpretação, contudo, é a mais simples, ou, seja: embora seja possível que esses inimigos não cessem de bafejar sua crueldade, todavia Deus os restringirá com eficiência e os impedirá de ter êxito na concretização de seus empreendimentos.[18]

---

18 A afirmação de Hammond sobre essas duas interpretações é clara e completa. Ei-la: "O que תחגור [a qual Calvino traduz *tu restringirás*] significa aqui não conta com a concordância dos intérpretes, ou, seja: 1. *cingir* e 2. *restringir*. Na noção de *restringir* ela terá um sentido muito amplo, aplicado a Senaqueribe, a quem este Salmo corresponde. Porque, como mediante a mortandade de cento e oitenta e cinco mil em seu exército ele se viu forçado a partir de volta e a permanecer em Nínive (2Rs 19.36), assim, depois de seu regresso, há alguns resquícios de sua ira contra os judeus que habitavam ali. É possível ver isso em Tobias 1.18: 'Se o rei Senaqueribe matava alguém, quando ele vinha e saía da Judéia, eu o sepultava secretamente (porque em sua ira ele matava muitos)' etc. Esse era o lampejo de sua ira, e esta era 'restringida' por Deus; porque logo ele caiu pelas mãos de seus filhos, Adrameleque e Sarezer, 'enquanto cultuava na casa de Nisrode seu deus' (2Rs 19.37). E é neste sentido que Kimchi a interpreta: 'Tu assim reprimirás a malícia de nossos inimigos, para que outras nações não ousem lutar contra nós'; da mesma forma Aben Ezra. E assim deve ser, se 'o resquício de ira' fora 'ira humana', como o sugere a primeira parte do versículo: 'Seguramente a ira do homem' etc. Mas חגר, na noção primária, significa *cingir* ou *vestir*, *ornar-se* alguém. Sabemos que *cingir* significa *vestir*, e se aplica a ornamentos, armas; חגור: 'Cinge tua espada à coxa' (Sl 45.3), e com freqüência em outras partes. E assim 'cingir de alegria' significa pôr os ornamentos festivos. E de igual modo aqui, numa frase poética: 'Tu cingirás os resquícios de ira', paralelo a 'vestir as vestes da vingança' (Is 59.17) significa Deus se adornando e saindo para o exercício de sua *vingança*, vulgarmente expresso por sua *ira*, e a palavra חֵמָה, *ira*, mais adequadamente usada com referência a חֵמָה, a *ira do homem*, no começo do versículo. A ira *do homem* é a violência, o furor, a blasfêmia do opressor sobre os *mansos* ou pobres indo à frente.

Talvez também não seria sem propósito explicar o verbo assim: *Tu colherás um feixe*, como dizemos em francês: "Tu trousseras", ou, seja: *Tu amarrarás* ou *embrulharás*. Aprendamos, pois, que, embora os perversos envolvam em obscuridade e dúvida a providência de Deus, é bom esperar pacientemente até que ele se glorifique produzindo uma situação mais feliz e pise sob os pés sua enfatuada presunção, para vergonha e confusão deles. Mas se novos problemas surgirem de tempo em tempo, lembremo-nos de que sua legítima função é restringir o resquício da ira dos perversos, para que não destruam em tão grande extensão. Entrementes, não fiquemos surpresos se observarmos surgir no horizonte reiterados insultos precisamente agora. Porque, desde sempre e até o fim do mundo Satanás terá partidários ou agentes, a quem enviará para molestar os filhos de Deus.

11. Fazei votos e pagai a Jehovah vosso Deus. Os fiéis são agora exortados ao exercício da gratidão. Visto que sob a lei prevalecia o costume entre os judeus de fazer votos de sacrifícios por bênçãos singulares, as quais Deus lhes conferia, e pelas quais solenemente reconheciam que sua segurança dependia exclusivamente dele e que lhe eram por isso inteiramente devedores, são de novo convocados a engajar-se nesse exercício da religião. E pelo termo *pagai* subentende-se inculcar firmemente – para ensiná-los que não devem fazer meramente um súbito e inconsiderado reconhecimento, mas que devem também testificar em todos os tempos que a lembrança de seu livramento ficou profundamente arraigada em seus corações. Sua mais importante atividade, sem dúvida, era refletir seriamente em seu íntimo sobre o fato de Deus ser o Autor de sua salvação; mas ainda deve observar-se que a solene profissão da religião, mediante a qual cada

---

Esta começa e continua a provocar a Deus; e então שארית, o *resquício*, ou segunda parte *da ira*, está ainda na retaguarda de Deus; e com isso ele se *cinge*, ou, seja, sai eminente e terrivelmente como que ornamentado e como que em preparação hostil aos olhos dos homens. Em ambos os sentidos, as partes deste versículo são perfeitamente em forma de responso. A esta última tradução de תחגור, nos inclinamos para a Caldaica, que a parafraseia assim: 'Tu te cingiste, *ou* preparaste, *ou* prontificaste, com o resquício de fúria (subentendendo a fúria de Deus), para a destruição das nações'."

homem estimula não só a si mesmo, mas também aos demais ao desempenho de seu dever, está longe de ser supérflua. Na segunda frase, os destinatários parecem ser as nações circunvizinhas; como se ele quisesse dizer que uma manifestação tão especial da benevolência divina era digna de ser celebrada até mesmo pelas nações estranhas e incircuncisas.[19] Parece-me, porém, que o sentido mais adequado ao contexto é que essas palavras são dirigidas ou aos levitas ou a toda a posteridade de Abraão, ambos os quais se diz com propriedade que *estão ao redor de Deus*, seja porque o tabernáculo estava fincado no meio do acampamento enquanto os israelitas peregrinavam pelo deserto, ou também porque o lugar de habitação designado para a arca era o monte Sião, para onde o povo estava acostumado a afluir de todas as partes circundantes do país. E aos levitas foi confiado o encargo do templo, e foram designados para guardá-lo e para vigiá-lo em todo seu redor. A palavra למורא, *lammora*, é atribuída a Deus pela maioria dos intérpretes, e a traduzem por *terrível*. O termo *temor* é, contudo, às vezes tomado num sentido passivo para Deus mesmo.[20] Se for aplicado aos gentios e aos homens profanos,[21] o sentido será que serão tributários de Deus; porque, vendo-se chocados com temor, não mais ousarão oferecer-lhe qualquer resistência. É mais provável, porém, que esta palavra tenha uma referência a Deus, a quem o profeta com razão declara ser digno de ser temido, depois de haver dado uma tão extraordinária prova de seu poder.

12. Ele cortará[22] o espírito dos príncipes. Como a palavra hebraica בצר, *batsar*, ocasionalmente significa *fortalecer*, alguns pensam que a mesma deva ser traduzida assim nesta passagem. Mas como em duas

---

19 Esta é a interpretação de Kimchi. Ele entende por "aqueles que se acercam de Deus" as nações vizinhas da terra de Israel, e assim vizinhas de Deus.

20 Neste sentido ele é empregado em Gênesis 31.53: "E Jacó jurou pelo Temor de seu pai Isaque."

21 Se for assim aplicado, a redação será: "Que todos aqueles que o cercam tragam presentes por causa do temor."

22 A palavra empregada por Calvino é "Vindemiabit", a qual expressa a idéia precisa do verbo original, יבצור, *yebtstor*. Ela provém de בצר, ele corta, separa, referindo-se propriamente a uvas e a outros frutos. A fraseologia da Septuaginta é: "desprende".

sentenças do versículo a mesma idéia se repete, não tenho dúvida de que pela primeira sentença está implícito que a compreensão e a sabedoria são tiradas dos príncipes; e que pela segunda Deus é representado em geral como sendo-lhes terrível, porque ele os lançará de ponta cabeça lá de suas alturas. Como a primeira coisa necessária para conduzir um empreendimento a um resultado bem sucedido é possuir um são tirocínio, no quê o povo de Deus é às vezes deficiente em suas expectativas por se verem envolvidos por seus estresses, enquanto que, em contrapartida, os ímpios são por demais perspicazes em seus esquemas capciosos; aqui se declara que é o poder de Deus que priva de entendimento e que inflige cegueira aos que parecem exceder a outros em esperteza e engenhosidade. Sendo a maioria dos príncipes composta de inimigos da Igreja de Deus, afirma-se expressamente que ele é suficientemente terrível para subjugar todos os reis da terra. Quando ele diz que *seu espírito será cortado*, ou tirado deles, deve-se limitar aos tiranos e ladrões a quem Deus conturba, porquanto vê que aplicam toda sua engenhosidade e conselhos para a prática do mal.

Salmo 77

Quem quer que tenha escrito este Salmo, parece que o Espírito Santo, pela instrumentalidade de sua boca, ditou uma forma comum de oração para a Igreja em suas aflições, para que, ainda sob as mais cruéis perseguições, os fiéis não deixassem de enviar ao céu suas orações. O que aqui se expressa não é o lamento isolado de algum indivíduo em particular, mas os lamentos e gemidos do povo eleito. Os fiéis celebram o livramento que uma vez fora efetuado em seu favor, e o qual era um vivo testemunho da perene graça de Deus, para que se animassem e se fortalecessem no exercício da oração com solicitude mais profunda.

Ao mestre de música sob Jedutum. Salmo de Asafe.

[vv. 1-6]
Minha voz chegou a Deus, e eu clamei; minha voz chegou a Deus, e ele me ouviu. Busquei o Senhor no dia de minha angústia; de noite minha mão ficou estendida, e não se cansou; minha alma recusou-se ser consolada. Lembrar-me-ei de Deus e me sentirei perturbado; meditarei, e meu espírito se sentirá oprimido [ou esmagado] com dores. Selah. Tens conservado insones meus olhos; estou perturbado e não falarei. Tenho rememorado os dias de outrora, os anos de tempos passados. De noite recordarei de meu cântico; consultarei meu coração e meu espírito com diligência examinará.

1. Minha voz chegou a Deus, e eu clamei. Isso não constitui mera queixa, como alguns intérpretes o explicam, denotando a surpresa que o povo de Deus sentiu ao descobrir que aquele que até então costumava atender seus pedidos, fechava-lhes seus ouvidos e era invocado em vão. Parece mais provável que o profeta, ou fala da atual emoção de sua mente ou está a recordar como havia experimentado que Deus se inclinara e se prontificara a ouvir-lhe as orações. Não pode haver dúvida de que ele está a descrever a grandeza da dor com que era afligido; e, em minha opinião, denota um ato contínuo pelo uso dos tempos verbais, pretérito e futuro. Em primeiro lugar, ele declara que não lançara nesciamente ao ar seus clamores, à semelhança de muitos que proferem imoderadamente amargos brados ao léu, opressos por dores; mas que dirigira sua oração a Deus quando a necessidade o constrangera a clamar. A conjunção *e*, a qual se junta ao verbo *clamar*, deve ser determinada pelo advérbio de tempo, *quando*, ficando assim: *Quando clamei, minha voz chegou a Deus.* Ao mesmo tempo, ele também demonstra que, embora às vezes se via constrangido a reiterar seus clamores, ele não dá como perda de tempo sua perseverança em oração. O que se adiciona imediatamente a seguir se destina à confirmação de sua fé: *Ele me ouve.* A conjunção *e*, como em muitos outros lugares, é aqui expressa no lugar do advérbio causal *porque*. O significado é que ele se animou a clamar a Deus, a partir da consideração de que essa era a forma costumeira de Deus mostrar seu favor e misericórdia para com ele.

2. Busquei o Senhor no dia de minha angústia. Neste versículo ele expressa mais distintamente a grave e dura opressão a que a Igreja se sujeitara naquele tempo. Há, contudo, certa dose de ambigüidade nas palavras. O termo hebraico, יד, *yad*, o qual traduzi por mão, é às vezes tomado metaforicamente por uma *ferida* ou *mágoa*; e, portanto, muitos intérpretes trazem à tona este sentido: *Minha ferida* [ou *mágoa*] *percorreu a noite, e não cessou;*[1] equivale dizer: Minha ferida não foi suficientemente purificada de elementos ulcerosos, ao ponto de sua supuração parar de escorrer. Eu, porém, ao contrário tomo a palavra em seu sentido ordinário, que é *mão*, porque o verbo נגרה,

---

1 Essa é a tradução em nossa Bíblia inglesa, a qual o Dr. Adam Clarke afirma ser "uma tradução muito irresponsável". A redação na margem, contudo, "minha mão", favorece o sentido apresentado por nosso autor.

niggera, que ele usa aqui significa não só penetrar como faz uma chaga, mas também estender-se ou espalhar-se.² Ora, ao dizer que buscava o Senhor no dia de sua angústia, e que suas mãos se lhe estenderam nos momentos noturnos, isso denota que a oração era seu exercício contínuo – que seu coração estava tão solícita e incansavelmente engajado nesse exercício, que ele não podia desistir dele. Na sentença final do versículo, a partícula adversativa, *embora*, deve suprir a lacuna; e então o significado ficará assim: embora o profeta não encontrasse nenhum consolo e nenhum lenitivo para a amargura de sua tristeza, ele ainda prosseguia com suas mãos estendidas rumo a Deus. E assim cabe-nos reagir contra o desespero, para que nossa dor, ainda que nos pareça incurável, não feche nossa boca e nos impeça de derramar nossas orações na presença de Deus.

3. Lembrar-me-ei de Deus e me sentirei perturbado. O salmista aqui emprega uma variedade de expressões para expressar a veemência de sua dor e, ao mesmo tempo, a profundidade de sua aflição. Ele se queixa de que o que se constituía no único antídoto para aliviar sua angústia tornara-se-lhe uma fonte de inquietude. Aliás, pode parecer estranho que a mente dos verdadeiros crentes seja perturbada com a lembrança de Deus. A intenção do escritor inspirado, porém, é simplesmente esta: embora apresentasse a Deus a angústia de sua mente, ela não era removida. Sem dúvida, amiúde sucede que a lembrança de Deus em tempo de adversidade agrava ainda mais a angústia e perturbação dos justos; por exemplo, quando nutrem o senso de que ele está irado contra eles. O profeta, contudo, não pretende dizer que seu coração era atingido por nova angústia e inquietude sempre que Deus

---

² Essa é a tradução adotada por muitos críticos, e parece expressar o sentido genuíno da passagem. A versão de Símaco é: ἡ χειρ μου νυκτοςἐκτετατο διηνεκως, "minha mão estava estendida por noites seguidas"; e também a de Jerônimo: "Manus mea nocte extenditur, et non quiescit." Parkhurst traduz o versículo assim: "No dia de minha angústia, busquei o Senhor; minha mão estava estendida durante noites, e não cessou", ou: "sem interrupção". Com isso concordam as versões de Horsley, Mant, Fry, Adam Clarke, Walford e outros. Estender a mão era um gesto costumeiro na oração. Em vez de ידי, a Caldaica traz עיני, "*meus olhos* gotejaram", o que Secker e Green acreditam ser a verdadeira redação.

surgia em sua lembrança; ele simplesmente lamenta que nenhuma consolação emanava de Deus que lhe propiciasse alívio; e essa é uma provação muitíssimo difícil de suportar. Não surpreende contemplar os ímpios torturados por pavorosa agonia mental; porque, já que seu grande objetivo e empenho é afastar-se de Deus, então que sofram o castigo que merecem por conta de sua rebelião contra ele. Mas quando a lembrança de Deus, da qual buscamos extrair consolação para mitigar nossas calamidades, não oferece repouso nem tranqüilidade a nossas mentes, então nos dispomos a crer que ele está se divertindo a nossas custas. Somos, não obstante, instruídos por esta passagem que, quanto mais experimentamos irritação, angústia e inquietude, mais devemos perseverar no exercício de invocar a Deus mesmo diante de todos esses impedimentos.

4. Tens conservado insones meus olhos.[3] Este versículo tem com o anterior o mesmo propósito. O salmista afirma que passava todas as noites em vigília, porquanto Deus não lhe concedia alívio. As noites, nos tempos antigos, geralmente eram divididas em várias vigílias; e, conseqüentemente, ele descreve a contínua tristeza que o impedia de dormir, usando o termo metafórico *vigílias*. Ao declarar um pouco antes que orou a Deus em voz aldível, e ao afirmar agora que permanecerá em silêncio, pode parecer existir aqui alguma discrepância. Essa dificuldade já foi resolvida em nossa exposição do Salmo 32.3, no qual demonstramos que os verdadeiros crentes, quando se sentem esmagados pela tristeza, não continuam em estado de invariável desconforto, mas às vezes dão vazão aos suspiros e queixas, enquanto que, em outras ocasiões, ficam em silêncio como se suas bocas estivessem amordaçadas. Portanto, não surpreende encontrar

---

3 Alguns dos comentaristas judeus interpretam esta cláusula assim: "Tu manténs os supercílios de meus olhos." Os supercílios que protegem os olhos foram mantidos, de modo que ele não podia fechá-los e poder dormir. O sono para uma pessoa em angústia tem o efeito de interromper seu sofrimento por algum tempo e do enfraquecimento refrigerando o corpo. Portanto, em tais circunstâncias ele é uma grande bênção e, por isso, é avidamente desejado. Mas ter esse sono negado, e para o sofredor ter de enfrentar a insônia e noites intermináveis de fadiga é um profundo agravo de seu estresse.

aqui o profeta confessando francamente que se sentia esmagado e, por assim dizer, chocado com as calamidades, ao ponto de sentir-se impossibilitado de abrir sua boca para pronunciar sequer uma única palavra.

5. Tenho rememorado os dias de outrora. Não há dúvida de que ele lutava por mitigar sua tristeza rememorando sua alegria pregressa; porém nos informa que o alívio não era obtido tão facilmente, nem tão repentinamente. Pelas sentenças, *dias de outrora* e *os anos de tempos passados*, parecem não só referir-se ao doloroso curso de sua própria vida, mas também abrangem muitas épocas. O povo de Deus, em suas aflições, deve, indubitavelmente, pôr diante de seus olhos, e evocar sua memória, não só as bênçãos divinas que têm individualmente experimentado, mas também todas as bênçãos que Deus, em cada época, tem outorgado a sua Igreja. Entretanto, pode-se facilmente deduzir do texto que, quando o profeta evoca em sua própria mente as misericórdias que Deus lhe outorgara em tempos passados, ele começou com sua própria experiência.

6. De noite recordarei de meu cântico. Pela expressão, *meu cântico*, ele denota o exercício de ação de graças no qual se engajara durante o tempo de sua prosperidade.[4] Não há remédio mais próprio para curar nossas dores, como acabo de observar, do que este; Satanás, porém, amiúde ladinamente insinua em nossa mente os benefícios de Deus, para que cada senso da ausência deles faça em nossas mentes uma profunda ferida. Portanto, é muitíssimo provável que o profeta estivesse espicaçado por dores cruciantes ao comparar a alegria experimentada por ele em tempos passados com as calamidades que presentemente estava sofrendo. Ele menciona expressamente *a noite*; porque, quando então estamos sozinhos e privados da sociedade e presença de seres humanos, em nossa mente engendramos mais

---

4 "Os tempos foram de fato grandemente alterados; anteriormente, seu sono fora obstruído pela jovialidade de seus sentimentos, a qual inspirou a voz de ação de graças durante até mesmo as sombras da noite; agora seu sono se esvai pela severidade de sua doença e pela angústia de sua alma, a qual foi agravada pelo contraste com sua felicidade de outrora." – *Walford*.

preocupações e pensamentos do que os experimentamos durante o dia. O que se acrescenta imediatamente a seguir, com respeito ao *comungar com seu próprio coração*, tem o mesmo objetivo. A solidão exerce a influência de levar os homens a retirar-se para os recessos de seu próprio universo mental, com o intuito de examinar-se plenamente e falar a si mesmos livre e sinceramente, quando nenhuma criatura está por perto para, com sua presença, impor restrição.

A última sentença do versículo, **e meu espírito com diligência examinará**, admite uma dupla explicação. A palavra חפש, *chaphas*, para *examinar com diligência*,[5] sendo do gênero masculino, e a palavra רוח, *ruach*, para *espírito*, às vezes sendo feminina, alguns comentaristas supõem que o nome de *Deus* deve estar implícito, e explicam a frase como se o salmista houvera dito: Não há nada, ó Senhor, tão oculto em meu coração que não tenhas sondado. E de Deus se diz, com a mais elevada propriedade, que examina o espírito do homem, a quem desperta de sua indolência ou torpor, e a quem examina por meio de agudas aflições. Então todos os lugares ocultos e recuados, por mais obscuros que sejam, são explorados, e as aflições, antes desconhecidas, são trazidas a lume. Entretanto, visto que o gênero do substantivo, no idioma hebraico, é ambíguo, outros mais plausivelmente traduzem: **meu espírito tem examinado diligentemente**. Sendo este o sentido mais geralmente aceito, e sendo, ao mesmo tempo, o mais natural, eu o adotei. Nesse debate, do qual o escritor inspirado faz menção, ele perscrutou as causas em virtude das quais ele era tão severamente afligido, e também das quais suas calamidades finalmente emanavam. Sem dúvida é altamente proveitoso meditar nestes

---

5 "O verbo חפש, *chaphas*, significa uma investigação como aquela para a qual o homem, para fazê-la, se vê obrigado a *despir-se*. Ou, *levantar as cobertas* a fim de examinar dobra por dobra. Ou, em nossa fraseologia, *não deixar pedra sem revirar*. A Vulgata traduz assim: *et scopebam spiritum meum*. Como *scopebam* não é um termo latino puro, poderia provavelmente ter sido tomado do grego, σκοπεω, *scopeo*, 'olhar em volta, considerar atentamente'. Entretanto, ele não é usado por nenhum autor, exceto por Jerônimo, e por ele somente aqui e em Isaías 14.23: 'e varrê-la-ei com vassoura de perdição'; 'scopabo eam in scopâ terens'. Daí vermos que ele formou um verbo do substantivo *scopæ*; *uma escova* ou *vassoura varredora*." – *Dr. Adam Clarke*.

temas, e o desígnio de Deus consiste em instigar-nos a fazer isso quando algum adversário nos pressiona. Não há nada mais perverso do que a estupidez[6] dos que se tornam empedernidos sob os açoites de Deus. Simplesmente devemos manter-nos dentro dos devidos limites a fim de não sermos tragados por muitas aflições, e para que as profundezas insondáveis dos juízos divinos não nos submerjam ante nossa tentativa de examiná-los detidamente. O que o profeta tinha em mente é que quando ele buscou conforto em todas as direções, não pôde encontrar nenhum que amenizasse a amargura de suas tristezas.

[vv. 7-10]
Rejeitará[7] o Senhor para sempre? e não tornará a ser favorável? Sua misericórdia se foi para sempre? Seu oráculo falhou de geração a geração? Porventura esqueceu Deus de ser misericordioso? teria ele encerrado sua compaixão em sua ira? Selah. E eu disse: Minha morte,[8] os anos[9] da destra do Altíssimo.

7 e 8. Rejeitará o Senhor para sempre? As declarações aqui feitas indubitavelmente formam parte das inquirições nas quais o salmista envolvera sua mente. Ele notifica que foi quase esmagado por uma longa sucessão de calamidades; pois ele só se viu impelido a usar essa linguagem quando teve que suportar aflição por um longo período de tempo, mal se aventurando a nutrir a esperança de que Deus futuramente o favoreceria. É possível que argumentasse consigo mesmo se Deus continuaria a ser gracioso; pois quando ele nos envolve em seu favor, faz isso com base no princípio de que ele continuará a no-lo estender até o fim. O salmista não se queixa propriamente de Deus nem encontra nele falha alguma, mas, antes, arrazoa consigo mesmo e conclui, à luz da natureza de Deus, que é impossível que ele não dê seguimento a seu gracioso favor em prol de seu povo, a quem uma vez

---

6 "La stupidite brutale." – *v.f.* "A irracional estupidez."
7 "Ou, sera-il eslongné." – *v.f.m.* "Ou, ele se manterá distante."
8 "C'est, ma maladie." – *v.f.m.* "Ou, seja, minha doença *ou* enfermidade."
9 "Ou, changemens." – *v.f.m.* "Ou, mudanças."

se revelou como Pai. Visto que ele tem identificado todas as bênçãos que os fiéis recebem da divina mão com o mero beneplácito de Deus, como sua fonte, assim um pouco depois adiciona a bondade divina, como a dizer: Como posso crer ser possível que Deus interrompa o curso de seu paterno favor, quando se leva em conta que ele não pode privar-se de sua própria natureza? Vemos, pois, como, por meio de um argumento extraído da bondade de Deus, ele repele os assaltos da tentação.

Quando formula a pergunta: *sua palavra* ou *oráculo falhou?* ele notifica que estava destituído de toda e qualquer consolação, visto não ter experimentado nenhuma promessa que apoiasse e fortalecesse sua fé. Somos deveras lançados num redemoinho de desespero quando Deus afasta de nós suas promessas nas quais nossa esperança e salvação estão incluídas. Se surge a objeção de que, como tais, era impossível, sem a palavra de Deus, ter a lei em suas mãos, respondo que, por conta da imperfeição da primeira dispensação, quando Cristo não havia ainda se manifestado,[10] as promessas especiais eram então necessárias. Conseqüentemente, no Salmo 74.9 encontramos os fiéis se queixando de que não viam mais seus sinais costumeiros, e que não mais tinham em seu meio um profeta que tivesse conhecimento do tempo. Se Davi foi o autor deste Salmo, sabemos que em questões de dúvida e perplexidade era comum que ele solicitasse o conselho de Deus, e que Deus estava acostumado a conceder-lhe respostas. Se se visse privado dessa fonte de alívio no meio de suas calamidades, ele tinha razão de deplorar por não haver encontrado nenhum oráculo ou palavra para sustentar e fortalecer sua fé. Mas se o Salmo foi composto por algum outro profeta inspirado, esta queixa se adequará ao período que se interpõe entre a volta dos judeus do cativeiro babilônico e a vinda de Cristo; porque, durante esse tempo, o curso da profecia de certo modo estava interrompido e não havia ninguém investido de

---

10 "Qu'à cause de l'infirmite du temps, (asçavoir avant la manifestation de Christ.") – *v.f.*

algum dom peculiar dado pelo Espírito Santo para alçar os corações daqueles que estavam prostrados ou apoiá-los e guardá-los de caírem. Além disso, às vezes ocorre que, embora a palavra de Deus nos seja oferecida, todavia ela não entra em nossas mentes, em decorrência de estarmos envolvidos em estresse tão profundo ao ponto de impedir-nos de receber ou admitir um mínimo grau de conforto. Eu, porém, endosso o primeiro sentido, ou, seja, que a Igreja estava agora sem aqueles anúncios especiais de profecia com que ela fora anteriormente favorecida, e que como ainda dependia da mera vista das sombras daquela economia, ela estava em constante necessidade de novos apoios. À luz deste fato podemos deduzir uma proveitosa lição, a saber: que não devemos viver indevidamente inquietos, caso Deus, em algum tempo, subtraia de nós sua palavra. Deve-se ter em mente que ele prova seu próprio povo através de métodos maravilhosos, para que cheguem à conclusão de que toda a Escritura chegou a seu próprio fim, e que, embora estejam desejosos de ouvir Deus falando, todavia não conseguem aplicar suas palavras a seu próprio caso particular. Esta, como eu já disse, é uma coisa angustiante e dolorosa; mas que não deve impedir que nos engajemos no exercício da oração.

9. Porventura esqueceu Deus de ser misericordioso? O profeta ainda continua debatendo em seu íntimo o mesmo tema. Seu objetivo, contudo, não é subverter sua fé, mas, antes, soerguê-la. Ele não formula esta pergunta como se o ponto a que se refere fosse uma questão duvidosa. É como se ele dissesse: Porventura Deus esqueceu de si mesmo? ou teria ele mudado sua natureza? Porque ele não pode ser Deus a menos que seja misericordioso. De fato admito que ele não permanece inabalável como se possuísse um coração de aço. Entretanto, quanto mais violentamente era ele assaltado, mais firmemente se inclinava para o fato incontestável de que a bondade de Deus está tão inseparavelmente conectada a sua essência, que se torna sumariamente impossível que ele não seja misericordioso. Portanto, sempre que as dúvidas assaltem nossas mentes, assenhoreando-se delas com preocupações e oprimindo-as com angústias, aprendamos sempre a diligenciar-nos por obter uma resposta satisfatória a esta pergunta: Deus mudou sua natureza ao ponto de não mais ser misericordioso?

A última sentença: **Ele encerrou ou restringiu sua compaixão em sua ira?** tem o mesmo teor. Era uma observação muito comum e notável entre os patriarcas que Deus é longânimo, tardio em irar-se, pronto a perdoar e fácil de ser achado. Foi deles que Habacuque extraiu a afirmação que faz em seu cântico [3.2]: "Mesmo em sua ira ele se lembrará de sua misericórdia." O profeta, pois, aqui chega à conclusão de que a disciplina que ele experimentou não impedia que Deus novamente se reconciliasse com ele e volvesse a sua costumeira maneira de outorgar-lhe bênçãos, visto que sua ira para com seu próprio povo dura apenas um momento. Sim, embora Deus manifeste os emblemas de sua ira, todavia não oculta por muito tempo seu terno amor para com aqueles a quem disciplina. Sua ira, é verdade, permanece continuamente sobre os réprobos; porém o profeta, considerando-se como um do número dos filhos de Deus, e falando de outros crentes genuínos, com razão fala da impossibilidade de o desprazer temporário de Deus interromper o curso de sua bondade e mercê.

10. E eu disse: Minha morte, os anos da destra de Deus. Esta passagem tem sido explicada de várias maneiras. Alguns, derivando a palavra חלותי, *challothi*, de חלה, *chalah*, que significa *matar*, vêem o profeta como a dizer que, sendo esmagado por um grande acúmulo de calamidades, a única conclusão a que pôde chegar era que Deus o designara à completa destruição; e que sua linguagem é uma confissão de haver ele caído em desespero. Outros traduzem-na por *estar doente, estar enfermo* ou *debilitado*, o que é muito mais próprio ao escopo da passagem.[11] Diferem, porém, com respeito ao significado.

---

11 Walford traduz: "Então eu disse: Minha doença é esta:." Observa ainda: "Essa é a tradução exata do texto. Alguma doença penosa lhe sobreviera, a qual foi agravada pela depressão de seu espírito, o que o privou do vigor e energia mentais e envolveu todos os objetos de cores mais escuras ... 'Eu disse: Esta é minha doença.' Minha mente está oprimida pelos sentimentos mórbidos

Segundo alguns intérpretes, o profeta se acusa e se reprova por sua enfermidade mental e por não conseguir mais virilmente resistir à tentação.[12] É possível admitir esta explicação; pois o povo de Deus ordinariamente reunia coragem depois de passar um tempo hesitante sob o impulso da tentação. Entretanto, prefiro uma interpretação diferente, a saber: que esta era uma doença meramente temporária, e que por isso ele a compara indiretamente à morte; ainda quando se diz no Salmo 118.18: "O Senhor me castigou gravemente, porém não me entregou à morte." Também: "Não morrerei, porém viverei." Ele, pois, não tenho dúvida, se sente aliviado por nutrir a confiante persuasão de que, embora atualmente estivesse deprimido, era só uma questão de tempo, e que, portanto, se dispõe a pacientemente suportar essa doença ou debilidade, visto que ela não era para morte. Os comentaristas tampouco estão concordes quanto à exposição da segunda sentença. Os que conectam este versículo com os versículos precedentes, acreditam que o profeta fora a princípio reduzido a um estado tal de melancolia, que olhava para si mesmo como alguém completamente destruído; e que depois ele ergueu sua cabeça resolutamente, à semelhança daqueles que pensam achar-se lançados nas profundezas de um naufrágio, e que, repentinamente, se erguem acima das águas. Além disso, crêem que isso deve ser entendido como uma palavra de encorajamento dirigida por alguém ao profeta, desejando que ele rememore os anos nos quais teve a experiência de que Deus era misericordioso para consigo. Será, porém, mais apropriado entendê-lo

---

de minha estrutura física, e por isso as mudanças pelas quais a mão de Deus me afetou são vistas por mim em cores mais escuras, e estou pronto a renunciar a própria esperança de que ainda verei sua bondade como fazia comigo outrora."

12 Segundo este ponto de vista, ele se refere ao que dissera nos versículos 7 a 9, nos quais pareceu chegar à conclusão de que jamais haveria um fim para suas aflições atuais, como se o decreto estivesse em andamento e Deus pronunciasse uma sentença final e irreversível. Aqui, porém, ele se refreia e se corrige por haver dado vazão a tal linguagem, e recorda de seus pensamentos de respeito a Deus de forma mais justa e sentimentos mais estimulantes. Reconhece seu pecado em questionar ou ceder ao sentimento de suspeita em referência ao amor divino e à veracidade das promessas divinas; e confessa que isso fluiu da corrupção de sua natureza e da fraqueza de sua fé; que ele havia falado temerária e apressadamente; e que se envergonhava e sentia seu rosto em confusão, por isso agora desistira e não mais iria avante.

assim: Não tens razão de pensar que ora estás condenado à morte, visto não estares laborando sob uma doença incurável, e a mão de Deus está habituada a atingir todos aqueles a quem ela quer golpear. Não rejeito a opinião dos que traduzem שנות, *shenoth*, por mudanças;[13] pois quando o verbo hebraico, שנה, *shanah*, significa *mudar*, ou *fazer uma coisa repetidas vezes*, os hebreus tiraram dele a palavra שנות, *shenoth*, a qual empregam para denotar *anos*, de seu caráter giratório, de seu movimento em espiral, por assim dizer, na mesma órbita. Mas seja qual for a maneira em que a entendamos, o conforto de que tenho falado permanecerá firme, ou, seja, o profeta, assegurando-se de uma mudança favorável em sua condição, não olha para si como um condenado à morte. Outros dão uma interpretação um pouco diferente, olhando para ela de outro ângulo,[14] como se o profeta dissesse: Por que não suportas pacientemente a severidade de Deus desta vez, quando até aqui ele te tem acalentado com sua beneficência? Ainda como disse Jó [2.10]: "Recebemos o bem da mão de Deus, e não receberemos também o mal?" É mais provável, porém, que o profeta dirija sua visão para o futuro e tenha em mente que este o fez esperar os anos ou os acontecimentos da mão do Altíssimo, até que ele oferecesse clara e indiscutível evidência da volta de seu favor para com ele.

[vv. 11-14]
Eu me lembrarei das obras de Deus; seguramente me lembrarei de tuas obras maravilhosas da antigüidade. Também meditarei em todas tuas obras e meditarei em teus feitos. Teus caminhos, ó Deus, estão no santuário; que Deus é tão grande como o nosso Deus? Tu és o Deus que faz maravilhas; tu fizeste conhecida tua força entre os povos.

---

13 Walford traduz o versículo assim:
"Então eu disse: Minha doença é esta:
A mudança da destra do Deus Altíssimo."
Ele observa: "Não há autoridade para a versão: 'Recordarei os anos'; sua intenção é: o poder de Deus tem mudado e alterado minha condição; de um estado de saúde e paz, ele me trouxe doença e dores e tristezas. Disto, diz ele, me lembrarei para inspirar-me alguma esperança de que o poder que o tinha humilhado agora o exalte."
14 Nosso autor [Calvino] parece referir-se àqueles intérpretes que, como em nossa versão inglesa, suplementam: *Eu, porém, me lembrarei*, antes das palavras: "os anos da destra do Altíssimo".

11. Eu me lembrarei das obras de Deus. O profeta agora, inspirado com nova coragem, vigorosamente resiste as tentações, as quais por tanto tempo haviam prevalecido contra ele com o intuito de esmagar sua fé. Esta recordação das obras de Deus difere da recordação da qual ele previamente falou. Então contemplou à distância os benefícios e achou a contemplação deles insuficiente para suavizar ou mitigar sua tristeza. Aqui ele toma posse deles, por assim dizer, como testemunhos que garantiam a eterna graça de Deus. Para expressar a mais profunda seriedade, ele repete a mesma sentença, com uma afirmação na forma de interjeição; pois a palavra כי, *ki*, é aqui usada simplesmente para confirmar ou realçar a afirmação. Tendo, pois, por assim dizer, obtido a vitória, ele triunfa na recordação das obras de Deus, estando firmemente persuadido de que Deus continuaria o mesmo como se mostrara desde a antiguidade. Na segunda sentença, ele enaltece veementemente o poder que Deus exibira na preservação de seus servos: **Lembrar-me-ei de tuas obras maravilhosas da antiguidade**. Ele emprega o singular, *teu decreto* ou *tua obra maravilhosa*; porém não hesitei em corrigir a obscuridade mudando o número. Encontrá-lo-emos logo depois empregando o singular para denotar muitos milagres. O que ele quer dizer, em suma, é que o maravilhoso poder de Deus que sempre publicara pela preservação e salvação de seus servos, contanto que meditemos devidamente sobre ele, é suficiente para capacitar-nos a vencer todas as angústias.

À luz deste fato, aprendamos que, embora às vezes a lembrança das obras de Deus nos traga menos conforto do que havíamos desejado, e nossas circunstâncias requeiram, devemos, não obstante, esforçar-nos para que a exaustão produzida pela tristeza não descoroçoe nossa coragem. Isso é merecedor de nossa mais cuidadosa atenção. Em tempos de tristeza, nutrimos sempre o desejo de achar um remédio que mitigue sua amargura; porém a única maneira pela qual podemos fazer isso é lançar nossas preocupações sobre Deus. Entretanto, amiúde sucede que, quanto mais perto ele esteja de nós, mais, no aspecto externo, ele agrava nossas dores. Portanto, muitos, quando não derivam nenhuma vantagem deste curso, imaginam que não podem fazer melhor que esquecê-lo. E assim sentem aversão por sua Palavra, porque quando a ouvem sua angústia é antes agravada em vez de mitigada, e, o que é pior, desejam que Deus, que assim agrava e inflama sua tristeza, se mantenha à distância. Outros, sepultando a lembrança dele, se devotam totalmente às atividades mundanas. Estão num extremo muito oposto ao do profeta. Embora ele não experimentasse imediatamente o benefício que teria desejado, todavia ainda continuou a ter Deus diante de sua vista, sabiamente apoiando sua fé nesta meditação: como Deus não muda seu amor nem sua natureza, ele não pode fazer outra coisa senão mostrar-se por fim misericordioso para com seus servos. Que nós também aprendamos a abrir nossos olhos para vislumbrar as obras de Deus; cuja excelência é de pouca importância em nossa estima, em virtude da opacidade de nossos olhos e de nossa inadequada percepção delas; as quais, porém, se examinadas atentamente, nos encantarão com admiração. O salmista reitera no versículo 12 que ele meditaria continuamente sobre essas obras, até que, no tempo oportuno, recebesse a plena vantagem que esta meditação se destina a oferecer. A razão por que tantos exemplos da graça de Deus em nada contribuem para nosso proveito, e fracassam em edificar nossa fé, é que tão logo temos começado a fazer delas os temas de nossa ponderação, nossa inconstância nos afasta para outras coisas, e assim, em seu exato começo, nossas mentes logo perdem a imagem delas.

13. Teus caminhos, ó Deus, estão no santuário. Alguns traduzem *em santidade*, e são levados a fazer isso por parecer-lhes ser uma forma de expressão insípida e pobre dizer que *os caminhos de Deus estão em seu santuário*. Como, porém, as regras de gramática não admitirão isso facilmente, devemos inquirir se uma verdade proveitosa não pode ser extraída do termo *santuário*, que é o significado próprio da palavra original, בקדש, *bakkodesh*. Alguns são de opinião que esta é uma exclamação abrupta, como se dissesse: *Ó Deus, que estás no santuário, ó teus caminhos!* Eu, porém, não posso aprovar isso; pois faz violência às palavras do profeta. A frase deve ser lida numa sentença conectada, e a palavra *santuário* deve ser tomada ou pelo céu ou pelo templo. Sinto-me mais inclinado a atribuí-la ao céu, concebendo que o significado seja este: os caminhos de Deus se elevam acima do mundo; de modo que, se estamos realmente desejosos de conhecê--los, devemos subir acima de todos os céus. Embora as obras de Deus em parte nos sejam manifestas, todavia todo nosso conhecimento delas atinge muito pouco de sua incomensurável altitude. Além disso, deve-se observar que ninguém desfruta o menor gosto por suas obras senão aqueles que sobem até os céus. E no entanto, o ponto máximo a que podemos alcançar é contemplando com admiração e reverência a sabedoria e o poder ocultos de Deus, os quais, embora resplandeçam em suas obras, todavia vão muito além dos tacanhos poderes de nossa compreensão. Se alguém objetar, dizendo que é errôneo tentar confinar ao céu os caminhos de Deus, os quais se estendem pela amplitude do mundo, a resposta é fácil; pois ainda que não haja um único canto do globo onde Deus não exiba alguma prova de seu poder e operação, todavia o maravilhoso caráter de suas obras escapa aos olhos dos homens. Se alguém preferir antes entender *santuário* como uma referência ao templo, é bom notar que no Salmo 73.16, 17 nos deparamos com uma sentença quase idêntica: "Quando pensava em entender isso, foi para mim muito doloroso; até que entrei no santuário de Deus; então entendi o fim deles." Aliás, o templo no qual Deus se manifestava era, por assim dizer, um céu na terra.[15] É agora óbvio que o significado do escritor inspirado era este: como no início ele articulou queixas angustiantes, assim agora, havendo alcançado um estado mental de calma e equilíbrio, ele admira e adora os sublimes caminhos de Deus e, cônscio de suas próprias fraquezas, calma e modestamente se mantém dentro dos limites prescritos para ele, não se permitindo julgar ou sentenciar os juízos secretos de Deus segundo os ditames de

---

15 "*Teu caminho, ó Deus, está no santuário*; o templo, a Igreja de Deus, no meio da qual ele anda e se manifesta e onde as razões de sua providência e atividades com seu povo são públicas e se fazem conhecidas." – *Dr. Gill*.

seu discernimento carnal. Ele, pois, imediatamente depois exclama: **Que Deus é tão grande como o nosso Deus?** Com esta comparação, ele não pretende dizer que haja muitos deuses, mas indiretamente repreende a profunda enfatuação do mundo que, não contente com o único e verdadeiro Deus, cuja glória é tão conspícua, inventam para si muitos deuses. Se os homens olhassem para as obras de Deus com olhos puros, seriam levados sem muita dificuldade a descansar, com satisfação, exclusivamente nele.

14. Tu és o Deus que faz maravilhas. O salmista confirma a sentença precedente, demonstrando a grandeza de Deus à luz do maravilhoso caráter de suas obras. Ele não fala da essência secreta e misteriosa de Deus que enche céu e terra, mas das manifestações de seu poder, sabedoria, bondade e justiça, que são claramente exibidos, embora sejam tão vastos para que nosso tacanho entendimento os apreenda. Literalmente, as palavras são: *Tu és o Deus que faz* ***uma maravilha***. Mas o singular aqui evidentemente é usado em lugar do plural, exemplo esse que já vimos antes. À luz deste fato aprendemos que a glória de Deus está bem perto de nós, e que ele tão franca e claramente se desvendou, que não podemos com razão pretender qualquer justificativa para a ignorância. Aliás, ele opera tão maravilhosamente, que até mesmo as nações pagãs são indesculpáveis por sua cegueira. Por essa razão, ele acrescentou: **Tu tens feito conhecida tua força entre os povos**. Esta é uma referência imediata ao livramento da Igreja; mas, ao mesmo tempo, mostra que a glória de Deus, que tão clara e poderosamente se exibira entre as nações, não pode ser desprezada sem que se incorra na culpa de imperdoável impiedade.

> [vv. 15-20]
> Com teu braço redimiste teu povo, os filhos de Jacó e de José. Selah. As águas te viram, ó Deus, as águas te viram; elas tremeram; os abismos também se abalaram. As nuvens derramaram águas, os céus emitiram um som; tuas flechas também voavam por toda parte. A voz de teu trovão estava no céu; os relâmpagos iluminaram o mundo; a terra tremeu e se abalou. Teus caminhos estão no mar e tuas veredas, nas grandes águas; e teus passos não são conhecidos. Tu guiaste teu povo como um rebanho, pela mão de Moisés e de Arão.

15. Com teu braço redimiste teu povo. Aqui, o salmista celebra, acima de todas as maravilhosas obras de Deus, a redenção do povo eleito, para a qual o Espírito Santo, ao longo de todas as Escrituras, chama a atenção dos verdadeiros crentes, a fim de encorajá-los a nutrirem a esperança de sua salvação. É bem notório que o poder de Deus naquele tempo se manifestava entre os gentios. A verdade histórica, aliás, através dos artifícios de Satanás, foi corrompida e falsificada por muitas fábulas; porém isso deve ser imputado à perversidade daqueles à cuja vista as maravilhosas obras foram operadas; e embora as vissem, escolheram antes cegar seus olhos e suprimir a veracidade de sua existência do que preservar o verdadeiro conhecimento delas.[16] Como é possível explicar o fato de que fizeram Moisés ser não sei que tipo de mágico ou encantador, e inventaram tantas histórias estranhas e monstruosas, as quais Josefo colecionou em sua obra contra Apião, mas que no princípio era seu propósito deliberado sepultar no esquecimento o poder de Deus? Entretanto, o desígnio do profeta não é tanto condenar nos gentios o pecado da ingratidão, como fornecer a eles e a outros dentre os filhos de Deus motivo de esperança quanto a suas próprias circunstâncias; pois no tempo referido Deus exibiu publicamente, para o benefício de todas as eras futuras, uma prova de seu amor para com seu povo eleito. A palavra *braço* é aqui expressa metaforicamente em lugar do poder de um caráter extraordinário, o que é digno de ser lembrado. Deus não libertou seu antigo povo secretamente e de uma forma ordinária, mas publicamente e, por assim dizer, com seu braço estendido. O profeta, ao chamar as tribos escolhidas de *os filhos de Jacó e de José*, realça a razão por que Deus os considerou como seu povo. A razão tem por base o pacto que ele fizera com seus piedosos ancestrais. As duas tribos que descenderam dos dois filhos de José derivaram sua origem de Jacó, da mesma forma como

---

16 "Neantmoins il faut imputer cela à la malice de ceux qui ayans veu la chose eux-mesmes de leurs yeux, ont mieux aimé s'esblouir la veuë et desguiser le faict, que d'en entretenir la pure cognoissance." – *v.f.*

as demais [tribos]; porém o nome de José é expresso com o intuito de honrá-lo, por cuja instrumentalidade toda a raça de Abraão foi preservada em segurança.[17]

16. As águas te viram, ó Deus! Alguns dos milagres nos quais Deus exibira o poder de seu braço são aqui brevemente reportados. Quando se diz que as *águas viram a Deus*, a linguagem é figurada, significando que foram removidas, por assim dizer, por um instinto e impulso secretos em obediência à ordem divina na abertura de uma passagem para o povo eleito. Nem o mar nem o Jordão teria alterado sua natureza, ao se abrirem, dando-lhes espontaneamente uma passagem, não tivessem ambos sentido sobre eles o poder de Deus.[18] Não significa que recuassem em função de algum juízo e raciocínio que porventura possuíssem, mas que, ao recuarem como fizeram, Deus mostrava que mesmo os elementos inanimados estão prontos a prestar-lhe obediência. Há aqui um contraste indireto com a intenção de repreender a estupidez dos homens caso não reconheçam na redenção dos israelitas do Egito a presença da mão de Deus, a qual foi vista até mesmo pelas águas. O que se acrescenta acerca *dos abismos* sugere que não só a superfície das águas foram agitadas na presença de Deus, mas que seu poder penetrou até mesmo os abismos mais profundos.

17. As nuvens derramaram águas. Como o substantivo מים, *mayim*, não pode ser tomado no genitivo, o verbo, não tenho dúvida, é expresso em caráter transitivo; porém faz pouca diferença quanto ao sentido se assumirmos este ponto de vista, ou lermos como se מים, *mayim*, estivesse no genitivo e o verbo fosse passivo; ou, seja, se lermos: *As nuvens derramaram águas*, ou: *As águas das*

---

[17] "A razão de José formar uma dupla com Jacó consiste em que, como os israelitas derivaram seu nascimento de Jacó, assim foram sustentados por José no Egito, o qual veio a ser para eles um segundo pai." – *Walford*.

[18] "As águas do Mar Vermelho", diz Horne, "são aqui lindamente representadas como que dotadas de sensibilidade; elas vêem, sentem e são confundidas, mesmo os abismos mais profundos, na presença e poder de seu grande Criador, quando lhes ordenou que abrissem um caminho e formassem um muro de cada lado, até que seu povo passasse. Isto, de fato, é verdadeira poesia; e nessa atribuição de vida, espírito, emoção, ação e sofrimento a objetos inanimados, não existe poeta que possa rivalizar-se com os da nação hebraica." – *Mant*.

nuvens foram derramadas. O significado obviamente é que não só o mar e o rio Jordão, mas também as águas que estavam suspensas nas nuvens, renderam a Deus a honra que é sua por direito, o ar, pela concussão do trovão, tendo derramado copiosos aguaceiros. O objetivo é mostrar que, para qualquer ponto que os homens volvam seus olhos, a glória de Deus se manifesta de forma eminente, que é esse o caso em toda parte da criação, em cima e embaixo, desde as alturas celestiais até aos abismos mais profundos dos mares. A que história se refere aqui é algo que se acha envolto em algum grau de incerteza.[19] Talvez seja aquela que se acha registrada em Êxodo 9.23; sobre o quê somos informados que raios misturados com trovões e relâmpagos foram uma das medonhas pragas infligidas sobre os egípcios. *As flechas que sibilavam por toda parte* são, sem dúvida, uma forma metafórica para relâmpagos. Com este versículo devemos conectar o seguinte: *a voz do trovão foi ouvida no ar, e a dos relâmpagos iluminou o mundo, de modo que a terra tremeu*. Equivale a isto: na saída do povo do Egito, deu-se amplo testemunho do poder de Deus, tanto aos olhos quanto aos ouvidos dos homens; estrépitos de trovão eram ouvidos em todos os recantos dos céus e todo o firmamento brilhava com os raios dos relâmpagos, enquanto ao mesmo tempo a terra se estremecia toda.

---

19 Como nos três versículos precedentes o livramento egípcio do povo eleito, e o ato de secar o Mar Vermelho para fazer-lhes uma via de passagem para o outro lado, são temas celebrados, é muito natural supor que os versículos 17 e 18 se referem a chuva tempestuosa, a trovão, a relâmpago e a terremoto, pelos quais Deus testificou sua ira contra os egípcios e pelos aquela hoste implacável encheu-se de pavor, quando entraram no meio do Mar Vermelho após os israelitas. Dessas circunstâncias particulares realmente não temos uma informação distinta na narrativa de Moisés; mas à luz de uma comparação do que aqui se declara, com o que se diz em Êxodo 14.24: "E aconteceu que, na vigília daquela manhã, o Senhor, na coluna de fogo e da nuvem, viu o campo dos egípcios; e alvoroçou os egípcios." Parece muitíssimo provável que isso ocorreu naquela ocasião. Com isso corresponde a representação dada por Josefo desta parte da História Judaica. "Assim que todo o exército egípcio se viu dentro dele, o mar fluiu de seu próprio lugar e desceu com torrente oriunda de tempestades de vento e cobriu os egípcios. A aluvião de chuva também desceu do céu e terríveis trovões e relâmpagos, com faíscas de fogo. Os trovões também ribombaram sobre eles; nem houve coisa alguma que costumava ser enviada por Deus sobre os homens como indicação de sua ira, que não ocorresse naquele tempo; porque uma noite trevosa e fantasmagórica desceu sobre eles." – *Antigüidades dos Judeus*, Livro II, cap. XVI, seção 3.

19. Teus caminhos estão no mar. O milagre que foi operado fazendo o Mar Vermelho secar-se é aqui novamente descrito em fraseologia diferente. O que, propriamente falando, se refere aos israelitas se aplica a Deus, sob cuja proteção e diretriz passaram em seco pelo meio do Mar Vermelho. Declara-se que uma vereda lhes foi aberta de uma maneira estranha e inusitada; pois o mar não foi drenado pela habilidade humana, tampouco se abriu o rio Jordão em duas partes, deixando seu curso normal para formar um canal diferente, porém o povo passou pelo meio das águas nas quais Faraó e todo seu exército foram em seguida tragados. Neste relato diz-se que *os passos de Deus não eram conhecidos*, porque imediatamente após haver Deus feito o povo passar, ele fez com que as águas voltassem a seu curso costumeiro.[20]

O propósito para o qual isso foi efetuado é adicionado no versículo 20 – o livramento da Igreja: **Tu guiaste teu povo como a um rebanho.**[21] E este livramento deve ser considerado por todos os santos como a oferecer-lhes uma melhor disposição para que nutram a esperança de segurança e salvação. A comparação do povo com *ovelhas* tacitamente sugere que em si mesmos estavam inteiramente destituídos de sabedoria, poder e coragem, e que Deus, em sua grande bondade, se condescendeu em exercer o ofício de pastor guiando o povo pelo meio do mar e pelo deserto, bem como no meio de todos os demais impedimentos, seu pobre rebanho, o qual era destituído de todas as coisas, para que tomassem posse da herança prometida. Esta afirmação é confirmada quando se nos diz que Moisés e Arão eram pessoas empregadas em conduzir o povo. Seu serviço era sem dúvida nobre

---

20 "*Teus passos não são conhecidos*; nem pelos egípcios que perseguiram o povo de Israel, com o Senhor na liderança deles, nem por qualquer outro desde então; pois as águas voltaram e cobriram o lugar por onde os israelitas passaram em seco, de modo que nenhum passo nem traço pôde ser visto por ninguém. E tais são os caminhos de Deus, e muitos deles tanto na providência quanto na graça (Rm 11.33)." – *Dr. Gill.*

21 "Depois da sublime e assustadora imagem dos quatro versículos precedentes, nos quais os trovões e relâmpagos, tormentas e tempestades, chuvas, raios e terremotos, os ministros do desprazer do Onipotente são levados juntos e exibidos nos mais impressionantes matizes; nada pode ser mais estranho do que a calma e tranqüilidade deste versículo conclusivo, no qual a mente repousa com sensações de refrigério e deleite." – *Mant.*

e digno de ser lembrado; Deus, porém, exibiu não pequeno grau da grandeza de seu poder quando contrasta dois indivíduos obscuros e menosprezados com a fúria e o grande e poderoso exército do mais soberbo dos reis que já se sentaram em trono. O que poderia a vara de um fora-da-lei e proscrito, e a voz de um escravo, fazer deles, contra um formidável tirano e uma nação guerreira? O poder de Deus, pois, se fez ainda mais manifesto quando operou através de tais vasos de barro. Ao mesmo tempo, não nego que aqui se pretenda enaltecer esses servos de Deus, em quem depositara uma confiança tão honrosa.

Salmo 78

Para compreender muitas coisas dentro de pouco espaço, deve-se observar que neste Salmo há dois tópicos principais. De um lado, declara-se como Deus adotou para si a Igreja, oriunda da posteridade de Abraão, quão terna e graciosamente ele cuidou dela, quão maravilhosamente ele a tirou do Egito e quão variadas foram as bênçãos que ele lhe outorgou. Do outro lado, os judeus, que lhe eram tão devedores pelas grandes bênçãos que ele lhes conferira, são censurados por terem de tempo em tempo perversa e traiçoeiramente se revoltado contra um Pai tão liberal; de modo que sua inestimável bondade foi claramente manifesta, não só em havê-los outrora adotado tão graciosamente, mas também em continuar no curso ininterrupto de sua bondade, tudo fazendo co tra a rebelião de um povo tão pérfido e contumaz. Além disso, faz-se menção da renovação da graça de Deus, e como foi de uma segunda eleição que ele escolheu a Davi, da tribo de Judá, para alçar o cetro sobre o reino de Israel.

Asafe ministrando instrução.

[vv. 1-6]
Dai ouvidos a minha lei, povo meu;[1] inclinai vossos ouvidos às palavras de minha boca. Eu abrirei minha boca em parábola; pronunciarei ditos obscuros desde os tempos de outrora: O que temos ouvido e conhecido, e nossos pais nos revelaram. Não encobriremos de seus filhos nas gerações vindouras, contando sobre os louvores de Jehovah, seu poder e suas obras

---

1 "Ou, ma doctrine." – *v.f.m.* "Ou, minha doutrina, *ou* instrução."

maravilhosas que ele fez. Ele estabeleceu um testemunho em Jacó e designou uma lei em Israel; pois ele ordenou a nossos pais que os fizessem conhecidos a seus filhos: Para que a geração vindoura os conhecesse, e para que os filhos a nascerem se levantassem e os declarassem a seus filhos.

1. Dai ouvidos a minha lei, povo meu! Por todo o Salmo podemos conjeturar, com boa probabilidade, que ele foi escrito muito depois da morte de Davi; pois aí temos celebrado o reino erigido por Deus na família de Davi. Aí também a tribo de Efraim, a qual lemos ter sido rejeitada, é contrastada com e posta em oposição à casa de Davi. Disto é evidente que as dez tribos estavam naquele tempo em estado de separação do restante do povo eleito; porque deve haver alguma razão pela qual o reino de Efraim é estigmatizado com o estigma da desonra como sendo ilegítimo e bastardo.[2]

Quem quer que tenha sido o escritor inspirado deste Salmo, ele não introduziu Deus falando como alguns imaginam, mas ele mesmo se dirige aos judeus no caráter de mestre. Não há objeção quanto ao fato de ele chamar o povo de *meu povo* e a lei, *minha lei*; não sendo algo incomum que os profetas tomavam por empréstimo o nome daquele por quem eram enviados, para que sua doutrina desfrutasse de maior autoridade. Aliás, a verdade que lhes havia sido confiada pode, com propriedade, ser chamada *sua*. Assim Paulo, em Romanos 2.16, se gloria no evangelho como sendo *meu evangelho*, expressão essa que não deve ser entendida como significando que ele [o evangelho] era um sistema que devia sua origem a ele [Paulo], mas que ele era

---

2 Calmet aponta a composição deste Salmo para os dias de Asa, o qual, ajudado pelos sírios, obteve uma magistral vitória sobre os israelitas; e trouxe de volta ao culto puro muitos dentre as tribos de Efraim, Manassés e Simeão. Veja-se 2 Crônicas 15 e 16. Schnurrer supõe que o propósito especial para o qual ele foi composto era a celebração da vitória decisiva que foi efetuada contra o reino de Efraim ou Israel por Abias, rei de Judá, durante o reinado de Jeroboão. Walford pensa ser esta opinião bem provável. Diz ele: "Há uma *eulogia* emitida sobre Davi na conclusão do Salmo, que faz provável que o autor dele desejasse conciliar o favor de todo o povo para com os sucessores de Davi, de quem Jeroboão havia se revoltado. E no versículo 9 há uma referência a Efraim que oferece algum grau de evidência em abono da hipótese de Schnurrer. Seja o que for pensado dessa hipótese, não podemos hesitar em admitir que o próprio Salmo é claro, pungente e persuasivo, e deve ter sido sentido assim pelas pessoas para cujo uso ele foi escrito."

meramente pregador e testemunha dele. E tenho cá minhas dúvidas se os intérpretes estão estritamente certos em traduzir a palavra תורה, *torah*, por *lei*.[3] O significado dela parece ser um tanto mais geral, como transparece da sentença seguinte, onde o salmista usa a frase: *as palavras de minha boca*, no mesmo sentido. Se considerarmos com que intenção mesmo aqueles que fazem veementes confissões de ser os discípulos de Deus ouvem sua voz, ficaremos admirados com o fato de que os profetas tivessem boa razão para introduzir suas lições de instruções com uma solene chamada de atenção. É verdade que ele não se dirige aos obstinados que não se deixam instruir, que teimosamente recusam submeter-se à Palavra de Deus; mas como até mesmo os verdadeiros crentes geralmente são tão relutantes em receber instrução, esta exortação, longe de ser supérflua, era muitíssimo necessária para curar a indolência e inatividade entre eles.

Para assegurar uma atenção mais firme, ele declara ser seu propósito discutir temas de um caráter profundo, elevado e difícil. A palavra משל, *mashal*, a qual traduzi por *parábola*, denota sentenças graves e notáveis, tais como adágios, provérbios e apotegmas.[4] Como, pois, a própria questão que temos tratado, se é de peso e importante, desperta a mente dos homens, a pena inspirada afirma que é seu propósito pronunciar somente sentenças notáveis e ditos extraordinários. A palavra חידות, *chidoth*, a qual, seguindo a outros, traduzi por *enigmas*, é aqui usada não tanto para sentenças obscuras, mas para ditos que são enfatizados e dignos de nota especial.[5] Ele não pretendia encerrar seu

---

3 Já vimos que Calvino, na margem da versão francesa, lê *instrução*, e esta é a redação adotada por Street, Fry, Morison e Walford.
4 Veja-se vol. 2, p. 374, nota 9.
5 Walford traduz חידות, *chidoth*, "um registro impressionante". Sua versão do primeiro e segundo versículos é:
"Ouvi, ó meu povo, minha instrução;
Inclinai vossos ouvidos às palavras de minha boca.
Abrirei minha boca com um discurso instrutivo,
Declararei um registro impressionante dos tempos antigos."
"As palavras lei, parábola e ditos obscuros", observa ele, "que são encontradas na tradução inglesa dos versículos 1 e 2, não são apropriadas às descrições que estão contidas no Salmo. São aqui alteradas por outras que estão de acordo com os temas que se seguem e podem ser apoia-

cântico com linguagem ambígua, mas clara e distintamente conservar tanto os benefícios de Deus quanto a gratidão do povo. Como eu já disse, seu desígnio é apenas estimular seus leitores a pesarem e considerarem mais atentamente o tema proposto. Esta passagem é citada por Mateus [13.35] e aplicada à pessoa de Cristo quando ele manteve a mente do povo em suspenso através de parábolas às quais não podiam entender. O objetivo de Cristo, de agir assim, era provar que ele era um Profeta de Deus distinto dos demais, e que assim pudesse ser recebido com maior reverência. Visto que ele então se assemelhava a um profeta por pregar mistérios sublimes num estilo de linguagem acima do gênero comum, isso que o escritor sacro afirma aqui acerca de si mesmo é com propriedade transferido para ele [Cristo]. Se neste Salmo resplandece uma majestade tal que com razão incita e inflama os leitores com o desejo de aprender, deduzimos disto com que solícita atenção ele nos faz receber o evangelho, no qual Cristo nos abre e nos exibe os tesouros de sua celestial sabedoria.

3. Que temos ouvido e conhecido. Parece haver alguma discrepância entre o que o salmista já afirmou no início, quando disse que falaria de grandes questões ocultas, e o que agora acrescenta, a saber, que seu tema é bem comum, e que como tal é transmitido de uma época a outra, de pai ao filho. Se era incumbência dos pais relatar a seus filhos as coisas aqui indicadas, essas coisas devem, naturalmente, ser bem familiarmente conhecidas de todo o povo, sim, mesmo daqueles que eram mais indoutos e que tinha a capacidade debilitada.

---

das pelo uso das palavras originais que são empregadas." Semelhante é a nota de Street neste lugar. Ele traduz חידות, *chidoth*, "verdades realçadas"; e outros que sua tradução deve ser ditos obscuros. "Não há nada de obscuro no Salmo", diz ele, "ele contém verdade histórica instrutiva, porém não enigma. Portanto, a redação da Bíblia inglesa, ditos obscuros, não parece correta. A Septuaginta traduz a palavra διηγημα, Ezequiel 17.2, e essa redação se adequa melhor aqui do que problhmata. Tenho tentado expressar a relação da palavra ddh, *acutum est.*" Mas, como observa Dimock, "As várias transações do pacto mosaico recitadas mais adiante bem que poderiam ser chamadas parábolas e discursos obscuros; ou, como o árabe, mistérios, considerados como tipos ou figuras do cristão; e visto por esse prisma oferece amplo motivo de contemplação, servindo não só como um pedagogo para conduzir-nos a Cristo, mas para guardar-nos firmes na fé e obediência a Davi nosso rei."

Onde, pois, se pode dizer que as sentenças são enigmáticas ou obscuras, das quais ele acaba de fazer menção? Eu respondo que essas coisas podem ser facilmente conciliadas; pois embora o Salmo contenha muitas coisas que são geralmente conhecidas, todavia ele as ilustra com todo esplendor e ornamento de retórica, para que possa afetar ainda mais poderosamente os corações dos homens e adquirir para si uma autoridade ainda maior. Ao mesmo tempo, deve-se observar que, por mais elevada seja a majestade da Palavra de Deus, isso não obstrui os benefícios ou vantagens dela de alcançar mesmo os indoutos e as criancinhas. Não é em vão que o Espírito Santo convida e encoraja o aprendizado dela – uma verdade que devemos cuidadosamente observar. Se Deus, acomodando-se à tacanha capacidade dos homens, fala num estilo humilde e acessível, esse método de ensino é desprezado como simples demais; porém, se ele se manifesta num estilo mais elevado, com vistas a imprimir maior autoridade a sua Palavra, os homens, com o intuito de eximir-se de sua ignorância, dirão que ela é obscura demais. Como esses dois vícios são por demais prevalecentes no mundo, o Espírito Santo assim tempera seu estilo, para que a sublimidade das verdades que ele ensina não fique oculta daqueles que porventura sejam de uma capacidade mais débil, contanto que sejam de uma disposição submissa e dócil e tragam consigo um desejo solícito de ser instruídos. O desígnio do profeta é remover da mente toda dúvida em relação a seus ditos, e com isso em vista ele determina nada apresentar de novo, mas que tais temas são sobejamente conhecidos e recebidos sem disputa na Igreja. Por conseguinte, ele não só diz *temos ouvido*, mas também *temos conhecido*. Muitas coisas são temerariamente disseminadas que não encontram fundamento na verdade; sim, nada é mais comum do que para os ouvidos dos homens encherem-se de fábulas. Portanto, não é sem causa que o profeta, depois de ter falado das coisas que ouvira, ao mesmo tempo inclui na confirmação de sua verdade o testemunho indubitável. Acrescenta que o conhecimento desses assuntos tinha sido comunicado aos judeus por seus *pais*. Isso não significa que o que é ensinado sob o teto doméstico seja sempre infalível; porém é óbvio que ali se oferece uma oportunidade mais favorável para inspirar nos homens imaginações da verdade, quando as coisas são trazidas de um ambiente distante. O que se deve observar principalmente é que todos os pais não são aqui mencionados indiscriminadamente, mas somente aqueles que foram escolhidos para serem o povo peculiar de Deus e a quem foi confiado o cuidado da verdade divina.

4. Não o encobriremos de seus filhos nas gerações vindouras. Alguns tomam o verbo נכחד, *nechached*, na conjugação *nefil*, e o traduzem por *não encobriremos* ou *ocultaremos*. Mas, segundo as regras da gramática, ele deve ser resolvido assim: *Não o ocultaremos de nossa posteridade*, implicando que, o que nos foi ensinado por nossos ancestrais, tudo faremos para transmitir a nossos filhos. Por esse meio remove-se todo pretexto de ignorância. Porque foi da vontade de Deus que essas coisas fossem publicadas de época em época, sem interrupção; de modo a serem transmitidas de pai para filho em cada família, para que pudessem atingir até a última família humana. Demonstra-se o fim para o qual isso foi feito: *para que celebrassem os louvores de Jehovah nas maravilhosas obras que ele fez*.

5. Ele estabeleceu um testemunho em Jacó.[6] Como a recepção ou aprovação de qualquer doutrina pelos homens não deve ser uma razão suficiente para produzir um firme assentimento a sua veracidade, o profeta avança mais e representa Deus como o autor do que ele proclama. Ele declara que os pais não foram levados a instruir seus filhos nessas verdades sob o mero impulso de suas próprias mentes, mas pelo mandamento de Deus. Há quem entende as palavras: *Ele estabeleceu um testemunho em Jacó, e promulgou uma lei em Israel*, como significando que Deus estabelecera um decreto em Jacó para ser observado como uma norma inviolável, ou, seja, que o livramento divinamente operado em prol do povo deveria estar, em todos os tempos, na boca de cada israelita. Mas isso parece

---

6 Horsley considera este versículo como um parêntese.

imprimir um sentido restrito demais. Portanto considero *estatuto* ou *testemunho* e *lei*[7] como uma referência à lei escrita, a qual, contudo, foi em parte dada para este fim: para que, pela lembrança de seu livramento, o povo, depois de ter sido uma vez reunido num só corpo, fosse mantido em seu compromisso com Deus. O significado, pois, é que Deus não só adquiriu para os judeus um direito, como seu povo, mediante seu portentoso poder, mas que ele também selou sua graça, para que o conhecimento dela jamais fosse obliterado. E, indubitavelmente, ela foi então registrada como se dá com os registros públicos, quando o pacto foi ratificado pela lei escrita, a fim de assegurar à posteridade de Abraão que ela seria separada de todas as demais nações. Teria sido uma questão de bem pouca importância haver se familiarizada com, ou haver se lembrado da mera história do que havia sido feito, tivessem seus olhos, ao mesmo tempo, se dirigido da adoção gratuita para o fruto dela. O decreto, pois, é este: Que os pais, instruindo-se na doutrina da lei, relatavam, por assim dizer, da boca de Deus a seus filhos, que uma vez tinham sido não só libertados, mas também congregados num só corpo como sua Igreja, para que ao longo de todas as eras pudessem prestar-lhe uma santa e pura obediência como seu Libertador. A redação do início da segunda sentença do versículo propriamente é: *Que ele ordenou etc.* Mas o relativo אשר, *asher, que*, não tenho dúvida, é aqui expresso à guisa de explicação em lugar de *a saber*, ou *isto é, ele ordenou etc.* Eu o traduzi *porque*, o que equivale a mesma coisa.

6. Para que a geração vindoura os conheça. Neste versículo o salmista confirma o que dissera concernente à transmissão contínua da verdade divina. Grandemente nos preocupa saber que a lei foi dada não para apenas uma época; mas para que os pais a transmitissem a seus filhos, como se ela fosse sua herança legítima, a fim de que ela

---

7 Dr. Adam Clarke entende por *testemunho* as várias *ordenanças, ritos* e *cerimônias* prescritos pela lei, e pela palavra *lei*, a *lei moral*.

jamais se perdesse, mas que fosse preservada até o fim do mundo. Eis a razão por que Paulo, em 1 Timóteo 3.15, assevera que "a Igreja é a coluna e o fundamento da verdade"; não querendo com isso dizer que a verdade em si seja fraca e carente de apoio externo, mas que Deus a estende e a difunde pela instrumentalidade de seus ministros que, quando fielmente executam o ofício docente com que foram investidos, sustentam a verdade, por assim dizer, em seus ombros. Ora, o profeta nos ensina que é nosso penhorado dever usar nosso empenho para que haja sucessão contínua de pessoas que comuniquem a instrução da verdade divina. Deus disse a Abraão antes que a lei fosse escrita: "Porque eu tenho conhecido, e sei que ele há de ordenar a seus filhos e a sua casa depois dele, para que guardem o caminho do Senhor, para agirem com justiça e juízo; para que o Senhor faça vir sobre Abraão o que acerca dele tem falado" [Gn 18.19]. E depois de sua morte, isso foi ordenado aos patriarcas como uma parte necessária de seu dever. Nem bem a lei foi promulgada, e Deus designou sacerdotes em sua Igreja para que fossem senhores e mestres públicos. Ele também testificou pelos lábios do profeta Isaías [59.21] que o mesmo se deve observar sob a dispensação neotestamentária, dizendo: "Quanto a mim, esta é minha aliança com eles, diz o Senhor: meu Espírito, que está sobre ti, e minhas palavras, que pus em tua boca, não se desviarão de tua boca nem da boca de tua descendência, nem da boca da descendência de tua descendência, diz o Senhor, desde agora e para todo o sempre." Na passagem que temos diante de nós, contudo, uma ordem particular é dada aos pais, neste ponto: a cada um deles se ordena que instrua seus próprios filhos, e que todos, sem distinção, sejam instruídos, para que seus exercícios, ao transmitir o nome de Deus a sua posteridade, lhe sejam bem aceitáveis e recebam sua mais elevada aprovação. Por meio das palavras, **para que os filhos a nascerem se levantem**, não se denota um número reduzido de indivíduos; porém sugere que os mestres da verdade divina, por cujo esforço a religião pura floresça e prevaleça para sempre, serão tão numerosos quanto aqueles que nascem no mundo.

[vv. 7-11]
Para que ponham em Deus sua esperança[8] e não se esqueçam das obras de Deus; senão que guardem seus mandamentos. E para que não sejam como seus pais, uma geração rebelde [ou apóstata] e provocante; uma geração que não regeu seu coração com retidão e cujo espírito não foi fiel a Deus. Os filhos de Efraim, estando armados e sendo atiradores com arco, voltaram suas costas no dia da batalha. Não guardaram o concerto de Deus e se recusaram a andar em sua lei. E se esqueceram de suas obras e das maravilhas que ele lhes fizera ver.

7. Para que ponham em Deus sua esperança. Aqui o salmista realça a utilidade a que a doutrina que ele havia proclamado fosse aplicada. Em primeiro lugar, os pais, quando descobrissem que, de um lado, são instrumentos na manutenção do culto puro de Deus, e, do outro, são os meios para a provisão da salvação de seus filhos, seriam, por meio do tão precioso resultado de seus labores, mais poderosamente estimulados a instruir seus filhos. Em segundo lugar, os filhos, de sua parte, sendo inflamados com maior zelo, seriam mais solícitos na aquisição de conhecimento divino, e não deixariam suas mentes vaguearem por vãs especulações, mas almejariam, ou manteriam seus olhos dirigidos para o alvo certo. Infeliz e desditosa faina é estar "sempre aprendendo e nunca chegar ao conhecimento da verdade" [2Tm 3.7]. Quando, pois, ouvimos com que propósito a lei foi dada, podemos facilmente aprender qual é a verdade e o método mais eficaz de extrair benefícios dela. O escritor inspirado põe *confiança*, em primeiro lugar, designando-lhe a mais elevada posição. Então requer a observância dos santos mandamentos de Deus; e põe no meio a lembrança das obras de Deus, as quais servem para confirmar e corroborar a fé. Em suma, o que ele tem em mente é que a essência da sabedoria celestial consiste nisto: que os homens, tendo seus corações fixos em Deus através de uma fé genuína e não fingida, o invoquem; e que, com o propósito de manter e nutrir sua confiança nele, se exercitem em

---

8 "כסלם, *kislam*, *sua esperança* ou *sua constância*. כסל, *leviandade*, por antífrase, *constância*." – Bythner.

meditar sinceramente nesses benefícios; e que, então, se lhe entreguem em obediência sincera e devotada. Podemos aprender disto que o verdadeiro serviço de Deus começa com a fé. Se transferirmos nossa entrega e confiança a qualquer outro objeto, defraudamo-lo da parte primordial de sua honra.

8. E para que não sejam como seus pais, uma geração rebelde e provocante. O salmista aqui mostra ainda mais distintamente quão necessário era este sermão, à luz das circunstâncias de que os judeus eram excessivamente inclinados a revoltar-se contra Deus, caso não fossem conservados em sujeição por meio de poderosos restringentes. Ele toma como um fato que não poderia ser questionado, ou, seja: que seus corações em nenhum aspecto eram melhores que os corações de seus pais, os quais, afirma ele, foram traiçoeiros, rebeldes, raça de víboras e desobedientes. Portanto, imediatamente se desviariam do caminho de Deus, a menos que seus corações fossem continuamente sustentados por suportes sólidos. A experiência de todas as eras mostra que o que Horácio escreveu concernente a sua própria nação é em toda parte verdadeiro:

"Ætas parentum, pejor avis, tulit
Nos nequiores, mox daturos
progeniem vitiosiorem."
Odes, Livro III. Ode vi.

"A era que trouxe nossos pais à vida
Viu sua nobre mãe desgraça:
Nós, ainda mais vis, deixaremos sobre a terra
A culpa ainda crescente de nossa degenerada raça."

Qual, pois, seria a conseqüência se Deus não socorresse o mundo que assim avança de mal a pior? Visto que o profeta ensina os judeus sobre as perversidade e impiedade de seus pais, que encaravam a necessidade de uma disciplina rígida para que se lembrassem que haviam imitado os maus exemplos, aprendemos disto quão grande é a insensatez do mundo em se persuadir de que o exemplo dos pais deve ser considerado como equivalente a uma lei que deve, em cada caso, ser seguida. Ele não está aqui falando de todas as pessoas sem distinção, mas da raça santa e eleita de Abraão; tampouco repreende um pequeno número de pessoas, mas quase toda a nação, em cujo seio prevalecia excessiva obstinação, bem como perverso esquecimento da graça de Deus e pérfida dissimulação. Ele não menciona meramente os pais de determinada época, mas envolve um período que se estende a uma remota antigüidade, para que as pessoas não tenham ocasião de justificar a prática de pecado, desde o tempo em que ele tem prevalecido. Devemos, pois, fazer uma sábia seleção entre os pais daqueles a quem devemos imitar. Sendo a remoção da disposição para esta perversa imitação dos pais uma obra muito difícil de se remover, para quem o sentimento de reverência está naturalmente impresso nas mentes de seus sucessores, o profeta emprega uma multiplicidade de termos para realçar a grave perversidade dos pais, estigmatizando-os como culpados de apostasia, provocação, traição e hipocrisia. Essas acusações são pesadíssimas; porém se farão evidentes à luz das seqüelas que não podem ser exageradas. A palavra הכין, *hechin*, a qual traduzi por *regeu*, é por alguns traduzida por *estabeleceu*; em minha opinião, porém, o significado é antes este: que o antigo povo de Deus sempre lhe virou as costas em direção a outras veredas. Além disso, no que se segue, em vez de ler *cujo espírito não era fiel a Deus*, alguns lêem: *cujo espírito não aprendeu de Deus*.[9] Mas é melhor seguir a primeira interpretação, isto é, que não foram fiéis e inabalavelmente devotados a Deus, embora lhe tivessem solenemente jurado fidelidade. Os papistas fazem uso desta passagem como um argumento para provar que o homem tem o poder de curvar seu próprio coração e de dirigi-lo ou para o bem ou para o mal, a seu bel-prazer. Mas esta é uma inferência que não pode propiciar exame um momento sequer. Embora o profeta com razão responsabilize os que não têm regido seu

---

9 "A versão siríaca traz: 'E não confiou no Deus de seu espírito', traduzindo נאמנה [a palavra que Calvino traduz 'era fiel'] por um verbo masculino; e este é realmente o sentido que fica muito bem, e a mudança de gênero não é incomum, e Deus é freqüentemente conhecido por este título: 'o Deus dos espírito de toda carne'. Veja-se Número 16.22." – *Hammond*.

coração com retidão, seu objetivo não é expressamente falar do que os homens *podem* inerentemente fazer. É a obra especial de Deus converter para si os corações dos homens pela secreta influência de seu Espírito Santo. Por mais que se deduza disto que eles são excetuados de culpa, o fato é que sua própria luxúria e depravação os arrastam para longe de Deus. Além do mais, dos pecados que aqui se reprovam, devemos aprender de que maneira ele quer que o obedeçamos e o sirvamos. Em primeiro lugar, devemos abrir mão da obstinação e tomar sobre nós seu jugo;[10] e, em segundo lugar, devemos vestir-nos do espírito de mansidão, conduzindo as afeições do coração à obediência de Deus e seguir após a retidão; não movidos pelo impulso de um reles transeunte, mas com firmeza sincera e inabalável.

9. Estando os filhos de Efraim armados e como atiradores com arco. O escritor sacro põe diante de nós um exemplo dessa infidelidade nos filhos de Efraim. Visto que os que vivem pertinazmente na prática do mal dificilmente se deixam levar ao arrependimento e transformação através de simples instrução, apresentam-se os castigos com que Deus visitou os filhos de Efraim, e assim prova-se que eram réprobos. Visto ser ele um povo guerreiro, era forte evidência do desprazer divino que voltassem suas costas à batalha. E declara-se expressamente que eram habilidosos *em atirar com o arco*;[11] porque é um estigma adicional representá-lo como se estivesse armado com armas para ferir seus inimigos a certa distância e a fugir de medo. À luz desse fato é ainda mais fartamente manifesto que tinham incorrido no desprazer de Deus, que não só os privou de seu auxílio, mas também fez seus corações efeminados no momento do perigo.

É possível que surja aqui a pergunta: Por que somente os filhos de Efraim são culpados, quando um pouco antes encontramos todas as

---

10 "Premierement il faut que nous ostions toute obstination, avant que nous puissions avoir les cols propres pour receboir son joug." – *v.f.* Em primeiro lugar, devemos abrir mão da obstinação antes de podermos curvar nossos pescoços para receber o jugo.

11 Do fato de os efraimitas atirarem com o arco, ou serem arqueiras, temos uma notificação em Gênesis 49.24, onde, quando Jacó abençoa José, é dito do pai de Efraim: "Seu arco permaneceu em força."

tribos em geral compreendidas na mesma sentença de condenação? Alguns comentaristas atribuem isso à matança dos filhos de Efraim pelos homens de Gate, os quais insurgiram contra eles com o fim de recobrar seu gado do qual haviam sido despojados [1Cr 7.20-22].[12] Mas essa explicação é restrita demais. Talvez, quando este Salmo foi composto, o reino de Israel tivesse caído em decadência e chegado a ruína quase total. Portanto, é melhor seguir a opinião de seus intérpretes, os quais pensam que, por meio da figura de sinédoque, os filhos de Efraim representavam todo o povo. Esses intérpretes, porém, passam por alto sem ponderação um fato que não pode ser ignorado, a saber: que os efraimitas supostamente são mencionados nominalmente porque eram o instrumento de guiar outros naquela rebelião que se deu quando Jeroboão estabeleceu os bezerros [1Rs 12.25-33]. O que já dissemos deve permanecer na lembrança, ou, seja: que no final do Salmo a rejeição da tribo de Efraim é, não sem causa, contrastada com a eleição da tribo de Judá. Os filhos de Efraim são também aqui mencionados à guisa de comparação, para advertir os verdadeiros filhos de Abraão do exemplo daqueles que eliminaram a si próprios da Igreja, e no entanto se vangloriavam de ser membros da Igreja sem exibir os santos frutos em sua vida.[13] Como excediam a todas as demais tribos em número e riquezas, sua influência foi poderosa demais em fascinar os simples; o profeta agora, porém, os despe disto, mostrando que foram privados do auxílio divino.

---

12 Dr. Morison supõe que a história aqui indicada é que os israelitas saíram contra a ordem divina para tomar posse da terra prometida, quando, por sua temeridade, foram golpeados e humilhados ante seus inimigos (Dt 1.42). "As tribos de Efraim", observa ele, "é sem dúvida destacados por ser a mais aguerrida de todas as tribos escolhidas, e porque, talvez, guiaram as outras tribos ao ato de rebelião contra a vontade expressa de Deus de Israel." Isso, talvez, pode ser considerado como que recebendo algum apoio da comparação do número da tribo de Efraim (Nm 2.19) quando saíram do Egito com seu número quando tomaram as planícies de Moabe, no término de sua peregrinação no deserto (Nm 26.37). No primeiro período, somavam 40.500; no segundo, 32.500, oito mil a menos; enquanto que, durante os quarenta anos, as outras tribos haviam crescido consideravelmente.

13 "Sans en monstrer les fruicts en leur vie." – *v.f.*

10. Não guardaram o pacto de Deus. Esta é a razão indicada para os efraimitas voltarem suas costas no dia da batalha; e isso explica por que a assistência divina foi retirada deles. Outros, é verdade, se fizeram culpados neste aspecto da mesma forma que eles, mas a vingança de Deus executada nessa tribo, que com sua influência corrompeu quase todo o reino, é propositadamente apresentada como uma advertência geral. Visto, pois, que a tribo de Efraim, em conseqüência de seu esplendor e dignidade, ao lançar de si o jugo, estimulou e se tornou como que um padrão de vergonhosa revolta a todas as demais tribos, o profeta tencionava levar as pessoas a se porem em guarda para que, em sua simplicidade, não se deixassem enganar novamente da mesma forma. A culpa que ele traz sobre os filhos de Efraim não é leve; ele os repreendeu por conta de sua perfídia em desprezar toda a lei e em violar o pacto. Embora empregue estas duas palavras, *lei* e *pacto*, no mesmo sentido, todavia, ao mencionar primeiro o *pacto*, ele claramente mostra que não está falando simplesmente da lei moral e da perfeita norma de vida, mas de todo o serviço de Deus, da veracidade e da fidelidade das promessas divinas, bem como da confiança que se deve depositar nelas,[14] da invocação e da doutrina da verdadeira religião, cujo fundamento era a adoção. Ele, pois, os chama transgressores do pacto, porque tinham fracassado em sua confiança nas promessas, por meio das quais Deus entrara em pacto com eles de ser seu Pai. No entanto, em seguida, com muita propriedade, ele acrescenta *a lei*, na qual o pacto fora selado, por assim dizer, nos registros públicos. Ele agrava a enormidade de sua culpa pelo uso do termo *recusar-se*, o qual sugere que não foram simplesmente desviados por um tipo de irreflexão ou temeridade inconsiderada, e assim pecaram por leviandade, por falta de conhecimento ou de previsão, mas que propositadamente, e com deliberada obstinação, haviam violado o santo pacto de Deus.

11. E se esqueceram de suas obras. Esta vergonhosa impiedade é aqui representada como tendo sua origem na ingratidão, visto que

---

14 "De la verite et fidelite des promesses, et de la foy qu'on e doit adjouster." – *v.f.*

impiamente sepultaram e não fizeram nenhuma conta do livramento operado em seu favor, o qual era digno de eterna lembrança. Na verdade foi mais estupidez que irracionalidade ou, melhor, por assim dizer, algo monstruoso[15] para os israelitas apostatarem de Deus, a quem estavam sob tantas e tão fortes obrigações. Nem lhes teria sido possível que se deixassem ser tão fascinados por Satanás, não tivessem eles se esquecido dos tantos milagres operados em seu favor, os quais formaram muitíssimos laços a mantê-los no temor de Deus e na obediência a ele. Para que nenhuma justificativa lhes fosse deixada que atenuasse sua culpa, o profeta enobrece essas obras, aplicando-lhes o termo *maravilhosas*, com isso sugerindo que o método divino de ação não foi de um gênero comum, de modo que facilmente justificasse o gradual esquecimento de suas obras, mas que os israelitas perversa e impiamente fecharam seus olhos para que não fossem refreados em seu curso pecaminoso e não viessem a contemplar a glória de Deus.

[vv. 12-16]
Ele operou maravilhosamente [ou fez coisas maravilhosas] diante de seus pais; na terra do Egito, no campo de Zoã.[16] Ele dividiu o mar e os fez passar por ele, e fez com que as águas parassem como que num montão.

---

15 "A la verite une telle stupidite estoit plusque brutale, ou plustost comme une chose monstruense." – *v.f.*

16 Zoã era a antiga capital do Egito, onde os Faraós residiam. Sua grande antigüidade surge da expressão usada acerca de Hebron, em Números 13.22, onde, ao estabelecer a antigüidade daquela cidade, diz-se que "Hebron foi edificada sete anos antes de Zoã no Egito". Zoã é duas vezes especificada neste Salmo, aqui e no versículo 43 (ainda que não mencionada na história das pragas no livro de Êxodo) como o cenário das obras maravilhosas operadas em Faraó e na terra do Egito, pela mão de Moisés. Isso poderia significar que esses milagres foram realizados ali ante os olhos de Faraó. Ou no campo de Zoã, poeticamente posto pelo Egito em geral. Assim, em outras partes poéticas da Escritura, Zoã é às vezes usada em vez do Egito, como em Isaías 19.11, 13, onde "os príncipes de Zoã" significaria os conselheiros de Faraó; e em Isaías 30.4, onde, quando o antigo povo de Deus é representado como indo ao Egito em busca de alívio, se diz que seus "príncipes foram ao Egito". Zoã é traduzida pela Caldaica טאניס; pela LXX, Τανις; pela Vulgata, Tanis; e pela Cóptica, Tané, do cóptico dez, planície, superfície plana, nivelada; estando situada na parte baixa do Delta, num dos braços orientais do Nilo, portando seu próprio nome, perto de um grande lago, agora chamado o Lago de Menzala, a 44 milhas ao ocidente de pelusium, 169 milhas ao oriente de alexandria e 3 milhas do Mediterrâneo. Há ainda ruínas que demarcam o sítio de Zoã ou Tanis, chamadas pelos árabes Sã, compreendendo obeliscos quebrados, capitéis da ordem coríntia, um monumento de granito etc. Essas ruínas, contudo, não são tidas como de antigüidade muito remota.

E os guiou de dia por meio de uma nuvem; e toda a noite por meio de uma luz de fogo. Fendeu as rochas no deserto; e deu-lhes a beber como se fosse de grandes abismos. Fez sair fontes da rocha e fez correr as águas como rios.

12. Ele operou maravilhosamente diante de seus pais. O salmista deve ser ainda considerado como a condenar a posteridade dos israelitas por sua culpa; mas, com muita propriedade, e ao mesmo tempo, ele começa falando dos primeiros ancestrais da nação, notificando que toda sua raça, ainda desde seus primeiros originais, era de uma disposição perversa e rebelde. Havendo, porém, destacado que os filhos de Efraim haviam caído em apostasia, já que haviam se esquecido das obras maravilhosas de Deus, ele continua em perseguição do mesmo tema. Entrementes, como eu já disse, ele faz uma transição muito feliz ao falar dos pais, que era seu objetivo inclui-los na mesma condenação.

Em primeiro lugar, ele chama sua atenção para os milagres que foram operados no meio da terra do Egito, um pouco antes de o povo partir dali. Com o fim de torná-los ainda mais vívidos em sua mente, ele intitula um dos lugares mais celebrados de *os campos de Zoã*. Em seguida passa a falar da passagem pelo meio do mar, repetindo o que vimos no Salmo anterior, que a ordem da natureza foi revertida quando as águas se interromperam em seu curso e ainda subiram formando montes compactos como montanhas. Em terceiro lugar, ele declara que, depois que o povo passou pelo Mar Vermelho, Deus ainda continuou sendo seu guia em suas jornadas; e para que isso não viesse a ser mero livramento temporário, ele graciosamente continuou a estender-lhes sua mão, exibindo-lhes novos testemunhos de sua benevolência. Sendo-lhes difícil e exaustivo prosseguir sua jornada pelas regiões áridas e arenosas, não foi uma bênção ordinária protegê-los do calor do sol pela intervenção de uma nuvem. Entretanto, isso se lhes tornou como um penhor da mais eminente graça. Deus assim testificava que este povo estava sob sua proteção, até que tomasse posse da herança celestial. Conseqüentemente, Paulo ensina em 1 Coríntios 10.2 que houve um tipo de batismo administrado ao povo sob aquela nuvem, como também em sua passagem pelo mar; cujo fruto não se limita a esta vida frugal e transitória, mas se estende até mesmo à salvação eterna.

15. Fendeu as rochas no deserto. O salmista produz outra evidência do amor paternal pelo qual Deus testificou da grandeza do cuidado que ele exercia sobre o bem-estar deste povo. Não basta dizer simplesmente que Deus deu-lhes a beber, mas também que ele fez isso de uma maneira miraculosa. É um fato que às vezes fontes emanam de rochas, porém a rocha que Moisés golpeou era completamente seca. Donde se faz evidente que a água não brotou de qualquer fonte, mas que ela fluiu dos abismos mais profundos, como se fosse dito: do próprio centro da terra. Portanto, os que têm interpretado esta passagem no sentido em que os israelitas beberam dos abismos sem fundo, porque as águas fluíram em grande abundância, fracassam em apresentar uma explicação consistente. Moisés, em sua história do milagre, realça antes sua grandeza, notificando que Deus ordenou que aquelas águas jorrassem dos canais mais remotos.

A mesma verdade é confirmada no versículo seguinte, no qual afirma-se que onde antes não havia uma única gota de água, surgiu um grande e poderoso manancial. Houvesse fluído da rocha apenas um pequeno ribeiro, os homens ímpios poderiam ter tido alguma base aparente para cavilação e subestimar a bondade divina; mas quando a água jorrou em tão copiosa abundância, de uma forma tão súbita, quem não vê que o curso ordinário da natureza fora mudado, e não que foi aberto algum canal ou fonte que casualmente estivera oculto na terra?

[vv. 17-22]
Todavia continuaram ainda a pecar contra ele, a provocar o Altíssimo no deserto. E tentaram a Deus em seu coração, pedindo carne para sua alma.[17]

---

17 "Ou, à leur cupidite." – *v.f.m.* "Ou, para sua luxúria."

E falaram contra Deus, e disseram: Porventura pode Deus preparar uma mesa no deserto? Eis que feriu ele a rocha e as águas jorraram e fluíram fontes. Porventura pode Deus também dar pão? Porventura pode ele preparar carne para seu povo? Portanto Jehovah ouviu e ficou irado; e um fogo se acendeu em Jacó; e furor também subiu contra Israel.[18] Porque não creram em Deus, nem confiaram em sua salvação.

17. Todavia continuaram ainda a pecar contra ele. Havendo o profeta declarado em termos breves como Deus, por meio de uma contínua sucessão de benefícios, havia claramente manifestado a grandeza de seu amor para com os filhos de Abraão, agora acrescenta que, depois de ter sido postos sob tão profundas e solenes obrigações para com ele, eles, como lhes era costumeiro, e segundo seus métodos habituais, impiamente se rebelaram contra ele. Em primeiro lugar, ele os acusa de o haver provocado gravemente, por pertinazmente acrescentar iniqüidade sobre iniqüidade; e então realça o tipo particular de provocação que os fez culpados. Pelo verbo *provocar* ele quer notificar que não era uma ofensa leve a que cometeram, mas uma perversidade tão hedionda e grave que não era possível tolerar. À luz do lugar em que foi cometida, ele agravava a enormidade do pecado. Foi no próprio deserto, quando a lembrança de seu livramento estava ainda fresca em sua memória e onde todos os dias tinham seus olhos postos nos emblemas da presença de Deus e onde ainda a própria necessidade os teria constrangido a render uma verdadeira e santa obediência – foi naquele lugar, e sob essas circunstâncias, que não reprimiram sua insolência e apetites desenfreados.[19] Foi então, certamente, uma prova de monstruosa enfatuação agirem eles de uma maneira tão abominável e desditosa como fizeram, ao mesmo tempo que a falta de todas as coisas devia ter provado ser o melhor remédio para mantê-los sob restrição e fazer isso ainda na presença de Deus, o qual apresentara diante deles tais manifestações de sua glória, enchendo-os de terror e os atraindo a si de forma tão bondosa e terna.

---

18 "O termo *subiu* é figurado, derivado do movimento da respiração, na veemente explosão da agitação e ira." – *Walford*.

19 "Qu'ils n'ont point reprimé leur insolence et appetit desordonné." – *v.f.*

18. E tentaram a Deus em seu coração. Esta é a provocação da qual se faz menção no versículo precedente. Não que lhes fosse ilícito pedir comida, quando constrangidos a agir assim movidos pela fome. Quem pode imputar culpa a pessoas quando, movidas pela fome, imploram a Deus que supra suas necessidades? O pecado que tornou os israelitas culpados consistiu nisto: que não satisfeitos com o alimento que lhes fora designado, soltaram as rédeas de suas luxúrias. Ele, naquele tempo, começara a alimentá-los com o maná, como veremos novamente mais adiante. Foi sua repugnância dessa substância que os impeliu a avidamente desejarem novo alimento, como se desdenhassem da concessão que lhes fora providenciada pelo Pai celestial. Isso é o que está implícito quando se diz que **pediram carne para sua alma**.[20] Não tinham sido reduzidos à necessidade de pedir provisão para sua fome; porém sua luxúria não ficou satisfeita em viver da provisão que Deus lhes designara. Por essa conta lemos que *tentaram a Deus*, ultrapassando, como fizeram, os limites que ele lhes demarcara. Qualquer um que, ao desvalorizar e menosprezar a permissão ou licença que ele concede, dá vazão a sua própria luxúria desenfreada e deseja mais do que é lícito, de fato está tentando a Deus. Ele age como se o submetesse a seus próprios caprichos, ou questionasse se ele poderia fazer mais do que realmente é de seu agrado fazer. Deus tem poder para fazer tudo quanto ele queira; e com certeza a pessoa que tenta separar o poder de Deus de sua vontade, ou retratá-lo como incapaz de fazer o que ele queira, o que o tal faz é simplesmente tentar rasgá-lo em pedaços. Os que são culpados de fazer isso estão tentando fazê-lo conceder-lhes mais do que lhes deu permissão pedir. Portanto, para que a luxúria da carne não nos incite a tentá-lo, aprendamos a impor

---

20 A palavra נפש, *nephesh*, para *alma*, tem grande latitude de significação. Às vezes significa os apetites sensitivos ou animais, como nesta passagem. O povo tinha suas carências supridas de forma muito abundante, e no entanto permaneceram insatisfeitos e impertinentes. É por isso que se diz que *exigiram* carne לנפשם *para suas almas*; ou, seja, não para suas reais necessidades, as quais poderiam racional e licitamente querer que fossem supridas, mas para satisfazer seus apetites sensitivos e carnais. Na versão inglesa, e Calvino na margem da versão francesa, fazem uma tradução muito feliz: *Tentaram a Deus, pedindo carne para sua luxúria*.

freio a nossos desejos e humildemente descansar contentes dentro dos limites que ele nos prescreveu. Se a carne ceder sem controle, não ficaremos satisfeitos com o pão ordinário, mas amiúde e de muitas maneiras murmuraremos contra Deus.

19. E falaram contra Deus. O profeta dissera que *tentaram a Deus em seu coração*;[21] e então acrescenta que não se envergonharam publicamente de mover suas línguas impuras e blasfemas, impiedade essa que haviam interiormente concebido. À luz deste fato se faz ainda mais sobejamente manifesto que a malignidade e a perversidade haviam tomado total posse de seus corações. Assim vemos como a luxúria concebe o pecado, quando ela é admitida na alma com consentimento profano. Em seguida o pecado se desenvolve ainda mais, ainda quando vemos os israelitas prosseguindo de tal forma em irreflexão profana, ao ponto de contestar o poder de Deus, como se não o levassem em conta, não mais que quando ministrado a sua luxúria. Por *mesa preparada* deve-se entender o requinte de alimento, que era seu cardápio ordinário no Egito. Um único desejo não satisfaz seu apetite. Não ficavam contentes a menos que pudessem gratificar-se com grande abundância e variedade. Quando se diz no versículo seguinte: **Eis que Deus feriu a rocha e águas jorraram** etc., não tenho dúvida de que esta é uma linguagem de amarga ironia com que o profeta escarnece da despudorada insolência deles. Não é muito próprio que falassem dessa maneira; mas ele relata, por assim dizer, com sua boca ou na pessoa deles as coisas que ocorreram ante seus olhos.

21. Portanto, Jehovah ouviu e ficou irado. Este ouvir de Deus implica pleno e perfeito conhecimento. E é uma figura tomada dos juízes terrenos, que não podem punir os criminosos enquanto não se familiarizam plenamente com a causa. Diz-se ter ele ouvido a seu próprio povo, quando mostra seu favor e mercê para com eles, atendendo-lhes seu pedido; e, em contrapartida, afirma-se ter ele ouvido as blasfêmias que não permitiam ficar sem castigo. Para remover toda e qualquer

---

21 "Tentaram a Deus com seu coração, ou, seja, avidamente, ou de toda sua alma." – *Walford*.

base para se pensar que a ira divina era indevidamente severa, a enormidade da culpa dos israelitas é novamente assim descrita: **eles não creram em Deus nem confiaram em sua salvação.** Aqui se toma como ponto axiomático que as promessas feitas a eles, às quais deviam ter dado total assentimento; e que, não obstante, foram impedidos de ceder pela estrema enfatuação com que se deixaram assenhorear-se. *Confiar na salvação de Deus* é repousar em sua providência paternal e considerá-lo como suficiente para suprir todas nossas necessidades. Disto aprendemos não só quão odiosa é a incredulidade aos olhos de Deus, mas também qual é a verdadeira natureza da fé e quais são os frutos que ela produz. Donde procede que os homens tranqüilamente se lhe submetem senão porque são persuadidos de que sua salvação é singularmente preciosa a seus olhos e são plenamente assegurados de que ele lhes dará tudo quanto lhes é necessário? É assim que são levados a render-se-lhe para que sejam governados segundo seu beneplácito. A fé, pois, é a raiz da verdadeira piedade. Ela nos ensina a esperar e a desejar cada bênção de Deus incitando-nos a render-lhe obediência; enquanto que os que não confiam nele necessariamente estarão sempre murmurando e se rebelando contra ele. O propósito do profeta é este: que as pretensões de fé alegadas por aqueles que não nutrem nenhuma esperança de salvação em Deus se assentam em falsos fundamentos; pois quando Deus é crido, a esperança de salvação é rapidamente produzida na mente, e esta esperança se lhe converte no louvor de cada bênção.

[vv. 23-25]
Mas ainda que ordenara às nuvens de cima e abrira as portas do céu, e fizera chover sobre eles maná[22] para comerem, e lhes houvera dado do trigo do céu. O homem comeu o pão do poderoso; ele lhes enviou comida a fartar.

---

22 O maná recebeu seu nome ou de hnm, manah, ele preparou, designou, distribuiu, para notificar que esta comida foi preparada por Deus para os israelitas, e foi sua porção designada a qual lhes era diariamente distribuída por medida; ou provém das palavras מן הוּא, *huh man:* Que é isso? (Êx 15.16), ן sendo usada em lugar de h em eufonia. Esta foi a pergunta que fizeram quando viram pela primeira vez esta espécie de comida, não sabendo o que era.

23. Mas ainda que ele ordenara às nuvens de cima. É um equívoco supor que este milagre esteja relacionado meramente com a forma de história. O profeta antes censura os israelitas o mais severamente possível, dizendo que, embora alimentados a fartar com o maná, não cessaram de desejar as delícias culinárias que bem sabiam Deus lhes havia negado. Era a mais vil ingratidão escarnecer e rejeitar a comida celestial, a qual, por assim dizer, os associava ao anjos. Fosse um homem habitante da França ou da Itália, angustiado e impaciente por não ter para comer o pão do Egito, nem para beber o vinho da Ásia, não faria ele guerra contra Deus e a natureza, segundo o costume dos antigos gigantes? Muito menos desculpável foi a irrefreável luxúria dos israelitas, a quem Deus não só forneceu provisão terrena em rica abundância, mas a quem ele também deu o pão do céu para seu sustento. Tivessem eles ainda suportado fome por um longo período, a propriedade e o dever teriam requerido deles que pedissem alimento com mais humildade. Tivessem sido supridos apenas com farelo ou palha, teria sido seu sacro dever ter reconhecido que no lugar onde estavam – no deserto – esta não era uma dádiva ordinária do céu. Se lhes fora concedido apenas o pão ordinário, teriam tido suficiente razão para dar graças. Mas quanto mais fortes eram suas obrigações para com Deus, quando ele criou um novo tipo de alimento, com o qual, estendendo, por assim dizer, sua mão do céu, ele os supriu ricamente e em grande abundância! Eis a razão por que o maná é chamado *trigo do céu* e *pão do poderoso*. Alguns explicam a palavra hebraica אבירים, *abbirim*, como a denotar *os céus*,[23] opinião essa que eu não rejeito sumariamente. Entretanto, prefiro tomá-la por *anjos*, como é entendida pelos intérpretes da Caldaica e alguns outros que os seguiram.[24]

---

23 Abu Walid e Kimchi lêem: "o pão do céu".

24 A paráfrase caldaica da expressão *o pão do poderoso* é: "a comida que desce da habitação dos anjos"; de modo que, segundo este ponto de vista, ela significa não mais que "trigo do céu", pelo qual o maná é descrito como no versículo precedente. O Dr. Geddes e Williams observam que a palavra hebraica אבירים, *abbirim*, nunca significa *anjos*, mas pessoas de classes mais elevadas, os *ricos*, os *grandes*, os *nobres*; e que a intenção do salmista é que os israelitas encontrarram no maná um alimento supino, delicado, como tal adequado ao paladar dos grandes; que ele se ade-

O milagre é celebrado em termos elevados para apresentar a impiedade do povo pelo mais detestável prisma; pois ele era uma exibição muito mais notável do poder divino para que o maná caísse do céu, do que se tivessem se alimentado ou com ervas ou com frutas, com outros produtos da terra. Paulo, em 1 Coríntios 10.3, chama o maná *comida espiritual*, num sentido diferente – porque ele era uma figura e símbolo de Cristo. Aqui, porém, o desígnio do profeta é reprovar a dupla ingratidão do povo que desprezou não só o alimento comum que era produzido do solo, mas também o pão dos anjos. Alguns traduziram os verbos no pretérito: *Ele ordenou às nuvens; ele abriu as portas do céu; ele fez chover maná* etc.[25] Mas, para remover toda ambigüidade, tenho achado preferível traduzir os verbos no tempo mais-que-perfeito: *Ele ordenara, ele abrira, ele fizera chover,* possibilitando a meus leitores uma melhor compreensão, isto é, que o profeta aqui não relata simplesmente esta história, mas a traz à memória com outro propósito, como algo que aconteceu há muito tempo atrás.

[vv. 26-31]
Fez soprar o vento oriental nos céus; e por seu poder suscitou o vento sul. E fez chover sobre eles carne como o pó, e aves emplumadas[26] como a areia do mar; e as fez cair no meio de seu acampamento,[27] ao redor de seus tabernáculos. E eles comeram e se fartaram, pois lhes satisfez seu desejo. Não refrearam seu apetite: a carne estava ainda em sua boca, quando a ira de Deus desceu sobre eles e matou os mais robustos deles, e feriu os escolhidos de Israel.

---

quava aos príncipes; o melhor, o mais seleto dos pães. Isso concorda com a tradução de Simonis da frase: "cibus nobilium, scilicet principum; hoc est, cibus exquisitus, delicatus, eximius." Tal também é o ponto de vista assumido por Fry, Walford e outros. Se por אבירים, *abbirim, o poderoso*, deve-se subentender anjos, como é a tradução em todas as versões mais antigas, o significado seria substancialmente o mesmo; pois o maná, por meio de uma figura obviamente poética, poderia ser chamado *o pão dos anjos*, para denotar alimento do mais excelente tipo; assim como Paulo fala de *as línguas dos anjos* (1Co 13.1), para indicar a eloqüência do mais alto padrão.

25 "Les autres ont traduit les verbes par un temps passé, Il a comandé aux nuees, Il a ouvrt les portes du ciel, Il a fait pluvoir la Manne" etc. – *v.f.*

26 "Hebraico, 'aves de asas', ou, seja, aves aladas, em distinção de aves domésticas." – *Williams.*

27 "Hebraico, *de seu acampamento*; ou acampamento de Israel ou de Deus; porque, visto que Israel era o povo de Deus, e visto que ele habitava entre eles, seu acampamento era o acampamento dele." *Poole.*

26. Fez soprar o vento oriental nos céus. Temos aqui um relato de como Deus atendeu o pedido de seu povo. Isso não implica que ele considerou favoravelmente seus impacientes desejos, mas que ele mostrou, pelo efeito, que estava em seu poder fazer o que criam ser-lhe impossível realizar. À luz deste fato podemos perceber quão levianamente alguns expositores enfeixam aqui *a carne* e *o maná*. A razão por que a carne foi dada era totalmente diferente daquela pela qual o maná foi dado. Deus, ao dar o maná, desempenhou o ofício de um pai; mas por meio da carne ele satisfez seus apetites insaciáveis, a fim de que sua própria cobiça em devorá-la os sufocasse. Não haveria problema algum para Deus ter criado codornizes no meio do deserto; mas ele escolheu antes trazê-las pela força dos ventos, com o fim de ensinar aos israelitas que todos os elementos são obedientes a seu comando, e que a distância de lugares não pode impedir seu poder de penetrar imediatamente desde o oriente até o ocidente.[28] Aquele povo incrédulo, pois, foi suprido com uma prova indubitável do poder de Deus, o qual haviam malignamente detraído, quando viram todos os elementos da natureza a sua frente reclamando obediência e inspirando a execução de tudo quanto ele havia ordenado. Além disso, sem dúvida ele fez subir os ventos segundo a situação do acampamento, ainda que lhe fora fácil, sem quaisquer meios, ter apresentado carne ante os olhos deles. Declara-se que *comeram e se fartaram*, não só para notificar que Deus lhes trouxera uma grande provisão de aves, com a qual

---

28 Os israelitas foram miraculosamente supridos com codornizes no deserto em duas ocasiões diferentes. A primeira ocasião foi no décimo quinto dia do segundo mês depois de sua partida do Egito, e antes que chegassem ao monte Sinai (Êx 16.1, 12, 13). A segunda, que é aquela aqui referida, foi em Quibrote-Ataavá, um lugar a três dias de viagem além do deserto do Sinai, no começo do segundo ano depois de sua partida do Egito (Nm 10.11; 11.31-35). Em ambos os casos, as codornizes foram enviadas em conseqüência da murmuração dos israelitas. Mas, no primeiro caso, elas subiram e cobriram o acampamento de Israel só por uma noite; enquanto que na segunda elas subiram do mar durante um mês inteiro. Nenhum sinal do desprazer divino acompanhou o primeiro milagre, tendo Deus, em sua compaixão, esquecido sua murmuração; o segundo milagre, porém, foi operado movido pela ira [divina], e acompanhado pela aplicação da vingança divina naquele povo rebelde (Nm 11.33).

seus estômagos pudessem ficar empanturrados; mas também para que ela lhes constituísse um desejo ingovernável, que os levasse a pedir carne, e não uma solicitude por provisão que os mantivesse vivos. Já foi retro afirmado que o maná lhes foi dado numa grande abundância; aqui, porém, a intenção é expressamente censurar sua glutonaria, na qual deram manifesta prova de seu desenfreado apetite. Deus promete [Sl 145.19], como um privilégio peculiar aos que o temem, que "ele satisfará seus desejos"; porém é numa situação diferente que aqui se diz ter ele atendido aos perversos desejos do povo, o qual lançara de si todo o temor que lhe deviam; pois aquilo que em seu favor e benignidade ele teria recusado, agora lhes concede em sua ira. Este é um exemplo bem digno de nossa atenção: que não podemos queixar-nos se nossos desejos são reprovados e interceptados pela providência secreta de Deus quando eles tentam ir além dos limites. Deus, pois, realmente nos ouve quando, em vez de ceder a nossas tolas inclinações, ele regula sua beneficência segundo a medida de nosso bem-estar; mesmo quando os ímpios esbanjam mais do que lhes é bom, não se pode, propriamente falando, dizer que ele os ouviu; ao contrário, ele os sobrecarrega com um fardo mortal que se presta para precipitá-los de ponta cabeça na destruição.

O salmista expressa isso ainda mais claramente adicionando imediatamente a seguir [vv. 30, 31] que este mimo provou ser-lhes fatal, como se com a carne fossem tragados pela chama da ira divina. Ao dizer que *não ficaram satisfeitos em sua luxúria*, isso implica que sua luxúria continuou inflamada. Se porventura alguém objeta, dizendo que isso não concorda com a sentença precedente, onde se diz que "comeram e se fartaram plenamente", eu responderia que, como é bem notório, se as mentes dos homens não se mantêm dentro dos limites da razão e temperança, elas se tornam insaciáveis; e, portanto, uma grande abundância não extinguiria o fogo de um apetite depravado. Há quem traduz a sentença: *Não ficaram desapontados*; e outros: *Nem ainda abominaram sua comida*. Esta última tradução realça muito bem o significado; mas se acha longe demais do significado da palavra hebraica, זור, *zur*, a qual tenho traduzido por *alienados*. A intenção do profeta era expressar em duas palavras um prazer momentaneamente satisfeito; pois quando Deus executou vingança sobre o povo, ainda continuaram entregues à excessiva gratificação do paladar.[29] Diz-se que *a ira de Deus* metaforicamente *se acendeu*, quando subitamente saiu a executar juízo; pois quando aparentemente ele fecha seus olhos e parece não notar nossos pecados, é, por assim dizer, como se estivesse a dormitar. O castigo foi experimentado por pessoas de cada condição entre os israelitas; porém *os robustos*[30] e *os escolhidos* são expressamente mencionados a fim de exibir o juízo de Deus numa luz ainda mais conspícua. Não aconteceu por acaso que os mais robustos e vigorosos fossem atingidos e eliminados pela praga. Visto que os fortes são comumente enganados por sua força, e os soberbos se exaltam contra Deus, esquecidos de sua própria fragilidade, crendo que podem fazer tudo quanto lhes apraz, não surpreende descobrir que a ira de Deus tenha ardido de forma ainda mais fulminante contra tais pessoas do que contra as demais.

[vv. 32-37]
Com tudo isso ainda pecaram e não deram crédito a suas obras portentosas. E ele consumiu seus dias na vaidade, e seus anos na precipitação.[31] Quando os matava, então o buscavam; e voltavam, e de madrugada buscavam a Deus. E se lembravam de que Deus era sua Rocha, e de que o Deus Altíssimo era seu Redentor. E o bajulavam com sua boca e lhe mentiam com sua língua. Seu coração, porém, não era reto diante dele, nem foram fiéis a seu pacto.

---

29 "*Enquanto sua carne estava ainda em sua boca*; a carne das codornizes, enquanto estava entre seus dentes, antes que fosse mastigada e antes que fosse deglutida, enquanto ainda rolavam esses saborosos nacos com suas línguas e se empanturravam, a destruição lhes sobreveio; exatamente como ocorreu a Belsazar, enquanto festejava com seus nobres, em meio a sua folgança e jovialidade, foi morto pelos persas (Dn 5.1, 30)."

30 Mr. Mudge observa que esta cláusula deve ser traduzida "os matou entre suas opulências ou indulgências". Isso é aprovado por Lowth. Cocceius e Michaelis dão uma versão similar.

31 "Esta alusão é a suas peregrinações designadas por quarenta anos no deserto, como castigo de sua desobediência e rebelião; até que todos os que deixaram o Egito, e chegaram à idade adulta, morressem, com a exceção de Calebe e Josué." – *Warner*.

32. Com tudo isso ainda pecaram. Um provérbio popular diz que os tolos se tornam sábios quando a vara lhes é aplicada. Daí se segue que os que amiúde são por Deus castigados, e nem por isso chegam ao arrependimento e à emenda, têm de ser totalmente desamparados. Tal foi a obstinação dos israelitas aqui descrita. Não podiam ser reformados por nenhuma das aflições que lhes foram infligidas. Era uma terrível manifestação da vingança divina ver tantos corpos de homens fortes e vigorosos estendidos mortos no chão. Era, pois, uma prova de monstruosa obstinação não se comoverem ante um espetáculo tão estarrecedor. Pela expressão, *obras portentosas*, não só está implícita a praga que acaba de ser descrita; os outros milagres previamente mencionados estão compreendidos. Há, pois, uma dupla perversidade lançada à responsabilidade do povo: são acusados não só de não dar crédito à palavra de Deus, mas também de desprezar os milagres que ele operou. Por essa razão, acrescenta-se que suas pragas lhes foram agravadas; mesmo quando Deus, pela instrumentalidade de Moisés, denuncia e ameaça, dizendo que seriam tratados sete vezes mais severamente por causa da obstinação e endurecimento com que perseveraram em sua perversidade.

33. E ele consumiu seus dias na vaidade. Como o salmista aqui fala de todo o povo, como se quisesse dizer que todos sem exceção foram rapidamente consumidos, do menor ao maior deles, isso pode com toda probabilidade ser uma referência àquele castigo ainda mais grave que foi confirmado e ratificado pela ira de Deus – que todos pereceriam no deserto com apenas duas exceções: Josué e Calebe. Porque, quando já próximos da terra de Canaã, retrocederam. Aquela vasta multidão, portanto, depois de fechadas contra eles as portas de ingresso na Terra Santa, morreram no deserto durante o curso de quarenta anos. *Dias* são postos em primeiro lugar, e então *anos*; com isso se notifica que a duração de sua vida foi encurtada pela maldição divina, e que era plenamente evidente que haviam fracassado no meio de seu curso. *Seus dias*, pois, foram consumidos *na vaidade*; porque se desvanecera como a fumaça. E *seus anos, na precipitação*, porque passaram velozmente como um arroio. A palavra בהלה, *behalah*, aqui traduzida por *precipitação*, *depressa*, é por alguns traduzida por *terror*. Eu antes preferiria traduzi-la por *tumulto*; porque indubitavelmente significa que sua vida se esvaía como quando num tumulto alguma coisa é tirada à força.[32] Contudo não me sentiria disposto a mudar a palavra *depressa*, a qual realça o significado de uma forma mais clara. Era uma exibição da justa retribuição, em virtude de sua obstinação, que sua força que os fizera soberbos assim murchasse e se desvanecesse total e subitamente como uma sombra.

34. Quando ele os matava, então o buscavam. Pela circunstância aqui registrada, a intenção é agravar sua culpa. Quando sob a convicção de sua perversidade reconheciam que eram punidos com justiça, porém não com sinceridade de coração se humilhavam diante de Deus, mas, antes, o escarneciam, tencionando enganá-lo com falsas pretensões, sua impiedade era ainda menos desculpável. Se um homem que perdeu seu juízo não sente suas próprias calamidades, o mesmo é desculpável, porque se tornou insensível; mas aquele que é forçado a reconhecer que é culpado, e no entanto continua sempre o mesmo, ou depois de brevemente haver buscado o perdão, com belas palavras, porém enganosas, subitamente volve a seu primeiro estado mental, manifestamente revela com tal cavernosidade de coração que sua doença é incurável. Aqui tacitamente se notifica que os castigos com os quais um povo tão obstinado se via constrangido a buscar a Deus, não era de um gênero comum ou ordinário. E somos informados [v. 35[33]] não só que se convenceram de sua perversidade, mas também que foram afligidos com o senso e lembrança da redenção da qual vieram a apostatar. Com isso são ainda mais eficazmente privados de toda escusa com base na

---

32 "Que leur vie a este emportee comme quand en tumulte on ravit quelque chose." – *v.f.*
33 Na Bíblia Hebraica, uma nota massorética é inserida depois do versículo 35, חצי הספר, *chatsi há-sepher, o meio do livro*, ou, seja, com respeito aos versículos.

ignorância. A linguagem implica que não se desviaram inadvertidamente, nem enganados pela ignorância, mas que haviam provocado a ira de Deus, procedendo traiçoeiramente como se fosse com propósito deliberado. E de fato Deus abriu seus olhos com vistas a que mais claramente descobrissem sua desesperada perversidade, como se, sacudindo sua hipocrisia e bajulações, ele os arrastasse de seus esconderijos para a luz.

36. E o bajularam com sua boca e lhe mentiram com sua língua. Aqui são acusados de perfídia, porque nem confessavam sua culpa com sinceridade de coração, nem realmente atribuíam a Deus a glória de seu livramento. Não devemos presumir que o fizeram sem qualquer reconhecimento; porém notifica-se que a confissão dos lábios, como não procedia do coração, provinha de constrangimento e não de um espírito voluntário. É muito oportuno que se observe esse fato; porque dele aprendemos não só o dever que pesa sobre nós de nos guardarmos contra a grosseira hipocrisia que consiste em articularmos com a língua, diante dos homens, uma coisa, enquanto pensamos algo diferente em nossos corações, mas também que devemos nos precaver de uma espécie de hipocrisia que é mais secreta, e que consiste nisto: que o pecador, se vendo constrangido pelo temor, lisonjeia a Deus de uma maneira servil, enquanto que, caso pudesse, se esquivaria do juízo divino. A maioria dos homens é mortalmente golpeada por essa doença; pois embora a majestade divina arranque deles algum tipo de temor, todavia para eles seria gratificante poder extinguir completamente toda a luz da verdade divina. Portanto, não basta que demos nosso assentimento à palavra divina, a menos que esse assentimento seja acompanhado pela afeição verdadeira e pura, de modo que nossos corações não estejam duplicados ou divididos. O salmista realça a causa e fonte dessa dissimulação, a saber: que *não eram firmes e fiéis*. Com isso ele notifica que tudo quanto não procede de uma pureza não fingida do coração é considerado mentira e fraude aos olhos de Deus. Visto que essa retidão é requerida pela lei, ele acusa o povo de ser transgressor do pacto, porque não haviam guardado o pacto de

Deus com aquela fidelidade que ele lhes impôs. Como já observei em outra parte, há sempre que pressupor-se uma relação e correspondência naturais entre o pacto de Deus e nossa fé, a fim de que o consenso sincero desta corresponda à fidelidade daquele.

> [vv. 38-41]
> Ele, porém, sendo misericordioso, expiou sua iniqüidade[34] e não os destruiu; e diversas vezes desviou seu furor e não incitou toda sua ira. E lembrou que eles eram carne; um espírito[35] que passa e não volta. Quantas vezes o provocaram no deserto, e o entristeceram no ermo! Voltaram atrás e tentaram a Deus e limitaram o Santo de Israel.

38. Ele, porém, sendo misericordioso, expiou sua iniqüidade. Para mostrar o mais plenamente possível que de modo algum sua intenção era humilhar os israelitas, mas que seu intuito era que volvessem ao são estado mental, somos agora informados que, embora Deus suportasse suas transgressões multiplicadas e exercesse sua misericórdia em perdoá-los, não tinham manifestado menos sua perversidade, abusando de sua benignidade em cada caso em que ela lhes fora exibida, do que eles tinham se mostrado refratários e obstinados quando os tratou com severidade. Ao mesmo tempo, realça-se a razão por que não pereceram completamente. Sem dúvida mereciam ser envolvidos numa destruição comum; porém declara-se que Deus mitigou seu furor, para que alguma semente deles viesse a permanecer. Para que ninguém infira, à luz desses exemplos de vingança que têm sido mencionados, que Deus quisesse puni-los com uma severidade injusta, somos informados que os castigos aplicados sobre eles foram moderados – sim, brandos,

---

34 "יכפר, *yecapher*, fez uma *expiação* pela iniqüidade deles." – *Dr. Adam Clarke*.
35 C'est à dire, souffle." – *v.f.m.* "Equivale dizer, um sopro." Dr. Adam Clarke traduz assim: "o espírito se vai e não regressa." Observa ainda: "A presente vida é o estado de provação; quando, pois, *a carne, o corpo, o espírito* se vão para o mundo eterno, e não retornam aqui novamente." Ele considera a tradução em nossa Bíblia inglesa "um vento que passa e não mais vem" como ruim e a qual pode levar ao erro; como se o homem quando morre seu ser está extinto e a morte não passasse de um sono eterno.

quando comparados com a grave natureza de sua perversidade. Deus deteve sua mão, não olhando tanto para o que realmente mereciam, mas desejando dar lugar a sua misericórdia. Entretanto, não devemos imaginar que ele seja mutável, quando numa ocasião nos castiga com certo grau de severidade; e que noutra, mansamente nos atrai e nos arrasta para si; porque no exercício de sua incomparável sabedoria, ele recorre a diferentes meios pelos quais sonda se há realmente alguma esperança de nossa recuperação. Mas a culpa dos homens se torna ainda mais grave quando nem sua severidade os regenera nem sua misericórdia os abranda. É preciso observar que a misericórdia de Deus, a qual é um atributo essencial de sua natureza, é aqui realçada como a razão por que ele poupou seu povo para ensinar-nos que ele não foi induzido por alguma outra causa, senão esta: para mostrar-se mui inclinado e pronto a perdoar. Além do mais, como ele os perdoou não em um só caso, nem em um só aspecto, afirma-se que *ele expiou sua iniqüidade para não vir a destruí-los*; e novamente que, embora tivesse sido provocado vezes incontáveis, todavia não cessou de desviar seu furor; e, finalmente, que ele mitigou suas disciplinas para que o povo não fosse esmagado com o peso delas.

39. E ele se lembrou de que eram carne. Agora apresenta-se outra razão por que Deus teve compaixão do povo, a saber: sua indisposição em testar sua força contra os homens cuja constituição lhes permite viver um curto período neste mundo, e que então passam rapidamente; pois as formas de expressão aqui usadas denotam a fragilidade pela qual a condição dos homens se torna miserável. *Carne* e *espírito* são amiúde contrastados nas Escrituras; não só quando *carne* significa nossa natureza depravada e pecaminosa, e *espírito* a retidão com a qual os filhos de Deus nascem de novo; mas também quando os homens são chamados *carne* em virtude de não haver neles nada firme ou estável; como lemos em Isaías [31.3]: "O Egito é carne, não espírito." Nesta passagem, contudo, as palavras *carne* e *espírito* são empregadas no mesmo sentido – *carne* significa que os homens estão sujeitos à corrupção e putrefação; e *espírito*, que eles não passam de fôlego ou sombra evanescente. Como os homens chegam à morte através de desgaste e decadência contínuos, o ser humano é comparado a um vento que passa e que, em sua solidariedade, cai e não volta mais. Quando tivermos concluído nossa carreira, não começamos uma nova vida na terra; ainda quando disse Jó [14.7-10]: "Porque há esperança para a árvore que, se for cortada, ainda se renovará, e não cessarão seus renovos. Se envelhecer na terra sua raiz, e seu tronco morrer no pó, ao cheiro das águas brotará e dará ramos como uma planta. Morto o homem, porém, é consumido; sim, rendendo o homem o espírito, então onde está ele?" O significado, pois, como podemos agora claramente perceber, é que Deus, no exercício de sua misericórdia e benevolência, privou com os judeus, não porque mereciam isso, mas porque sua condição desolada e transitória despertou sua piedade e o induziu a perdoá-los. Mais adiante nos depararemos com uma afirmação quase similar no Salmo 103.13-16, onde Deus é representado como sendo misericordioso para conosco, pelo fato de ver que somos como a relva, e que logo murchamos e secamos como o feno. Ora, se Deus nada vê em nós senão miséria a despertar sua compaixão, segue-se que é tão-somente sua pura e imerecida bondade que o induz a sustentar-nos. Quando se afirma que os homens *não voltam*, ao concluir o curso de sua vida neste mundo, não se pretende excluir a esperança de uma ressurreição futura; porquanto os homens são contemplados simplesmente como são agora em si mesmos, e é meramente de seu estado sobre a terra do que se fala aqui. Com respeito à renovação do homem à vida celestial, ela é um milagre que vai muito além da própria natureza. No mesmo sentido se diz, em outro lugar: "Seu espírito sai, e não volta" [*Sabedoria* 16.14]; linguagem que significa que os homens, quando nascem no mundo, não trazem consigo a esperança de restauração futura, a qual se deriva da graça da regeneração.

40. Quantas vezes o provocaram no deserto! Aqui a sentença precedente é confirmada, sendo declarado que, como tinham em tantos casos provocado a Deus no deserto mediante o vasto acúmulo de seus pecados,[36]teriam necessariamente perecido mil vezes, não tivera ele tantas e tantas vezes se revelado favorável e misericordioso para com eles. A forma interrogativa da sentença expressa mais significativamente que continuaram pecando sem interrupção. A palavra *deserto* inclui em si a circunstância tanto de lugar quanto de tempo. Daí se depreende, primeiramente, a intenção de reprovar sua ingratidão, em que a memória dos benefícios de Deus, enquanto ainda fresca em suas mentes, e ainda a visão deles diariamente diante de seus olhos, não foi de forma alguma suficiente para refreá-los em sua impiedade; e, em segundo lugar, condenar sua impetuosa e enfatuada temeridade em amontoar uma multidão tão imensa de pecados dentro de tão curto período.

No mesmo sentido acrescenta-se imediatamente em seguida [v. 41] que *voltaram* a seus métodos anteriores, e *tentaram a Deus*. A palavra *voltar* não significa aqui mudança, mas um curso contínuo da ação de pecar. A hedionda indignidade praticada contra Deus quando os homens o tentam é expressa através de uma bela metáfora. A palavra hebraica, הוה, *tavah*, significa *demarcar* ou *descrever*. Notifica-se que quando o povo ousou limitar as operações de Deus, conforme seu bel--prazer, ele foi, por assim dizer, encerrado com vigas de madeira ou barras de ferro, e seu poder infinito circunscrito dentro de tacanhas fronteiras em que a incredulidade o confinou. E, com toda certeza, sempre que os homens deixam de avançar além das fronteiras de seu entendimento, é como se medissem a Deus com a medida de sua tacanha capacidade, o que outra coisa não é senão arrancá-lo de seu próprio trono; pois sua Majestade seria trazida a nossa própria sujeição, caso o regulemos segundo nossa fantasia pessoal.

---

36 "Provocaram a Deus pelo menos dez vezes (Nm 14.22), durante os dois primeiros anos de sua jornada pelo deserto: (1) no Mar Vermelho (Êx 14.11, 12); (2) nas águas de Mara (Êx 15.24); (3) no deserto de Sin (Êx 15.2); (4) quando guardaram do maná até o dia seguinte (Êx 16.10); (5) quando o maná foi recolhido no sábado (Êx 16.27); (6) em Refidim, onde não havia água (Nm 20.2, 13); (7) em Horebe, quando fabricaram um bezerro (Êx 32.1ss.); (8) em Taberá (Nm 11.1-3); (9) quando cobiçaram carne (Nm 11.4); (10) quando murmuraram ante as notícias dos homens que foram enviados a examinar a terra (Nm 14.1ss.). – *Cresswell*.

[vv. 42-51]
Não se lembram de sua mão, nem do dia em que os livrou do opressor;[37] quando pôs seus sinais no Egito e seus milagres no campo de Zoã. Quando converteu seus rios em sangue; e seus mananciais, para que não pudessem beber. Enviou entre eles uma mistura[38] que os devorou; e rãs que os destruíram. E deu seu fruto [ou produto] às lagartas;[39] e seu labor ao

---

37 Ou, seja: Faraó, como o demonstra o próximo versículo. Veja-se Salmo 107.2.

38 Esta é uma tradução literal da palavra original ערב, *arob*, que se deriva do verbo ברע, *arab*, ele misturou. Não há acordo entre os intérpretes quanto ao significado deste nome dado aqui, e em Êxodo 8.21, e no Salmo 105.31 uma das pragas que caíram sobre os egípcios. A Caldaica traz "um misto de criaturas vivas da floresta". "Uma mistura; uma coleção mista de animais", diz Bythner. Em nossa Bíblia inglesa temos "diversos tipos de moscas". Outros traduzem "enxames de moscas". Mant traduz "a mosca devoradora"; Fry, simplesmente "a mosca"; e Walford: "a mutuca". "A Septuaginta", diz Mant, "traduziu a palavra original traduzida por 'mosca', quando expressa em relação à praga egípcia, constantemente por κυνομυία, 'mosca de cão'; por isso se torna evidente que os tradutores pensem nela como alguma espécie de mosca, em oposição aos que endossam a opinião de que significava 'toda sorte de moscas'. (Veja-se Parkhurst sobre ברע.) Que espécie particular se pretendia tem havido muita dúvida. Bruce, contudo, parece ter decidido a questão e determinado que o inseto era uma mosca da Etiópia, chamada Zimb, da qual ele apresentou uma descrição particular. Alguns de seus efeitos são assim representados por ele: 'Assim que essa praga aparece e se ouve seu zumbido, todo o gado esquece sua comida e corre selvagemente pela planície até morrer, extenuado pela fadiga, medo e fome. Nenhum remédio existe senão deixar a terra negra e correr para as areias de Atbara; e ali ficam enquanto durarem as chuvas, e este cruel inimigo não mais ouse persegui-los. Embora seu inimigo seja imenso, como também sua força e seu corpo coberto com pele grossa, defendida por pelos fortes, contudo mesmo os camelos não são capazes de suportar as violentas picadas que a mosca faz com seus probóscides pontiagudos. Uma vez atacados por essa mosca, seu corpo, cabeça e pernas, prorrompendo em grandes protuberâncias, com inchaço, tumores e putrefação, por certo que a criatura é destruída. Mesmo o elefante e o rinoceronte que, em virtude de seu enorme corpanzil e a vasta quantidade de comida e água de que necessitam diariamente, não podem galgar os desertos e lugares secos, segundo o tempo requeira, se vêem obrigados a rolar na lama e lodo, os quais, quando secam, formam uma espécie de armadura e lhes possibilitam a suportar esse assassino alado'." – Mant.

39 חסיל, *chasil*, que se deriva de חסל, *chasal*, consumir, devorar, denota uma espécie de inseto, assim chamado em função de devorar os frutos da terra. Mas estamos tão pouco familiarizados com as várias espécies de insetos destrutivos que devastam os países orientais, que é um tanto difícil determinar as espécies particulares implícitas por este termo. Ele se distingue do gafanhoto na oração de Salomão durante a dedicação do templo (2Cr 6.28) e em Joel (1.4), onde é mencionado como a devorar o que os gafanhotos deixaram. Harmer endossa a opinião de que é uma espécie de inseto hoje chamado sim, na Pérsia, referido no seguinte extrato das viagens de Sir John Chardin: "A Pérsia está sujeita a ter suas colheitas destruídas pela saraiva, pela seca e pelos insetos, sejam gafanhotos ou pequenos insetos a que chamam sim, que são pequenos piolhos brancos, os quais se fixam no pé do talo do trigo, devorando-o e fazendo-o morrer. É raro um ano que se vêem isentos de um ou outro desses flagelos, os quais afetam as terras aradas e os jardins" etc. Harmer observa ainda: "A enumeração feita por Salomão, e que este escritor moderno, embora não exatamente, todavia tão semelhante um do outro, que se veria inclinado a crer que esses pequenos insetos são o que Salomão tinha em mente pela palavra [חסיל, *chasil*] traduzida 'lagartas' em nossa versão inglesa." – Harmer,s Observations, vol. III. p. 316. חסיל, *chasil*, é traduzida βρουχος, pela LXX,

gafanhoto.⁴⁰ E destruiu suas vinhas com saraiva, e seus sicômoros⁴¹ com granizos.⁴² Também entregou seu gado à saraiva; e seus rebanhos, aos coriscos. Enviou sobre eles o ardor de sua ira, fúria, indignação e aflição, e enviou contra eles anjos maus. Preparou um caminho para sua ira; não poupou sua alma da morte, e entregou seu gado⁴³ à pestilência. E feriu a todo primogênito no Egito; as primícias de seu vigor,⁴⁴ nas tendas de Cam.

---

em 2 Crônicas 6.28, e por Aquila aqui, e também pela Vulgata em 2 Crônicas e em Isaías 33.4, e é traduzida por Jerônimo aqui, *bruchus*, 'besouro', o qual se sabe muito bem é um grande devorador das folhas das árvores. A Siríaca, em Joel 1.4; 2.25, o traduz por צרצורא, *tzartzooro*, o qual Michaelis (Supplem. ad Lex. Heb., p. 865), do árabe צרצר, *tsartzar*, um grilo, interpreta o grilo toupeira que, em seu estado de larva é também um grande destruidor do trigo, grama e outros vegetais, corroendo suas raízes, das quais se alimenta. – Veja-se Parkhurst's Lexicon sobre חאל.

40 A palavra hebraica aqui traduzida 'gafanhoto' é ארבה, *arbeh*, que propriamente significa 'locusta'. A locusta não recebe menos de dez diferentes nomes na Escritura, cada um deles indicando algo característico. É chamada ארבה, *arbeh*, por sua extraordinária fecundidade. Nenhum animal é mais prolífero; tampouco a Providência já empregou uma agência mais eficiente em destruir os frutos da terra. Dr. Russell, em seu livro, *Natural History of Aleppo*, observa que as locustas "às vezes chegam numa multidão tão incrível quanto parece fabuloso relatar, destruindo por onde passam tudo quanto é verde." Um viajante pela Síria diz: "Aquele país, juntamente com o Egito, Pérsia e quase toda a parte média da Ásia, participam de outro flagelo além de vulcões e terremotos, os quais não são menos terríveis; quero dizer aquelas nuvens de locustas das quais os viajantes têm falado; a quantidade desses insetos é incrível a qualquer pessoa que nunca os viu; a terra é coberta por eles por muitos quilômetros ao redor. É possível ouvir à distância o ruído que fazem ao devorarem as plantas e árvores, como um exército que saqueia em secreto. Seria melhor pensar no Tártaro do que nesses minúsculos animais destruidores; alguém poderia dizer que o fogo acompanha seu rastro." – Veja-se *Parkhurst's Lexicon* sobre רבה.

41 A palavra original שקמותם, *shikmotham*, não significa propriamente a *figueira*, mas o *sicômoro*, uma árvore que cresce na Palestina, Arábia e Egito. É diferente do sicômoro inglês, que é uma espécie de bordo. Produz fruto semelhante ao figo, enquanto suas folhas se parecem com as da amoreira; daí seu nome, συκος (*sycos*), figueira, e μωρος (*moros*), uma amoreira. O sicômoro era de muito valor para os egípcios antigos. Fornecia-lhes madeira para vários propósitos; propiciava uma sombra gratificante por seus galhos frondosos; e os figos que produzia, é bem provável, formavam uma parte principal da alimentação do povo comum. "Norden nos conta que o povo, em sua grande maioria, vivia desses figos; se imaginavam bem regalados quando tinham um pedaço de pão, um par de figos e um cântaro cheio de água do Nilo." – *Harmer's observations*, vol. IV, pp. 4, 5. À luz desse fato é fácil conceber quão severa e angustiante perda tiveram os egípcios que enfrentar "quando suas vinhas foram destruídas pelo granizo, e seus sicômoros pela geada ou chuva de pedras".

42 "למנחב, *ba-chana-mal*, em geada. Um substantivo de quatro letras prefixadas com ב חנמל é lido aqui somente na Escritura. E se desconhece o que viria a ser. Geada severa, segundo alguns; um tipo de granizo, segundo outros." – Bylner.

43 A palavra original חיתם, *chayatham*, aqui traduzida *seu gado*, é traduzida em nossa Bíblia inglesa *sua vida*. A referência é à praga que destruiu todos os primogênitos na terra do Egito. O primogênito do gado e dos próprios egípcios foram envolvidos numa destruição comum (Êx 12.29).

44 "Ar. lê בניהם, 'as primícias de seus filhos'. Veja-se Êxodo 12.29." – *Dimock*.

42. Não se lembraram de sua mão. O escritor sacro continua ainda a exprobrar os israelitas; pois a simples lembrança dos benefícios de Deus poderia tê-los restringidos, não tivessem eles voluntária e perversamente esquecido tudo quanto haviam experimentado. Deste ímpio esquecimento procedem a inconstância e toda rebelião. *A mão de Deus*, como se sabe muito bem, é através de metonímia tomada por seu poder. No livramento das tribos escolhidas do Egito aqui celebrado, a mão de Deus foi estendida de uma maneira nova e notável. E sua impiedade, contra a qual o profeta agora invectiva, se tornara ainda mais detestável ante o fato de que reputaram como nada, ou logo esqueceram, aquilo que em um momento sequer deviam ter dissipado de sua memória. Além disso, ele relembra certos exemplos do poder de Deus, os quais ele primeiro chama *sinais* e então, *milagres* [v. 43], que pela menção dos mesmos podia novamente repreender a vergonhosa estupidez do povo. Por meio de ambas essas palavras ele expressa a mesma coisa; na segunda sentença do versículo, porém, a palavra *milagres* põe ênfase adicional, significando que, por meio de eventos tão estranhos e jamais ouvidos, os egípcios, naquele tempo, ficaram estremecidos com tal terror que jamais teria se desvanecido das mentes dos israelitas.

44. Quando ele converteu seus rios em sangue. O salmista não enumera pela ordem os milagres pelos quais Deus dera evidência de seu poder no livramento de seu povo. Ele considerava ser suficiente trazer a sua memória as histórias tão notórias desses eventos, que seria suficiente para descortinar a perversidade e ingratidão com que eram responsabilizados. Nem nos é necessário delongar-nos sobre essas coisas, visto que a narrativa de Moisés fornece um relato mais distinto e mais completo do que é aqui brevemente afirmado. Gostaria apenas que meus leitores se lembrassem que, embora Deus com freqüência punisse os pecados dos pagãos, enviando contra eles saraiva e outras calamidades, porém todas as pragas que naquele tempo foram infligidas sobre os egípcios eram de um caráter extraordinário, de tal forma que jamais se ouviu. Portanto, emprega-se uma variedade de palavras para realçar esses memoráveis exemplos da vingança divina: **enviou contra eles o ardor de sua ira,**

fúria, indignação e aflição. Este acúmulo de palavras tem a intenção de despertar as mentes que se acham adormecidas para que a descoberta de tantos milagres, dos quais tanto o número quanto a excelência, pudesse ser percebida até mesmo pelos próprios cegos.

Em último lugar, acrescenta-se que Deus executou esses juízos pela instrumentalidade de *anjos*. Embora Deus tenha, como bem lhe aprouve, estabelecido certas leis, sejam do céu ou da terra, e governa toda a ordem da natureza de tal maneira que a cada criatura designou ele sua própria função peculiar; todavia, sempre que lhe pareça bem, ele faz uso do ministério de anjos para a execução de suas ordens, não por meios ordinários ou naturais, mas por seu secreto poder, o qual nos é incompreensível. Há quem pensa que os demônios são aqui indicados só porque o epíteto *mau* ou *nocivo* se aplica a *anjos*.[45] Não rejeito esta opinião; porém a base sobre a qual ela repousa é pouco sólida. Dizem que, como Deus nos dispensa seus benefícios pelo ministério de anjos eleitos, assim ele também executa sua ira pela agência de anjos réprobos, como se fossem seus executores. Admito ser isso em parte verídico; porém nego que essa distinção seja sempre observada. Muitas passagens da Escritura podem ser citadas em contrário. Quando o exército dos assírios puseram sítio à santa cidade de Jerusalém, quem foi que fez tal devastação entre eles, quando os compeliu a erguer o cerco, senão o anjo que foi designado naquela ocasião para a defesa da Igreja? [2Rs 19.35]. Da mesma forma, o anjo que matou os primogênitos no Egito [Êx 11.5] não era apenas ministro e executor da ira divina contra os egípcios, mas também o agente

---

45 Aben Ezra supõe que מלאכי רעים, *malachey raim*, seja Moisés e Arão, como *mensageiros do mal* a Faraó, que são assim chamados porque previamente o advertiram e anunciaram os juízos de Deus contra ele, justamente como o profeta Abias faz uso de uma expressão similar quando a esposa de Jeroboão veio a ele para inquirir sobre seu filho: "Eu te sou mensageiro de duras coisas" (1Rs 14.6). Fry também lê "mensageiros do mal" e tem a seguinte nota: "Tal é o significado literal e a tradução exata de מלאכי רעים, e não *anjos maus*, que seria regularmente מלאכים רעים. Pela expressão *mensageiros maus*, não tenho dúvida, não significa mais que Moisés e Arão que tinham a responsabilidade de apresentar anúncios da ira divina a Faraó, antes da aplicação de todas as pragas severas." Secker, contudo, observa que embora מלאכים רעים seja a expressão própria para *anjos maus*, todavia o plural de לאך é às vezes escrito defectivamente מלאכי. A LXX traz ἀποστολὴν δι᾽ ἀγγέλων πονηρῶν, "uma mensgem através de anjos maus."

empregado para preservar os israelitas. Em contrapartida, embora os reis de quem Daniel fala fossem avaros e cruéis, ou, melhor, ladrões, virando todas as coisas de ponta cabeça, todavia o profeta declara [11.13] que santos anjos foram designados para cuidar deles. É provável que os egípcios foram entregues e se sujeitaram aos anjos réprobos, segundo seu merecimento; mas podemos simplesmente considerar os anjos aqui descritos como denominados de *maus* em virtude da obra para a qual foram empregados – porque infligiram sobre os inimigos do povo de Deus terríveis pragas com o intuito de reprimir sua tirania e crueldade. E assim tanto os anjos celestiais e eleitos quanto os anjos apóstatas são com justiça considerados os ministros ou executores de calamidades. Devem, porém, ser considerados como tais em diferentes sentidos. Os primeiros rendem a Deus uma feliz e voluntária obediência; os últimos, porém, como estão sempre solícitos em fazer dano e caso pudessem virariam o mundo de ponta cabeça, são instrumentos poderosos para infligir calamidades sobre os homens.

50. Ele fez um caminho para seu furor.[46] Para desfazer toda e qualquer justificativa desse povo ingrato, a quem as mais evidentes e notáveis provas da bondade de Deus que foram apresentadas ante seus olhos não podiam manter sua obediência a ele, aqui novamente se repete que a ira de Deus inundou o Egito como uma torrente impetuosa. O milagre aludido é o último que foi ali operado, quando Deus, pela poderosa mão de seu anjo, matou, numa só noite, todos os primogênitos do Egito. Segundo um modo comum e familiar de falar no idioma hebraico, os primogênitos são chamados *princípio* ou *primícias do vigor*. Embora os idosos avancem rumo à morte pelo declínio dos anos, todavia quando são de certa maneira renovados em sua prole e assim se pode dizer que recobram seu vigor desgastado, o termo *vigor* se aplica a seus filhos. E os primogênitos são

---

46 "*Ele aplainou uma vereda para seu furor.* פלס [o termo para *aplainar*] significa orientar-se por uma linha ou nível; e quando aplicado a um caminho, subentende-se denotar que o caminho é feito reto e suave, de modo a não deixar qualquer impedimento ao transeunte. Veja-se a sinopse de Poole e Le Clerc. O sentido será exatamente o mesmo se assim interpretarmos a frase, ou supormos o furor de Deus tomando sua direção, παρὰ στάθμην, numa linha reta e por meio de um nível; isto é, no caminho mais curto, sem delonga nem desvio." – *Merrick's Annotations*.

chamados *o princípio* ou *as primícias* desse vigor, como expliquei mais amplamente em Gênesis 49.3. As casas do Egito são chamadas *as tendas de Cam*, porque Misraim, que deu o nome ao país, era filho de Cam [Gn 10.6]. Além do mais, o amor gracioso de Deus para com a posteridade de Sem é aqui celebrado, como manifesto, em sua preferência, a esta e não aos filhos de Cam, embora não possuíssem nenhuma excelência intrínseca que pudesse torná-los dignos de tal distinção.

[vv. 52-58]
E fez com que seu povo saísse como ovelhas, e os guiou no deserto como um rebanho. E os conduziu em segurança, e não temeram; e o mar cobriu seus inimigos. E os trouxe até sua santa divisa [literalmente, à divisa de sua santidade], este monte⁴⁷ que sua destra adquiriu.⁴⁸ Expulsou os pagãos de diante deles; e lhes fez cair sua parte da herança;⁴⁹ e fez os filhos de Israel habitar em suas tendas. E tentaram e provocaram o Deus Altíssimo e não guardaram seus testemunhos. E voltaram atrás e se portaram traiçoeiramente, como seus pais; voltaram atrás como um arco enganoso.⁵⁰ E o provocaram à ira com seus lugares altos; e o moveram à ira com suas imagens de escultura.

---

47 "Este monte, isto é, Sião; o qual o salmista podia apontar com seu dedo." – *Dimock*.
48 "Ou, possedee." – *v.f.m.* "Ou, possuíram."
49 "Talvez para נחלה devamos ler נהלם, 'e ele lhes fez cair *a sorte* de sua herança'. Pois alguns eruditos têm conjeturado que a terra de Canaã foi originalmente a porção de Heber e seus descendentes, e que os cananeus a obtiveram por *força e violência*; por cuja razão, entre outras, foram expulsos dela e os hebreus foram ali reinstalados. Veja Gênesis 11.15; 13.15; 1 Crônicas 1.24-27; e Observação de Bryant. Veja-se, porém, Salmo 105.11, 12, 44; e Salmo 111.7." – *Dimock*.
50 "כקשת רמיה, como um arco enganoso. Esta comparação não parece comunicar uma idéia adequada aqui ou em Oséias 7.16. Poderíamos então aventurar-nos a ler em ambos os lugares כאשה, 'como uma mulher enganosa?' sendo o Israel apóstata às vezes representado sob o caráter de uma adúltera. Veja-se Ezequiel 16.32. E a última linha do versículo seguinte contendo vigorosamente esta redação: 'e o fizeram ciumento com suas imagens'. Veja-se Êxodo 20.5." – *Dimock*. Não há, contudo, necessidade desta emenda conjetural. A imagem empregada é bastante natural. "O arco oriental", diz Dr. Adam Clarke, "o qual, quando fora de uso, tem a forma de um וסנ, tem de ser recurvado ou encurvado ao contrário, a fim de ser o que chamavam dobrado ou retesado. Se uma pessoa sem habilidade ou fracamente tenta recurvar ou esticar um desses arcos, se não tiver cuidado, o esticará ao inverso e recuperará sua posição quiescente, e talvez até mesmo quebrará seu braço. E algumas vezes eu soube, quando retesado, desviá-lo – recuperando sua posição quiescente – o que me constituía não pequeno perigo; e, num ou dois casos, para meu prejuízo. Esta imagem é amiúde usada nos Escritos Sacros; porém ninguém o tem entendido por não estar familiarizado com o arco recurvado do oriente, o qual tem de ser encurvado ao contrário a fim de estar pronto para uso. Esses israelitas, quando expostos a sua curvatura natural, logo retrocedem e reincidem a seu primeiro estado.

52. E ele fez seu povo sair como ovelhas. O salmista uma vez mais celebra o amor paternal de Deus para com o povo eleito, a quem, como já observamos em outra parte, compara com um rebanho de ovelhas. Não tinham sabedoria nem poder propriamente seu para preservar-se e defender-se. Deus, porém, graciosamente se condescendeu em exercer em seu favor o ofício de pastor. É este um emblema singular do amor que ele nutria por eles, não se importando em ocupar uma posição humilde a fim de alimentá-los como suas próprias ovelhas. O que poderia uma multidão que nunca fora treinada na arte da guerra fazer contra inimigos tão poderosos e guerreiros? No tocante a aprender a arte da guerra, como se sabe muito bem, até aqui o povo tinha sido empregado, quando ainda no Egito, em ocupações humildes e servis, como se fora condenado a trabalhar embaixo da terra, em minas ou em pedreiras.

53. E os conduziu em segurança, e não temeram. Isso não significa que se refugiaram em Deus confiadamente e com mentes tranqüilas, senão que, tendo Deus por seu guia e o guardião de seu bem-estar, não tiveram motivo para temer. Quando em alguma ocasião foram lançados em consternação, isso se deveu a sua própria incredulidade. Desta causa procederam suas murmurações a que se entregavam, quando Faraó os perseguiu, ao deixarem o Egito e quando enfrentaram "doloroso medo": "Não havia sepulcros no Egito, para nos tirar de lá, para que morramos neste deserto? Por que nos fizeste isto, fazendo-nos sair do Egito? Não é esta a palavra que te falamos no Egito, dizendo: Deixa-nos, que sirvamos aos egípcios? Pois que melhor nos fora servir aos egípcios, do que morrermos no deserto" [Êx 14.11, 12]. Essa segurança, pois, não deve ser atribuída ao sentimento da mesma na mente do povo, mas à proteção de Deus, por meio da qual ocorreu que, seus inimigos sendo precipitados no Mar Vermelho, passaram a desfrutar quietude e repouso no deserto.

Outros benefícios que Deus lhes concedera são aqui recitados, e ao mesmo tempo outras transgressões com que se tornaram culpados.

Isso mostra ainda mais claramente sua profunda ingratidão. Depois de haver obtido a posse da herança que lhes fora prometida, como se não estivessem sob nenhuma obrigação para com Deus, seus corações se tornaram continuamente rebeldes e intratáveis. O cumprimento e, por assim dizer, o ato final de seu livramento consistiam em introduzi-los na posse da terra de Canaã, cuja entrada eles mesmos se tinham impedido não tivera Deus determinado, não obstante sua perversidade, completar, em todos os aspectos, a obra que começara. A terra mesma é chamada *as fronteiras do santuário de Deus* [v. 54], porque Deus, ao destiná-la a seu povo, também a consagrara a si. Manifesta-se que isso exibe, numa luz ainda mais hedionda e agravada, a iniqüidade do povo que introduziu naquela terra as mesmas contaminações com que ela antigamente fora contaminada. Que loucura para o povo de Israel, que sabia que os antigos habitantes do país foram expulsos por conta de suas abominações, esforçar-se por suplantá-los em todo tipo de perversidade! Como se estivessem resolvidos a fazer tudo quanto lhes fosse possível, e fazer descer sobre suas cabeças aquela divina vingança que havia sido executada contra outros. As palavras *este monte* são indevidamente explicadas por alguns como aplicando-se a todo o país da Judéia; pois ainda que fosse uma região montanhosa, havia nela terrenos planos e nivelados de grande extensão, de comprimento e largura. Portanto, não tenho dúvida de que, à guisa de amplificação, o salmista faz honrosa menção do monte Sião, o qual Deus escolhera como sua própria habitação e para ser a sede de seu trono. De fato admito que sob esta expressão, à guisa de sinédoque, uma parte é expressa pelo todo; apenas gostaria que meus leitores compreendessem que este lugar é expressamente intitulado como sendo uma fonte donde fluía a santidade de toda a terra. Assevera-se que Deus, com sua destra, possuiu ou adquiriu este monte; porque o verbo hebraico, קָנָה, *kanah*, pode ser entendido num destes sentidos; e faz-se esta asseveração para que os israelitas não se deixassem dominar pela soberba, como se tivessem efetuado a conquista da terra ou obtido a posse pacífica dela por seu próprio poder. Como se afirma no Salmo 44.3: "Pois não conquistaram a terra por sua espada, nem seu braço os salvou, mas tua destra e teu braço, e a luz de tua face, porquanto te agradaste deles."

55. Ele expulsou os pagãos de diante deles; e lhes fez cair sua parte na herança. Estas palavras são uma explicação da sentença final do versículo precedente: descrevem a forma como a terra de Canaã foi adquirida, notificando claramente que os israelitas não eram uma raça guerreira, nem aquelas nações pagãs tão covardes, ao ponto de tornar uma questão fácil para aquela conquistar estas, e que teria sido impossível que aquela expulsasse estas do país não tivesse sido levada à vitória sob a diretriz de Deus e sido socorrida por seu poder. Além disso, lhes teria sido ilícito assumir a posse do país não fora a vontade de Deus que os primeiros habitantes se vissem privados dele e que estrangeiros se estabelecessem nele em seu lugar.

56. E tentaram e provocaram o Deus Altíssimo. Aqui são exprobrados por terem perseverado em agir perfidamente, não obstante os muitos emblemas do divino favor pelos quais se distinguiram. Sim, mesmo quando Deus, de tempo em tempo, lhes conferiu novos benefícios a fim de restaurá-los a seu antigo compromisso para com ele, não obstante, por sua rebelião, sacudiram seu jugo. Com respeito ao verbo *tentar*, já explicamos sua conotação. Acrescenta-se, porém, em geral que *provocaram a Deus em virtude de não guardarem seu pacto*. Por meio desta última sentença, sua franca e grosseira rebelião é ainda mais cabalmente demonstrada; porque, embora tivessem sido claramente instruídos em seus deveres, não obstante se recusaram a submeter-se à autoridade de Deus. A lei é chamada *testemunhos* ou *contratos*,[51] porque, como os homens fazem contratos sob certas condições, assim Deus, por meio de seu pacto, fez um contrato com este povo, e os comprometeu a si. Ao falar deles nesses termos, pronuncia-se sobre eles uma censura não branda; mas quando, no próximo versículo, são

---

51 "Ou, Convenances." – *v.f.*

acusados de apostasia e perfídia, isso enche a medida de sua culpa. Deus os adotara para serem seu povo; eles, em contrapartida, desprezando seu favor, voluntariamente o renunciaram. Ele os havia congregado sob suas asas; e eles, por sua obstinação, se espalharam em todas as direções. Ele lhes prometera ser seu Pai; e eles se recusaram ser seus filhos. Ele lhes mostrara o caminho da salvação; e eles, se transviando, voluntariamente se precipitaram na destruição. O profeta, pois, conclui que em todo tempo se revelaram ímpios e perversos. Novamente se observa que a falta mais severamente condenada neles consiste em que se assemelhavam perfeitamente a seus pais. Isso é particularmente mencionado para impedir que alguém se enganasse supondo que, ao imitar indiscriminadamente seus ancestrais, ele está agindo corretamente, e que nem pensa em fazer uso de seu exemplo como argumento em defesa de sua própria conduta. A instabilidade do povo é em seguida expressa pelo uso de uma figura oposta, a qual Oséias também emprega no capítulo 7 de suas profecias, no versículo 16. Como os arqueiros são enganados quando têm um arco fraco demais, ou mal arqueado, ou torto e flexível, assim declara-se que este povo *voltou atrás*, por sua astúcia enganosa e tortuosa escapuliram para que não fossem governados pela mão de Deus.

58. E o provocaram à ira com seus lugares altos. Temos aqui aduzidas as espécies de defecção pelas quais os israelitas forneceram evidências incontestáveis de que se recusavam ser fiéis a Deus e ser-lhe submissos. Tinham sido advertidos suficientemente, e mais do que suficientemente, de que o serviço de Deus seria pervertido e contaminado, a menos que se ajustassem em cada parte dele pela adesão à Palavra de Deus. E agora, desconsiderando toda sua lei, temerariamente seguiram suas próprias invenções. E os frutos que invariavelmente procediam do desprezo à lei consistem em que os homens decidem, antes, seguir seu próprio entendimento, e, não se submetendo à autoridade de Deus, se deixam assenhorear-se por grosseiras superstições. O salmista se queixa de que o serviço de Deus era corrompido por eles de duas maneiras: em primeiro lugar, por deformarem a glória de

Deus, estabelecendo para si mesmos ídolos e imagens de escultura; e, em segundo lugar, por inventarem cerimônias estranhas e proibidas com o intuito de aplacar a ira de Deus.

[vv. 59-66]
Deus ouviu isso e se indignou, e sentiu excessiva aversão por Israel. E desamparou a habitação de Silo,[52] o tabernáculo donde habitava entre eles. E entregou sua força ao cativeiro e sua beleza na mão do inimigo. E entregou seu povo à espada, e se enfureceu contra sua herança. O fogo devorou seus escolhidos;[53] e suas virgens não foram aplaudidas.[54] Seus sacerdotes caíram pela espada; e suas viúvas não fizeram lamentações. O Senhor, porém, se despertou como quem acaba de dormir, como um valente por causa do vinho. E golpeou seus inimigos por trás; e os pôs por desgraça eterna.

59. Deus ouviu isso, e se indignou. O profeta novamente mostra que Deus, quando viu que nenhum bem resultava de sua longanimidade, a qual foi abusada pelo povo, sim, até mesmo tratada com desdém e pervertida como se fosse um estímulo para se pecar em maior excesso, por fim passou a aplicar severos castigos sobre eles. A metáfora, a qual ele toma por empréstimo dos juízes terrenos, é amiúde encontrada nas Escrituras. Quando se diz que Deus *ouve*, não se pretende dizer que se faz necessário que ele faça inquisição, mas que sua intenção é ensinar-nos que ele não se precipita inconsideradamente a executar seus juízos, e assim evitar que alguém conclua que ele sempre age precipitadamente. O equivalente do que se declara aqui é que o povo prosseguiu pertinazmente

---

52 Silo era uma cidade da tribo de Efraim (filho de José), onde o tabernáculo e a arca tinham por muito tempo fixado morada (veja-se Js 18.1); porém dali a arca foi tomada pelos filisteus, nos dias do sacerdote Eli.
53 "C'est, l'elite et la fleur du peuple." – *v.f.m.* "Ou, seja, os escolhidos e a flor do povo."
54 Fry traduz assi m este versículo:
"Um fogo consumiu seus jovens,
E suas virgens não tiveram canto nupcial."
"הוללו (*pro* הללו), *laudatæ, celebratæ sunt*, scil. epithalamiis." – *Simonis*. "Não foram louvadas, ou, seja, permaneceram solteiras; visto que cânticos matrimoniais eram cantados nas núpcias."
– *Bythner*.

em sua perversidade, de modo que, por fim, seu clamor subiu ao céu; e o próprio peso do castigo demonstrou a natureza agravada da ofensa.

Depois de dizer que Israel, a quem Deus tanto amara, se tornou uma abominação a seus olhos, acrescenta-se [v. 60] que foram privados da presença de Deus, a qual é a única fonte da genuína felicidade e conforto em todos os tipos de calamidades. Deus, pois, é descrito como a *sentir náusea por Israel*, quando permitiu que a arca do concerto fosse levada para outro país, como se com isso ele quisesse indicar que ela partira da Judéia e dera adeus ao povo. É deveras bastante óbvio que Deus não estava restringido pelo símbolo externo e visível; mas como havia dado a arca para que fosse um emblema ou sinal da estreita união que subsistia entre ele e os israelitas, ao deixar que ela fosse levada, assim testificava que ele mesmo também se apartara deles. Silo fora por muito tempo a morada da arca e o lugar de onde ela foi capturada pelos filisteus [1Sm 4.11], passou a ser chamada *a habitação* ou *o lugar da morada de Deus*. A maneira de sua residência, em suma, é lindamente expressa na próxima sentença, onde Silo é descrita como sua morada *entre os homens*. É verdade que Deus enche os céus e a terra; mas, como não podemos alcançar aquela infinita altitude à qual ele se acha exaltado, ao descer entre nós pelo exercício de seu poder e graça, ele chega bem perto de nós na medida que se faz necessário e segundo nossa tacanha capacidade pode suportar. É um modo muito enfático de falar e apresentar Deus como em extremo encolerizado pela contínua perversidade de seu povo, de modo que se vê constrangido a abandonar esse lugar, o único que escolhera para si sobre a terra.

61. **E entregou sua força ao cativeiro**. Neste versículo persegue-se o mesmo tema. Declara-se que a *força* de Deus, pela qual os israelitas tinham sido protegidos e defendidos, estava naquele tempo *em cativeiro*. Não que seu poder só pudesse ser exercido em conexão com o símbolo externo; mas em vez de opor-se a seus inimigos como fizera anteriormente, era agora sua vontade que a graça pela

qual preservara seu povo fosse, por assim dizer, mantida cativa. Entretanto, isso não deve ser entendido como significando que os filisteus fizeram Deus seu prisioneiro. O significado é simplesmente que os israelitas foram privados da proteção divina, em conseqüência do quê caíram nas mãos de seus inimigos, da forma como um exército é posto em fuga quando o general é feito prisioneiro. A arca é também denominada *a beleza de Deus*; porque, sendo em si mesmo inerentemente invisível, ele fez dela o símbolo de sua presença; ou, por assim dizer, um espelho no qual ele pudesse ser visto. É intimorato, à primeira vista uma hipérbole absurda, dizer que a força de Deus fora feita prisioneira dos filisteus; ela, porém, é expressamente usada com o propósito de agravar a perversidade do povo. Como lhe era costumeiro exibir poderosamente o poder de seu braço em ajudá-los, as ofensas com que fora provocado veio a ser de um caráter muito hediondo, quando fez com que o símbolo de seu poder fosse violentamente levado por um exército pagão. Somos ensinados pelo profeta Jeremias [7.12] que, o que aqui se diz de Silo é expresso como uma advertência a todos os que, gabando-se sobre bases falsas, dizendo que desfrutavam da presença de Deus, se vangloriavam movidos por vã confiança: "Mas ide agora a meu lugar, que estava em Silo, onde, a princípio, fiz habitar meu nome, e vede o que lhe fiz, por causa da maldade de meu povo Israel." Se, pois, quando Deus se aproxima de nós de modo familiar, não o recebemos sinceramente com aquela reverência que deveria ser nossa, temos razão de temer que o que aconteceu ao povo em Silo também nos aconteça. E assim muito mais repulsivo, pois, é a vanglória do papa e de seus sequazes, os quais apoiam as reivindicações de Roma como sendo a habitação especial de Deus, à luz do fato de que a Igreja, em seus primórdios, vicejou naquela cidade. Deve-se ter em mente – o que parece estar esquecido – que Cristo, que é o verdadeiro templo da Deidade, nasceu em Belém e foi educado em Nazaré, e que morou e pregou em Cafarnaum e Jerusalém; e contudo a miserável desolação de todas essas cidades propicia um terrível testemunho da ira de Deus.

62. E ele entregou seu povo à espada. Outras partes da calamidade que sobreveio a Israel no tempo do sumo sacerdote Eli são aqui mencionadas. Deus, ao permitir que a arca fosse levada embora, mostrou que tinha subtraído deles seu favor. Isso foi também demonstrado pelo fato de que toda a fina flor do povo – aqueles que eram a aurora e albor do gênero humano – foi consumida pela ira divina, a qual é expressa como sendo *o fogo que os devorou*. Mas tal linguagem é metafórica, como se faz evidente à luz da história do evento referido, o qual nos informa que os que pereceram, que eram dentre os escolhidos de Israel, ao número de trinta mil homens, caíram à espada do inimigo e não pelo fogo [1Sm 4.10]. Esta figura realça a brusquidão da terrível calamidade. É como se ele dissesse: Foram destruídos num instante, como quando o fogo rapidamente consome a palha e as folhas secas das árvores. [55]

A grande extensão dessa mortandade é realçada por outra figura, ou, seja, que por falta de homens as donzelas continuaram solteiras. Este é o significado da sentença: **Suas virgens não foram aplaudidas**; sendo a referência aos cânticos nupciais que costumavam cantar nas núpcias em louvor da noiva. Para agravar ainda mais a natureza inusitada e aterradora da calamidade, acrescenta-se que até mesmo *os sacerdotes*, a quem Deus havia tomado sob sua proteção especial, pereceram indiscriminadamente junto com os demais. Ao dizer que **as viúvas não fizeram lamentações,** explico isso como denotando ou que elas mesmas morreram primeiramente pela angústia, de modo que não tiveram oportunidade de prantear os outros, ou ainda que, quando levadas cativas por seus inimigos, foram proibidas de prantear. Com todas essas expressões, o objetivo é mostrar, em poucas palavras, que todos os tipos de calamidades se amontoaram sobre eles.

65. O Senhor, porém, despertou como alguém que dorme. Há quem entenda isso como uma referência aos israelitas, implicando

---

[55] "Que c'en a este fait en un moment, ainsi que le feu a incontinent consumé de la paille ou des fueilles d'arbres bien seiches." – *v.f.*

que o Senhor se despertou contra eles; e outros, como uma referência a seus inimigos. Se o primeiro sentido for adotado, não precisamos nutrir qualquer surpresa de que os israelitas sejam denominados, no versículo 66, *os inimigos de Deus*, ainda quando são assim designados em Isaías 1.24: "Portanto, diz o Senhor, o Senhor dos Exércitos, o poderoso de Israel: Ah! tomarei satisfações de meus adversários, e vingar-me-ei de meus inimigos." E assim o significado será que os israelitas pagaram um alto preço por haver abusado da paciência de Deus, tomando alento dela para entregar-se a maiores excessos na prática do pecado; porque, despertando-se subitamente, ele se precipita sobre eles com uma fúria ainda mais forte. Como, porém, achamos os profetas extraindo de Moisés sua doutrina, e também modelando sua língua segundo a dele como um padrão, não é menos provável que a opinião daqueles que entendem este e o versículo seguinte como uma referência aos filisteus. O profeta aqui parece ter tomado por empréstimo esta ordem[56] do cântico de Moisés [Dt 32.27], onde Deus declara que, enquanto castigava seu próprio povo, ao mesmo tempo não se esquecia de reprimir seus inimigos. Visto ser um provérbio comum ser incerto o resultado das guerras, se depois que os inimigos das tribos escolhidas obtiveram a vitória nenhuma mudança lhes ocorreu, não teria sido tão manifesto que, o que sobreveio a seu próprio povo era um castigo aplicado por Deus sobre eles. Mas quando Deus, depois de ter afligido e humilhado os israelitas, fez seus juízos recaírem sobre seus conquistadores, sem a instrumentalidade do homem, além de toda expectativa humana, e contrário ao que acontece no curso ordinário dos eventos – disto é ainda mais plenamente manifesto que, quando os israelitas foram deitados no pó, era obra de Deus que planejasse ele assim castigá-los. O profeta, contudo, ao mesmo tempo nos dá a entender que Deus se viu obrigado, por assim dizer, por necessidade, a castigá-los com ainda maior severidade; porque, ao infligir mais tarde

---

56 Ou, seja, a ordem de enumerar *primeiramente* os juízos infligidos por Deus sobre seu próprio povo, e então os infligidos sobre seus inimigos.

seus juízos sobre os filisteus, ele deu sobeja evidência de seu respeito para com seu pacto, do qual os israelitas poderiam ser bem capazes de pensar haver ele esquecido completamente. Ainda que passara, por assim dizer, para o lado dos filisteus, por algum tempo, não era sua intenção detrair totalmente seu amor dos filhos de Abraão, para que a veracidade de suas promessas não viesse a ser invalidada.

A figura de um homem embriagado poderia parecer algo abrupto; mas a propriedade de seu uso surgirá quando considerarmos que ela é empregada à guisa de acomodação à estupidez do povo. Tivessem eles cultivado um entendimento puro e claro,[57] Deus não teria assim se transformado e assumido um caráter estranho ao seu. Quando, pois, ele se compara a um homem embriagado, era a embriaguez do povo; ou, seja, sua insensibilidade o constrangeu a falar assim; o que deveria constituir-lhes motivo para envergonhar-se ainda mais. Com respeito a Deus, a metáfora nada derroga de sua glória. Se imediatamente não remediar nossas calamidades, dispomo-nos a pensar que ele está imerso no mais profundo sono. Como, porém, pode Deus, por assim dizer, se pôr a dormitar, quando é superior em força a todos os gigantes, e todavia podem facilmente velar por longo tempo e se sentir satisfeitos com pouco sono? Respondo que, quando ele exerce a tolerância e não executa prontamente seus juízos, a interpretação que as pessoas ignorantes fazem para dissimular sua conduta é dizer que ele tarda dessa maneira como um homem que se sente estupefato e não sabe como proceder.[58] O profeta, ao contrário, declara que esse súbito despertar de Deus será mais alarmante e terrível do que se ele tivesse antes levantado sua mão para executar juízo; e que será como se um gigante, embriagado com vinho, se despertasse subitamente de seu sono, quando ainda não tivesse dormido suficientemente. Muitos restringem a afirmação do versículo 66, concernente a *ferir Deus seus*

---

57 "S'il eust eu un entendement rassist et bien disposé à escouter." – *v.f.* "Tivessem eles possuído um entendimento claro, dispostos a ouvir."
58 "Les gens stupides prenent cela comme s'il s'arrestoit ainsi qu'un homme estonné, qui ne sçait par ou commencer." – *v.f.*

inimigos por trás, à praga que ele enviou sobre os filisteus, registrada em 1 Samuel 5.12. A frase, *desgraça eterna*, concorda muito bem com esta interpretação; pois era em extremo vergonhoso ser afligido com hemorróidas em suas partes traseiras. Como, porém, as palavras *Foram feridos por trás* admite um sentido mais simples, deixo a questão indecisa.

[vv. 67-72]
E ele rejeitou o tabernáculo de José, e não escolheu a tribo de Efraim. Mas escolheu a tribo de Judá, o monte Sião, o qual ele amava.[59] E construiu seu santuário como lugares elevados, como a terra, que fundou para sempre. E elegeu a Davi seu servo, e o tirou dos apriscos das ovelhas; e o tirou do cuidado das que se achavam prenhes para apascentar a Jacó, seu povo, e a Israel, sua herança. E os apascentou na integridade de seu coração, e os guiou pela prudência de suas mãos.

67. E ele rejeitou o tabernáculo de José. Os que supõem que a palavra inimigos, no versículo 66, se aplica aos israelitas, conectam estes versículos com o precedente e supõem ser este o significado: a ferida que Deus lhes infligira era de caráter incurável. Mas, preferindo a outra opinião, a qual considera os filisteus como estando implícitos, e que o escopo contém Deus castigando-os de forma muito severa, evidentemente mostrou que o pacto que ele fizera com seu povo não fora anulado, visto que se vingara de uma maneira por demais terrível de seus inimigos, a explicação que eu antes daria é que isso é adicionado à guisa de correção, como se quisesse dizer: Deus não estava ainda plenamente reconciliado com seu povo, o qual impiamente se revoltara contra ele e que, como evidência disto, restava ali entre eles alguns

---

59 "A época em que o salmista situa a história israelita era a exaltação de Davi e o estabelecimento da realeza e preeminência eclesiástica de Judá e Jerusalém. Antes desse período, Efraim era de algum modo a tribo liderante; e a primeira ereção do tabernáculo em Silo, para onde as tribos subiam, deu aos filhos de José uma espécie de dignidade metropolitana em Israel. Daí esse período ser considerado como o tempo de sua precedência na nação. Os filhos de Efraim, porém, ou Israel, sob sua precedência, se desvaneceram em sua confiança, e no dia da provação não corresponderam a sua promessa e confissão de fé. E isso se deveu ao humilhante estado que a administração de Samuel e Davi encontrou na Igreja e no povo de Israel." – *Fry*.

traços do castigo com que os havia visitado. O significado do texto, portanto, é que quando a arca foi levada pelos filisteus, Deus estava, por assim dizer, adormecido, tendo se embriagado com os pecados de seu povo, de modo que não podia mais ficar vigilante em sua defesa como costumava fazer; e no entanto ele não continuava mergulhado em sono, senão que, sempre que via os ímpios filisteus tratando com desdém a glória de sua majestade, esse hediondo insulto o despertava e o provocava, justamente como um gigante que, tendo ceado bem, se desperta de seu primeiro sono antes de haver se recobrado dos inebriantes efeitos de seu vinho; e que, ao mesmo tempo, sua ira não fora assim provocada contra essa nação pagã e incircuncisa ao ponto de impedi-lo de exibir alguns sinais do castigo que infligira até o fim contra os israelitas perversos e ingratos. A rejeição descrita equivale a isto: que quando Deus permitiu que sua arca fosse levada para outro lugar, os israelitas ficaram assim privados da honra com que, por privilégio especial, foram previamente distinguidos.

Há dois pontos primordiais que aqui devem particularmente merecer nossa atenção: em primeiro lugar, quando os filisteus foram feridos com úlceras indecentes, ofereceu-se a mais clara evidência de que, quando os israelitas foram vencidos por eles, isso só aconteceu porque Deus quis que assim fosse. Ele não recobrou nova energia, nem arregimentou novo exército com o propósito de invadir, algum tempo depois, os filisteus que tinham logrado vitória, nem tinha recorrido, ao agir assim, a auxílio estrangeiro. O outro ponto consiste em que, embora Deus estendesse sua mão contra os filisteus para mostrar que nutria ainda alguma lembrança de seu pacto e algum cuidado do povo a quem havia escolhido, todavia, ao restaurar os israelitas, em alguma medida, a seu primeiro estado, ele fez da rejeição de Silo um perpétuo monumento de sua ira. Ele, pois, rejeitou a tribo de Efraim;[60] não que ele os destituísse para sempre, nem os cortasse completamente do

---

60 Silo, como já se observou, era uma cidade na tribo de Efraim, e foi rejeitada como a morada da arca.

resto do corpo da Igreja, mas que não mais tinha a arca de seu concerto residindo dentro das fronteiras daquela tribo. A tribo de Efraim é aqui contraposta à tribo de Judá, em cujos termos Deus mais tarde escolheu para si um lugar de repouso.

Assim o profeta prossegue mostrando que, quando a arca do concerto teve para si um lugar designado de repouso no monte Sião, o povo foi de certo modo renovado. E com esse símbolo de reconciliação, uma vez restaurado, recobraram o favor divino do qual haviam apostatado. Como Deus fora, por assim dizer, banido do reino, e sua força levada para o cativeiro através dos pecados dos israelitas, eles tinham necessidade de ser instruídos, por meio desse memorial, que Deus estivera extremamente desgostoso com sua perversidade, ao ponto de não mais poder olhar para o lugar no qual habitara anteriormente. Depois dessa separação, embora ensinasse ao povo a pôr-se em guarda no futuro e não houvesse uma plena e perfeita restituição, contudo Deus novamente escolheu uma residência fixa para sua arca, o que era uma manifestação da maravilhosa bondade e mercê de sua parte. A arca, depois de seu retorno, foi levada de um lugar para outro, para Gate, Ecrom e outros lugares, até que o monte Sião fosse designado, por meio de um oráculo, como sua morada fixa. Mas esse período intermédio não é levado em conta pelo profeta, porque seu desígnio não era outro senão imprimir na memória tanto o exemplo quanto o castigo, e que a graça era maior do que alguém poderia aventurar-se a esperar.[61] Aquilo que amiúde é reiterado por Moisés também deve ser lembrado: "Mas o lugar que o Senhor vosso Deus escolher de todas as vossas tribos, para ali pôr seu nome, buscareis, para sua habitação, e ali vivereis" [Dt 12.5]. Havendo Silo adquirido tal renome, quando a arca foi levada para o país dos inimigos de Israel, as mentes dos homens ficaram inusitadamente perplexas, até que conheceram o lugar que Deus escolhera para sua futura residência. As dez tribos não foram naquele tempo rejeitadas, e eles tinham um igual interesse pelo

---

61 "La grace de Dieu plus grande qu'on n'eust osé esperer." – *v.f.*

reino e pelo sacerdócio dentro da tribo de Judá; mas no curso do tempo sua própria rebelião os eliminou. Esta é a razão por que o profeta diz, com escárnio, que a tribo de Efraim foi rejeitada, e que a tribo de José, de quem procedera, não foi escolhida.

68. Mas escolheu a tribo de Judá. O significado é: Deus preferiu a tribo de Judá a todo o resto do povo, e de seu meio escolheu um rei, a quem pudesse pôr sobre todos os israelitas, bem como sobre os judeus. E escolheu o monte Sião, designando determinado lugar sobre o qual estabelecer a sede de seu santuário. Para que a causa dessa escolha não fosse buscada em qualquer outro senão em Deus, declara-se particularmente que a preferência do monte Sião a todos os outros lugares, bem como o enriquecimento dele de uma maneira mui distinta, procedeu inteiramente do soberano e imerecido amor de Deus. O pronome relativo que é aqui expresso em vez do advérbio causal porque; sendo este o significado: o santuário de Deus fora estabelecido ali, não em decorrência de alguma dignidade do lugar, mas unicamente porque foi do beneplácito de Deus. Era próprio que essa segunda restituição do povo fosse não menos graciosa do que foi sua primeira adoção, quando Deus fez seu pacto com Abraão, ou quando os libertou da terra do Egito. O amor de Deus pelo lugar era em relação aos homens. Disto se segue que a Igreja fora congregada desde o início, e em todas as épocas, pela pura graça e bondade de Deus; porque os homens nunca chegaram a possuir algum mérito intrínseco para reivindicar o respeito divino, e a Igreja é preciosa demais para ser entregue à dependência do poder humano.

69. E edificou seu santuário como lugares elevados.[62] Neste versículo, o que se nota é simplesmente isto: que o monte Sião foi singularmente embelezado; o que, entretanto, deve ser uma

---

62 Em nossa Bíblia inglesa temos: "E ele edificou seu santuário como altos palácios." Sobre isso o arcebispo Secker tem a seguinte nota: "Que Deus edificou seu tabernáculo como altos palácios não é uma expressão forte. Sobre o alto, que Hare adota, é melhor. E talvez a mudança de ⊃ em ⊃ seja suficiente para este sentido. Mas as versões antigas têm ⊃, e contudo na última parte do versículo têm⊃ no lugar de ⊃. É uma antecipação notável a menção do templo, o qual foi edificado por Salomão, antes de mencionar Davi."

referência ao modelo celestial. Não era da vontade de Deus que a mente de seu povo fosse totalmente açambarcada com a magnificência do edifício, ou com a pompa de cerimônias externas; mas que fosse elevada a Cristo, em quem a verdade das figuras da primeira economia eram exibidas. Portanto, afirma-se que o santuário foi edificado como lugares elevados; o que significa que ele era visível entre todos os montes altos. Mesmo porque Isaías [2.2] e Miquéias [4.1], profetizando sobre a construção do templo novo e espiritual, declaram que ele "será estabelecido no cume das montanhas, e será exaltado acima dos montes". E é bem notório que as fortalezas eram naqueles dias erigidas sobre os lugares altos.

Sião é em seguida comparada à massa inteira do globo: **Ele edificou seu santuário como a terra,**[63] **a qual ele estabeleceu para sempre.** Algumas regiões do globo são visitadas por terremotos ou perecem quando engolidas pela terra ou são agitadas por alguma comoção violenta ou sofrem alguma alteração. Mas o corpo da terra, propriamente dito, continua sempre estável e imutável, porque ele repousa sobre fundamentos profundos. Portanto, aqui se ensina que o edifício descrito não era temporário, como os suntuosos lugares dos reis, os quais caem em ruínas durante um lapso de tempo, ou enfrentam o perigo de ser destruídos por outros meios. Mas o que foi fundado permanece inteiro até o fim do mundo. Se alguém objeta, dizendo que o templo foi destruído pelos caldeus e pelos assírios, a resposta é óbvia: a estabilidade celebrada diz respeito tão-somente a Cristo; pois, se o antigo santuário, que era apenas uma figura, for considerado meramente em si mesmo, sem qualquer consideração àquilo que ele tipificava, então não passará de sombra sem conteúdo. Mas como Deus tencionava ter um penhor para mostrar que Cristo estava por vir, a perpetuidade lhe é atribuída com justiça. Diz-se igualmente, em outro lugar [Sl 87.1]: "Seu fundamento está nos montes santos"; e em Isaías [14.32]:

---

63 "*Como a terra*. O símile se destina a realçar a fixidez do *templo*, em oposição à transitoriedade em que o tabernáculo fora colocado." – Warner.

"O Senhor fundou a Sião"; e novamente, no Salmo 74.2, diz-se de Deus: "ele habita no monte Sião", de modo que ele não será jamais removido.

70. E escolheu a Davi seu servo. Depois de ter feito menção do templo, o profeta agora prossegue falando do reino; pois essas duas coisas eram os principais sinais da escolha divina em relação a seu antigo povo e a seu favor para com eles. E Cristo também apareceu como nosso Rei e Sacerdote, para trazer-nos plena e perfeita salvação. Ele prova que Davi foi feito rei por Deus mesmo, o qual o elevou dentre o aprisco de ovelhas, e da guarda de gado, ao trono real. Serve não pouco para magnificar a graça de Deus o fato de que um camponês foi tomado do seio de sua cabana de pastor e exaltado à dignidade real. Tampouco esta graça se limita à pessoa de Davi. Somos ensinados que toda dignidade existente nos filhos de Abraão emanava da fonte da mercê divina. Toda a glória e felicidade do povo consistia no reino e no sacerdócio; e ambos estes são atribuídos à pura graça e beneplácito de Deus. E era requisito que o começo do reino de Cristo fosse humilde e desprezível, a fim de corresponder a seu tipo, e que Deus claramente mostrasse que ele não depende de auxílios externos para concretizar nossa salvação.

71. Ele o tirou do cuidado das que se achavam prenhes. A graça de Deus é ainda mais enaltecida à luz da circunstância de que Davi, que era um vigia de ovelhas, fosse feito pastor do povo escolhido e herança de Deus. Há uma alusão à condição original de Davi; mas o Espírito de Deus ao mesmo tempo nos mostra a diferença entre reis bons e legítimos, e tiranos, ladrões e extorsionários insaciáveis, dizendo-nos que quem quer que aspire o caráter dos primeiros deve ser semelhante a pastores.

Em seguida acrescenta-se [v. 72] que Davi cumprira fielmente os deveres que lhe foram confiados. Com isso o profeta indiretamente repreende a ingratidão e perversidade do povo, o qual não subverteu a ordem santa e inviolável que Deus estabelecera, mas que tinham também, ao sacudir de si seu jugo salutar, se precipitado num estado de miserável dispersão.

O que se segue concernente à prudência das mãos de Davi parece ser uma forma imprópria de expressão. Mas a intenção é expressar com vigor que ele não só foi bem sucedido no que empreendera fazer, mas que foi governado pelo Espírito de Deus, o qual o impediu de pôr sua mão aleatoriamente em qualquer obra que porventura visse em seu caminho, e o guiou prudente e habilidosamente para fazer aquilo para o qual a fé e o dever o chamaram. E assim, no êxito de seus empreendimentos, sua sabedoria desponta ainda mais conspícua do que sua boa fortuna.

Salmo 79

Esta é uma queixa e lamento da Igreja quando severamente afligida; ou, seja, quando os fiéis deploram suas miseráveis e, em certo sentido, merecidas calamidades, e acusam seus inimigos de crueldade, reconhecem que, em outro sentido, têm sido justamente castigados, e humildemente recorrem à mercê divina. Em sua confiança de obter isso, descansam principalmente no fato de que viram a desonra de Deus misturar-se a suas calamidades, visto que os ímpios, ao oprimirem a Igreja, blasfemavam de seu sacro nome.

>Salmo de Asafe.

Este Salmo, como outros, contém evidência interna de que foi composto bem depois da morte de Davi. Alguns dos que lho atribuem alegam, em abono de sua opinião, que as aflições da Igreja foram aqui preditas pelo espírito de profecia, com o intuito de encorajar os fiéis a suportarem a cruz quando essas aflições chegassem. Mas tal suposição parece destituída de base. Não era costume dos profetas falarem em termos históricos em suas profecias. Quem quer que judiciosamente reflita sobre o escopo do poema facilmente perceberá que ele foi composto ou quando os assírios, depois de queimarem o templo e destruírem a cidade, arrastaram o povo para o cativeiro, ou quando o templo foi conspurcado por Antíoco, depois de haver ele matado um vasto número dos habitantes de Jerusalém. Seu tema concorda muito bem com um desses períodos. Tomemos, pois, como um ponto admitido que esta queixa foi ditada ao povo de Deus numa ocasião em que a Igreja estava sujeita a opressão e quando os negócios foram reduzidos à mais desesperadora condição. Quão cruelmente os assírios se portaram é algo bem notório. E sob a tirania de Antíoco, se um homem ousasse simplesmente a abrir sua boca em defesa da pureza do culto divino, o mesmo corria o risco de imediatamente perder o direito à vida.

[vv. 1-4]
Ó Deus, os pagãos [ou as nações] entraram em tua herança; contaminaram o templo de tua santidade; reduziram Jerusalém a montões. Deram os corpos mortos de teus servos por comida às aves do céu; a carne de teus humildes, às feras da terra. Derramaram seu sangue como água ao redor de Jerusalém, e não houve quem os sepultasse. Somos feitos opróbrio a nossos vizinhos; escárnio e zombaria aos que estão a nossa volta.

1. Ó Deus, os pagãos entraram em tua herança. Aqui o profeta, na pessoa dos fiéis, se queixa de que o templo fora maculado e a cidade, destruída. No segundo e terceiro versículos, ele se queixa de que os santos tinham sido assassinados de forma indiscriminada, e que seus corpos mortos tinham sido exalados da face da terra e privados da honra da sepultura. Quase cada palavra expressa a crueldade desses inimigos da Igreja. Quando se leva em conta que Deus havia escolhido a terra da Judéia para ser a possessão de seu próprio povo, parecia inconsistente com essa escolha abandoná-la à mercê das nações pagãs para que fossem ignominiosamente tripudiados e abandonados a seu bel-prazer. O profeta, pois, se queixa de que, quando os pagãos *vieram à herança de Deus*, a ordem da natureza foi, por assim dizer, invertida. A destruição do templo, da qual ele fala na segunda sentença, era ainda mais difícil de suportar; pois assim o serviço de Deus sobre a terra ficava extinto e a religião, destruída. E acrescenta que *Jerusalém*, que era o trono real de Deus, *foi reduzida a montões*. Com essas palavras denota-se uma subversão hedionda. A profanação do templo e a destruição da cidade santa, envolvendo uma impiedade inominável, a qual certamente tinha com razão provocado a ira de Deus contra esses inimigos – o profeta começa com eles e então passa a falar da matança dos santos. A atroz crueldade dessas perseguições é realçada à luz da circunstância de que não só fizeram morrer os servos de Deus, mas também expuseram seus corpos mortos às feras do campo e às aves de rapina para que fossem devorados, em vez de sepultá-los. Os homens sempre tiveram uma sacra consideração pelo sepultamento dos mortos, evitando privar até mesmo seus inimigos da honra da sepultura.[1] Donde se segue que, aqueles que se deleitaram barbaramente em contemplar os corpos dos mortos dilacerados e devorados por feras, se assemelhavam mais a animais selvagens e cruéis do que a seres humanos. Demonstra-se também que esses perseguidores agiam mais atrozmente do que faziam os inimigos ordinários, porquanto não faziam mais conta de *derramar sangue humano do que de entornar água* [de um cântaro]. À luz deste fato aprendemos acerca de sua insaciável sede de matança. Ao acrescentar: *não houve ninguém que os sepultasse*, isso deve ser entendido como que se aplicando aos irmãos e parentes dos mortos. Os habitantes da cidade ficaram em extremo chocados com tal terror ante a carnificina indiscriminada perpetrada por esses implacáveis assassinos que surgiam em seu caminho, que ninguém ousava apresentar-se. Havendo Deus tencionado que, no sepultamento dos homens, houvesse algum testemunho em prol da ressurreição do último dia, era uma dupla indignidade para os santos serem eles usurpados desse direito depois de sua morte. Mas é possível que surgisse a pergunta: Conquanto Deus amiúde ameace os réprobos com esse tipo de castigo, por que quis ele que seu próprio povo fosse devorado por feras? Devemos recordar o que já declaramos em outra parte, a saber: que os eleitos, tanto quanto os réprobos, estão sujeitos aos castigos temporários que pertencem somente à carne.

---

1 Se este Salmo foi escrito na tomada de Jerusalém por Nabucodonosor, ou durante o cativeiro babilônico, à luz deste versículo pareceria que quando os caldeus destruíram Jerusalém deixavam os corpos dos mortos sem sepultura, para que fossem devorados por feras e aves de rapina.

A diferença entre os dois casos está unicamente no resultado; pois Deus converte aquilo que em si mesmo é um emblema de sua ira em meios de salvação de seus próprios filhos. A mesma explicação, pois, que é dada da falta de sepultamento deve ser acerca do modo de sua morte. O mais eminente dos servos de Deus pode ser entregue a uma morte cruel e ignominiosa – castigo esse que sabemos ser amiúde executado contra assassinos e outros desdenhadores de Deus. Mas a morte dos santos continua sendo preciosa aos olhos de Deus. E quando ele permite que eles sejam injustamente perseguidos na carne, com isso mostra, ao tomar vingança de seus inimigos, quão queridos eles lhe eram. De modo semelhante, Deus, ao esculpir as marcas de sua ira contra os réprobos, mesmo depois de sua morte, os priva da sepultura; e por isso ele ameaça um rei ímpio: "Em sepultura de jumento serás sepultado, sendo arrastado e lançado para bem longe, fora das portas de Jerusalém" [Jr 22.19; cf. 36.30].[2] Quando ele expõe seus próprios filhos a semelhante indignidade, pode parecer que os tenha esquecido por algum tempo; mais tarde, porém, ele o converte em meio de proporcionar sua salvação; porque sua fé, sendo submetida a tal provação, adquire um novo triunfo. Quando nos tempos de outrora os corpos dos mortos eram ungidos, aquela cerimônia era realizada por causa dos vivos a quem deixavam para trás, com o fim de instruí-los quando vissem os corpos dos mortos cuidadosamente preservados, com o fim de nutrir em seus corações a esperança de uma vida melhor. Os fiéis, pois, ao serem privados do sepultamento, não sofriam nenhuma perda, quando elevados pela fé acima desses aprestos inferiores, para que apressassem os passos rumo àquela bendita imortalidade.

4. Somos feitos opróbrio para nossos vizinhos. Aqui se articula outra queixa com o fim de excitar a mercê divina. Quanto mais soberbamente os ímpios desdenham e triunfam sobre nós, mais confiadamente podemos esperar que nosso livramento esteja prestes a

---

2 Discussões semelhantes podem ser encontradas em Isaías 14.19, 20; Jeremias 8.2.

chegar; porque Deus não tolerará que sua insolência prevaleça com tanta audácia; especialmente quando ela redunda em blasfêmias contra seu santo nome. Mesmo porque Isaías declarara: "Esta é a palavra que o Senhor falou a respeito dele: A virgem, a filha de Sião, te despreza, de ti zomba; a filha de Jerusalém meneia a cabeça por detrás de ti. A quem afrontaste e blasfemaste? E contra quem alçaste a voz, e ergueste teus olhos ao alto? Contra o Santo de Israel" [Is 37.22, 23].

E certamente *seus vizinhos*,[3] que em parte eram apóstatas ou filhos degenerados de Abraão, e em parte os inimigos confessos da religião, quando molestavam e vilipendiavam esse miserável povo, não se continham de blasfemar a Deus. Portanto, lembremo-nos bem de que os fiéis aqui não se queixam da irrisão com que eram tratados como indivíduos, mas daquilo que viam ser diretamente assacado contra Deus e sua lei. Deparar-nos-emos ainda com uma queixa semelhante na parte conclusiva do Salmo.

[vv. 5-9]
Até quando, ó Jehovah? Acaso te indignarás para sempre? Arderá teu zelo como fogo? Derrama tua fúria[4] sobre os pagãos [ou nações] que não te têm conhecido, e sobre os reinos que não invocam teu nome. Porque eles têm devorado a Jacó e deixado em desolação sua morada.[5] Não te lembres de nossas iniqüidades de outrora; que tuas misericórdias venham depressa a nosso encontro, pois já estamos excessivamente aflitos. Ajuda-nos, ó Deus de nossa salvação, para a glória de teu nome; e livra-nos, e sê misericordioso para com nossos pecados, por amor de teu nome.

---

3 Street, em vez de "nossos vizinhos", traduz: "os que habitam entre nós; לשכנינו, de שכן, *habitar* ou *morar*; γειτοσιν ἡμων, *nossos vizinhos*, Septuaginta. Essa tradução, porém, não expressa suficientemente o estado estressado e humilhado de Israel, como descrito no hebraico; ficaram tão reduzidos que não só as nações circunvizinhas, mas até mesmo os forasteiros que perambulavam por entre eles tinham a insolência de escarnecê-los, mesmo em seu próprio país." Dr. Adam Clarke explica: *Tornamo-nos um opróbrio a nossos vizinhos*, assim: "Os idumeus, filisteus, fenícios, amonitas e moabitas, todos se gloriavam ante a servidão desse povo; e seus insultos a eles dirigidos se mesclavam com expressões blasfemas contra Deus."
4 "C'est, ire." – *v.f.m.* "Ou, seja, furor."
5 Este e o versículo precedente têm quase exatamente o mesmo conteúdo que Jeremias 10.25. "Derrama tua indignação sobre os gentios que não te conhecem, e sobre as gerações que não invocam teu nome; porque devoraram a Jacó, e devoraram-no e consumiram-no, e assolaram sua morada." Com isso alguns têm imaginado que Jeremias, que foi um dos profetas do cativeiro, é o escritor inspirado deste Salmo.

5. Até quando, ó Jehovah? Acaso te indignarás para sempre? Já observei que essas duas expressões, *até quando* e *para sempre*, quando juntas, denotam a continuação extensa e ininterrupta de calamidades; e que não há indício, quando se olha para o futuro, de que venham chegar ao término. Podemos, pois, concluir que esta queixa não foi redigida dentro de um ou dois meses depois da perseguição inicial contra a Igreja, mas no tempo em que os corações dos fiéis estavam quase totalmente alquebrados pelo cansaço produzido pelo sofrimento prolongado. Aqui confessam que o grande acúmulo de calamidades com que se viam esmagados tem de ser atribuído à ira de Deus. Estando plenamente persuadidos de que os ímpios, o que quer que tramassem, não podem infligir o mal a não ser que Deus lhes permita que o façam – daqui, o que consideram como indubitavelmente um princípio, concluem imediatamente que, quando ele permite uma ação tão ampla a seus inimigos pagãos para os perseguir, sua ira é grandemente provocada. Eles tampouco, sem essa persuasão, buscam a Deus na esperança de que ele lhes estenda sua mão para salvá-los; porque é obra dele dar-lhes rédeas soltas para depois puxar o freio. Sempre que Deus nos visita com a vara, e nossa própria consciência nos acusa, especialmente nos fica bem olhar para sua mão. Aqui seu antigo povo não o acusa por estar injustamente aborrecido, porém reconhece a justiça do castigo aplicado a eles. Deus sempre achará em seus servos motivos justos para disciplina-los. Entretanto, ele com freqüência, no exercício de sua mercê, perdoa seus pecados e os exercita com a cruz com outro propósito, e não para testificar de seu desprazer contra seus pecados, assim como foi de sua vontade provar a paciência de Jó, e também se dignou em chamar os mártires para uma luta honrosa. Aqui, porém, o povo, de sua livre vontade, convocando-se a si mesmo para comparecer diante do tribunal divino, atribui as calamidades que ora suportava a seus próprios pecados, como sendo a causa real. Daí podermos, com probabilidade, conjeturar que este Salmo foi composto durante o tempo do cativeiro babilônico.

Sob a tirania de Antíoco Epífanes empregavam, como já vimos previamente, uma forma diferente de oração, dizendo: "Tudo isso nos sobreveio; todavia não nos esquecemos de ti, nem nos portamos falsamente para com tua aliança. Nosso coração não voltou atrás, nem nossos passos se desviaram de tuas veredas" [Sl 44.17, 18]. Não devemos supor que, na passagem ora citada, os fiéis murmurassem contra Deus, senão que empregam essa linguagem em razão de saberem que ele tinha outro fim em vista além de simplesmente punir seus pecados; pois, por meio desses duros conflitos, ele os preparava para pagarem o preço de sua sublime vocação.

6. Derrama tua fúria sobre os pagãos que não te têm conhecido. Esta oração à primeira vista é inconsistente com a regra da caridade; porque, enquanto nos sentimos ansiosos acerca de nossas próprias calamidades e desejosos de nos ver livres delas, é preciso que desejemos que outros se vêem livres delas da mesma forma. Portanto, pareceria que os fiéis são culpados de desejar aqui a destruição dos incrédulos, por cuja salvação deveriam antes nutrir solicitude. Mas é mister que mantenhamos em mente o que já dissemos anteriormente, a saber: que a pessoa que põe diante de Deus uma oração como esta, de uma maneira correta, deve estar sob a influência do zelo pelo bem-estar público. De modo que, pelos erros cometidos pessoalmente contra si mesmo, ele não podia suportar que suas afeições fossem excitadas, não permitiu que fosse arrebatado pelo furor contra seus inimigos. Esquecendo, porém, seus interesses individuais, ele deve ter uma só consideração em relação à salvação da Igreja e ao que a conduz até aqui. Em segundo lugar, ele deve implorar a Deus que lhe conceda o espírito de diretriz e juízo, para que, em oração, não seja impelido por um zelo inconsiderado – tema esse que já tratamos com mais amplitude em outro lugar. Além disso, é preciso observar que os judeus piedosos, aqui, não só renunciam considerar sua própria vantagem particular a fim de procurar o bem de toda a Igreja, mas também e principalmente dirigem seus olhos para Cristo, rogando-lhe que traga destruição a seus inimigos cujo arrependimento está fora de cogitação. Portanto, não é temerariamente que se lançam a esta oração para que Deus destrua esses e outros inimigos, ou antecipem o juízo divino; desejando, porém, que os réprobos sejam envolvidos na condenação que bem merecem, ao mesmo tempo pacientemente esperam até que o Juiz celestial separe os réprobos dos eleitos. Ao agir assim, não anulam a afeição que a caridade requer; porque, embora desejem que todos sejam salvos, todavia sabem que a transformação de alguns dos inimigos de Cristo é sem esperança, e sua perdição já está absolutamente decretada.

Entretanto, a pergunta não está plenamente respondida; pois quando, no versículo 7, denunciam a crueldade de seus inimigos, parecem desejar vingança. Mas é preciso ter em mente o que acabo de observar, a saber: que ninguém pode orar dessa maneira senão aqueles que já se vestiram do caráter público, e que, pondo de lado todas as considerações pessoais, tenham esposado o bem-estar da Igreja e profundamente interessados nela; e, por fim, nenhum outro, senão os que, sob a diretriz do Espírito Santo, tenham elevado suas mentes até o juízo divino; de modo que, estando prontos a perdoar, não sentenciem indiscriminadamente à morte cada inimigo por quem são injuriados, mas somente os réprobos. Com respeito aos que se apressam em demandar a execução da vingança divina antes que se perca toda e qualquer esperança de arrependimento, Cristo os condenou como culpados de zelo inconsiderado e desequilibrado, quando diz: "Não sabeis de que espírito sois" [Lc 9.55]. Além do mais, os fiéis aqui não desejam simplesmente a destruição dos que de forma tão perversa perseguiam a Igreja, mas, usando aquela familiaridade que Deus lhes permite em seu relacionamento com ele, relatam quão inconsistente lhe seria não castigar seus executores,[6] e arrazoam assim: Senhor, como é possível que nos afligiste tão severamente, nós que temos invocado teu nome, e poupaste as

---

6 "Mettans en avant l'absurdite qui en reviendroit, si Dieu ne punissoit les persecuteurs." – *v.f.*

nações pagãs que te desprezam? Em suma, equivale dizer que Deus tem motivo de sobra para exercer sua ira em outros lugares, visto que não foram os únicos no mundo que pecaram contra ele. Embora não nos caiba prescrever a Deus a norma de sua conduta, mas, ao contrário, pacientemente submeter-nos a sua ordenação: "Porque já é tempo que comece o julgamento pela casa de Deus" [1Pe 4.17], todavia ele permite que seus santos tomem a liberdade de rogar que, pelo menos, não sejam tratados ainda pior que os próprios incrédulos e os que o desprezam.

É preciso observar que estas duas sentenças: *que não têm conhecido* e *que não invocam teu nome* são tomadas no mesmo sentido. Através dessas diferentes formas de expressão, sugere-se ser impossível que alguém invoque a Deus sem um prévio conhecimento dele, como nos ensina o Apóstolo Paulo em Romanos 10.14: "Como, pois, invocarão aquele em quem não creram, e como crerão naquele de quem nada ouviram?" Não nos pertence responder: "Tu és o nosso Deus", até que ele nos tenha antecipado, dizendo: "Tu és o meu povo" [Os 2.23]; mas ele abre nossa boca a fim de lhe dizermos assim quando ele nos convida a si. *Invocar o nome de Deus* é às vezes sinônimo de orar; aqui, porém, não se deve limitar a expressão exclusivamente a esse exercício. Equivale a isto: a menos que sejamos dirigidos pelo conhecimento de Deus, é impossível que sinceramente professemos a verdadeira religião. Naquele tempo, os gentios por toda parte se gabavam de servir a Deus; mas, sendo destituídos de sua Palavra, e uma vez que fabricavam para si deuses provenientes de sua própria imaginação, todos seus serviços religiosos se tornavam detestáveis; precisamente como em nossos dias, quando as observâncias religiosas humanas, inventadas pelos cegos e iludidos devotos do Homem do Pecado, os quais não têm um correto conhecimento do Deus que professam adorar, e que com sua boca não inquirem o que ele aprova, são certamente rejeitadas por ele, visto que estabelecem ídolos em seu lugar.

8. Não te lembres de nossas iniqüidades de outrora. Aqui os judeus piedosos confirmam o sentimento sobre o qual fizeram menção prévia de maneira breve e velada, a saber: que tinham justamente merecido os castigos que lhes foram infligidos. E apresentam esta oração, porquanto só poderiam alcançar alívio de suas calamidades mediante a obtenção da reconciliação com Deus. Eis o soberano remédio para cada tipo de adversidade; pois enquanto ele estiver irado contra nós, mesmo nossa prosperidade vem a ser improdutiva de vantagem e felicidade. Pela expressão, *as iniqüidades de outrora*, há quem entende ser os pecados cometidos pelos pais. Outros pensam que o enfoque está nos pecados cometidos na infância e na juventude. A expressão, porém, como eu penso, tem uma significação mais extensa, contendo uma confissão não só de uma ou duas ofensas, e estas cometidas só recentemente, mas um reconhecimento de que se viram envolvidos por muito tempo, juntamente com seus pais, em múltiplas e antigas transgressões. E assim reconhecem uma longa e contínua obstinação, na qual se fizeram empedernidos contra Deus. Este reconhecimento corresponde às repreensões que os profetas lhes ministraram; pois a história sacra testifica que o castigo do cativeiro foi suspenso até que Deus tivesse uma comprovação concreta de que sua perversidade era incurável. Tampouco deve excitar nossa surpresa ao encontrarmos os filhos orando para que Deus não lhes impute a iniqüidade de seus pais, quando consideramos que a lei declara que Deus lança os pecados dos pais no coração de seus filhos, e que toma vingança de suas iniqüidades até a terceira e quarta geração [Êx 20.5]. É digno de nota o contraste entre as idéias de *apressar* e *as iniqüidades de outrora*. Tivera Deus chamado os israelitas a uma estrita consideração de todos os pecados que haviam cometido durante três ou quatro séculos antes, o tempo de seu livramento teria sido delongado demais. Os fiéis, pois, lhe rogam que se esqueça de suas ofensas de outrora e se apresse em socorrê-los. Como seus pecados provaram ser o grande obstáculo e causa da delonga, podemos ver a propriedade com que imploram mais que *as mercês divinas lhes venham ao encontro imediatamente*.

9. Ajuda-nos, ó Deus de nossa salvação! Novamente repetem neste versículo que quaisquer que fossem as aflições que suportavam, deviam ser associadas à ira divina, e que não podiam ser confortados sob as mesmas, a menos que ele os reconciliasse consigo. Sentindo-se profundamente sensibilizados ante o cometimento de tantas transgressões, com o fim de fortalecer sua esperança de que obteriam o perdão, empregam uma variedade de expressões. Em primeiro lugar, como um argumento para induzir a Deus a mostrar-lhes seu favor, se lhe dirigem como *o Deus de sua salvação*. Em segundo lugar, testificam que nada trazem de si próprio para influenciá-lo a ter misericórdia deles; e que a única defesa que lhe apresentam é sua própria glória. À luz deste fato aprendemos que os pecadores não são reconciliados com Deus por meio de satisfações [humanas] nem mediante os méritos das boas obras, mas mediante um perdão soberano e imerecido. A observação que fiz um pouco antes, e a qual expliquei mais amplamente no sexto Salmo, deve ser aqui mantida em mente; ou, seja: que quando Deus nos visita com a vara, em vez de meramente desejarmos que sejamos poupados dos castigos externos, nossa principal preocupação deve ser que Deus foi pacificado em relação a nós; tampouco devemos nós seguir o exemplo das pessoas tolas que se vêem enfermas, as quais aspiram solicitamente ver-se meramente livres dos sintomas de suas enfermidades, e não levam em conta que precisam ver-se livres de sua fonte e causa. Com respeito à palavra כפר, *chapper*,[7] a qual os expositores traduzem *ser misericordioso* ou *propício*, já tive oportunidade de falar sobre ela em outro lugar. Significa propriamente *purificar* ou *expiar*, e se aplica aos sacrifícios. Portanto, sempre que desejarmos obter o favor de Deus, evoquemos a lembrança da morte de Cristo; porque "sem derramamento de sangue não há remissão" [Hb 9.22].

---

7 "כפר, *chapper, ser propiciado*, ou *receber expiação* (על חטאתינו, *al chatoteinu*) *por conta de nossos pecados*." – Dr. Adam Clarke.

[vv. 10-13]
Por que diriam os pagãos: Onde está o teu Deus? Que se torne conhecida entre os pagãos, a nossa vista, a vingança do sangue de teus servos, o qual foi derramado. Que venha perante tua face [ou tua presença] o suspiro [ou gemido] dos prisioneiros;[8] e, segundo a grandeza de teu braço, preserva os filhos da morte.[9] E recompensa nossos vizinhos sete vezes tanto, em seu seio,[10] sua injúria com a qual te injuriaram, ó Jehovah! E nós, teu povo e ovelhas de teu pastoreio, confessaremos a ti[11] para sempre; declararemos teu louvor de geração em geração.

10. Por que diriam os pagãos: Onde está o teu Deus? Aqui o povo de Deus, ao apelar para seu nome como uma garantia ante o trono da graça, agem assim num sentido diferente daquele para o qual apelaram antes. Ele nos estende sua compaixão por amor de seu nome; porque, como é misericordioso, ele terá nossas bocas fechadas; e para que somente ele seja considerado justo, graciosamente perdoa nossos pecados. Aqui, porém, os fiéis lhe rogam que não permita que seu sacro nome seja exposto às blasfêmias e insultos dos ímpios. Disto somos ensinados que não oraremos de uma maneira correta a menos que a preocupação por nossa própria salvação e zelo pela glória de Deus sejam inseparavelmente entrelaçados em nosso exercício. À luz da segunda sentença do versículo, é possível que surja a mesma pergunta que ora respondemos. Embora Deus declare que executará vingança contra nossos inimigos, não temos o direito de nutrir sede de vingança quando somos injuriados. Lembremo-nos de que esta forma de oração não foi ditada para todos os homens

---

8 Horsley, que sugere que este Salmo foi composto durante os apertos do reinado de Manassés, supõe que "os prisioneiros" significam Manassés.

9 "C'est, les condamnez à mort." – *v.f.m.* "Ou, seja, os que são condenados à morte." "*Filhos da morte*, ou os que foram condenados à morte em virtude de seus crimes, ou condenados a ser destruídos por seus opressores. Ambos esses sentidos se aplicam aos israelitas: eram filhos da morte, ou, seja, dignos de morte por causa de seus pecados contra Deus. Foram condenados à morte, ou à completa destruição, por seus inimigos babilônios." – *Dr. Adam Clarke*.

10 "Sétuplo, ou, seja, em medida excessivamente grande (cf. Gn 4.15.24; 1Sm 2.5) – *em seu seio*. Esta é uma alusão ao costume de dobrar a roupa depois de usada, pelos nativos dos países orientais, para fazer dela um recipiente de dádivas. Cf. Salmo 35.13; Isaías 65.6; Jeremias 32.18; Lucas 6.38." – *Cresswell*.

11 "C'est, te rendrons graces." – *v.f.m.* "Ou, seja, te daremos graças."

indiscriminadamente, para que possam fazer uso dela sempre que se sintam impelidos por suas próprias paixões, mas para que, sob a diretriz e instrução do Espírito Santo, possam pleitear a causa de toda a Igreja, em comum, contra os ímpios. Portanto, se oferecermos a Deus uma oração como esta, de uma forma correta, em primeiro lugar nossas mentes devem estar iluminadas pela sabedoria do Espírito Santo; e, em segundo lugar, nosso zelo, que é amiúde corrompido pelas toldadas emoções da carne, deve ser puro e equilibrado; e então, com um zelo puro e bem temperado, podemos licitamente rogar a Deus que nos mostre, por meio de exemplos bem evidentes, quão preciosa a sua vista é a vida de seus servos cujo sangue ele vinga. Os fiéis não devem ser vistos como a expressar algum desejo de serem saciados com a visão do derramamento de sangue humano,[12] como se nutrissem muita avidez pelo mesmo. Simplesmente desejam que Deus lhes conceda alguma confirmação de sua fé, no exercício de seu paternal amor que se manifesta quando ele vinga os erros cometidos contra seu próprio povo.[13] Deve-se observar mais ainda que a designação, *os servos de Deus*, é dada aos que, não obstante, foram justamente castigados por conta de seus pecados. Pois embora seja possível que ele nos castigue, todavia não nos rejeita imediatamente, senão que, ao contrário, dessa forma testifica que nossa salvação é o objeto de seu cuidado. Além disso, sabemos que, quando a ira de Deus se estende a todo o corpo da Igreja, como o bem e o mal se entrelaçam nela, os primeiros são punidos em comum com os últimos, precisamente como Ezequiel, Jeremias, Daniel e outros foram levados para o cativeiro. Na verdade não eram totalmente isentos de culpa, mas é também verdade que uma calamidade de tal vulto foi lançada sobre os judeus por culpa destes. Em sua pessoa, era ali apresentado um espetáculo aos olhos dos ímpios, para que se vissem afetados o mais profundamente possível.

---

12 "Car ce n'est pas que les fideles se veuillent yci souler a veoir espandre le sang humain." – *v.f.*
13 "Laquelle apparoist quand il fait la vengence des outrages qu'on a fatis aux siens." – *v.f.*

11. Que o suspiro dos prisioneiros esteja diante de ti. O povo de Deus, não tenho dúvida, estava em cativeiro quando o Espírito Santo ditou esta oração; e, portanto, a designação *prisioneiros* se aplica a todos eles em geral, porque estavam encerrados dentro das fronteiras da Assíria e da Caldéia, os quais, se arredassem um pé dali, teriam incorrido na penalidade de morte. São chamados *filhos da morte*; o que significa que foram designados ou condenados à morte com referência a seu cativeiro. Esta sentença, contudo, não pode propriamente restringir-se a um pequeno número que foi encerrado em prisão sob restrição mais estreita. Com esta expressão notifica-se que os espíritos soberbos que tinham anteriormente ostentado contra Deus estavam agora alquebrados e efetivamente humilhados. Implora-se **a grandeza do braço de Deus**, ou, seja, a grandeza de seu poder;[14] porque, sem um sinal e interposição extraordinária de sua parte, nenhuma esperança poderia ser recebida da restauração da Igreja.

12. E recompensa nossos vizinhos sete vezes tanto. Já falamos bastante sobre o tema da vingança; e aqui os fiéis mostram ainda mais claramente que se sentem estremecidos não tanto pelas injúrias feitas a eles pessoalmente, mas que se sentem inflamados com santo zelo quando vêem o sacro nome de Deus sendo blasfemado e, por assim dizer, rasgado em pedaços pelos ímpios. Se este sentimento reinasse em nossos corações, o mesmo facilmente moderaria o desgoverno de nossa carne; e se a sabedoria do Espírito lhe fosse acrescida, nossas orações estariam em estrita concordância com os justos juízos de Deus.

No último versículo, os judeus piedosos declaram que o fruto de seu livramento será este: que *o nome de Deus seja celebrado*; e não devemos aspirar nossa preservação ou bem-estar com qualquer outro fim. Quando ele graciosamente nos concede todas as coisas, o desígnio para o qual ele faz isso é este: para que sua bondade se faça conhecida e enaltecida. Ora, esses sofredores se propõem fazer um grato

---

14 "C'est à dire, de la puissance de Dieu." – *v.f.*

reconhecimento de seu livramento, e declaram que a lembrança dele será transmitida a sua posteridade, e passará, em sucessão contínua, de uma era a outra até o fim do mundo. A designação particular aqui dada a eles é também digna de nota: **Somos teu povo e ovelhas de teu pastoreio**. Como a posteridade de Abraão foi escolhida para celebrar o nome de Deus, e para que seus louvores pudessem ressoar em Sião, qual teria sido a conseqüência tivesse aquele povo sido destruído, senão que a memória do nome de Deus teria perecido? Esta passagem, não há dúvida, corresponde àquela profecia de Isaías [43.21]: "Este povo que formei para mim mesmo anunciará meus louvores."

Salmo 80

Esta é uma oração dolente, na qual os fiéis rogam a Deus que graciosamente se agrade em socorrer sua Igreja aflita. Para incitá-lo a conceder-lhes mais prontamente lenitivo em suas circunstâncias aflitivas, comparam tais circunstâncias à condição da Igreja em seus primórdios, quando o favor divino se lhe manifestava de forma conspícua.

Ao mestre de música sobre Sosannim Eduth. Salmo de Asafe.

Este Salmo é muito idêntico ao precedente; em meu discernimento, porém, ele foi composto no interesse das dez tribos, depois que o reino começou a ser devastado por várias calamidades. Não é sem razão que se faz menção expressa de José, Efraim e Manassés. Alguns expositores alegam que neste Salmo há uma alusão à situação e ordem dos acampamentos das tribos escolhidas no deserto, como descrito por Moisés em Números 2.18-21; pois Manassés e Efraim marchavam juntos lado a lado.[1] Mas teria sido estranho ter passado por alto em

---

1 Esta é a opinião de Hammond, que supõe que este Salmo "é uma queixa em referência às dificuldades da Igreja e povo de Deus, provavelmente no tempo do cativeiro, ou à guisa de predição dele". "Por que Efraim, Benjamim e Manassés, e não outros, são aqui nomeados", pergunta, "deve ser deduzido da ordem da marcha dos israelitas no deserto (Nm 2). Porque ali, logo depois da arca, o penhor da presença e assistência especiais de Deus seguiam essas três tribos: 'Então o tabernáculo da congregação partirá" etc. (v. 17); 'no lado ocidental (isto é, logo atrás) estará o estandarte do acampamento de Efraim' (v. 18); 'e sua hoste' etc. (v. 19). 'E próximo a ele estará a tribo de Manassés' (v. 20); 'e sua hoste' etc. (v. 21). 'Então a tribo de Benjamim e sua hoste' (vv. 22, 23). Ora, o regresso do cativeiro, cujo desejo é o assunto deste Salmo, sendo um paralelo do livramento do Egito, Deus os guiando de volta, movendo-se e vindo salvá-los', é mui adequadamente admitido e descrito num estilo que se assemelha ao primeiro resgate." Merrick considera Efraim,

silêncio a tribo de Judá e também a cidade santa, e ter apresentado as tribos de José, Manassés, Efraim e Benjamim, caso não tivesse a intenção de falar especialmente do reino de Israel.[2] Se alguém objetar, dizendo que as dez tribos do tempo em que foram eliminadas da casa de Davi se tornaram degeneradas, e que o culto divino foi corrompido entre eles, respondo que, não obstante, habitava entre eles muitos adoradores devotos de Deus, os quais não dobraram seus joelhos diante de Baal, nem se entregaram à superstição prevalecente [1Rs 19.18]. Conseqüentemente, Amós [6.6] declara culpados os empedernidos que existiam na tribo de Judá, porque ninguém havia entre eles que se entristecesse pela aflição de José. É igualmente notório que, durante o tempo dessa apostasia, alguns profetas lhes foram enviados para inspirá-los com a esperança de livramento. Então, embora uma vasta proporção deles fosse apóstata, todavia Deus não cessou de exercer seu cuidado sobre a semente que restou no meio deles. E como anteriormente ele mitigara as calamidades vindouras prometendo de antemão sua graça, assim agora, ditando ao povo a forma de uma oração, ele os confirma e os encoraja na esperança de obter sua graça até que descubram, a partir da experiência atual, que eles

---

Benjamim e Manassés como sendo particularmente específicos, ao supor que o Salmo foi escrito numa ocasião quando alguns inimigos estavam avançando para essas tribos, as quais estavam contiguamente situadas ou estavam dirigindo sua marcha para Jerusalém, através de seus territórios. "Tal ocasião", observa ele, "pode ter propiciado ao salmista orar para que as pessoas dessas tribos pudessem particularmente tornar-se espectadoras da divina interferência. Se o Salmo não foi escrito em tal ocasião, poderia ser mais razoável supor que Benjamim, o irmão único de José por parte de mãe, e Efraim e Manassés, seus filhos, são, no segundo versículo, equivalentes a José, o qual, no versículo precedente, representa toda a posteridade de israel."

2 O argumento que Calvino aqui aduz em abono da opinião de que este Salmo se relaciona às dez tribos que constituíam o reino de Israel, em contraste com o reino de Judá, é evidentemente inconclusiva. É como se ele tivesse esquecido o fato de que a tribo de Benjamim, que é expressamente especificada, não pertencia ao reino de Israel e, sim, formava uma parte do reino de Judá – fato esse que destrói completamente o argumento por meio do qual ele tenta provar que o Salmo se relaciona exclusiva ou especificamente com o reino de Israel. Portanto, tudo indica que a referência é a todo o antigo povo de Deus. Pode-se observar ainda que as calamidades referidas são tão extensas e gerais, ao ponto de tornar-se bem provável que toda a corporação do povo esteja em evidência. Este ponto de vista é também confirmado, à luz da introdução da similitude de uma vinha transplantada do Egito. O tema do Salmo poderia ser o mesmo do Salmo 79: a triste condição em que o povo escolhido se viu sob o poder dos exércitos de Nabucodonosor.

não foram enganados por promessas ilusórias. À luz deste fato percebemos em que aspecto este e o Salmo anterior diferem um do outro. Se alguém não considerar como satisfatório o que acabo de declarar, o mesmo está livre para adotar um ponto de vista diferente. Contudo me anima o fato de que, quem quer que cuidadosamente pese todas as circunstâncias, prontamente aderirá a minha opinião. Não insistirei sobre as palavras *Sosannim* e *Eduth*, uma vez que, no Salmo 45, expus as opiniões dos intérpretes a seu respeito. Tampouco é esta matéria tão importante que se faça necessário o emprego de muito tempo e trabalho a respeito. Além disso, os que são mais instruídos em antigüidades nada acrescentam, senão conjeturas prováveis.

[vv. 1-3]
Dá ouvidos, ó Pastor de Israel! Tu que guias a José como um rebanho; tu que te assentas entre os querubins, resplandece. À vista de Efraim e Benjamim e Manassés, desperta[3] tua força e vem para nosso livramento. Faz-nos voltar novamente, ó Deus! faz resplandecer teu rosto, e seremos salvos.

1. Dá ouvidos, ó Pastor de Israel! O profeta, antes de fazer menção de Manassés e Efraim, faz menção de José. E por que ele fala de José em vez de Judá, senão porque seu desígnio era tratar separadamente do reino de Israel, cujo governo estava na família e posteridade de José? Tampouco há alguma inconsistência, uma vez que Deus enviou profetas especiais entre eles, depois de golpeá-los com suas varas, quando, ao mesmo tempo, se acrescenta à oração: Deus congregaria para si um remanescente. Além do mais, para que não se iludissem confiando em seu culto espúrio, o profeta, ao aplicar a Deus a designação **Aquele que se assenta entre os querubins**, os chama de volta à sã doutrina da lei. O propiciatório era um penhor da presença de Deus, donde ele prometera estar perto de seu povo para ouvir suas orações. Era ilícito ao homem mudar a seu bel-prazer essa forma divinamente instituída.

---

3 A palavra original para 'despertar' é עוררה, *orera*, de עור, *ur, ficou excitado*. "Esta palavra", diz Dimock, "parece comunicar a idéia de ter ficado *adormecido* durante o cativeiro babilônico. Veja-se Isaías 51.9."

Os israelitas, pois, são admoestados a retornar a seu estado original, caso quisessem esperar que Deus se lhes manifestasse graciosamente. Além disso, pelo título que aqui se atribui a Deus há expresso seu maravilhoso amor para com os homens ao humilhar-se e, por assim dizer, rebaixar-se a fim de descer a seu nível e escolher para si uma sede e habitação na terra, para que pudesse residir no meio deles. Propriamente falando, não se pode dizer que Deus se assenta; nem se deve supor que lhe seja possível, ele, a quem o céu dos céus não pode conter, ser encerrado num determinado lugar [1Rs 8.27]. Mas, à guisa de acomodação à debilidade dos homens, ele é representado como assentado entre os querubins, para que os fiéis não o imaginassem como estando longe deles; e, conseqüentemente, eles se sentiram tomados de dúvidas e apreensões ao aproximar-se dele. Ao mesmo tempo, a observação que fiz previamente deve ser mantida em mente, a saber: que os israelitas são aqui munidos com uma regra que os capacitasse a orar de uma maneira correta, para que fossem desviados do culto oferecido ao deus que fabricaram e estabeleceram para si em Dã e Betel; e para que, rejeitando todas as superstições, pudessem entregar-se para que fossem guiados pela verdadeira luz da fé e pudessem seguir a Palavra de Deus.

3. Faz-nos voltar novamente, ó Deus! O significado desta oração é este: Restaura-nos a nossa primeira condição. Haviam rogado, no versículo precedente, que Deus renovasse sua força diante de Efraim e Manassés; e agora se queixam de que não passavam de proscritos enquanto Deus não os socorresse e remediasse sua miserável dispersão. Alguns entendem as palavras *faz-nos voltar novamente* como uma referência a uma maneira diferenciada; ou, seja, como uma oração para que Deus lhes concedesse o espírito de regeneração. Mas sendo tal interpretação refinada demais, será melhor aderir ao primeiro sentido, a saber: considerar a expressão no sentido em que os fiéis, sob a adversidade com que eram afligidos, recorreram a Deus, cuja obra peculiar é restaurar os mortos à vida. Reconhecem, de um lado, que todas suas misérias tinham que ser ligadas a isto, como sua causa:

que Deus, estando irado por causa de seus pecados, ocultava deles sua face; e, por outro lado, esperam obter plena salvação tão-somente através do favor divino. Ser-nos-á, dizem, na verdade uma ressurreição, quando teu semblante resplandecer sobre nós. Sua linguagem subentende que, contanto que Deus lhes estenda sua misericórdia e favor, seriam felizes e todas suas atividades prosperariam.

[vv. 4-7]
Ó Jehovah, Deus dos Exércitos! Até quando estarás indignado contra a oração de teu povo? Tu nos alimentas com pão de lágrimas; e nos dás a beber lágrimas em grande medida. Tu nos fizeste [motivo de] discórdia para nossos vizinhos; e nossos inimigos motejam de nós entre si. Faz-nos voltar novamente, ó Deus dos Exércitos! E faz resplandecer teu rosto sobre nós, e seremos salvos.

4. Ó Jehovah, Deus dos Exércitos! Havendo Deus nas Escrituras, graciosamente, prometido e com freqüência nos assegurado que as orações de seu povo não seriam frustradas, para isso incitando nossa admiração em ver os fiéis aqui alegando em sua presença que ele continua não pacificado, não obstante recorrerem a ele. Queixam-se não só de que não eram ouvidos, mas também que ele *está irado* sempre que o invocam, como se propositadamente rejeitasse essa atividade religiosa. Como fica, pois, a promessa registrada em Isaías 65.24: "Antes que eles me invoquem, eu responderei"? A isto respondo: Como Deus, ao demorar em socorrer seu povo, testa sua paciência, o profeta, falando segundo o critério da carne, o representa como que surdo a suas orações. Não que seja próprio para quem ora descansar nesta opinião, a qual lançaria um obstáculo insuperável em seu caminho rumo ao trono da graça. Antes, cabe-lhes esforçar-se por nutrir, em oposição a isso, o juízo da fé e penetrar inclusive o próprio céu, onde poderão contemplar uma salvação oculta. Mas Deus ainda lhes permite que amenizem mais eficazmente seu espírito das preocupações, ansiedades, tristezas e lágrimas com que são afligidos. Na menção que aqui se faz da *fumaça da ira de Deus*, tudo indica haver uma alusão implícita ao incenso que era usado nos sacrifícios sob o regime da lei.

A fumaça do incenso servia para purificar a atmosfera; mas os israelitas se queixam de que os céus estavam tão obscurecidos por uma fumaça diferente, que seus gemidos não chegavam a Deus.

5. Tu nos alimentas com pão de lágrimas etc. Com essas formas de expressão, eles descrevem a profundidade de sua tristeza e a longa continuidade de suas calamidades; como se quisessem dizer: Estamos tão saturados de tristeza, que não há como suportar mais.[4] Acrescentam, no versículo seguinte, que *foram feitos uma contenda para seus vizinhos*. Isso admite ser explicado de duas maneiras. Significa ou que seus vizinhos provocavam desavença contra eles, ou que, havendo obtido vitória sobre eles, contendiam entre si sobre o despojo, como geralmente ocorria em tais circunstâncias, cada um avidamente puxando-o para si. A primeira interpretação, contudo, parece ser a mais adequada. O povo se queixa de que, enquanto a vizinhança devia manter um vínculo de boa vontade mútua, eles tinham tantos inimigos quanto vizinhos. No mesmo diapasão é sua linguagem na segunda sentença: **motejam de nós entre si**. Equivale dizer: falam entre si à guisa de esporte e debocham de nossas adversidades. Para encorajar-se e incitar-se ao arrependimento, atribuem tudo isso ao juízo divino, em cujo poder está o encurvar os corações dos homens. Já que todos nós somos hoje culpados dos mesmos pecados, não surpreende que nossa condição seja em nenhuma medida melhor que a deles. Tendo o Espírito Santo, porém, inspirado o profeta a escrever esta forma de oração para um povo que sentia ser sua condição quase desesperadora, ela serve para inspirar-nos com esperança e ousadia, bem como para prevenir-nos contra a desistência do exercício da oração, sob a consciência da gravidade de nossa culpa. O versículo sétimo é uma repetição do terceiro; e esta repetição é indubitavelmente intencional, sendo um meio de superar cada obstáculo. Deus não pretende aqui ditar a seu povo uma fútil repetição de palavras; seu objetivo era

---

4 "Não pode haver", diz Horne, "um quadro mais chocante de Sião no cativeiro! Seu pão é ensopado de lágrimas; e seu cálice está cheio delas até as bordas; nunca está livre de tristeza e lamentação!"

encorajá-los quando curvados sob o fardo de suas calamidades, ousadamente soerguê-lo, por mais pesado fosse seu volume. Esta base de apoio lhes era apresentada com freqüência; e é reiterada pela terceira vez no último versículo do Salmo.

[vv. 8-13]
Tu trouxeste do Egito uma videira; expulsaste os pagãos e a plantaste. Limpaste o terreno para ela; fizeste com que ela estendesse suas raízes, e ela encheu a terra. Os montes foram cobertos com sua sombra,[5] e seus ramos se tornaram como os cedros de Deus. Ela estendeu seus ramos para o mar, e suas raízes para o rio.[6] Por que quebraste então seus valados, de modo que todos que passam pelo caminho a vindimam [ou a destroçam]? O javali da floresta[7] a devasta;[8] e as feras selvagens do campo a devoram.

---

5 A LXX traduz este versículo assim: Ἐκάλυψεν ὄρη ἡ σκιὰ αὐτῆς, καὶ αἱ ἀναδενδράδες αὐτῆς τὰς κέδρους τοῦ Θεοῦ) "A sombra dali cobriu as colinas, e os ramos dali [cobriram] os cedros de Deus." A LXX parece ter traduzido נסכ, casah, cobriu, em vez de יסכ, cossu, foi coberto. Com isso concordam as versões Siríaca, Árabe e Vulgata; e esta é a redação adotada por Hare, Houbigant, Lowth e Horsley. "É uma imagem extravagante de uma videira florescente", diz Lowth, "dizer que ele subiu até mesmo pelos cedros mais altos, se expandiu com seus galhos e cobriu o próprio cume deles?" "A imagem", diz Merrick, "penso eu, bem que poderia ser a descrição de uma videira alegórica, a qual é representada como a estender seus ramos para o mar, e seus renovos para o rio; especialmente quando comparado com o que Kæmpfer diz de algumas videiras estrangeiras. 'Maximum proventum vites tribuunt, quæ nulla jutæ cultura palmites per summa spargunt fastigia arborum.' – *Amœnitat. Ext. Fascic.* 2, *Relat.* 9, 2, p. 390. O autor de History of the Piratical States of Barbary (publicado em 1750) nos informa que algumas das videiras próximas a Algiers 'sobem aos topos de todas as árvores altas e se estendem até as outras, formando caramanchões naturais', p. 163. E Beverley, em sua História da Virgínia (p. 116, 2ª edição), afirma que já viu grandes árvores cobertas com videiras singulares, e essas videiras quase que cobertas com uvas. Videiras cobrindo cedros, na descrição do salmista, poderiam estar sugerindo uma idéia não só de sua extensão, mas também de sua soberania (concordando com o que Musculus escreve no lugar: '*Operti fuerunt montes umbra ejus, et ramis ejus cedri Dei: Ponit hæc de potentia regni Israelitici*' &c.), como um poeta, à luz de sua própria circunstância, representando a videira como a senhora das árvores (*Nonnus, Dionysiac.* L. xii. 278, 279)."

6 *O mar – o rio* –, isto é, o Mediterrâneo, que era a fronteira ocidental, e o Eufrates, que era a fronteira oriental da Palestina. A promessa divina a respeito da extensão do território do povo escolhido corre nestes termos (Dt 11.24): "Desde o rio Eufrates até o mar ocidental será vosso termo." Isso se cumpriu nos dias de Salomão (1Rs 4.21; Sl 72.8). Em seu tempo havia colônias hebraicas e guarnições próximo ao Rio Eufrates.

7 Segundo o Talmude, a letra média da palavra traduzida por *floresta*, neste versículo, é a letra média do Saltério hebraico.

8 *O javali da floresta a devasta.* "Este terrível animal é tanto feroz quanto cruel, e tão veloz que poucas das tribos primitivas podiam competir com ele numa corrida. Sua principal habitação, diz Forbes, é a floresta e selvas; mas quando o grão está quase maduro, ele comete terríveis selvagerias nos campos e plantações de açúcar. Esse animal feroz e destruidor, não satisfeito em devorar

8. Tu trouxeste do Egito uma videira. Sob a figura de uma videira, celebra-se a graça singular que Deus graciosamente aprouve exercer para com seu povo depois de o haver redimido. E isso contribuiu poderosamente para inspirá-los com a esperança de serem ouvidos. Pois qual de nós seria tão presunçoso ao ponto de chegar-se à presença de Deus sem que ele mesmo previamente nos tenha convidado? Ora, ele nos atrai para si por meio de seus benefícios e de sua Palavra. O objetivo em vista, ao apresentar agora sua liberalidade diante dele, consiste em que ele não deixaria inacabada a obra de suas mãos, a qual havia começado. Aliás, é verdade que, sem sua Palavra, os benefícios que ele nos tem conferido fariam uma pálida impressão em nossos corações; mas quando a experiência se soma ao testemunho de sua Palavra, ela grandemente nos encoraja. Ora, a redenção da qual se faz menção aqui estava inseparavelmente conectada ao pacto divino; pois Deus fizera, há quatro séculos antes, um pacto com Abraão, no qual ele prometeu o livramento de sua semente. O que se afirma equivale, em suma, a isto: não convém que Deus agora tolere que a videira que ele plantara e cultivara com tanto desvelo, com sua própria mão, seja devastada por feras selvagens. O pacto de Deus não foi feito para durar apenas uns poucos dias, ou por pouco tempo; quando adotou os filhos de Abraão, ele os tomou sob sua proteção para sempre. Pela palavra *videira* notifica-se que o sublime lugar que este povo conservava na estima de Deus, que não só se aprazia em mantê-los como sua herança peculiar, mas que também os distinguia por honra peculiar, mesmo porque uma videira é mais excelente que todas as demais possessões. Quando se diz que *a terra* ou *o solo foi purificado*, esta é uma repetição do que foi afirmado previamente, a saber: que os pagãos tinham recusado deixar lugar para o povo escolhido. Entretanto, talvez a alusão

---

o fruto, dilacera e quebra, com suas afiadas e poderosas mandíbulas, os ramos da videira; ou, com seu focinho, vai até suas raízes, a danifica com seu toque ou a pisa sob seus pés." – *Paxton's Illustrations*, vol. II. p. 66. Homer se queixa das selvagerias desse animal (Ilíada, ix. 535); e Mr. Ward observa que os búfalos e cães selvagens fazem selvagerias semelhantes nos pomares dos hindus; para o impedir, homens são postos dia e noite em posições próprias a fim de protegê-los contra os mesmos. – *Ward's Hindoos*, vol. II. p. 327.

seja à contínua escavação que as videiras requerem, a fim de que se conservem limpas e não sejam degeneradas; sendo esta alusão feita com o intuito de mostrar como Deus exerceu a parte de um bom esposo para com seu povo, visto que, depois de os haver plantado, ele não cessou de empregar todos os meios para nutri-los e preservá-los. O que se acrescenta imediatamente depois, **Tu lançaste suas raízes**, não se deve entender como se referindo a sua plantio, no princípio, mas às lutas enfrentadas por Deus para propagá-la,[9] o que faz parte do cultivo da videira. Donde se segue que **os montes se cobriram com sua sombra**; porque todo o país, embora montanhoso, se encheu de habitantes; tanto que o povo aumentou em número. Os ramos desta videira são comparados aos **cedros de Deus**, ou, seja, aos cedros mais belos e mais excelentes; para desse modo expressar ainda mais vividamente quão eminentemente a semente de Abraão foi abençoada por Deus. O mar e o Eufrates, como se sabe muito bem, eram as fronteiras divinamente designadas da terra que lhes foi prometida por herança.

12. Por que então quebraste seus valados? Esta é a aplicação da similitude; pois nada parece mais inconsistente do que Deus abandonar a videira que ele plantou com suas próprias mãos para que seja erradicada por feras selvagens. É verdade que às vezes o povo, por meio de seus profetas, era ameaçado e de antemão advertido de que ele faria isso. O que, porém, o constrangia a infligir sobre eles uma espécie tão estranha e terrível de castigo era para que ele tornasse sua ingratidão ainda mais detestável. Ao mesmo tempo, não é sem razão que aos crentes genuínos seja ordenado que tomem alento ante uma liberalidade tão distinta da parte de Deus. Para que, mesmo em meio a essa erradicação, pudessem pelo menos esperar que ele, que nunca abandona a obra de sua própria mão, estenda graciosamente seu desvelo por eles [Sl 138.8]. Desolação foi trazida sobre o povo em virtude de sua própria e incurável obstinação. Deus, porém, não deixou de salvar um pequeno número de renovos, por meio dos quais ele depois

---

9 "Mais du travail qu'il avoit prins à la provigner." – *v.f.*

restaurou sua videira. Esta forma de suplicar perdão foi deveras formulada para o uso de todo o povo, com vistas a impedir uma terrível destruição. Mas como bem poucos buscaram apaziguar a ira divina, humilhando-se verdadeiramente diante dele, era suficiente que esses poucos fossem isentados da destruição, para que deles uma nova videira mais tarde brotasse e vicejasse. A indignidade que foi praticada contra a Igreja é agravada à luz do contraste contido nas palavras, quando Deus, de um lado, nos é exibido como um viticultor; e quando os destruidores dessa videira, do outro lado, são representados não só como sendo culpados de tudo o que aconteceu, mas também como sendo os javalis e outras feras selvagens. A palavra כרסם, *kiresem*, a qual traduzi por *devastar*, é tomada por alguns como *encher o ventre*.[10] Este sentido concordaria muito bem com a presente passagem; porém não é endossada pelo significado ordinário da palavra.

[vv. 14-19]
Volta, nós te rogamos, ó Deus dos Exércitos! Olha do céu, e vê, e visita esta videira, e a vinha que tua mão direita plantou, e sobre[11] o sarmento[12] que para ti fortaleceste. Ela está queimada pelo fogo, está decepada;[13] eles

---

10 "יכרסמנה (*jechar-semenna*), *o destruirá. O Targum: o rasgará com sua presa*. Fut. pih. De כרסם, *ele elimina, derruba, consome* um quadrilátero, o mesmo que o caldaico קרסם. Ocorre aqui somente na Escritura; e, segundo outros, é composta de כרש, *um ventre*, como que ממנה וכרש, *encherá o ventre dele*." – Bythner.

11 "Hammond pensa ser bem provável que על, *al, sobre*, é um expletivo, ou que poderia indicar ראה, *reëh, ver* ou *olhar*, o último verbo exceto o do versículo precedente, ראה על, *reëh al, considerar, atentar.*

12 A palavra original que Calvino traduz *sarmento* é בן, *ben, filho*. Diz Horsley: "Onde בן significa um sarmento ou galho?" Entretanto, ela é assim usada em Gênesis 49.22, onde se diz: "José é um בן, *ben, galho* ou *ramo frutífero*." A redação de alguns manuscritos e das versões Septuaginta, Vulgata, Siríaca, Etiópica e Arábica é *o filho do homem*, como no versículo 17; e a oitava de Kennicott e o manuscrito. O MSS De Rossi trazem בן אדם, *ben adam, filho do homem*. Muitos têm crido que Cristo está aqui em pauta. Aben Ezra e R. Obadiah assim interpretam a passagem. A paráfrase caldaica é: "E sobre o Rei Messias que para ti fortaleceste." Hare, Green, Horsley e Morison consideram a última cláusula deste versículo: "e o ramo que para ti fortaleceste" como uma equivocada antecipação da última cláusula do versículo 17.

13 Horsley crê que a palavra כסוחה, *hesuchah*, a qual Calvino traduz como um verbo, "está decepada", provavelmente seja o substantivo סוחה, com o comparativo כ, *caph*, prefixado: "Está consumada pelo fogo como refugo"; e ele se reporta ao Léxico de Parkhurst, sob os radicais נסס e סחה. "Este versículo," diz ele, "com os dois precedentes, deve ser assim traduzido:

'Volta, te rogamos, ó Deus dos Exércitos!

pereceram pela repreensão de teu semblante. Seja tua mão sobre o homem de tua destra, sobre o filho do homem, que fortaleceste para ti. Assim nós não te viraremos as costas; tu nos vivificarás, e invocaremos teu nome. Faz-nos voltar novamente, Senhor Deus dos Exércitos; faz resplandecer tua face, e seremos salvos.

14. Volta, nós te rogamos, ó Deus dos Exércitos! Nestas palavras se pretende ensinar que não devemos ceder à tentação, ainda que Deus nos oculte sua face por algum tempo; sim, mesmo que os olhos dos sentidos e da razão pareçam estar alienados de nós. Porque, mesmo quando ele seja buscado na confiante expectativa de sua ostensiva mercê, ele se deixará reconciliar e receberá em seu favor aqueles a quem parecia ter lançado fora. Era uma eminente honra para a semente de Abraão ser considerada a vinha de Deus; mas ainda que os fiéis usem esta consideração como um argumento com vista a obter o favor divino, em vez de apresentar alguma reivindicação propriamente sua, simplesmente rogam que ele não cesse de exercer sua costumeira liberalidade para com eles. As palavras *desde o céu* sem dúvida foram introduzidas para que os fiéis não encontrassem nenhuma dificuldade em estender sua fé mais distante, embora Deus, de quem haviam se apartado, estivesse longe deles; e, demais, para que, se não vissem nenhum prospecto de livramento sobre a terra, pudessem erguer seus olhos para o céu.

Quanto à palavra כנה, *cannah*,[14] no início do versículo 15, de bom

---

Olha do céu e vê,
E visita esta videira;
Sim, a planta que tua própria desta plantou, Queimada com fogo como refugo.
À repreensão de teu semblante eles perecerão.'
"*Eles perecerão: Eles*, os depredadores da videira, descritos sob a imagem do javali e as feras selvagens do versículo 13." Diz o Dr. Morison: "A redação que o Bispo faz do versículo 16 é bem satisfatória." "*Eles perecem*. Isso deveria ser traduzido como fazem nossos tradutores e Mr. Ainsworth, e então as palavras têm referência à videira da Igreja judaica; mas se deve estar no futuro, como faz Horsley, então a referência seria a seus perseguidores pagãos. Horne menciona ambas; e o original admitirá uma ou outra." – *Williams*.

14 "Seguramente כנה não deve ser traduzida videira, e, sim, planta. E provavelmente ו, deve ser traduzida, ou entendida, no sentido de ainda. Veja-se Noldius, Sign. 38." – Secker. "Michaelis e Gesenius a derivam de כן, texit, com o sufixo ה. Bochart a considera como sendo um termo

grado me aquiesço ao sentido que lhe é dado por alguns que a traduzem por *um lugar preparado*; porém, como alguns crêem que na palavra hebraica há certa mudança da letra ג, *gimel*, para כ, *caph*, de modo que a leitura deve ser גנה, *gannah*, *um pomar* ou *vinha*, deixamos que o leitor decida consigo mesmo. Entretanto, é certo que esta é uma metáfora afim à primeira, pela qual se denota a singular liberalidade de Deus em promover esse povo e em fazê-lo prosperar. O ramo da videira que foi plantado pela mão de Deus é também chamado *o Homem de sua destra*.

16. Está queimada pelo fogo. As calamidades do povo são agora expressas mais claramente.[15] Já ficou expresso que a videira do Senhor fora abandonada às feras selvagens para que a mesma fosse devastada. Mas era uma calamidade ainda maior ser ela consumida pelo fogo, erradicada e totalmente destruída. Os israelitas tinham perfidamente apostatado da verdadeira religião; mas, como já se observou previamente, eram ainda uma parte da Igreja. Conseqüentemente, somos advertidos por este melancólico exemplo quanto à severidade do castigo devido a nossa ingratidão, especialmente quando ela se associa à obstinação, a qual antecipa as ameaças e repreensões divinas, por mais penetrantes e severas venham a ser, como sendo de grande benefício para nós. Aprendamos também do mesmo exemplo, quando a ira divina é chamejante a nossa volta, e ainda quando nos vemos no meio de suas chamas ardentes, a lançar todas nossas dores no seio de Deus, o qual, de uma forma portentosa, soergue sua Igreja do meio da voragem da destruição. Seguramente ele está pronto não só a exercer ininterruptamente seu favor em nossa defesa, mas também a enriquecer-nos com suas bênçãos, mais e mais, desde que nossa impiedade não o impeça. Como lhe é impossível não estar irado ante as muitas

---

egípcio. כנהשׁ, verto plantam ex sententia Bocharti (in Phaleg. lib. i. cap. 15 e 16, edit. Leusd.) qui putat vocem esse Ægyptiacam. Nam, auctore Plutarcho in Iside, hederam Ægyptii χενόσιριν, h. c. φυτὸν Ὀσιριδος, plantam Osirides vocabant.' Dathe. De Rossi concurs." – Roger's Book of Psalms, &c, vol. II. 231.

15 Sob a mesma imagem alegórica, o Profeta Ezequiel representa o aflitivo estado de seu país (19.10, 12, 13).

ofensas que temos cometido, é uma evidência de uma mercê sem paralelo que ele extinga o fogo que nós mesmos acendemos, e o qual se espalha cada vez mais; e para salvar uma porção ou o remanescente da Igreja ou, falando mais apropriadamente, soerguer ainda das próprias cinzas um povo que invoque seu nome. Reitera-se uma vez mais que a Igreja *pereceu*, não pela força e armas de seus inimigos, mas ante a repreensão do semblante de Deus. Jamais podemos esperar algum lenitivo de nosso castigo, a menos que sejamos plenamente persuadidos de que somos com justiça castigados pela mão divina. Era um bom sinal do arrependimento desses israelitas que, como se observa em Isaías 9.12: "Olharam para a mão daquele que os feriu."

17. Que tua mão esteja sobre o Homem de tua destra. Aqui o salmista repete em termos claros a oração que havia expresso sob a figura de uma videira, pleiteando que Deus defendesse, sob sua mão, *o Homem de sua destra,* **e o Filho do homem que havia fortalecido para si**. É incerto se ele fala unicamente de um rei, ou se o povo está também incluso. Embora Jeroboão fosse ungido rei, todavia não chegou à posse da dignidade real de uma forma lícita; e assim Deus nunca aprovou qualquer um de seus sucessores, como se ele tivesse despojado a posteridade de Davi do direito e poder de domínio. Deus, como já vimos no Salmo 78.67, não escolhe a tribo de Efraim; ao contrário, o cetro, por seu decreto imutável, foi dado à casa de Judá, como é claramente ensinado na profecia de Jacó [Gn 49.10]. Portanto, constituiu-se um vil e ímpio desmembramento do corpo, quando a maioria do povo se revoltou contra a casa de Davi e submeteu-se a Jeroboão como seu rei. Sendo esse o caso, por que, pois, poder-se-ia perguntar, o rei de Israel está orando dessa forma? Para remover esta dificuldade, observemos que, embora aquele reino tivesse um começo rebelde, e Deus, como está expresso em Oséias 13.11, lhes deu um rei em sua ira, todavia depois não lhe agradou tolerar sua continuação; e a unção de Jeroboão testificou que ele ratificara o que havia sido inadvertida e impiamente feito pelo tumulto e rebelião do povo. A nação de Israel podia então dizer que seu rei fora criado e estabelecido por Deus, que, com vistas a remediar a ruptura ocorrida, o acrescentou como um participante da dignidade real dos filhos de Davi. Com essa fenda, o estado do povo ficou grandemente prejudicado; mas, para impedir uma ruína total, a ereção das dez tribos num reino separado, sob a soberania de Jeroboão, foi, por assim dizer, uma coluna posta debaixo dele pelo secreto conselho de Deus para sustentá-lo.

Entretanto, não tenho nenhuma hesitação em considerar todo o corpo da Igreja como que compreendido sob as expressões: *o Homem da destra de Deus*, e *o Filho do homem*. O singular é um uso muito apropriado, tendo sido a divina vontade que o povo escolhido fosse como um só homem. Pela mesma razão, o Apóstolo Paulo também, em Gálatas 3.16, põe grande ênfase nas palavras *um só descendente*; pois Ismael, Esaú e outros foram separados e espalhados quando Deus redimiu e congregou a semente de Abraão. Assim, por *o filho do homem* deve-se entender o povo ao qual Deus adotou para si, a fim de que fosse *um só homem*.[16] Como, porém, esta unidade depende da

---

16 Muis, Walford e outros, de modo semelhante, supõem que estes títulos: *O Homem de tua destra* e *O Filho do homem*, pertencem ao povo de Israel. Walford traduz os versículos 15 e 17 assim:
"O rebento que tua destra plantou;
Sim, o ramo que para ti fizeste forte.
Que teu apoio se estenda ao Homem de tua destra;
Ao Filho do homem, a quem para ti fizeste forte."
E observa no versículo 17: "O salmista aqui renuncia a representação figurada e fala literalmente do povo de Israel, ao qual Deus escolhera e tão grandemente favorecera." "Comparando 2 Crônicas 36.22, 23; Isaías 44.26-28; 45.1-11 e Jeremias 25.12, 13", diz Dimock, "com este versísulo, não poderia Jeremias, ou quem quer que seja o autor deste Salmo, ter em mente *Ciro*, de quem, por meio desses títulos, foi profetizado que seria o restaurador de Israel, *nominalmente*, mais de um século antes de seu nascimento?" Outros têm imaginado, e com grande probabilidade, que a fraseologia aqui empregada contém uma alusão mística ao Messias. Os israelitas piedosos estavam acostumados, em tempos de grande calamidade, a olhar com profundo anseio para os dias daquele que reinaria para sempre sobre a casa de Jacó, e de cujo reino não haveria fim. Estas expressões notáveis, *O Homem de tua destra* e *O Filho do homem*, se aplicam, no mais pleno e perfeito sentido, a Cristo. Se *o Homem da destra de Deus* é o homem posto ali, a quem poderia o título aplicar-se senão a ele? Porque, "a qual dos anjos disse Deus jamais: Assenta-te a minha direita?" (Hb 1.3, 13). E muito menos disse ele isso a algum dos reis judaicos. Quanto ao outro título: *O Filho do homem*, ele é um dos títulos mais definidos de Cristo, sendo dado a ele na Escritura não menos de setenta e uma vezes; em sessenta e sete casos, por ele mesmo; uma por Daniel; uma pelo mártir Estêvão; e duas pelo apóstolo João no Apocalipse. Ele é também aquele a quem o Pai fez forte para a salvação de sua Igreja, e que ainda tirará a iniqüidade do povo escolhido e o restaurará a um

cabeça, de bom grado admito que a frase tem uma referência particular ao rei que preservou a maior parte do povo de ser envolvida em total destruição. Aqui o profeta uma vez mais, ao buscar obter o favor divino, encontra seu argumento e esperança somente nos benefícios que Deus anteriormente lhes conferira. É como se ele quisesse dizer: "Senhor, visto que a ti pertence aperfeiçoar aquilo que começaste, preserva o rei que nos deste!"

No versículo 18, os fiéis, ao ouvi-los Deus, gratos se empenham em reconhecer sua bondade, não só oferecendo-lhe um sacrifício de louvor, mas também por toda sua vida. *Invocar o nome de Deus* é aqui no sentido de "a confissão dos lábios" [Os 14.3]; mas quando se diz: **Não voltaremos as costas a ti**, isso significa o uniforme e contínuo curso de toda a vida. Entretanto, o versículo pode ser assim interpretado: Ó Senhor, continuaremos em nossa obediência a ti, ainda quando nossas circunstâncias, até onde podemos perceber, seja sem esperança; nunca a agudeza de nossas calamidades terá o efeito de levar-nos a apostatar de ti; e quando formos restaurados por tua graça e poder, magnificaremos teu nome. Seria supérfluo fazer alguma observação adicional sobre o último versículo, o qual é reiterado pela terceira vez.

Salmo 81

Este Salmo consiste de duas partes. Quem quer que tenha sido seu autor, ele exorta o povo a lembrar-se da graça sem paralelo de Deus para com eles, ao libertá-los com seu braço estendido e ao escolhê-lo para ser um reino de sacerdotes e uma Igreja peculiarmente sua; para que assim pudessem ser estimulados devotadamente a honrar seu Libertador, que celebrem seus louvores e levem uma vida santa. Deus é em seguida introduzido como a censurá-los por sua ingratidão em prosseguir obstinadamente relutando em submeter-se ao jugo da lei, não obstante a maneira terna e graciosa com que ele os atrai a si.

Ao mestre de música sob Gittith. Salmo de Asafe.[1]

---

1 Há várias opiniões quanto ao tempo e ocasião da composição deste Salmo. Horsley observa: "É certamente mais antigo que o tempo de Davi; pelo uso do nome de José, no versículo 5, como o nome de toda a nação, mostra que ele foi composto antes que Judá se tornasse a tribo principal, embora o lugar de culto fosse realizado na tribo de Efraim; ou, seja, entre os descendentes de José." Diz Fry: "Isso, contudo, não é conclusivo, visto que um Salmo, sempre que composto, referindo-se aos eventos daqueles tempos, poderia usar as mesmas distinções." Segundo Walford, "mui provavelmente foi escrito para ser cantado em alguma celebração da festa da Páscoa, durante o reinado de Josafá ou de Ezequias." Mas a opinião geralmente aceita é que ele foi composto, em primeira instância, para a festa das trombetas. Essa festa era celebrada no primeiro dia do mês de *Tisri*, que era o começo do ano judaico, correspondendo a nosso setembro. Alguns supõem que essa festa foi designada para a comemoração da criação do mundo, a qual conjetura-se ter sido completada naquela estação do ano. Os meses hebraicos eram lunares, e o primeiro dia de cada mês tinha seus serviços religiosos, acompanhados com o som de trombetas (Nm 10.10]; mas a festa das trombetas era observada com sacrifícios adicionais (Lv 23.24; Nm 29.1]. As trombetas eram tocadas desde o nascente até o poente. À luz do livro da Liturgia Judaica parece que este Salmo é ainda cantado naquela festa. Dr. Adam Clarke observa que "é possível ter sido usado na celebração da festa das trombetas no primeiro de *Tisri*; da festa dos tabernáculos, no dia 15 do mesmo mês; na criação do mundo; na festa das luas novas; e no livramento dos israelitas do Egito; tudo indica que sua referência é a todas essas referências".

[vv. 1-7]
Cantai jubilosamente a Deus nossa fortaleza; cantai em alta voz ao Deus de Jacó. Erguei um cântico,[2] e trazei o tamborim, a harpa maviosa e o saltério.[3] Fazei soar a trombeta na lua nova; no tempo designado no dia de nosso sacrifício.[4] Porque este é um estatuto para Israel, uma lei do Deus de Jacó. Ele o pôs por testemunho em José, quando saiu pela [ou acima da] terra do Egito; eu ouvi uma linguagem que não entendia. Tirei de seus ombros a carga; suas mãos ficaram livres dos cestos.[5] Tu clamaste na angústia, e eu te livrei; te respondi no lugar oculto dos trovões; provei-te nas águas de Meribá. (Selah)

1. Cantai jubilosamente a Deus nossa fortaleza. Este Salmo, provavelmente, se destinava a ser cantado nos dias de festa quando os judeus observavam suas assembléias solenes. No exórdio se acha apresentada a ordem do culto que Deus ordenara. Não podiam ficar surdos e mudos no tabernáculo, visto que o serviço divino não consistia em indolência nem em cerimônias frias e vazias. Mas tinham que, através dos exercícios aqui prescritos, cultivar entre si a unidade da fé; fazer uma pública profissão de sua piedade; estimular-se ao contínuo progresso nela; unir-se concordemente no louvor divino; e, em suma, continuar firmes no sacro pacto por meio do qual Deus os adotara para si.

---

2 "*Tomai um Salmo*. Ainsworth: *Erguei um Salmo*. Horsley diz: 'A palavra (salmo) neste lugar denotaria algum instrumento musical.' Mas com toda a devida deferência a seu senhorio, imaginar um clérigo hoje dizendo a seu organista: 'Toque um salmo' (uma frase bem similar), o organista o entenderia como a dizer-lhe que tocasse um instrumento musical." – *Williams*.

3 Para um relato desses instrumentos musicais, veja o Apêndice.

4 Hammond traduz este versículo assim: "Tocai a trombeta no primeiro dia do mês, na lua nova, no dia de nossa festa." "A palavra חדש, diz ele, "deve ser aqui traduzida, no início do mês, de modo que ככסה, que se segue, pode ser traduzida, como realmente significa, na lua nova. É verdade que à luz de חדש, novo, חדש significa indiferentemente o novilunium e o primeiro dia do mês; aqui, porém, a lua nova, sendo peculiarmente expressa por כסה, para evitar tautologia, חדש deve ser traduzido o novo mês; ou, seja, o primeiro dia do mês. A Siríaca põe isso aqui mui expressamente: 'no início, ou primeiro do mês, e na lua nova'; o que, encontrando-se sempre junto, era festa entre os judeus, e assim a trombeta devia ser tocada."

5 A palavra traduzida *cesto* era, segundo Kennicott, um grande vaso no qual a terra era misturada e preparada para fazer tijolos. A LXX, a Vulgata, Símaco, Jerônimo, Street, Parkhurst, Ainsworth, Fry, Walford e outros traduzem a palavra original por *o cesto*. Parkhurst observa que cestos provavelmente podem ser empregados tanto na condução de terra da qual se fazem tijolos, quanto também os próprios tijolos.

Tendo sido esse o costume nos dias de festa sob a lei, podemos concluir que, sempre que os verdadeiros crentes se congregam hoje, o fim que devem ter em vista é envolver-se nos exercícios religiosos – evocar em sua memória os benefícios que têm recebido de Deus; fazer progresso no conhecimento de sua Palavra; e testificar da unicidade de sua fé. Os homens motejam de Deus simplesmente por apresentar-lhe cerimônias fúteis e sem proveito, a menos que a doutrina da fé os preceda, estimulando-os a invocar a Deus; e, também, a menos que a lembrança de seus benefícios lhes injete motivação para o louvor. Sim, é uma terrível profanação de seu nome quando o povo apaga a luz da verdade divina e se satisfaz meramente em praticar um serviço externo. Conseqüentemente, aos fiéis aqui não só se ordena que se congreguem no tabernáculo, mas também que se deixem instruir quanto ao fim para o qual devem congregar-se ali, ou, seja: para que o soberano e gracioso pacto que Deus fez com eles seja renovado em sua memória; para que aumente sua fé e piedade; para que, assim, os benefícios que já receberam dele sejam celebrados e seus corações com isso se movam em ação de graças.

Com respeito ao **tamborim, harpa e saltério**, já observamos anteriormente, e julgamos necessário simplesmente repetir a mesma observação, a saber: que os levitas, sob a lei, eram justificados ao fazer uso de música instrumental no culto divino; que seu intuito era treinar seu povo, enquanto eram ainda imaturos e semelhantes a crianças, necessitando de tais rudimentos, até a vinda de Cristo. Mas então, quando a lídima luz do evangelho já dissipou as sombras da lei, e já nos ensinou que Deus deve ser servido numa forma mais simples, estaremos agindo como tolos e equivocados imitando aquilo que o profeta ordenou somente aos de seu próprio tempo. Disto se faz evidente que os papistas têm demonstrado atitude simiesca, transferindo isto para si mesmos. Sob a *lua nova*, por meio de sinédoque, compreende-se todas as outras principais festas. Ofereciam-se sacrifícios diariamente; porém os dias em que os fiéis se congregavam no tabernáculo, segundo a expressa designação da lei, são chamados, á guisa de eminência, **os dias de sacrifício**.

4. Porque este é um estatuto para Israel. Para imprimir maior efeito à exortação precedente, aqui se ensina que esta lei ou ordenança fora prescrita para o antigo povo de Deus com o propósito de ratificar o pacto eterno. E como nos pactos há um acordo mútuo entre as partes, declara-se que este *estatuto foi dado a* Israel, e que Deus, ao contrair o acordo, reservou isso para si, como um direito ao qual estava legalmente autorizado.

5. Ele o pôs por testemunho em José. Alguns derivam a palavra hebraica עדות, *eduth*, de עדה, *adah*, que significa *adornar*; e traduzem-na por *a honra* ou *ornamento* de José. Mas ela vem antes do verbo עוד, *ud*, *testificar*; e o escopo da passagem requer que ela seja traduzida por *um testemunho* ou *pacto*. Além do mais, ao ser José especificamente mencionado, há uma referência ao primeiro protótipo do povo escolhido, quando, depois da morte de Jacó, as doze tribos foram distinguidas. Como a soberania, naquele tempo, não tinha ainda contemplado a tribo de Judá, e como Rúben havia perdido seu direito de primogenitura, a posteridade de José com justiça herdou a preeminência, em virtude dos benefícios dos quais ele fora instrumento; tendo sido o pai e quem sustentou seus irmãos e toda a nação. Além disso, a sacralidade do pacto é enaltecida por um apelo especial para o fato de que, no tempo em que Deus estipulara que esta honra lhe seria conferida, ele adquiriu esse povo para si; como se quisesse dizer: A condição sobre a qual o povo foi libertado era que o mesmo seria congregado nos dias designados para renovar a memória da graça que fora exercida em seu favor. As palavras, **quando ele saiu**, se aplicam igualmente a Deus e ao povo.[6] É uma forma comum de expressão falar de Deus como saindo adiante do povo, como um pastor vai adiante de seu rebanho,

---

6 "*Quando ele saiu* etc.; isto é, Quando Deus saiu a destruir os primogênitos na terra do Egito, por conta do quê a Páscoa foi instituída." – *Walford*.

ou como um general, adiante de seu exército. Quando se diz **acima** *da terra do Egito*, há quem pensa haver aqui uma alusão à topografia da Judéia, a qual ficava em posição mais elevada que o Egito; de modo que, os que saem do Egito em direção à Judéia, sobem. Eu, porém, entendo a linguagem como simplesmente significando que o povo, tendo Deus como seu condutor, passou livremente e sem obstrução através da terra do Egito, tendo seus habitantes ficado tão desencorajados e desfalecidos, que não ousaram fazer qualquer oposição a sua passagem.[7] O profeta realça a bênção de seu livramento, quando, falando em nome de todo o povo, afirma que ele fora resgatado de profundo barbarismo: **Eu ouvi uma linguagem que não entendia.**[8] Nada é mais desagradável do que transitar por entre pessoas com quem não podemos manter nenhuma comunicação através da linguagem, a qual é o principal vínculo da sociedade. Sendo a linguagem, por assim dizer, a imagem e espelho da mente, os que não podem empregá-la em seu relacionamento mútuo não são menos estrangeiros um em relação ao outro do que as feras da floresta. Quando o profeta Isaías [33.19] tenciona anunciar um castigo muitíssimo terrível, ele diz: "Não verás mais aquele povo atrevido, povo de fala obscura, que não se pode compreender, e de língua tão estranha que não se pode entender." Assim o povo reconhece que o benefício que Deus lhe conferiu tinha de ser muito mais valorizado, porque ficaram livres dos egípcios, com cuja linguagem não tinham qualquer familiaridade.[9]

---

7 "Sair (עַל) sobre a terra do Egito parece expressar domínio sobre ele, o qual Deus exerceu ao conduzir os israelitas; e ficaram, então, no que se pode chamar estado de superioridade sobre os egípcios, e saíram para uma terra alta (Êx 14.8; Nm 33.3). E logo depois a lei foi promulgada." – *Secker*.
8 A Septuaginta, Siríacca, Vulgata e todas as versões, exceto a Caldaica, têm a terceira pessoa: "*Ele* ouviu uma linguagem que não entendia." Doederlein lê: "*Eu* ouvi uma voz que não entendia." E, retendo a primeira pessoa, interpreta as palavras como uma exclamação abrupta do salmista ao sentir-se subitamente influenciado por uma inspiração divina, e em ouvir um oráculo dirigido por Deus a ele, o qual consistia do que imediatamente se segue, desde o versículo 6 até o final do Salmo, e o qual é expresso na pessoa de Deus. Ele ouviu essa voz, porém não a entendeu; ou, seja, não compreendeu plenamente seu desígnio e importância.
9 "O idioma egípcio não era inteligível aos filhos de Jacó; porque José falava a seus irmãos por meio de um intérprete, quando comparecia em público como governador do Egito, e quando não tinha ainda se dado a conhecer a eles. Veja-se Gênesis 42.23." – *Street*.

6. Eu removi a carga de seus ombros. Aqui Deus começa a rememorar os benefícios que havia concedido aos israelitas, bem como as muitas maneiras nas quais ele os pusera em obrigação para com ele. Quanto mais exasperadora fosse a escravidão da qual haviam sido libertados, muito mais preciosa e desejável seria sua liberdade. Quando, pois, se afirma que suas cargas eram tão pesadas que caíam sob elas, e que foram condenados ao trabalho de fazer tijolos e a outras ocupações abjetas e enfadonhas, a comparação desse seu primeiro estado com sua condição posterior é introduzida com o fim de ilustrar ainda mais contundentemente a grandeza da bênção de seu livramento. Apliquemos isso, então, a nós mesmos, e elevemos nossa mente a um tema mais elevado, do qual ele [o livramento] era uma imagem. Como Deus não só removeu de sobre nossos ombros uma carga de tijolos, e não só afastou nossas mãos das fornalhas, mas também nos redimiu da cruel e miserável tirania de Satanás, e afastou-nos dos abismos do inferno, as obrigações sob as quais estamos em relação a ele são de um tipo muito mais estrito do que aquele sob o qual ele as impusera a seu antigo povo.

7. Tu clamaste em angústia, e eu te livrei. Aqui tem seguimento o mesmo tema. Pela expressão, *Tu clamaste*, quando estavam em angústia, entendo como sendo as orações que então apresentavam a Deus. Às vezes sucede que os que são reduzidos a extremos deplorem suas calamidades com um clamor confuso; mas como essas pessoas aflitas tinham em si alguns resquícios de impiedade, e como não tinham se esquecido da promessa feita a seus pais, não tenho dúvida de que dirigiam suas orações a Deus. Mesmo seres humanos sem religião, que nunca se lembram de invocar a Deus, quando se acham sob a pressão de alguma grande calamidade, se deixam mover por um instinto secreto da natureza a buscar comunhão com ele. Isso faz ainda mais provável que a promessa fosse, por assim dizer, uma espécie de professor para os israelitas, levando-os a olhar para Deus. Como nenhuma pessoa o invoca sinceramente a não ser que confie nele para a socorrer, esse clamor deve ter sido ainda mais eficaz em convencê-los de que era seu dever considerá-lo o único autor do livramento que lhes era oferecido.

Pela expressão, **o lugar secreto dos trovões**, alguns, em minha opinião, com excesso de refinamento exegético, entendem que Deus, trovejando, atendeu os gemidos do povo, inaudíveis aos egípcios; e que pelo fato de os egípcios ouvi-los isso veio a ser ainda mais exasperador. O significado, porém, é simplesmente este: o povo tinha ouvido de uma maneira secreta e maravilhosa, enquanto que, ao mesmo tempo, claros emblemas foram dados pelos quais os israelitas podiam sentir-se satisfeitos em ser socorridos pela mão divina. Deus, é verdade, não lhes era face a face visível; mas o trovão era uma evidente indicação de sua secreta presença entre eles.[10] Para fazê-los dar maior valor a esse benefício, Deus, em tom de censura, lhes diz que foram indignos dela, tendo sido dada prova manifesta, *nas águas de Meribá*,[11] de que eram de uma disposição ímpia e perversa [Êx 17.7]. É como se quisesse dizer que sua impiedade foi naquele tempo tão publicamente exibida, que seguramente era indiscutível que o favor divino para com eles não procedia de alguma consideração pelo bem praticado no deserto. Esta reprimenda não é menos aplicável a nós do que foi aos israelitas; pois Deus não só ouviu nossos gemidos quando estávamos

---

10 Lowth entende por "o secreto lugar dos trovões" a comunicação dos israelitas com Deus no monte Sinai, o horror expresso por essas poucas palavras. (As Preleções de Lowth no *Sacred Poetry of the Hebrews*, vol. II. p. 220.) Walford lê: "Eu te respondi por meio de trovão, de um refúgio secreto"; e observa que isto contém "uma referência à majestosa exibição no Sinai, onde, ainda que os símbolos da Deidade presente fossem vistos e ouvidos, os relâmpagos e trovões, ele mesmo estava velado de toda visão humana." A única objeção que se pode fazer contra esta interpretação do Sinai é que a murmuração em Meribá (Êx 17) foi antes do trovejar no Sinai (Êx 19); enquanto que aqui o trovão é mencionado primeiro, e então o que ocorreu em Meribá no final do versículo. Mas tal objeção é facilmente removida; pois nas composições poéticas da Escritura nem sempre se observa a ordem estrita na narração dos fatos. Assim no Salmo 83.9, a vitória sobre os midianitas (Jz 7) é mencionada antes daquela sobre Sícera (Jz 4), a qual foi a primeira vitória alcançada.

11 Literalmente, "as águas de contradição"; מְרִיבָה, *meribah*, de רוּב, *rub*, *controvérsia*, um substantivo que significa *contenda*, *discórdia*. Portanto, ele é adequadamente usado como o nome do lugar no deserto onde os israelitas contenderam com Moisés. "A especificação do local", observa Mant, "como usada em nossa tradução da Bíblia, é muito mais poética do que a tradução no Livro de Oração Comum: 'as águas da discórdia'. "A menção de Meribá", diz Lowth, "introduz outra idéia, a saber: a ingratidão e contumácia dos israelitas, os quais parecem ter sido sempre indispostos para com os favores e indulgência de seu Benfeitor celestial."

aflitos sob a tirania de Satanás, mas antes que viéssemos à existência ele designou seu Filho unigênito para que pagasse o preço de nossa redenção; e depois, quando éramos ainda seus inimigos, ele nos chamou para que fôssemos participantes de sua graça, iluminando nossas mentes por meio de seu evangelho e de seu Espírito Santo; enquanto que nós, não obstante, continuamos a ceder às murmurações, sim, inclusive nos rebelando soberbamente contra ele.

[vv. 8-12]
Ouve-me, povo meu, e eu te protestarei;[12] oh, Israel, se me ouvisses! Que em ti não haja nenhum deus estranho; nem cultuarás um deus estranho. Eu sou Jehovah teu Deus, que te tirei da terra do Egito; abre bem tua boca, e eu a encherei. Meu povo, porém, não ouviu minha voz, e Israel não me quis. E eu os entreguei aos pensamentos[13] de seu próprio coração; andarão em seus próprios conselhos.

8. Ouve-me, povo meu. Com o intuito de tocar o coração do povo mais eficientemente, Deus é aqui investido do caráter de mestre e introduzido como que falando de forma familiar no meio da congregação; e isso é feito com o propósito de instrui-los de que todas as assembléias são sem proveito e fúteis se a voz de Deus não for enunciada para estimular nos homens a fé e a verdadeira piedade. Passemos, porém, à consideração das palavras. Este prefácio se destinava a ensinar em poucas palavras que os dias de festa não seriam pura e corretamente observados, a menos que o povo ouvisse com atenção a voz de Deus. A fim de consagrar suas mãos, pés, olhos e sua pessoa como um todo, para seu serviço, cabe-lhes, em primeiro lugar, abrir seus ouvidos a sua

---

12 Street lê: "e farei de ti um testemunho". "אעידה", diz ele, "está na conjugação hiphil, a qual amiúde significa fazer ou levar uma coisa a ser feita. A arca é chamada *a arca do testemunho*, הערה ארון, (Êx 30.26), e a arca do concerto (Js 3.6 e Êx 25.6) A Moisés é ordenado pôr na arca o testemunho que Deus lhe daria. Portanto, é claro que o pacto e o testemunho são a mesma coisa." "*Eu testificarei a ti*. Em todas as ocasiões eu darei a diretriz oracular, de modo que não terás ocasião de recorrer a outros deuses, nem qualquer pretenso deus terá poder de prejudicar-te." – Horsley.

13 "Ou, perversité, ou, dureté." *v.f.m.* "Ou, a perversidade, ou, a dureza." Hammond lê: "Eu os entreguei às imaginações de seus corações." Horsley: "Assim os entreguei ao governo de seus próprios corações." Fry: "E eu os entreguei aos desejos de seu coração." Walford: "Portanto, eu os entreguei aos propósitos de seu coração."

voz. Assim se ensina a lição de que ele só reconhece como seus servos os que se dispõem a tornar-se alunos aptos. Pela palavra *protesto* ele sugere que faz um acordo de forma solene para, com isso, imprimir a sua palavra maior autoridade. A frase que se segue, **oh, Israel, se me ouvisses!**, como eu presumo, é uma expressão abrupta, semelhante à que amiúde se usa nos discursos patéticos, servindo a elipse para expressar maior gravidade. Alguns a conectam com o versículo seguinte, dessa forma: *oh, Israel, se me ouvisses não haveria em ti deus estranho*. Mas, ao contrário, ela deve ser vista como a linguagem de pesar por parte de Deus. Indiretamente, ele notifica que não confia nesse povo obstinado e rebelde, e que dificilmente pode nutrir a esperança de que provarão ser obediente e passível de instrução.

9. Que não haja em ti deus[14] estranho. Aqui se propõe o artigo principal do pacto e quase toda a suma dele, a saber: que exclusivamente Deus teria a preeminência. É possível que haja quem prefira esta explicação: oh, Israel, se me ouvisses, não há nada que mais estritamente demando ou exijo de ti do que vivas contente somente comigo, e que não saias em busca de deuses estranhos. Longe estou de desaprovar tal opinião. Deus, por meio desta linguagem, indubitavelmente confirma a verdade que ele tão amiúde inculca em outra parte da lei e dos profetas, a saber: que ele é Deus tão zeloso que não permite que outro seja participante da honra à qual tão-somente ele tem direito. Mas, ao mesmo tempo, ele nos ensina que o verdadeiro culto religioso começa com a obediência. A ordem que Moisés observa é diferente [Êx 20.2, 4; Dt 5.6, 8]. Nessas passagens, Deus declara que ele é o Deus de Israel; e então os proíbe de fazer para si novos deuses. Aqui, porém, a proibição é posta em primeiro lugar, e então a razão de ser anexada, a saber: que o povo deve ficar plenamente satisfeito com o Deus que o adquirira para que fosse seu povo. É provável também que ele pusesse isso na frente para preparar o caminho e poder obter o trono de seus corações. Primeiro livra o povo das superstições, visto que estas

---

14 "Deus pagão *ou* estrangeiro." – *Hammond*.

devem necessariamente ser arrancadas e eliminadas antes, para que a verdadeira religião possa criar raízes em nossos corações.

10. Eu sou Jehovah teu Deus, que te tirei da terra do Egito; abre bem tua boca. Deus, ao fazer menção do livramento que operara em prol do povo, pôs um freio naqueles a quem tomara sob sua proteção, por meio do qual ele pudesse mantê-los jungidos a seu serviço. E agora lhes assegura que, com respeito ao tempo ainda por vir, ele tinha abundante provisão de todas as bênçãos com as quais pudesse encher e satisfazer seus desejos. Os três argumentos que ele emprega para induzir os israelitas a aderirem exclusivamente a ele, e pelos quais ele lhes mostra quão perversa e impiamente agiram voltando-lhe as costas, e ao recorrerem aos deuses estranhos se tornavam dignos de especial atenção. O primeiro consiste em que ele é *Jehovah*. Pelo termo *Jeohvah* ele assevera seus direitos como Deus, por natureza, e declara que está além do poder do homem criar novos deuses. Ao dizer: *Eu sou Jeohvah*, o pronome *Eu* é enfático. Os egípcios, sem dúvida, pretendiam adorar o Criador do céu e da terra; porém, ao desprezarem o Deus de Israel, foram claramente persuadidos de falsidade. Sempre que os homens se apartam dele, adornam os ídolos se sua própria invenção em detrimento dele, sejam quais forem os fraudulentos pretextos pelos quais tentam justificar-se. Depois de ter afirmado ser Jehovah, ele prova sua Divindade a partir do efeito e da experiência – a partir da evidência clara e irrefutável dela na ação de livrar seu povo do Egito e, especialmente, da concretização, naquele tempo, da promessa que fizera aos pais. Este é seu segundo argumento. O poder que fora exibido naquela ocasião não deve ser contemplado isoladamente, visto que ele depende do pacto, o qual muito antes fizera com Abraão. Por meio desse livramento, ele deu prova de sua veracidade, não menos que de seu poder, e assim vindicou o louvor que lhe era devido. O terceiro argumento consiste em que ele se oferece ao povo para o futuro; assegurando-lhes que, contanto que continuem a perseverar na fé, ele será o mesmo em relação aos filhos, segundo a experiência que os pais tiveram dele, da inexauribilidade de sua munifência.

Abre bem tua boca, e eu a encherei. Pela expressão, *abre bem*, ele tacitamente condena os tacanhos pontos de vista e desejos que obstruem o exercício de sua beneficência. "Se o povo está em penúria", podemos imaginá-lo a dizer, "a culpa deve ser atribuída inteiramente a eles próprios, porque sua capacidade não é suficientemente grande para receber as bênçãos de que carecem; ou, antes, porque por sua incredulidade rejeitam as bênçãos que fluiriam espontaneamente sobre eles." Ele não só os convida a abrir sua boca, mas também magnifica a abundância de sua graça de forma ainda mais sublime, notificando que, por mais dilatados nossos desejos possam ser, nada estará faltando do que é necessário para propiciar-nos plena satisfação. Donde se segue que, a razão pela qual as bênçãos de Deus gotejam sobre nós de uma maneira parca e insuficiente se deve ao fato de nossa boca ser demasiadamente estreita; e a razão pela qual outros são vazios e famélicos se deve ao fato de conservarem sua boca totalmente fechada. A maioria do gênero humano, ou movida por desgosto, ou por soberba, ou por demência, recusa todas as bênçãos que lhes são derramadas do céu. Outros, ainda que não as rejeitem totalmente, todavia com dificuldade ingerem apenas umas poucas gotas, porque sua fé é tão restrita que os impede de receber uma abundante provisão. É uma prova bem manifesta da depravação do gênero humano, quando não nutrem o desejo de conhecer a Deus, para que o possam abraçar; e quando se mostram igualmente destituídos de inclinação para descansar felizes nele. Indubitavelmente, ele aqui requer que seja adorado por meio do serviço externo; porém não deposita valor no mero nome da Deidade – porquanto sua majestade não consiste em duas ou três sílabas. Ao contrário, ele olha para o conteúdo do nome, e revela solicitude em que nossa esperança não seja desviada dele para outros objetos, nem que o louvor da justiça, da salvação e de todas as bênçãos seja transferido dele para outro. Ao dar a si o nome de *Jehovah*, ele reivindica divindade exclusivamente para si, com base no fato de que ele possui a plenitude de todas as bênçãos que nos satisfazem e nos plenificam.

11. Meu povo, porém, não ouviu minha voz. Deus então se queixa de que os israelitas, a quem amavelmente tudo fez para atrair a si, desprezaram seu fraterno convívio; sim, embora tivesse por longo tempo continuado a exortá-los, sempre fechavam seus ouvidos para não ouvirem sua voz. O que ele deplora não é a rebelião de um dia; sua queixa tinha por base que, desde o princípio, sempre foram um povo estúpido e empedernido, e que continuaram a perseverar na mesma obstinação. É indubitavelmente monstruosa perversidade excluir Deus de nossa comunhão e de recusar-nos a dar-lhe ouvidos, quando ele está pronto a firmar aliança conosco, tornando os termos quase iguais de ambos os lados. Ao não deixar-lhe lugar para atenuar sua culpa, sob o pretexto de ignorância, ele acrescenta que foi rejeitado com desdém público e deliberado: **Israel não me quis**. Daqui se faz evidente que suas mentes se deixaram fascinar pelo deus deste mundo.

Eis a razão por que, como se acha declarado no versículo seguinte, **ele os entregou à dureza de seu próprio coração**; ou, como outros o traduzem, *aos pensamentos de seu próprio coração*. O radical שׁרר, *shorer*, do qual se deriva a palavra traduzida por *pensamentos*, significa propriamente *o centro*. Conseqüentemente, a tradução é muito apropriada, a qual toma esta palavra ou para os pensamentos que são concentrados nos corações dos homens, ou para a dureza que domina o coração. Entretanto, como bem se sabe, algo usual nos Salmos para a mesma coisa é repetida duas vezes, tenho preferido a palavra *pensamentos*, porque ela vem logo depois de **andarão em seus próprios conselhos**. Além disso, com essas palavras Deus testifica que o castigo desferido contra seu povo foi bem merecido, privando-os da boa e sólida doutrina, e dando-lhes uma mente réproba. Visto que ao governar-nos por meio de sua palavra ele nos restringe, por assim dizer, com um freio, e com isso nos impede de seguir nossas próprias e perversas imaginações, assim, removendo seus profetas do seio dos judeus, deu rédeas soltas a seus obstinados e corruptos conselhos, pelos quais se deixaram levar por veredas tortuosas. Indubitavelmente, esse é o mais terrível tipo de castigo que se nos pode infligir, bem como uma evidência da total desesperança de nossa condição, quando Deus, retendo sua paz e permitindo nossa perversidade, não aplica qualquer antídoto para conduzir-nos ao arrependimento e reparação. Enquanto ele nos ministra suas reprovações, nos alarma com o medo do juízo e nos cita a comparecermos diante de seu tribunal, ao mesmo tempo nos chama ao arrependimento. Quando, porém, vê ser total perda de tempo continuar a argumentar conosco, e que suas admoestações não mais têm efeito, ele retém sua paz e assim nos ensina que cessou de fazer de nossa salvação o objeto de seu desvelo. Nada, pois, deve ser mais temível do que o fato de os homens se desvencilharem da divina orientação, ao ponto de temerariamente seguirem seus próprios conselhos e de se deixarem arrastar por Satanás por onde lhe apraz. Entretanto, as palavras podem ser vistas num sentido mais extenso, ou, seja, significando que a paciência de Deus, se exaurindo, ele deixa seu povo, que por sua desenfreada perversidade viu desfeita toda esperança de vir a tornar-se melhor, agir sem restrição e a seu bel-prazer. É uma inferência totalmente absurda verem alguns, nesta passagem, a graça de Deus sendo concedida igualmente a todos os homens até que seja rejeitada. Mesmo naquele tempo, Deus, embora passando por alto todo o resto do mundo, graciosamente se agradou em conduzir a posteridade de Abraão, por um privilégio peculiar e exclusivo, a uma relação especial consigo. Atualmente, esta distinção, admito, já foi abolida, e a mensagem do evangelho, por meio da qual Deus reconcilia consigo o mundo, é comum a todos os homens. Todavia, percebemos como Deus inspira os mestres piedosos mais num lugar do que noutro. Enquanto a vocação externa sozinha se mostra insuficiente, significa que Deus não atraiu a si eficazmente aqueles a quem ele têm chamado. Além de que, como esta passagem nos ensina, não existe praga mais mortífera do que os homens serem deixados ao comando de seus próprios conselhos, a única coisa que nos resta fazer é renunciar os ditames da sabedoria carnal e seguir o comando do Espírito Santo.

[vv. 13-16]
Oh, se meu povo tivesse me ouvido! se Israel tivesse andado em meus caminhos! Eu logo teria abatido seus inimigos e volvido minha mão contra seus adversários. Os que odeiam a Jehovah ter-se-lhe-iam sujeitado, e seu tempo seria eterno. Eu[15] os teria sustentado com o trigo mais suculento; e te fartaria com o mel que emana da rocha.

13. Oh, se meu povo tivesse me ouvido! Pela honrosa designação que Deus confere ao povo de Israel, ele expõe com mais eficácia sua vergonhosa e desditosa conduta. Sua perversidade foi duplamente agravada, como se verá à luz da consideração que, embora Deus os chamasse para serem seu povo, em nada diferiam daqueles de quem ele era grandemente estranho. E assim ele se queixa por boca do profeta Isaías [1.3]: "O boi conhece seu possuidor, e o jumento a manjedoura de seu dono; mas Israel não tem conhecimento, meu povo não entende." A partícula hebraica, לו, *lu*, a qual traduzi por *Oh, se!*, não deve ser entendida como a expressar uma condição, mas um desejo; e portanto Deus, não tenho dúvida, à semelhança de uma pessoa que chora e lamenta, clama: Oh, povo desditoso, que voluntariamente se recusa ter seus interesses mais cuidadosamente satisfeitos! Ele assume o caráter de um pai que, depois de haver tentado todos os meios possíveis para a recuperação de seus filhos, observando que sua condição é totalmente sem esperança, usa a linguagem de alguém aflito que, por assim dizer, suspira e geme; não que ele esteja sujeito a sentimentos humanos, mas porque ele não pode expressar de outra maneira a grandeza do amor que ele nutre por nós.[16] O profeta parece

---

15 Em nossa Bíblia inglesa temos: "*Ele* os teria alimentado." A LXX, a Vulgata e a Siríaca, Walford e outros lêem como Calvino faz: "Eu os teria alimentado." "Esta é a redação preferível", diz Walford, "visto que a variante comum introduz uma mudança súbita demais de pessoa."

16 "Nada", diz o Dr. Adam Clarke sobre este versículo, "pode ser mais lamentoso do que o original: *sentimento e expressão* se acham surpreendentemente unidos. Não tenho escrúpulo em dizer a quem entende o hebraico, por mais erudito que seja, que ele nunca encontrou em qualquer poeta, grego ou latino, um exemplo mais excelente de tristeza mais profunda, incapaz de se expressar em palavras apropriadas, sem freqüentes interrupções de gemidos e soluços, terminando com um clamor lamentoso:

יל עמש ימע ו ל
וכלהי יכרדב לארשי

ter tomado por empréstimo esta passagem do cântico de Moisés que se acha em Deuteronômio 32.29, onde a obstinação do povo é deplorada com quase as mesmas palavras: "Quem dera eles fossem sábios! Que isso entendessem, e atentassem para seu fim!" Ele pretende tacitamente censurar os judeus e imprimir em suas mentes a verdade de que sua própria perversidade era a única causa que os impedia de desfrutar de um estado de grande prosperidade externa.

Se porventura alguém objetar, dizendo que Deus debalde e sem motivo exprime esta queixa, já que estava em seu poder encurvar os pescoços obstinados do povo, e que, quando não lhe agradasse agir assim, não tinha razão para comparar-se a um homem profundamente ofendido, minha resposta é que ele mui apropriadamente faz uso deste estilo de discurso por nossa causa, a saber: que não devemos buscar a causa de nossa miséria em qualquer outra parte senão em nós mesmos. Devemos aqui tomar cuidado de não misturar as coisas que são totalmente diferentes – tão amplamente diferentes umas das outras como o céu está distante da terra. Deus, ao descer a nós através de sua Palavra, e dirigir seus apelos a todos os homens, sem exceção, a ninguém desaponta. Todos os que sinceramente vão a ele são recebidos e encontram a real experiência de que não foram chamados em vão. Ao mesmo tempo, devemos seguir o curso da fonte do secreto propósito eletivo de Deus e ver esta diferença: que a Palavra entra no coração de alguns, enquanto os demais apenas ouvem o som dela. E todavia não há inconsistência em seu queixume, como se dá com as lágrimas de nossa estupidez quando não o obedecemos. Nos apelos que nos endereça por meio de sua Palavra externa, ele se revela no caráter de Pai; e por que não poderia ele também ser entendido enquanto ainda se representa sob a imagem de um pai ao usar esta forma

---

Loo-ghammee-shomeagh-lee
Yishrael-bid' rakee-yehallekoo!
"Aquele que pode dar a pronúncia gutural própria à letra ע, *ayin*; e dar a ו, *vau*, e a י, *yod*, seu pleno som asiático; e não as aperta até a morte com uma comprimida e indigna enunciação européia, se convencerá de vez da propriedade desta observação."

de queixa? Em Ezequiel 13.32, ele declara com a mais estrita consideração à verdade: "Não tenho prazer na morte de quem morre", contanto que na interpretação da passagem sinceramente e sem diletantismo tenhamos em vista todo o escopo dela. Deus não tem prazer na morte de um pecador. Como assim? Porque ele quer que todos os homens se volvam para ele. Mas é sobejamente evidente que os homens, por seu próprio livre-arbítrio, não podem ir a Deus, até que primeiro ele mude seus corações empedernidos em corações de carne. Sim, essa renovação, como Agostinho judiciosamente observa, é uma obra que suplanta àquela da própria criação. Ora, o que impede Deus de curvar e modelar os corações de todos os homens igualmente em submissão a ele? Aqui modesta e sobriamente se deve observar que, em vez de forçar entrada em seus decretos incompreensíveis, podemos descansar contentes com a revelação que ele tem feito de sua vontade em sua Palavra. Existe a mais justa base para se dizer que ele quer a salvação daqueles a quem se dirige esta linguagem [Is 19.22]: "Vinde a mim, e sereis convertidos." Na segunda parte do versículo que se acha diante de nós definimos o que significa ouvir a Deus. Assentir-se com o que ele fala não basta; porque os hipócritas admitirão sem problema que tudo quanto procede de sua boca é verdadeiro, e se deleitarão em ouvir simplesmente como um asno que inclina suas orelhas. Mas a sentença se propõe a ensinar-nos que só podemos ouvir a Deus quando nos submetemos a sua autoridade.

14. Eu logo teria abatido seus inimigos. Aqui os israelitas são ensinados que todas as calamidades que lhes sobrevieram tinham que ser imputadas a seus próprios pecados. Pois seus inimigos não lutaram contra eles com qualquer outra força senão aquela que recebiam do alto. Deus prometera que sob sua liderança o povo escolhido viria a ser vitorioso sobre todos seus inimigos; e agora, para remover todo motivo que poderia responsabilizá-lo de violar sua palavra, ele afirma que não teria fracassado em capacitá-los a fazer isso não tivesse ele sido impedido pelos pecados deles. Sem dúvida ele tencionava trazer-lhes à memória que as vitórias que anteriormente alcançaram não se deviam a seu próprio valor militar, mas a ele, sob cuja conduta tinham sido postos. Ora, ele lhes diz que não só fora retraído por seus pecados de usar seu poder em defendê-los, mas que também fora compelido por sua perversidade a precipitar-se contra eles com a espada em punho, enquanto deixava seus inimigos descansar tranqüila e impertubavelmente.

15. Os que odeiam a Jehovah ter-se-lhe-iam sujeitado. Aqui persegue-se o mesmo pensamento, quando os israelitas são informados que seus inimigos teriam humildemente se submetido a sua autoridade não tivesse sua impiedade os incentivado a incorrer em excesso, quando sacudiram o jugo de Deus e se tornaram ainda mais libertinos contra ele. Ao denominar esses inimigos de *os inimigos de Jehovah*, a intenção é censurar a estultícia dos israelitas em quebrar os laços do pacto feito entre Deus e eles, e com isso separar-se dele e impedi-lo de em seguida deflagrar guerra em seu favor contra aqueles que eram simultaneamente inimigos deles e dele. Como os príncipes terrenos quando se vêem frustrados da assistência prometida por seus aliados, se vêem forçados a lavrar termos de compromisso com seus inimigos, e dessa forma se vingam daqueles que foram achados culpados de perjúrio e transgressores do pacto, assim Deus declara que havia poupado seus próprios inimigos, porque fora traiçoeira e impiamente enganado pelo povo de Israel. Por que ele permitiu que seus inimigos confessos permanecessem impunes e cessou por algum tempo de sustentar sua própria glória, senão porque seu objetivo era pô-los em contraste com seu próprio povo rebelde e desobediente, a quem, por esse meio, queria subjugar?

O significado da palavra כחש, *cachash*, a qual traduzimos por *sujeitados*, já foi explicada num Salmo anterior. Aqui se notifica que a paz com os réprobos não pode ser buscada exceto enquanto Deus restringir sua ira por meio de cadeias ocultas. Um leão encerrado numa jaula de ferro ainda retém sua própria natureza, porém é impedido de estraçalhar e rasgar em pedaços aos que se encontram não mais de poucos passos de distância dele. E assim se dá com os ímpios.

Podem avidamente desejar nossa destruição; porém são incapazes de concretizar o que seus corações lhes propõem; sim, Deus humilha e avilta sua ferocidade e arrogância, ao ponto de se transmudarem em seres cordiais e mansos. O equivalente a tudo isso é que foi por culpa dos próprios israelitas que seus inimigos prevaleceram contra eles e insolentemente triunfaram sobre eles; enquanto que, tivessem continuado como humildes e obedientes filhos de Deus, esses inimigos lhes estariam em estado de sujeição. Quando se diz, **seu tempo teria sido eterno**,[17] a expressão tem referência às promessas; e assim seria a abundância de *trigo* e de *mel*, com os quais teriam sido plenamente satisfeitos. Deus solenemente declarara que seria seu protetor e guardião sempre até o fim. A mudança, pois, que tão abruptamente lhes sobreveio é posta diante deles como uma questão de opróbrio, visto que tinham deliberadamente renunciado de vez todo seu estado de felicidade. As mesmas observações são aplicáveis à frutificação da terra. Como é possível explicar que sofressem fome na terra em que Deus lhes prometera abundância de trigo e mel, senão pelo prisma de que as bênçãos de Deus lhes fora subtraídas em virtude de sua iniqüidade?

A expressão, **com o trigo mais suculento**,[18] significa, metaforicamente, o grão integral, a menos que alguém ache preferível entendê-lo como sendo o trigo mais excelente. Alguns são de opinião que a expressão, *mel da rocha*, é hiperbólica, significando que o mel teria deixado de satisfazer seu povo. Como, porém, é evidente à luz da história sacra que o mel era encontrado por toda parte nas fendas das rochas[19]

---

17 "*Seu tempo* etc.; ou, seja, o tempo, a continuação, a prosperidade, de meu povo teria sido durável." – *Warner*.

18 É uma frase usual os hebreus chamarem a parte mais valioso de todas de חלב, *cheleb*, 'abundância'. A palavra é usada com essa combinação em Deuteronômio 32.14; e é adotada novamente no Salmo 147.14 ["flor da farinha"]. Veja-se também Gênesis 45.18; Números 18.29; e Salmo 73.4. Os tradutores de nossa versão inglesa a traduziram aqui por "o mais fino trigo".

19 A Palestina era abundante em abelhas silvestres, as quais, vivendo nas cavidades das rochas e nos buracos das árvores, forneciam mel em grande abundância. A esse fato há freqüentes alusões na Escritura. Em Deuteronômio 32.13, Moisés, falando da bondade de Deus para com Israel, no cântico com que encerra sua longa e venturosa carreira, diz: "e o fez chupar mel da rocha."

enquanto desfrutavam da bênção divina, o significado é simplesmente este: a graça de Deus teria continuado a fluir num curso ininterrupto e uniforme, não tivesse sido interrompida pela perversidade e impiedade do povo.

Com evidência da grande abundância de mel silvestre naquele país, podemos evocar 1 Samuel 14.25, 26, onde se diz: "E todo o povo chegou a um bosque; e havia mel na superfície do campo. E chegando o povo ao bosque, eis que havia um manancial de mel." Em comprovação do mesmo ponto, pode-se fazer também referência ao fato de que uma parte da dieta alimentar de João Batista no deserto era de mel silvestre, o qual mais provavelmente encontrava nas rochas e nos ocos das árvores. Na Escritura, o país é amiúde descrito pela frase tão familiar: "A terra que mana leite e mel"; e em Jó 20.17, nos deparamos com a forte expressão de "ribeiros, correntes e rios de mel". A Palestina é ainda notabilizada por essa produção natural. Pode-se observar que a mudança de pessoa neste último versículo, da terceira para a primeira pessoa, é sublimemente poética.

Salmo 82

Visto que os reis, e como tais são investidos de autoridade, através da cegueira que é produzida pela soberba, geralmente assumem para si uma ilimitada liberdade de ação, o salmista os adverte, dizendo que hão de prestar contas ante o tribunal do Supremo Juiz, o qual é exaltado muito acima das excelcitudes deste mundo. Depois de lembrá-los de seu dever e condição, percebendo que ele fala aos que recusam receber admoestação, ele invoca a Deus para que vindique seu caráter como justo Juiz.[1]

Salmo de Asafe.

[vv. 1-4]
Deus se assenta na assembléia de Deus; ele julgará no meio dosdeuses.[2]
Até quando julgareis injustamente? e aceitareis as pessoas dos ímpios?
Selah. Determinai a causa do pobre e do órfão; justificai[3] o desajudado e o destituído. Resgatai o pobre e o aflito; livrai-os da mão dos ímpios.

---

1 Kimchi crê ser provável que este Salmo foi escrito nos dias de Josafá e aponte para 2 Crônicas 19.5-7, como indicação do tempo e ocasião de sua composição. Somos ali informados que Josafá "estabeleceu juízes na terra, em todas as cidades fortificadas de Judá, de cidade em cidade." E ao instruí-los com respeito a seus deveres, ele usa quase as mesmas palavras que aquelas do início deste Salmo. O Dr. Morison assume um ponto de vista diferente. "Este Salmo", diz ele, "foi composto, com toda probabilidade, nos dias de Ezequias, em referência a certos magistrados ímpios (2Cr 29.30), que gravemente perverteram a administração da justiça, os quais foram culpados de grande opressão e que tudo fizeram para introduzir um estado de geral corrupção nacional. O rei Josafá havia corrigido os muitos abusos públicos que haviam se introduzido nas judicaturas de Israel em seu tempo (2Cr 19.7), mas antes do reinado de Ezequias as coisas tinham se revertido a sua anterior condição infeliz; de modo que uma reforma pública e nacional era urgentemente demandada. O Salmo contém uma exortação dirigida aos juízes de Israel e uma censura contra sua negligência e opressão.
2 "Ou, il jugeras au milieu les dieux." – v.f.m. "Ou, ele julgará no meio dos deuses."
3 "C'est, faites justice." – v.f.m. "Ou, seja, fazei justiça a."

1. Deus se assenta na assembléia de Deus.[4] É inquestionavelmente algo muitíssimo inconveniente àqueles a quem Deus aprouve investir com o governo da raça humana para o bem comum, não reconhecerem o fim para o qual foram exaltados acima dos demais, nem ainda por cujas bênçãos foram postos numa condição tão elevada, mas, em vez de agir assim, menosprezam todo princípio da eqüidade a fim de governarem segundo os ditames de suas próprias paixões desabridas. Por isso são enfatuados por seu esplendor e magnificência pessoais, ao ponto de imaginarem que o mundo todo foi feito exclusivamente para eles. Além disso, pensam que derrogariam de sua elevada posição se se deixassem governar por conselhos moderados. E ainda que sua própria tolice seja mais que suficiente para impeli-los em sua carreira irresponsável, não obstante buscam bajuladores que os lisonjeiem em seus vícios. Para corrigir tal arrogância, o Salmo começa asseverando que, embora os homens ocupem tronos e tribunais, Deus, não obstante, continua a manter o ofício de Governante Supremo. Deus fez com que inclusive um poeta pagão e licencioso desse testemunho desta verdade nas seguintes linhas:

"Regum timendorum in proprios greges,
Reges in ipsos imperium est Jovis,
Clari giganteo triumpho,
Cuncta supercilio moventis."
Horácio, Carm. Liber III. Ode i.

"Reis governam suas multidões submissas; grande Jove
Seu reinado se estende acima dos próprios reis,
Que arroja lá do alto os rebeldes gigantes;
A cujo majestoso aceno toda a natureza se curva."

---

4 Horsley traduz o primeiro versículo assim:
"Deus está na assembléia;
Deus, no meio dos deuses, dá a sentença."
Sobre o quê ele tem a seguinte nota: "Em que assembléia? A assembléia de seus santos anjos. O salmista, creio eu, poeticamente imagina a corte celestial congregada para a atividade desta revista dos procedimentos dos juízes da terra, e Deus, no meio de seus anjos, acusa sua iniqüidade e pronuncia seu castigo."

Para que os potentados deste mundo não arroguem para si mais do que lhes pertence, o profeta aqui erige para Deus um trono, donde ele os julga e reprime sua soberba; algo que se faz supremamente necessário. Aliás, podem admitir que devem ao favor de Deus sua elevação ao poder régio, e podem cultuá-lo por meio de cerimônias externas, porém sua grandeza os ensoberbesse a tal ponto que se tornam culpados de expulsá-lo para longe de suas assembléias, através de suas vãs imaginações; pois não podem suportar viver sujeitos à razão e às leis. E assim o desígnio do profeta era escarnecer da demência pela qual os príncipes deste mundo se deixam fascinar, não deixando a Deus nenhum espaço em suas assembléias. Para mais eficazmente destruir essa irracional autoconfiança com que se achavam intoxicados, a ordem civil é intitulada *a assembléia de Deus*; pois embora a glória divina resplandeça em todas as partes do mundo, todavia, quando o governo legal floresce entre os homens, é daí refletido com eminente brilho. Aliás, admito que é bem comum entre os hebreus adornar com o título de *Deus* tudo quanto é raro e excelente. Aqui, porém, pareceria, à luz do escopo da passagem, que este nome do Ser Divino se aplica aos que ocupam a posição exaltada de príncipes, na qual há propiciada uma manifestação peculiar da majestade de Deus; ainda quando Salomão, em Provérbios 2.17, chame o matrimônio "o pacto de Deus", à luz da peculiar santidade pela qual essa relação se distingue.

Na segunda sentença do versículo, não tem importância se lemos *Ele julgará no meio dos deuses* ou *Ele julgará os deuses no meio de*. A primeira construção, contudo, é a mais fácil e natural: Por mais que os governantes do mundo se exaltem, eles não podem um mínimo sequer prejudicar a autoridade de Deus, despojando-o de sua soberania sobre eles e do governo de todas as coisas, o que ele sempre reterá em sua inalienável prerrogativa. Aqui, porém, como também um pouco mais adiante, o nome *deuses* deve ser entendido como sendo os *juízes*, sobre quem Deus imprimira marcas especiais de sua glória. Aplicá-lo aos anjos é uma fantasia forçada demais para admitir consideração séria.

2. Até quando julgareis injustamente? Muitos supõem que Deus é aqui introduzido falando, e que estas são as palavras que ele pronuncia de seu tribunal. Eu, porém, considero antes o próprio profeta como locutor que, a fim de preparar o caminho para ministrar uma repreensão, falou da mesma forma como fizera no primeiro versículo. Os reis podem erguer suas cabeças acima das nuvens; eles, porém, tanto quanto o restante do gênero humano, estão sob o governo de Deus; e sendo esse o caso, lhes é debalde lutar arrogantemente para obter isenção das obrigações da razão. Todavia, é isso mesmo o que fazem. Embora os tiranos estejam entre os homens mais vis e ocupem sua exaltada posição através de detestável traição, mesmo assim, se algum servo de Deus tem a coragem de abrir sua boca contra eles, imediatamente tentam defender-se apelando para o sacro nome de Deus, como se grande maldade fosse feita contra eles. E assim, enquanto se persuadem de que são privilegiados com a isenção da lei à qual o resto da humanidade está sujeito, tudo fazem para privar o povo simples da verdade divina e de seus ministros. Em suma, pensam que não pode haver soberania a não ser onde se desfruta de desenfreada licenciosidade. Que este princípio, porém, seja estabelecido uma vez por todas: "Que Deus governa entre eles", e então se abre uma via para a admissão da verdade divina. Por conseguinte, o profeta, depois de haver assim lançado um fundamento para sua autoridade, soberanamente invectiva contra os príncipes e reprova o mui grosseiro vício de vender-se aos que injustamente oprimem os pobres, bem como de deixar-se comprar por subornos para perverterem, em sua administração, todo princípio do direito. Ele expressamente os chama *ímpios*; pois os homens bons nunca tentarão corromper juízes. Ademais, há um certo frenesi diabólico que enfatua os príncipes do mundo e os leva a voluntariamente prestar maior respeito aos homens perversos do que aos simples e inocentes. Mesmo supondo que os ímpios continuem inativos, e não costumem esforçar-se por obter para si favores, quer por meio de bajulação, fraude, suborno, ou de outros artifícios, todavia os que suportam normas, em sua maioria se inclinam para o lado mau. A razão por que o profeta os censura é que os ímpios acham mais favor em suas mãos do que os bons e conscienciosos.

3. Determinai a causa dos pobres e dos órfãos. Somos aqui ensinados em termos breves que um governo justo e bem regulamentado se distinguirá por manter os direitos dos pobres e aflitos. Por meio da figura de sinédoque, uma parte da administração eqüitativa é expressa pelo todo; porque não se pode pôr em dúvida que os governantes são obrigados a observar a justiça para com todos os homens sem distinção. O profeta, porém, com muita propriedade, os representa designando-os como os defensores do miserável e oprimido, tanto porque tais pessoas se acham em necessidade da assistência de outrem, quanto porque só podem obter isso onde os governantes são isentos da avareza, da ambição e de outros vícios. Portanto, o fim pelo qual os juízes portam a espada é para restringir os perversos e assim prevenir a violência que prevalece entre os homens, os quais são mui dispostos a agir como desordeiros e ultrajantes. Conforme os homens aumentam sua força, tornam-se proporcionalmente audaciosos na opressão dos fracos; e daí sucede que os ricos raramente recorrem aos magistrados pedindo amparo, exceto quando sucede de fracassarem. À luz dessas observações, é bem óbvio por que a causa dos pobres e necessitados é aqui enfaticamente confiada aos governantes; porque os que se expõem como presa fácil da crueldade e injustiças dos ricos não têm menos necessidade da assistência e proteção dos magistrados do que os enfermos têm da assistência dos médicos. Estivesse a verdade profundamente fixada nas mentes dos reis e de outros juízes, os quais são designados como os guardiães dos pobres, e que uma parte especial desse dever está em resistir os erros que se cometem contra eles, bem como em reprimir toda violência injusta, a perfeita justiça viria a ser triunfante por todo o mundo. Quem quer que pense em não se rebaixar para defender os pobres, em vez de concordar em serem levados de um lado para o outro pelos favores, só terão uma consideração que é certa. Podemos aprender mais desta passagem, a saber: embora os magistrados possam não ser solicitados a prestar socorro, são reputados diante de Deus como culpados de negligência, caso eles, voluntariamente, não socorram aqueles que estão necessitados de sua interferência. Quando a iniqüidade prevalece publicamente, e quando, por esse motivo, se ouvem por toda parte gemidos e lamentações, lhes é debalde pretender que não podem reparar os erros, a menos que as queixas lhes sejam dirigidas. A opressão por si só ergue um grito suficientemente alto; e se o juiz, assentado numa elevada torre de vigia, parece nada notar, ele é aqui advertido que tal conivência não escapará impune.

[vv. 5-8]
Eles não conhecem nem entendem; andam na escuridão, ainda que todos os fundamentos da terra se movam. Eu disse: Vós sois deuses; e todos vós, filhos do Altíssimo. Todavia morrereis como homens, e caireis, ó príncipes, como qualquer um do povo. Levanta-te, ó Deus, julga a terra; pois tu herdarás todas as nações.

5. Eles não conhecem nem entendem.[5] Depois de haver lembrado os príncipes de seu dever, o salmista se queixa de ser ineficaz sua admoestação contra a enfatuação deles, e de que se recusaram a receber saudável instrução; sim, que embora o mundo inteiro seja abalado em seus fundamentos, eles, não obstante, continuam irredutíveis e seguros na negligência de seu dever. Reprova e condena principalmente sua manifesta demência, a saber: que embora vissem o céu e a terra envoltos em confusão, não são mais afetados em sua visão do que se o cuidado dos interesses da humanidade lhes dissesse respeito; da qual são, não obstante, de uma maneira

---

5 "O salmista tendo assim feito extensa referência à administração da justiça, como que exausto com seus protestos ineficazes, aqui de repente se desvia e condena sua desatenção e perversidade. A mudança de pessoa é uma indicação natural da seriedade do orador e exerce um efeito vívido."

especial, o povo escolhido e designado conservador. Declarei um pouco antes que o que principalmente os priva de entender é que, se deixando fascinar por seu próprio esplendor, e perversamente sacudindo seu jugo, nenhuma consideração religiosa tem o efeito de incliná-los à moderação. Todo sólido conhecimento e sabedoria deve começar com atribuir a Deus a honra que lhe é devida, permitindo ser restringido e governado por sua palavra.

A última sentença do versículo, **Ainda que todos os fundamentos da terra sejam movidos**,[6] é entendida quase universalmente pelos intérpretes num sentido diferente daquele em que eu a traduzi. Explicam-na como significando que de todas as calamidades do mundo, a maior é aquela quando os príncipes negligenciam o exercício dos deveres de seu ofício; porque é a observância e a prevalecência da justiça que constituem o fundamento sobre o qual repousa a estrutura da sociedade humana. Assim o sentido, segundo eles, consiste em que o mundo está minado e subvertido pela injusta tirania dos príncipes. Estou longe de rejeitar esta interpretação; porém, como sugeri, sinto-me mais inclinado a imaginar que temos aqui condenada a monstruosa estupidez dos juízes que podem permanecer indiferentes e insensíveis ante a terrível confusão da sociedade civil; sim, até mesmo da própria terra sacudida em seus fundamentos.

6. Eu disse: Sois deuses. Deus investiu os juízes com um caráter e título sacros. Isso, o profeta admite; mas, ao mesmo tempo, ele mostra que tal coisa não propiciará nenhum apoio e proteção aos juízes ímpios. Ele não os introduz falando da dignidade de seu ofício; mas, antecipando o estilo de raciocínio que se dispõem a adotar, ele replica: "Se apelais para vossa dignidade como um argumento em vossa defesa, tal vanglória de nada vos valerá; sim, ao contrário, estais vos enganando por vossa tola confiança; pois Deus, ao designar-vos seus substitutos, não se despojou de sua

---

6 "*Todos os fundamentos da terra* etc. De preferência, *da nação, do reino;* ou, seja, verdade e justiça, o fundamento de todo bom governo, e a única segurança de um estado, são agora totalmente violados ou desrespeitados." – *Warner*.

própria soberania como supremo governante. Além disso, ele quer vos lembrar de vossa fragilidade como um meio de instigar-vos a executar com temor e tremor o ofício que vos foi confiado." Este versículo pode também ser visto como sendo dirigido por Deus mesmo aos governantes, e como a insinuar que, além de os revestir com autoridade, ele lhes concedeu seu nome. Esta interpretação parece concordar com a linguagem de Cristo em João 10.34, onde ele fala dos que são chamados deuses a quem veio a palavra de Deus. A passagem, contudo, pode ser apropriadamente elucidada assim: *Admito que sois deuses e filhos do Altíssimo.*[7] Mas isso não altera materialmente o significado. O objetivo é simplesmente ensinar que a dignidade com que os juízes são investidos não pode tornar-se uma justificativa para se escaparem do castigo que sua perversidade merece. O governo do mundo lhes foi confiado com base no discernimento distinto de que eles mesmos também um dia terão de comparecer perante o tribunal do céu para o acerto de contas. A dignidade, pois, com que são revestidos é só temporariamente, e passará com a aparência do mundo. Por conseguinte, adiciona-se no versículo **7: Porém, morrereis como homens**. Vós estais armados com poder, como se quisesse dizer, para governar o mundo; porém, com isso não deixastes de ser homens, no sentido de não mais estardes sujeitos à mortalidade. A última sentença do versículo é traduzida por alguns expositores, assim: *Caireis como um dos príncipes*;[8] porém, em minha opinião, impropriamente.

---

7 "*Sois todos filhos do Altíssimo*, uma expressão hebraica, significando os homens da mais elevada estirpe e poder. Cf. Salmos 24.1; 89.7." – *Cresswell*.

8 Esta é a redação de mossa Bíblia inglesa, sobre a qual Secker observa: "Parece desnecessário dizer que esses príncipes cairão como um dos príncipes." Ele pensa com Hare que a redação verdadeira não é השרים, *hassarim, os príncipes*, como em nossas cópias atuais, mas הרשים, *harsaim, os pobres*. Entretanto, a tradução dada por Calvino, que toma השרים, no caso vocativo, *Ó vós, príncipes!*, e que, depois da palavra כאחד, *cheachad*, por *como um de*, completa com *o povo*, faz alguma alteração desnecessária do texto. Gataker também considera השרים como estando no caso vocativo, o que é provado por Horsley, Berlin e outros. Dathe toma השרים no sentido de *tiranos*, porém não traz nenhuma autoridade que prova que a palavra tem esse sentido. Le Clerc, na última parte do versículo, depois de *como um de*, completa com *os muitos*, lendo assim: "E caí, ó vós príncipes, como um dentre os muitos."

Entendem que ela contém uma ameaça de morte violenta que recairia sobres esses juízes injustos, correspondendo ao sentimento destas linhas de um poeta pagão:
"Ad generum Cereris sine cæde et sanguine pauci
Descendunt reges, et sicca morte tyranni."
"Poucos reis e tiranos descem a Plutão, o neto de Ceres, sem receber morte violenta, antes de haver completado o termo ordinário dividido para a vida do homem mortal."[9]

Sendo essa tradução um tanto forçada, e não propriamente como as palavras naturalmente sugerem, não tenho dúvida de que os príncipes são aqui comparados à classe obscura e comum da humanidade. Esquecendo-se de que são homens, os grandes da terra podem gabar-se com visionárias esperanças de imortalidade; porém são aqui ensinados que serão compelidos ao encontro da morte como todos os demais homens. Cristo, com vistas a repreender a calúnia lançada contra ele pelos fariseus, citou este texto: "Respondeu-lhes Jesus: Não está escrito em vossa lei: Eu disse: Sois deuses? Pois, se a lei chamou deuses àqueles a quem a palavra de Deus foi dirigida (e a Escritura não pode ser anulada), àquele a quem o Pai santificou, e enviou ao mundo, vós dizeis: Blasfemas, porque eu disse: Sou Filho de Deus?" [Jo 10.34-36]. Com essas palavras Cristo não pretendia incluir-se entre a ordem dos juízes; porém argumenta do menor para o maior, dizendo que, se o nome de Deus se aplica aos oficiais de Deus, com muito mais propriedade pertence a seu Filho unigênito, que é a expressa imagem do Pai, em quem resplandece a majestade do Pai, e em quem habita toda a plenitude da Deidade.

8. Levanta-te, ó Deus, julga a terra. A razão por que este Salmo se encerra com uma oração já foi abordada no início. O profeta, descobrindo que suas admoestações e protestos eram ineficazes, e que os príncipes, inflados de soberba, tratavam com desdém toda instrução sobre os princípios da eqüidade, dirige-se a Deus e o invoca para que

---
9 Esta é a tradução feita dessas linhas na versão francesa.

reprimisse sua insolência. Por esse meio, o Espírito Santo nos fornece uma base de conforto sempre que estivermos sendo cruelmente tratados por tiranos. Não conseguimos perceber nenhum poder sobre a terra que restrinja seus excessos; porém nos faz erguer nossos olhos ao céu e buscar compensação daquele cujo ofício é julgar o mundo, e que não é em vão que ele reivindica para si tal ofício. Portanto, é nosso estrito dever rogar-lhe que restaure à ordem o que jaz transformado em confusão. Por isso se segue imediatamente: **porque tu herdarás todas as nações**, é entendido por alguns como uma profecia concernente ao reino de Cristo, por meio de quem Deus trouxe a si, em sujeição, todas as nações. Mas é preciso ser considerado num sentido mais extenso, como significando que Deus reivindica, com justiça, a legítima obediência de todas as nações, e que os tiranos são culpados de os perversos e injustos detrairem dele sua prerrogativa de manter o governo, quando não têm em nenhuma conta sua autoridade e confundem o bem com o mal, o certo com o errado. Devemos, pois, rogar-lhe que restaure à ordem as confusões do mundo, e assim recupere o legítimo domínio sobre o qual ele possui.

Salmo 83

O profeta implora o auxílio divino contra os inimigos da Igreja, e, como um argumento para obter isso com mais facilidade, ele enumera as muitas nações que têm juntamente conspirado com o expresso propósito de exterminar o povo de Israel, e com isso extinguir o próprio nome da Igreja de Deus. Para estimular a si e a outros a uma maior solicitude e confiança em oração, ele mostra, por meio de muitos exemplos, quão poderosamente Deus costumava socorrer seus servos.

Cântico ou Salmo de Asafe.

[vv. 1-4]
Ó Deus, não te conserves em silêncio; não te cales nem te aquietes, ó Deus! Porque eis que teus inimigos fazem tumulto, e os que te odeiam ergueram a cabeça. Formaram um astuto desígnio contra teu povo, e se consultaram contra teus escondidos. Disseram: Vinde e desarraiguemo-los para que não sejam uma nação, nem haja mais qualquer memória do nome de Israel.

1. Ó Deus, não te cales. Há certa concordância geral entre os comentaristas de que este Salmo foi composto durante o reinado do rei Josafá; e também de bom grado me incluo nessa opinião. Esse piedoso rei, como é bem notório, se engajara em tremendas guerras contra múltiplas hostes de inimigos. Embora os amalequitas e os moabitas fossem os originadores da principal guerra na qual ele se achava engajado, todavia arregimentaram forças não só da Síria, mas também de países distantes, e as tropas assim congregadas quase esmagaram a Judéia com sua multidão. Pareceria, pois, à luz da longa lista de inimigos, aqui enumerados, que haviam conspirados juntamente para destruir o povo de Deus, de modo que a conjetura tem bom fundamento quando atribui este Salmo àquela ocasião.[1] A história sacra nos informa que um dos levitas, sob a influência do Espírito de profecia, deu ao rei a certeza da vitória,[2] e que os levitas cantaram diante do Senhor. Em meio a tão grandes perigos, toda a nação, bem como o santo rei, estariam envolvidos na mais profunda angústia; e, conseqüentemente, temos aqui uma oração saturada de energia e solicitude. Esses sentimentos inspiraram a repetição das palavras que ocorrem bem no início do Salmo: **Não conserves silêncio, não te cales, não te aquietes**. Com isso, os fiéis devem notar que, se Deus pretendia socorrê-los, cumpria-lhe fazê-lo depressa, do contrário a oportunidade de fazê-lo poderia perder-se. Inquestionavelmente, nosso dever é aguardar pacientemente quando Deus, em qualquer ocasião, delonga socorrer-nos; mas, condescendendo-se de nossa enfermidade, ele nos permite suplicar que se apresse. O que traduzimos *não te conserves em silêncio*, literalmente é *não fiques calado dentro de ti mesmo*, o que alguns traduzem por meio de paráfrase: *Não te cales ante tua própria causa* – uma exposição que é refinada demais para ser notificada mais particularmente. Essa forma de expressão equivale dizer: *Não guardes contigo*. Talvez a partícula seja aqui supérflua, como o é em muitos outros lugares.

2. Porque, eis que teus inimigos fazem tumulto. Como argumento com o fim de reforçar a oração do versículo precedente, afirma-se que os fiéis são oprimidos tanto pela violência impetuosa quanto pela política astuciosa de seus inimigos, os quais, com toda aparência humana, consideravam seu escape da morte totalmente sem esperança. Ao dizer que *fazem tumulto* e *erguem a cabeça*, o sentido é que, confiando em

---

1 Comparem-se os versículos 6 a 8 do Salmo com 2 Crônicas 20.1, 10, 22; e o versículo 12 do Salmo com o versículo 11 daquele capítulo.

2 O nome desse levita era Jaaziel, e dele se diz expressamente ser um profeta da linhagem de Asafe (2Cr 20.14). Não é improvável que ele seja Asafe, o próprio autor deste Salmo.

seu próprio poder, se portam insolente e orgulhosamente. Diante dessa conduta da parte de seus inimigos, a mente do povo de Deus se vê profundamente oprimida, e o único caminho que têm para a obtenção de alívio é derramando diante dele seu lamento, cuja obra contínua é reprimir os soberbos. Quando, pois, os santos imploram seu auxílio, faz parte de sua trajetória ordinária pôr diante dele a perversidade de seus inimigos. É digno de nota que os que molestam a Igreja são chamados *os inimigos de Deus*. Propicia-se-nos uma inabalável base de confiança o fato de que os que se constituem nossos inimigos são também inimigos de Deus. Este é um dos frutos de seu livre e gracioso concerto, no qual ele prometeu ser inimigo de todos nossos inimigos – promessa essa para a qual existe uma boa razão, quando se considera que o bem-estar de seu povo, a quem ele tomou sob sua proteção, não pode ser assaltado sem que, ao mesmo tempo, se faça também injúria a sua própria majestade. Entrementes, vivamos em paz com todos os homens, tanto quanto depender de nós, e envidemos todo esforço por praticar a retidão em todo nosso comportamento, para que sejamos capazes de, confiadamente, apelar para Deus; e quando sofrermos nas mãos dos homens, que soframos injustamente. Os soberbos e violentos assaltos de nossos inimigos podem ser combinados com a astúcia. Mas quando tal for o caso, cabe-nos render a Deus aquela honra que lhe é inerente, descansando satisfeitos no fato de que ele pode socorrer-nos; pois frustrar os soberbos que espumejam sua fúria, e apanhar os astutos em sua própria astúcia é obra que ele já está acostumado a executar em todos os tempos. Para guardar-nos de imaginar que fomos abandonados às redes e armadilhas de nossos inimigos, o profeta aqui oportunamente põe diante de nós uma consideração calculada para ministrar a mais elevada consolação e esperança, quando nos denomina de **os escondidos de Deus**. Esta expressão é entendida por alguns como significando que o auxílio e proteção que Deus nos estende não são visíveis aos olhos dos sentidos e da razão; assim como lemos em outra parte sobre a vida do povo de Deus, que ela está *oculta* [Cl 3.3]. Esta interpretação, porém, é demasiadamente forçada e totalmente inconsistente com o escopo da passagem e com a construção natural das palavras. O desígnio delas é simplesmente ensinar-nos que estamos escondidos sob a sombra das asas de Deus; pois embora à aparência externa estejamos a descoberto, e nos vemos expostos ao arbítrio do perversos e soberbos, contudo somos preservados pelo poder secreto de Deus.[3] Conseqüentemente, diz-se em outro Salmo [27.5]: "Porque no dia da adversidade me esconderás em seu pavilhão; no oculto de seu tabernáculo me esconderá; pôr-me-á sobre uma rocha." Entretanto, é preciso ao mesmo tempo observar-se que ninguém mais está escondido sob a guarda e proteção de Deus senão aqueles que, renunciando toda dependência de sua própria força, recorre a ele com temor e tremor. Tal como sob a influência de uma crença egoísta na suficiência de sua própria força em resistir, ousadamente entra em conflito e, como que desprovido de todo temor, cresce em libertinagem, finalmente sofrerá as conseqüências que resultam de recursos inadequados.[4] Será melhor, pois, consultar nossa própria segurança, buscando refúgio sob a sombra do Onipotente, e, cônscios de nossa debilidade pessoal, confiar-lhe nossa salvação, lançando-a, por assim dizer, em seu seio.

4. Disseram: Vinde e desarraiguemo-los para que não sejam uma nação. A perversidade desses poderes hostis é agravada pela circunstância, a saber: que era seu determinado propósito exterminar totalmente a Igreja. Isso pode restringir-se aos amonitas e moabitas, os quais eram como um tufão a soprar sobre os demais. Mas os agarenos, os sírios e outras nações, sendo por sua instigação afetados com não menos ódio e fúria contra o povo de Deus, por cuja destruição haviam tomado as armas, podemos com justiça considerar esta arrogante linguagem como que pronunciada por todas as hostes combinadas; pois havendo entrado num pacto mútuo,

---

3 O termo hebraico traduzido *teus escondidos* significa primariamente *um tesouro*, e é assim tomado no Salmo 17.14. Conseqüentemente, é aqui traduzido por Mudge, French e Skinner: "teus entesourados"; ou, seja, teu povo peculiar; aqueles a quem até aqui protegeste e guardaste em perfeita segurança, como num lugar de segurança máxima e secretamente. A Septuaginta traz a redação: κατὰ τῶν ἁγίων σου, "contra teus santos". A palavra é também às vezes usada para santuário, como em Ezequiel 7.22. Portanto, alguns pensam que o templo, e os tesouros nele contidos, estão em foco.
4 "Ils sentiront à la fin à leur grande honte, qu'ils estoyent desnuer de tonte vertu." – *v.f.* "Por fim descobrirão, para sua profunda vergonha, que estavam destituídos de todo poder."

precipitaram-se com um ardor rival, e encorajaram os outros a destruírem o reino de Judá. O primeiro agente a incitar tão cruel ódio foi sem dúvida Satanás, o qual desde o princípio tem tudo em seu poder para extinguir a Igreja de Deus, e o qual, com esse propósito, nunca cessou de instigar seus próprios filhos a praticarem ultraje. A frase, *desarraiguemo-los para que não sejam uma nação*, significa exterminar deles as raízes e os ramos, e assim pôr fim a sua existência como nação ou povo. Que este é o significado, é mais claramente evidenciado à luz da segunda sentença do versículo: **que não mais haja memória do nome de Israel**. A compaixão de Deus, não em grau inferior, seria incitada pela circunstância de que essa guerra não era empreendida, como comumente se dá com as guerras, com o fim de trazê-los, quando vencidos, sob o poder de seus inimigos; mas o objetivo que almejava a crueldade de seus inimigos era sua total destruição. E o que isto equivalia senão a tentativa de destruir o decreto de Deus do qual depende a perpétua duração da Igreja?

[vv. 5-8]
Porque consultaram com coração unânime; eles entraram num acordo[5] contra ti. As tendas de Edom[6] e dos ismaelitas;[7] de Moabe[8] e dos agarenos.[9]

---

5 O hebraico é ברית יכרתו, *berith yichrothu*, "interromper um pacto". O verbo procede de כרת, *carath, ele corta*, o qual, com o substantivo ברית, *berith*, significa *fazer uma aliança*, ou *pactuar*. A frase deve sua origem ao costume que prevalecia nos tempos antigos, de sacrificar um animal na formação de alianças solenes, e de dividir a vítima em duas, passando as partes contratantes por entre as duas peças. Afirma-se, pois, desses inimigos combinados dos judeus que *cortaram o sacrifício pactual*; que mataram a vítima sacrificial, dividiram-na em duas, e passaram por entre as partes; assim mutuamente obrigando-se a cumprir seu propósito hostil.

6 Ou, seja, os edomitas, os descendentes de Edom (Gn 25.30). Eram um povo pastoril, e faziam grande uso de tendas.

7 Os ismaelitas eram os descendentes de Ismael, filho de Abraão, por meio de Agar, a egípcia (Gn 25.12-18). Habitaram parte da Arábia.

8 Ou, seja, os moabitas, os descendentes de Moabe, um dos filhos de Ló, por meio de uma de suas filhas (Gn 19.37).

9 Os agarenos ou agaritas eram a posteridade de Abraão por meio de Quetura (que se supõe ter sido Agar), com quem casou-se depois da morte de Sara. Habitavam ao oriente de Gileade, nas vizinhanças do Eufrates. Nos dias de Saul, fez-se-lhes guerra por meio dos rubenitas, os quais, depois de quase destruí-los e expulsá-los de seu país, habitaram em suas tendas (1Cr 5.10). Parece que recuperaram novamente sua força; mas onde habitaram posteriormente é desconhecido. "Provavelmente", diz Cresswell, "são os mesmos sarracenos."

De Gebal[10] e de Amom[11] e de Amaleque;[12] a Filístia com os habitantes de Tiro. Também a Assíria se juntou a eles; foram ajudar os filhos de Ló. Selah.

5. Porque consultaram com um coração unânime. Encontram-se aqui enumeradas as numerosas hostes que uniram seus poderes para juntas opor-se à Igreja de Deus e consolidar sua ruína. Como tantas nações, formadas numa só poderosa confederação, buscavam a destruição de um reino de poder não muito proeminente, o poderoso auxílio de Deus era indispensavelmente necessário para o livramento de um povo que, em tal extremo, era totalmente incapaz de defender-se. Em circunstâncias aparentemente sem esperança, o bom rei Asa deu expressão verbal àquela reflexão verdadeiramente magnânima: "Senhor, fora de ti não há quem possa ajudar, quer o poderoso quer o de nenhuma força; ajuda-nos, pois, Senhor nosso Deus, porque em ti confiamos, e em teu nome viemos contra esta multidão. Senhor, tu és nosso Deus, não prevaleça contra ti o homem" [2Cr 14.11]. O mesmo Espírito que inspirou aquele piedoso rei com uma dinâmica tão invencível, ditou este Salmo para o benefício de toda a Igreja, com o fim de encorajá-la com inabalável confiança a recorrer a Deus em busca de ajuda. E em nossos próprios dias, ele pôs diante de nós essas palavras a fim de que nenhum perigo ou dificuldade viesse impedir-nos de

---

10 Gebal, que significa uma montanha, denota, segundo alguns, os giblitas, que habitavam num distrito da Fenícia costeira, na vizinhança de Tiro. Eram uma tribo dos aborígines de Canaã, e são mencionados como deixados por Josué para serem conquistados depois de sua morte (Js 13.5). Prestaram considerável serviço a Hirão, rei de Tiro, na preparação de materiais para o templo de Salomão, como aprendemos de 1 Reis 5.18, onde a palavra original para *talhadores de pedras* é הגבלים, *haggibelim*, *os giblitas*; e tudo indica, à luz do discurso de Ezequiel, "os anciãos de Gebal e seus sábios" (27.9), que alcançaram não pequeno grau de eminência. As ruínas de uma cidade antiga chamada pelos nativos Gibile, situada no Mar Mediterrâneo entre Trípoles e Sidom, supõe-se ser as da cidade principal dos giblitas. Se for assim, essas ruínas atestam ter sido considerável sua antiga grandeza. Outros supõem que Gebal (a Gebalene dos romanos) era um distrito montanhoso habitado pelos edomitas, que se estendia do Mar Morto, ao sul, a Selal ou Petra. É chamada pelos árabes Djebâl.

11 Ou, seja, os amonitas, os descendentes de Amom, outro dos filhos de Ló com uma de suas filhas (Gn 19.38). Habitavam a Arábia Petra.

12 Os amalequitas eram um povo poderoso, que também habitavam a Arábia Petra, entre o Mar Morto, ou entre Havilá e Sur (1Sm 15.7), ao sul de Iduméia, e oriente da parte sul do Mar Vermelho.

invocar a Deus. Quando o mundo inteiro conspira unanimemente contra nós, temos como que um muro de bronze para a defesa do reino de Cristo, nestas palavras: "Por que os pagãos se enfurecem?" [Sl 2.1].

Não nos será de pouco proveito contemplar isso como um exemplo no qual nos é representado, como num espelho, qual é a sorte da Igreja de Deus desde o princípio. Isso, se for refletido corretamente, nos guardará hoje do indevido senso de desalento ao darmos testemunho ao mundo inteiro arregimentado contra nós. Percebemos como o papa tem inflamado o mundo inteiro contra nós com fúria diabólica. Daí, em qualquer direção em que volvermos nossos olhos, nos depararemos com exércitos tantos e hostis tentando nos destruir. Mas quando uma vez tivermos chegado à plena persuasão de que nenhuma coisa inusitada nos sucede, a contemplação da condição da Igreja nos tempos antigos nos fortalecerá para continuarmos no exercício da paciência até que Deus, subitamente, exiba seu poder, o qual é perfeitamente apto, sem qualquer auxílio criado, para frustrar todas as tentativas do mundo.

Para remover das mentes dos piedosos todos os equívocos sobre o auxílio que nos é oferecido do céu, o profeta distintamente afirma que os que molestam a Igreja são inspirados a fazer guerra contra o Deus que a tomou sob sua proteção. O princípio sobre o qual Deus declara que será nosso Auxiliador está contido nestas palavras: "Aquele que vos tocar, toca a menina de meus olhos" [Zc 2.8]. E o que se diz em outro Salmo concernente aos patriarcas é igualmente aplicável a todos os verdadeiros crentes: "Não toqueis meus ungidos, nem maltrateis meus profetas" [Sl 105.15]. A unção com a qual ele nos tem ungido será, por assim dizer, como um escudo a guardar-nos em perfeita segurança. As nações aqui enumeradas não declaram publicamente que fazem guerra contra ele; mas como, quando ele vê seus servos sendo injustamente assaltados, se interpõe entre estes e seus inimigos com o fim de aparar as flechas atiradas contra eles, são aqui representados como que **havendo entrado numa aliança contra Deus**. O caso é análogo ao dos papistas na atualidade. Se alguém lhes formulasse a pergunta, quando fazem consultas com o expresso propósito de consumar nossa destruição, se eram mais fortes que Deus, imediatamente responderiam: Não tivemos qualquer intenção de tomar o céu de assalto, imitando os antigos gigantes. Deus, porém, havendo declarado que toda injúria que se pratica contra nós é um assalto contra ele, podemos, de uma torre de vigia, vislumbrar à distância com os olhos da fé aquela destruição que se aproxima da qual os adeptos do Anticristo terão por fim a triste e melancólica experiência.

A expressão, *consultando com o coração*, é por alguns explicada: *deliberar com o maior empenho e seriedade de mente*. Assim nos é muito comum dizer que uma coisa é feita com o coração quando feita com seriedade e ardor de mente. Esta expressão, porém, tenciona antes significar os planos astutos e ocultos expressos em forma de queixa um pouco antes.

Alguns intérpretes se referem às tendas de Edom como sendo implementos bélicos, e entendem as palavras no sentido: esses inimigos vieram bem equipados e providos com tendas com o intuito de prolongar a guerra; mas a alusão parece antes ser ao costume que prevalecia entre aquelas nações de habitarem em tendas. Entretanto, é uma forma de expressão hiperbólica; como se quisesse dizer: tão grande era sua ansiedade de engajar-se nessa guerra, que deles se podia dizer que ainda queriam arrancar suas tendas dos lugares onde foram armadas.

Não pretendo, à guisa de curiosidade, entrar numa discussão concernente às respectivas nações aqui nomeadas, sendo a maior parte delas familiarmente conhecida a partir da freqüência com que são indicadas nas Sagradas Escrituras. Quando lemos que a Assíria e o resto foram *um braço dos filhos de Ló*, isso evidentemente é uma agravante adicional da perversidade dos filhos de Ló. Seria um ato de crueldade desnatural tivessem eles auxiliado nações estrangeiras contra seu próprio parente. Mas quando eles mesmos são os primeiros a tocar a trombeta, e quando por sua própria sugestão aceitam o auxílio dos assírios e de outras nações para a destruição de seus próprios irmãos, uma barbárie tão desumana não despertaria a mais profunda contestação?

O próprio Josefo registra que os israelitas passaram por suas fronteiras sem causar-lhes qualquer prejuízo, poupando seu próprio sangue segundo o mandamento expresso de Deus. Quando os moabitas e amonitas então souberam que seus irmãos, os judeus, os pouparam, lembrando-se de que eram do mesmo sangue e procederam de um pai comum, não deveriam também ter reciprocamente agido da mesma forma, deixando de envolver-se em qualquer empresa hostil contra eles? Mas é, por assim dizer, o destino da Igreja, não só ser assaltada por inimigos externos, mas também de sofrer muito maior tribulação pelas mãos de falsos irmãos. Em nossos dias, ninguém é mais furiosamente ensandecido contra nós do que os falsos cristãos.

[vv. 9-12]
Faz-lhes como aos midianitas,[13] como a Sísera, como a Jobim, no ribeiro de Quisom.[14] Pereceram em Endor; tornaram-se como estrume para a terra. Faz seus nobres como a Orebe, e como a Zeebe;[15] e a todos os seus príncipes como a Zebá e como a Zalmuna,[16] que disseram: Tomemos para nós as habitações de Deus por nossa possessão.

9. Faz-lhes como aos midianitas. Os fiéis, havendo se queixado das muitas e graves opressões de que eram alvos, com vistas a induzir a Deus a mais prontamente socorrê-los, agora evocam a memória das muitas ocasiões nas quais ele oferecera lenitivo a seu povo, quando se deparavam com circunstâncias por demais desesperadoras. Desse fato temos uma óbvia inferência de que Deus sabiamente delonga seu auxílio a seus servos sob opressão para que, quando estivessem reduzidos a extremo máximo, ele surgisse de uma maneira miraculosa em seu socorro. O profeta, neste versículo, enfeixa duas histórias.

---

13 Os midianitas derivam seu nome de Midiã, filho de Abraão com Quetura (Gn 25.2). A história aqui referida é à completa derrota daquele povo por Gideão (Jz 7.21, 23).
14 *Quisom* é uma torrente que flui do monte Tabor para o mar.
15 *Orebe e Zeebe* eram dois chefes ou generais dos midianitas, e foram mortos pelos homens de Efraim, quando perseguiam os midianitas (Jz 7.24, 25).
16 *Zeba e Zalmuna* eram reis de Midiã, os quais Gideão, depois de haver derrotado seu exército, tomou como prisioneiros e os fez morrer (Jz 8.10-21).

A estrita exatidão teria requerido dele que dissesse numa só sentença conectada: *Faz-lhe como aos midianitas no ribeiro Quisom*. Ele, porém, insere no meio da sentença o massacre de Jabin e Sísera. Entretanto, não era de grande importância fazer particular distinção entre as duas histórias. Ele considerava como sendo nada a seu propósito trazer à memória, sua e de outros judeus piedosos, os milagres que Deus, nos dias da antigüidade, amiúde operara em livramento de seu povo. O grande objetivo almejado era mostrar que Deus, que tão amiúde pusera seus inimigos em fuga, bem como resgatara suas pobres e trementes ovelhas das guelras dos lobos, não estava agora sem o poder de efetuar o mesmo livramento. É uma maneira bastante notória e poderosa a que ele usara para socorrer seu povo pela mão de Gideão [Jz 6 e 7]. Poderia ter parecido totalmente ridículo a Gideão aventurar-se a guerrear contra um exército tão poderoso, com um número de guerreiros não superior a trezentos, e esses, observe-se, se achavam em um estado de servidão durante toda sua vida, e sobre quem o mero olhar de seus senhores poderia ter-lhes provocado consternação. No entanto sucedeu que os midianitas pereceram, volvendo suas espadas uns contra os outros. A mesma bondade divina foi exibida na matança de Sísera e do rei Jabin [Jz 4.13]. Baraque, sob o comando de uma mulher, Débora, os desbaratou a ambos quando, com um pequeno bando de soldados, intrepidamente empreendeu batalha contra sua poderosa hoste. E Sísera, o general do exército, não morreu como bravo no campo de batalha, mas foi ferido pela mão de uma mulher depois de haver se retirado a algum esconderijo.

Para que os fiéis não se sintam esmagados pelo terror nem caiam em desespero, e oportunamente se fortifiquem com tais exemplos de livramento, por meio dos quais Deus demonstrou que unicamente nele reside a suficiência de poder para defender seu povo, sempre que, destituídos dos recursos do auxílio humano, recorram a ele. À luz desse assombroso e inusitado modo de propiciar livramento, chegaram à conclusão de que ele é o prodigioso operador na preservação de sua Igreja, a fim de encorajá-los a nutrirem mais plena confiança de que tão-somente em seu alento há força suficiente para transtornar todos seus inimigos. Nem é exclusivamente nesta passagem que se relata a matança dos midianitas com esse propósito. Também Isaías [9.4] a introduz para confirmar a veracidade da restituição da Igreja: "Porque tu quebraste o jugo de sua carga, e o bordão de seu ombro, e a vara de seu opressor, como no dia dos midianitas."

Ao declarar que **vieram a ser estrume para a terra**, a expressão pode ser explicada ou no sentido em que, primeiro, seus cadáveres apodreceram sobre a terra, ou, segundo, que foram pisoteados sob os pés como se fossem estrume. Esta última explicação é a mais apropriada; porém não rejeito a primeira. A razão por que se diz: **Pereceram em Endor** é uma averiguação um tanto difícil. O nome *Endor* deve ser encontrado em Josué 17.11; e é provável que o exército do rei Jabin fosse destruído ali.[17] A opinião formulada por alguns de que *Endor* é aqui usado como um apelido, comunicando a idéia de que seu desbarato foi público e visível aos olhos, é do gênero que não posso aprovar.

12. Que disseram: Tomemos para nós as habitações de Deus por nossa possessão. Esses inimigos pagãos são novamente acusados de traição contra o Rei celestial, assenhoreando-se de sua herança como iníquos assaltantes. Podemos estar certos de que não admitiram com muitas palavras que foi sua intenção cometer tal crime; mas como desprezaram a Deus que, bem o sabiam, era adorado pelo povo de Israel, são aqui justamente responsabilizados pela culpa de tudo fazerem para desapossá-los de sua própria herança. E, sem dúvida, profanamente cometeram abuso contra o verdadeiro Deus, de cuja santa majestade nutriam o mais profundo desprezo, estando suas mentes intoxicadas com suas próprias

---

17 *Endor* não é mencionado no relato sobre o desbarato da hoste de Jabin e o massacre de Sísera, em Juízes 4; mas aparece em Josué 17.11, donde Calvino extrai a citação, como tendo sido uma parte da sorte que caiu para a tribo de Manassés. Nessa passagem, Taanaque e Megido são mencionados como distritos adjuntos de Endor. E no cântico de Débora, os reis de Canaã que lutaram na ocasião referida contra os israelitas, diz-se terem lutado "em Taanaque perto das águas de Megido" (Jz 4.19). Isso poderia explicar por que se diz terem perecido em Endor, o qual ficava perto do lugar onde o exército de Sísera foi destruído.

invenções. Mesmo admitindo-se, porém, que se abstinham de grosseiras blasfêmias, todavia os procedimentos molestos com que assacavam contra os santos redundavam na desonra de Deus que os tomara sob sua proteção. A designação, *as habitações* ou *mansões de Deus*, que se aplicam à Judéia, é uma forma de expressão que contém um profundo grau de conforto. Deus se uniu a nós com vistas a estabelecer eterna residência entre nós, ou, melhor ainda, para que desse a sua Igreja um valor tão elevado, e a reputasse como tão preciosa, que se assemelha ao chefe de família que considera suas possessões como algo valiosíssimo e um grande tesouro.

[vv. 13-18]
Ó meu Deus, fá-los como um tufão;[18] como o restolho à mercê do vento. Como o fogo que queima uma floresta,[19] e como a chama que incendeia as montanhas,[20] assim os persegues com tua tempestade,[21] e os terrificas com teu torvelinho. Enche seus rostos de ignomínia; para que busquem teu nome, ó Jehovah! Que sejam envergonhados e terrificados perpetuamente, e que sejam confundidos e pereçam. E que saibam que tu és, teu nome Jehovah, somente tu o Altíssimo sobre toda a terra.[22]

---

18 "Globum", latim; "Une boule", francês. A palavra גלגל, *galeggal*, assim traduzida, é interpretada por Lowth: "qualquer coisa leve *rodopiada* pelo vento, palha, uma planta leve etc.". Diz Secker: "גלגל parece aqui, especialmente comparando Isaías 17.13, não uma roda, mas alguma matéria leve que o vento rodopia e arrebata, como a *palha*." Naquela passagem de Isaías onde ocorre a mesma palavra hebraica, a tradução na Bíblia inglesa é "algo volante"; e frase na margem, 'cardo'. Este versículo oferece uma notável exibição da nulidade das nações confederadas diante do Onipotente. Ele pode fazê-las "como o cardo; como a palha à mercê do vento."

19 A alusão neste versículo é às queimadas, acidentais ou propositais, que amiúde ocorrem em países quentes e arborizados, as quais se espalham numa vasta extensão, devorando tudo e prosseguindo em sua devastação por muito tempo. Muitos viajantes orientais e africanos descrevem, em suas observações pessoais, essas formidáveis e alarmantes queimadas. E tais descrições servem para dar uma idéia mais adequada do significado do salmista do que poderia oferecer uma mente européia. Esta linguagem é uma imagem expressiva de uma destruição ampla e rápida.

20 "*Incendeia as montanhas*, isto é, o produto das montanhas: árvores, plantas etc." – Walford.

21 "*Persegues com tua tempestade* é uma evidente referência à *dissipação da moinha*, e o que se segue se relaciona claramente à *expansão da chama*." – Nota de Henry, em *Lowth's Sacred Poetryt of the Hebrews*, vol. I. p. 277.

22 "A construção das palavras no final do Salmo mais provavelmente seja assim: וידעו, e saberão, isto é, ele será conhecido por esse meio, כי אתה שמך יהוה, *tu és teu nome Jehovah*, isto é, *que tu és o que teu nome Jehovah significa*; e o que isso é está expresso no restante do versículo, עליון לבדך, *tu és o único Altíssimo sobre toda a terra*; sendo esse deveras o significado de *Jehovah*, o infinito, o eterno, e assim o único poder supremo sobre todo o mundo." – Hammond.

13. Ó meu Deus, fá-los como um tufão. Visto que os ímpios, quando se cingem e se preparam para destruir a Igreja, geralmente se inflam com intolerável soberba, o poeta inspirado roga a Deus que os exponha ao opróbrio, tornando-se impossível abater seu orgulho senão quando se vêem prostrados, confusos e humilhantemente frustrados. Ao declarar [v. 16] que, como resultado disso, **buscarão o nome de Deus**, ele não deve ser interpretado como se falasse que experimentarão genuíno arrependimento, ou genuína conversão. Aliás, admito que o primeiro passo para o genuíno arrependimento seja que os homens, prostrados pela aflição, voluntariamente se humilhem. Mas o que aqui está implícito nada mais é do que uma submissão forçada e servil como aquela de faraó, rei do Egito. É um caso de ocorrência freqüente que os ímpios, quando subjugados pela adversidade, dão glória a Deus, por um breve período. Mas logo depois voltam a sua frenética demência, o que claramente desmascara sua hipocrisia e traz à plena luz a soberba e rebelião que ocultam em seus corações. O que o profeta deseja é que os ímpios sejam compelidos, por meio de açoites, a reconhecerem a Deus, espontaneamente ou não, a fim de que sua fúria, a qual se avoluma por escaparem impunemente, pelo menos seja mantida sob restrição. Isso é mais claramente evidente à luz do versículo 17, no qual ele distintamente ora para que sejam destruídos para sempre; o que de modo algum corresponderia a sua declaração prévia, caso fosse ela considerada uma oração para serem conduzidos ao arrependimento. Tampouco amontoa desnecessariamente uma multiplicidade de palavras. Ele faz isso em parte por causa dos réprobos, embora amiúde castigados, não obstante são tão incorrigíveis que de quando em quando juntam novas forças e coragem; e em parte porque nada há que seja mais difícil do que serem eles persuadidos, quando espojam em grande prosperidade externa, de que logo perecerão. A causa a que isso se deve atribuir é porque não apreendemos suficientemente o terrível caráter da vingança de Deus, a qual aguarda os opressores da Igreja.

18. E que saibam que tu és, teu nome Jehovah. O que está em pauta não é o conhecimento de Deus, mas aquele reconhecimento dele que seu irresistível poder arranca dos ímpios. Não se diz simplesmente que saberão que existe Deus; mas está em pauta certo tipo de conhecimento, o qual sugere que os pagãos, que antes desprezavam a verdadeira religião, por fim percebem que o Deus que se fez conhecido na lei, e que foi adorado na Judéia, era o único e verdadeiro Deus. Entretanto, ainda se deve ter em mente que o conhecimento em pauta é meramente aquele de um caráter evanescente, sem qualquer raiz ou seiva viva para nutri-lo; pois os ímpios não se submeterão a Deus de bom grado e cordialmente, porém são atraídos por compulsão a render-lhe uma obediência fingida, ou, sendo por ele refreados, não ousam irromper-se em franco ultraje. Este, pois, é um reconhecimento experimental de Deus, o qual prostra não o coração, mas é arrancado deles pela força e necessidade. O pronome אתה, *atah*, *tu*, é enfático, subentendendo um tácito contraste entre o Deus de Israel e todos os falsos deuses que eram o produto da inventividade humana. A oração equivale a isto: Senhor, fá-los saber que os ídolos que têm fabricado para si não são deuses, e de fato nada são. Aqueles que desprezam a Deus podem de fato evitar a luz, e por algum tempo podem envolver-se em nuvens, ou podem mergulhar nas mais profundas e densas sombras de escuridão; ele, porém, os persegue e os atrai ao reconhecimento dele, o qual de boa vontade sepultariam na ignorância. E como o mundo indiscriminada e desditosamente aplica seu sacro nome a suas próprias e triviais invenções, tal profanação é corrigida quando se acrescenta: **teu nome Jehovah**. Isso significa que *existir*, ou *realmente ser*, é no mais estrito sentido aplicável a Deus somente; pois embora os incrédulos tentem fazer em pedaços sua glória, ele continua perfeito e imutável. O contraste do qual tenho falado deve ser mantido em mente pelo leitor. Jamais existiu uma nação tão bárbara que não tenha cultuado alguma divindade; porém cada país forjou para si deuses particulares. E embora os moabitas e edomitas, bem como o resto dessas nações, admitiam algum poder e autoridade pertencentes ao

Deus de Israel, todavia concebiam tal poder e autoridade como não ultrapassando as fronteiras da Judéia. Assim o rei da Síria o chamou "o Deus dos montes" [1Rs 20.23]. Essa grotesca e absurda divisão da glória de Deus, que os homens costumam fazer, é invalidada com uma única palavra, e todas as superstições que naquele tempo prevaleciam no mundo são destroçadas, quando o profeta atribui ao Deus de Israel tanto a *essência* da Deidade quanto o *nome*; pois a menos que todos os ídolos dos pagãos sejam completamente abolidos, ele não será reconhecido, sozinho e indiviso, com o nome *Jehovah*. Conseqüentemente, acrescenta-se: **somente tu és o Altíssimo sobre toda a terra**; declaração essa digna de nossa mais profunda atenção. Os supersticiosos comumente imaginam ser suficiente deixar a *Deus* seu *nome*; ou, seja, quatro letras; e no entanto desperdiçam seu poder, como se sua majestade estivesse contida num título vazio. Lembremo-nos, pois, que Deus não receberá entre os homens aquela honra à qual tem direito, se não lhe for permitido possuir sua própria e inerente soberania, e se sua glória for obscurecida por outros objetos que são estabelecidos em detrimento dele mediante reivindicações antagônicas.

Salmo 84

O salmista se queixa de que nada lhe propiciou fonte de maior angústia do que ser ele impedido de ir ao tabernáculo, e de ser banido da assembléia dos santos, onde Deus era invocado. E ainda mostra que nada pode destruir os ardentes desejos dos santos; e que, sobrepujando a todos os obstáculos, estarão constantemente engajados em buscar a Deus e, por assim dizer, farão para si um caminho pelo qual ninguém mais passa.[1] Por fim expressa seu desejo de ser restaurado seu ingresso ao tabernáculo de Deus, e outra vez testifica que um dia gasto no tabernáculo era em sua estima mais valioso[2] do que viver por muito tempo na sociedade dos incrédulos.

Ao mestre de música sob Gittith. Salmo dos[3] filhos de Coré.[4]

---

1 "Mais au contraire que par dessus tous empeschemens ils poursuyvront constamment à chercher Dieu, et par maniere de dire, se feront voye là où il n'y en a point." – *v.f.*

2 "Il tesmoigne derechef qu'il estime plus de jouyer de ceste liberte d'assister avec les autres au tabernacle de Dieu, quand mesme il ne devroit vivre qu'un jour, &c." – *v.f.* "Ele novamente testifica que desfrutar da liberdade de assistir com os demais no tabernáculo de Deus pelo menos por um dia, em sua estima, era algo muitíssimo valioso etc."

3 "Admite-se que a preposição hebraica aqui usada (*lamed*) pode ser traduzida *ou por ou para*. Quando aplicada a um indivíduo, a consideramos como que fazendo o autor por quem era escrita, ou o músico a cujo cuidado ela era dirigida, para adaptá-la à música. Mas quando dirigida ao grupo de coralistas, como os filhos de Coré, parece não haver dúvida, era aplicada aos que a cantavam." – *Williams*.

4 Os filhos de Coré eram os descendentes de Coré, aquele que foi tragado pela terra por insurgir-se contra Moisés e contra o Senhor. Na narrativa daquele evento, somos informados que "os filhos de Coré não morreram" (Nm 26.10). Não se associaram a seu pai em sua sedição, e portanto escaparam de seu castigo. À luz de 1 Crônicas 9.19 e 26.1-19, parece que sua posteridade foi empregada como porteiros e guardas do tabernáculo e do templo. Tiveram também um lugar entre os cantores do templo (2Cr 20.19). Seu nome ocorre no título de nove Salmos.

O título deste Salmo não leva o nome de Davi; mas, como seu tema se aplica a ele, então com toda probabilidade ele foi seu autor. Há quem pensa que ele foi composto pelos filhos de Coré, para seu uso particular; mas para provar que essa opinião carece de base, basta chamar a atenção para esta consideração: Davi, em seu tempo, foi tão eminentemente distinguido pelo dom de profecia, que não tinha qualquer necessidade de empregar os levitas para a realização do serviço para o qual ele mesmo era tão bem qualificado. A única dificuldade de o atribuirmos a Davi é que se faz menção de Sião, para onde a arca do concerto não podia ser levada até que ele tomasse posse pacificamente do reino. Ora, depois disso, ele nunca foi privado da liberdade de comparecer diante da arca com outros, exceto uma vez, e então só por um curto tempo, a saber: quando ele se viu em necessidade de valer-se da fuga em decorrência da rebelião suscitada contra ele por seu filho Absalão.[5] O conteúdo do Salmo, contudo, indica que, no tempo de sua composição, ele fora compelido a vaguear por diferentes lugares como um proscrito. Se refletirmos que Davi registrou nos Salmos as perseguições que suportou sob o reinado de Saul bem depois que se viu livre delas, não nos surpreenderemos encontrá-lo fazendo menção de Sião em conexão com as mesmas. Da palavra *Gittith* já discorri no Salmo oitavo.

[vv. 1-4]
Quão amáveis são teus tabernáculos, ó Jehovah dos Exércitos! Minha alma suspira [ou deseja avidamente], sim, até mesmo desfalece pelos átrios de Jehovah; meu coração e minha carne saltam de alegria pelo Deus vivo. O pardal também encontrou uma casa para si, e a andorinha,[6] um ninho para

---

5 "Or est-il, que depuis ce temps-la, il ne perdit jamais la liberte de pouvoir comparoistre devant l'Arche avec les autres, si non une fois et pour bien peu de temps, c'est asçavoir quand il s'enfuit pour la persecution que luy faisoit son fils." – *v.f.*

6 A suposição de Bochart é que דרור não significa *a andorinha*, mas alguma espécie de pombo selvagem. Ele observa que a versão etiópica a traduz por *pombo-torcaz*, e a Septuaginta, a Vulgata, a Caldaica, a Siríaca e outras versões antigas, por *rola*. Estas últimas provavelmente a traduzem por rola em virtude da semelhança no nome com תור, *tur*, o nome comum dessa ave. Merrick, em sua versão, inicialmente a traduziu por *rola*, mas depois o substituiu pelo nome mais compreensível de *pombo*, em vez de *rola*, na sugestão do Dr. Lowth. "Você encontra boas autoridades para *rola*", diz esse erudito prelado: "minha objeção seria meramente com base na língua inglesa. A ave que conhecemos por esse nome é de todas a mais afastada e tímida; e dificilmente se aproxima de algum edifício, muito menos

si, onde ponha seus filhos, ó teus altares! tu, Jehovah dos Exércitos! meu Rei e meu Deus. Bem-aventurados os que habitam em tua casa; louvar-te-ão continuamente. Selah.

1. Quão amáveis são teus tabernáculos, ó Jehovah dos Exércitos! Davi se queixa de viver privado da liberdade de acesso à Igreja de Deus, pala ali fazer uma profissão de sua fé, para aprofundar sua piedade e envolver-se no culto divino. Alguns entenderiam por *os tabernáculos de Deus* o reino do céu, como se Davi lamentasse sua continuação nesse estado de peregrinação terrena; porém não consideram suficientemente a natureza de suas atuais e aflitivas circunstâncias – que ele se via excluído do santuário. Ele sabia que não fora debalde que Deus designasse as santas assembléias, e que os santos necessitam de tais auxílios enquanto prosseguem em sua trajetória neste mundo. Ele também estava profundamente cônscio de sua própria debilidade; tampouco era ignorante de quão longe estava de equiparar-se à perfeição dos anjos. Portanto, ele tinha boas razões para lamentar-se de viver privado daqueles meios cuja utilidade é bem notória a todos os crentes genuínos. Sua atenção, sem dúvida, estava dirigida para o fim apropriado a que o ritual externo se destina; pois seu caráter era amplamente diferente daquele dos hipócritas que, embora freqüentem as assembléias solenes com grande pompa, e pareçam consumir-se com ardente zelo no serviço de Deus, todavia em tudo isso nada almejam mais que uma exibição ostensiva de piedade com o fim de obter o crédito de terem cumprido seu dever para com ele. A mente de Davi longe estava de ocupar-se com tão grosseira imaginação. O fim que ele tinha em

---

faz seu ninho em algum lugar freqüentado. Esta consideração não produz uma imagem inadequada para o propósito do salmista aqui? O *pombo*, que é o único nome mais geral para a mesma ave, não seria próprio para esta objeção." Mas, para remover tal dificuldade relativa à rola, Merrick cita uma passagem da Viagem ao Levante de Sir. H. Blunt (p. 186, ed. 5) na qual esse viajante diz que na Turquia todas as aves são domésticas demais para o uso de violência, ou, seja, que o salmista precisasse lançar seu manto sobre *rolas* ou *pombos* na estrada. "Os intérpretes hebreus", diz o Comentário Ilustrado sobre a Bíblia, "crêem ser esta a andorinha, e são secundados por nossa versão. A palavra significa *liberdade*, *livramento*, e é possível referir-se à maneira livre em que as andorinhas voam. Só é mencionada novamente pelo menos por este nome em Provérbios 26.2; e ali é também associada com o *tsippor*, que nossa versão traduz por *ave*, em lugar de *andorinha*. Em ambos os textos, o significado concorda melhor com andorinha do que com rola ou pombo.

vista, ao desejar tão ardorosamente desfrutar do livre acesso ao santuário, era para que pudesse ali cultuar a Deus com sinceridade de coração e de uma maneira espiritual. As palavras iniciais estão na forma exclamativa, o que é uma indicação de ardente aflição; e esse estado de emoção é expresso ainda mais plenamente no segundo versículo. Do que aprendemos que aqueles são dolorosamente deficitários em compreender que displicentemente negligenciam o culto instituído por Deus, é como se fossem capazes de remontar ao céu por seus próprios esforços sem qualquer outro auxílio.

Já observei que no segundo versículo está expresso um ardente desejo que longe está de ordinário. O primeiro verbo, כסף, *casaph*, significa *desejar veementemente*; porém, não contente com esta palavra, Davi acrescenta que **sua alma desfalece pelos átrios do Senhor**, que é equivalente ao definhamento que experimentamos quando sob a influência de extrema emoção mental, quando nos sentimos transportados para fora de nós mesmos. Ele fala somente dos *átrios* do tabernáculo em razão de não ser um sacerdote e não poder licitamente ir além do átrio externo. A ninguém, senão sos sacerdotes, como se sabe sobejamente, se permitia entrar no santuário interior. Na conclusão do versículo, ele declara que esse anelo se estendia até mesmo a seu corpo, isto é, se manifestava na expressão da boca, no langor dos olhos e na ação das mãos. A razão pela qual ele anelava tão intensamente ter acesso ao tabernáculo era para desfrutar da comunhão com o *Deus vivo*; não que concebesse Deus como que encerrado num espaço tão tacanho como o era a tenda da arca,[7] mas porque estava convencido da necessidade de degraus através dos quais pudesse subir ao céu, e sabia que o santuário visível servia ao propósito de uma escada, porque, por meio dela, a mente dos santos se dirigia e se conduzia ao modelo celestial. E com toda certeza, quando levamos em conta que a inércia de nossa carne nos impede de elevar nossa mente às excelsitudes da majestade divina, debalde Deus nos atrairia a si, se ao mesmo tempo, de sua parte, ele não descesse a nós; ou, pelo menos, pela interposição de meios, ele não nos estendesse sua mão, por assim dizer, a fim de elevar-nos até ele.

---

7 "Comme estort le pavillon de l'Arche." – *v.f.*

3. O pardal também achou casa para si, e a andorinha, ninho para si. Alguns lêem este versículo como uma só sentença contínua, comunicando a idéia de que as aves faziam seus ninhos junto aos altares,[8] do quê poderia parecer ainda mais evidentemente quão difícil e angustiante era sua condição, ao ser mantido longe deles. Esta opinião parece contar com o apoio da circunstância, ou, seja, que imediatamente antes da palavra hebraica para *altares* há a partícula את, *eth*, a qual comumente se junta ao caso acusativo. Mas como a mesma é às vezes também usada em exclamações, o profeta, não tenho dúvida, se interrompe no meio de sua sentença de forma abrupta e exclama que nada lhe seria mais gratificante

---

8 "Este é o sentido aferido em nossa versão inglesa; detalhe esse que o Dr. Adam Clarke contesta. Diz ele: "É muito improvável que aos pardais e às andorinhas, ou aves de qualquer espécie, se permitisse construir seus ninhos e criar seus filhotes em ou sobre os altares, os quais eram mantidos num estado da maior pureza, e onde fogos perpétuos eram conservados acesos para o propósito dos sacrifícios, queimar incenso etc." Ele propõe que se leiam as palavras começando no terceiro versículo e terminando com seus filhotes, dentro de um parêntese, e explicar a parte restante do versículo como a conclusão da sentença começando no segundo versículo; ou ler o parêntese como o término do terceiro versículo: "Até mesmo o pardal encontrou casa, e a andorinha [pombo-torcaz], ninho para si, onde possa pôr seus filhotes; eu, porém, não tenho lugar nem de descanso nem de culto." Todavia, embora não se possa razoavelmente supor que a tais aves se permitisse fazer seus ninhos sobre o próprio altar, diante do qual os sacerdotes estavam servindo continuamente, todavia não é improvável que lhes fosse permitido construir seus ninhos nos edifícios contíguos ao altar. Diz o Dr. Paxton: "O altar é aqui expresso por meio de sinédoque, uma parte pelo todo, subentendendo o tabernáculo, entre os caibros dos quais ao pardal e à andorinha se permitia fazer seus ninhos; ou, melhor, para os edifícios que circundavam o edifício sacro onde os sacerdotes e seus assistentes tinham sua residência ordinária." – Paxton's Illustrations of Scripture, vol. II. pp. 310-355. Dr. Mosison, depois de citar a crítica do Dr. Clarke, observa: "Confesso que vejo uma grande beleza na adesão ao sentido dado na versão comum. Embora o pardal e o pombo torcaz sejam representados como a encontrar um ninho para si nos altares do santuário, não se segue que o escritor inspirado pretenda algo mais além do fato de viver exilado da casa de seu Deus, essas aves familiares tinham um lar junto ao lugar sagrado onde ele associava suas principais alegrias." Parkhurst considera que aqui se intenta uma comparação; e que embora as partículas de similaridade 'como' e 'assim' não estejam no texto hebraico, devem estar implícitas. E nas Escrituras hebraicas há muitos exemplos nos quais são omitidas, mas onde se faz necessário completá-las para tornar uma versão inteligível. Ele traduz assim: "Ainda [quando] o pardal encontre sua casa, e o pombo seu ninho, onde possa criar seus filhotes, [assim eu encontraria] teus altares, ó Jehovah dos Exércitos! meu Rei e meu Deus." Segundo esta exposição, o salmista ilustra seu veemente anelo pelo tabernáculo sagrado, e o culto público de Deus, pela afeição natural das aves e pela alegria e deleite com que retornam a sua prole depois de estar ausente dela (veja-se o Léxico de Parkhurst sobre דדד Parkhurst II). Walford assume o mesmo ponto de vista. Sua versão é:
"Como o pardal acha casa, e a andorinha, ninho,
Onde possa criar sua prole,
Assim que teus altares sejam minha morada, ó Jehovah dos Exércitos!
Meu Rei e meu Deus."

do que vislumbrar o altar de Deus. Davi, pois, em primeiro lugar, com vistas a agravar a miséria de sua condição, compara-se com os pardais e andorinhas, mostrando quão difícil era para os filhos de Abraão se verem expulsos da herança que lhes fora prometida, enquanto pequenas aves encontravam um lugar ou outro para edificar seus ninhos. Ele podia, uma vez e outra, achar um asilo confortável, e podia ainda morar entre os incrédulos com algum grau de honra e bem-estar; porém, enquanto estivesse privado da liberdade de acesso ao santuário, era como se estivesse banido do mundo inteiro. Indubitavelmente, o próprio fim a que devemos propor-nos viver é que estejamos engajados no serviço de Deus. A maneira como ele demanda que o sirvamos é espiritual; mas ainda é necessário fazermos uso daqueles auxílios externos os quais ele sabiamente designou para nossa observância. Eis a razão pela qual Davi de repente se interrompe na exclamação: **ó teus altares! tu, Jehovah dos Exércitos!** Alguém poderia dispor-se a dizer em referência a suas circunstâncias atuais, que havia muitos refúgios no mundo onde ele pudesse viver em segurança e repouso, sim, que havia muitos que de bom grado o receberiam sob seu teto como um hóspede honrado, e que, portanto, ele não tinha motivo para sentir-se tão profundamente angustiado. A isso ele responde que preferiria antes renunciar ao mundo inteiro do que continuar num estado de exclusão do santo tabernáculo; que não sentia prazer em nenhum lugar longe dos altares de Deus; e, em suma, que nenhuma habitação lhe era agradável fora dos limites da Terra Santa. Isso ele insinua pelo título que confere a Deus: *meu Rei e meu Deus*. Ao expressar-se desse modo, ele nos dá a entender que sua vida era desconfortável e amargurada, porque fora banido do reino de Deus. É como se ele dissesse: "Ainda que todos os homens contendam uns contra os outros em seu anseio de oferecer-me refúgio e diversão, todavia, visto seres o meu Rei, que deleite sentiria eu neste mundo enquanto for excluído do território da Terra Santa? E ainda: visto seres o meu Deus, a que fim eu viveria senão para buscar-te continuamente? Ora, quando me lançaste fora, não desprezei eu cada lugar de refúgio e descanso que me foi oferecido, por mais aprazível e deleitoso parecesse a minha carne?"

4. Bem-aventurados são os que habitam em tua casa. Aqui o salmista expressa mais distintamente o uso próprio e legítimo do santuário; e assim ele se distingue dos hipócritas que pertinazmente atentam para a observância das cerimônias externas, porém destituem o coração da genuína santidade. Davi, ao contrário disso, testifica que os verdadeiros adoradores de Deus lhe oferecem sacrifício de louvor, o qual jamais é dissociado da fé. Nenhum ser humano jamais louvará a Deus com sinceridade de coração, a menos que, depositando sua confiança na divina graça, o mesmo seja participante da paz e alegria espirituais.

[vv. 5-7]
Bem-aventurado o homem cuja força está em ti, os caminhos estão em seu coração. Passando pelo vale das lágrimas,[9] fará dele uma fonte;[10] a chuva também cobrirá as cisternas [ou reservatórios].[11] Irão de força em força;[12] o Deus dos deuses será visto em Sião.

---

9 "Ou, du meurier." *v.f.m.* "Ou, das amoreiras."
10 "Fontem ponent." – *v.l.* "La rendent semblable à une fontaine." – *v.f.*
11 "Tanques ou reservatórios de água, bem como poços, são comuns nos desertos orientais. Os últimos são supridos por fontes, os primeiros, pelas chuvas, como se nota aqui. Ambos, porém, devem ser encontrados em número considerável na Judéia, e são, segundo Rauwolff, mais numerosos nesses países do que as fontes que ficam mais altas, ou, seja, do que as fontes e os ribeiros de água corrente. Alguns desses têm sido construídos para uso das pessoas que habitam na vizinhança, alguns viajantes e especialmente os que viajam movidos por devoção; por exemplo, os peregrinos que vão a Meca. O salmista parece referir-se a provisões desse tipo, feitas pelos israelitas devotos em seu caminho para Jerusalém." – *Mant.*
Esta última frase tem sido traduzido de diversas maneiras. Tem sido entendida por todas as versões num sentido diferente daquele que lhe foi dado por *Calvino* e nossa versão inglesa, a qual concorda com ele. A Septuaginta traz: "O legislador comunicará bênçãos." Dr. Adam Clarke: "Sim, o instrutor está coberto de [ou vestido com] bênçãos." Diz ele ainda: "Deus cuida em dar a seus seguidores mestres segundo seu próprio coração, que os alimentará com reconhecimento; e enquanto estão dando de beber ao povo, a eles mesmos lhes é dado de beber." Mudge traduz: "Até mesmo Moré é suprido com lagos." Ele traduz os versículos 5-7 assim: "Quão feliz é o homem cuja força está em ti! que viaja pelas estradas com seus corações. No vale de Baca ele faz uma fonte; até mesmo Moré é vestido com lagos. Anda de força em força; ele comparece diante de Deus em Sião." Sua nota sobre estes versículos é assim: "Junto o último final do versículo 5 à primeira palavra do 6 (assim faz a LXX de forma direta, e o sentido parece exigir assim), com uma leve alteração para עברי; a mudança de número, tenho observado com freqüência, não deve ser levada em conta. 'Quão feliz é o homem que se sente revigorado por ti; que viaja pelas estradas que conduzem a Jerusalém, com plena disposição de coração! Ele vai pelo caminho de Baca tão cheio de ânimo como que consolado por uma fonte de águas; e Moré, como que cheio de deliciosos lagos.' (Dois lugares desolados, suponho, através dos quais a estrada percorre.) 'Seu prazer aumenta enquanto anda; comparece diante de Deus em Sião'."
12 "Ou, de troupe en troupe." – *v.f.m.* "Ou, de companhia em companhia."

5. Bem-aventurado o homem cuja força está em ti. Davi outra vez nos informa que o propósito para o qual ele aspirava liberdade de acesso ao santuário não era meramente satisfazer seus olhos com o que seria visto ali, mas para fazer progresso na fé. Inclinar-se sobre Deus de todo o coração equivale a obter um avanço em um grau especialíssimo. E isso nenhum ser humano pode obter, a menos que todo seu orgulho seja arrojado no pó, e seu coração, verdadeiramente humilhado. Ao propor-se tal via em sua busca de Deus, o objetivo de Davi era apropriar-se, por meio da oração, de sua força da qual ora se sente destituído. A oração conclusiva do versículo: **os caminhos estão em seu coração,**[13] é por alguns interpretada neste sentido: que são felizes os que andam no caminho que Deus designou; porquanto nada é mais injurioso a uma pessoa do que confiar em seu próprio entendimento. Não se diz impropriamente da lei: "Este é o caminho, andai por ele" [Is 30.21]. Sempre que os homens se desviam, um mínimo que seja, da lei divina, seguem caminhos tortuosos e se emaranham em erros perversos. É mais apropriado, porém, restringir a oração ao escopo da passagem, e entendê-la no sentido em que felizes são aqueles que põem sua mais elevada ambição em ter Deus como o Guia de sua vida, e que, portanto, desejam ficar cada vez mais perto dele. Deus, como já observamos anteriormente, não se satisfaz com meras cerimônias externas. O que ele quer é isto: governar e manter em sujeição a si todos aqueles a quem ele convida a comparecer em seu tabernáculo. Todos quantos, pois, têm aprendido quão grande bem-aventurança é confiar em Deus ativarão todos os desejos e faculdades de sua mente, apressando-se a buscar sua intimidade.

6. Passam pelo vale das lágrimas, farão dele um reservatório. O que o salmista tinha em mente é que nenhuma obstrução

---

13 "Hebraico, *Os caminhos estão em seu coração*, isto é, as estradas para o templo são os objetos de seu deleite. Nos versículos anteriores ele fez alusão à felicidade dos *sacerdotes* etc. que estavam *sempre* engajados no serviço de Jehovah; aqui ele expressa a felicidade dos demais *israelitas* que freqüentavam o culto no templo." – De *Good's new Version of the Book of Psalms with Notes*.

pode impedir que os iluminados e corajosos adoradores de Deus conscientemente aguardem no santuário. Por meio dessa forma de expressão, ele confirma a declaração que fizera previamente, a saber: que nada é mais desejável do que engajar-se diariamente no culto divino; mostrando, como faz, que nenhuma dificuldade pode interromper os ardentes anseios dos santos e impedi-los de apressar-se alegremente, sim, ainda quando seu caminho seja através de desertos secos e estéreis, de congregar-se solenemente em santas assembléias. Como a palavra hebraica הבכא, *habbacha*, quando a letra final é ה, *he*, significa lágrimas, e quando a letra final é א, *aleph*, uma *amoreira*, há quem lê aqui *vale de lágrimas*; e outros, *vale das amoreiras*. A maioria dos intérpretes adota a primeira redação; mas a outra opinião não é destituída de probabilidade.[14] Contudo não

---

14 "Au reste, pource que le mot Hebrieu *Habbacha*, quand il est escrit par un *He*, en la fin, signifie Pleurs: et quand il ha un *Aleph*, en la fin, du meurier. Or combien que la pluspart suyve la premiere lecture, l'opinion toutesfois des derniers n'est pas sans apparence." – *v.f.*

A LXX traduz בכא, *bacha*, aqui por του κλαυθμῶνος; Aquila por κλαυθμου, "de lágrimas"; e a Vulgata por *Lachrymarum*, "de lágrimas"; considerando a palavra como relacionada com o verbo בכה, *bachah*, *prantear, destilar* etc. "Em vez de בכא, *baca*, uma amoreira", diz o Dr. Adam Clarke, "sete manuscritos, trazem בכה, *bacah, lamento*. Creio que *Baca* é aqui o mesmo que *Boquim* (Jz 2.1-5), chamado *o vale de lágrimas*." Mas, segundo outros, *Bacha* significa a amoreira, supondo-se ser assim chamada em virtude de seu fruto porejar um suco semelhante a lágrimas. Em nossa Bíblia inglesa, enquanto no texto 'Baca' é retido como um nome próprio, a oração marginal é "das amoreiras"; e בכאים, *bechaim*, o plural de בכא, *bacha*, que ocorre em 2 Samuel 5.23, 24, e em 1 Crônicas 14.14, 15, é também em nossa versão inglesa traduzido 'amoreiras'; e na Septuaginta e Vulgata, 'pereiras'. Harmer, em suas observações sobre a passagem que temos diante dos olhos, considera errônea a tradução 'amoreiras', com base no fato de que a amoreira não é nativa da Judéia, opinião essa que baseia na declaração de Hasselquist, de que essa árvore raramente cresce na Judéia, bem pouco na Galiléia, porém em abundância na Síria e no Monte Líbano. Ele vê a causa de sua presente abundância nesses lugares oriunda da grande indústria desenvolvida pelos habitantes dessas regiões, onde se produz a seda, e observa que tivesse essa árvore sido nativa da Judéia, ela seria encontrada ali com muita freqüência. Ele presume que a árvore aqui indicada é o *salgueiro chorão*. *Harmer's Observations*, vol. III. pp. 253, 254. Mas, uma forte objeção a sua conjetura é o fato de que a situação favorita do salgueiro é a planície rica em água ou à margem de um córrego, e não um lugar estéril e desértico tal como é o vale aqui mencionado. Parkhurst e Gesenius crêem que בכא, *bacha*, significa um tipo de arbusto grande (o *Amyris Gileadensis*), que os árabes atualmente chamam *Baca*; e que provavelmente era assim chamado em virtude de *destilar* uma resina odorífica.

Através desse vale, parece que os israelitas costumavam passar em sua caminhada para Jerusalém. Os comentaristas, porém, não estão concordes com respeito a sua localização. Alguns, como Dathe, supõem ser o lugar referido naquelas passagens de Samuel e Crônicas, as quais já foram supracitadas. Nos Fragmentos a Calmet, alega-se que ele se encontra entre as montanhas

há dúvida de que os desertos secos e estéreis estão aqui em pauta. Viajando através dos quais é preciso suportar muita dificuldade e privação, particularmente pela falta de água; de todos os outros artigos de que mais se faz necessário às pessoas em viagem é água para se beber. Davi tinha isso em mente como argumento para provar a firmeza dos santos, para quem a escassez de água, que amiúde desencoraja os viajantes de prosseguirem sua jornada, não os impediria de sair em busca de Deus, ainda que seu caminho fosse trilhado pelas areias e pelos vales áridos. Nesses termos ministra-se uma reprovação à indolência daqueles que não se submetem a qualquer inconveniência em decorrência dos benefícios que recebem do serviço prestado a Deus. Mergulham em seu próprio devaneio e deleites e não permitem que algo interfira nos mesmos. Portanto, contanto que não se exija que façam sacrifício ou esforço indevido, prontamente confessarão ser servos de Deus; porém, não dariam sequer um cabelo de suas cabeças, nem fariam o menor sacrifício para a obtenção da liberdade de ouvir a proclamação do evangelho e de usufruir dos sacramentos. Esse espírito indolente, como se faz evidente à luz da observação diária, mantém multidões obesas jungidas a suas redes, de modo que não podem tolerar que sequer um grau de sua tranqüilidade e conveniência sofra detrimento. Sim, mesmo naqueles lugares para onde são convocados pelo som dos sinos da Igreja, para as orações públicas,[15] para ouvir

---

do Líbano; que alguns riachos corriam por ele; e que era um dos distritos mais ao norte, donde supõem-se que viajantes partiam para Jerusalém. De la Roque (*Voyage de Syrié*) declara que a província ou, melhor, todo o território de Baalbec para as montanhas é chamado em árabe *Al-Bhaa*, que expressamos por *Bekaa*. É regado por um rio e muitos outros mananciais. Mas se a interpretação de Calvino do versículo for correta, o vale indicado não era um lugar abundante em águas, mas alguns desfiladeiros estéreis e secos entre as montanhas – irrigados por nenhum manancial nem revestidos por vegetação verdejante, onde o viajante sedento era compelido a cavar em busca de água e a formar cisternas na terra para receberem a chuva do céu. A tradução de Dathe é: Passando pelo vale *árido* de Baca, parece-lhes bem regado. A chuva de outono as refresca." "A estrada que atravessa aquele vale rumo a Jerusalém", diz ele, "indubitavelmente era dolorosa para esses viajantes. Mas, em seu anseio pelas solenidades a serem observadas na cidade santa, esses lugares áridos pareciam-lhes como se fossem irrigados com fontes de águas."

15 "Où la cloche sonnera pour appeler les gens aux prieres publiques." – *v.f.*

a doutrina da salvação ou participar dos santos mistérios, notamos que alguns se põem a cochilar, outros só pensam nos lucros, outros se entretêm com os negócios do mundo, e ainda outros se deixam arrebatar por seus entretenimentos. Não admira, pois, se os que vivem longe e que não podem desfrutar desses serviços religiosos e meios de salvação, sem algum sacrifício de sua subsistência terrena, permaneçam refestelando-se indolentemente em casa. Para que tais pessoas não vivam seguras e satisfeitas consigo mesmas no pleno desfruto de prosperidade material, Davi declara que os que têm no coração a religião genuína, e que sinceramente servem a Deus, dirigem seus passos para o santuário de Deus, não só quando o caminho é suave e deleitoso, à sombra e através de veredas planas, mas também quando têm de caminhar por desertos ásperos e estéreis; e que terão antes que fazer para si mesmos cisternas com imensa dificuldade, do que ser impedidos de prosseguir sua jornada por razões da sequidão do país.

7. Irão de força em força. Neste versículo reitera-se a mesma idéia. Sendo o monte Sião o lugar onde, segundo a designação da lei, se observavam as santas assembléias, depois que a arca do concerto foi removida para ali, diz-se que o povo de Deus subiria a Sião em grandes números, promovendo entre si esta boa obra.[16] A palavra חיל, *chayil*, raramente significa uma *tropa* [militar] ou um *grupo de homens*; porém, mais comumente, significa *poder* ou *força*. Portanto, estará em mais concordância com o uso ordinário do termo traduzir: *Eles irão de força em força*;[17] denotando que os santos

---

16 "Il dit que les fideles y viendront à grand foulle, et à l'envie l'un de l'autre, comme on dit." – *v.f.*
17 "Horsley a redige assim: 'de muro em muro'; Merrick, 'de estação em estação'; outros, 'de virtude em virtude', no sentido militar. Todos produzem o mesmo efeito; perseveram através de toda dificuldade ou oposição, tendo seus corações voltados para o monte Sião." – *Williams*. "Penso como Gejerus que o hebraico pode ser assim traduzido *de força em força* (correspondendo às palavras *de fé em fé* (Rm 1.17) e *de glória em glória* (2Co 3.18), significando que, enquanto outros viajantes aumentam mais e mais seu cansaço enquanto viajam, cada uma das pessoas piedosas aqui descritas através do refrigério que lhes é administrado, prossegue de um grau de força a outro, *viresque acquiret eundo*. Como Jerusalém é representada no Novo Testamento como um tipo do céu, não vejo nada irracional imaginar que o escritor inspirado pudesse, ao descrever a subida

estão continuamente adquirindo força renovada para continuar subindo para o monte Sião e continuar avançando em sua jornada sem exaustão nem fadiga, até alcançarem o porto desejado e poderem contemplar o semblante de Deus. Se a palavra *tropa* for preferida, o significado será este: subirão não apenas uns poucos, mas numerosas companhias. A maneira na qual Deus se manifestava a seus servos no templo, nos tempos de outrora, já discorremos em outro lugar, especialmente no Salmo 27, versículos 4 e 5. Não se via ali nenhuma imagem visível de Deus; a arca do concerto, porém, era um símbolo de sua presença, e os adoradores genuínos descobriam da própria experiência que, por esse meio, eram grandemente auxiliados em sua aproximação dele.

[vv. 8-12]
Ó Jehovah, Deus dos Exércitos, ouve minha oração; ó Deus de Jacó, presta atenção. Selah. Ó Deus, nosso refúgio, olha e contempla a face de teu ungido. Pois um dia em teus átrios é melhor do que mil em outro lugar.[18] Preferiria ser um porteiro na casa de meu Deus do que habitar nas tendas da perversidade. Porque Jehovah Deus é nosso sol e escudo; Jehovah dará graça e glória; ele não sonega nenhuma coisa boa dos que andam em retidão. Ó Jehovah dos Exércitos, bem-aventurado o homem que em ti põe sua confiança.

8. Ó Jehovah, Deus dos Exércitos, ouve minha oração. Davi, em vez de agir como fazem os homens mundanos, que estulta e prodigamente se angustiam e se atormentam na tentativa de satisfazer intimamente seus desejos, mui sabiamente dirige seus desejos e orações a Deus. Disto também se faz evidente que ele não costumava ceder à vanglória ostensiva, como sucede com os hipócritas que aparentam zelo e fervor externos deslumbrantes, enquanto que

---

para Jerusalém, tenha em vista também que o progresso espiritual que conduz à cidade que está lá em cima, a mãe de todos nós. As palavras que se acham diante de nós são certamente muito aplicáveis aos avanços feitos nesse progresso, de força em força, de um estágio da perfeição cristã a outro." – *Merrick's Annotations*.
18 "*Ailleurs*". "Esse suplemento não se encontra na versão latina.

os olhos oniscientes de Deus nada contemplam em seus corações senão tibiez. Em primeiro lugar, ele suplica, em termos gerais, que Deus se digne ouvi-lo. Em seguida, antecipa uma tentação que poderia mui prontamente surgir do fato de estar ele, no momento, aparentemente excluído da Igreja, e afastado dela, sem poder associar-se e nivelar-se a todos os crentes genuínos, sob a proteção de Deus. Não fora ele um membro da Igreja, não poderia ter dito de uma forma geral, e como se estivesse na pessoa de todos seus membros: *Nosso escudo*. Ao fazer essa declaração, ele usa linguagem ainda mais expressiva e de elevado privilégio, referindo-se à unção régia com que Deus o honrara pela mão de Samuel [1Sm 16.12]. Estas palavras: **Olha para a face de teu Ungido** são mui enfáticas, e todavia muitos intérpretes as passam por alto com estranha indiferença. Ele se anima na esperança de obter o favor de Deus, partindo da consideração de que ele fora ungido rei em aquiescência ao mandamento divino. Entretanto, sabendo que seu reino era uma mera sombra e tipo de algo muito mais eminente, não há dúvida de que, ao pronunciar essas palavras, o objetivo que o aspirava era a obtenção do favor divino através da intervenção do Mediador de quem era ele tipo. É como se ele tivesse dito: Pessoalmente sou indigno de que me restaures, porém a unção por meio da qual fizeste de mim um tipo do único Redentor me assegurará esta bênção. Somos assim ensinados que o único caminho pelo qual Deus nos reconcilia consigo é através da mediação de Cristo, cuja presença espalha e dissipa todas as nuvens escuras de nossos pecados.

10. Pois um dia em teus átrios é melhor do que mil em outro lugar. Diferente da maior parte da humanidade que deseja viver sem saber por quê, desejando simplesmente que sua vida seja prolongada ao máximo, Davi aqui testifica não só que o propósito que tinha em vista para sua vida era servir a Deus, mas que, além de tudo, ele valorizava mais um dia que pudesse gastar no serviço divino do que um longo tempo que passasse entre os homens do mundo, de cuja sociedade se acha banida a verdadeira religião. Não sendo lícito a ninguém mais além dos sacerdotes ingressar-se nos recessos mais íntimos do templo, Davi expressamente declara que, desde que se lhe permitisse adentrar alguma parte do pórtico, já ficaria contente com essa humilde posição; pois a palavra hebraica, סף, *saph*, significa a *soleira da porta* ou o *limiar da casa*.[19] O valor que ele dava ao santuário é apresentado numa luz de comparação muito chocante: *preferiria ter um lugar nas próprias portas do templo, a ter plena posse das tendas da perversidade*, significando claramente que ele preferiria adentrar um lugar comum e destituído de honra, desde que se sentisse entre o povo de Deus, em vez de ser exaltado a um elevado posto de honra entre os incrédulos. Aliás, um raro exemplo de piedade! Deparamo-nos com muitos que desejam ocupar um lugar na Igreja, mas tal é a inclinação que a ambição exerce nas mentes dos homens, que bem poucos se contentam em continuar fazendo parte do número da classe comum e destituída de distinção. Quase todos se deixam levar por frenético desejo de subir a um posto de distinção, e jamais conseguem viver com tranqüilidade enquanto não tiverem chegado a alguma posição de eminência.

11. Jehovah Deus é nosso sol e escudo. A idéia comunicada pela comparação derivada do sol é esta: como o sol por sua luz vivifica, nutre e alegra o mundo, assim o semblante benigno de Deus enche de alegria os corações de seu povo; ou, melhor, que não vivem nem respiram a não ser que ele brilhe sobre eles. No termo *escudo* se acha implícito que nossa salvação, que de outra forma se veria envolta por perigos incontáveis, está em perfeita segurança sob sua proteção. O favor de Deus em comunicar-nos vida estaria longe de adequar-se às exigências de nossa condição, a não ser que, ao mesmo tempo, no meio de tantos perigos, ele interponha seu poder como um escudo em nossa defesa.

---

19 E, portanto, o verbo הסתופף, *histopheph*, derivado desse substantivo, significa *assentar no limiar*.

A sentença que vem imediatamente a seguir, **ele dará graça e glória**, pode ser vista no sentido em que aqueles a quem Deus tem distinguido neste mundo, com sua graça, por fim serão coroados com glória eterna em seu reino celestial. Mas essa distinção entre graça e glória, em minha opinião, sendo refinada demais, seria preferível explicar a sentença como denotando: depois de haver Deus uma vez tomado os fiéis em seu favor, ele os conduzirá a uma elevada honra e jamais cessará de enriquecê-los com suas bênçãos.[20] Esta interpretação é confirmada pela sentença seguinte: **ele não sonegará nenhuma coisa boa dos andam em retidão**, obviamente nos ensinando que a generosidade de Deus nunca pode exaurir-se, porém flui sem intermissão. Dessas palavras aprendemos que, toda e qualquer excelência que porventura em nós exista, procede unicamente da graça de Deus. Contém, ao mesmo tempo, esta marca especial, pela qual os genuínos adoradores de Deus podem distinguir-se dos demais: que sua vida é modelada e regulada de acordo com os princípios da estrita integridade.

A exclamação com que Davi conclui o Salmo: **Bem-aventurado o homem que em ti põe sua confiança**, parece ser uma referência ao tempo de seu banimento. Ele previamente descrevera a bem-aventurança dos que habitam nos átrios do Senhor, e agora professa que, embora por algum tempo ficasse privado desse privilégio, longe estava de sentir-se irremediavelmente miserável, porque fora sustentado pela melhor de todas as consolações, a saber: aquela que provém de contemplar, mesmo à distância, a graça de Deus. Eis um exemplo bem digno de especial atenção. Enquanto estivermos privados dos benefícios divinos, devemos necessariamente enfrentar os gemidos e a tristeza do coração. Mas tal senso

---

20 Esta explicação é adotada por Walford, que traduz assim: "Jehovah dá favor e honra." Ainda observa: "A glosa comum sobre essas palavras é que Deus, primeiramente, concede graça sobre a terra, e então glória no céu. Esta, porém, é uma interpretação da audição, antes que do intelecto. O escritor evidentemente está falando das felizes conseqüências atuais do andar em retidão como imediatamente se expressa. O critério de Calvino concorda com esta afirmação."

de nossas angústias não pode esmagar-nos, devendo nós imprimi-lo em nossa mente para que, mesmo em meio a todas nossas calamidades, não deixamos de ser felizes, se a fé e a paciência estiverem em exercício.

Salmo 85

Havendo Deus afligido seu povo com novas tribulações e calamidades, depois de seu regresso do cativeiro babilônico, em primeiro lugar fazem menção de seu livramento como argumento por que Deus não deve deixar de incluir a obra de sua graça. Então se queixam da longa permanência de suas aflições. E, em terceiro lugar, inspirados com esperança e confiança, triunfam na bem-aventurança que lhes fora prometida; pois sua restauração a seu próprio país estava conectada ao reino de Cristo, do qual anteciparam a abundância de todas as coisas boas.[1]

Ao mestre de música, Salmo dos filhos de Coré.

[vv. 1-4]
Favoreceste, ó Jehovah, tua terra; fizeste voltar o cativeiro de Jacó. Tiraste a iniqüidade[2] de teu povo; cobriste todos seus pecados. Selah. Afastaste

---

1 "Concorda-se geralmente que o tema deste Salmo é o regresso dos judeus do cativeiro babilônico; em sua celebração, o salmista se deixa levar por um impulso profético a predizer um livramento muito maior pela vinda de Cristo." – *Dimock*.

2 נשאת עון, nasata avon, 'suportaste ou levaste a iniqüidade'. Uma alusão à cerimônia do bode expiatório." – Dr. Adam Clarke. "É uma máxima entre os doutores judeus", diz Hammond, "que cativeiro é uma forma de expiação, e então sair dele era uma indicação certa de que o pecado pelo qual fora infligido estava remitido ou desfeito. Diz Abarbani que isso em Levítico 16 era prefigurado no Azazel, ou bode expiatório, o qual, como o outro que era morto, era uma oferta pelo pecado, como transparece de Levítico 16.5. 'Ele tomará dois cabritos como oferta pelo pecado.' E então, 'confessar os pecados sobre ele', mencionado nos versículos 21 e 22 ('E Arão porá ambas suas mãos sobre a cabeça do bode vivo, e sobre ele confessará todas as iniqüidades dos filhos de Israel, e todas suas transgressões, e todos seus pecados; e os porá sobre a cabeça do bode, e o enviará ao deserto, pela mão de um homem designado para isso. Assim aquele bode le-

toda tua ira; retrocedeste a fúria de tua indignação. Torna a trazer-nos, ó Deus de nossa salvação, e faz cessar tua ira contra nós.

1. Favoreceste, ó Jehovah, tua terra. Os que traduzem essas palavras no tempo futuro, em minha opinião, desfiguram seu significado. É provável que este Salmo se destinasse a ser cantado pelo povo quando fossem perseguidos pela cruel tirania de Antíoco; e a partir do livramento operado em seu favor no passado, eram encorajados a esperar no futuro, emblemas vigorosos e contínuos do favor divino – havendo Deus com isso testificado que seus pecados, por mais numerosos e graves fossem eles, não podiam apagar de sua memória a lembrança de sua aliança, ao ponto de torná-lo inexorável para com os filhos de Abraão e surdo para com suas orações.[3] Não tivessem eles previamente experimentado provas tão marcantes da benevolência divina, necessariamente teriam sido esmagados sob o fardo de suas atuais aflições, especialmente por tão longa duração. Atribuíam a causa de seu livramento do cativeiro ao gracioso amor com que Deus tinha abraçado a terra que para si escolhera. Do que se deduz que o curso de seu favor era ininterrupto; e os fiéis também eram inspirados com confiança, em oração, mediante a reflexão de que, cônscios de sua escolha, ele se mostrara misericordioso para com sua própria terra. Em outro lugar tivemos a ocasião de observar que nada contribui mais efetivamente para animar-nos a chegar ao trono da graça do que a lembrança dos benefícios anteriores de Deus. Nossa fé imediatamente sucumbiria sob a adversidade, e a dor destroçaria nosso coração, não fôssemos instruídos a descansar na experiência do passado, a saber: que

---

vará sobre si todas as iniquidades deles à terra solitária; e deixará o bode no deserto'), mostra que tinham que levar seus pecados com eles à terra de seu cativeiro, implícito por a terra de separação, qualquer que fosse essa terra, a Providência divina havia designado para ali sua deportação. Portanto agora, regressando dali, seus pecados, pelos quais foram assim castigados, tinham que deixar atrás de si, não mais sendo lançados em sua conta, se sua volta a seus pecados anteriores não os fizesse ter novamente na lembrança."

3 "Ne faire qu'il ne fust enclin à pitié envers les enfans d'Abraham pour exaucer leurs prieres." – *v.f.*

ele está sempre disposto a compassivamente ouvir as orações de seus servos, e sempre lhes oferece socorro quando as exigências de suas circunstâncias o requeiram; especialmente quando ali permanece em todos os tempos a mesma razão para a imutabilidade de sua bondade. Assim o profeta, feliz, aplica aos crentes de seus próprios dias os benefícios que Deus outrora concedera a seus pais, porquanto ambos, eles e seus pais, foram chamados à esperança da mesma herança.

2. Tu removeste a iniqüidade de teu povo. Era muito natural que os fiéis se sentissem alardeados e perplexos em razão de seus pecados, e por isso o profeta remove toda base para apreensão excessiva, mostrando-lhes que Deus, ao libertar seu povo, dera uma prova contundente de seu perdão gratuito. Conectara antes esse livramento com o beneplácito e livre graça de Deus como sua fonte; mas, depois de operado, as iniqüidades do povo, fazendo separação entre eles e seu Deus, e os alienando dele, demandavam que o remédio do perdão se apressasse em seu socorro. Ao afirmar que *suas iniqüidades foram removidas*, ele não quer dizer que os fiéis estão sendo transformados e expurgados de seus pecados; em outros termos, que a obra pela qual Deus, os santificando pelo Espírito de regeneração, realmente remove deles seu pecado. O que pretendia dizer, ele o explica imediatamente a seguir. Em suma, equivale a isto: que Deus se reconciliava com os judeus, não lhes imputando seus pecados. Quando Deus afirma que *cobre pecados*, sua intenção é dizer que os sepulta, de modo que não venham a juízo, como já mostramos mais extensamente no início do Salmo 32. Quando, pois, ele castigou os pecados de seu povo por intermédio do cativeiro, sendo sua vontade restaurá-los novamente a seu próprio país, ele removeu o grande empecilho que se interpunha, apagando suas transgressões; porquanto o livramento do castigo depende da remissão de pecado. Assim somos munidos com um argumento em refutação do tolo conceito dos sofistas, o qual eles apresentam como sendo algum grande mistério, a saber: que Deus retém o castigo, ainda que perdoe a culpa; enquanto Deus anuncia por toda parte de sua Palavra que seu objetivo em perdoar é que, sendo pacificado, pode ao mesmo tempo mitigar o castigo. Disto temos uma confirmação adicional no versículo seguinte, onde somos informados que Deus se inclinara misericordiosamente em prol de seu povo, para que pudesse deter sua mão de castigá-los. Que grau plausível de resposta podem os sofistas apresentar a isto, quando afirmam que Deus não seria justo se depois de perdoar a culpa executasse o castigo segundo as estritas exigências de sua justiça? A seqüência do perdão de pecado é que Deus, mediante sua bênção, testifica que seu desprazer não mais existe.

4. Torna a nos trazer, ó Deus de nossa salvação! Os fiéis então fazem uma aplicação prática, a si mesmos, em suas atuais circunstâncias, do que tinham enumerado concernente à ternura paternal de Deus para com seu povo a quem havia redimido. E atribuem-lhe, por quem desejam ser restaurados a seu anterior estado, a designação: *ó Deus de nossa salvação!* com o fim de animar-se, mesmo em meio a circunstâncias desesperadoras, na esperança de ser libertados pelo poder de Deus. Embora aos olhos dos sentidos e da razão possa não haver base sólida para esperarmos que favoravelmente nossa condição sofra reversão, cabe-nos crer que nossa salvação repousa segura em sua mão, e que, sempre que lhe agrade, poderá achar fácil e prontamente os meios de nos conduzir à salvação. Sendo a *ira de Deus* a causa e origem de todas as calamidades, os fiéis lhe rogam que as remova. Esta ordem demanda nossa especial atenção; pois tão frágeis e desvanecidos somos em suportar a adversidade, que tão logo Deus começa a golpear-nos com seu dedo mínimo, já lhe rogamos, com gemidos e gritos de lamentos, que nos poupe. Esquecemos, porém, de rogar – o que deveria envolver principalmente nossos pensamentos – que ele nos livre da culpa e condenação; e isso esquecemos porque somos relutantes em adentrar nossos próprios corações a examinar-nos.

[vv. 5-8]
Porventura estás para sempre irado contra nós? prolongarás teu desprazer de eras em eras? Não tornarás a vivificar-nos? e teu povo se alegrará em ti. Mostra-nos tua misericórdia, ó Jehovah! e outorga-nos tua salvação. Ouvirei o que Jehovah Deus falar; certamente falará de paz a seu povo e a seus humildes, e eles não mais se volverão à loucura.

5. Porventura estás para sempre irado contra nós? Aqui os santos deploram a interminável continuação de suas aflições, e extraem da natureza de Deus um argumento para sua oração, como se acha escrito na lei: "O Senhor, o Senhor Deus, misericordioso e gracioso, longânimo e rico em bondade e verdade, que guarda a misericórdia para milhares, perdoando a iniqüidade, a transgressão e o pecado" [Êx 34.6, 7] – verdade essa que veio a lume pela exposição do Salmo 30.5: "Porque sua ira dura apenas um momento; em seu favor está a vida. O pranto pode durar uma noite, mas a alegria vem pela manhã." Assim nos sucede quando nos engajamos em oração, meditando sobre as promessas divinas para que sejamos munidos com expressões apropriadas. Pode parecer, à primeira vista, que esses judeus devotos viam falta em Deus, como se ele lhes exibisse seu caráter numa luz bem diferente daquela na qual ele costumava exibi-la; mas o objetivo que tinham em vista era sem dúvida obter, na luta que resolutamente mantinham contra a tentação, a esperança da contemplação positiva da natureza de Deus; como se tivessem estabelecido um princípio fixo de que é impossível que sua ira dure para sempre. Podemos observar que, a propósito, é evidente, à luz de sua oração nesta forma, que estavam tão arqueados com tal fardo de calamidades, ao ponto de quase não mais suportá-lo. Portanto, aprendamos que, embora Deus não nos mostre imediatamente os emblemas de seu favor, todavia não devemos desistir de perseverar em ardente oração. Se alguém objetar, dizendo que então Deus prometera em vão que sua ira seria de curta duração, respondo que, se nutrirmos conceitos adequados de nossos próprios pecados, sua ira, seguramente, parecerá ser sempre de curta duração; e se nos lembrarmos do eterno curso de sua misericórdia, confessaremos que sua ira dura apenas um momento. Como nossa natureza corrupta é sempre reincidente na devassa indulgência das inclinações inerentes, múltiplas correções são indispensavelmente necessárias para que sejam totalmente subjugadas. Os santos, continuando ainda no mesmo diapasão, no versículo 6 perguntam se *Deus voltará outra vez e os vivificará*. Estando plenamente convictos da veracidade deste princípio – que os castigos com que Deus castiga seus filhos são meramente temporais –, com isso se animam na confiante expectativa de que, embora ele esteja agora, e com razão, descontente, e tenha seu rosto voltado contra eles, todavia, ao implorar-lhe sua mercê, ele se mostrará solícito e trará os mortos novamente à vida, converterá seu pranto em júbilo. Pelo termo *vivificará* eles se queixam de que mais parecem pessoas mortas, ou que se acham prostrados em aflições extremas. E quando prometem a si mesmos que se regozijarão, insinuam que no momento se sentem quase espicaçados com dores.

7. Mostra-nos tua misericórdia, ó Jehovah! Nestas palavras há o mesmo contraste existente na sentença precedente. Ao suplicar que a misericórdia lhes seja estendida, e o livramento lhes seja concedido, confessam que se acham privados de todo senso de ambas essas bênçãos. Tendo sido tal o estado dos santos na antigüidade, aprendamos, sempre que, se formos oprimidos com semelhantes calamidades a um ponto extremo, estando à mercê do desespero, não obstante recorramos a Deus. A *misericórdia* é apropriadamente posta em primeiro lugar; e então acrescenta-se a *salvação*, que é a obra e o fruto da misericórdia; pois nenhuma outra razão se pode designar por que Deus se deixa induzir a mostrar-se nosso Salvador, senão por ser ele misericordioso. Donde se segue que, todos quantos insistem em seus méritos pessoais diante dele como um apelo para obterem seu favor, estão obstruindo o caminho da salvação.

8. Ouvirei o que Jehovah Deus falar. O profeta, usando seu próprio exemplo, aqui exorta a todo o corpo da Igreja a aquietar-se e a manter a calma. Como ele havia se impacientado sob a influência de forte emoção, ao ponto de irromper-se com veemência, ele agora se refreia como se usasse um freio; e em todos nossos desejos, nunca sendo demasiadamente santos, devemos sempre precaver-nos de não incorrer em excesso. Quando o homem se entrega a sua própria debilidade, facilmente vai além dos limites da moderação, levado por um ardor indevido. Por essa razão o profeta impõe silêncio, tanto a si como a outros, para que pacientemente aguardem o tempo oportuno de Deus. Com essas palavras ele mostra que estava num estado mental de equilíbrio e, por assim dizer, continuava em silêncio, porquanto estava persuadido de que Deus exerce seu cuidado sobre sua Igreja. Tivesse ele concluído que o acaso mantinha a soberania sobre o mundo, e que a humanidade é rodopiada ao léu por um impulso cego, ele não teria, como faz, representado Deus como a exercer o ofício de soberano. *Falar*, nesta passagem, é equivalente a *ordenar* ou *designar*. É como se ele dissesse: Estando confiante de que o remédio para nossas presentes calamidades está na mão de Deus, permanecerei quieto até que chegue o tempo oportuno do livramento da Igreja. Como, pois, o desregramento de nossas paixões murmura, e se ouve um tumulto contra Deus, assim a paciência é um tipo de silêncio pelo qual os santos se mantêm em sujeição a sua autoridade.

Na segunda sentença do versículo, o salmista chega à conclusão de que a condição da Igreja será mais próspera: **Certamente que ele falará de paz a seu povo e a seus humildes**. Como Deus governa supremamente os negócios dos homens, ele não pode senão prover o bem-estar de sua Igreja, a qual é o objeto de seu especial amor. A palavra *paz*, já vimos noutro lugar, é empregada pelos hebreus para denotar prosperidade; e, conseqüentemente, o que se expressa aqui é que a Igreja, pela bênção divina, prosperará. Além do mais, pelo termo *falar*, presume-se que Deus não deixará de levar em conta suas promessas. O salmista poderia ter falado mais claramente da Providência divina, como, por exemplo, nestes termos: "Atentarei para o que Deus fará"; mas, como os benefícios derramados sobre sua Igreja emanam das promessas divinas, ele faz menção da *boca* de Deus em vez de sua *mão*; e, ao mesmo tempo, ele mostra que a paciência depende do manso ouvir da fé. Quando aqueles a quem Deus fala de paz são não só descritos como *seu povo*, mas também como *seus humildes*, esta é a marca pela qual o genuíno povo de Deus se distingue daqueles que meramente portam o título de povo seu. Como os hipócritas arrogantemente reivindicam para si todos os privilégios da Igreja, é necessário repelir e exibir o despropósito de sua vanglória, a fim de que saibam que estão, com justiça, excluídos das promessas de Deus.

E não mais volverão à loucura. A partícula traduzida *e* usualmente tem sido explicada assim: *Para que não mais volvam à loucura*; como se esta sentença fosse acrescida para expressar o fruto da bondade divina. Como Deus, ao tratar graciosamente seu povo, os atrai a si para que lhe continuem obedientes, o profeta, como afirmam esses intérpretes, sustenta que eles não mais volverão à loucura, porque a divina mercê servirá como um freio a restringi-los. Esta exposição é admissível; porém será mais adequado aplicar a sentença a todo o tema compreendido na passagem – considerá-la, em suma, no sentido em que, depois que Deus tiver castigado suficientemente sua Igreja, por fim se lhe mostrará misericordioso, para que os santos, instruídos pelos castigos, exerçam uma vigilância mais estrita sobre si mesmos no futuro. Revela-se a causa por que Deus suspende e delonga as comunicações de sua graça. Como o médico, embora seu paciente experimente algum alívio de sua enfermidade, o conserva ainda sob tratamento clínico, até que venha a sentir-se plenamente restabelecido, e até que a causa de sua enfermidade seja removida, sua constituição seja revigorada – porque permitir-lhe que sua dieta sua totalmente suspensa lhe seria sumamente prejudicial –, assim Deus, vendo que não estamos totalmente recuperados de nossos vícios à saúde espiritual num só dia, prolonga seus castigos; sem os quais estaríamos em risco de rápida incidência. Conseqüentemente, o profeta, para evitar que a dor que causa a duração protelada das calamidades oprima os fiéis, aplica este remédio e consolo: que Deus propositadamente continua seu corretivo por um período mais longo que o desejado, para que sejam traduzidos de bom grado ao arrependimento e estimulados a pôr-se mais em guarda no futuro.

[vv. 9-13]
Certamente[4] que sua salvação está perto dos que o temem, para que a glória habite nossa terra. A misericórdia e a verdade se irmanarão; a justiça e a paz se beijarão mutuamente. A verdade brotará da [ou florescerá na] terra; e a justiça olhará do céu. Igualmente, Jehovah concederá prosperidade; e nossa terra produzirá seu lucro. A justiça irá adiante dele; e porá seus passos no caminho.

9. Certamente sua salvação está perto dos que o temem. Aqui o salmista confirma a declaração feita no versículo precedente. Ele encoraja a si e aos outros servos de Deus com a esperança de que, embora aparentemente Deus se achasse longe de seu povo, todavia o livramento estava perto, ao alcance; porque é certo que Deus secretamente considera aqueles a quem parece publicamente negligenciar. Se for preferível considerar a partícula אך, *ach*, como adversativa, *Todavia sua salvação* etc. – sentido esse freqüente no hebraico –, a sentença será mais completa. O profeta acabara de dizer que Deus continuava a prolongar o castigo de seu povo, quando percebe que são por demais inclinados a reiteradamente cair em pecado; e aqui, para que sua lentidão em suspender o azorrague de sua mão não deixasse de ser uma prova de sua paciência, ele qualifica a declaração feita anteriormente, ao observar que mesmo quando o socorro divino parecia mais lento é que ele realmente está perto. *A glória* que ele antecipa na segunda parte do versículo, *habitará na terra*, indubitavelmente é posta em oposição à aparência ruinosa que se apresenta aos olhos, o que era um emblema da terrível ira de Deus, e o que consignava a terra à ignomínia e opróbrio.[5] Com esta linguagem, pois, ele encoraja a si e aos demais

---
4 "Ou, si est ce que." – *v.f.m.* "Ou, todavia."
5 Walford, o qual pensa que a composição deste Salmo tem referência ao mesmo período sub-

crentes genuínos ao arrependimento, pondo-lhes na mente que a triste opressão, acompanhada de insulto e desdém, a que estavam sujeitos pela tirania de seus inimigos, devia ser atribuída inteiramente a sua apostasia da salvação divina por causa de seus pecados.

10. A misericórdia e a verdade se irmanarão. Aqui os verbos estão no pretérito; mas é evidente, à luz do escopo da passagem, que devem ser traduzidos no futuro. Cordialmente endosso a opinião que é sustentada por muitos, ou, seja, que temos aqui uma profecia concernente ao reino de Cristo. Não há dúvida de que os fiéis erguerão seus olhos para ele, quando sua fé tinha necessidade de encorajamento e apoio em referência à restauração da Igreja; especialmente depois de seu regresso de Babilônia. Entrementes, o desígnio do profeta é demonstrar quão ricamente Deus trata sua Igreja, depois de a ter reconciliado consigo. Os frutos que ele representa como que emanando dessa reconciliação são, primeiramente, que *a misericórdia e a verdade se irmanarão*; e, em segundo lugar, que **a justiça e a paz se abraçarão mutuamente**. À luz dessas palavras, Agostinho deduz um belo sentimento, o qual está saturado da mais doce consolação, a saber: que a mercê divina é a origem e fonte de todas suas promessas, donde procede a justiça que nos é oferecida no evangelho, enquanto que dessa justiça procede a paz que obtemos pela fé, quando Deus nos justifica gratuitamente. Segundo ele, a *justiça* é representada como que *olhando do céu*, porque ela é o gracioso dom de Deus, e não adquirida pelo mérito das obras [humanas]; e que ela vem do céu, porque não pode ser encontrada entre os homens, que são por natureza totalmente destituídos dela. Ele também explica *a verdade fluindo da terra* no sentido que Deus propicia a mais incontestável evidência de sua fidelidade ao cumprir o que prometera. Mas como devemos antes ir após a sólida verdade em vez

---

seqüente ao regresso do antigo povo de Deus de Babilônia, explica esta cláusula conclusiva do versículo 9 nestes termos: "A glória aqui expressa é aquela que foi anteriormente desfrutada quando se viram cercados de todos os lados pela prosperidade; e quando especialmente foram favorecidos com os emblemas da presença divina, na realização de todo o culto instituído no santuário, quando a arca, o templo etc. estavam em sua prístina beleza e esplendor."

exercer nossa engenhosidade na busca de uma interpretação refinada, que não nos contentemos com o significado natural da passagem, ou, seja, que a misericórdia, a verdade, a paz e a justiça formarão a grande e enobrecedora distinção do reino de Cristo. O profeta não proclama os louvores dos homens, mas recomenda a graça pela qual esperava e suplicava somente a Deus; nos ensinando assim a considerá-la como uma verdade inconfundível, de que todas essas bênçãos emanam de Deus. Por meio de sinédoque, sendo algumas partes expressas pelo todo, há descrito nessas quatro palavras todo o ingrediente da genuína felicidade. Quando a crueldade campeia impunemente, quando a verdade é extinta, quando a justiça é oprimida e pisoteada sob a planta dos pés humanos, e quando todas as coisas são enredadas em confusão, não seria melhor que o mundo chegasse ao fim do que tal estado de coisas seguisse avante? Donde se segue que nada pode contribuir mais eficazmente para a promoção de uma vida feliz do que essas quatro virtudes florescendo e supremamente governando. O reinado de Cristo, em outras partes da Escritura, é adornado com encômios quase similares. Entretanto, se alguém quiser antes entender *misericórdia* e *verdade* como uma referência a Deus, não nutro disposição para entrar em controvérsia com o mesmo.[6] *A emanação da verdade da terra*,

---

[6] *Misericórdia* e *verdade* são aplicadas a Deus pelos comentaristas de uma maneira muito geral; e a passagem é entendida como a celebração da harmonia dos atributos divinos na salvação do homem. A descrição é de uma grande beleza e sublimidade. Diz Lowth, ao ilustrar este versículo: "Quão admirável é essa personificação celebrada dos atributos divinos pelo salmista! Quão justo, elegante e esplêndido ela transparece, se aplicada somente de acordo com o sentido literal à restauração da nação judaica saindo do cativeiro babilônico. Mas, se interpretada em relação ao sentido mais sublime, mais sacro e místico, o qual não é obscuramente sombreado sob a imagem ostensiva, por certo que e inusitadamente nobre e elevado, misterioso e sublime." – *Lowth's Lectures on Hebrew Poetry*, vol. I. p. 248).

Dr. Adam Clarke faz uma alteração no texto, o que pesa ainda mais em seu efeito. Diz ele: "Seria mais simples traduzir o original assim:
'A misericórdia e a verdade se encontraram no caminho;
A justiça e paz se abraçaram.'
Este é um texto notável, e muito se tem dito sobre ele: porém há nele uma beleza que, creio eu, ainda não foi notada.
Misericórdia e *paz* estão de um lado; *verdade* e *justiça*, do outro. A *verdade* requer *justiça*; a *misericórdia* conclama a *paz*.
Irmanam-se no caminho; uma está indo fazer inquisição pelo pecado; a outra, pleitear pela

e *a contemplação da justiça no céu*, sem dúvida implica que a verdade e a justiça serão universalmente difusas, tanto acima quanto abaixo, ao ponto de encher a ambos: céu e terra. Não significa atribuir algo diferente a cada uma delas, mas afirmar em geral que não haverá canto na terra onde essas qualidades não floresçam.

12. Igualmente, Jehovah concederá prosperidade. Alguns tomam este versículo alegoricamente, e o interpretam como sendo o aumento das bênçãos espirituais. Isso, porém, não concorda com a partícula גַּם, *gam*, traduzida *igualmente*, por meio da qual o profeta, em minha opinião, tenciona expressar a completude daquela bem-aventurança da qual esteve falando. Portanto menciona o *fruto da terra*, como uma prova adicional da incomparável beneficência de Deus. A principal felicidade da Igreja está compreendida nessas quatro bênçãos que ele especificou; mas a provisão que se requer para o sustento de nossos corpos não deve ser considerada como desmerecedora de atenção, contanto que nosso cuidado sobre essa matéria seja conservado dentro dos limites próprios. Se alguém objetar, dizendo que estes dois temas – o reino espiritual de Cristo e a frutificação da terra – estão indevidamente interligados, pode-se observar facilmente, em resposta, que não há absolutamente nada de inconsistente nisso, ao considerarmos que Deus, enquanto concede a seu povo bênçãos espirituais, lhe dá, além disso, alguma experiência de seu amor paternal, nos benefícios externos relativos à vida do corpo; sendo evidente à luz do testemunho de Paulo que "a piedade é proveitosa para todas as coisas, tendo a promessa da vida que agora é, e daquela que há de vir" [1Tm 4.8]. Que se observe, porém, que aos fiéis geralmente se tem concedido uma limitada porção dos confortos desta vida transitória, isto é: não podem deixar-se embalar placidamente pelas fascinações

---

reconciliação. Uma vez encontradas, suas diferenças em determinadas considerações (não mencionadas aqui particularmente) são ajustadas; suas reivindicações mútuas são fundidas num interesse comum; no qual a *paz* e a *justiça* imediatamente se abraçam. Assim a *justiça* é dada à *verdade*; e a *paz* é dada à *misericórdia*.

Ora, *onde* estas se encontraram? – em Cristo Jesus.

Quando foram reconciliadas? – Quando ele derramou sua vida no Calvário."

da terra. Portanto, já disse que, enquanto estivermos aqui na terra, só experimentaremos as prelibações do amor paternal de Deus, e nunca nos veremos cheios das eflúvias riquezas das boas coisas deste mundo. Além do mais, neste versículo somos instruídos que o poder e capacidade da terra de produzir fruto para a subsistência de nossos corpos não lhe foram dados de uma vez por todas – como os pagãos imaginam que Deus na primeira criação adaptou cada elemento a sua própria função, enquanto que ele agora se acha sentado no céu num indolente estado de repouso –, senão que a terra é de ano em ano feita frutífera pela secreta influência de Deus, o qual pretende com isso propiciar-nos uma manifestação de sua benevolência.

13. A justiça irá adiante dele. A palavra *justiça* é aqui tomada por alguns como indicando uma *pessoa justa*; porém tal idéia não é natural. Considerada por esse prisma, a passagem, na verdade, contém a proveitosa e importante verdade, a saber: que o homem justo andará diante de Deus e fará com que o objetivo deste regule todas as ações daquele segundo os princípios da retidão moral. Não existe, porém, necessidade alguma para torcer a palavra *justiça* de forma tão violenta; é melhor adotar o ponto de vista mais correto e simples, ou, seja, que sob o reinado de Cristo a ordem será tão bem estabelecida que a justiça andará adiante de Deus e ocupará cada vereda. O profeta parece assim atrair a atenção dos fiéis para aquilo que constitui os principais elementos da bem-aventurança; pois ainda que Deus conceda a seus servos uma abundante provisão de subsistência para o corpo, não convém depositarem seus corações nessas coisas. Aliás, uma das diferenças entre nós e os animais inferiores é que Deus, em vez de mimar e empanturrar nossos ventres, com vistas à mera gratificação de nossos apetites animais, ele dirige nossa vista em direção a objetos mais elevados e importantes. Ao lermos que *a justiça irá adiante de Deus*, o significado é que o curso prevalecente e desobstruído da justiça, que equivale *firmar seus passos no caminho*, deve ser atribuído ao desígnio de Deus. Isaías, ao contrário, se queixa de que a eqüidade, em vez de firmar seus passos no caminho, é proibida de comparecer em público e se depara com uma repulsa universal.⁷ "Por isso o direito se pôs atrás e a justiça ficou de longe; porque a verdade anda tropeçando pelas ruas, e a eqüidade não pode entrar" [Is 59.14; veja-se Hc 1.4].

---

7 "Pource qu'on luy defend de se trouver en public et que chacun la repoussé." – *v.f.*

Salmo 86

Neste Salmo as orações e as santas meditações se entrelaçam com vistas a nutrir e confirmar a fé, irmanando-se com louvores e ações de graças. Parecendo difícil, segundo o critério da razão carnal de Davi, escapar das angústias com que se via cercado, ele confronta suas conclusões com a infinita bondade e poder de Deus. Não espera meramente ver-se livre de seus inimigos; ele também ora para que o temor de Deus seja implantado e firmemente estabelecido em seu coração.

Oração de Davi.

[vv. 1-7]
Inclina, ó Jehovah, teus ouvidos[1] e responde-me; porque estou pobre e necessitado. Preserva minha alma, pois sou resignado;[2] ó meu Deus, salva a teu servo que em ti confia. Tem misericórdia de mim, ó Jehovah, porque diariamente[3] clamo a ti. Faz alegre a alma de teu servo; pois a ti, ó Senhor,[4]

---

1 "Ezequias, no tempo de angústia (2Rs 19.16), começa sua oração com essas palavras, as quais podem ter ocasionado a tradição dos judeus de que ele fez uso deste Salmo naquela ocasião." – *Warner*.

2 Em nossa versão inglesa temos: "porque sou santo". Cresswell prefere traduzir: "porque sou misericordioso e piedoso." Diz ele: "Esse é o significado da palavra hebraica, a qual a Septuaginta e Jerônimo traduziram por *santo*. O salmista suplica o favor de Deus sobre cinco bases, a saber: sua destituição (v. 1); sua mercê e bondade (v. 2); sua confiança em Deus (v. 2); seu espírito de oração (vv. 3, 4); e a bondade de Deus (v. 5)." – *Cresswell*.

3 "Ou, tout le jour." – *v.f.m.* "Ou, todo o dia."

4 Aqui, e em todos os versículos deste Salmo, onde אדני, *Adonai*, ocorre, muitos manuscritos trazem יהוה, *Yehovah*. Já observamos [vol. 1, p. 63, nota 3, e p. 279, nota 8] que os judeus, movidos por reverência pelo nome incomunicável, *Jehovah*, pronunciam אדני, onde יהוה está no texto. Por-

elevo minha alma. Porque tu, ó Senhor, és bom e gracioso, e de grande misericórdia para com todos quantos te invocam. Ouve, ó Jehovah, minha oração, e atende à voz de minhas súplicas. No dia de minha tribulação, te invocarei; porque me responderás.

1. Inclina, ó Jehovah, teus ouvidos. Nem o título, nem o conteúdo deste Salmo nos habilita a concluir com certeza quais os perigos dos quais Davi aqui se queixa; porém o Salmo com toda probabilidade se refere àquele período de sua vida em que era perseguido por Saul, e descreve o fio de pensamento que então ocupava sua mente, ainda que o mesmo não tenha sido escrito até depois de sua restauração a um estado de paz e tranqüilidade externas, quando passou a desfrutar de mais lazer. Não é sem causa que ele alegue diante de Deus que as opressões que suportou eram um argumento com o fim de obter o favor divino; pois nada é mais próprio à natureza de Deus do que socorrer o aflito; e quanto mais severamente é alguém oprimido, e mais destituído esteja dos recursos do auxílio humano, também mais inclinado está Deus graciosamente a socorrê-lo. Portanto, para que nenhum desespero torture nossas mentes com as mais profundas aflições, apoiemo-nos no fato de que o Espírito Santo ditou esta oração para os pobres e aflitos.

2. Preserva minha alma, porque sou resignado. Aqui o salmista associa outros dois argumentos por meio dos quais insiste com Deus que lhe conceda socorro – sua própria amabilidade para com seus vizinhos e a confiança que depositava em Deus. Na primeira sentença, à primeira vista poderia parecer estar fazendo algumas pretensões à dignidade pessoal; todavia claramente mostra que sua intenção longe estava de insinuar que foi por méritos próprios que punha Deus em obrigação de preservá-lo. Mas a menção particular que ele faz de sua *clemência* e *mansidão* tende a exibir à plena luz quão odiosa era a perversidade de seus inimigos, os quais trataram com tanta ignomínia e com tanta desumanidade a um homem con-

---

tanto, não é improvável que hwhy seja a verdadeira redação em todos esses casos.

tra quem não podiam, solidamente fundamentados, tornar culpado, e alguém que, com tanto esforço, tudo fazia para ser-lhes agradável.[5] Visto, pois, que Deus declarou ser o defensor das boas causas daqueles que seguem após a justiça, Davi, não sem boa razão, testifica que tinha se esforçado por exercer bondade e amabilidade; à luz deste fato pode parecer que ele fora vilmente retribuído por seus inimigos, quando gratuitamente agiram cruelmente contra um homem compassivo. Mas como não seria suficiente que suas vidas fossem caracterizadas pela bondade e justiça, junta-se uma qualificação adicional: o *descanso* ou *confiança* em Deus, sendo esta a mãe de toda verdadeira religião. Estamos cientes de que alguns têm sido dotados com um grau bem elevado de integridade, ao ponto de granjearem entre os homens o louvor de serem perfeitamente justos, ainda quando Aristedes se gloriava de jamais ter dado a alguém motivo de tristeza. Mas, como esses homens, com todas suas excelências e virtudes, eram ou dominados pela ambição, ou inflados pela soberba, que os levam a confiar mais em si do que em Deus, não surpreende encontrá-los sofrendo o castigo de sua vaidade. Ao lermos histórias profanas, nos sentimos perplexos como é possível que Deus tenha abandonado os honestos, os sérios e os temperados às paixões tempestivas de uma multidão perversa; mas não há razão para espanto diante disso, quando ponderamos que tais pessoas, confiando em sua própria força e virtude, desprezaram a graça de Deus com toda a arrogância da impiedade. Fazendo de sua própria virtude um ídolo, desdenhosamente se recusaram a erguer seus olhos para ele. Portanto, embora possamos ter o testemunho de uma consciência aprovadora, e embora ele seja a melhor testemunha de nossa inocência, todavia, se estamos desejosos de obter sua assistência, é necessário que lhe confiemos nossas esperanças e ansiedades. Se alguém contesta dizendo que nesse caminho o

---

5 "Veu que luy qui estoit homme innocent, voire qui s'estoit efforcé de tout son pouvoir à leur faire plaisir." – *v.f.*

portão está fechado para os pecadores, respondo que quando Deus convida a si os que são inocentes e retos em sua conduta, isso não significa que ele imediatamente repila todos os que são castigados por conta de seus pecados; porque eles têm uma oportunidade que lhes foi dada, caso a aproveitem para a oração e o reconhecimento de sua culpa.[6] Mas se aqueles a quem nunca ofendemos injustamente nos assaltam, temos motivo para nutrir duplicada confiança diante de Deus.

3. Tem misericórdia de mim, ó Jehovah! O salmista novamente recorre à misericórdia de Deus. A palavra חנן, *chanan*, a qual traduzi *tem misericórdia*, é substancialmente o mesmo que *satisfazer, ter prazer*. É como se ele dissesse: não me escudo em meu próprio mérito, mas humildemente oro por livramento unicamente com base em tua misericórdia. Quando fala de *clamar diariamente*, é uma prova de sua esperança e confiança, do que falamos um pouco antes. O verbo *clamar*, como tenho tido ocasião de observar várias vezes, denota a veemência e o ardor da alma. Os santos, aliás, nem sempre oram em voz audível; porém seus suspiros e gemidos secretos ressoam e ecoam fora e sobem de seus corações, penetrando o próprio céu. O suplicante inspirado não só se representa como a clamar, mas como a perseverar nessa atitude, para ensinar-nos que não estava desencorajado no primeiro ou no segundo encontro, mas prosseguia em oração com incansável ardor. No versículo seguinte, ele expressa mais definidamente por que suplicava a Deus que tivesse misericórdia dele, ou, seja: para que sua angústia fosse removida. Na segunda sentença, ele declara que não havia hipocrisia em seu clamor; porque ele *elevou sua alma a Deus*, que é a principal característica da oração correta.

5. Porque tu, ó Senhor, és bom e propício.[7] Temos aqui uma confirmação de toda a doutrina anterior, derivada da natureza de

---

6 "Quia illis ad manum est deprecatio." – *v.l.* "Car ils ont en main la priere et recognoissance de leur faute." – *v.f.*

7 A palavra para "e propício" é וסלח, *vesallach*, a qual Bythner traduz assim: "e perdoador". Ela provém de סלח, *salach, ele perdoa, perdoou*.

Deus. De nada valeria ter o aflito recorrido a ele e elevado seus desejos e orações ao céu, não estivesse o mesmo persuadido de ser ele o fiel galardoador de todos os que o invocam. O ponto sobre o qual Davi ora insiste é o fato de Deus ser generoso e inclinado à compaixão, e que sua misericórdia é tão imensa, que se torna impossível que ele rejeite quem quer que implore seu auxílio. Ele denomina Deus de *propício*, ou lhe atribui o atributo de perdoador do pecado, que é um modificador de sua bondade. Não fosse suficiente Deus ser *bom*, em geral, e ele também não estenderia aos pecadores sua mercê perdoadora, que é o significado da palavra סלח, *salach*. Além do mais, embora Davi magnifique a profusão da mercê divina, contudo imediatamente a seguir representa essa profusão [ou liberalidade] como sendo restrita aos fiéis que o invocam, para ensinar-nos que aqueles que, não levando Deus em consideração, obstinadamente se agastam com o pouco, merecidamente perecem em meio a suas calamidades. Ao mesmo tempo, ele usa o termo *todos*, para que cada pessoa, sem exceção, do maior ao menor, seja encorajada a confiadamente recorrer à bondade e misericórdia de Deus.

6. Ouve, ó Jehovah, minha oração. À luz da ardente repetição de seus primeiros pedidos, neste versículo e no subseqüente, é evidente que ele se via oprimido, não com um grau comum de tristeza, mas agitado com extrema ansiedade. Deste exemplo somos instruídos que aqueles que, tendo-se uma vez engajado em oração, se dispõem a parar imediatamente com o exercício, a não ser que Deus prontamente se disponha a satisfazer seus desejos, exibem a frieza e inconstância de seus corações. Tampouco é um pensamento supérfluo esta repetição dos mesmos pedidos; porque assim os santos, pouco a pouco, lançam suas preocupações no seio de Deus, e essa importunação é um sacrifício de aroma suave diante dele. Quando o salmista diz: **Deus me ouvirá quando eu clamar no dia da tribulação**, ele faz especificamente a si uma aplicação da verdade que justamente agora acaba de declarar, ou, seja: que Deus é misericordioso e gracioso para com todos aqueles que o invocam.

[vv. 8-11]
Não há entre os deuses nenhum semelhante a ti, ó Senhor; nem há obras como as que operas. Todas as nações que fizeste virão e adorarão diante de tua face, ó Senhor, e darão glória a teu nome. Porque tu és grande, e somente tu, ó Deus, fazes coisas maravilhosas. Mostra-me teus caminhos, ó Jehovah, e andarei em tua verdade; unifica meu coração para temer teu nome.

8. Não há entre os deuses nenhum semelhante a ti, ó Senhor! Aqui o salmista pode ser considerado ou a irromper-se em ação de graças, depois de haver obtido o que desejava, ou ainda a reunir coragem e nova energia para a oração. Sou mais inclinado a adotar a última opinião; mas talvez seja preferível considerar ambos os pontos de vista como estando inclusos. Há quem entende a palavra , *Elohim*, como a denotar *anjos* – *Não há entre os **anjos** nenhum semelhante a ti, ó Senhor!* –, como se Davi os comparasse ao Deus Altíssimo. Mas isso não parece harmonizar-se muito bem com a passagem. Seu intuito não é humilhar os anjos, representando-os como deuses inferiores, dando assim lugar ao poder de Deus. Ele, porém, teima em desdenhar e ridicularizar todos os falsos deuses em quem o mundo pagão imaginava encontrar algum tipo de auxílio.[8] E ele faz isso porque não podiam fornecer nenhuma evidência, através de suas obras, de que realmente eram deuses. Houvera ele distribuído entre eles e o verdadeiro Deus, em graus diferentes, o poder de operar, designando menos aos primeiros e mais ao último, ele não teria atribuído a Deus aquilo que é natural e exclusivamente seu. Portanto, ele afirma, sem qualificação, que nenhuma característica da Deidade pode ser percebida neles, nem indicar alguma obra operada por eles. Ao convocar-nos para que consideremos as obras, ele claramente mostra que aqueles que se

---

8 "*Entre os deuses*, ou, seja, entre os deuses dos gentios, tais como Baal, Baal-zebub, Dagon, Astarete, Camos, Micom, Nisroque e, especialmente, como pensa R. Kimchi, os corpos celestes, o sol e as estrelas. Alguns comentaristas supõem que pode significar *entre os anjos*, ou *entre os príncipes*. Contudo há boa razão para se pôr em dúvida, como faz Parkhurst, se a palavra *Alaim* positivamente sempre significa príncipes, juízes ou magistrados; e a passagem (Jz 13.22), citada por Bustorf, para mostrar que às vezes significa *um anjo*, apenas prova que Manoá pretendia dizer que tinha visto a Deus na pessoa de seu anjo. Cf. Salmo 89.7; 96.5." – .

entregam a engenhosas especulações sobre a essência oculta e secreta de Deus, e ignoram os inequívocos traços de sua majestade que devem ser vistos emitindo radiante fulgor sobre suas obras, porém tagarelam e gastam seu tempo sem qualquer propósito. Como a natureza divina é infinitamente exaltada acima da compreensão de nosso entendimento, Davi sabiamente fixa sua atenção no testemunho das obras de Deus e declara que os deuses que não manifestam nenhum poder são falsos e forjados. Se alguém objetar dizendo que não há comparação entre Deus e as invenções absurdas dos homens, a resposta óbvia é que esta linguagem é empregada à guisa de acomodação em face da ignorância dos homens em geral. É bem notória a impudência com que os supersticiosos exaltam acima do céu as fabricações espúrias provenientes de seu próprio cérebro. E Davi com plena justiça se mofa de sua demência em forjar deuses para si, os quais na verdade não são deuses.

9. Todas as nações que fizeste virão.[9] Se porventura alguém preferir limitar o que aqui se aplica ao presente caso de Davi, este ponto de vista não parece passível de qualquer objeção material. Ele, de fato, às vezes realça a bondade divina da qual pessoalmente tivera experiência mediante magistral esforço. Entretanto, pode estender-se adequadamente ao poder universal de Deus. Mas se ele fala da graça concedida somente a si, ou se trata, em geral, das obras de Deus, é preciso ter em mente o que já se observou em outro lugar, a saber: sempre que celebra a prevalecência da genuína piedade entre os pagãos, ele tem um olho no reino de Cristo, antes de cuja vinda Deus deu uma mera manifestação inicial, ou aurora de sua glória, a qual, por fim, se fez difusa por todo o mundo através da pregação do evangelho. Davi não ignorava a vocação futura dos gentios; mas sendo esta uma doutrina com a qual os ouvidos judaicos não estavam familiarizados, esse povo a teria sentido como um anúncio desagradável, ouvindo que os gentios viriam adorar a Deus, indiscriminadamente, juntamente com

---

9 "Este versículo tem sido considerado, com grande probabilidade, como uma predição da vocação dos gentios sob a dispensação do Messias. Veja-se Romanos 15.9." – *Warner*.

os filhos de Abraão, e que, sendo removida toda e qualquer distinção, se tornariam participantes com eles da verdade celestial. Para suavizar o anúncio, ele assevera que os gentios também foram *criados por Deus*, de modo que não se deve considerar estranho se eles, sendo também iluminados, por fim o reconheçam como Aquele que os criou e os modelou.

10. Porque tu és grande, e somente tu, ó Deus, fazes coisas maravilhosas. Neste versículo há novamente reiterada a causa que levará todas as nações a adorar o Senhor, a saber: a descoberta de sua glória através da *grandeza de suas obras*. A contemplação da glória de Deus em suas obras é o verdadeiro caminho para se adquirir genuína piedade. A soberba da carne sempre a faz percorrer seu caminho pelo céu; mas, como nosso entendimento nos trai ante uma investigação tão extensa, nosso curso mais proveitoso é, segundo a pequena medida de nossa frágil capacidade, buscar a Deus em suas obras, as quais testificam dele. Portanto, aprendamos a despertar nosso entendimento para que o mesmo contemple as obras divinas e nos afaste dos presunçosos que vagueiam em seus intrincados labirintos, os quais, no fim, invariavelmente os lançarão num abismo do qual serão incapazes de se livrar. Para inclinar nosso coração a exercer tal modéstia, Davi magnificentemente enaltece as obras de Deus, chamando-as *coisas maravilhosas*, embora para o cego, e para os que não as sabem saborear, são destituídas de atração. Entrementes, devemos prudentemente atentar para esta verdade: que a glória da Deidade pertence exclusivamente ao único e verdadeiro Deus; pois em nenhum outro ser é possível achar a sabedoria, o poder, a justiça, ou qualquer uma das numerosas marcas da Deidade que resplandecem em suas obras maravilhosas. Do quê se deduz que os papistas são culpados de tornar insignificante, o quanto podem, o título da Deidade, quando o usurpam de seus atributos, deixando-lhe quase nada, senão um mero nome.

11. Mostra-me teus caminhos, ó Jehovah! Davi então sobe mais alto, orando para que fosse governado pelo espírito de são entendimento, a fim de poder viver uma vida santa, e para que fosse fortalecido em seus esforços para esse fim pelo espírito de força moral. Ele tacitamente contrasta *os caminhos de Deus* com todos os conselhos que porventura se derivem da razão carnal. Ao submeter-se a Deus, e ao implorar-lhe que fosse seu Guia, ele confessa que o único caminho possível pelo qual pudesse ser capacitado a viver uma vida santa e justa é aquele pelo qual Deus vai adiante de nós, enquanto seguimos após ele; e, conseqüentemente, que os que se desviam, e nunca são poucos, da lei através de um orgulhoso conceito de sua própria sabedoria vagueiam a esmo. Ele confirma isso mais plenamente acrescentando logo a seguir: **andarei em tua verdade**. Ele declara que, quem não observa esta norma da verdade, são todos culpados de vaidade e mentira. Além do mais, sua oração para que fosse instruído nos caminhos do Senhor não subentende que ele fosse antes disso totalmente ignorante da verdade divina; porém, bem ciente das muitas trevas – das muitas nuvens de ignorância nas quais ainda se encontrava envolvido –, ele aspira alcançar maior progresso. É preciso observar ainda que ele não deve ser entendido como a falar somente do ensino externo; porém, tendo a lei entre suas mãos, ele ora pela luz interior do Espírito Santo, a fim de não labutar na inglória tarefa de aprender somente a mera letra; exatamente como ele ora em outro lugar: "Abre meus olhos para que eu contemple as coisas maravilhosas de tua lei" [Sl 119.18]. Se um profeta tão eminente e tão ricamente dotado das graças do Espírito Santo faz uma confissão tão franca e cordial de sua própria ignorância, tão grande seria nossa estultícia se porventura ignorássemos nossa própria deficiência, e não nos sentíssemos compelidos a uma maior diligência para o melhoramento pessoal no conhecimento de nossas reduzidas obtenções! E, indubitavelmente, quanto maior é o progresso que uma pessoa faz no conhecimento da genuína religião, mais consciente estará de manter-se longe dessa característica. Segundo, é necessário acrescentar que ler e ouvir não basta, a menos que Deus nos comunique a luz interior de seu Espírito.

Além disso, o salmista deseja que seu coração seja inflamado de zelo e obediência a Deus, e para que ele seja firmemente estabelecido nessa obediência; pois como nosso entendimento necessita de luz, assim tem nossa vontade de retidão. As palavras originais que traduzi por **unifica meu coração** são traduzidas por alguns, *alegre-se meu coração*, como se o verbo viesse da raiz חדה, *chadah, regozijar*;[10] mas, preferivelmente, ele vem de יחד, *yachad, unir, unificar* – sentido esse que é bem adequado à passagem que está diante de nós.[11] Esta palavra contém um tácito contraste, o qual não tem sido suficientemente apreendido, entre o propósito inabalável com que o coração do homem adere a Deus quando está sob o domínio do Espírito Santo, e a inquietude com que ele se distrai e rodopia durante o tempo em que flutua em meio a suas próprias afeições. Portanto, eis um requisito indispensável: que os fiéis, depois de haver aprendido o que é certo, firme e sinceramente abracem essa virtude, para que o coração não seja compelido por desejo impetuoso por ímpias luxúrias. E assim, temos na palavra *unificar* uma metáfora muito bela, a qual comunica a idéia de que o coração do homem está cheio de tumulto, arrebatado e, por assim dizer, disperso em mil fragmentos, até que Deus o ajuste para si e o mantenha unido num estado de firmeza e obediência perseverante. Disso também se manifesta o que o livre-arbítrio por si dó é capaz de fazer. Duas faculdades lhe são atribuídas; Davi, porém, confessa que se via destituído de ambas; pondo a luz do Espírito Santo em oposição à cegueira de sua própria mente e afirmando que a retidão do coração é um dom que procede inteiramente de Deus.

[vv. 12-17]
Louvar-te-ei, ó Senhor meu Deus, de todo meu coração; e glorificarei teu nome para todo sempre. Pois tua misericórdia tem sido imensa em meu favor; e tu livraste minha alma da mais profunda sepultura.[12] Ó Deus, os

---

10 A redação da LXX é: "Que meu coração se regozije", com a qual concorda a Siríaca; e este sentido é adotado por vários críticos, como Muis, Dr. Durell e outros.

11 O Bispo Law prefere traduzi-lo assim: "Faz meu coração *uno*, para que eu tema teu nome"; ou, seja, diz ele: "Que o temor de ti seja *uma só* disposição dominante de minha alma." Citado em *Warner's Psalter*, com Notas.

12 A palavra original aqui para sepultura é שאול, *sheol*; sobre a qual Mr. Peters observa que, se *sheol* aqui significasse apenas um veredicto da morte e da tumba, então a expressão mais pro-

soberbos se levantaram contra mim, e as assembléias dos tiranos procuraram minha alma, e não te puseram perante seus olhos. E tu, ó Senhor, és Deus misericordioso, pronto a perdoar, longânimo e rico em misericórdia e verdade. Olha para mim e tem compaixão de mim; dá a teu servo tua força e salva o filho de tua serva. Faz comigo um sinal para o bem; e meus adversários o verão[13] e se envergonharão; pois tu, ó Jehovah, me tens socorrido e consolado.

12. Louvar-te-ei, ó Senhor meu Deus! Ao experimentar que Deus é em todos os aspectos um Pai beneficente, Davi se engaja na atividade de oferecer-lhe o tributo de gratidão. Ele expressou no versículo anterior o desejo de ter seu coração unificado para Deus, a fim de poder temê-lo; e agora ele afirma que é sua firme resolução publicar ou celebrar seus louvores, não só com a boca ou a língua, mas também com um sincero afeto do coração; sim, inclusive de continuar com firme perseverança nesse exercício.

No terceiro versículo, ele apresenta a razão disso, a saber: porque, ao livrá-lo, Deus manifestou uma singular e extraordinária prova de sua misericórdia. Com o intuito de expor a grandeza desse benefício numa luz mais forte, ele descreve os perigos dos quais fora libertado, usando a expressão: d**a mais profunda sepultura**; como se quisesse dizer: fui sujeitado não apenas por uma morte, senão que fui lançado nas mais inferiores profundezas da sepultura, de modo que minhas circunstâncias demandavam que a mão de Deus se estendesse e me alcançasse de uma forma prodigiosa.

Pela graça do Senhor Jesus Cristo somos libertados de um abismo de morte ainda mais profundo; e tal sendo o caso, nossa ingratidão seria inescusável, a menos que cada um de nós se esforce ao máximo de sua capacidade na celebração desse livramento. Se Davi tão sublimemente magnificou o nome de Deus meramente por conta do

---

funda ou mais baixa seria completamente desnecessária. "A sepultura mais profunda" pode ser, contudo, uma expressão figurada para um estado da mais profunda angústia.

13 A tradução de Street é: "Para que os que me odeiam temam. A palavra יראו", observa ele, "se considerada sem os pontos, pode ser a terceira pessoa plural de ירא, *temer*; mas os autores de todas as versões parecem que a derivam de ראה, *ver*. Eu leio לטובך, em vez de לטובה."

prolongamento de sua vida, por um curto tempo, que louvores são devidos por essa redenção, sem paralelo, por meio da qual somos arrancados das profundezas do inferno e conduzidos até o céu? Os papistas tentam encontrar um argumento nesta passagem em abono de sua doutrina do Purgatório, como se esse fosse um inferno superior, enquanto que há outro inferior;[14] porém este argumento é tão fraco que dispensa refutação.

14. Ó Deus, os soberbos se levantam contra mim. Em vez de זדים, *zedim*, os soberbos, alguns preferem זרים, *zarim*, estranhos; e, sem dúvida, as Escrituras amiúde empregam esta palavra para denotar crueldade bárbara, de modo que é como se significasse os cruéis. Entretanto, prefiro seguir a redação geralmente aceita. Visto que entre a palavra hebraica, זדים, *zedim*, os soberbos, e זרים, *zarim*, estranhos, só há a diferença de uma única letra, tendo uma a letra ד, *daleth*, onde a outra tem a letra ר, *resh*, é óbvio que, à luz da similaridade dessas duas letras, a primeira pode facilmente ter sido trocada pela última. Além disso, a palavra soberbos concorda mais com o escopo da passagem; pois, no mesmo sentido, o salmista logo depois aplica o epíteto forte aos que, com impetuosidade e ferocidade, se precipitam sobre ele para o destruir; e sabemos que onde os soberbos reinam não se vê nenhuma moderação. Ele expressa, sem figura, o que acabara de dizer sobre a sepultura. Sendo como um cordeiro no meio de lobos, ele teria sido rapidamente engolido, não o tivera Deus miraculosamente libertado, por assim dizer, das fauces da morte. Ao representar seus inimigos como que destituídos de respeito para com Deus, sua intenção é apresentar o extremo excesso de sua crueldade. A fúria de nossas luxúrias, a menos que sejamos restringidos pelo temor de Deus e pelo senso de seus juízos, se tornaria tão imensa, que sua ousadia não teria limites no campo da atrocidade. Para tais calamidades ele busca remédio na misericórdia divina, como reza o próximo versículo.

---

14 "Comme si c'estoit un enfer plus haut, et qu'il y en cust un autre plus bas." – *v.f.*

15. E tu, ó Senhor, és Deus misericordioso, pronto a perdoar. Ao passar imediatamente para a celebração desses atributos divinos, ele sugere que temos força e proteção adequadas contra a audácia e fúria dos ímpios, na bondade, misericórdia e fidelidade divinas. Talvez também de seu sentimento de que os ímpios eram azorragues nas mãos de Deus, ele põe diante de si a bondade e misericórdia divinas para abrandar o excesso de terror com que poderia se ver assenhoreado; pois esta é a única e verdadeira fonte de conforto, a saber: que embora Deus nos castigue, ele não suprime sua misericórdia. Esta sentença, como se sabe muito bem, é tomada de Êxodo 34.6, onde nos deparamos com uma descrição mui notável da natureza de Deus. Primeiro, ele é descrito como *misericordioso*; em seguida, *pronto a perdoar*, o que ele manifesta tendo compaixão de nossa angústia. Em terceiro lugar, ele é descrito como *longânimo*; pois não conserva para sempre a ofensa cometida contra seu Ser, porém nos perdoa segundo a medida da grandeza de sua benignidade. Em suma, lemos que ele é *rico em misericórdia e verdade*; pelo quê entendo ser sua beneficência continuamente exercida, e que ele é sempre fidedigno. Aliás, ele não é menos digno de ser louvado por conta de seu rigor do que por conta de sua misericórdia; mas como só é por conta de espontânea obstinação que ele se manifesta severo, sendo compelido, por assim dizer, a castigar-nos, a Escritura, ao representá-lo como inerentemente misericordioso e pronto a perdoar, nos ensina que, se ele, em algum tempo, se mostrar rigoroso e severo, isso lhe é, por assim dizer, acidental. É verdade que estou usando uma linguagem popular, e como tal não é estritamente correto; mas estes termos, por meio dos quais se descreve o caráter divino, com efeito equivalem a isto: que Deus é, por natureza, tão gracioso e pronto a perdoar, que às vezes parece ser conivente com nossos pecados, delongando a aplicação do castigo e nunca procedendo a execução da vingança, a não ser que se veja compelido por nossa obstinada perversidade. Por que a *verdade* de Deus é enfeixada com sua *misericórdia* está discutido em outro lugar. Como mesmo aqueles que são mais generosos às vezes desejam cancelar as promessas uma vez feitas, arrependendo-se delas com tanta facilidade, que costumamos irracionalmente julgar a Deus com base em nós mesmos, por isso pomos suas promessas em dúvida. Portanto, Deus declara que ele não é como o homem, porque é tão firme em seu propósito de cumprir abundantemente tudo quanto tem prometido, como é distinguido por fazer promessas com liberalidade.

16. Olha para mim e tem compaixão de mim. Aqui o salmista faz uma mui distinta aplicação a si próprio do que dissera concernente à misericórdia e bondade divinas. Como Deus é misericordioso, ele se assegura de que seu bem-estar será o objeto do cuidado divino. O segundo verbo do versículo, חנן, *chanan*, o qual traduzi *tem compaixão*, significa *gratificar, fazer alguém deleitoso*; e a intenção é comunicar a idéia de que o socorro que Deus oferece a seu povo procede de sua soberana bondade.[15] Finalmente, o salmista conclui que a única forma na qual ele pode ser preservado é por meio do socorro divino, o qual ele busca obter por meio de oração; e assim ele confessa sua completa destituição de qualquer força que seja propriamente sua. Ao aplicar a si a designação de **servo de Deus e filho de sua serva**, ele não se gaba de seus próprios serviços, mas insiste, à guisa de apelo, com o fim de obter das mãos divinas maior favor, à vista da longa linhagem de seus ancestrais e do contínuo curso da graça de Deus; realçando que ele, desde o ventre de sua mãe, era um servo na casa de Deus, e, por assim dizer, um servo nascido de servos em sua casa;[16] ponto esse do qual já falamos em outro lugar.

O último versículo contém uma confirmação adicional da afirmação de que ele de modo algum foi abandonado por Deus. Não teria desejado ser favorecido com algum emblema do favor divino, não houvera ele sido de todos os lados precipitado em desespero, e não houvera o favor divino estado oculto dele com o fim de testar sua

---

15 "Et est pour monstrer que le secours que Dieu donne aux siens, procede de as bonte gratuite." – *v.f.*
16 "Que dés le ventre de as mere il est serviteur domestique de Dieu, et comme nay d'un sien serviteur en la maison." – *v.f.*

paciência. Não era uma prova ordinária de firmeza sustentar o conflito com essa tentação, e fazer isso com tanto êxito, que não deixou de enxergar a luz no meio das trevas. Ele deseja que *seus inimigos sejam envergonhados*, porque agrediam sua simplicidade com zombaria e escárnio, como se ele estivesse agindo como louco ao confiar em Deus.

Salmo 87

A miserável e angustiante condição em que a Igreja se viu depois do cativeiro babilônico poderia ser suficiente para precipitar as mentes dos santos em desespero; e, por conseguinte, o Espírito Santo aqui promete sua restauração de uma maneira maravilhosa e inacreditável, de modo que nada seria mais desejável do que ser reconhecido como parte do rol de seus membros.

Salmo ou Cântico dos filhos de Coré.

É evidente, à luz de observação constante, que, enquanto os filhos deste mundo desfrutam de prosperidade, eles vivem bem satisfeitos com sua condição e poderosamente a enaltecem, enquanto olham para a Igreja com soberba e desdém; e mesmo depois de ter suportado calamidades, nem assim se deixam subjugar por elas ao ponto de renunciar a tola presunção com a qual se deixam intoxicar. Entrementes, irresponsavelmente desprezam toda religião e o culto devido a Deus, porque, contentando-se com os prazeres, riquezas e com o esplendor da honra, se iludem pensando ser felizes sem ele. E então amiúde sucede que o Senhor os empanturra com todo gênero de coisas boas, propondo-se, por fim, infligir-lhes merecido castigo por sua ingratidão, quando tiver chegado o tempo oportuno. Enquanto que, ao contrário, ele sobrecarrega sua Igreja com várias e graves aflições, ou, pelo menos, a mantém numa humilde e desprezível condição, de modo que chega a aparentar-se como se fosse em extremo miserável, ou, pelo menos, é assim que ela se vê exposta ao desprezo dos outros. Para que os fiéis não sejam enganados com essa aparente sombra de coisas, é importante chamar sua atenção para um tema diferente, a fim de que se deixem persuadir da verdade do que se acha expresso no Salmo 33.12: "Bem-aventurada é a nação cujo Deus é o Senhor; e o povo ao qual ele escolheu por sua herança." O que nos é ensinado neste Salmo pode ser assim sumariado: Que a Igreja de Deus excede infinitamente a todos os reinos e potentados do mundo, visto ser ela vigiada e protegida por ele em todos seus interesses e colocada sob seu governo; que, em primeiro lugar, em meio a violentas comoções e terríveis tormentas com que o mundo inteiro se vê amiúde abalado, ela continua segura; e, em segundo lugar, e principalmente, que sendo prodigiosamente preservada pela proteção do mesmo Deus, ela pode, por fim, depois da faina e da luta de uma guerra prolongada, ser coroada com os triunfantes lauréis de sua sublime vocação. É na verdade um singular benefício de Deus, e ao mesmo tempo um notório milagre, que em meio a grandes e variadas revoluções dos reinos deste mundo, ele a expande continuamente, de geração em geração, e a preserva da destruição; e assim no mundo inteiro nada é duradouro senão a Igreja. Entretanto, como amiúde sucede que, enquanto os ímpios se espojam em riquezas e as desperdiçam com posses terrenas, a Igreja aflita se vê acossada em meio a infindáveis perigos, ou, antes, se vê tão esmagada por impetuosas aluviões ao ponto de crer estar totalmente naufragada, sua felicidade deve ser considerada como que consistindo principalmente nisto: que ela tem reservado para si um estado eterno no céu.

  Atentar bem para o tempo em que este Salmo foi composto contribuirá, não em pouca medida, para um claro entendimento de seu conteúdo. Embora o povo tivesse regressado de seu cativeiro babilônico; embora a Igreja de Deus fosse novamente congregada e unida num só corpo depois de longa dispersão; embora o templo fosse reconstruído, o altar restabelecido e o serviço divino restaurado; contudo, como de uma vasta multidão de pessoas resta apenas um pequeno número, o que fez a condição da Igreja muito pobre e desprezível – como o número deixado foi diariamente reduzido por seus inimigos –, e como o templo se tornou ainda mais aviltado em sua magnificência do que era em sua origem – tudo isso sendo levado em consideração, os fiéis quase não tinham motivo para entreter esperanças favoráveis quanto ao futuro. Certamente parecia impossível que ainda se erguessem a seu estado anterior do qual haviam fracassado. Portanto, havia razão para perceber que a mente dos santos, recordando a ruína que já haviam experimentado e o peso das presentes misérias com que eram oprimidos, desfalecessem e finalmente mergulhassem em desespero. Para que não sucumbissem sob adversidades tão pesadas, o Senhor não só promete neste Salmo que recuperariam o que haviam perdido, mas também os encoraja na esperança de uma incomparável glória com a qual a Igreja ainda estava investida, segundo aquela profecia de Ageu [2.9]: "A glória desta última casa será maior que a da primeira."

Por último, resta aprendermos a acomodar este Salmo a nossas próprias circunstâncias, e tudo fazer para extrair dele as lições que ele propõe comunicar. A consolação nele contida deve ter exercido forte influência nos santos daquela época, ao ponto de colocá-los não só eretos no meio de suas adversidades, mas também fazê-los até mesmo subir da sepultura e ainda aos próprios céus. Em nosso tempo atual, quando sabemos que tudo o que foi predito pelo Espírito tem se cumprido, seríamos mais que ingratos se a experiência dos pais, adicionada às palavras do Espírito, não tornasse nossa fé ainda mais poderosamente firme. É impossível expressar em linguagem adequada ao tema a glória com que Cristo embelezou sua Igreja com seu advento. Então a verdadeira religião, que antes estivera encerrada dentro dos tacanhos limites da Judéia, expandiu-se amplamente através do mundo inteiro. Então Deus, que fora conhecido somente por uma família, começou a ser invocado nas diferentes línguas de todas as nações. Então o mundo, que fora miseravelmente rasgado em pedaços por inumeráveis cultos supersticiosos e errôneos, foi congregado para uma santa unidade de fé. Então todos os homens, concorrendo entre si, se associaram em grupos à sociedade dos judeus, a quem antes abominavam. Então os reis da terra e seu povo voluntariamente deram seus pescoços ao jugo de Cristo; lobos e leões se converteram em cordeiros; os dons do Espírito Santo foram derramados sobre os fiéis – dons que excederam muitíssimo a toda glória, a todas as riquezas e a toda a grandeza e preciosos ornamentos do mundo.[1] O corpo da Igreja também foi congregado de todos os países mais distantes uns dos outros, e foi aumentado e preservado de uma forma prodigiosa. O evangelho foi disseminado ainda mais amplamente dentro de um período de tempo incrivelmente curto, e igualmente extraordinária foi a rica ceifa de fruto com que a pregação dele se concretizou. Portanto, embora a fama da Igreja nunca fosse celebrada por esta profecia, todavia a condição piedosa e inigualável dessa era, que pode ser denominada a Idade Áurea, claramente demonstrou que ela era realmente o reino celestial de Deus. Contudo era requisito, mesmo naquele período, que os fiéis formassem sua própria avaliação da excelência dela por algo mais elevado do que o senso ou razão carnal. No tempo em que ela mais floresceu, não foi a púrpura, nem o ouro e nem pedras preciosas que lhe comunicaram o esplendor que a investiu, mas o sangue dos mártires. Ela era rica nas graças do Espírito, porém pobre e destituída de possessões terrenas. Bela e gloriosa em santidade aos olhos de Deus e dos anjos, ela era, não obstante, desprezível aos olhos do mundo. Fora dela havia muitos inimigos confessos que, ou exerciam em relação a ela feroz e cruel perseguição, ou por atos indiretos praticavam contra ela o pior que a astúcia podia sugerir; enquanto que dentro dela havia abalos e traição. Em suma, sua dignidade, aliás venerável, porém ainda espiritual, estava como que oculta debaixo da cruz de Cristo. A consolação, pois, contida neste Salmo era mui oportuna, mesmo naquele tempo, encorajando os fiéis a aguardarem um estado

---

1 "Lesquels surmontoyent de beaucoup toute la gloire, toutes les richesses et magnificentces et les precieux ornemens du monde." – *v.f.*

mais perfeito da Igreja. Mas o caso se dá de outra forma conosco. Já passou muito tempo,[2] pela ausência de nossos pais, que essa célebre beleza da Igreja tem estado poluída e desfigurada debaixo dos pés dos ímpios. E nos dias atuais, esmagada sob o fardo de nossos pecados, ela geme sob miserável desolação, sob os ignominiosos escárnios do diabo e do mundo, sob os cruéis e tiranos e sob as perversas calúnias dos inimigos; de modo que os filhos deste mundo, que desejam viver no ócio, nada querem menos do que ser arrolados no número do povo de Deus. Do quê podemos perceber mais claramente quanto benefício se pode derivar deste Salmo. E, ao mesmo tempo, quão necessário é meditar nele continuamente. O título tem referência não tanto aos autores do Salmo, mas aos músicos regentes a quem ele foi entregue para ser cantado. Entretanto, é possível que algum levita da família de Coré o tenha composto.

[vv. 1-3]
Seus fundamentos estão nos montes santos. Jehovah ama os portões de Sião mais que todas as habitações de Jacó. Coisas gloriosas são ditas de ti, ó cidade de Deus! Selah.

1. Seus fundamentos estão nos montes santos. Os que acreditam ser Jerusalém a cidade que aqui está em pauta, como se ela *estivesse fundada sobre os montes santos*, em minha opinião estão equivocados; porquanto o relativo está no gênero masculino. Estou ciente de que alguns homens eruditos defendem esta opinião, supondo que as palavras *o povo* têm de ser usadas como complemento, embora seja a capital da Judéia o que está especificado. Mas para mim é desnecessário dizer alguma coisa para provar o que está plenamente evidente, ou, seja, que tal exposição é forçada. Alguns intérpretes judeus têm pensado ser mais provável que esta sentença inicial deve referir-se ao próprio Salmo; e, por conseguinte, explicam *fundamentos* como que denotando metaforicamente o tema ou assunto do poema,

---

2 "Il est advenu desja de pieça." – *v.f.*

porque ele trata de Jerusalém, a cidade santa, a qual estava situada sobre os montes. Mas sinto-me surpreso que tenham se equivocado sobre um assunto tão óbvio. Sendo algo totalmente comum entre os hebreus expressar um relativo sem seu antecedente,[3] não devendo parecer abrupta ou estranha essa forma de expressão. O nome de Deus é mencionado um pouco depois; e sabemos que ele em outras partes é representado como tendo fundado Jerusalém.

Pela expressão *os montes* alguns entendem o Moriá ou Sião,[4] que são os dois cumes de uma montanha fendida em duas; mas isso é forçado demais. Como o país é montanhoso, devemos antes entender o profeta como que tendo diante de seus olhos as várias montanhas vizinhas e contíguas que formam uma cadeia ao redor de Jerusalém. Pois veremos em outro lugar que Jerusalém está cercada de montanhas [Sl 125.2]. O significado genuíno e natural, pois, é que Deus escolheu os montes santos a fim de fundar e erigir sua cidade no meio deles. Pois um pouco mais adiante, no seguimento do tema, vêm a lume estas palavras: "O Altíssimo mesmo a estabelecerá." Ele é, aliás, o fundador também de outras cidades; todavia não lemos que ele tenha dito acerca de qualquer outra cidade: "Este é o meu repouso para sempre; aqui habitarei, pois eu o quis" [Sl 132.14]. Existe esta diferença que deve ser sempre lembrada: que enquanto outras cidades foram fundadas e construídas pela diretriz e poder de Deus, meramente em virtude de seu governo civil, Jerusalém foi seu santuário peculiar e sua sede régia. Isaías também usa uma forma semelhante de expressão: "O Senhor fundou Sião, e os pobres dentre seu povo confiarão nela" [Is 14.32]. Além disso, embora todo o país da Judéia fosse consagrado a Deus, todavia dele se diz haver rejeitado todas as demais cidades e escolhido esta única para si na qual viesse a reinar. Aqui a questão não

---

3 Como exemplos disso, vejam-se 2 Samuel 1.19, 25; Salmo 114.2; Cânticos de Salomão 1.2; Isaías 23.1; 26.1, 3; 30.4; 41.2; 55.4; Jeremias 33.2; Lamentações 3.1; Naum 1.8.

4 Warner, que adota esta opinião, observa: "Embora os montes ao redor de Jerusalém (Sl 125.2) fossem todos santos, por causa de sua proximidade da *cidade santa*, todavia os de Sião e Moriá (Sl 48.2) eram mais especialmente assim, visto neles se acharem construídos o tabernáculo, o palácio de Davi e o templo de Salomão."

é sobre política terrena, mas governo espiritual; pois a religião pura e o culto genuíno devido a Deus, bem como a doutrina da piedade, ao mesmo tempo não foram fundados em qualquer outro lugar, senão em Jerusalém.

2. Jehovah ama os portões de Sião acima de todas as habitações de Jacó. Aqui somos informados que toda a excelência da santa cidade depende da soberana escolha que Deus fez dela. Com isso concorda o que se declara no Salmo 77.60, 67, a saber: que Deus rejeitou Silo, a tribo de Efraim, e o tabernáculo de José, para vir habitar em Sião, a qual ele amou. O profeta, pois, realça a causa por que Deus preferiu um lugar em vez de todos os demais; e a causa que ele aponta é esta: não o valor intrínseco do lugar, mas o soberano amor de Deus. Se porventura alguém perguntar por que Jerusalém foi tão sublimemente distinguida, que se julgue suficiente esta breve resposta: *Porque assim foi do agrado de Deus*. O amor divino deve ser conectado com isso como sua fonte; mas o fim de tal escolha foi para que houvesse algum lugar fixo no qual a verdadeira religião pudesse ser preservada, e a unidade da fé mantida, até o advento de Cristo, e dali ela posteriormente fluísse para todas as regiões da terra. Isso, pois, explica por que o profeta celebra Jerusalém como se ela possuísse a sublime distinção de ter Deus como seu mestre de obra, fundador e protetor. Além disso, ele atribui ao favor e adoção divinos toda a excelência que possuía acima dos demais lugares. Ao dizer *Sião* em vez de Jerusalém, e os *portões* em lugar de todo o complexo da cidade, ele usa uma sinédoque dupla.

3. Coisas gloriosas se dizem de ti, ó cidade de Deus! A redação literal é: *Aquilo que se diz de ti é muito glorioso*. Devemos considerar o desígnio do profeta, ou, preferivelmente, o objetivo do Espírito de Deus falando pela boca do profeta. À luz da humilde e desprezível condição de todo o povo; dos muitos e terríveis inimigos que os oprimiam de todos os lados; do pequeno número que possuía coragem suficiente para superar os obstáculos existentes em seu caminho; das novas e imprevisíveis mudanças que surgiam diariamente; dos perigos existentes para que o estado das atividades gradualmente mergulhasse mais e mais em decadência, e por fim se tornasse desesperador – era difícil nutrir alguma esperança de que a cidade santa de fato viesse a ser restaurada. Para que o desespero não subjugasse os corações dos fiéis, levando-os ao desvanecimento, eles vêem diante de si um voto de apoio e consolação, a saber: que o Senhor falou de forma diferenciada acerca da futura condição da Igreja. Não pode haver dúvida de que sua atenção é atraída do presente aspecto de coisas para as promessas que os inspiravam com a esperança da glória celestial com que ela seria adornada. Portanto, embora nada brilhasse aos olhos dos sentidos e da razão para que houvesse profundo regozijo no coração, todavia o profeta queria que fossem encorajados pela Palavra a permanecer firmes como que numa torre de vigia, aguardando pacientemente o cumprimento do que Deus prometera. Dessa forma eram admoestados: primeiro, a dirigir sua atenção para as antigas profecias e a guardar na lembrança especialmente aquelas contidas em Isaías, do capítulo 40 até o final do livro. E, segundo, a dar ouvidos aos servos de Deus, os quais naquele tempo pregavam o reino de Jesus Cristo. Donde se segue que não se pode formar um juízo reto sobre a felicidade da Igreja, exceto quando a estimamos com base no padrão da Palavra de Deus.

[vv. 4-6]
Farei menção de Raabe[5] e Babel entre aqueles que me conhecem; eis que da Filístia, de Tiro e da Etiópia[6] se dirá: ele é nascido ali![7] Selah. E de Sião se dirá: Este e aquele homem nasceram nela; e o próprio Altíssimo a estabelecerá. O Senhor lembrará, quando registrar os povos: ele nasceu ali. Selah.

4. Farei menção de Raabe e Babel. O nome de Raabe é usado no lugar do Egito em muitas outras partes da Escritura; e essa significa-

---

5 *Raabe* é o nome poético do Egito (Is 30.7; 51.9; Sl 87.4; 89.11). Significa *soberba* ou *ferocidade*, e parece ter sido dado ao Egito pelos judeus como um memorial da cruel tirania que foi exercida sobre eles pelos egípcios durante sua servidão no seio daquele povo.

6 "Etiópia, a terra de Cuxe, que ficava na Arábia." – *Williams*.

7 "Essas nações, entre as que eram mais conhecidas dos judeus, tipificam todo o mundo gentílico; e a intenção é declarar a ascensão de toda a terra à fé do Cristianismo." – *Tucker*.

ção é mui própria para a presente passagem, cujo objetivo é retratar a magnificente amplitude da Igreja, o que era ainda apenas matéria de esperança. Portanto, diz-se que aqueles que outrora foram inimigos mortais, ou totalmente estranhos, não só virão a ser amigos em família, mas também serão enxertados num só corpo, para que sejam considerados cidadãos de Jerusalém. Na primeira sentença lemos isto: *Farei menção do Egito e Babilônia no ceio de minha casa*. Na segunda, acrescenta-se que os habitantes da Filístia, Tiro e Etiópia, que até então tinham tido tanta divergência com o povo de Deus, agora serão mantidos em cordial harmonia com eles, como se fossem judeus de nascença. Que gloriosa distinção da Igreja, que até mesmo os que a mantinham em desprezo virão de todos os quadrantes para formarem com ela um só rebanho, e que os que desejaram vê-la completamente sucumbida e destruída, considerarão a mais sublime honra ter um lugar entre a membresia de seus cidadãos e ser considerados como tais! Todos eles voluntariamente renunciarão seus próprios países dos quais se vangloriavam com tanta soberba. Onde quer que tenham nascido, seja na Palestina, ou na Etiópia, ou em Tiro, professarão ser cidadãos da santa cidade.

Os doutores hebreus dão a esta passagem o seguinte significado: nascerão em outras nações bem poucos que excederão em dote intelectual ou em cultivo de virtude, mas que em Israel tais pessoas serão mui numerosas. Raramente, dizem, se encontrará entre os habitantes de Tiro, do Egito, da Etiópia e outras nações, algum deles digno de encômio; de modo que, se entre eles for encontrado um, o mesmo pode ser indicado com o dedo em virtude de sua raridade. Mas *em Sião nascerão este e aquele homem*;[8] equivale dizer: o número de tais homens entre os judeus será imenso. Os doutores cristãos são quase unânimes em aplicar essas palavras a Cristo, e crêem que se indica aqui a causa por que aqueles que

---

8 "Mas de Sião se dirá: *este* e *aquele* nasceram ali; isto é, não um, mas muitos homens notáveis." – *Geddes*.

então eram estranhos, e até mesmo inimigos mortais entre si, são agora nomeados entre os cidadãos de Jerusalém, ou, seja, porque Cristo nascerá ali,[9] cujo ofício é congregar, para a unidade da fé e a esperança da vida eterna, homens que estavam dispersos, como membros dilacerados do corpo. A primeira destas interpretações, sendo totalmente forçada, não carece de refutação. Além do mais, é bem evidente que os judeus, movidos por tola ambição, torcem esta passagem intencionalmente. A exposição dos doutores cristãos é, à primeira vista, plausível à luz de sua engenhosidade; porém destituída de solidez. As palavras claramente implicam que, seja qual for a nação a que os homens pertençam, voluntariamente renunciarão seu próprio país para que sejam arrolados no Registro do povo eleito. Quando se diz que *nasceram ali*, não significa que são naturais do país e foram criados nele desde seu nascimento, mas que são seus cidadãos. O que a seguir se acrescenta: **O próprio Altíssimo a estabelecerá**, com igual propriedade pode traduzir-se *a ordenará*, sendo a obra de Deus especialmente governar sua Igreja pela instrumentalidade de sua Palavra.

5. E de Sião se dirá: Este e aquele homem nasceram nela. No versículo 4 assegura-se que novos cidadãos serão congregados na Igreja de Deus de diferentes partes do mundo; e aqui se desenvolve o mesmo tema. Entretanto, emprega-se outra figura, a saber: que os estrangeiros de nascença serão contados entre o povo santo, como se fossem descendentes de Abraão. Declarou-se no versículo precedente que os caldeus e egípcios foram acrescidos à família da Igreja; e que os habitantes da Etiópia, da Filístia e de Tiro foram arrolados entre seus filhos. Agora acrescenta-se, à guisa de confirmação, que o número da nova progênie será excessivamente grande; a cidade

---

9 Horsley, que assume este ponto de vista, traduz:
"E cada um dirá de Sião:
Ele nasceu ali."
Sobre o quê ele tem esta nota: "*Unusquisque*, cada um. Cada um confessará, para a honra dos israelitas, que o Salvador foi um judeu nativo." Dimock faz objeção a isso, observando que Cristo não nasceu em Jerusalém.

por algum tempo havia ficado desabitada; mais tarde só foi habitada por umas poucas pessoas; por fim será povoada com uma vasta multidão. O profeta Isaías descreve mais extensamente o que aqui se promete em poucas palavras: "Canta alegremente, ó estéril, que não deste à luz; rompe em cântico, e exclama com alegria, tu que não tiveste dores de parto; porque mais são os filhos da mulher solitária do que os filhos da casada, diz o Senhor. Amplia o lugar de tua tenda, e estendam-se as cortinas de tuas habitações; não o impeças; alonga tuas cordas e fixa bem tuas estacas. Porque transbordarás para a direita e para a esquerda; e tua descendência possuirá os gentios e fará que sejam habitadas as cidades assoladas" [Is 54.1-3]. Ainda: "Levanta em redor teus olhos, e vê; todos estes já se ajuntaram, e vêm a ti; teus filhos virão de longe, e tuas filhas serão criadas a teu lado" [Is 60.4]. E no capítulo 44, versículo 5, nos deparamos com quase a mesma linguagem da passagem que ora temos diante de nós, ou pelo menos algo que se aproxima muito dela: "Este dirá: Eu sou do Senhor; e aquele se chamará do nome de Jacó; e aquele outro escreverá com sua mão ao Senhor, e por sobrenome tomará o nome de Israel." Tampouco a palavra *nascido* é impropriamente empregada para expressar o fato de que os egípcios, os caldeus e outros semelhantes tomarão parte do povo de Deus. Embora Sião não fosse o lugar de nascimento natural, mas que tinham de ser enxertados no corpo do povo santo por meio da adoção, todavia, como o modo pelo qual nos ingressamos na Igreja é pelo segundo nascimento, esta forma de expressão é usada com grande propriedade. A condição sobre a qual Cristo desposa os fiéis para que lhe pertençam é esta: que pertençam a seu próprio povo e à casa de seus próprios pais [Sl 45.11], e que, sendo transformados em novas criaturas, e nascidos segunda vez de semente incorruptível, comecem a ser filhos de Deus, tanto quanto da Igreja [Gl 4.19]. E o ministério da Igreja, e tão-somente dela, é indubitavelmente o meio pelo qual nascemos de novo para a vida celestial. A propósito, é mister que nos lembremos da diferença que o Apóstolo apresenta como que subsistindo entre a Jerusalém terrena – a qual, sendo escrava, gera filhos também em escravidão –, e a Jerusalém celestial, que gera filhos livres pela instrumentalidade do evangelho.

Na segunda parte do versículo há expressos a estabilidade e o caráter duradouro de Sião. Costuma ocorrer que, em proporção com a rapidez com que as cidades surgem com uma eminência distinta está a brevidade da continuação de sua prosperidade. Para que não se conclua que a prosperidade da Igreja seja de uma natureza perecível e transitória, declara-se que *o próprio Altíssimo a estabelecerá*. Não surpreende, por assim dizer, encontrar outras cidades abaladas e de tempo em tempo sujeitas a enorme variedade de vicissitudes; porquanto elas são rodopiadas com o mundo em suas revoluções e não possuem defensores perenes. Dá-se, porém, precisamente o reverso com respeito à nova Jerusalém, a qual, estando fundada no poder de Deus, continuará para sempre quando o céu e a terra caírem em ruínas.

6. O Senhor recordará quando registrar os povos. O significado tem por base que Sião adquirirá um renome tal, ao ponto de excitar todos os homens com a mais profunda solicitude, querendo ser admitidos ao número e dignidade de seus cidadãos. É uma condição sublimemente honrosa a expressa aqui, cuja linguagem implicando que, quando Deus fizer o senso do povo sobre o qual ele graciosamente se dignará conferir a mais elevada honra, os registrará como pertencentes a Sião, e não a Babilônia ou a quaisquer outras cidades; porque pertencer ao povo comum entre os cidadãos de Sião será uma distinção maior que ser investido com a mais elevada posição em qualquer outro lugar. Somos, ao mesmo tempo, instruídos que, sermos ligados a uma súbita elevação do estado de alienação a uma honra tão sublime, se deve ao favor de Deus. Os que são escravos de Satanás e do pecado seguramente jamais poderão obter, por seus próprios esforços, o direito de cidadania na Jerusalém celestial. É uma obra peculiar do Senhor dividir o povo em suas respectivas categorias, distinguindo uns dos outros, como bem lhe parecer, estando todos os homens, por natureza, em um só nível. Esta passagem deve ser entendida como uma referência à vocação eficaz. É verdade que Deus escreveu os nomes de seus filhos no Livro da Vida antes da criação do mundo, porém só os considerou arrolados no catálogo de seus santos ao serem eles regenerados pelo Espírito de adoção e ao imprimir-lhes seu próprio selo.

[v. 7]
E os cantores, bem como os tocadores de instrumentos, estarão lá; todas minhas fontes estarão em ti.[10]

O significado deste versículo é obscuro, em parte devido a sua brevidade abrupta, e em parte devido a ambigüidade de uma palavra. A palavra *nascentes*, além de toda dúvida, deve ser aqui tomada no sentido metafórico; os intérpretes, porém, não concordam quanto à explicação da metáfora. Há quem a entende como que denotando *esperanças*; alguns, *aflições*; e outros, *pensamentos*. Admitido o estilo da linguagem, espontaneamente me subscreveria à opinião dos que a traduzem por *melodias* ou *cânticos*. Mas, como isso pode ser considerado sem apoio, pelo uso do termo hebraico, sinto-me mais inclinado a adotar, como sendo mais adequado ao tema em mãos, a opinião de que *observando* é a tradução própria, cuja raiz da palavra significa *um olho*. É como se o salmista

---

10 Cresswell conecta a segunda cláusula deste versículo à primeira, desta forma: "Também os cantores, e os tocadores de flautas, entoarão: 'Todas as minhas nascentes estão em ti'", isto é, diz ele: "todas as minhas fontes de refrigério, de esperança e de salvação estão em ti, ó Sião!" E acrescenta: "A frase, *nascentes da salvação*, ocorre em Isaías 12.3, sendo a palavra hebraica a mesma que, em nossas duas versões inglesas dos Salmos, é traduzida *nascentes* e *fontes*." Walford conecta as duas cláusulas da mesma forma: "Eles cantam com instrumentos musicais: 'Todas as minhas fontes estão em ti.'" "As pessoas que aqui se diz cantarem", observa ele, "acompanhadas por instrumentos musicais, são as mesmas do versículo 6. São descritas como unidas num alegre cântico de louvor e ação de graças; e a essência de seu cântico é: "Todas as minhas fontes estão em ti.' Nascentes ou fontes são uma imagem constante, pois são as bênçãos que produzem refrigério e felicidade. Esses recém-convertidos são, portanto, representados como a unir-se à Igreja universal e a oferecer cânticos de louvor a Deus, que é a fonte transbordante de todos os fluxos do bem, os quais refrigeram e abençoam o povo."

dissesse: estarei sempre ansiosamente olhando, por assim dizer, com olhos fixos em ti.

Inquiramos, então, o que está implícito pela outra sentença: **Os cantores como os tocadores de instrumentos**. É verdade que esta é uma forma abrupta de expressão; mas o sentido, sobre o qual há concordância geral, é que o motivo para alegrar-se é tão imenso, que os louvores de Deus ressoarão continuamente em Sião, com a energia da voz viva, bem como com instrumentos musicais. Esta, pois, é a confirmação do que foi expresso anteriormente acerca da gloriosa restauração de Sião; pois, mediante a grandeza do regozijo, bem como pela múltipla harmonia e melodia dos louvores, retrata-se a felicidade que prevalecerá no meio dela. Ao mesmo tempo, temos aqui descrito o grande desígnio de todos os dons que Deus tem conferido a sua Igreja com mão tão liberal, a saber: que os fiéis, por meio de hinos e cânticos, testificariam da memória de seus benefícios que os reconheceriam com profunda gratidão.[11] A palavra hebraica חוללים, *cholelim*, a qual traduzimos *os tocadores de instrumentos*, é traduzida por alguns, *os que dançam ao som de instrumentos*.[12] Mas esta é uma questão de pouca importância, sendo bastante considerar o significado; em suma, como isto: que haverá na Igreja um concerto contínuo de louvores a Deus, em cujo seio ele desvenda os tesouros de sua graça, e que os fiéis serão ouvidos cantando sucessiva e responsivamente. Além do mais, o profeta mostra seu singular amor pela Igreja e o singular desvelo e zelo que ele exercia sobre ela, encorajando e incitando, por meio de seu exemplo, todos os santos a cultivarem e manifestarem o mesmo zelo, concordemente com o que se afirma em outro Salmo: "Se eu me esquecer de ti, ó Jerusalém, esqueça-se minha mão direita de sua destreza. Se não me lembrar de ti, apegue-se-me a língua a meu paladar;

---

11 "Afin que les fideles en chantant Pseaumes et Cantiques monstrent la souvenance qu'ils ont des benefices receus, et luy en facent recognoissance." – *v.f.*

12 "*Bem como os tocadores ou dançarinos estarão ali*; isto é, todo o coral de regozijo e louvor. Dr. Chandler a traduz: 'Cantarão como os que saem à dança'; isto é, com alegria e exultação." – *Williams*. Símaco e Aquila traduzem assim o texto: Και άδοντες ώς χωροι, πασαι πηγαι εν σοι: "E cantarão como os que saem à dança: 'Todas as minhas fontes estão em ti'."

se não preferir Jerusalém a minha maior alegria" [Sl 137.5, 6]. Todos nossos afetos são então fixados na Igreja quando, recobrados dos objetivos vagos e fúteis pelos quais somos distraídos, e considerando com indiferença as honras, prazeres, riquezas e aparências do mundo, descobrimos que basta, para nos sentirmos satisfeitos, engajar-nos na glória espiritual do reino de Cristo, e tão-somente nele.

Salmo 88

Este Salmo contém lamentações muito graves, derramadas pela pena inspirada de seu autor quando sob aflição mui severas, quase ao ponto de desesperar-se. Mas ele, ao mesmo tempo, enquanto luta contra o sofrimento, declara a invencível firmeza de sua fé; orando e invocando a Deus para que o livrasse, ainda quando estivesse nas profundas trevas da morte.[1]

> Cântico ou Salmo dos filhos de Coré. Ao mestre de música sob Machalath, para tornar-se humilde. Instrução de Hemã, o Ezraíta.

Hemã, cujo nome aparece na inscrição, provavelmente fosse a mesma pessoa que é mencionada na história sacra [1Rs 4.31], na qual Salomão, quando enaltecido por sua sabedoria, é comparado a Etã, Hemã, Calcol e Darda.[2] Portanto, não surpreende que um homem tão

---

1 Há várias opiniões quanto à ocasião de composição deste Salmo. Dr. Kennicott o concebe como sendo a oração de uma pessoa encerrada numa casa separada por causa da lepra, que parece estar no último estágio de indisposição. Esta doença, sob a dispensação mosaica, era vista como oriunda do castigo imediato de Deus. A opinião de Kimch é que ele foi escrito em nome do povo judeu durante o cativeiro, na linguagem de um pobre escravo preso a suas correntes. O Bispo Patrick supõe que Hemã, seu autor, durante o mesmo período fora lançado numa prisão escura (vejam-se os vv. 5 e 6), ou que era tratado de uma forma miserável, como se estivesse numa masmorra; e que ele aqui deplora sua calamidade secreta.

2 Há quem suponha que o Hemã mencionado naquele texto é o filho de Zerá, um dos filhos de Judá com sua nora Tamar (1Cr 2.6). Se essas duas passagens se referem à mesma pessoa, então como os netos de Judá podem ser chamados filhos de Maol (1Rs 4.31), a dedução é que Maol era ou outro nome de Zerá ou o nome de sua esposa. Se este Hemã foi o autor deste Salmo, e se Etã, seu irmão, escreveu o Salmo subseqüente, como viveram pelo menos uns cento e setenta anos antes de Moisés, esses poemas são as mais antigas composições existentes, e a mais antiga parte

altamente distinguido pelo espírito de sabedoria fosse o autor deste Salmo. Alguns traduzem על־מחלת, *al-machalath, sobre a enfermidade*;[3] porém é provável, segundo o uso ordinário do termo, que ele denote, ou algum instrumento musical, ou o início de algum cântico.[4] Das outras palavras já falei suficientemente em outro lugar. Além do mais, é importante ter em mente que na pessoa de alguém se acha apresentado a nossa visão um exemplo de rara aflição e de singular paciência. Deus, ao exercitar Hemã de forma tão dolorosa, a quem adornara com dons tão excelentes para ser exemplo a outros, não faz isso tão-somente por causa de seu servo. Seu objetivo era apresentar matéria comum de instrução para todo seu povo. Levando avante esse objetivo, elevando-se Hemã, por assim dizer, a um sublime estágio, ele dá testemunho a toda a Igreja de suas enfermidades, bem como de sua fé e constância. Preocupa-nos grandemente ver um servo de Deus tão eminente, alguém que foi adornado tão excelentemente com as graças do Espírito Santo, assim esmagado sob um pesado fardo de aflições, ao ponto de, com gritos de lamento, queixar-se de que em nada diferia de um homem morto – preocupa-nos grandemente, digo, contemplar

---

da divina revelação. Isso, contudo, está muito longe de ser correto. Hemã, o neto de Judá, poderia ter sido o autor do Salmo 78; mas o 79 não poderia ter sido escrito por Etã, seu irmão, quando fala de transações que ocorreram muito depois desse tempo, pelo menos até os dias de Davi, que é particularmente mencionado nele. Calvino obviamente considera este Hemã como que vivendo no tempo de Davi ou Salomão. Há uma pessoa do mesmo nome que foi constituída por Davi um dos principais cantores sacros (1Cr 25.1). Mas ele era levita, enquanto que este Hemã é chamado Ezraíta, o que subentende um descendente de Zerá, filho de Judá. Portanto, se o músico regente do tempo de Davi está em pauta, algum copista ter-lhe-ia erroneamente aplicado o termo Ezraíta. Mas se o Salmo, como muitos supõem, foi escrito durante o cativeiro babilônico, então teria sido escrito por uma pessoa diferente.

3 Street traduz assim o título: "Um Salmo instrutivo sobre enfermidade, através da aflição, por Aimã o Esraíta." Ainda observa: "מחלה, *doença*, é usada (Êx 23.25). A palavra מחלת é a forma construtiva dela." E acrescenta: "O título assim traduzido concorda com a questão contida no Salmo."

4 Há quem considera as palavras מחלת לענות, *Machalath Leannoth*, as quais Calvino traduz "Machalath, para tornar humilde", como sendo juntas, denotando um instrumento musical. "Quanto a mim", diz o Dr. Morison, "me inclino para a idéia de que essas palavras são usadas para denotar algum instrumento musical da ordem de lamento; e Kimchi e outros escritores judeus concordam perfeitamente com tal opinião. Asseveram que ele era um instrumento de fole, correspondendo bem estreitamente à flauta, e era empregado principalmente a dar vazão ao sentimento de tristeza, em ocasiões de profunda dor e lamentação."

esse espetáculo, para que nossas angústias, por mais graves que sejam, não nos esmaguem com desespero; ou se em algum tempo estivermos quase a desfalecer-nos pela exaustão, preocupação, tristeza, dor ou medo, não sejamos levados pelo desespero, especialmente quando virmos que não é sem muito esforço que o santo profeta emerge dessas trevas profundas para a alegre luz da esperança. Ao contrário, descansemos certos de que o Espírito de Deus, pelos lábios de Hemã, nos fornece aqui uma forma de oração para encorajar todos os aflitos que porventura se vêem à beira do desespero a buscar seu refúgio.

[vv. 1-5]
Ó Jehovah, Deus de minha salvação, diante de ti eu clamo de dia e de noite. Que minha oração chegue a tua presença; inclina teus ouvidos a meu clamor; pois minha alma está saturada de aflições; e minha vida é arrastada para perto do sepulcro. Sou contado com aqueles que descem à cova; tenho sido como um homem que ficou sem forças; livre entre os mortos, como o morto que jaz na sepultura, de quem não te lembras mais, e que está eliminado de tua mão.

1. Ó Jehovah, Deus de minha salvação! Permita-me chamar sua atenção particularmente para observar o que acabo de afirmar: que embora o profeta simplesmente, e sem hipérbole, recite a agonia que sofrera na mais profunda dor, todavia seu propósito era ao mesmo tempo munir os aflitos com uma forma de oração para que não desfalecessem submersos em alguma adversidade, mesmo que fosse a mais severa. Paulatinamente o ouviremos se debatendo em veementes queixas em virtude da gravidade de suas calamidades; mas racionalmente se fortifica através deste breve exórdio, para que, levado pelo calor de suas emoções, não se tornasse culpado pelas queixas e murmurações contra Deus, em vez de humildemente suplicar-lhe o perdão. Ao aplicar-lhe a designação, *o Deus de minha salvação*, pondo, por assim dizer, um freio em sua própria boca, ele restringe o excesso de sua dor, fecha a porta ao desespero e se fortalece e se prepara para suportar a cruz. Ao falar de seu clamor e importunação, ele indica o ardor da alma com que se engaja em oração. Aliás, talvez não tenha clamado em voz alta, porém usa a palavra *clamor*, com muita propriedade, para denotar o profundo ardor de suas orações. O mesmo se dá quando nos diz que continuava a clamar *de dia e de noite*. Tampouco são supérfluas as palavras *diante de ti*. É comum a todos os homens o costume de queixar-se quando se vêem sob a pressão da tristeza; porém outra coisa é derramar seus gemidos diante de Deus. Em vez disso, a maioria do gênero humano busca o isolamento a fim de poder murmurar contra ele e o acusar de injusta severidade; enquanto outros lançam seus clamores a esmo. Daí deduzirmos ser uma virtude rara pôr Deus diante de nossos olhos, a fim de que possamos apresentar-lhe nossas orações.

3. Pois minha alma está saturada de angústias. Estas palavras contêm a justificativa que o profeta apresenta para o excesso de tristeza. Implicam que seu contínuo clamor não procedia de um espírito em inércia e pusilanimidade, senão que, em virtude da devida consideração de sua condição, descobrir-se-ia que o imenso acúmulo de misérias com que era oprimido era tal que podia com razão arrancar dele tais lamentos. Tampouco fala ele apenas de uma espécie de calamidade; porém de calamidades que se atropelavam de tal forma que enchiam seu coração de dor, ao ponto de não mais se conter. Em seguida afirma particularmente que sua vida não se achava distante da sepultura. Ele persegue essa idéia e a expressa em termos ainda mais significativos no próximo versículo, onde se queixa de estar, por assim dizer, morto. Embora ainda respirasse entre os vivos, todavia as muitas mortes com que se achava ameaçado de todos os lados se lhe afiguravam como tantas sepulturas ao ponto de esperar ser tragado num instante. E parece usar a palavra גבר, *geber*, que se deriva de גבר, *gabar, ele prevaleceu* ou *era forte*,[5] em preferência à palavra que simplesmente significa *homem* – mais

---

5 גבר, *geber*, portanto, denota um homem "no vigor de sua masculinidade; que nem é um garoto nem um homem idoso, mas que se aplica a Balaão, quando velho, em Números 24.4." – *Bythner*.

enfaticamente para mostrar que sua angústia era tão profunda e esmagadora que era suficiente para fulminar o homem mais forte.

5. Livre entre os mortos, como o morto que jaz no sepulcro. A intenção do profeta é expressar algo mais aflitivo e grave do que a morte comum. Primeiro ele diz que *era livre entre os mortos*, porque se tornara inapto para todas as atividades que envolvem a vida humana, e, por assim dizer, cortado do mundo. A interpretação sutil de Agostinho, de que Cristo é aqui descrito, e que se diz estar livre entre os mortos, porque ele obteve a vitória sobre a morte por um privilégio especial, para que a mesma não mais tivesse domínio sobre ele, não tem conexão com o significado da passagem.[6] O profeta deve antes ser interpretado como afirmando que, tendo concluído o curso desta presente vida, sua mente se tornou desvencilhada de toda solicitude mundana; privando-o suas aflições de todo sentimento.[7] Em seguida, comparando-se com *os que foram feridos*, ele deplora sua condição como sendo pior do que se, debilitado pelas calamidades, estivesse descendo à morte pouco a pouco; pois somos naturalmente inspirados com horror ante o prospecto de uma morte violenta.

O que acrescenta, dizendo que **está abandonado por Deus e cortado de suas mãos,** ou *desprotegido*, é aparentemente abrupto e impróprio, visto ser indubitável que os mortos não estão menos sob a

---

6 "Livre entre os mortos – *inter mortuos liber*", diz o Dr. Adam Clarke, "tem sido aplicado pelos Pais à morte voluntária de nosso Senhor: todos os demais foram *obrigados a morrer*. Somente ele *renunciou sua vida* e a pôde tomar novamente (Jo 10.18). Ele entrou na sepultura e saiu dela quando *quis*. Os mortos estão *presos* na sepultura. Ele era *livre*, e não obrigado a continuar nesse estado como estavam."

7 Supõe-se que este versículo contenha uma referência à condição do leproso sob a lei, o qual se assemelhava estreitamente com o quadro aqui retratado. חפשי, *chophshi*, de חפש, *chophash*, "ser livre", diz Hammond ("em oposição à servidão"), manumitted, estar em liberdade. O uso desta palavra pode mais geralmente ser tomado de 2 Crônicas 26.21, onde se diz de Uzias, sendo leproso, que habitava, בית החפשית, numa casa de liberdade, pois fora cortado da casa do Senhor. O significado é que, segundo o costume dos leprosos, ele foi excluído do templo e habitava, לשורי ןמ רבם, diz a versão Caldaica aí, em algum lugar fora de Jerusalém, que é, portanto, chamado 'casa da liberdade', porque como tal fora isentado das atividades comuns e excluído da conversação dos homens. E em comparação com estes, estavam, por assim dizer, mortos e deitados em seus túmulos, são aqui descritos como sendo livres, isto é, isentados de todos os afazeres e conversação do mundo."

proteção divina do que o estão os vivos. Inclusive o perverso Balaão, cujo propósito era converter a luz em trevas, foi, não obstante, constrangido a clamar: "Que minha alma morra a morte dos justos, e seja meu fim como o seu" [Nm 23.10]. Dizer, pois, que Deus não mais atenta para o homem depois que este morre, parece mais a linguagem de um pagão. A isso se pode responder: o profeta fala segundo a opinião da generalidade dos homens; assim como as Escrituras, de igual forma, ao tratar da providência divina, acomoda seu estilo ao estado do mundo como se apresenta aos olhos [humanos], porque nossos pensamentos só ascendem ao mundo futuro e invisível começando dos primeiros degraus. Entretanto, creio que ele dava vazão às concepções confusas que surgiram na mente de um homem dominado pela aflição, e não porque tivesse um olho na opinião do ignorante e indouto. Tampouco surpreende que um homem dotado com o Espírito de Deus se visse, por assim dizer, tão aturdido e estupefato quando a dor dele se assenhoreava, ao ponto de permitir que palavras destituídas de sabedoria escapasse de seus lábios. Embora a fé na verdade de que Deus estende seu cuidado tanto aos vivos quanto aos mortos esteja profundamente arraigada nos corações de todos seus servos genuínos, todavia a dor às vezes anuvia tanto suas mentes ao ponto de eliminar deles, por algum tempo, toda lembrança de sua providência. De uma leitura atenta das queixas de Jó percebemos que, quando as mentes dos santos estão preocupadas com o sofrimento, não se compenetram imediatamente da secreta providência de Deus, a qual, contudo, antes fora o tema de sua meticulosa meditação e cuja verdade foi esculpida em seus corações. Embora o profeta, pois, estivesse persuadido de que também os mortos estão sob a proteção divina, todavia, no primeiro paroxismo de sua dor, ele falou menos sabiamente do que deveria ter permitido; porque a luz da fé, por assim dizer, fora extinta dele, embora, como veremos, logo depois brilhou outra vez. Isso será muitíssimo proveitoso à observação, a saber: se nos virmos em algum tempo enfraquecidos por tentações, podemos, não obstante, ser guardados de cair em desespero ou pânico.

[vv. 6-9]
Puseste-me no mais profundo abismo, em lugares escuros e nas profundezas. Sobre mim pesa tua indignação; e tu me afligiste com todas tuas ondas. Selah. Tu afastaste de mim meus conhecidos; e me tornaste abominável a eles; estou encerrado, de modo que não posso sair. Meus olhos choram por causa de minha aflição; invoco-te diariamente, ó Jehovah; tenho estendido a ti minhas mãos.

6. Puseste-me no mais profundo abismo. O salmista então reconhece mais distintamente que, quaisquer que fossem os adversários que ele aturava, isso procedia das mãos divinas. Tampouco alguém recorreria sinceramente a Deus em busca de alívio sem uma prévia persuasão de que é a mão divina que o golpeia e que nada acontece por acaso. É observável que, quanto mais perto estava o profeta de Deus, mais sua tristeza se faz amarga; pois nada é mais terrível para os santos do que o juízo divino.

Alguns traduzem assim a primeira sentença do versículo 7: *Tua indignação aproximou-se de mim*; e a palavra hebraica, סמך, *samach*, às vezes tem de ser tomada nesse sentido. Mas, à luz do escopo da passagem, necessariamente ela deve ser entendida aqui, como em muitos outros lugares, no sentido de *cercar*, ou *pôr peso sobre*; pois quando o tema abordado é um homem sendo precipitado numa sepultura tríplice, seria muito indistinto falar da ira de Deus como meramente *aproximando-se dele*. A tradução que tenho adotado é peculiarmente adequada a todo o curso do texto. Ela focaliza o profeta a declarar que sustentava todo o peso da ira de Deus, visto ser *ele afligido por suas ondas*. Além disso, como tão terrível aluvião não o impede de elevar seu coração e orações a Deus, podemos aprender de seu exemplo a lançar a âncora de nossa fé e orações diretamente ao céu, ante todos os perigos de naufrágio a que porventura sejamos expostos.

8. Tu afastaste de mim meus conhecidos. Ele estava então destituído de todo auxílio humano, e *isso* também ele atribui à ira de Deus, em cujo poder está ou curvar os corações da humanidade ou torná--los empedernidos e ainda mais cruéis. Este é um ponto bem digno de nossa atenção; pois a menos que tenhamos em mente que nossa destituição do auxílio humano, em qualquer caso, se deve ao fato de Deus esconder sua mão, nos agitaremos sem fim nem medida. Podemos, aliás, queixar-nos da ingratidão ou crueldade dos homens sempre que nos defraudam das justas reivindicações do dever que temos sobre eles; mas ainda assim nos considerarão como nada, a menos que estejamos totalmente convencidos de que Deus, estando desgostoso conosco, subtrai os meios de auxílio que nos destinara; assim como é fácil para ele, sempre que lhe agrade, inclinar os corações de todos os homens a estender sua mão em nosso socorro. O profeta, com um elemento adicional e ainda mais grave, em sua angustiante condição, nos diz que seus amigos *o abominaram*.[8] Finalmente, ele conclui, em sua observação, que não conseguia perceber nenhuma via de escape de suas calamidades: **Eu estou encerrado e não há como sair**.[9]

9. Meus olhos choram por causa de minha aflição. Para prevenir-se de uma plausível suposição de ter um coração férreo, ele novamente reitera que suas aflições eram tão severas e dolorosas, que produziam nítidos traços de sua dor, inclusive em seu semblante e olhos – uma clara indicação da miserável condição a que ele fora reduzido. Não obstante, ele testifica que não se esquivara de Deus, como fazem muitos que, pranteando secretamente em seus corações e, para usar uma expressão proverbial, amuando-se num canto, nada mais fazem senão curtir seus pensamentos em vez de descarregarem suas preocupações

---

8 Dr. Adam Clarke observa que "este versículo é considerado como a expressar o estado de um leproso, o qual, por causa da natureza infecciosa de sua doença, é separado de sua família – é abominável a todos e por fim encerrado numa casa separada, onde não sai a misturar-se com a sociedade." "O que Hemã quer dizer", diz Walford, "qualquer que fosse o caráter de sua doença, que os homens não conseguem chegar perto dele, ou que seu estado mental ficava tão desorientado que se tornava irascível e insuportável; talvez ele inclua ambos."

9 Segundo Cresswell, o significado desta cláusula é este: "O salmista se confinou em sua casa com receio de deparar-se diante das injúrias de antigos amigos." Walford a explica assim: "Ou seu estado emocional era tal que o induzia a evitar totalmente a sociedade, ou se via tão cercado por desesperadora miséria que se considerava como um desgraçado confinado numa masmorra, donde não podia escapara." A tradução de Horsley é: "Estou encerrado, e não me é permitido sair." Observa ainda que *encerrar* é o sentido próprio de כלא, e acrescenta que "quando denota confinamento, sempre se aplica a confinamento solitário."

no seio de Deus, a fim de derivar conforto de sua presença. Ao falar de *estender suas mãos*, ele põe o sinal em lugar da coisa significada. Em outras partes tive a oportunidade de explicar a implicação dessa cerimônia, a qual foi sempre usada em todas as épocas.

[vv. 10-13]
Efetuarás tu um milagre em prol dos mortos? Os mortos[10] se erguerão para louvar-te? Selah. Tua benignidade será declarada na sepultura? Tua verdade, na destruição?[11] Conhecer-se-ão tuas maravilhas nas trevas? E tua justiça na terra do esquecimento? A ti, porém, tenho clamado, ó Jehovah! e de manhã minha oração chegará a ti.[12]

10. Efetuarás tu um milagre em prol dos mortos? Com essas palavras o profeta insinua que se Deus não se apressasse a socorrê-lo, seria tarde demais, não existindo quase nada entre ele e a morte; e que por isso esta era uma conjuntura crítica, caso Deus quisesse ajudá-lo; pois a presente oportunidade provavelmente não mais se depararia. Ele inquire até quando Deus se delongará – porventura quereria ele agir quando a morte interviesse, para que se erguesse dentre os mortos por um ato miraculoso? Ele não fala da ressurreição do último dia, a qual excederá a todos os demais milagres. Todavia ele não pode ser inocentado da culpa de ir longe demais, pois não nos pertence prescrever a Deus o tempo de nos socorrer. Impugnamos seu poder se não cremos ser-lhe mais fácil restaurar os mortos à vida do que impedir que o indivíduo morra, no tempo próprio, perigo extremo que nos ameaça de a luz não brilhar sobre nós. Grande como tem sido a

---

10 A palavra hebraica para os mortos, na primeira cláusula do versículo, é מתים, *methin*; aqui é רפאים, *rephaim*. Esta última "palavra hebraica", diz Parkhurst, "significa 'corpos mortos reduzidos', ou 'transformados em seu pó original'. Não conheço (acrescenta) nenhuma palavra em nosso idioma que a expressará; restos ou relíquias se aproxima tanto dela como qualquer outra que eu possa lembrar. É com freqüência expressa por מיתם, 'os mortos', como tendo mais intensa significação." (Veja-se Parkhurst's Lexicon II, אפה) "Mortui, qui vivere desierunt, manes, proprie flaccidi." – Simonis. Segundo o Dr. Adam Clarke, רפאים, *rephaim*, significa "os manes ou espíritos dos falecidos". A Caldaica parafraseia esta palavra assim: "os cadáveres que estão putrefatos no pó."
11 "C'est, la mort." – *v.f.m.* "Ou, seja, morte."
12 *Ou em tua presença* – Vem antes da hora costumeira da oração matutina. Veja-se Marcos 1.35.

constância dos santos, tem tido sempre algum misto de enfermidade da carne, o que se faz necessário a Deus no exercício de sua paternal clemência, ser indulgente com o pecado com que mesmo nossas próprias virtudes têm sido em algum grau contaminadas. Quando o salmista pergunta: **tua benignidade será declarada na sepultura?**, sua intenção não é dizer que os mortos são destituídos de consciência; senão que persegue a mesma idéia que previamente expressara, a saber: que é mais oportuno socorrer os homens enquanto se encontram no meio de perigo e clamando do que soerguê-los de seus túmulos quando já estão mortos. Seu raciocínio procede do que sucede ordinariamente; não sendo o modo costumeiro de Deus fazer os mortos saírem de seus túmulos para que sejam testemunhas e arautos de sua bondade. À *benignidade* ou *mercê* de Deus ele anexa sua *verdade* e *fidelidade*; pois quando Deus livra seus servos, ele faz uma confirmação de sua fidelidade em relação a suas promessas. E, em contrapartida, ele se vê influenciado a cumprir suas promessas não movido por outra coisa senão unicamente por sua bondade inerente. Quando o profeta afirma que a fidelidade divina, bem como a divina bondade, poder e justiça **não podem ser conhecidos na terra do esquecimento**, algumas pessoas equivocadas torcem tolamente a afirmação em apoio de um erro grosseiro, como se ela ensinasse que os homens são aniquilados pela morte. Ele fala tão-somente do modo ordinário pelo qual Deus estende seu auxílio, o qual designou este mundo para ser um estágio no qual pudesse exibir sua bondade para com o gênero humano.

13. A ti, porém, tenho clamado, ó Jehovah! É possível certo grau de intemperança na linguagem do profeta, a qual, como já admiti, não pode ser totalmente justificada; mas ainda era um sinal de rara fé e piedade perseverar como fez com ardente solicitude de jamais se desvanecer em oração. Isso é o que ele quer dizer quando afirma que **apressou-se de manhã**; pelo quê ele não queria que imaginássemos que ele lenta e friamente demorasse até que se visse constrangido pela mais premente necessidade. Ao mesmo tempo, ele modestamente insinua com estas palavras que seu definhamento em longas e contínuas misérias não se devia a sua própria indolência, como se ele não buscasse a Deus. Este é um exemplo particularmente digno de nota, para que não nos deixemos desencorajar caso com freqüência suceda de nossas orações serem por algum tempo frustradas, embora procedam do coração e sejamos assiduamente perseverantes nelas.

[vv. 14-18]
Por isso, ó Jehovah, rejeitarás minha alma? e ocultarás de mim tua face? Estou aflito e prestes a morrer desde minha juventude; tenho sofrido teus terrores e vivido cheio de dúvidas. Tuas iras têm passado sobre mim; teus terrores me têm retalhado. Eles diariamente me rodeiam como águas; juntos me sitiam. Desviaste para longe de mim amigos e companheiros; e meus conhecidos são as trevas.[13]

14. Por isso, ó Jehovah, rejeitarás minha alma? Estes lamentos à primeira vista pareceriam indicar um estado mental no qual prevalecia a dor sem qualquer consolação; porém eles contêm orações tácitas. O salmista não entra arrogantemente em debate com Deus, senão que entre lamentos deseja algum antídoto contra suas calamidades. Esse tipo de queixa com razão merece ser reconhecido entre os gemidos inexprimíveis de que Paulo faz menção em Romanos 8.26. Houvera o profeta imaginado ter sido rejeitado e abominado por Deus, e ele certamente não teria perseverado em oração. Aqui, porém, ele apresenta o juízo da carne, contra o qual exaustiva e perseverantemente lutava, para que, por fim, visse como resultado que sua oração não fora em vão. Portanto, embora este Salmo não termine com ação de graças, mas com uma plangente queixa, como se ali não ficasse nenhum espaço para a misericórdia, todavia é um meio muitíssimo mais proveitoso para conservar-nos no dever da oração. O profeta, entre esses suspiros, e descartando-se deles, por assim dizer, pondo-os no seio de Deus, certamente não cessou de esperar pela salvação da qual não podia ver

---

13 "C'est, se cachent." – *v.f.m.* "Ou, seja, se ocultam." Walford traduz: "As trevas da morte são meus associados"; onde ele tem a seguinte nota: "*As trevas da morte*. Tomo isto literalmente no sentido de 'Meu conhecido, ou aquele que me conhece, são as trevas personificadas'; orcus, abadom."

nenhum sinal à vista dos sentidos. Ele não chama Deus, na abertura deste Salmo, *o Deus de minha salvação*, para depois dizer adeus a toda e qualquer esperança de socorro procedente dele.

É incerta a razão por que ele diz **estou prestes a morrer**[14] **desde a juventude** [v. 15], a menos que se considere uma provável conjetura de que ele foi severamente tratado numa variedade de formas, de modo que sua vida, por assim dizer, pendia por um fio entre vários tremores e temores. Do quê também deduzimos que as **iras e terrores de Deus**, dos quais ele fala no versículo 16, não eram de curta duração. Ele os expressa no versículo 17 como que o cercando *diariamente*. Visto nada ser mais terrível do que imaginar Deus como que irado contra nós, não é impróprio comparar ele sua angústia a *um dilúvio*. Daí também procedia sua *dúvida*;[15] pois o senso da ira divina necessariamente teria agitado sua mente com dolorosa inquietude. Mas pode-se perguntar: Como é possível que essa oscilação se coadune com a fé? É verdade que, quando o coração se acha em perplexidade e dúvida, ou antes é arremessado de um lado para outro, a fé parece ser tragada. A experiência, porém, nos ensina que a fé, embora flutue em meio às agitações, ela continua a vir novamente à tona de tempo em tempo, de modo a não ser esmagada de vez; e se em algum tempo ela se vê ao ponto de asfixia, não obstante é protegida e nutrida, porque, embora as tempestades nunca se tornem tão violentas, ela se esconde delas movida pela ponderação de que Deus continua fiel e jamais desaponta seus próprios filhos, e nem os abandona.

---

14 A palavra original para "prestes a morrer" é גוע, *goveang*. Literalmente: Eu luto ou ofego para respirar; eu respiro com dor e dificuldade, como uma pessoa que se encontra em grande aflição e angústia. O verbo às vezes significa expirar; mas não expressa tão estritamente como implica morte, procedente da obstrução da respiração que a acompanha. (Veja-se Parkhurst's Lexicon, II.I ung, גוע).

15 O verbo hebraico para 'duvidar' é אפונה, *aphunah*. Significa "volver-se de um caminho para outro", como a pessoa que enfrenta profunda angústia e não sabe como dizer que caminho tomar. (Veja-se Parkhurst's Lexicon, פנה).

Salmo 89

O profeta que escreveu este Salmo, quem quer seja ao aproximar-se do trono da graça para apresentar sua súplica a Deus em favor da Igreja aflita, apresenta, como um encorajamento a si e aos demais fiéis para que nutram boa esperança, o pacto que Deus fizera com Davi. Ele então chama a atenção para o poder divino que se percebe em todo o governo do mundo. E em seguida evoca a lembrança da redenção na qual Deus dera um perene testemunho de seu paternal amor para com seu povo eleito. Daí, ele novamente volta ao pacto feito com Davi, no qual Deus prometera continuar seu favor em prol daquele povo, para sempre, por amor a seu rei. Finalmente, ele anexa uma queixa, dizendo que Deus, como se houvera esquecido de seu pacto, abandonou sua Igreja à vontade de seus inimigos, e que, no meio de sinistros tão estranhos e plangente desolação, suprimiu todo socorro e consolação.

Instrução de Etã, o Ezraíta.

Quem foi esse Etã, a quem se atribui este Salmo, é um tanto incerto. Se o considerarmos como sendo um dos quatro homens eminentes a quem Salomão é comparado por sua extraordinária sabedoria [1Rs 4.31[1]], o argumento ou tema do poema não se harmonizará a esse

---

1 O Etã celebrado nessa passagem, segundo alguns, é a mesma pessoa mencionada em 1 Crônicas 2.6, sendo neto de Judá. Mas que este Salmo não poderia ter sido escrito por ele é evidente, como já observamos, à luz de várias alusões contidas nele a eventos que ocorreram ainda posterior aos dias de Davi. Uma pessoa desse nome era um dos principais músicos regentes no tempo de Davi (1Cr 25.1), porém era levita; enquanto que este Etã é denominado ezraíta. Nichols pensa ser provável que o autor, como Hemã,

tempo, a menos que presumamos ter ele sobrevivido a Salomão, e deplorado a triste e dolorosa divisão que ocorreu depois da morte desse monarca, e a qual preanunciava o começo e prelúdio da ruína futura. É verdade que o povo, depois de se ver dividido em dois reinos, continuou ainda a existir em segurança como antes; mas, como tal ruptura dissolveu a unidade estabelecida por Deus, que base de esperança poderia permanecer ainda? Além disso, a prosperidade e bem-estar de todo o corpo depende de ter ele uma cabeça, de sua fidelidade a quem as dez tribos perversamente se revoltara. Que horrível espetáculo era contemplar esse reino que poderia ter florescido em vigor sem precedente, até o fim do mundo, desfigurado e miseravelmente rasgado, no fechar das cortinas da vida de um homem tão famoso! Quem teria imaginado que o santo oráculo seria frustrado e desfeito, cuja veracidade parecia ter se esboroado em tão pouco tempo? Portanto, o Etã supracitado deve ser considerado como o autor deste Salmo, cujas queixas nele contidas devem ser aplicadas a esse período, no qual não só o trono de Davi ficou enfraquecido, mas no qual também a grande massa do povo apostatara de Deus, enquanto aqueles que eram irmãos continuavam a tudo fazer para a ruína uns dos outros através de discórdia mútua e doméstica. Essa certamente me parece ser a conjetura mais provável desse caso ambíguo. Há quem pensa que o autor, falando sob a influência do Espírito de profecia, prediz as calamidades que sobreviriam ao povo. Essa opinião, porém, pode ser facilmente refutada pelo próprio contexto, onde o escritor inspirado expressamente deplora a primeira infeliz alteração que ocorreu no reino, em conseqüência da conspiração de Jeroboão.

[vv. 1-4]
Cantarei para sempre as misericórdias de Jehovah; com minha boca celebrarei tua verdade de geração em geração. Pois eu disse: A misericórdia

---

era da família de Zerá, e escreveu este Salmo durante o cativeiro, mais provável no tempo de Jeoaquim, cujo infortúnio parece aqui descrever num espírito de desespero, não obstante as promessas feitas a Davi.

será edificada para sempre; tu estabelecerás os céus, tua verdade neles está.[2] Eu fiz um pacto com meu escolhido; jurei a Davi, meu servo: Estabelecerei tua descendência para sempre e edificarei teu trono de geração em geração.

1. Cantarei para sempre as misericórdias de Jehovah. É preciso lembrar, como acabei de observar, que o salmista abre [este Salmo] com os louvores de Deus, evocando a memória do pacto divino, com o fim de encorajar os fiéis a fortalecerem sua fé contra tão formidáveis assaltos da tentação. Se ao cumprirmos o dever de orar, algum pensamento angustiante de pronto surgir em nosso íntimo, que enérgica e resolutamente o façamos desvanecer a fim de nosso coração não desmaiar e desistir de vez. O desígnio do profeta, pois, era fortificar as mentes dos santos, bem no início, com suportes estáveis e substanciais, para que, confiando na promessa divina, a qual aparentemente tinha quase caído por terra, e repelindo todos os assaltos da tentação com os quais sua fé era severamente abalada, pudessem esperar confiadamente pelo restabelecimento do reino e continuar perseverantemente em oração por essa bênção. Do triste espetáculo da decadência já iniciada,[3] a qual Etã já visualizava, dando ouvidos aos ditames da razão carnal, ele poderia ter imaginado que tanto ele quanto o resto do povo crente de Deus haviam sido enganados; ele, porém, expressa sua determinação de celebrar as misericórdias de Deus, as quais naquele tempo estavam ocultas de seus olhos. E como essa não lhe era uma questão fácil de apreender e de reconhecer o caráter misericordioso de Deus, de cuja severidade tivera experiência real, ele usa o plural, *as **misericórdias** de Deus*, para que, ao

---

2 A tradução de Ainsworth desta última frase é literal e elegante: "Os céus, tu estabelecerás tua fidelidade neles." Dr. Kennicott, em suas observações sobre passagens seletas do Velho Testamento, aqui se refere aos versículos 37 e 38: "onde", diz ele, "parece que o sol, a lua e o arco-íris eram os emblemas da confirmação dada por Deus ao pacto feito com Davi." "O significado desta passagem", diz Warner, "parece ser que a constância dos movimentos cósmicos, a vicissitude regular do dia e da noite, e as alternações das estações, eram emblemas da própria imutabilidade de Deus."

3 "Ex tristi ruinæ spectaculo." – *v.l.* "Voyant ce commencement pitoyable d'une ruine." – *v.f.*

refletir sobre a abundância e variedade das bênçãos da graça divina, ele pudesse vencer essa tentação.

2. Pois eu disse: A misericórdia será edificada para sempre. Ele assinala a razão por que insiste em cantar os louvores divinos no meio das adversidades, a saber, para que não viesse a desiludir-se da manifestação da benignidade de Deus para com seu povo, embora no momento estivessem sob severa disciplina. Jamais um homem abrirá espontaneamente sua boca para louvar a Deus, a menos que esteja plenamente persuadido de que Deus, ainda quando esteja irado contra seu povo, nunca desiste de seu afeto paternal para com eles. As palavras *Eu disse* sugerem que a verdade que o escritor inspirado propõe estava profundamente fixada em seu coração.[4] É como se ele dissesse: Seja o que for que até aqui tenha acontecido, nada impedirá meu coração de esperar confiadamente experimentar o favor divino quanto ao futuro, e continuarei sempre e inabalavelmente a nutrir o mesmo sentimento. Observemos que não foi sem um doloroso e árduo conflito que ele prosseguiu abraçando pela fé a bondade de Deus, a qual naquele tempo estava totalmente desvanecida da vida – isso que dizemos deve-se observar particularmente a fim de que, quando Deus, em qualquer ocasião, subtrair de nós todos os emblemas de seu amor, possamos, não obstante, aprender a erigir em nossos corações *aquele eterno edifício da misericórdia* que é aqui expresso – metáfora essa na qual está implícito que a misericórdia divina se estenderá ou continuará até que alcance seu fim ou consumação. Na segunda parte do versículo, algo tem de ser complementado. O sentido, em suma, é que a promessa divina não é menos estável que o inabalável curso dos céus, o qual é eterno e isento de toda e qualquer mudança. Pela palavra *céus* entendo não só o firmamento visível, mas os

---

4 "A palavra אמרתי, 'Eu disse', é usada, no livro dos Salmos, para expressar duas coisas: ou um propósito fixo, ou uma opinião firmada pela pessoa que fala. O salmista, pois, transfere a totalidade do segundo versículo para sua própria pessoa, e não introduz Deus falando até o próximo versículo." – *Horsley.*

céus que estão acima de toda a estrutura do mundo; pois a verdade de Deus, na glória celestial de seu reino, é posta acima de todos os elementos do mundo.

3. Eu fiz um pacto com meu escolhido.[5] Para confirmar mais eficazmente, a si e aos santos, na fé na promessa divina, ele introduz Deus mesmo falando e sancionando, por meio de sua autoridade, o que havia dito no versículo anterior. Como a fé deve depender da promessa divina, esse modo de falar, pelo qual Deus é representado como se apresentando e nos atraindo a si por sua própria voz, é mais vívido do que se o profeta pessoalmente houvera simplesmente afirmado o fato. E quando Deus dessa forma nos antecipa, não podemos ser acusados de precipitação em irmos a ele de maneira familiar; ainda quando, ao contrário, sem sua Palavra não temos nenhuma base para presumir que ele será gracioso para conosco, ou esperar, à mera sugestão de nossa própria fantasia, pelo que ele não prometeu. Além do mais, a veracidade da promessa se torna ainda mais irrefutável quando Deus declara que ele fez um pacto com seu servo Davi, ratificado por seu próprio e solene juramento. Tendo sido costumeiro naqueles tempos gravar convênios e pactos em chapas de bronze, usa-se aqui uma metáfora emprestada dessa prática. Deus aplica a Davi dois títulos de distinção, chamando-o *meu escolhido* e *meu servo*. Os que atribuem a primeira designação a Abraão não atentam suficientemente para o estilo do Livro dos Salmos, no qual é bem comum uma coisa ser repetida duas vezes. Davi é chamado *o escolhido de Deus*, porque este, de bom grado, e não movido por alguma outra causa, o preferiu não só à posteridade de Saul e a muitos personagens eminentes, mas inclusive a seus próprios irmãos. Portanto, se a causa ou origem desse pacto deve ser buscada, então temos necessariamente de recuar à eleição divina.

O título *servo*, o qual vem logo a seguir, não deve ser entendido como subentendo que Davi, por meio de seus serviços, merecesse

---

5 "Cf. 2 Samuel 7.11 etc. Nos versículos 3 e 4, o salmista introduz Deus falando sobre um tema que ele resume no versículo 34; de modo que os versículos interpostos podem ser considerados como parentéticos." – *Cresswell*.

algo provindo das mãos de Deus. Ele é chamado *servo de Deus* em relação à dignidade régia, à qual ele não havia se lançado precipitadamente, senão que foi investido por Deus com o governo, e tendo-o empreendido em obediência a sua legítima vocação. Quando, porém, consideramos qual é o sumário do pacto, concluímos que o profeta não a aplicou impropriamente e em seu próprio benefício, mas em benefício de todo o povo; pois Deus não fez um pacto com Davi individualmente, senão que tinha sua atenção voltada para todo o corpo da Igreja, a qual existiria de geração em geração. A frase, **estabelecerei teu servo para sempre**, em parte deve ser entendido como uma referência a Salomão, e o restante como uma referência aos sucessores de Davi; o profeta, porém, bem sabia que a perpétua ou eterna duração, no sentido estrito e próprio, só podia ser verificada em Cristo. Ao ordenar um homem para ser rei, Deus certamente não leva em conta uma única casa, embora ignorasse e negligenciasse o povo com quem anteriormente fizera seu pacto na pessoa de Abraão; mas conferiu o poder soberano a Davi e a seus filhos, para que pudessem governar em prol do bem comum de todo o resto, até que o trono pudesse ser realmente estabelecido com o advento de Cristo.

[vv. 5-8]
E os céus louvarão tuas obras maravilhosas, ó Jehovah, e também a verdade[6] na congregação dos santos. Pois quem nas nuvens [ou no céu] pode ser comparado a Jehovah? Quem entre os filhos dos deuses[7] se assemelha

---

6 "...e tua verdade. Le Clerc crê que a palavra *homens*, aqui, precisa ser inserida, e *os homens tua verdade*; em cujo caso a congregação dos santos terá seu significado próprio – uma assembléia dos piedosos sobre a terra; e o salmista assim descreve os anjos e os homens louvando a Deus." – *Cresswell*.

7 "Literalmente, *quem é ele entre os filhos de Alim* (ou de Deuses, como no Sl 29.1), isto é, segundo Suicer, o poderoso, o príncipe da terra. *Ale*, no singular, é usado para significar Deus em Deuteronômio 32.17; Jó 3.4, 23 (e em outros lugares desse livro); Daniel 11.38; Habacuque 3.3. Mas é duvidoso se seu plural, *Alim*, signifique sempre, como se dá com *Aleim*, o verdadeiro Deus. Temos, contudo, *os filhos de Aleim* em vez de *os homens principais*, em Gênesis 6.2, e em vez de anjos em Jó 1.6; cujo sentido alguns comentaristas têm entendido como *os filhos de Alim* tanto aqui quanto no Salmo 29.1, e com eles concordam os intérpretes caldeus nesse caso. Em Habacuque 1.11, *Ale* é usado ao falar do falso deus dos caldeus; e Parkhurst é de opinião que, por *os filhos de Alim*, estão implícitos aqueles reis que adoravam divindades materiais, tais como o sol." – *Cresswell*.

a Jehovah? Deus é terribilíssimo⁸ na assembléia dos santos, e deve ser temido acima de todos os que o cercam. Ó Jehovah, Deus dos Exércitos, quem, como tu, é Deus poderoso? E tua verdade está ao redor de ti.

5. E os céus louvarão tuas obras maravilhosas. O profeta, tendo falado do pacto divino, inclusive como a fé deve começar na Palavra, agora chega ao enaltecimento geral de suas obras. Entretanto, é preciso observar que, quando ele trata do poder maravilhoso de Deus, seu intuito não é outro senão exaltar e magnificar mais sublimemente a santidade do pacto. Ele exclama que este é o Deus que com justiça reivindica ser servido e temido, em quem se deve crer e em cujo poder deve repousar a mais inabalável confiança. Portanto, a expressão *obras maravilhosas*, na primeira sentença, eu a limito ao poder que Deus exibe na preservação e manutenção de sua Igreja. É verdade que os céus são as mais excelentes testemunhas e oradores do maravilhoso poder de Deus; porém, visando a atender o escopo da passagem, será ainda mais evidente que os encômios aqui pronunciados tenham todos uma referência especial ao propósito do qual tenho falado. Alguns intérpretes judiciosamente explicam a palavra *céus* como sendo o céu dos anjos, no qual está presente uma alegria e congratulação comuns na salvação da Igreja. Esta interpretação é confirmada à luz da última sentença do versículo, na qual se assevera que **a verdade de Deus será celebrada na congregação dos santos**. Não há dúvida de que o mesmo tema tem seguimento aqui, e que pelo termo *verdade* pretende-se sinalizar os livramentos extraordinários pelos quais Deus tem manifestado sua fidelidade às promessas feitas a seus servos.

6. Pois quem nas nuvens pode comparar-se a Jehovah? O profeta agora prossegue ilustrando mais o que dissera acerca das maravilhas de Deus, e exclama enfaticamente: *Quem nas nuvens*

---

8 Ainsworth traduz assim: "Deus é assustadoramente terrível." A palavra original é נערץ, naärats, de ערץ, arats, ele foi quebrado, esmagado, terrificado. "Um epíteto de Deus", diz Bythner, "como a quebrar todas as coisas."

pode comparar-se a Jehovah? A razão pela qual ele fala das *nuvens*, ou *céu*, se deve ao fato de que, o que não surpreende, nada se pode achar na terra que possa aproximar-se da glória de Deus. Embora o homem exceda às demais criaturas vivas, todavia vemos quão desprezível e miserável é sua condição; ou, melhor, quão saturada está ela de vergonha e opróbrio. Donde se segue que sob o céu não há excelência que possa comparar-se com a de Deus. Mas quando subimos ao céu, nos sentido imediatamente extasiados com admiração, concebemos em nosso espírito uma multidão de deuses a suprimir o verdadeiro Deus. A última sentença do versículo, na qual lemos: **que entre os filhos dos deuses não há nenhum que se assemelhe ao verdadeiro e único Deus**, é uma explicação da primeira. A opinião de alguns de que por as *nuvens* ou os *céus* deve-se entender o sol, a lua e as estrelas, se desvanece à luz do próprio contexto. O equivalente, pois, é que, inclusive nos céus, somente Deus tem a plena preeminência, não tendo ali ninguém como companheiro ou igual. A designação, os *filhos dos deuses*, é aqui dada aos anjos, porque eles nem têm sua origem na terra nem são vestidos de um corpo corruptível, mas são espíritos celestiais, adornados com a glória divina. Não se pretende dizer que sejam uma parte da essência ou substância divina, como alguns fanáticos sonham; mas, como ele exibe seu poder neles, este título lhes é atribuído para distinguir sua natureza da nossa. Em suma, embora certa majestade resplandeça nos anjos mais do que nas demais criaturas, ante cuja contemplação ficamos extasiados com admiração, todavia não chegam perto de Deus ao ponto de obscurecer e comunicar sua glória por sua excelência, nem têm parte com ele na soberania universal. Este é um ponto digno de nossa acurada atenção; porque, embora Deus em outros lugares declare em sua Palavra que os anjos não passam de servos, e estão sempre prontos a executar suas ordens, todavia o mundo, não contente em ter somente um Deus, forja para si um número incontável de divindades.

O próximo versículo tem o mesmo propósito, no qual afirma-se que **Deus é terribilíssimo na assembléia dos santos**. Nestas palavras censura-se aquela diabólica superstição a que quase todos os homens se inclinam, a saber, de exaltar os anjos além da medida e sem razão alguma. Mas se os próprios anjos tremem e se enchem de temor diante da Majestade Divina, por que não seriam os mesmos considerados como súditos e mantidos em sua própria categoria, para que unicamente Deus tenha para si a soberania exclusiva? Além do mais, quando são representados como a *rodear a Deus*, significa que rodeiam seu trono régio como guarda-costas, e se acham preparados a executar suas ordens. No versículo subseqüente, a mesma coisa se repete uma vez mais: **Quem, como tu, é Deus poderoso?** E isso se faz para que, pelo menos, o temor da Majestade Divina nos ensine a precaver-nos de usurpá-lo da honra que lhe pertence com exclusividade. Entretanto, para que não sejamos impedidos de aproximar-nos dele em virtude de temor demasiado, alguma porção de doçura é misturada a esta descrição, quando se declara: **sua verdade será vista a rodeá-lo de todos os lados**, pelo quê devemos entender que Deus é sempre inamovível em suas promessas, e sejam quais forem as mudanças que porventura ocorram, não obstante ele continua invariavelmente verdadeiro, tanto diante como atrás, à direita e à esquerda.[9]

[vv. 9-14]
Tu governas o ímpeto do mar; quando suas ondas se levantam, tu as amainas. Subverteste o Egito como a um homem ferido;[10] com teu poderoso

---

9 A explicação de Hammond das palavras *E tua verdade te rodeia* comunica uma idéia notável e bela. "A elegância da frase (que é poética) parece ser extraída", diz ele, "do estilo dos anjos (v. 7), sendo descritos como a rodear o trono de Deus; significando que, como servem a Deus e executam sua vontade, assim, muito acima da força daqueles, a fidelidade de Deus, seu cuidado em concretizar sua promessa exatamente como o envolve, está sempre disposto a fazer tudo aquilo que já prometeu fazer." – *Hammond*.

10 Horsley traduz a frase assim: Tu esmagaste Raabe para que ela se ponha a gritar com suas feridas. E redige a seguinte nota: "A palavra חלל [se ponha a gritar com suas feridas], como usada aqui e no Salmo 88.5, significa não uma carcaça sem vida, mas uma pessoa abandonada para morrer, se debatendo em suas feridas, no campo de batalha; uma pessoa tão ferida que jaz caída e incapaz de levantar-se e defender-se ou ferir seu inimigo. Corresponde exatamente à palavra grega

braço [literalmente, com o braço de tua força] tu dispersaste teus inimigos. Teus são os céus, e tua também a lua; fizeste o mundo e sua plenitude. Criaste o norte[11] e o sul;[12] o Tabor e o Hermom[13] se regozijarão em teu nome. Tu tens um braço poderoso; fortalecerás tua mão, exaltarás tua mão direita. Justiça e juízo são a base de teu trono; misericórdia e verdade irão adiante de tua face.

9. Tu governas o ímpeto do mar. Já observei que o profeta até aqui falou em termos gerais sobre o poder de Deus, tendo se referido ao milagre do livramento dos israelitas do Egito, o que agora celebra em termos expressos. Segundo a interpretação de alguns, Deus é visto como a acalmar as ondas impetuosas do mar porque ele não quer invadir e cobrir o mundo inteiro com um dilúvio. Eu, no entanto, leio os versículos 9 e 10 conectadamente, e entendo o profeta como falando do Mar Vermelho, o qual Deus dividiu para abrir um caminho e fazer as tribos escolhidas atravessarem. O salmista acrescenta logo a seguir que toda **a terra do Egito foi subvertida como um homem ferido**.

---

traumatiaj na tradução da LXX. Não temos palavra correspondente em nosso idioma." Dr. Adam Clarke redige assim: "Tu, como um herói, lançaste por terra o Egito"; e observa: "Dr. Kennicott provou sobejamente que חלל, *chalal*, a qual traduzimos *ferido*, *morto* etc., se refere a um *soldado*, *guerreiro*, *herói*; e é certo que esse sentido concorda melhor com ela do que o outro tão difundido."

11 "A palavra hebraica para 'o norte' se deriva de uma raiz que significa 'ocultar', 'encobrir'. O 'norte' provavelmente seja assim chamado porque em nosso hemisfério ocidental da terra o sol parece mover-se do oriente para o sul e do sul para o oeste; e, para o meio-dia, é o tempo todo do ano em direção ao sul, ficando o lado norte de um edifício, uma árvore, ou monte geralmente 'encoberto' ou 'oculto' de seus raios diretos, e fica, como diríamos, à sombra. (Veja-se Parkhurst, IV, sobre צפן) Simonis também indica isso como sendo a razão do nome, no juízo de alguns críticos. Ou, no de outros, uma vez que o norte é coberto de neve; e o de outros, de trevas; e assim a palavra grega para trevas, zofoj, é continuamente usada por Homer para o norte; porque os antigos pensavam que o norte estava sempre imerso em trevas lúgubres e densas." – Mant.

12 A palavra original, ימין, *yamin*, para "o norte" significa literalmente "a mão direita". Como os hebreus, quando se entretinham em oração, volviam seus rostos para o leste, chamavam o Oriente פנים, *a face*; e o Ocidente, אחור, *a parte de trás*. O sul, portanto, necessariamente seria sua *mão direita*; e daí, ימי, *yamin*, veio a ser usada para denotar *o sul*.

13 O *Tabor* é uma montanha da Judéia, e o *Hermom* (Sl 133.3), da Síria; o primeiro para o ocidente, e o último, para o oriente do Jordão; de modo que pode ser considerado como em posição para o Oriente e o Ocidente. Conseqüentemente, a paráfrase caldaica diz: "Tu criaste o deserto do norte e os habitantes do sul; o Tabor ao ocidente e o Hermom ao oriente cantam louvores a teu nome." "Esses montes", diz Warner, "ficavam a uma considerável distância um do outro. Isso indica que as partes mais distantes da terra serão igualmente abençoadas; possuem o mesmo motivo de regozijo."

Com essas palavras ele magnifica a graça de Deus, a qual foi exibida no livramento da Igreja. Não pode haver dúvida de que sua intenção era pôr diante de sua própria mente e das mentes de outros o amor paternal de Deus com o fim de extrair coragem para si e para outros, para que pudessem recorrer a ele em busca de socorro, com a mais plena liberdade e alegria. E ao afirmar que **Deus fez em pedaços a seus inimigos, com seu poderoso braço**, ele conclui à luz da experiência pregressa da Igreja que seu modo de agir será sempre parecido, sempre que sua infinita sabedoria entender ser necessário.

11. Teus são os céus, e tua também a terra. Ele novamente repete, pela terceira vez, que o mesmo Deus que fora o Libertador do povo escolhido exerce supremo domínio sobre o mundo inteiro. À luz do fato de que Deus criou todas as coisas, ele conclui que é ele quem realmente preside e controla tudo quanto acontece no céu e na terra. Seria absurdo supor que os céus, tendo sido criados por Deus, agora se movem ao acaso, e que todas as coisas estariam lançadas em confusão sobre a terra, ou à mercê da vontade humana, ou ao léu, quando se considera que pertence a Deus manter e governar tudo quanto ele criou; a menos que, como fazem os pagãos, creiamos que ele se diverte em contemplar todas as obras de sua mão, nesse maravilhoso teatro do céu e da terra, sem se dar ao trabalho de protegê-las. Ao falar de *o sul* e *o norte*, bem como dos montes *Tabor* e *Hermom*, o profeta acomoda sua linguagem à embotada apreensão do povo comum; como se dissesse: não existe nenhuma parte da estrutura do mundo que não reverencie e honre seu Criador. Também conecta isso com o próximo versículo, o qual afirma que **o braço de Deus é munido de poder, sua mão, de força, e que sua destra é exaltada**. Alguns entrelaçam as duas última sentenças do versículo na forma de oração: *Fortalece tua mão e exalta tua destra*; isso, porém, parece estar longe demais da mente do profeta, o qual, com o simples intuito de encorajar todos os santos, celebra o inconcebível poder de Deus.

14. Justiça e juízo são o lugar de teu trono. Tais encômios servem mais eficazmente para confirmar a esperança dos verdadeiros crentes do que se o poder divino isolado fosse apresentado ante nossos olhos.

Sempre que se faz menção de Deus, cabe-nos aplicar nossas mentes principalmente àqueles atributos de sua natureza que são especialmente adaptados para estabelecer nossa fé, a fim de não nos perdermos em especulações vãs e sutis, com as quais os homens insensatos, embora isso lhes seja uma atividade para sua própria recreação mental, não fazem progresso para a correta compreensão do que realmente Deus é. O profeta, pois, fazendo alusão às insígnias e pompas dos reis, declara que *justiça* e *juízo* são as colunas do trono sobre o qual Deus se assenta proeminentemente em posição de soberania, e que *misericórdia* e *verdade* são, por assim dizer, seus assistentes; como se quisesse dizer: "Os ornamentos com que Deus se acha vestido, em vez de um manto de púrpura, um diadema, ou um cetro, são eles o fato de Deus ser justo e imparcial Juiz do mundo, Pai compassivo e o fiel protetor de seu povo." Os reis terrenos, por nada terem em si mesmos que os faça granjear autoridade e vestir-se de dignidade,[14] se vêem forçados a tomar emprestado, em outra parte, o que os vestirá com ela. Deus, porém, possuindo em si a auto-suficiência, e não tendo qualquer necessidade de quaisquer outros auxílios, nos exibe o esplendor de sua própria imagem em sua justiça, misericórdia e verdade.

[vv. 15-18]
Bem-aventurado o povo que conhece o som jubiloso;[15] ele andará, ó Jehovah, na luz de teu semblante. Em teu nome se regozijarão diariamente; e em tua justiça se gloriarão. Porque tu és a glória de sua força; e em teu favor nosso poder será exaltado. Porque Jehovah[16] é nosso escudo; e nosso Rei é o Santo de Israel.

---

14 "Pource qu'ils n'ont rien au dedans qui leur acquiere authorite et donne majeste." – *v.f.*

15 Oh, bem-aventurança do povo que conhece o som jubiloso; que é poupado para ouvir o som da trombeta na manhã do jubileu, que proclama livramento aos cativos e a restauração de todos seus direitos perdidos!" – *Dr. Adam Clarke*. "Que não nos esqueçamos, porém", diz o Dr. Morison, "de que a trombeta do jubileu era um tipo da proclamação da paz e salvação por Jesus Cristo. Quão felizes aqueles que, quando soa a trombeta do evangelho pelos arautos da salvação, são capacitados a reconhecer seu som jubiloso."

16 "O hebraico ליהוה deve ser traduzido *de* ou *do Senhor*, em ambos os lugares deste versículo: 'Do Senhor é nosso escudo ou defesa'; 'Do Senhor, ou dele', isto é, de sua designação, é nosso Rei'." – *Hammond*.

15. Bem-aventurado o povo que conhece o som jubiloso. Aqui corre o mesmo fio de reflexão concernente à Igreja, não só porque os incrédulos sejam cegos para a consideração das obras de Deus, mas também porque o profeta não tem outro propósito em vista além de inspirar os santos com boa esperança, para que confiem inteiramente em Deus e não sejam desencorajados de ousadamente invocá-lo, movidos, porventura, por quaisquer adversidades. Declara-se que são felizes aqueles a quem é dado regozijar-se em Deus; pois embora todos os homens em comum sejam sustentados e nutridos por sua liberalidade, todavia o sentimento de sua bondade paternal está longe de ser experimentada por todos os homens de tal maneira que os capacite, de uma sólida persuasão de que ele lhes é favorável, a congratular-se com sua feliz condição. Portanto, é um singular privilégio que ele confere a seus escolhidos fazendo-os provar sua bondade, para que assim sejam encorajados a dar vazão a sua alegria e júbilo. E, de fato, não há condição mais miserável do que a dos incrédulos quando, por sua brutal insensibilidade, pisoteiam os divinos benefícios que avidamente devoram; pois, quanto mais abundantemente Deus os sacia, mais estúpida é sua ingratidão. A verdadeira felicidade, pois, consiste em nossa apreensão da bondade divina que, enchendo de júbilo nosso coração, nos estimula a louvar e a render graças.

O profeta em seguida prova, à luz dos efeitos, que são bem-aventurados os que, com júbilo e deleite, reconhecem ser Deus seu Pai, porque não só desfrutam seus benefícios, mas também, confiando em seu favor, enfrentam toda a trajetória de sua vida em paz e tranqüilidade mentais. Essa é a implicação de **caminhando na luz do semblante de Deus**: repousam em sua providência com inabalável persuasão de que ele exerce especial cuidado por nosso bem-estar, e vigia com eficiência para que o mesmo seja assegurado. As expressões, **se regozijando em seu nome** e **se gloriando em sua justiça**, têm o mesmo propósito. A idéia contida nelas é que os crentes acham em Deus base abundante, sim, mais que abundante, para alegrar-se e gloriar-se. A palavra *diariamente* parece denotar firme e inabalável perseverança;

e assim indiretamente se vê censurada a louca arrogância daqueles que, inflados apenas com ar e escudados em sua própria e mera força, erguem suas cabeças bem alto. Uma vez que constroem um fundamento inseguro, inevitavelmente e por fim cairão. Daí se segue que não há magnanimidade nem qualquer poder que possa permanecer, senão aquele que se inclina exclusivamente para a graça de Deus; ainda quando vemos como Paulo [Rm 8.31] nobremente se gloria: "Se Deus é por nós, quem será contra nós?" E desafia todas as calamidades, quer presentes, quer futuras.

17. Porque tu és a glória de sua força. O mesmo sentimento é confirmado quando se declara que Deus nunca deixa seus fiéis servos destituídos de força. Pela designação, *a glória de sua força*, a qual lhe é atribuída, implica que eles são sempre sustentados de tal maneira, por seu presente auxílio, que têm sobeja razão de gloriar-se nele; ou, equivalendo a mesma coisa, que seu poder desponta sempre glorioso em ajudá-los e em sustentá-los. Entretanto, são ao mesmo tempo lembrados do dever de render a Deus todo o louvor por serem preservados em segurança. Se este é o caso quanto à presente vida, muito mais verdadeiramente aplicável é à vida espiritual da alma. Além disso, para mais sublimemente magnificarmos este exemplo da liberalidade divina, somos ensinados, ao mesmo tempo, que isso depende inteiramente de seu beneplácito, não existindo nenhuma outra causa dela.[17] Daí se segue que estão totalmente obrigados e em dívida para com Aquele que é induzido tão-somente por sua liberalidade em prosseguir concedendo-lhes seu auxílio.

18. Porque Jehovah é nosso escudo. Como a principal proteção do povo de Deus estava na pessoa de seu rei, aqui demonstra-se expressamente que a manutenção do bem-estar dos fiéis, por sua instrumentalidade, é dom de Deus. Mas logo veremos ser preciso observar que a mente do profeta estava demasiadamente fixa no reino temporal e transitório ao ponto de negligenciar, ao mesmo tempo,

---

17 "Sans qu'il y en ait aucune autre cause." – *v.f.*

a visão de seu fim. Ele sabia que foi somente em virtude de Cristo que Deus fez derramar seu favor sobre a cabeça da Igreja, e daí sobre a cabeça de todo o corpo. E, em primeiro lugar, embora ele denomine o rei, em termos metafóricos, de *escudo* – expressão figurativa amiúde empregada na Escritura –, ele confessa que quando o povo é defendido por sua mão e operação, não obstante isso é feito pela providência divina, e assim pode-se indicar uma fonte mais sublime que a mera agência humana. A mesma coisa se reitera novamente na segunda sentença, onde se afirma que o rei foi dado por Deus para governar o povo; e que, portanto, a defesa que procede do rei é bênção que procede de Deus. Além do mais, precisamos recordar que o que se diz desse reino, que era uma sombra de algo maior, propriamente se aplica à pessoa de Cristo, que o Pai nos deu para ser o guardião de nosso bem-estar, para que sejamos sustentados e defendidos por seu poder.

[vv. 19-23]
Então falas em visão a teus humildes,[18] e dizes: Pus o socorro sobre um que é poderoso; eu exaltei um escolhido do meio do povo. Achei a Davi, meu servo; com santo óleo [literalmente, com o óleo de minha santidade] eu o ungi. Portanto, minha mão será estabelecida com ele; meu braço também o fortalecerá. O inimigo não o arrancará,[19] nem o filho da iniqüidade o afligirá. E eu quebrarei em pedaços seus opressores diante de sua face; e ferirei os que o odeiam.

19. Então falas em visão a teus humildes. O salmista então declara mais extensamente por que dissera que o rei, posto sobre o povo escolhido para a preservação do bem público, lhes foi dado do céu; ou, seja, porque ele não o escolhera por meio dos sufrágios humanos, nem usurpara de sua própria mão o supremo poder, nem se insinuara nele por meio de artes corruptas, mas foi eleito por Deus para ser o instrumento da manutenção do bem público e cumpriu os deves de

---

18 A palavra na Bíblia Hebraica para "teus humildes" está no singular; nas versões antigas, porém, e em sessenta e três manuscritos da coleção do Dr. Kennicott, e setenta e um de De Rossi, está no plural.

19 "L'ennemi n'aura puissance sur luy." – *v.f.* "O inimigo não terá poder sobre ele."

seu ofício sob os auspícios e conduta de Deus. O desígnio do profeta, como breve e claramente veremos, é distinguir esse rei divinamente designado de todos os demais reis. Embora seja procedente o que Paulo ensina em Romanos 13.1: "Não há poder senão [o que vem] de Deus", contudo havia uma grande diferença entre Davi e todos os reis terrenos que têm adquirido poder soberano por meios profanos. Deus entregara o cetro a seu servo Davi imediatamente com sua própria mão, por assim dizer, e o fez assentar no trono régio por sua própria autoridade. A partícula אז, *az*, a qual propriamente significa *então*, é tomada também para *desde muito*, ou na *antigüidade*. Portanto, o significado é que, enquanto alguns nascem reis, sucedendo a seus pais por direita hereditário, e alguns são elevados à dignidade real por meio de eleição, embora outros o adquiram para si pelo uso da violência e da força de armas, Deus era o fundador desse reino, tendo escolhido a Davi, com sua própria voz, para o trono. Além do mais, embora ele revelasse seu propósito a Samuel, todavia, como aqui se usa o plural, implicando que o mesmo oráculo fora entregue a outros, podemos certamente concluir que fora comunicado a outros profetas para que fossem capazes de, em um só consenso, dar testemunho de que Davi fora criado rei por determinação divina. E, aliás, como outros profetas eminentes e celebrados viveram naquele tempo, não é muito provável que uma questão de tão grande importância fosse ocultada deles. Mas, unicamente Samuel é designado para essa tarefa, porque ele era o publicador do oráculo divino e o ministro da unção régia. Como Deus naqueles dias falou a seus profetas, ou por meio de sonhos ou *por meio de visões*, este último modo de revelação é aqui mencionado.

Então vem a substância ou importância do oráculo divino: Que Deus guarneceu com auxílio o forte ou poderoso a quem escolhera para ser a suprema cabeça e governante do reino. Davi é chamado *forte*, não porque natural e inerentemente ele excelesse em força (pois, como bem se sabe, ele era de pequena estatura e de aparência desprezível entre seus irmãos, de modo que inclusive Samuel passou por ele com indiferença), mas porque Deus, depois de o haver escolhido, o revestiu com nova força e outras qualidades distintivas e adequadas a um rei; ainda quando num caso paralelo, quando Cristo escolheu seus apóstolos, ele não só os honrou com o título, mas ao mesmo tempo concedeu-lhes os dons que lhes eram necessários para exercício de seu ofício. E, em nossos próprios dias, ele comunica a seus ministros a mesma graça de seu Espírito. A força de Davi, pois, da qual se faz menção aqui, era o efeito de sua eleição; pois Deus, ao criá-lo rei, o guarneceu ao mesmo tempo com força adequada para a preservação do povo. Isso vem a lume ainda mais distintamente à luz da segunda sentença: **Eu exaltei um escolhido do meio do povo**. Todas as palavras são enfáticas. Quando Deus declara que ele o *exaltou*, é com o intuito de notificar a miserável e desprezível condição em que Davi vivia, desconhecido e obscuro, antes de Deus estender-lhe sua mão. Com o mesmo propósito é a expressão seguinte: *do meio do povo*. O significado é que ele ao mesmo tempo não era notado e pertencia à classe mais baixa do povo e não dava mostra de excelência superior, sendo o menos estimado entre seus irmãos, em cuja cabana rural exercia o humilde ofício de pastor.[20] Pela palavra *escolhido* Deus nos chama de volta à consideração de próprio livre-arbítrio divino, como se ele nos proibisse de buscar alguma outra causa da exaltação de Deus além de seu próprio beneplácito.

20. Encontrei a Davi meu servo. O profeta confirma a mesma proposição, a saber: Que nada havia de realeza em Davi, o qual tudo devia à soberania de Deus em preservá-lo por sua graça. Tal é o teor da palavra *encontrei*, como se Deus dissesse: Quando eu o tomei para exaltá-lo, isso procedeu inteiramente de minha livre bondade. O título *servo*, portanto, não denota algum mérito, mas deve ser atribuído à vocação divina. É como se Deus dissesse que confirmava e ratificava, por meio de sua autoridade, o soberano poder de Davi; e se ele o aprovou, sua legitimidade é posta acima de toda e qualquer dúvida.

---

20 "Quum ultimus esset in rustico tugurio, et inter pecuarios." – *v.l.* "Veu qu'il estoit le plus petit en la maison de son pere, et qu'en ce mesnage de village il estoit de ceux qui gardoyent les bestes." – *v.f.*

A segunda sentença do versículo propicia uma confirmação adicional da livre eleição divina: **Com meu santo óleo, eu o ungi**. Esta unção, que não era o fruto do próprio bom siso de Davi, senão que a obteve contrariando toda expectativa, foi a causa de sua elevação ao estado de realeza. Deus, pois, de si mesmo e segundo seu mero beneplácito, tendo antecipado a Davi para que ele o ungisse rei pela mão de Samuel, com razão declara que ele *o encontrara*. Em seguida se acrescenta que ele seria o guardião e protetor desse reino do qual ele era o fundador; pois não era seu modo costumeiro abandonar suas obras depois de as ter começado, senão que, ao contrário, as leva avante por meio de um processo contínuo de progresso até sua completude.

22. O inimigo não lhe fará mal.[21] Aqui se declara em termos expressos que, embora Davi não vivesse sem inimigos, o poder de Deus estaria sempre à disposição para sustentá-lo e defendê-lo para que ele não se visse oprimido com violência injusta. Conseqüentemente, afirma-se que Davi não será tributário de seus inimigos, como aquele que é vencido em batalha se vê constrangido a admitir tais condições de paz segundo os ditames do vencedor, por mais injurioso isso se lhe afigure. Quando seus inimigos são chamados *filho da iniqüidade*, está tacitamente implícito que esse governo será tão isento de tirania e extorsão, que quem quer que seja que tente arruiná-lo se verá envolvido na perpetração do erro e perversidade. Equivale a isto: Davi e seus sucessores viverão tão seguros e solidamente fortificados pela proteção divina, que será impossível que seus inimigos os tratem ao sabor de sua vontade. Não significa divergir desta promessa dizer que, com respeito ao fato de Deus poupar esse reino de ser grandemente afligido, os sucessores de Davi se veriam constrangidos a pagar uma vultosa quantia em tributo aos reis estrangeiros e pagãos; pois, embora o poder do reino estivesse reduzido, era bastante que a raiz ainda permanecesse até que Cristo viesse, em cuja mão o reino fosse, por fim, solidamente

---

21 "A alusão parece-nos ser a um credor cruel e injusto, que cobra não só suas dívidas justas, mas alguma imposição exagerada, com interesses usurários, o que não era permitido." – *Williams*.

restabelecido. Como tanto o rei quanto o povo impiamente rejeitaram essa singular bênção de Deus, o reino era amiúde abalado por sua própria negligência, mais tarde debilitado, e por fim arruinado. Todavia Deus, para confirmar seu oráculo concernente à perpetuidade desse reino, não cessou o tempo todo de nutrir e preservar alguma esperança, contendendo contra sua ingratidão. Além disso, quando se faz menção dos *inimigos e opressores* de Davi, insinua-se que esse trono não será privilegiado com a isenção de aborrecimentos e dificuldades, visto que haverá sempre alguém que suscitará hostilidade contra ele, a menos que Deus seja seu opositor.

[vv. 24-29]
Minha verdade e minha misericórdia estarão com ele; e em meu nome sua cabeça será exaltada. E porei sua mão no mar, e sua destra nos rios.[22] Ele clamará a mim: Tu és meu Pai, meu Deus e a Rocha de minha salvação. Também o farei meu primogênito,[23] mais sublime que os reis da terra. E manterei minha misericórdia em seu favor para sempre, e meu concerto estará firme com ele. E estabelecerei sua descendência para sempre, e seu trono como os dias do céu.

24. Minha verdade e minha misericórdia estarão com ele. Deus mostra que ele continuará a exercer, sem interferência, aquela graça que manifestara em favor de Davi no início. Estas palavras são como se ele dissesse que, para provar sua fidelidade a sua palavra, ele seria sempre gracioso e liberal. Assim vemos que Deus, não só no início

---

22 Isso significa que o poder de Davi se estenderia do Mediterrâneo, o Mar Grande, ao rio Eufrates. Gejerus e Le Clerc ilustraram esta passagem de um discurso dirigido a Alexandre pelos embaixadores citas, em Q. Curtius, L. vii. "Si Dii habitum corporis tui aviditati animi parem esse voluissent, orbis te non caperet; alterâ manu orientem, aterâ occidentem contingeres." Se os deuses te tivessem dado um corpo em proporção a tua insaciável mente, o mundo não seria capaz de conter-te. Tu estenderias uma mão para as mais longínquas extremidades do oriente e a outra para o oriente mais remoto."

23 "*Eu o farei meu primogênito*; isto é, como os filhos mais velhos de uma família mantêm uma posição mais elevada e recebem as primícias de seu pai, assim Davi será o primeiro na ordem dos reis, o qual, quando são soberanos legítimos podem ser considerados como os filhos de Deus, seu Pai comum. Cf. Gênesis 27.1ss.; Êxodo 4.22; Deuteronômio 21.17; Salmo 2.7; Colossenses 1.15. Em Isaías 14.30, pelo primogênito do pobre está implícito o extremo daquela classe, os mais pobres dentre os pobres." – *Cresswell*.

muniu a Davi com testemunhos de sua munificência, mas que ele sempre continuou a tratá-lo da mesma maneira misericordiosa. Isso tem uma referência a toda a Igreja de Cristo, de modo que a bondade divina se manifesta em todo o curso de nossa salvação, e não só em nosso primeiro ingresso nele, como falam insensatamente os sofistas da Sorbone que gostam de tergiversar.[24] *A cabeça* [*o chifre*] de Davi denota aqui, como às vezes ocorre em outros lugares, sua glória, dignidade e poder. O significado, pois, é que pela graça de Deus esse reino florescerá e prosperará para sempre.

25. E porá sua mão no mar. A alusão aqui é à vasta extensão do reino. Como o povo, por sua perversidade, por assim dizer, obstruíra o caminho e interceptara a bênção divina, sua herança se tornou mais reduzida do que a bênção subentendia. Agora, porém, Deus declara que durante o reinado de Davi ele será uma vez mais expandido, de modo que o povo possuirá todo o país, desde o mar até o rio Eufrates. Disso deduzimos que, o que Deus prometera por meio de Moisés, somente na pessoa de Davi é que ele veio ao cumprimento final, ou, seja, a partir de seu tempo.[25] Pela expressão, *os rios*, deve-se entender, ou só o Eufrates, que se acha cortado por muitos canais, ou os outros rios vizinhos na costa da Síria.

26. Ele clamará a mim: Tu és meu Pai. Neste versículo declara-se que a primordial excelência desse rei consistirá nisto: que ele será reputado como o Filho de Deus. Aliás, este é o título de honra que se aplica a todos a quem Deus ordena a que sejam reis, como já vimos num Salmo anterior [82.6]: "Eu disse: Sois deuses; e todos vós sois filhos do Altíssimo." Na passagem que temos diante de nossos olhos, porém, expressa-se algo especial no tocante ao santo rei a quem Deus escolhera, e a idéia que surge nas entrelinhas é que ele será o filho de Deus em um sentido diferente. Veremos logo a seguir, no versículo subseqüente, como ele é colocado em uma posição mais elevada do

---

24 "Sicuti nugantur Sophistæ." – *v.l.* "Comme gazouillent ces brouillons et Sophistes de Sorbonistes." – *v.f.*
25 "C'est à dire, de son temps."

que os reis da terra, ainda que empunhem o cetro sobre uma extensão mais ampla do país. Portanto, foi um privilégio peculiar um único rei neste mundo ser chamado o Filho de Deus. Do contrário teria o apóstolo raciocinado não só inconcludentemente, mas também absurdamente, ao citar este texto como prova da doutrina de que Cristo é superior aos anjos: "Ser-lhe-ei por Pai, e ele me será por Filho" [Hb 1.5]. Anjos e reis, bem como todos os que são regenerados pelo Espírito de adoção, são chamados *filhos de Deus*; Davi, porém, quando Deus lhe promete tomá-lo por seu filho, é, por uma singular prerrogativa, elevado acima de todos os demais a quem se aplica esta designação. Isso é ainda mais evidente à luz do versículo seguinte, no qual ele é chamado *primogênito* de Deus, porque ele se eleva acima de todos os reis da terra; e esta é uma honra que transcende a toda dignidade, tanto dos homens quanto dos anjos. Se alguém objetar, dizendo que Davi, não passando de um mero mortal, não podia igualar-se aos anjos, a resposta óbvia é que, se for considerado em si mesmo, então ele com justiça não poderá ser elevado no mesmo nível de excelência que eles; mas com propriedade mais elevada ele pode, durante aquele tempo em que ele representou a pessoa de Cristo.

28. E manterei minha misericórdia em seu favor para sempre. Vemos como Deus amiúde reitera que ele estabelecera o reino de Davi com o expresso desígnio de firmá-lo para sempre. Ao pôr *sua misericórdia* em primeira ordem, e então acrescentar *seu concerto*, ele realça a causa desse concerto, notificando numa palavra que ele é gratuito, e que sua graça é não só o fundamento sobre o qual ele [o concerto] repousa, mas também a causa por que ele é preservado inviolável. Significa que Deus será sempre misericordioso para com Davi, a fim de que seu concerto jamais falhe. À luz desse fato segue-se que sua inviolabilidade depende do mero beneplácito de Deus. No versículo seguinte, Deus expressa o efeito de sua verdade, declarando que a posteridade de Davi se assentará para sempre no trono real. Nada havendo sob o céu de longa duração, *os dias do céu* é uma expressão empregada para denotar duração eterna. Donde se segue que esta profecia não pode ter seu pleno cumprimento enquanto não formos a Cristo, em quem tão-somente, no sentido estrito e próprio, se encontra esta eterna duração.

[vv. 30-37]
Se seus filhos abandonarem minha lei, e não andarem em meus juízos; se violarem[26] minhas ordenanças, e não guardarem meus estatutos; então visitarei sua transgressão com minha vara,[27] e sua iniquidade com açoites. Porém não retirarei totalmente dele minha benignidade, nem falharei em minha fidelidade [literalmente, nem mentirei em minha verdade]. Não quebrarei meu pacto, nem alterarei aquilo que procedeu de meus lábios. Uma vez jurei por minha santidade que não mentiria[28] a Davi. Sua descendência durará para sempre; e seu trono, como o sol diante de mim. Ele será estabelecido para sempre como a lua e como uma testemunha fiel no céu.[29] Selah.

30. Se seus filhos abandonarem minha lei. O profeta avança ainda mais, declarando que, embora a posteridade de Davi caísse em pecado, todavia Deus prometera mostrar-se misericordioso para com ela, e que ele não puniria suas transgressões na plena extensão de seu merecimento. Além disso, para dar à promessa maior eficácia, ele sempre introduz Deus falando como se ele lhe apresentasse um pedido correspondente às palavras precisas e aos artigos expressos de seu concerto."[30] Era em extremo necessário que isso fosse adicionado; porque então facilmente nos escorregaríamos para o mal e seríamos propensos a contínuas quedas; a menos que Deus, no exercício de sua

---

26 A palavra original para 'violarem' é יְחַלֵּלוּ, *yechallelu*, de חלל, *chalal*, *ele perfurou ou penetrou através de*. "Quando se refere às coisas sacras, *ele profanou, violou, contaminou, prostituiu, penetrou através das coisas divinas.*" – *Bythner*.

27 "In virga." – *v.l.* "Avec ma verge." – *v.f.*

28 "Hebraico: 'se eu mentir'; a mais solene forma de negação naquele idioma." – *Williams*.

29 "A passagem como um todo, começando com 'Eu pus o socorro', no versículo 19 até o final do versículo 37, pode ser considerada como uma paráfrase do que Deus disse a Davi (2Sm 7.8 etc.), pela boca de Natã. As promessas ali reiteradas, sabemos pela história, tiveram seu cumprimento somente em Jesus Cristo. O salmista, pois, nos próximos versículos subseqüentes, contemplando as calamidades de sua nação, entrega-se à linguagem de queixas." – *Cresswell*.

30 "Acsi ex conceptis pacti verbis cum eo ageret." – *v.l.* "Comme s'il luy presentoit requeste suyvant les propres mots et articles expres de son alliance." – *v.f.*

infinita misericórdia, nos perdoasse, não ficaria um único artigo de sua aliança a permanecer de pé. Deus, portanto, vendo que não poderia ser de outra forma, senão que a posteridade de Davi, no que dependesse dela, amiúde apostataria do pacto, movida por sua própria fraqueza, providenciou um remédio para tais casos, em sua graça perdoadora.

Além do mais, visto ser proveitoso aos homens sujeitarem-se eles à correção divina, ele não promete que lhes permitiria que escapassem impunes, o que equivaleria encorajá-los em seus pecados; porém promete que, em seus castigos, ele exerceria uma moderação paternal, e não executaria vingança sobre eles na plena medida do que merecem seus pecados. É preciso observar também que ele promete perdão, não só pelas ofensas leves, mas também pelos pecados grandes e graves. Não é sem motivo que ele use estas formas de expressão: **abandonar sua lei, violar seus estatutos, não andar em seus juízos e não guardar seus mandamentos**. Nem é sem motivo que ele use a palavra *transgressão*, ou perfídia, e *iniquidade*. Vemos, pois, que a paciência e clemência de Deus, por meio das quais ele reconcilia consigo a posteridade de Davi, se estende até mesmo aos pecados da mais hedionda e grave descrição.

Esta passagem nos ensina que, quando Deus adota seres humanos em sua família, eles não são, doravante, alienados da carne com suas corrupções, como é defendido por alguns entusiastas que sonham que, tão logo somos enxertados no corpo de Cristo, toda e qualquer corrupção que se encontrava em nós é destruída. Tomara Deus fizesse com que pudéssemos, todos, num piscar de olhos mudar nossa natureza e assim exibir aquela perfeição angélica que os tais demandam! Mas, como é plenamente evidente, estamos longe de tal obtenção; enquanto levarmos conosco este tabernáculo de carne, demos adeus a essa ficção diabólica, recorrendo todos nós ao santuário do perdão, o qual está em todo tempo aberto para nós. Deus, inquestionavelmente, está falando da família de sua Igreja; e contudo se acha declarado, com suficiente clareza, na promessa que ele faz de perdoar suas ofensas, que transgredirão e se farão culpados de revoltar-se contra ele.

Limitar o que se diz aqui ao antigo povo de Israel é uma exposição não apenas absurda, mas totalmente ímpia. Em primeiro lugar, tomo como ponto estabelecido o que já tivemos ocasião de considerar com freqüência, a saber: que este reino foi erigido para ser uma figura ou sombra na qual Deus pudesse representar o Mediador em relação a sua Igreja. E isso se pode provar não só à luz do testemunho de Cristo e seus apóstolos, mas pode também ser clara e indubitavelmente deduzido da coisa considerada em si mesma. Se nos descartarmos de Cristo, onde acharemos aquela eterna duração do trono real do qual se faz menção aqui? Em segundo lugar, de Davi que, na ordem da sucessão, foi despojado da maior parte do reino, de modo que das doze tribos ele reteve parcamente uma tribo e meia. Depois disso, quantas perdas sofreu esse reino que ficou tão reduzido, e com quantas calamidades se viu ele desfigurado, até que, por fim, o rei e toda a corporação do povo foram arrastados ao cativeiro, com extrema ignomínia e opróbrio? E peço ao leitor que considere onde foi parar a dignidade do trono, quando o rei, depois que seus filhos foram mortos ante seus próprios olhos, foi ele mesmo tratado como um criminoso? [2Rs 25.7.] Aos judeus deveras mais tarde se permitiu habitar em seu próprio país; porém sem a honra e título de reino. Conseqüentemente, Ezequiel [21.27] declara três vezes que a coroa seria lançada ao pó, "até que venha aquele a quem pertença o direito". A conclusão óbvia, pois, é que a perpetuidade, como aplicada a esse reino, só pode ser verificada em Cristo. E de fato, que acesso poderiam os judeus de outrora ter a Deus, ou que acesso poderíamos nós, na atualidade, ter a ele, não fora o Mediador manifestar-se entre nós e ele, para fazer-nos encontrar graça diante de seus olhos?

Agora nos resta aplicar a nós mesmos as qualidades desse reino das quais estivemos falando. Como sua eterna duração nos leva a esperar uma bendita imortalidade, e sua invencível força inspirar nossas mentes com tranqüilidade e impedir que nossa fé se desvaneça, não obstante todos os esforços que Satanás porventura apresente contra nós, e não obstante as numerosas formas de morte que porventura nos cerquem, assim o perdão que é aqui prometido pertence ao reino espiritual de Cristo; e pode ser igualmente deduzido desta passagem, a saber: que a salvação da Igreja depende unicamente da graça de Deus e da veracidade de suas promessas. Se porventura alguém objetar, dizendo que aqueles que são regenerados pelo Espírito de Deus nunca apostatam totalmente, visto que a semente incorruptível da palavra reside neles, admito ser esta uma importante verdade. Entretanto, a referência aqui não é a uma apostasia completa – nem está implícita a inteira extinção de santidade no indivíduo culpável dela. Mas às vezes ocorre que os fiéis se desvencilham do jugo divino e se precipitam em pecado de tal sorte que o temor chega a aparentar como se fora extinto deles; e sendo esse o caso, era necessário que ele prometesse o perdão até mesmo de pecados hediondos, para que eles não caíssem esmagados pelo desespero. Assim Davi parecia, em sua aparência externa, estar totalmente privado do Espírito de Deus, a quem ele ora para que fosse restaurado. A razão por que Deus imprime esperança de perdão mesmo por transgressões detestáveis e mortais é para que a enormidade de nossos pecados não nos conserve de costas ou a impedir-nos de buscar a reconciliação que ele oferece. À luz disso somos levados a condenar a indevida severidade dos pais que tinham escrúpulo de receber mediante arrependimento àqueles que tinham fracassado segunda e terceira vez. Aliás, é preciso tomar o devido cuidado para que, pelo uso de demasiada paciência, não se perca as rédeas que impedem os homens de cometerem tão graves iniqüidades. Não há, porém, menos perigo num extremo grau de rigor. É preciso observar que, quando Deus declara que se mostrará misericordioso para com os pecadores que têm violado sua lei e quebrantado seus mandamentos, ele propositadamente emprega esses odiosos termos para incitar-nos a odiar e a detestar o pecado e a não deixar-nos seduzir por sua prática. Entretanto, devemos ainda entender a passagem como equivalente a isto: que embora os fiéis nem sempre ajam de uma maneira digna da graça de Deus, e portanto mereçam ser rejeitados por ele, todavia ele lhes será misericordioso, uma vez que a remissão de pecados é um artigo essencial prometido em seu pacto. E de fato, como Deus em sua lei requer que pratiquemos o que excede nosso poder, tudo o que nela ele promete não nos é de nenhuma valia, por quem ela nunca pode ser praticada. Daí Paulo, em Romanos 4.14, afirmar: "Se a herança vem pela lei, a fé é invalidada, e a promessa, de nenhum efeito." A isso pertence também as palavras de Jeremias: "Eis que vêm dias, diz o Senhor, que farei uma nova aliança com a casa de Israel, e com a casa de Judá; não segundo a aliança que fiz com seus pais, no dia em que os tomei pela mão para tirá-los da terra do Egito; porque eles invalidaram minha aliança apesar de eu os haver desposado, diz o Senhor. Mas esta é a aliança que farei com a casa de Israel depois daqueles dias, diz o Senhor: Porei minha lei em seu interior, e a escreverei em seu coração; e eu serei o seu Deus, e eles serão o meu povo" [Jr 31.31-33].

Demais, visto que Deus não nos adota como seus filhos com vistas a animar-nos a assumir maior liberdade de cometer pecado ainda com mais ousadia, faz-se aqui menção, ao mesmo tempo, da disciplina pela qual ele revela que odeia os pecados de seus filhos; e, advertindo-os do que merecem por ofendê-lo, os convida e os exorta ao arrependimento. Essa disciplina paternal, pois, que opera como medicina, faz o equilíbrio entre a indulgência indevida, que é um estímulo ao pecado, e a severidade extremada, a qual precipita as pessoas na destruição. Aqui o escritor inspirado chama a atenção para a profecia registrada em 2 Samuel 7.14, onde Deus declara que, ao castigar seu próprio povo, procederá segundo o método dos homens – "se vier a transgredir, castigá-lo-ei com vara de homens, e com açoites de filhos dos homens." Deus ali fala de seu castigo infligido a seu povo segundo o método dos homens, seja porque a ira de um pai em corrigir seus filhos procede do amor – pois percebe que de outra forma ele deixaria de promover o bem do filho –, ou que ele contém um contraste entre Deus e os homens, subentendendo que na tarefa de disciplinar ele procederá com moderação e doçura; pois, caso fosse ele empregar sua força, imediatamente nos reduziria a nada; sim, ele poderia fazer isso simplesmente movendo um de seus dedos. O escopo de ambas as passagens indubitavelmente é este: sempre que Deus castiga os pecados dos crentes genuínos, ele observará uma moderação saudável; e portanto é nosso dever considerar todos os castigos que ele nos inflige como suas tantas medicinas. Sobre este ponto, os papistas têm errado clamorosamente. Não entendendo o verdadeiro fim e fruto dos castigos, imaginam que Deus procede daí como se estivesse a vingar-se dos pecadores. Donde se originam suas satisfações, e destas uma vez mais procedem os perdões e indulgências, por meio dos quais se esforçam por redimir-se da mão e da vingança de Deus.[31] Mas Deus não tem em vista outra coisa senão corrigir os vícios de seus filhos, a fim de que, após os haver purgado totalmente, os restaure de novo a seu favor e comunhão; conforme as palavras de Paulo em 1 Coríntios 11.33, as quais afirmam que os fiéis "são castigados pelo Senhor a fim de que não sejam condenados com o mundo". Por essa razão, para que não se vêem esmagados sob o peso do castigo, ele sustém sua mão e faz consideráveis concessões em virtude de suas fraquezas. E assim se cumpre a promessa: *Para que não retenha sua benignidade de* seu povo, ainda quando ele esteja irado contra eles. Pois enquanto os corrige para seu proveito e salvação, ele não cessa de amá-los. Entretanto, é preciso observar que há uma mudança de pessoa nas palavras. Depois de dizer: *Se seus filhos abandonarem minha lei* etc., por fim acrescenta: *minha benignidade* ou *misericórdia não se esquivará dele*. Seguramente se deveria dizer, *deles*, em vez de *dele*, visto ser *os filhos*, no plural, de quem ele fala. Mas é bem provável que essa forma de expressão seja intencionalmente empregada para ensinar-nos que somos reconciliados com Deus somente através de Cristo; e se esperamos achar misericórdia, então temos de buscá-la nessa única fonte. O que se segue no final do versículo, *não deixarei que meus fiéis apostatem*, é mais enfático do que se houvera dito que Deus será fiel ao que

---

31 "Par lesquels moyens ils ont pensé se racheter pour eschapper la main et vengence de Dieu." – *v.f.*

disse. É impossível que a promessa de Deus deixe de ter efeito e ainda ele continue sendo fiel. Por exemplo, a lei é verdadeira e santa; e no entanto, que vantagem temos que a salvação esteja prometida na lei, quando nenhum ser humano pode jamais por meio dela obter a salvação? Deus, pois, nesta passagem nos leva mais longe: prometendo que seu pacto será inabalável e eficaz, não só porque ele será de sua parte fiel, mas também porque ele impedirá que seu povo apostate movido por sua própria inconstância.

34. Não quebrarei meu concerto. Como o verdadeiro conhecimento da misericórdia de Deus só pode ser extraído de sua Palavra, ele nos ordena a conservar nossos olhos atentamente fixos em seu concerto. Quanto mais excelente e valiosa é uma bênção – de "nunca sermos rejeitados depois de termos sido uma vez adotados por ele" – mais difícil é para nós crermos em sua veracidade. E sabemos quantos pensamentos de tempo em tempo surgem em nossa mente, tentando pô-la em dúvida. Para que os fiéis, pois, não se perturbem além da medida, debatendo em sua mente se permanecem ou não no favor de Deus, eles são intimados a olhar para o pacto e a abraçar a salvação que lhes é oferecida nele. Deus aqui nos oferece sua própria fidelidade para que possamos considerar sua promessa como suficiente e para que não busquemos a certeza de nossa salvação em alguma outra fonte. Ele disse previamente: *se os filhos de Davi quebrarem meus estatutos*; e agora, aludindo a essa brecha, ele declara que não exigirá deles como exigem dele: *não quebrarei meu concerto*, querendo dizer que, embora seu povo venha a agir não de uma maneira tal que corresponda a sua vocação, como devem fazer, ele não permitirá que seu concerto seja quebrado e anulado por conta de sua transgressão, porque ele pronta e eficazmente impedirá que isso se concretize apagando seus pecados através de um perdão plenamente gratuito. Ele continua ainda com a ilustração da proposição precedente: *não deixarei que meus fiéis apostatem*; prometendo não só ser fiel, de seu lado, como costumamos dizer, mas também que o que ele prometeu terá pleno efeito, a despeito de todos os impedimentos que os homens porventura lancem no caminho; pois ele lutará contra seus pecados, para que por meio deles o fruto de sua bondade não seja impedido de alcançá-los. Quando os judeus, por sua ingratidão e traição, se revoltaram contra ele, o pacto não foi anulado em função de estar fundado na perfeita imutabilidade de sua natureza. E ainda quando, nos dias atuais, nossos pecados subam até o céu, a bondade de Deus não deixa de subir acima deles, visto estar ela infinitamente acima dos céus.

35. Uma vez jurei por minha santidade. Deus agora confirma por meio de um juramento o que previamente dissera haver prometido a Davi; do que transparece não ser uma questão de pouca importância. Sendo certo que Deus não interporia seu santo nome em referência ao que não era de nenhuma conseqüência. É um emblema de singular benignidade para ele, ao ver-nos propensos à desconfiança, providenciar um antídoto contra a mesma de uma forma tão clemente. Temos, pois, tão menos escusa se não abraçarmos, com verdadeira e inabalável fé, sua promessa que é tão contundentemente ratificada, já que em seu profundo interesse por nossa salvação ele não subtrai seu juramento, para que demos total crédito a sua palavra. Se não considerarmos sua promessa como suficiente, ele acrescenta seu juramento, por assim dizer, como um penhor. A expressão, *uma vez*,[32] denota que o juramento é irrevogável, e que, portanto, não temos a mínima razão para ficar apreensivos de haver nele alguma inconstância. Ele afirma que jura *por sua santidade*, porque não se podia achar alguém maior que ele por quem pudesse jurar. Ao jurar por si mesmo, nós o constituímos nosso Juiz e o colocamos como soberano sobre nós, ainda quando ele é nosso soberano por natureza. Para ele é uma maneira mais enfática de expressão dizer *por minha santidade* do que se dissesse *por mim mesmo*, não só porque ela manifesta e exalta sua glória, mas também porque é muito mais adequado para a confirmação da fé chamar de volta, como faz, os fiéis à habitação terrena que para

---

[32] "Uma vez – enfático; não necessita ser reiterado, nem o será." – *Walford*.

eles escolhera, para que não imaginassem ser necessário buscá-lo à distância; pois pelo termo *santidade*, não tenho dúvida, ele tem em mente *o santuário*. E no entanto ele jura por si mesmo e por nenhum outro; pois ao evocar o templo que designara para ser sua sede ele não se afasta de si mesmo; mas, meramente acomodando sua linguagem a nosso rude entendimento, jura por sua santidade que habita visivelmente na terra. Com respeito à forma elíptica do juramento, já vimos num Salmo anterior que essa era uma maneira muitíssimo comum de jurar entre os hebreus. E assim foram advertidos a que o nome de Deus não fosse usado sem a devida consideração, e que, usando-o abrupta e irreverentemente, atraíssem sobre si a vingança divina. A forma abrupta e interrompida de expressão era, por assim dizer, um freio a restringi-los, dando-lhes oportunidade à reflexão. Não é incomum Deus tomar por empréstimo algo do costume corriqueiro dos homens.

36. Sua descendência durará para sempre. Segue-se então a promessa de que o direito de soberania permanecerá para sempre com a posteridade de Davi. Estas duas coisas – sua prole e seu trono – vão juntas; e com essas palavras se promete a eterna duração do reino, de modo que o mesmo jamais se transfira àqueles que eram de uma raça estranha e diferente. O sol e a lua são evocados como testemunhas; pois embora sejam criaturas sujeitas ao desvanecimento, todavia possuem mais estabilidade do que a terra e o ar; estando os elementos, como já vimos, sujeitos a mudanças contínuas. Como todo este mundo inferior está sujeito a incessante agitação e mudança, apresenta-se-nos um estado de coisas mais firme no sol e na lua, para que o reino de Davi não fosse estimado segundo a ordem comum da natureza. Entretanto, visto que esse trono régeo foi abalado nos dias de Jeroboão, como já tivemos ocasião de observar, e mais tarde foi derrubado e destruído, segue-se que esta profecia não pode limitar-se a Davi. Pois ainda que, por fim, a majestade externa desse reino chegasse ao fim sem esperança de ser restabelecido, o sol não cessou de brilhar de dia, nem a lua de noite. Conseqüentemente, até a vinda de Cristo, Deus poderia parecer ser infiel a suas promessas. Mas, no renovo que brotou da raiz de Jessé, estas palavras se cumpriram em seu mais pleno sentido.³³

[vv. 38-45]
Mas te aborreceste dele e o rejeitaste; tu te iraste contra teu ungido. Tu fizeste cessar o concerto de teu servo;³⁴ profanaste sua coroa, lançando-a por terra. Derrubaste todos seus muros; puseste em ruína suas fortalezas. Todos os que passam pelo caminho o despojam; ele se tornou opróbrio para seus vizinhos. Exaltaste a destra de seus opressores; fizeste com que todos seus adversários se regozijassem. Também embotaste o fio de sua espada, e não o mantiveste de pé na batalha. Fizeste cessar seu esplendor, e deitaste por terra seu trono. Abreviaste os dias se sua juventude; cobriste-o de vergonha. Selah.

38. Mas te aborreceste dele e o rejeitaste. Aqui o profeta se queixa de que, em decorrência do deplorável estado do reino, a profecia parecia ter fracasso em seu cumprimento. Não que ele acuse a Deus de falsidade; porém fala dessa forma para que com toda liberdade pudesse lançar suas preocupações e tristezas no seio de Deus, que nos permite tratá-lo de forma tão familiar. Sem dúvida isso nos faz modelar nossos desejos segundo a vontade divina; porém não se pode dizer que uma pessoa vai além dos devidos limites quando humildemente

---

33 "Há uma observação mui óbvia e importante a ser feita sobre a descrição da aparente mudança que ocorreu na conduta de Deus para com a família e descendentes de Davi. As promessas extraordinárias que foram feitas a esse príncipe certamente não se cumpriram nos destinos de seus descendentes, os reis de Judá; nem seremos capazes de descobrir como a veracidade dessas promessas deva ser sustentada sem uma admissão de ter-se concretizada em referência ao Messias, aquele rei espiritual que "nasceu da descendência de Davi, segundo a carne". Quando nos garantimos de que tais promessas foram feitas a Davi, e as quais lhe garantiam a perpetuidade de seu reino, neste sentido o mistério é desvendado e a dificuldade completamente removida: 'a benignidade de Deus não foi subtraída dele, nem sua fidelidade fracassou.' Davi tem ainda um sucessor real, ainda que a genealogia de sua posteridade esteja perdida na terra. Sucessor esse que durará para sempre, e cujo trono será perpetuado em glória, não meramente enquanto o sol e a lua durarem, mas até surgir em esplendor, quando esses luzeiros celestes forem extintos e o novo céu e a nova terra testificarem das glórias imperecíveis do Filho de Deus." – *Walford*.
34 "Ou, as quitté l'alliance de ton serviteur." – *v.f.m.* "Ou, tu fizeste expirar o concerto de teu servo."

lamenta sentir-se privada dos emblemas do favor divino, uma vez que não caia em desespero nem murmure insidiosamente contra Deus. Em seguida veremos que o profeta, ao bendizer a Deus no final do Salmo, fornece prova de serena submissão, pela qual ele corrige ou caracteriza suas queixas. Portanto, quem quer que fosse aquele rabino que determinou ser ilícito recitar este Salmo, ele foi inspirado por tola e ímpia impertinência a condenar o que Deus suporta em seus filhos. Ao tomar tal liberdade de queixar-se diante de Deus, o profeta não tinha outro objetivo em mente senão que, com mais eficiência pudesse resistir a dúvida e a impaciência, aliviando-se de seu fardo na divina presença. Além do mais, as palavras: *Tu te aborreceste dele e o rejeitaste*, se analisadas segundo as regras do idioma grego e latino, serão consideradas deselegantes; pois a palavra que recebe mais ênfase vem primeiro, e então acrescenta-se outra que recebe menos ênfase. Mas visto que os hebreus não observavam nosso método de arranjo neste sentido, a ordem aqui adotada é bem consistente com o estilo do idioma hebraico. O terceiro verbo contém a razão de tal mudança por parte de Deus, ensinando-nos que o rei foi rejeitado porque Deus se exasperara contra ele. Alguns acreditam que há aqui um recital do motejo que os inimigos do povo escolhido dirigiam contra ele, e a opinião que adotam para escapar da dificuldade oriunda do modo de se ver esse severo tipo de queixa, como pronunciado pela Igreja, comprova ser esse o obstáculo que levou o rabino supracitado a rejeitar todo este Salmo. Mas é preciso ter em mente que o profeta se expressa segundo o sentimento e apreensão comuns dos homens; enquanto, ao mesmo tempo, ele estava plenamente convicto em sua própria mente de que o rei que uma vez foi escolhido por Deus não podia ser rejeitado por ele.

No mesmo sentido devemos entender a anulação do pacto – *Tu fizeste cessar o concerto de teu servo*. O profeta não acusa a Deus de leviandade e inconstância; ele apenas se queixa de que aquelas notáveis promessas das quais ele falara aparentemente haviam se desvanecido e transformado em nulidade. Sempre que os fiéis formulam a pergunta: "Até quando te esquecerás de mim, ó Senhor?" "Desperta; por que dormes, ó Senhor?" [Sl 13.1; 44.23; 79.5], com certeza não devem ser entendidos como a atribuir-lhe esquecimento ou sono. Simplesmente põem diante dele as tentações que a carne e o sangue lhes insinuam a fim de induzi-lo a socorrê-los prontamente em meio às fraquezas nas quais se encontram mergulhados. Não surpreende, pois, que o profeta, achando-se envolvido por tão horrível desolação, fosse afetado pelas debilidades às quais a natureza humana é tão vulnerável em tais circunstâncias; e assim se viu impelido a fazer tal asseveração, ou, seja: o que Deus prometeu estava longe de se concretizar de forma manifesta. Ao ver todas as coisas contrariando a promessa divina, ele não era um homem tão insensível ao ponto de permanecer impassível ante um espetáculo tão deplorável e confuso. Mas, ao chegar espontaneamente à presença divina, ele busca um remédio que pudesse deglutir sem dor, que teria sido o caso se ele tivesse cedido ao descontentamento secreto e negligenciado esse meio de lenitivo. O que se acrescenta no final do versículo: *Tu lançaste sua coroa ao chão*, não parece aplicar-se ao tempo de Roboão, a não ser que, talvez, o desmembramento do reino esteja implícito no ato de lançar a coroa ao chão. As afirmações que vêm logo a seguir devem estar, necessariamente, indicando alguma calamidade maior. Caso se admita essa opinião, o autor do Salmo teria sido uma pessoa diferente de Etã, que era um dos quatro homens sábios, de quem se faz menção na história sacra [2Rs 4.31]. Em um caso tão ambíguo, deixo a cada um a liberdade de adotar a conjetura que lhe parecer mais provável.

40. Tu derrubaste todos seus muros. O profeta, embora pudesse facilmente ter encontrado outra causa à qual imputar a quebra e a demolição das fortificações, contudo, sob a influência de emoção devota e santificada, ele reconhece ser Deus o autor de tal calamidade; estando plenamente convicto de que os homens não podiam, a seu bel-prazer, ter destruído o reino que Deus estabelecera, não fosse a ira divina a incitá-los. Depois de falar em termos metafóricos, ele se queixa dizendo que o reino ficou exposto à pilhagem por quem por ali passasse, assemelhando-se a um campo ou pomar cujos muros foram deitados abaixo e o solo exposto à depredação. Como o agravo de uma calamidade que em si mesma fosse suficientemente grave, a indignidade adicional se manifesta para que o rei *viesse a ser um opróbrio a seus vizinhos*. Os mundanos e profanos, não pode haver dúvida, achando uma oportunidade tão de conformidade com suas aspirações, debochavam dele, dizendo: É este aquele rei que Deus elegeu, rei esse mais excelente que os anjos e cujo trono se destinava a continuar por tanto tempo que faria parelha com a duração do sol e da lua? Como tal atitude repercutia em Deus mesmo, o profeta com razão se queixa da humilhante zombaria com que o Ungido de Deus era tratado, cuja dignidade e realeza eram ratificadas e confirmadas pela unção celestial.

42. Tu exaltaste a destra de seus opressores. Aqui ele declara que Deus tomara o partido dos inimigos do rei; porque estava bem cônscio de que esses inimigos não poderiam ter prevalecido a não ser pela vontade de Deus, o qual inspira alguns com coragem e faz com que outros se sintam desfalecidos. Em suma, em proporção ao número das calamidades que sobrevieram ao povo eleito, assim era o número das evidências de o haver Deus esquecido. Pois enquanto seu favor se fizesse presente, o mundo inteiro, com todas suas maquinações, era incapaz de abalar a estabilidade do reino. Se porventura fosse dito que os inimigos do rei obtiveram vitória, a afirmação teria sido mui procedente; porém não teria sido uma forma de expressão tão obviamente adequada para a exaltação do poder divino; como era possível imaginar que os homens que se puseram em oposição a Deus tinham, por seu próprio poder, forçado seu caminho e concretizado seu propósito, mesmo contra aqueles que desfrutavam sua proteção. Conseqüentemente, o profeta pondera consigo mesmo: a não ser que a ira de Deus ardesse irremediavelmente, aquele reino que Deus erigira não podia ser reduzido a uma condição tão extremamente miserável.

45. Abreviaste os dias de sua juventude. Há quem explica esta sentença neste sentido: que Deus havia enfraquecido o rei a tal ponto que ele se viu debilitado ou desfigurado na própria entrada da flor da juventude, e tão exausto com a idade ainda antes de alcançar o período da virilidade.³⁵ Essa exposição pode ser considerada como não improvável; mas é preciso observar ainda, a fim de termos uma compreensão mais clara da mente do profeta, que ele não fala exclusivamente de um só indivíduo, senão que compara o estado do reino à vida de um homem. Sua queixa, pois, equivale a isto: Deus levou o reino ao envelhecimento precoce, e finalmente à deterioração, antes mesmo de haver alcançado o estado de plena maturidade; seu destino se assemelha ao de um jovem que, enquanto ainda se desenvolve em força e vigor, é arrebatado por morte violenta antes do tempo. Tal similitude é mui apropriada; pois o reino, se compararmos seu estado naquele período com a promessa divina, mal chegara a sua florescência quando, em meio a seus primeiros progressos, subitamente se vê ferido com uma grave decadência, seu frescor e beleza esfacelados e, por fim, se desvaneceu. Além do mais, é preciso ter em mente o que previamente afirmamos, a saber: quando o profeta se queixa de que o resultado não corresponde à promessa, ou não é tal como a promessa levou o povo eleito a esperar, com isso ele não acusa a Deus de falsidade, mas realça sua aparente discrepância com outro propósito – animar-se, partindo da consideração das promessas divinas, a chegar ao trono da graça com maior confiança e ousadia; e, enquanto insiste sobre essa dificuldade diante de Deus, ele estava plenamente persuadido de que era impossível que ele não se mostrasse fiel a sua palavra. Como a maioria dos homens sorve sua dor e a guarda em seu peito, visto que se desesperam na tentativa de extrair algum benefício da oração, assim os verdadeiros cristãos, quanto mais franca e familiarmente apelam para Deus em atenção a suas promessas, mais corajosamente se digladiam contra sua desconfiança e se animam na esperança de um resultado favorável.

---

35 Alguns dos intérpretes judeus defendem esse ponto de vista e supõem que a alusão era ao rei Jeoaquim (2Rs 24.8). Kennicott infere da expressão "Abreviaste os dias de sua juventude", que esta porção do Salmo se refere a Acaz, que morreu aos trinta e seis anos de idade.

[vv. 46-48]
Até quando, ó Jehovah, ocultar-te-ás para sempre? Tua fúria esbraseará como fogo? Lembra-te de que idade eu tenho![36] Por que criarias debalde todos os filhos dos homens?[37] Que homem há que viva e não veja a morte? Ele livrará sua alma [ou vida] da mão da sepultura?[38] Selah.

46. Até quando, ó Jehovah, ocultar-te-ás para sempre? Após haver derramado suas queixas com respeito ao triste e calamitoso estado da Igreja, o salmista agora volve à oração. Daí se segue que a linguagem de lamento a que ele até aqui se entregara, embora emanada do senso carnal, estava, não obstante, jungida à fé. Os incrédulos, na agitação da angústia, podem às vezes envolver-se em oração, todavia seja o que peçam procede de lábios fingidos. O profeta, porém, ao conectar oração com lamentos, dá testemunho de que nunca perdera sua confiança na veracidade das promessas divinas. Com respeito a essa forma de expressão, *Até quando, para sempre?*, já discorremos no Salmo 79.5, onde demonstramos que ela denota uma longa e contínua sucessão de calamidades. Além do mais, ao perguntar: *Até quando Deus se ocultará?*, ele insinua que tudo estará bem assim que Deus tiver prazer em contemplar seu povo eleito com um semblante benigno. Na segunda sentença do versículo, ele menciona uma vez mais a razão por que Deus não se dignava a contemplá-los com favor paternal,

---

36 "'Lembra-te de que idade ou tempo de vida eu tenho.' Ou: 'quão fugaz', חלד (por meio de uma transposição das letras de חדל, *ele cessou*), denota o tempo presente se esvaindo rapidamente. Ou, a breve carreira de nossa vida; ou deste mundo: 'a forma do qual passa' (1Co 7.31)." – *Bythner*.

37 Ainsworth traduz assim: "Oh, lembro-te de quão transitório eu sou; a que fútil estado criaste todos os filhos de Adão."

38 Este apelo em referência à universalidade da morte e a impossibilidade de evitá-la, encontra uma pronta resposta no seio de cada filho de Adão, por mais elevada ou humilde seja sua sorte. E, quando a morte uma vez tenha se assenhoreado de sua vítima, toda a saúde, poder e capacidade do mundo não conseguem escapar às garras de seu domínio. As admiráveis linhas de Gray, em sua célebre Elegia, fornecem um notável comentário a este versículo:
"A vanglória da heráldica, a pompa do poder,
E tudo o que é belo, tudo o que a riqueza oferece,
Aguardam igualmente a hora inevitável:
As veredas da glória só conduzem ao túmulo.
Pode a urna depositada, ou o peito animado,
Voltar a suas mansões para reclamar o fôlego fugaz?

a saber: que sua ira se inflamara contra eles. A conclusão óbvia é que todas as aflições que suportamos procedem de nossos próprios pecados; sendo elas o azorrague do Deus ofendido.

47. Lembra-te de quão breve é meu tempo. Depois de ter confessado que as severas e deploráveis aflições que sobrevieram à Igreja tinham de ser conectadas a seus próprios pecados como a causa que as provocara, o profeta, para mais eficazmente mover a Deus à comiseração, põe diante dele a brevidade da vida humana, durante a qual, se não tivermos nenhum sabor da bondade divina, parecerá que fomos criados sem nenhum propósito. Para entendermos a passagem de uma forma mais clara, será melhor começar com a consideração do último membro do versículo: **Por que terias criado debalde os filhos dos homens?** Os fiéis, ao formularem esta pergunta, avançavam para o primeiro princípio estabelecido, a saber: que Deus criou os homens e os pôs no mundo com o fim de revelar-se como seu Pai. E, deveras, como sua bondade se estende até mesmo ao gado e animais inferiores de todo gênero,[39] nem por um momento se pode presumir que nós, que mantemos uma categoria na escala da existência superior à criação bruta, seríamos totalmente privados dela. Na suposição oposta, seria melhor que jamais tivéssemos nascidos do que enfrentar o desvanecimento por angústia contínua. Além do mais, torna-se patente a brevidade do curso de nossa vida; o qual é tão breve que, a não ser que Deus oportunamente se apresse em fazer-nos provar o sabor de seus benefícios, perder-se-ia a oportunidade de fazer isso, visto que nossa vida passa tão rapidamente. A ênfase deste versículo é agora bastante óbvia. Em primeiro lugar, ela é lançada como um princípio: que o fim para o qual os homens foram criados era que desfrutassem a liberalidade divina no mundo atual; e à luz deste fato conclui-se que nasceriam em vão, a menos que ele se manifeste na qualidade de Pai deles. Em segundo lugar, como o curso desta vida é por demais breve,

---

39 "Sur les asnes et chevaux, et autres bestes brutes." – *v.f.* "Aos asnos e cavalos, bem como a outros animais brutos."

argumenta-se que, se Deus não se apressar em abençoá-los, a oportunidade não poderá ser-lhes propiciada, quando sua vida já lhes terá esvaído. Aqui, porém, pode-se dizer, em primeiro lugar, que os santos assumem uma responsabilidade grande demais ao prescreverem a Deus um tempo para ele agir; e, em segundo lugar, que embora ele nos aflija com angústias contínuas, enquanto nos achamos em nosso estado de peregrinação terrena, todavia não existe motivo plausível para concluirmos disto que fomos criados para nenhum propósito, visto que há reservada para nós uma vida muito melhor no céu, para cuja esperança temos sido adotados; e que, portanto, não surpreende se no momento e neste mundo nossa vida nos esteja oculta. Eis minha resposta: É pela permissão de Deus que os santos tomam esta liberdade de insistir com ele em suas orações para que se apresse; e que não existe impropriedade em agirem assim, contanto que eles, ao mesmo tempo, se mantenham dentro dos limites da modéstia e, refreando a impetuosidade de suas emoções, se rendam totalmente à vontade divina. Com respeito ao segundo ponto, admito ser totalmente procedente, a saber: que embora devamos continuar a arrastar nossa vida por entre angústias contínuas, temos ricas consolações a ajudar-nos a suportar todas nossas aflições, contanto que elevemos nossa mente às regiões celestiais. Mas é preciso observar ainda, em primeiro lugar, ser verdade, considerando nossa grande fraqueza, que ninguém jamais fará isso, a não ser que antes tenha experimentado a bondade divina nesta vida; e, em segundo lugar, que as queixas do povo de Deus não devem ser julgadas de acordo com uma regra perfeita, porque elas não procedem de um estado mental estabelecido e imperturbável, senão que sempre estão a experimentar algum excesso oriundo da impetuosidade ou veemência das emoções que operam em sua mente. Prontamente admito que o homem que mede o amor de Deus pelo estado de coisas como presentemente existem, usa um padrão de critério que levará a uma falsa conclusão: "porque o Senhor disciplina a quem ama" [Hb 12.6]. Mas, como Deus nunca é tão severo com seus próprios filhos, que não lhes forneça uma real e experimental evidência de sua graça, permanece sempre verdadeiro que a vida seria fútil aos homens, se não sentissem, enquanto aqui vivem, que ele é seu Pai.

Quanto à segunda sentença do versículo, já se afirmou em outro lugar que nossas orações não emanam de um curso uniforme, mas às vezes revelam um excesso de tristeza. Portanto, não surpreende que os fiéis, quando a angústia imoderada ou o temor ocupa seus pensamentos e se apodera deles, experimentam tal desatenção a dominá-los, que por algum tempo esquecem de manter sua mente fixa na meditação sobre a vida por vir. Muitos pensam ser inconcebível que os filhos de Deus, no primeiro momento que começam a pensar, não penetram imediatamente o céu, como se as densas névoas amiúde não interferissem para impedir-nos ou dificultar-nos quando olharmos intensamente para ele. Perder a fé sua viveza é uma coisa, e outra bem distinta é ser ela totalmente indistinguível. E, sem dúvida, quem quer que se exercite nos juízos divinos, e se ponha em conflito com as tentações, reconhecerá que o mesmo não está tão cônscio da vida espiritual como deveria. Ainda que a pergunta: *Por que criarias debalde todos os filhos dos homens?* se deduz de um princípio verdadeiro, todavia parece que ela traz à mente um excesso um tanto falso. Daí parecer que mesmo em nossas orações melhor compostas temos sempre necessidade de perdão. Aí sempre nos escapa alguma linguagem ou sentimento carregado de excesso, e portanto se faz necessário que Deus ignore ou suporte nossa debilidade.

48. Que homem viverá e não verá a morte? Este versículo contém uma confirmação do que já se afirmou concernente à brevidade da vida humana. Equivale a isto: a não ser que Deus se apresse em revelar-se aos homens na qualidade de Pai deles, a oportunidade de levá-los a experimentar sua graça não mais existirá. A palavra original, גבר, *geber*, a qual traduzimos por *homem*, deriva-se do verbo גבר, *gabar, ele era forte*, ou *ele prevaleceu*; e o escritor sacro emprega esta palavra para mais energicamente expressar a verdade de que ninguém

é privilegiado com a isenção do domínio da morte.
[vv. 49-52]
Onde estão, ó Senhor, tuas misericórdias de outrora que juraste a Davi por tua verdade? Lembra-te, ó Senhor, do opróbrio de teus servos; tenho mantido em meu peito todos os opróbrios de povos poderosos; com os quais teus inimigos, ó Jehovah, te têm desacreditado; com os quais eles têm desacreditado as pegadas de teu Messias [ou teu Ungido]. Bendito seja Jehovah para sempre! Amém e Amém.

49. Onde estão, ó Senhor tuas misericórdias de outrora? O profeta se anima, evocando a memória dos antigos benefícios de Deus, como se quisesse raciocinar assim: Que Deus jamais seja inconsistente, e que, portanto, a bondade que se manifestou nos tempos antigos aos pais não há de desaparecer. Essa comparação pode, aliás, levar os santos ao desespero, ao descobrirem que não são tratados por ele com a mesma doçura como os pais o foram, e nenhuma outra consideração não lhes vem ao mesmo tempo à memória – consideração de que ele nunca muda e nunca varia no curso de sua beneficência. Quanto à segunda sentença do versículo, alguns intérpretes a conectam com a primeira, interpondo assim o relativo: Onde estão tuas misericórdias de outrora, *as quais* tu juraste? Nisto estou de acordo; pois o sentido é quase o mesmo, embora o relativo seja omitido. Deus tinha dado provas evidentes e indubitáveis da veracidade do oráculo entregue a Samuel;[40] e portanto os fiéis põem diante dele as promessas e os muitos frutos benéficos dela que haviam experimentado. Na verdade dizem que poderiam com mais confiança aplicar a si mesmos todos os emblemas de sua liberalidade a qual Deus outrora outorgara aos pais; pois eles tinham o mesmo motivo de esperar o exercício da bondade divina para com eles como ocorreu aos pais, quando Deus, que é imutavelmente o mesmo, jurou ser misericordioso para com a posteridade de Davi em todas as eras.

50. Lembra-te, ó Senhor, do opróbrio de teus servos. Novamente alegam que são mantidos em irrisão pelos ímpios – consideração essa

---

40 "De la revelation faite à Samuel." – *v.f.*

que não tinha pouca influência em mover Deus à compaixão; porque, quanto mais grave e angustiante é uma tentação, tendo o perverso a importunar nossa paciência, fazendo-nos crer que Deus não é fidedigno no que ele promete, sendo capazes de precipitar-nos ao desespero, mais pronto é ele em nos socorrer, de tal modo que nossa débil mente se desvencilha da tentação. O profeta não quer dizer simplesmente que os opróbrios oriundos de seus inimigos lhe são intoleráveis, mas que Deus reprimiria sua insolência em apoquentar a fé e a paciência dos santos, a fim de que os que confiam nele não mergulhassem no vexame. Ele realça ainda mais o mesmo sentimento na segunda sentença, dizendo-nos que ele fora assaltado com todo tipo de opróbrios por muitos povos, ou por grandes povos; pois a palavra hebraica <ybr, rabbim, significa tanto grande quanto muitos.

Além do mais, não é sem causa que, depois de haver falado dos servos de Deus em geral, ele troque o plural pelo singular. Ele faz isso para que cada um dos fiéis em particular se sentisse mais solicitamente incitado ao dever da oração. A expressão, em meu peito, é muito enfática. É como se ele quisesse dizer: Os perversos não lançam de longe suas palavras insultuosas, porém as vomitam, por assim dizer, sobre os filhos de Deus, que são assim constrangidos a recebê-las em seu peito, e a suportar pacientemente esse vil tratamento. Tal é a perversidade dos tempos em que ele vivia, que temos necessidade de aplicar a mesma doutrina a nós mesmos; pois a terra está cheia de inimigos de Deus, profanos e soberbos, os quais não cessam de refestelar-se a nossas custas. E como Satanás é um mestre bem qualificado a ensinar-lhes esse gênero de retórica, as calamidades da Igreja lhes fornecem sempre matéria para seu exercício. Alguns tomam peito por afetos secretos do coração; tal explicação, porém, parece refinada demais.

51. Com os quais teus inimigos, ó Jehovah, te têm desacreditado. O que o salmista ora afirma não é que os perversos atormentam os santos com sua linguagem insultuosa, mas que eles injuriam é a Deus mesmo. E ele faz tal afirmação em virtude de um pleito muito mais poderoso para obter favor aos olhos de Deus, a fim de que pudesse sustentar sua própria causa, visto que todos os opróbrios pelos quais a simplicidade de nossa fé é mantida é mais para repelir por si só o escárnio do que para rogar-lhe que faça isso, porque é ferido na pessoa de sua Igreja, conforme declara em Isaías 37.23: "A quem afrontaste e blasfemaste? E contra quem alçaste a voz, e ergueste teus olhos ao alto? Contra o Santo de Israel." Aquele perverso gatuno Rabsaqué cria que mofava tão-somente da miséria dos judeus a quem sitiava, e de cuja rendição em suas mãos ele cria logo seria testemunha; Deus, porém, considerou como se ele mesmo fosse o objeto do assalto daquele homem perverso. Por essa conta também, o profeta chama esses inimigos de seu povo, os inimigos de Deus; ou, seja, uma vez perseguindo a Igreja com hostilidade mortal, na verdade estavam agredindo a própria majestade de Deus sob cuja proteção a Igreja fora posta.

Na segunda sentença, **as pegadas do Messias** ou **Cristo**, significa a vinda de Cristo, como se acha escrito em Isaías 52.7: "Quão formosos são, sobre os montes, os pés do que anuncia as boas-novas, que faz ouvir a paz, do que anuncia o bem, que faz ouvir a salvação, do que diz a Sião: Teu Deus reina!" A palavra hebraica עקב, *akeb*, às vezes significa o calcanhar; aqui, porém, como em muitas outras passagens, ela significa a sola do pé. Outros a traduzem por passo ou pisada, mas isso transmite exatamente o mesmo sentido. Não pode haver dúvida de que pisada, por meio de sinédoque, é empregada para denotar os pés; e uma vez mais, por meio dos pés, de acordo com a metonímia, significa a vinda de Cristo. O perverso, observando que os judeus aderiam à esperança de redenção, e pacientemente suportavam todas as adversidades em virtude de um libertador ser-lhes prometido, desdenhosamente ridicularizavam sua paciência, como se tudo o que profeta testificava sobre a vinda de Cristo não passasse de fábula.[41]

---

41 Ou, como se nosso Redentor fosse trôpego, cocho ou aleijado, e sua Igreja nunca visse seus passos. Com isso concorda a paráfrase caldaica: "A lentidão dos passos dos pés de teu Messias ou Ungido." Kimchi traduz assim: "a delonga do Messias"; "sendo o discurso", observa ele, "dos que dizem que ele nunca virá." Um estilo similar de linguagem tem sido empregado pelos inimigos do

E também agora, embora tenha ele uma vez se manifestado ao mundo, todavia como, em decorrência de ter sido ele recebido na glória celestial, parece achar-se muito distante de nós e de haver abandonado a Igreja, esses cães imundos escarnecem de nossa esperança, como se a mesma não passasse de quimera.

52. **Bendito seja Jehovah para sempre!** Sinto-me surpreso que alguns intérpretes consigam imaginar que este versículo fosse acrescentado por algum copista ao transcrever o livro, afirmando que ele não corresponde ao contexto; como se a linguagem de louvor e ação de graças a Deus não se adequasse ao final do Salmo, como em seu início. Não tenho dúvida, pois, de que o profeta, depois de francamente deplorar as calamidades da Igreja, agora, com vistas a dar vazão à amargura de sua dor, propositadamente se prorrompa em expressão de louvor. Quanto às palavras, **Amém e Amém**, prontamente admito que elas são aqui empregadas para distinguir o livro.[42] Mas, quem quer que tenha composto este Salmo, não há dúvida de que, com estas palavras de júbilo, o desígnio do escritor era amenizar a profundidade de sua tristeza em meio a suas pesadas aflições, para que ele pudesse nutrir uma mais vívida esperança de livramento.

---

evangelho, como Calvino continua a observar, que desdenhosamente perguntavam nos dias dos apóstolos, e que ainda perguntam: "Onde está a promessa de sua vinda?" (2Pe 3.4).

42 "Pour faire la fin de ce livre troisieme." – *v.f.* "Como uma conclusão a este terceiro livro." O Saltério, como já observamos previamente, foi dividido pelos hebreus em cinco livros. Este é o final do Livro III.

Salmo 90

Como Moisés está para tratar tanto da brevidade e misérias da vida humana quanto dos castigos infligidos sobre o povo de Israel, a fim de ministrar alguma consolação com o intuito de amainar a tristeza e temor caso os fiéis pudessem nutrir sob a operação da lei comum, à qual toda a humanidade se acha sujeita, e especialmente ao considerar suas próprias aflições, ele começa o Salmo falando da graça peculiar que Deus concedera a suas tribos escolhidas. Em seguida recita sucintamente, quão miserável é a condição dos homens, caso lhes fosse permitido que seus corações descansassem neste mundo, especialmente quando Deus os cita, como pecadores culpados, a comparecerem perante seu tribunal. E depois de deplorar que até mesmo os filhos de Abraão experimentaram por algum tempo severidade tão intensa, que quase se viram consumidos por angústias, confiando no gracioso favor de Deus, pelo qual ele os adotara para si, então ora para que ele os tratasse de uma maneira misericordiosa e graciosa, como fizera em outros tempos, e para que continue, sempre até o fim, o curso ordinário de sua graça.

Oração de Moisés, homem de Deus.

É incerto se este Salmo foi composto por Moisés, ou se algum dos profetas lhe deu a forma de cântico para o uso do povo, extraído de uma fórmula de oração escrita por Moisés, e passada de geração a geração. Entretanto, é muitíssimo provável que seja sem base o costume de no título ser ele atribuído a Moisés; e visto que os Salmos estavam em uso já em seu tempo, não tenho dúvida de ser ele seu autor.[1] Alguns sustentam que a razão por que seu nome aparece na inscrição é que o Salmo era cantado por sua posteridade; porém não posso ver por que recorreriam a tal conceito infundado. O título, *Homem de Deus*, dado a Moisés, que é imediatamente adicionado, claramente os refuta.[2] Essa honrosa designação lhe é expressamente aplicada para que sua doutrina tivesse maior autoridade. Caso se admita alguma conjetura, é provável que, quando chegou o tempo de sua morte, ele tenha concluído esta oração para amenizar a prolongada dor sob a qual o povo quase se viu desfalecido, e para confortar seus corações sob o acúmulo das adversidades com que se viram oprimidos. Embora a prodigiosa bondade de Deus resplandecesse em sua libertação do Egito, a qual, sepultando as misérias anteriormente suportadas por eles, os havia saturado de profunda alegria, todavia sabemos que, logo depois, a mesma foi extinta por sua ingratidão. De modo que, por um espaço de não menos de quarenta anos, eles foram consumidos no deserto por contínuo langor. Era, pois, mui razoável que Moisés, naquele tempo, rogasse a Deus que tratasse seu povo de forma misericordiosa e mansa, segundo o número dos anos ao longo dos quais os havia afligido.

[vv. 1, 2]
Tu tens sido nossa habitação, ó Senhor, de geração em geração. Antes que os montes viessem à existência, e antes que formasses a terra e o mundo,[3] sim, de eternidade em eternidade tu és Deus.

---

1 Todas as versões antigas atribuem este Salmo a Moisés, e geralmente concorda-se que o mesmo foi escrito por ele. R. Selomo e outros comentaristas judeus atribuem-lhe também os nove Salmos seguintes; para o quê parece não terem qualquer outro fundamento senão seu próprio e absurdo cânon de crítica, pelo qual designam todos os Salmos anônimos àquele autor cujo nome foi o último a aparecer no título anterior. É evidente, por exemplo, que o Salmo 99, no qual se menciona o profeta Samuel, não podia ter sido escrito por Moisés.

2 *Homem de Deus* era uma designação comum dos profetas judaicos; cf. Juízes 13.6; 1 Samuel 2.27; e 9.6.

3 "*A terra e o mundo*. A última dessas palavras significa propriamente o mundo habitável; aquela parte da terra que, por sua fertilidade, é capaz de sustentar seus habitantes." – *Walford*.

1. Tu tens sido nossa habitação, ó Senhor. Ao separar Deus a semente de Abraão, por um privilégio especial, do resto da família humana, o salmista magnifica a graça da adoção, por meio da qual Deus os abraçou como seus filhos. O objetivo que ele tem em vista, por meio deste exórdio, é que Deus agora renovou a graça que exibira outrora aos santos patriarcas, e continua a exibi-la em sua prole. Alguns comentaristas acreditam que sua alusão é ao tabernáculo, porque nele a majestade de Deus não era menos conspícua do que se ele habitasse no meio do povo; mas isso me parece totalmente fora de lugar. Ele antes compreende todo o tempo em que os Pais peregrinaram pela terra de Canaã. Como a duração do tabernáculo não passava de quarentas anos, a longa duração aqui mencionada – *nossa habitação de geração em geração* –, de modo algum poderia aplicar-se a ele. A intenção, pois, não é lembrar que Deus demonstrara estar com os israelitas desde o tempo em que os libertara do Egito; mas o que seus pais haviam experimentado de sua presença ao longo das eras, desde o princípio.[4] Agora declara que, como tinham sempre sido peregrinos e andarilhos, assim Deus era para eles um lugar de habitação. Sem dúvida, a condição de todos os homens é instável sobre a terra; porém sabemos que Abraão e sua posteridade foram, mais que todos os demais, peregrinos, como se vivessem em contínuo exílio. Visto, pois, que peregrinaram na terra de Canaã até que fossem levados para o Egito, onde viveram só por resignação diária, fazia-se necessário que buscassem para si uma lugar de habitação sob a sombra de Deus, fora da qual dificilmente seriam considerados habitantes do mundo, já que continuavam sendo estrangeiros por toda parte, e eram em seguida levados de um lado para outro. A graça que o Senhor exibia em sustentá-los em suas andanças, e protegendo-os com sua mão enquanto peregrinavam por entre

---

4 "'Nosso lar', ou 'nossa habitação'. Esta imagem parece ter uma particular referência à condição incerta dos israelitas antes de seu estabelecimento na Terra da Promessa. 'Estrangeiros e peregrinos temos sido até aqui; primeiro, peregrinos em Canaã; em seguida, escravos no Egito; agora andarilhos nesta vastidão seca. Não obstante, achamos os confortos de um lar e nos estabelecemos sob tua proteção miraculosa'." – *Horsley*.

nações selvagens e cruéis, e se viam expostos a injurioso tratamento em suas mãos – esta graça é enaltecida por Moisés em termos mui notáveis, ao representar ele a Deus como uma morada ou habitação para esses pobres fugitivos que estavam sempre vagueando de um lugar a outro em busca de abrigos. Ele magnifica esta graça desde o tempo quando ela passou a ser exercida; pois Deus não cessou de preservá-los e defendê-los pelo espaço de mais de quatrocentos anos, tempo esse durante o qual habitaram sob as asas de sua proteção.

2. Antes que os montes viessem à existência. Moisés pretende relatar algum mistério sublime e oculto, e todavia parece expressar-se de forma inconsistente e, por assim dizer, de uma maneira pueril. Pois, quem não sabe que Deus existia antes do mundo? Admitimos ser um fato o que todos os homens admitem; porém raramente encontraremos um em cem que seja plenamente persuadido de que Deus permanece imutavelmente o mesmo. Deus é aqui contrastado com os seres criados, os quais, como todos sabem, estão sujeitos a constantes mudanças, de modo que não há nada estável sob o céu. Como, de uma maneira particular, nada é mais cheio de vicissitude do que a vida humana, para que os homens não formem juízo sobre a natureza de Deus com base em sua própria condição flutuante, ele é aqui posto num estado de tranqüilidade estável e imperturbável. Assim a eternidade de que fala Moisés deve referir-se não só à essência de Deus, mas também a sua providência, por meio da qual ele governa o mundo. Embora ele sujeite o mundo a infindas alterações, ele mesmo permanece inamovível; e isso não só com respeito a sua pessoa em si, mas também com respeito aos fiéis, que à luz da experiência descobrem que, em vez de viver em oscilação, ele é inabalável em seu poder, verdade, justiça e bondade, ainda quando assim tem sido desde o princípio. Essa estabilidade eterna e imutável de Deus não podia ser percebida antes da criação do mundo, já que ela existia quando ainda não existia nenhum olho para dar testemunho dela. Ela, porém, pode ser deduzida *a posteriori*; pois enquanto todas as coisas estão sujeitas a evolução e incessante vicissitude, sua natureza continua sempre a mesma. Pode haver também aqui um contraste entre ele e todos os falsos deuses dos pagãos, os quais têm, pouco a pouco, se introduzido no mundo em número mui vasto, através dos erros e estultícia dos homens. Mas já demonstramos o objetivo que Moisés tinha em vista, ou, seja, que nos equivocamos se medirmos Deus por nossa própria compreensão; e que temos de ascender acima da terra, sim, até mesmo acima do próprio céu, sempre que pensarmos nele.

[vv. 3-8]
Tu reduzes o homem à destruição, e dizes: Tornai-vos, filhos dos homens. Porque mil anos são a teus olhos como [o dia de] ontem que se foi, e como a vigília da noite. Tu os levas como um dilúvio, são como um sono; de manhã são como a erva que cresce. De madrugada ela floresce e cresce; à tarde, corta-se e seca. Pois somos consumidos por tua ira, e por tua indignação somos angustiados. Tu puseste nossas iniquidades diante de ti, e nossos pecados secretos à luz de teu semblante.

3. Tu reduzes o homem à destruição. Moisés, em primeiro lugar, faz menção de quão débil e transitória é a vida do homem e deplora suas misérias. Isso ele faz, não com o propósito de questionar com Deus, mas como um argumento que visa a induzi-lo a mais prontamente exercer sua misericórdia, ainda quando por toda parte se diz perdoar ele os homens mortais, quando considera de que são feitos, e lembra que não passam de pó e relva [Sl 103.14]. Ele compara o curso de nossa vida a um anel ou círculo, porque Deus, pondo-nos sobre a terra, nos faz volver para dentro de círculo estreito, e quando tivermos alcançado o ponto final, num instante nos arrastará de volta para seu interior. Outros apresentam uma interpretação diferente, a saber: que Deus conduz os homens à morte e depois os restaura na ressurreição. Mas tal sutileza é forçada demais, e não se harmoniza com o contexto. Temos aqui estabelecida uma definição simples de nossa vida, a qual é, por assim dizer, uma breve revolução na qual rapidamente completamos nosso ciclo, cujo último ponto é o término de nossa trajetória terrena. Este relato da vida humana põe numa luz mais clara a graciosa maneira na qual Deus lida com seus servos, adotando-os para que sejam seu povo peculiar, para que, por fim, ele os conduza juntos a sua herança eterna. Tampouco é fútil o que ele acrescenta à guisa de contraste [v. 4], a saber: **que mil anos à vista de Deus é como o dia de ontem**. Embora à luz da experiência sejamos convencidos de que os homens, quando tiverem completado seu ciclo, doravante se despedem do mundo, todavia o conhecimento dessa fragilidade falha em deixar uma profunda impressão em nosso coração, em razão de não erguermos nossos olhos acima do mundo. Não é daí que procede a grande estupidez dos homens, ou, seja, embaraçados pelo presente estado de existência continuam nos afazeres da vida como se fossem viver dois mil anos, só porque não elevam suas concepções acima dos objetos visíveis? Cada ser humano, quando se compara com outros, se gaba de que viverá por muitos anos. Em suma, os homens são em extremo obtusos, chegando ao ponto de pensarem que trinta anos, ou ainda um número menor, são, por assim dizer, uma eternidade; tampouco se deixam impressionar com a brevidade de sua vida, enquanto este mundo mantiver a posse de seus pensamentos. Eis a razão por que Moisés nos desperta fazendo nossas mentes volver-se para a eternidade de Deus; e sem tal ponderação não perceberemos quão depressa se esvai nossa vida. A reflexão de que temos uma longa vida se assemelha a um sono profundo, no qual vivemos todos entorpecidos até que a meditação sobre a vida celestial desvaneça esta estulta fantasia acerca da extensão de nossa permanência na terra.

Visto que os homens estão assim cegos, Moisés põe diante de seus olhos Deus como seu Juiz. É como se ele dissesse: Ó Senhor, se os homens ponderassem devidamente sobre aquela eternidade de onde tu contemplas esses constantes ciclos do mundo para que não dêem demasiado valor à presente vida. Mas como, em vez de seriamente considerar qual é a verdadeira duração, antes voluntariamente desviam seus olhos do céu, isso explica por que são tão estúpidos e avaliam um dia como se fosse mil anos. A apóstrofe de Moisés a Deus é enfática, significando que sua paciência, se exaurindo à vista de nossa obtusidade, ele se dirige a Deus; e que não havia propósito algum falar a mudos, que não se deixam ensinar, que não passam de mortais; aliás, nem ainda pelas provas disso, cuja experiência era constantemente apresentada diante deles. Este texto é citado pelo apóstolo Pedro num sentido um tanto diferente [2Pe 3.8], enquanto, ao mesmo tempo, ele não o perverte, pois com aptidão e judiciosamente aplica o testemunho de Moisés para ilustração do tema que ele trata aqui. O desígnio de Moisés é elevar as mentes dos homens ao céu, desvencilhando-as de suas próprias concepções grosseiras. E qual é o tema de Pedro? Visto que muitos, em virtude de Cristo não apressar sua vinda segundo o sabor de seus desejos, abandonam a esperança da ressurreição cansados da muita delonga, ele corrige essa ridícula impaciência usando um remédio mui apropriado. Ele percebe que a fé dos homens nas promessas divinas vai se desvanecendo e fracassando em decorrência de sua conclusão de que Cristo está delongando demais sua vinda. Donde procede tal coisa senão do fato de que se espojam nos deleites deste mundo? Pedro, pois, apropriadamente aplicam estas palavras de Moisés à cura deste vício. Como a indulgência nos prazeres a que os incrédulos se entregam se deve ao fato de que, tendo seus corações arraigados no mundo, não degustam o sabor dos prazeres de uma eternidade celestial, tal impaciência procede da mesma fonte. Daí aprendemos o verdadeiro uso desta doutrina. A que se deve o fato de experimentarmos tão profunda ansiedade em nossa vida, que nada nos satisfaz e nos sentimos continuamente molestados, senão porque estupidamente imaginamos que permaneceremos neste mundo para sempre? Além disso, a que devemos atribuir essa extrema irritação e impaciência que fazem nosso coração desmaiar à espera da vinda de Cristo, senão a seu apego aos deleites desta terra? Aprendamos, pois, a não julgar segundo o entendimento da carne; antes, dependamos do juízo divino e elevemos nossa mente, pela fé, até seu trono celestial, donde ele declara que esta vida terrena é pura vaidade. Tampouco Moisés contrasta meramente mil anos com um dia, senão que os contrasta com *ontem* que já se foi; pois tudo quanto está ainda diante de nossos olhos exerce domínio em nossas mentes, porém somos menos afetados pela lembrança do que já passou. Com respeito à palavra *vigília*, os antigos, como se sabe muito bem, costumavam dividir a noite em quatro vigílias, consistindo cada uma em três horas.[5] Para expressar ainda mais energicamente quão insignificante é aos olhos de Deus aquilo que nos parece um período tão longo, adiciona-se esta similitude: que mil anos a seus olhos nada difere de três horas da noite nas quais os homens mal sabem se estão acordados ou dormindo.

5. Tu os arrastas como um dilúvio. Moisés confirma o que dissera previamente, a saber: que os homens, enquanto peregrinam por este mundo, realizam, por assim dizer, um percurso que dura apenas um momento. Não limito a expressão *arrastar como um dilúvio* a calamidades de um gênero mais grave, mas considero que a morte é meramente comparada, em geral, a dilúvio; pois quando tivermos permanecido um curto tempo no mundo, então somos introduzidos no túmulo e somos cobertos com terra. E assim a morte, que é comum a todos, é com propriedade chamada *uma inundação*. Enquanto respiramos o fôlego de vida, o Senhor nos inunda com a morte, justamente como os que perecem num naufrágio são tragados pelo oceano; assim também a morte pode adequadamente ser chamada um dilúvio invisível. E Moisés então afirma que, evidentemente, os homens que se gabam de ser possuidores de invejável vigor em seu curso terreno estão simplesmente dormindo. A comparação da *relva*, que é adicionada, equivale a isto: que os homens se erguem de manhã como a relva que cresce, torna-se verde e passa dentro de um curto tempo, quando vem a ser cortada e então murcha e seca. É melhor conectar os verbos do sexto versículo, que estão no singular, com a palavra *relva*. Mas podem também, apropriadamente, indicar cada ser humano; e como faz pouca diferença em relação ao sentido do texto, se fazemos de *relva* ou de

---

5 "Na Índia", diz Sir John Chardin, "as partes da noite se fazem conhecer, ou por meio de instrumentos (musicais), nas grandes cidades, ou pelas rondas dos vigias que, com gritos e pequeno tambor, passam a notícia que um quarto da noite já passou. Ora, como esses gritos acordavam os que já tinham dormido todo o quarto de noite, para eles parecia um mero instante." – *Harmer's Observations*, vol. I. p. 333. Se este Salmo foi uma produção de Moisés, então é observável que os vigias noturnos já estavam em uso em seu tempo.

cada ser humano o nominativo dos verbos, não me disponho a empregar muito esforço sobre a matéria. Esta doutrina requer meditação contínua; pois embora confessemos que nada é mais transitório do que nossa vida, todavia cada um de nós é logo arrebatado, por assim dizer, por um impulso frenético a retratar em sua própria imaginação uma imortalidade terrena. Quem quer que tenha em mente ser ele mortal, que o mesmo se refreie, para que, em vez de ter sua atenção e afetos açambarcados além da medida por objetos terrenos, ele possa avançar sem detença rumo a seu alvo. Quando não pomos nenhum limite a nossas preocupações, requer-se que introduzamos estímulos fervorosos e contínuos para que não sonhemos em viver mil anos em vez de um, o que é como uma sombra que rapidamente se desvanece.

7. Pois somos consumidos por tua ira. Moisés faz menção da ira divina intencionalmente; pois é necessário que os homens sejam tocados pelo senso desta, a fim de considerarem com seriedade o que a experiência os constrange a reconhecer, quão logo terminam seu curso e desaparecem. Entretanto, ele tinha ainda outra razão para associar a brevidade da vida com a ira de Deus. Enquanto os homens são por natureza mui transitórios e, por assim dizer, como uma sombra, os israelitas eram afligidos pela mão divina que lhes era hostil; e a ira divina é menos suportável em virtude de nossa frágil natureza, a qual rapidamente se desvanece, do que seria se fôssemos nós munidos com algum grau tolerável de resistência.

8. Tu pões diante de ti nossas iniqüidades. Para demonstrar que, por meio desta queixa, longe está de pretender murmurar contra Deus, ele assevera que a ira divina, por mais terrível tenha sido ela, era justa, visto que o povo a havia provocado com suas iniqüidades; pois aqueles que, quando atingidos pela mão divina, não são conduzidos a uma genuína humilhação, se tornam mais e mais empedernidos. A verdadeira forma de se beneficiar, como também de subjugar nossa soberba, é sentir que ele é um Juiz justo. Por conseguinte, Moisés, depois de haver brevemente ensinado que os homens por natureza se desvanecem como fumaça, deduz daí que não é de se admirar que

Deus examine e consuma aqueles a quem ele persegue com sua ira. É preciso observar a forma de expressão pela qual Deus é descrito como a revelar os emblemas de seu furor – *ele põe diante de seus olhos nossas iniqüidades*. Daí se segue que, toda e qualquer intermissão do castigo que experimentamos deve ser, com justiça, atribuída à paciência de Deus, que encobre nossos pecados para que nos possa poupar. A palavra עלומים, *alumim*, a qual traduzi *nossos pecados secretos*, é por alguns traduzida *nossa juventude*;[6] como se Moisés dissesse que as faltas cometidas na juventude são trazidas à memória. Mas isso é forçado demais e inconsistente com o escopo da passagem; pois destruiríamos o contraste entre *pecados secretos* e *a luz do rosto de Deus*, com o quê Moisés insinua que os homens se ocultam nas trevas e se envolvem em muitos enganos, enquanto Deus não resplandecer sobre eles com a luz de seu juízo. Enquanto eles, quando ele os traz de volta de seus subterfúgios, por meio dos quais tudo fazem para escapar dele, e põe diante de seus olhos os pecados que hipocritamente ocultam, sendo subjugados pelo temor e medo, são levados sinceramente a humilhar-se diante dele.

> [vv. 9, 10]
> Pois todos nossos dias vão passando em tua indignação; gastamos nossos dias como se fossem um pensamento.[7] Nos dias de nossos anos chegamos a setenta anos; e se por sua robustez chegam a oitenta, todavia o esplendor deles é apenas trabalho e tristeza; pois ela[8] rapidamente passa e voamos.

9. Pois todos nossos dias vão passando em tua indignação. Essa pode ser considerada como sendo uma confirmação geral da sentença precedente: que todo o curso da vida do homem é subitamente conduzido a um fim, logo que Deus se mostre desgostoso. Em minha opinião, porém, Moisés antes amplifica o que dissera supra concernente ao ri-

---

6 Secker presume que esta bem que poderia ser a redação, e a atribui a Jó 20.11.
7 "Ou, une parolle." – *v.f.m.* "Ou, uma palavra." Dr. Adam Clarke traduz assim: "Consumimos nossos anos como um suspiro"; e observa: "Vivemos uma vida moribunda, plangente, lamuriante; e por fim termina com um suspiro! Que coisa espantosamente expressiva!"
8 "Pource que nostre vie." – *v.f.* "Porque nossa vida."

gor da ira de Deus e seu estrito exame de cada caso no qual ele pune o pecado. Ele assevera que tal terror que Deus infunde em seu povo não era só por um breve tempo, mas que se estendia sem intermissão até a morte. E se queixa de que os judeus foram quase consumidos por misérias contínuas; visto que Deus não remitia nem mitigava sua ira. Não surpreende, pois, encontrá-lo declarando que seus anos passavam como *um conto*, quando a ira de Deus permanecia sobre eles sem descanso.

10. Nos dias de nossos anos chegamos a setenta anos. Ele uma vez mais volta à doutrina geral acerca da precariedade da condição dos homens, ainda que Deus não exiba publicamente sua ira com o fim de terrificá-los. "Qual é", diz ele, "a duração da vida? Realmente, se levarmos em conta todos nossos anos, por fim podemos chegar a setenta anos; ou, se houver alguém que seja mais forte e mais vigoroso, poderá chegar até mesmo a oitenta anos." Moisés usa a expressão **os dias de nossos anos** à guisa de ênfase; pois quando o tempo é dividido em pequenas porções, o próprio número nos engana, de modo que nos iludimos achando que a vida é longa. Com o intuito de esmagar essas vãs ilusões, ele permite que os homens cheguem à soma de muitos milhares de dias,[9] os quais não passam de uns poucos anos; enquanto que, ao mesmo tempo, ele afirma que esta grande soma logo se evapora e se transforma em nada. Que os homens, pois, estendam o espaço de sua vida até onde quiserem, calculando que cada ano contém trezentos e sessenta e cinco dias; contudo, com certeza descobrirão que a duração de setenta anos é muito curta. Quando fizerem um alentado cálculo dos dias, esta é a soma a que o processo por fim resultará. Aquele que alcançou a idade de oitenta anos corre célere para o túmulo. Moisés mesmo viveu mais que isso [Dt 34.7],[10]

---

9 Na versão latina temos "multa annorum millia"; "muitos mil anos". Mas, evidentemente, isso não passa de equívoco, o qual a versão francesa corrige, ficando assim: "beaucoup de milliers de jours".

10 Ao lermos a passagem indicada por Calvino descobrimos que Moisés "tinha cento e vinte anos de idade quando morreu. E seus olhos nunca se escureceram, nem perdeu seu vigor." Ele tinha oitenta anos quando Deus o fez o capitão do povo escolhido; e Arão tinha oitenta e três anos

e da mesma forma outros de seu tempo. Mas ele fala aqui da duração ordinária. E mesmo então, aqueles foram considerados homens idosos, e chegaram à decrepitude, os quais atingiram a idade de oitenta anos. De modo que ele, com razão, declara que somente os mais robustos é que chegam a essa idade. Ele contrasta *vaidade* com *força* ou *excelência* da qual os homens tanto se vangloriam. O sentido consiste em que, antes de os homens se declinarem e chegarem à velhice, já na própria flor da juventude se vêem envoltos por muitas tribulações, e que não conseguem escapar das preocupações, canseiras, angústias, temores, tristezas, inconveniências e ansiedades a que esta vida mortal está sujeita. Além disso, essa deve ser uma referência a todo o curso de nossa existência no presente estado. E, certamente, aquele que considera qual é a condição de nossa vida desde nossa infância até chegarmos à sepultura, achará tribulações e trabalhos em cada parte dela. As duas palavras hebraicas, עמל, *amal*, e און, *aven*, as quais são enfeixadas aqui, são tomadas passivamente para *inconveniências* e *aflições*; significando que a vida humana é cheia de trabalho e carregada de muitos tormentos, e isso ainda no período em que os

---

de idade antes de tornar-se o Sumo Sacerdote (Êx 7.7). Estes e outros poucos casos semelhantes levaram muitos à conclusão de que a idade de oitenta anos não era considerada naquele tempo a idade da decrepitude; e, conseqüentemente, que este Salmo, que limita a média da vida humana a setenta ou a oitenta anos, deve ser de uma data posterior ao tempo de Moisés. Mas este não é um argumento válido contra sua autoria. Segundo Calvino, setenta ou oitenta anos era naquele tempo, em geral, o limite máximo da vida humana; e a longevidade de Moisés e de alguns outros que excedia aquele limite era uma exceção à regra geral. Se isso for levado em conta, pode-se observar que este Salmo trata das aflições e brevidade da vida, não em referência a todos os homens de forma absoluta, mas com respeito aos israelitas em particular, que, por conta de sua murmuração quando do relatório dos espias que foram enviados a olhar a terra de Canaã, bem como outros pecados, provocaram a Deus, levando-o a jurar em sua ira que os cadáveres de todos os que foram recenseados, de vinte anos para cima, com a exceção de Calebe e Josué, cairiam no deserto durante quarenta anos de sua peregrinação por ele (Nm 14.27-29). Poucos deles, portanto, puderam exceder ou mesmo alcançar a idade de oitenta anos. Tem se imaginado que o tempo da vida humana no mundo inteiro foi reduzido à medida aqui especificada, como uma média padrão. "O decreto que abreviou a vida humana como uma regra geral para setenta ou oitenta anos", observa o Dr. J. M. Good, "foi dado como castigo sobre toda a raça dos israelitas no deserto. ... Não parece que o termo de vida fosse alongado mais que isso. Samuel morreu com cerca de setenta anos de idade; Davi, com setenta e um; e Salomão, com sessenta. E a história do mundo mostra que a abreviação da vida em outros países foi quase na mesma proporção."

homens se encontram no auge de sua vaidade. A razão acrescida, **pois ela passa rapidamente, e nós voamos**, parece difícil de adequar-se ao escopo da passagem; pois a felicidade pode ser breve, contudo nem por isso ela deixa de ser felicidade. Moisés, porém, tem em mente que os homens estupidamente se gloriam de sua excelência, visto que, quer queiram quer não, são constrangidos a olhar para o tempo por vir. E tão logo abrem seus olhos, percebem que são arrastados e apresentados à morte com incrível rapidez, e que sua excelência num instante se desvanece.

[vv. 11-13]
Quem conhece o poder de teu furor? e segundo teu temor, assim é tua ira.
Ensina-nos então[11] a contar nossos dias, e aplicaremos nossos corações à sabedoria. Volta-te, ó Jehovah, até quando? Pacifica-te para com teus servos.

11. Quem conhece o poder de teu furor? Moisés uma vez mais volta a falar das aflições peculiares aos israelitas; pois ele também, naquela ocasião, se queixou diante da comum fragilidade e misérias da humanidade. Ele com razão exclama que o poder da ira de Deus é incomensuravelmente grande. Enquanto Deus tem sua mão afastada, os homens audaciosamente escapam como escravos fugitivos que não mais temem a presença de seus donos; tampouco pode sua natureza rebelde ser reconduzida à obediência de qualquer outra maneira senão abalando-os com o temor de seu juízo. O significado, pois, é que, enquanto Deus se oculta e, por assim dizer, dissimula seu desprazer, os homens se inflam de soberba e se precipitam sobre o pecado com incauta impetuosidade; mas quando se vêem compelidos a sentir quão tremenda é sua ira, então se esquecem de sua modorra e são reduzidos a nada. O que se segue: **Segundo teu temor, assim é tua ira**,

---

11 Há uma ambigüidade em כְּ, visto que ela denota ou *assim* ou *corretamente*. Daí a dupla interpretação dela; ou 'assim nos fazes conhecer que podemos ter um coração de sabedoria no porvir', isto é, assim somos instruídos que podemos adquirir um coração sábio. Ou, 'ensina-nos a contar nossos dias corretamente' etc. A LXX lhe imprime outra e distorcida interpretação." – *Bythner*.

é comumente explicado como significando que, quanto mais o homem é inspirado com reverência para com Deus, mais severa e seriamente é ele comumente tratado; pois "o juízo começa pela casa de Deus" [1Pe 4.17]. Enquanto empanturra os réprobos com as coisas excelentes desta vida, ele consume os escolhidos com infindáveis angústias; e, em suma, "ele disciplina a quem ama" [Hb 12.6]. E assim esta é uma doutrina genuína e proveitosa, a saber: ele trata com mais severidade os que o servem do que os réprobos. Moisés, porém, creio eu, tem aqui uma intenção diferente, ou, seja: que temos aqui uma santa reverência por Deus, e que é somente isso que nos faz verdadeira e profundamente sentir sua ira. Vemos que os réprobos, ainda que sejam severamente punidos, apenas se irritam um bocado, ou dão coice contra Deus, ou se tornam exasperados, ou ficam entorpecidos, ao ponto de se tornarem insensíveis contra todas as calamidades; estão mui longe de se deixarem dominar. E ainda que se achem saturados de problemas e gritem bem alto, todavia a ira divina não penetra de tal forma em seus corações ao ponto de abater seu orgulho e sua ferocidade. Somente as mentes dos santos se deixam ferir pela ira divina; e tampouco esperam por suas ameaças, das quais os réprobos desvencilham seus pescoços empedernidos e férreos, porém tremem no exato momento em que Deus apenas move seu dedo mínimo. Considero ser essa a real intenção do profeta. Ele dissera que a mente humana não pode compreender suficientemente a terribilidade da ira divina. E assim vemos como, embora Deus abale céu e terra, muitos, não obstante, como os gigantes da antigüidade, tratam isso com desdém e reagem com tal brutal arrogância, que o desprezam quando ele brande seus raios. Mas, como o salmista está tratando de uma doutrina que pertence propriamente aos verdadeiros crentes, ele afirma que possuem um senso fortemente sensível da ira de Deus que os faz mansamente submissos a sua autoridade. Embora para os ímpios sua própria consciência é um atormentador que não os deixa desfrutar de repouso, todavia o mesmo gera um medo secreto que os ensina a humilhar-se, e ao mesmo tempo os incita a clamar contra Deus com crescente obstinação. Em suma, somente os fiéis são sensíveis à ira de Deus; e sendo dominados por ela, reconhecem que nada são, e com verdadeira humildade se devotam totalmente a ele. Esta é a sabedoria que os réprobos não conseguem obter, porque não renunciam o orgulho com que se deixam inflar. Não se deixam tocar com o senso da ira divina, porque não sentem nenhum temor por ele.

12. Ensina-nos então a contar nossos dias. Alguns traduzem *o número de nossos dias*, o que resulta no mesmo sentido. Como Moisés percebeu que o que ele até então ensinou não é compreendido pelo entendimento dos homens enquanto Deus não fizer resplandecer nele seu Espírito, agora ele se põe a orar. De fato à primeira vista parece absurdo orar para que aprendamos a contar nossos anos. Visto que mesmos os mais robustos mal chegam à idade de oitenta anos, existe alguma dificuldade em computar uma soma tão pequena? As crianças aprendem a contar tão logo começam a balbuciar; e não precisam de professor de matemática para capacitá-las a contar com os dedos até cem. Tão mais desagradável e mais vergonhosa é nossa estupidez em nunca discernir o curto espaço de nossa vida. Ainda o mais habilidoso em matemática, e aquele que pode empreender com precisão uma investigação e acuradamente chegar a milhões e milhões, não obstante é incapaz de contar oitenta anos de sua própria vida. Seguramente é algo monstruoso que os homens meçam todas as distâncias fora deles mesmos, saibam a quantos quilômetros está a lua distante do centro da terra, que espaço há entre os diferentes planetas; e, em suma, que possam medir todas as dimensões tanto do céu quanto da terra; enquanto que, não obstante, não podem contar setenta anos em seu próprio caso. É, pois, evidente que Moisés teve boas razões para rogar a Deus a capacidade de efetuar o que requer uma sabedoria que é mui rara entre os seres humanos. A última sentença do versículo é também digna de especial observação. Por ela ele nos ensina que assim aplicamos realmente nossos coração à sabedoria, ou, seja, quando compreendemos a brevidade da vida humana. O que pode ser prova maior de demência do que tagarelar alguém sem qualquer objetivo proposto? Somente os crentes genuínos conhecem a diferença entre este estado transitório e a bem-aventurada eternidade, para a qual foram criados; eles sabem qual deve ser a meta de sua vida. Ninguém, pois, pode regular sua vida com uma mente equilibrada, senão aquele que, conhecendo o fim dela, isto é, a morte propriamente dita, é levado a considerar o grande propósito da existência humana neste mundo, para que aspire o prêmio da vocação celestial.

13. Volta-te, ó Jehovah, até quando? Depois de haver falado em linguagem de queixa, Moisés acrescenta a oração: Que Deus, que por tanto tempo não cessou de castigar seu povo, por fim se inclinará a tratá-los de forma magnânima. Ainda que Deus diariamente lhes dê, de muitas formas, alguma prova de seu amor, todavia seu banimento da terra da promessa era uma aflição por demais severa; pois ele os admoestava, dizendo que eram indignos daquela bendita herança que ele designara a seus filhos. Não podiam deixar de amiúde recordar o terrível juramento que o Senhor trovejara contra eles: "Não verão a terra de que a seus pais jurei, e nenhum daqueles que me provocaram a verá. Porém, quanto a vós, vossos cadáveres cairão neste deserto" [Nm 14.23, 32].[12] Moisés, sem dúvida, combina aquela dolorosa escravidão que suportaram no Egito com suas peregrinações no deserto; e portanto com razão deplora a alongada languidez nas palavras *até quando?* Ao ouvirmos que Deus nos vira as costas, ou se afasta para longe de nós, quando ele retrai os emblemas de seu favor, sabemos que seu regresso nos faz entender a renovada manifestação de sua graça. A palavra נחם, *nacham*, a qual traduzimos *pacifica-te*, significa *arrepender-se*, e portanto não pode apropriadamente ser explicada assim: Que te arrependas em relação a teus servos. Segundo a fraseologia freqüente e bem conhecida da Escritura, lemos que Deus se arrepende quando, estancando a dor dos homens e propiciando novo motivo de alegria, é como se ele mudasse. Contudo, parecem chegar mais perto

---

[12] A grande mortalidade ocorrida constantemente entre eles não podia fazer outra coisa senão fazê-los lembrar deste juramento. Dimock calcula que o número de pessoas que morreram no deserto, de vinte anos para cima, chegou em apenas de um ano para o outro a cerca de 15.000.

da mente do salmista os que traduzem *Consola-te em teus servos*; pois Deus, ao acalentar-nos amorosamente, não tem menos prazer em nós do que um pai tem em seus próprios filhos. Ora, isso é nada mais, nada menos, que ser pacificado ou ser propício, como o temos traduzido, visando a tornar o significado mais claro.

> [vv. 14-17]
> Sacia-nos de madrugada[13] com tua bondade, para que nos alegremos e nos regozijemos todos nossos dias. Faz-nos jubilosos de acordo com os dias de nossa aflição; de acordo com os anos nos quais temos visto o mal. Que tua obra apareça a teus servos, e tua glória, a seus filhos. E que a formosura do Senhor nosso Deus esteja sobre nós, e dirija sobre nós a obra de nossas mãos; sim, dirige a obra de nossas mãos.

16. Que tua obra apareça a teus servos. Como Deus, ao abandonar sua Igreja, assume, por assim dizer, um caráter diferente do seu, Moisés, com muita propriedade, chama a bênção da proteção que fora divinamente prometida aos filhos de Abraão, *a obra própria de Deus*. Portanto, embora a obra de Deus se manifestasse em todos os exemplos nos quais ele castigou a perfídia, a ingratidão, a obstinação, as indevidas luxúrias e os profanos desejos de seu povo, todavia Moisés, à guisa de eminência, prefere antes de tudo outras provas do poder de Deus, aquele cuidado que ele exerceu na manutenção do bem-estar do povo, pelo qual era sua vontade que ele fosse principalmente conhecido. Essa é a razão por que Paulo, em Romanos 9.23, especialmente aplica à vontade divina o honroso título 'glória'. Deus deveras mantém sua glória através do julgamento pronunciado sobre o mundo; mas como nada lhe é mais natural do que mostrar-se gracioso, sua glória por essa conta é expressa como a manifestar-se principalmente em seus benefícios. Com respeito à presente passagem, Deus então apenas começara a libertar seu povo; pois ainda não tinham sido introduzidos na posse da terra de Canaã. Conseqüentemente, não tivessem ido além

---

13 *"Madrugada*, depois da noite trevosa de aflições." – *Ainsworth*.

do deserto, e a glória de seu livramento teria se tornado obscura. Além disso, Moisés avalia a obra de Deus de conformidade com a promessa divina; e ao fazer isso ele confirma que ela será imperfeita e incompleta, a menos que ele continue a aplicar sua graça até o fim. Isso é expresso ainda mais claramente na segunda frase do versículo, na qual ele ora não só pelo bem-estar de sua própria geração, mas também pelo bem-estar da geração ainda por nascer. Seu exercício assim corresponde à fórmula do pacto: "E estabelecerei minha aliança entre mim e ti, e a tua descendência depois de ti, em suas gerações, por aliança perpétua, para te ser a ti por Deus, e a tua descendência depois de ti" [Gn 17.7]. Por meio desse exemplo somos ensinados que em nossas orações devemos estender nossa preocupação aos que virão depois de nós. Como Deus prometeu que a Igreja seria perpetuada até o fim do mundo – um tema que atraiu nossa atenção no Salmo precedente – isso deve, de uma maneira especial, guiar-nos em todas as orações pelas quais encomendamo-lhe o bem-estar da Igreja, incluindo, ao mesmo tempo, nossa posteridade que ainda está por nascer. Além do mais, devem-se ter em particular observação as palavras *glória* e *formosura*; das quais aprendemos que o amor que Deus nutre por nós é sem paralelo. Ainda que para enriquecer-nos com seus dons ele nada lucre para si mesmo, todavia, ao interessar-se prodigamente por nós, o esplendor e a beleza de seu caráter se manifestam, como se sua formosura estivesse obscurecida quando ele cessa de nos fazer o bem.

Na frase imediatamente precedente, **Dirige sobre nós a obra de nossas mãos**, Moisés notifica que não podemos empreender ou tentar nada com o prospecto de sucesso, a menos que Deus se faça nosso guia e conselheiro e nos governe por meio de seu Espírito. Donde se segue que a razão por que os empreendimentos e esforços dos homens profanos têm um desastroso resultado é que eles, não seguindo a Deus, pervertem toda a ordem e lançam tudo em confusão. Tampouco é supérflua a palavra עלינו, *alenu, sobre nós*;

pois embora Deus no fim converta em bem tudo quanto Satanás e os réprobos tramam e praticam contra ele ou seu povo, todavia a Igreja, em cujo seio Deus governa com autoridade imperturbável, tem neste aspecto um privilégio especial. Por meio de sua providência, a qual nos é incompreensível, ele dirige externamente suas obras em relação aos réprobos; porém governa seu povo crente interiormente por meio de seu Espírito; e por isso propriamente se diz que ele ordena ou dirige as obras de suas mãos. A repetição mostra que se requer um curso contínuo de perseverança na graça de Deus. Não seria razoável caso fôssemos detidos no meio de nossa jornada. Ele deve capacitar-nos a completar todo o curso. Alguns traduzem *confirmar* ou *estabelecer*; e pode-se admitir tal sentido. Entretanto, tenho seguido aquela tradução que está em mais harmonia com o contexto, entendendo que a oração era para que Deus conduzisse a um resultado próspero todas as ações e empreendimentos de seu povo.

Salmo 91

Neste Salmo somos ensinados que Deus vigia sobre a segurança de seu povo e jamais o abandona nos momentos de perigo. São exortados a avançar pelo meio dos perigos na confiança de sua proteção. A verdade inculcada é de uma grande utilidade prática, pois embora muitos falem tanto da providência divina e confessem crer que Deus exerce uma vigilância especial sobre seus próprios filhos, poucos são aqueles que realmente se dispõem a confiar-lhe sua segurança.[1]

[vv. 1-4]
Aquele que habita no lugar secreto do Altíssimo permanecerá à sombra do Onipotente. Direi a Jehovah: Ele é a minha esperança e a minha fortaleza:

---

1 Admite-se ser este Salmo um dos mais excelentes de toda a coleção. "Pudesse o latim ou algum idioma moderno", diz Simon de Muis, "expressar plenamente todas as belezas e elegâncias tanto das *palavras* quanto das *sentenças*, não seria difícil persuadir o leitor de que não temos nenhum poema, quer em grego quer em latim, comparável a esta ode hebraica." Supõe-se ter sido ele composto por Moisés na mesma ocasião que o Salmo anterior; mas há quem acredita que ele foi escrito por Davi por ocasião da pestilência que grassou e afligiu o povo como castigo de seu pecado em realizar o censo (2Sm 24). Ele é atribuído a Davi nas versões Septuaginta, Caldaica, Vulgata, Siríaca, Arábica e Etiópica. Seu tema não nos ajuda a determinar quem foi seu inspirado autor, ou em que ocasião foi ele escrito. "Entretanto", diz Walford, "não há razão para lamentar nossa falta de conhecimento desses detalhes, visto que o poema é tão claro e inteligível, que nada nele pode ser equivocado ou mal-entendido. O propósito dele é ilustrar a segurança e felicidade que resultam do conhecimento de Deus e do exercício de uma sólida dependência de sua promessa e graça. Os sentimentos são expressos com grande vigor e beleza; e morta deveras estaria a alma para toda e qualquer emoção do deleite espiritual e celestial caso não sinta toda sua veracidade ou deixe de almejar a aquisição de tal fé e confiança que produzem a paz e a tranqüilidade mentais pretendidas nele. O erudito Michaelis é de opinião que este Salmo deve ser recitado em partes alternadas por dois corais ou grupos de cantores respondendo um para o outro, e que Deus mesmo é introduzido no versículo 14 como tomando parte do conclave." Os judeus supõem que o mesmo está relacionado com o Messias. Veja Mateus 4.6; Lucas 4.10, 11.

o meu Deus; e nele esperarei. Seguramente ele te livrará dos laços do passarinheiro, e da pestilência perniciosa. Ele te protegerá com suas asas, e sob suas penas estarás seguro; sua verdade será teu escudo e teu broquel.

1. Aquele que habita no lugar secreto do Altíssimo permanecerá à sombra do Onipotente. Alguns intérpretes hebreus lêem os três primeiros versículos como uma sentença contínua, mudando a ordem das palavras: *ele te livrará dos laços do passarinheiro*. Tudo mais corre assim: "Aquele que habita no esconderijo do Altíssimo, e permanece sob sua sombra, então dirá a Jehovah que ele é sua esperança e defesa e o Deus em quem ele pode seguramente descansar, porque ele o livrará dos laços" etc. Esta é evidentemente uma construção forçada imposta aos versículos, e a razão pela qual tem levado alguns a adotá-la é débil e insuficiente. Consideram que o primeiro versículo repete a mesma coisa duas vezes, e portanto não comunica o significado próprio. Mas tal coisa não passa de grande equívoco; pois o autor inspirado do Salmo, quem quer que tenha sido ele, expressa duas idéias completamente distintas, a saber: que aquele que se encontra escondido sob a proteção divina ocupa uma posição segura e definida, onde nenhuma arma hostil pode alcançá-lo. Ou o versículo pode ser lido assim: *Aquele que tem Deus como o guardião de sua segurança descansará sob a sombra de Deus*; ainda a segunda frase reteria um significado enfático, pois o poder de Deus seria contrastado com aquela frágil defesa que o homem é capaz de oferecer. Os que também habitam no lugar secreto de Deus são aqui apresentados pelo salmista como a habitarem sob sua sombra, no sentido em que experimentam uma abundante extensão de sua proteção. Os homens geralmente buscam uma grande variedade de esconderijos, recorrendo uns aos outros, segundo as diferentes calamidades que os ameacem prejudicar; mas aqui somos ensinados que a única fortaleza segura e inexpugnável a que podemos recorrer é a proteção de Deus. Ele contrasta a segurança daqueles que confiam em Deus com a vaidade de todos os demais tipos de confiança por meio dos quais estamos prontos a iludir-nos.

No segundo versículo ele repete a verdade que já havia inculcado, mostrando ao mesmo tempo que ele fala de seu sentimento e experiência pessoais como crente. Isso é muito necessário em alguém que deseja ser mestre; pois não podemos comunicar genuíno conhecimento, a menos que o enunciemos não meramente com os lábios, mas como algo que Deus revelou a nossos próprios corações.[2] O salmista, por conseguinte, fornece evidência de que o que ele havia ensinado no versículo precedente se harmonizava com sua própria experiência interior. Há quem lê: *Direi **acerca do Senhor***, e o prefixo hebraico, ל, *lamed*, pode ser assim traduzido; porém a outra tradução que tenho apresentado comunica o significado mais vívido. O crente faz mais do que simplesmente resolver tomar Deus como sua fortaleza; ele se chega para mais perto na confiança das promessas divinas, e fala com Deus de forma familiar. Essa confiança em oração fornece uma prova adicional de quão seguramente o povo de Deus pode habitar sob sua sombra. Esta santa espécie de ostentação constitui o mais elevado triunfo da fé, quando recorremos a Deus sem medo em nossas piores provações, e somos plenamente persuadidos de que ele responderá todas nossas orações; aliás, temos nele uma suficiência e superabundância de auxílio.

No terceiro versículo, o salmista expressa sua certeza de que a confiança da qual falara não seria fútil nem ilusória, mas que Deus provaria em todos os tempos ser o libertador de seu povo. Ele evidentemente deve ser considerado como que dirigindo-se a si mesmo e dessa forma encorajando seu próprio coração a esperar no Senhor. Há quem pensa que *laços do passarinheiro* mencionados aqui em conexão com a *pestilência* devem ser entendidos como sendo malefícios ocultos como distintos de agressão pública, e que o salmista declara ser a divina proteção suficiente para ele, quer

---

[2] "Car ceste est la vraye cognoissance, laquelle nous pouvons bailler aux autres de maiun en main, quand nous mettons en avant ce que Dieu nous a revelé, non pont des levres tant seulement: mais aussi du profond du cœur." – *v.f.*

Satanás o ataque aberta e violentamente ou por meio de métodos secretos e sutis. Eu não rejeitaria esta interpretação; pois ainda que alguns pensem que as palavras devam ser tomadas em sua aceitação mais simples, o salmista mais provavelmente tencionava, sob esses termos, denotar todos os diferentes tipos de males e quisesse nos ensinar que Deus estava disposto e era capaz de livrar-nos de qualquer um deles.

4. Ele te protegerá com suas asas. Esta figura, empregada em outras partes da Escritura, expressa uma beleza singular do terno cuidado que Deus exerce para manter incólume nossa segurança. Quando consideramos a majestade de Deus, não há nada que sugira uma semelhança tal como aqui delineada entre ele e a galinha ou outras aves, a qual estende suas asas sobre seus pintainhos para cobri-los e protegê-los. Mas, à guisa de acomodação em virtude de nossa debilidade, ele não nutre escrúpulo em descer, por assim dizer, da glória celestial que lhe é inerente, e nos encoraja a nos aproximarmos dele sob uma similitude tão modesta. Já que ele se condescende de uma forma tão graciosa por nossa fraqueza, seguramente não há nada que nos impeça de ir a ele com mais plena liberdade. Pela expressão, **a verdade de Deus**, a qual, diz o salmista, seria seu *escudo* e *broquel*, devemos entender a fidelidade de Deus em jamais abandonar seu povo no tempo de suas necessidades; todavia não devemos ter dúvidas de que ele tinha ante os olhos as promessas divinas, pois é somente olhando para elas que alguém pode aventurar-se a lançar-se sob a proteção de Deus. Como sem a palavra não podemos chegar a desfrutar aquela divina mercê da qual o salmista já falou, ele agora vem a público para dar testemunho em favor dela. Previamente, sob a comparação de uma *fortaleza*, ele ensinara que, ao confiarmos em Deus, desfrutamos de segurança e proteção; agora ele compara Deus com um *escudo*, sugerindo que ele ficará entre nós e todos nossos inimigos com o fim de proteger-nos de seus ataques.

[vv. 5-8]
Não terás medo do terror noturno; nem da seta que voa de dia; nem da destruição que anda nas trevas; nem da pestilência³ que assola ao meio-dia.⁴ Mil cairão a teu lado; e dez mil, a tua direita; mas não chegará a ti. Somente com teus olhos contemplarás e verás a retribuição dos perversos.

5. Não terás medo do terror noturno. O salmista continua insistindo sobre a verdade para a qual acabo de chamar a atenção, a saber: se confiarmos com implícita certeza na proteção divina, estaremos seguros de toda e qualquer tentação e assaltos de Satanás. É muito importante lembrar que, aqueles a quem Deus toma sob seu cuidado vivem numa situação da mais absoluta segurança. Inclusive aqueles que já alcançaram a mais avançada experiência nada acham mais difícil do que descansar no livramento divino; e mais especialmente quando, surpreendidos por alguma das muitas formas em que os perigos e a morte nos aguardam neste mundo, dúvidas se insinuarão em nossos corações, fazendo despontar medo e inquietude. Portanto, havia razão para o salmista entrar em certa especificação de diferentes males, encorajando o povo do Senhor a visualizar mais de um modo de livramento e a agüentar sob várias e acumuladas calamidades. Faz-se menção de *medo da noite*, ou porque os homens são naturalmente apreensivos com a escuridão, ou porque a noite nos expõe a perigos de diferentes tipos, e nossos temores vêm a lume em tais ocasiões para aumentar os ruídos e causar distúrbios. A *seta*, preferível a qualquer outra arma, é realçada como a voar de dia, evidentemente pela razão

---

3 A palavra original, a qual Calvino traduz "a pestilência", é traduzida na versão Siríaca "o vento que sopra". A versão de Fry traz 'rajada'. O *simum*, ou vento quente do deserto", observa ele, "fenômeno naquelas regiões tão notável para escapar-se ao poeta divino ao enumerar as fontes de perigo para a vida humana." Esse vento, sendo quente e ardente, seus efeitos, quando sopra ao meio-dia, seria ainda muito mais fatal.

4 "Os versículos 5 e 6. Scaliger, na Epist. 9, explica assim estes dois versículos: *Não terás medo*, מפחד, *de consternação noturna*, מחץ, *da seta que voa de dia*, מדבר, *da pestilência que anda de noite*, מקטב, *da devastação do meio-dia*. Sob esses quatro elementos ele compreende todos os males e perigos aos quais o homem se acha exposto. E como os hebreus dividem as vinte e quatro horas do dia e da noite em quatro partes, isto é, tarde, meia-noite, manhã e meio-dia, assim ele entende as horas de perigo como sendo assim divididas. Numa palavra, 'que o homem, que faz de Deus seu refúgio', está sempre seguro, dia e noite, a cada hora, de todos os perigos." – *Bythner*.

de que ela é atirada de longa distância e com tal velocidade que se nos torna difícil escaparmos dela. O versículo que se segue apresenta, embora em diferentes termos, a mesma verdade, a saber: que não há gênero de calamidade que o escudo do Onipotente não evite e repila.

7. Mil cairão a tua direita. Ele continua mostrando que, embora o estado de todos os homens possa aparentar similaridade, os crentes têm o especial privilégio de ser isentados de males de uma natureza iminente e pendente; pois poder-se-ia objetar dizendo que ele era um mero homem, e como tal exposto, juntamente com os demais, à morte em suas mil formas distintas. Para corrigir tal equívoco, o salmista não hesita em asseverar que, quando a ruína universal prevalece ao redor, os filhos do Senhor são os objetos de seu especial cuidado e são preservados em meio à geral destruição. A lição é uma só, e que se faz necessária a todos nós que, embora naturalmente sujeitos aos males comuns que se espalham por toda parte, somos privilegiados com uma isenção especial que garante nossa segurança no meio dos perigos. No versículo seguinte está implícito mais que o mero fato de que os crentes terão experiência pessoal da verdade que o salmista declarou, realmente sentindo e vendo com seus próprios olhos que Deus age em sua defesa. Um novo argumento é apresentado em abono da verdade de que Deus, como o justo Juiz do mundo, não pode senão castigar os ímpios de acordo com seus pecados e estender proteção a seus próprios filhos. Há muita obscuridade no aspecto das coisas neste mundo, todavia o salmista insinua que, em meio a toda a confusão reinante, podemos deduzir do que vemos dos juízos divinos que Deus não frustra as expectativas de seu povo crente. Ele deve ser considerado, contudo, como a dirigir-se àqueles que têm olhos para ver, são privilegiados com a verdadeira luz da fé, vivem plenamente despertos para a consideração dos juízos divinos e esperam paciente e calmamente pela chegada do tempo próprio; pois a maioria dos homens cambaleia e baratina suas mentes sobre este tema, confundindo as conclusões e impedindo a si mesmos de descobrir a providência de Deus só porque julgam segundo os sentidos [carnais]. Deixa-nos também satisfeitos demais em só apreendermos os juízos divinos em alguma medida imperfeita, enquanto permanecemos sobre a terra, e levando-o a prorrogar a mais plena descoberta deles para o dia da plena revelação.

[vv. 9-12]
Porque tu, ó Jehovah, és minha proteção; fizeste do Altíssimo teu refúgio.[5] Nenhum mal te sobrevirá e nenhuma praga chegará a tua habitação. Porque ele deu ordem a seus anjos a teu respeito, para te guardarem em todos teus caminhos. Eles te sustentarão em suas mãos, para que não resvales teu pé em alguma pedra.

9. Porque tu, ó Jehovah, és minha proteção. Ele delonga em detalhes em relação à providência de Deus, como se soubesse quão lentos são os homens naturalmente para recorrer a Deus de uma maneira direta; e quão necessário é que sejam estimulados a este dever e fujam daqueles falsos e profanos refúgios em que põem sua confiança. Há uma freqüente mudança de pessoa por todo este Salmo. No primeiro versículo, ele se dirige a Deus; e em seguida, se dirige a si mesmo. Chama Deus *minha proteção* – para dessa forma, através de seu próprio exemplo, estimular outros a recorrerem a Deus como seu socorro. E assim, mais adiante, ele se dirige a si próprio a fim de melhor persuadir a Deus da sinceridade de seu afeto íntimo. O verdadeiro método de provar nossa fé é volvendo nossos pensamentos íntimos para nós mesmos e, quando nenhum olho humano nos vê, sondando nossos próprios espíritos. Se, não satisfeitos em defrontar-nos somente com Deus, volvermos nossos olhos para os homens, é quase impossível evitar que o orgulho se insinue no lugar da fé. Ele fala de considerar a

---

5 A redação que Calvino faz deste versículo é diferente daquela de nossa Bíblia inglesa. De acordo com esta, *tu*, na primeira frase, reporta ao salmista; enquanto que a dele, a menção é a Deus. Hammond apresenta uma versão similar. "Porque tu, ó Senhor, és minha esperança; tu fizeste do Altíssimo teu auxílio ou refúgio." Todas a versões antigas fazem a primeira frase falar de Deus. Na Septuaginta é σὺ Κύριε ἡ ἐλπίς μου, "tu, ó Senhor, és minha esperança". Parecida é a redação da Caldaica, da Siríaca e da Vulgata. Mas o último membro do versículo, "tu fizeste do Altíssimo teu refúgio", geralmente reporta ao salmista e é considerado como uma parte de um solilóquio a que, quando sozinho, sua alma deu vazão.

Deus como sendo sua *casa* ou *refúgio*, porque ele nos defende de todo mal, como vemos no Salmo 90.1. Este versículo poderia ser considerado como tendo conexão com o que se segue, e como a declarar a causa ou razão do que é ali asseverado; pois se acrescenta: **nenhum mal te sobrevirá**. E como males adversos nos sobrevêm, quando descansamos confiadamente na proteção de Deus? É verdade que provações de variados tipos assaltam tanto os crentes quanto os demais, mas o salmista tem em mente que Deus se põe entre ele e a violência de cada assalto, de modo que ele é preservado de ser esmagado. A proteção divina é representada como a estender-se a toda *a família* dos justos; e sabemos que Deus inclui em seu amor os filhos que ele adotou em seu favor paternal. Ou, talvez, o termo poderia ser tomado em sentido mais simples, e nada mais sendo tencionado além do fato de que aqueles que escolheram a Deus para ser seu refúgio habitariam seguros em suas *casas*.

11. Porque ele deu ordem a seus anjos a teu respeito. O salmista adiciona isso expressamente com vistas a obviar quaisquer temores que pudessem vir à tona oriundos de nossa debilidade; de modo que não deixamos de estremecer-nos ante a benigna condescendência divina em assim não só perdoar nossa indiferença, mas em propor os meios pelos quais ela pudesse ser removida. Ele é exposto ante nossos olhos como uma fortaleza e escudo, projetando a sombra de sua proteção e se nos tornando conhecido como um lugar de habitação onde possamos viver abrigados e possa ele estender suas asas em nossa proteção – por certo não seríamos culpados da pior ingratidão se não vivêssemos satisfeitos com as promessas tão ricamente completas e satisfatórias? Se tremermos só de pensar em sua majestade, ele se nos apresenta sob a serena figura de uma galinha; se somos terrificados pelo poder de nossos inimigos e a multidão de perigos pelos quais nos vemos cercados, ele nos traz à lembrança seu próprio e invencível poder, o qual extingue toda força opositora. Quando ainda todas essas tentativas de nos animar fracassarem e ele notar que ainda retardamos o passo e hesitamos em aproximar-nos dele ou de lançar-nos em sua única e exclusiva proteção, ele em seguida faz menção dos anjos e os declara como os guardiães de nossa segurança. Como uma ilustração adicional de sua indulgente mercê e compaixão por nossa debilidade, ele representa aqueles a quem já tem prontos para nossa defesa, dizendo que constituem uma hoste numerosa. Não designa um anjo solitário para cada santo, mas comissiona todos os exércitos do céu para manter vigilância sobre cada crente individualmente. É ao crente individualmente que o salmista se dirige, como lemos também no Salmo 34.7: "os anjos acampam-se ao redor dos que o temem." Daqui podemos aprender que não há veracidade na idéia de que cada santo tem seu próprio guardião angelical peculiar; e é de pouca importância considerar que, como nossos inimigos são numerosos, assim também são os amigos a quem nossa defesa foi confiada. Sem dúvida é importante saber que ainda um anjo foi posto sobre nós com essa incumbência, mas acrescenta peso à promessa, ao sermos informados que o encargo de nossa segurança foi confiado a uma numerosa hoste, como Eliseu estava ciente, por uma consideração semelhante, ao desprezar o grande exército dos adversários que se preparavam contra ele [2Rs 6.16]. Tampouco é isso inconsistente com passagens das Escrituras que parecem falar de um anjo distinto designado para cada indivíduo. É evidente que Deus emprega seus anjos de diferentes maneiras, pondo um só anjo sobre várias nações e também vários anjos sobre um só homem. Não há necessidade de sermos exigentes e escrupulosos inquirindo sobre o modo exato em que ministram juntamente para nossa segurança; baste que, conhecendo pela autoridade de um apóstolo o fato de serem eles designados como ministros sobre nós, descansemos satisfeitos com o fato de que estão sempre atentos a sua incumbência. Lemos em outra parte sobre sua prontidão em obedecer e executar as ordens divinas; e isso deve contribuir para o fortalecimento de nossa fé, visto que Deus faz uso de seus esforços para nossa defesa.

O salmista, na passagem que ora jaz diante de nossos olhos, fala dos membros da Igreja em geral; e todavia o diabo não torceu as palavras quando, em sua tentação no deserto, as aplicou particularmente a Cristo. É verdade que ele está constantemente buscando perverter e corromper a verdade de Deus; mas, no que diz respeito a princípios gerais, ele pode pôr verniz enganoso nas coisas e passar-se por um teólogo suficientemente perspicaz. É preciso considerar que, quando toda nossa família humana se viu banida do favor divino, deixamos de ter algo em comum com os anjos e de ter eles qualquer comunicação conosco. Foi Cristo, tão-somente ele, que, ao remover o muro de separação, reconciliou os anjos conosco; sendo este seu ofício peculiar, como observa o apóstolo [Ef 1.10], de congregar em um só corpo o que fora disperso no céu e na terra. Isso foi representado ao santo patriarca Jacó sob a figura de uma escada [Gn 28.12]; e, em alusão ao fato de sermos unidos em um só corpo coletivo com os anjos, Cristo disse: "vereis o céu aberto, e os anjos de Deus subindo e descendo sobre o Filho do homem" [Jo 1.51].

O salmista acrescenta: **em todos teus caminhos**, no plural, com o intuito de comunicar-nos mais distintamente que, seja para onde formos, podemos esperar que os anjos terão sempre estendida sobre nós sua vigilância. O curso de nossa vida está sujeito a muitos percalços e mudanças, e quem pode contar todas as tormentas pelas quais estamos sujeitos a passar? Era necessário, pois, saber que os anjos presidem todas as ações e propósitos particulares, e assim assegurar-se de seu salvo-conduto em todos os quadrantes para os quais porventura sejamos chamados. Entretanto, esta expressão, *teus caminhos*, com toda probabilidade tinha a intenção de impelir-nos à devida ponderação e modéstia e exortar-nos a não tentar a Deus com algum passo precipitado, bem como admoestar-nos a nos mantermos dentro dos limites de nossa própria vocação. Pois agiríamos de forma irresponsável e tentaríamos fazer coisas que a promessa divina não nos autoriza empreender, aspirando o que é presunçoso e oposto à vontade divina; por isso não devemos esperar que os anjos se façam ministros e patrocinadores de nossa temeridade. Tudo indica que Satanás astutamente omitiu esta sentença quando tentou a Cristo a temerariamente precipitar-se do cimo do templo.

12. Eles te sustentarão em suas mãos. Ele nos dá ainda uma idéia mais elevada da vigilância dos anjos, informando-nos que eles não só vigiam para que nenhum mal nos sobrevenha e estão em alerta para prestar assistência, mas amparam nossos passos com suas mãos, de modo a impedir-nos de tropeçar durante nossa trajetória. Fôssemos julgar com base na mera aparência, e os filhos de Deus estariam longe de ser assim amparados sob seu cuidado; amiúde lutam e ofegam com dificuldade, ocasionalmente tropeçando e caindo, e é com muito esforço que avançam em sua trajetória; mas como no meio de toda essa decadência é tão-somente pelo singular auxílio de Deus que são preservados a cada instante de cair e de ser destruídos, não nos surpreende que o salmista fale em termos tão exaltados da assistência que recebiam da administração angelical. Além disso, nunca podemos aquilatar os sérios obstáculos que Satanás poria contra nossas orações não nos sustentasse Deus da maneira aqui descrita. Que alguém combine as duas considerações que já mencionei – nossa própria fraqueza, de um lado, e a aspereza, as dificuldades, os espinhos que cerceiam nosso caminho, a estupidez que caracteriza nossos corações e a sutileza do maligno em armar redes para nossa destruição, do outro –, e ver-se-á que a linguagem do salmista não é hiperbólica, e assim saibamos que não damos sequer um passo sem que os anjos nos amparem em suas mãos de uma maneira que o curso ordinária da natureza não explicaria. Que amiúde tropeçamos se deve a nossa própria falha por nos apartarmos daquele que é nossa Cabeça e Líder. E ainda que Deus tolere ver-nos tropeçar e cair dessa maneira, para que nos convençamos de quão frágeis somos em nossa própria natureza, todavia, visto que ele não nos permite ser esmagados ou totalmente destruídos, é como se ele virtualmente pusesse sua mão debaixo de nós e nos sustivesse.

[vv. 13-16]
Tu andarás sobre o leão e a áspide; pisarás aos pés o leãozinho e o dragão. Porquanto ele confiou em mim, eu o livrarei; porque ele conheceu meu nome, eu o porei no alto. Ele me invocará, e eu lhe responderei; estarei com ele na angústia; eu o livrarei e o glorificarei. Eu o satisfarei com longevidade, e lhe mostrarei minha salvação.

13. Tu andarás sobre o leãozinho e a áspide. A mesma verdade é aqui expressa em termos diferentes. Ele já havia falado dos obstáculos que Satanás lança em nossa trajetória sob a figura de uma *pedra*. Agora ele fala das angústias terríveis a que estamos expostos no mundo sob as figuras da *áspide, leão, leãozinho* e *dragão*. Até onde nos é possível, aqui realmente se expressa que andamos entre animais selvagens que nos ameaçam com destruição. E neste caso o que seria de nós não fosse a promessa de Deus de nos fazer vitoriosos sobre os múltiplos males que por toda parte nos tolhem os passos? Ninguém que considere seriamente as tentações a que ele estava exposto se admirará de que o salmista, com o propósito de remover a apreensão da mente do povo do Senhor, tivesse adotado a linguagem de hipérbole; de fato não dirá que ela é uma linguagem hiperbólica, mas uma verdadeira e exata representação do caso deles. Gabamo-nos muito de nossa coragem enquanto permanecemos a longa distância da cena do perigo; mas tão logo somos introduzidos no campo de ação, ante o menor motivo já exconjuramos nossos leões e dragões, bem como toda uma hoste de pavorosos perigos. O salmista acomoda sua linguagem a esta fragilidade de nossa apreensão carnal. A palavra hebraica, שחל, *shachal*, a qual a Septuaginta traduz por *áspide*,[6] significa *leão*, e tal repetição no

---

6 ἀσπίδα. As versões mais antigas correspondem neste aspecto à Septuaginta, como as versões Vulgata, Jerônimo, Apolinário, Siríaca, Arábica e Etiópica traduzem שחל, *shachal*, não por leão, mas por áspide, ainda que não concordem quanto a que tipo particular de áspide tinham em mente. Esta opinião é adotada pelo erudito Bochart (Hieroz. vol. III. lib. 3, cap. 3), que pensa ser provável que por todo o versículos só se fala em serpentes, e outros intérpretes têm concorrido no mesmo ponto de vista. Ele pensa que שחל, *shachal*, traduzida por 'leão' é a serpente negra, ou hœmorhous; e כפיר, *kepher*, traduzida por 'leãozinho', supõe-se que fosse a cenchris, que Nicander (Theriac, v. 463) chama λέων αἰολος, o leão malhado, visto ser ele pintado e, como o leão, ergue sua calda quando está para lutar, e que perfura e se empanturra com sangue. Bochart objeta se o

segundo membro da sentença é comum no hebraico. Não há, portanto, motivo para buscar alguma distinção sutil que pudesse ter sido tencionada para especificar esses quatro diferentes tipos de animais; só que por *leão* e *leãozinho* se deve entender os perigos mais francos, pelos quais somos assaltados com força e violência; e por *serpente* e *dragão*, os malefícios ocultos, nos quais o inimigo nos assalta de forma insidiosa e inesperada, como a serpente faz de seu lugar secreto.

14. Porquanto ele confiou em mim, eu o livrarei. Para impedir qualquer sentimento de enfado ou exaustão causado pela repetição e ampliação do salmista em seu presente tema, é preciso lembrar que ele, como já observei, é aqui influenciado por uma consideração apropriada de nossa fraqueza, inclusive indisposição, quando nos vemos aproximar do perigo, para exercer uma devida confiança na providência de Deus. Com isso em vista, ele agora introduz Deus mesmo falando e confirmando com sua própria voz o que já havia sido asseverado. E aqui é notável que Deus, ao declarar do céu que estaremos seguros sob as asas de sua proteção, nada fala como necessário por parte de seu povo a não ser esperança ou confiança. Pois o verbo hebraico, חשק, *chashak*, que significa *desejar*, ou *amar*, ou, como costumamos expressar, encontrar nosso deleite em algum objeto, aqui significa descansar em Deus com serena confiança, e regozijar-se em seu favor. Ele tudo faz para propiciar-nos assistência, caso o busquemos com

---

leão e o leãozinho estão implícitos, com base na incongruência de animais de natureza tão diversa como o leão e as serpentes estejam associados aqui; e observa que andar sobre o leão não parece uma expressão muito apropriada, visto que os homens não andam pisando sobre leões, e, sim, sobre serpentes. Mas o leão e o leãozinho, tradução dos intérpretes mais recentes, correspondem um ao outro e preserva o paralelismo pelo qual a poesia hebraica se distingue, e as razões designadas por Bochart para descartá-la parecem insuficientes. O leão e a serpente são animais formidáveis para a luta; e Satanás, um dos inimigos a serem "postos em sujeição sob a planta dos pés de Cristo" é, no Novo Testamento, comparados tanto ao leão quanto ao dragão (1Pe 5.8; Ap 12.9). "Acrescente-se ainda", diz Merrick, "que o texto hebraico nada diz de andar sobre o leão, porém tem a palavra irdt, que estritamente significa calcabis, tu pisarás; e quanto a esmagar as nações e fazer seus inimigos estrado de seus pés, são expressões usadas para significar o domínio e triunfo sobre elas; pisar o leão e a serpente pode ser entendido no mesmo sentido."

Cresswell pensa ser provável que a linguagem deste versículo é proverbial. "O curso da vida humana", observa ele, "é na Escritura comparado a uma viagem; e os perigos descritos neste versículo eram comuns ao caminhante nos dias e país do salmista."

sinceridade. A linguagem implica que estaríamos continuamente cercados pela morte e destruição neste mundo, não fosse sua mão que se estende para nossa preservação. Ocasionalmente, ele assiste até mesmo os incrédulos, porém é só a seu povo crente que seu socorro é concedido, no sentido de ser ele seu Salvador na genuína extensão desse termo, e seu Salvador até o fim. *Conhecer o nome* de Deus é expresso em conexão com a confiança e expectativa deles; e muito apropriadamente, pois por que é que os homens são vistos esgueirando seus olhos futilmente ao redor de si à espreita do perigo, senão porque são ignorantes acerca do poder de Deus? Na verdade não se pode dizer que conhecem a Deus, porém se iludem com uma vaga apreensão de algo que não é Deus, mas um mero ídolo que o substitui na imaginação deles. Como é o verdadeiro conhecimento de Deus que gera confiança nele e nos leva a invocá-lo; e como ninguém pode buscá-lo sinceramente senão aqueles que têm apreendido as promessas e dão a devida honra a seu nome, o salmista, com grande propriedade e veracidade, representa este conhecimento como sendo a origem e fonte da confiança. A doutrina que ele ensina é necessária para dela aprendermos sobre a maneira confusa e errônea como os papistas falam da fé. Enquanto inculcam uma adesão implícita a Deus, sepultam a palavra que abre o único acesso que os homens podem ter a ele. A expressão *exaltar* ou *erguer ao alto* não significa outra coisa senão conservar o senso de segurança ou certeza; mas a razão desta metáfora consiste em que Deus preserva seu povo de uma forma extraordinária, erguendo-o, por assim dizer, a alguma fortaleza alta e inexpugnável.

15. Ele me invocará. Ele agora mostra mais claramente o que tencionava com a expressão *confiar em Deus* ou depositar nele nosso amor e deleite. Pois aquele afeto e desejo que são produzidos pela fé nos impelem a invocar seu nome. Esta é outra prova em apoio da verdade, a qual tive anteriormente ocasião de mencionar, ou, seja: que a oração está propriamente fundamentada na Palavra de Deus. Não temos a liberdade, nesta matéria, de seguir as sugestões de nossa própria mente e arbítrio, mas devemos buscar a Deus somente até onde ele nos convidou a aproximar-nos dele. O contexto pode também ensinar-nos que a fé não é ociosa nem inoperante, e que um teste, pelo qual devemos testar os que buscam o livramento de Deus, é se eles têm recorrido a Deus da forma prescrita. Aprendemos uma lição adicional, a saber: que os crentes jamais serão isentos de angústias e constrangimentos. Deus não lhes promete vida de ócio e luxúria, mas o livramento de suas tribulações. Faz-se menção que ele os *glorificará*, insinuando que o livramento que Deus oferece, e o qual já foi mencionado neste Salmo, não é de uma natureza meramente temporária, mas que por fim resultará que eles chegarão a uma perfeita felicidade. Ele lhes confere muita honra neste mundo e se glorifica neles de forma muito clara, porém ainda não é a completação de sua trajetória com que ele lhes oferece base para o triunfo. Pode parecer estranho que *longevidade* seja mencionada no último versículo como a eles prometida, visto que muitos dentre o povo do Senhor são cedo arrebatados do mundo. Mas eu poderia reiterar uma observação que já foi feita em outros lugares, a saber, que aquelas bênçãos divinas que estão prometidas em relação ao presente mundo perecível, não devem ser consideradas como bons feitos num sentido universal e absoluto, ou cumpridas em total concordância com uma regra estabelecida e igual.[7] Riquezas e outros confortos mundanos devem ser vistos como que propiciando alguma experiência do favor e benevolência divinos, mas não se deduz daí que os pobres sejam objetos do desprazer divino; ter um corpo saudável e boa saúde são bênçãos de Deus, porém não devemos conceber que isso constitua prova de que a fraqueza e a enfermidade devam ser consideradas com desaprovação. Longa vida deve ser classificada entre os benefícios desse gênero, e seriam concedidos por Deus a todos seus filhos não fosse para seu benefício serem eles levados tão cedo deste mundo.[8] Eles se satisfazem mais com um

---

7 "Dei benedictiones quæ ad hanc caducam vitam spectant, non esse perpetuas, neque æquali tenore fluere." – *v.l.* "Ne sont pas perpetuelles, et ne descoulent pas d'un fil continuel." – *v.f.*

8 "*Com longa vida etc.* Esta era uma bênção amiúde penhorada a homens bons durante a dispensação mosaica; ainda que não possamos entender como sendo cumprido universalmente,

curto período durante o qual vivem melhor que os ímpios, ainda que sua vida se estenda por mil anos. A expressão não pode aplicar-se aos ímpios, de que estão *satisfeitos com longevidade*; pois por mais longa seja sua vida, a sede de seus desejos continua a ser inextinguível. É a vida, e nada mais, que eles esbanjam com tal ansiedade; tampouco se pode dizer ter eles um desfruto momentâneo daquele favor e bondade divinos que só podem comunicar a real satisfação. O salmista poderia, pois, com propriedade declarar, como um privilégio pertencente peculiarmente ao povo do Senhor, que vivem *satisfeitos com a vida*. A trajetória breve que lhes é designada é reconhecida por eles como sendo sobejamente suficiente. Além disso, longevidade não se deve jamais comparar com eternidade. A salvação divina se estende para além das estreitas fronteiras da existência terrena; e se vivermos ou morrermos, é para isso que devemos primordialmente olhar. É com essa visão que o salmista, depois de declarar todos os demais benefícios que Deus concede, acrescenta esta como uma frase final que, quando ele os tiver seguido com sua paternal bondade por toda sua vida, por fim lhes mostrará sua salvação.

---

porque Deus naquela época, bem como em cada período subseqüente, reservava para si e para sua própria sabedoria, 'os tempos e as estações'." – *Walford.*

Salmo 92

Este Salmo contém uma exortação para que Deus seja louvado, e mostra quantos motivos temos para o exercício das obras de Deus, insistindo especialmente sobre sua justiça exibida na proteção de seu povo e na destruição dos ímpios. Com esta verdade ele estimula a prática da justiça e nos preserva de desfalecer sob a cruz de Cristo, propondo a nossa vista um feliz resultado fluindo de todas nossas aflições. Para impedir-nos, em contrapartida, da prática da iniqüidade, ele declara que os pecadores, por mais que prosperem por algum tempo, serão repentinamente destruídos.

Cântico para o dia de Sábado.

[vv. 1-4]
Bom é render graças a Jehovah, cantar louvores a teu nome, ó Altíssimo! Para de manhã anunciar tua benignidade, e de noite, tua fidelidade; no saltério e no instrumento manual, com o cântico na harpa. Pois tu, ó Jehovah, me alegraste em tuas obras; triunfarei nas obras de tuas mãos.

1. Bom é render graças a Jehovah. Não há lugar para dúvida de que os judeus tinham o hábito de cantar este Salmo, como a inscrição exibe, no dia de Sábado; e é evidente, à luz de diferentes passagens, que outros Salmos eram aplicados a esse uso. Como as palavras podem ser lidas literalmente no hebraico, *Bom é render graças ao Senhor*, alguns intérpretes, deparando-se com a letra ל, *lamed*, prefixada ao verbo, entendem que o salmista tem em mente que era bom ter um certo dia separado para cantar os louvores de Deus – que era um arranjo proveitoso por meio do qual um dia fora escolhido para ser ocupado pelo povo do Senhor na celebração de suas obras. É notório, porém, que esta letra, quando prefixada, é meramente a marca ordinária do modo infinitivo – e tenho apresentado o significado que é obviamente simples. É suficientemente óbvia a razão por que o salmista adaptou este Salmo para o Sábado. Aquele dia não era santo no sentido de ser devotado ao ócio, como se esse pudesse ser um culto aceitável a Deus, mas no sentido de nos afastarmos de todas as demais ocupações com o intuito de nos engajarmos na meditação sobre as obras de Deus. Como nossa mente é inconstante, quando nos vemos expostos a várias distrações, nos inclinamos a afastar-nos de Deus.[1] Necessitamos de desvencilhar-nos de todas as preocupações caso queiramos seriamente devotar-nos aos louvores de Deus. O salmista, pois, nos ensina que a observação correta do dia do Senhor não implica ócio, como alguns absurdamente imaginam, mas a celebração do nome divino. O argumento que ele adiciona é extraído da utilidade do serviço, pois nada é mais estimulante do que saber que nosso labor não é debalde, e que o que fazemos nele se harmoniza com a aprovação divina. No versículo seguinte ele reporta aos motivos que temos para louvar a Deus, a saber: é impossível imaginar que Deus nos convoque ao exercício desse santo serviço sem uma razão plausível, ou simplesmente em virtude de sua grandeza e poder; senão que, em memória de sua *bondade* e *fidelidade*, as quais devem inflamar nossos corações para tal exercício, se tivermos algum senso e experiência adequados delas. Ele queria que ponderássemos, ao fazer tal menção, que Deus não só é digno de louvor, mas a nós mesmos nos tornamos culpados de ingratidão e perversidade caso o recusemos. Somos os objetos próprios de sua fidelidade e bondade, e indicaria injustificável indiferença caso elas não inspirassem nossos cordiais louvores. Pode parecer uma distinção estranha a do salmista, ao falar ele de anunciarmos a bondade

---

1 "Car selon que nos pensees sont volages, si elles sont distraittes cà et là, elles s'alienent facilement de Dieu."

de Deus *de manhã*, e sua fidelidade, *de noite*. Sua bondade é constante e não peculiar a uma determinada ocasião, por que, pois, devotar apenas uma pequena parte do dia na celebração dela? E o mesmo se pode dizer da outra perfeição divina mencionada, pois não é meramente de noite que a fidelidade de Deus se revela. Mas isso não é o que o salmista tem em mente. Sua intenção é dizer que para começar louvando ao Senhor bem de manhã é preciso continuar seus louvores até altas horas da noite, e que isso não é mais do que sua bondade e fidelidade merecem.² Se começarmos celebrando sua bondade, temos que, em seguida, prosseguir celebrando sua fidelidade. Ambas ocuparão nossos louvores contínuos, pois estão mútua e inseparavelmente relacionadas. O salmista não deve, pois, ser entendido como a querer que separemos uma da outra, pois elas estão intimamente associadas; ele apenas sugere que nunca devemos deixar de louvar a Deus, a não ser que a indolência prevaleça sobre nós; e que se quisermos cumprir corretamente o ofício da gratidão temos que ser assíduos nele, visto que sua bondade e sua fidelidade são incessantes.

No quarto versículo, ele prontamente se dirige aos levitas, os quais foram designados ao ofício de cantores, e os convoca a empregar seus instrumentos musicais – não como se fossem em si mesmos necessários, mas só eram úteis como um auxílio elementar ao povo de Deus nos tempos antigos.³ Não devemos imaginar que Deus prescreveu a harpa como se sentisse, como nós, deleite na mera melodia dos sons; porém os judeus, que já estavam sob o peso dos anos, se restringiam ao uso de elementos tão infantis. O propósito deles era estimular os adoradores e incitá-los a mais ativamente exercer a celebração do louvor divino de todo o coração. Devemos lembrar que o culto divino nunca dever ser tomado como que consistindo em tais serviços externos, os quais só eram necessários para ajudar um povo fervoroso, porém ainda fraco e rude de conhecimento, no culto

---

2 "Que si nous commençons au matin de louer Dieu, il faut continuer ses louanges jusques à la derniere partie de la nuit; pource que as bonte et fidelite meritent cela." – *f.v.*

3 "Mais pource que c'estoit un rudiment fort utile au peuple ancien." – *v.f.*

espiritual celebrado a Deus. É preciso observar a diferença, neste aspecto, entre seu povo sob o Velho e sob o Novo Testamento; pois agora que Cristo já se manifestou, e a Igreja já alcançou a plena maturidade, se introduzíssemos as sombras de uma dispensação expirada só iríamos sepultar a luz do evangelho. Disto transparece que os papistas, como tive ocasião de mostrar em outro lugar, ao empregarem música instrumental, não se pode dizer que imitam a prática do antigo povo de Deus, mas o imitam de uma maneira insensata e absurda, exibindo um tolo deleite naquele culto do Velho Testamento que era figurativo e que foi extinto com a vinda do evangelho.[4]

4. Porque tu, ó Jehovah, me alegraste. O salmista reitera a verdade de que o Sábado não fora prescrito como um dia para o ócio, mas uma ocasião na qual devamos reunir todas nossas energias para a meditação em torno das obras de Deus. Ele notifica, ao mesmo tempo, que quem é melhor qualificado para celebrar os louvores de Deus são os que reconhecem e sentem sua benevolência paternal e podem empreender este serviço com mentes voluntárias e jubilosas.

---

4 Mas ainda que Calvino sustentasse que o uso da música instrumental em culto público era inconsistente com o gênio da dispensação cristã, ele considerava a celebração dos louvores de Deus com a melodia da voz humana como uma instituição de grande solenidade e proveitosa. Ele sabia que o cântico de Salmos está sancionado pelos apóstolos, e que a música exerce uma poderosa influência em excitar a mente ao ardor da devoção; e a ele pertence o mérito de ter, com a recomendação de Lutero, formado o plano de estabelecer, como um ramo principal do culto nas Igrejas Reformadas, o cântico de Salmos, traduzido no idioma vernáculo, e adaptou melodias claras e fáceis, para que todo o povo pudesse aprender e pudessem todos participar. Imediatamente à publicação da versão de Clement Marot dos Salmos de Davi em rimas francesas de Paris, ele a introduziu em sua congregação de Genebra, posta em música clara e popular; e logo entrou para o uso universal em todas as numerosas congregações da Igreja Reformada da França. Por fim os Salmos de Marot formaram um apêndice ao Catecismo de Genebra e veio a ser uma marca ou emblema característico do culto e profissão de fé calvinistas. A tradução de Marot, a qual não almejava qualquer inovação no culto público, e a qual ele dedicou a seu senhor Francisco I e às damas da França, recebeu a princípio a sanção da Sorbone, como nada contendo que contrariasse a sã doutrina. Calvino, porém, conhecia o caráter do livro melhor que os doutores da Sorbone, e tendo, por meio de sua influência, obtido sua introdução no culto da Igreja Protestante da França, contribuiu tanto, em conseqüência de sua extraordinária popularidade, para o avanço da causa da Reforma naquele país, que foi interditado sob as mais severas penalidades; e, na linguagem da Igreja de Roma, cantar Salmos e heresia vieram a ser termos sinônimos. – *Warton's History of English Poetry*, vol. III. pp. 164, 165.

Sua linguagem implica que a bondade e fidelidade de Deus, as quais eu já havia mencionado, se fazem evidentes em suas obras quando detidamente examinadas. O que produz alegria em nossos corações é a exibição que Deus faz de si mesmo na qualidade de Pai e de sua profunda e vigilante preocupação por nosso bem-estar; como, em contrapartida, a causa de nossa brutal indiferença é nossa incapacidade de conhecer e saborear o propósito designado das obras de Deus.[5] Como o universo por toda parte proclama que Deus é fiel e bom, convém-nos ser diligentemente observadores desses emblemas e deixar-nos estimular por uma santa alegria na celebração de seu louvor.

[vv. 5-8]
Quão magnificentes, ó Jehovah, são tuas obras! Mui profundos são teus pensamentos. O homem insensato não as conhecerá, nem o homem vazio de sabedoria as entenderá. Quando o ímpio florescer como a relva, e todos os obreiros da iniqüidade surgirem, que pereçam para sempre. E tu, ó Jehovah, és exaltado para sempre.

5. Quão magnificentes, ó Jehovah, são tuas obras! O salmista, havendo falado das obras de Deus em geral, continua falando mais particularmente de sua retidão no governo do mundo. Ainda que Deus prorrogue o juízo dos ímpios, ele mostra, no devido tempo, que ao aparentar conivência com suas obras ele não as passa por alto nem as deixa de perceber. E ainda que exercite seus próprios filhos com a cruz, ele prova pelo resultado que não age com indiferença em relação a seu bem-estar. A razão do salmista para tocar neste ponto em particular parece ser porque muitas trevas pairam sobre o esquema da providência divina em virtude da desigualdade e desordem que prevalecem nas atividades humanas.[6] Vemos o ímpio triunfar e aplaudir sua própria boa fortuna, como se não houvesse Juiz nas alturas,

---

5 "Comme aussi la cause de nostre paresse brutale est, que nous avons perdu tout gout quand il est question de savourer la fin des ceuvres de Deus."

6 "Pource que la confusion difforme laquelle se voit en la vie des hommes, obscurcit grandement l'ordre de la providence de Dieu."

e aproveitar a ocasião da paciência divina para desenfrear-se em excessos adicionais, dando a impressão de haver escapado de sua mão. A tentação é agravada por essa estupidez e cegueira de coração que nos leva a imaginar que Deus não mais exerce sua superintendência sobre o mundo e se assenta ociosamente no céu. Sabe-se também que tão logo nos dispomos a mergulhar nas angústias da carne. O salmista, pois, intencionalmente seleciona este como um caso no qual ele pudesse mostrar o vigilante cuidado que Deus exerce sobre a família humana. Ele começa usando a linguagem exclamativa, pois tal é nossa terrível indisposição e desordem em decorrência das quais nosso entendimento se confunde, que não podemos compreender o método das obras de Deus, mesmo quando ele seja bem evidente. Devemos observar que o escritor inspirado não está falando aqui da obra de Deus na criação dos céus e da terra, nem de seu governo providencial no mundo em geral, mas tão-somente dos juízos que ele exerce entre os homens. Ele denomina as obras de Deus de *grandes*, e seus pensamentos de *profundos*, porquanto ele governa o mundo de uma maneira que vai além do que somos capazes de compreender. Estivessem as coisas sob nossa própria administração, e inverteríamos totalmente a ordem que Deus observa; e, visto esse não ser o caso, perversamente polemizamos com Deus por ele não apressar-se em socorrer incontinenti os justos e em castigar os perversos. Choca-nos como sendo, no mais elevado grau, inconsistente com as perfeições de Deus o fato de eles se precipitarem sem freio aos mais ousados atos de iniqüidade; e quando perseguem desenfreadamente o bom e o inocente, digo que em nossa percepção é como se fosse tolerável a Deus sujeitar seu próprio povo à injustiça e violência dos perversos, enquanto não põe nenhum freio à proliferação da falsidade, da fraude, da rapinagem, do derramamento de sangue e todo gênero de monstruosidade. Por que ele suporta que sua verdade seja obscurecida e seu santo nome, tripudiado? É aqui que sobressai a grandeza da operação divina, a profundeza do conselho divino sobre cuja administração o salmista se deixa fascinar. Sem a menor sombra de dúvida, há uma incompreensível profundidade de poder, de sabedoria, que Deus tem exibido na estrutura do universo; mas o que o salmista tem especialmente em vista é a administração de um freio contra a disposição que nos leva a murmurar contra Deus quando ele não atenta para nosso plano em sua administração providencial. Quando nenhuma dessas coisas concorda com as concepções gerais dos homens, devemos contemplá-las com reverência e lembrar que Deus, para melhor provar nossa obediência, eleva seus profundos e misteriosos juízos muito acima de nossas tacanhas concepções.

6. O insensato não as conhecerá. Isso é acrescentado com propriedade para que saibamos que a falha está em nós mesmos, em não louvarmos os juízos divinos como devemos. Pois embora o salmista falasse delas como sendo profundas e misteriosas, ele aqui nos informa que elas seriam discernidas sem dificuldade não fosse nossa estupidez e indiferença. Pelo termo *insensato* ele quer dizer os incrédulos em geral, contrastando-os tacitamente com os crentes que são divinamente iluminados pela Palavra e pelo Espírito. A ignorância e a cegueira a que ele alude exercem domínio sobre todos sem exceção, cujo entendimento não foi iluminado pela divina graça. Nossa oração a Deus deve ser no sentido de desimpedir nossa vista e nos capacitar para a meditação sobre suas obras. Em suma, o salmista vindica a sabedoria incompreensível de Deus daquele menosprezo que os soberbos amiúde lançam contra ela, culpando-os de estultícia e demência em agir dessa maneira; e ele nos desperta daquela insensibilidade que é tão prevalecente para uma devida e séria consideração das obras misteriosas de Deus.

7. Quando o ímpio florescer como a erva. Ele realça e exprobra, usando uma figura extraordinária e apropriada, o néscio por imaginar que o perverso obtém triunfo sobre Deus quando ele parece não conseguir refreá-los imediatamente. Ele faz uma admissão até aqui: admite que surgem e florescem, porém acrescenta imediatamente, à guisa de condição, que eles florescem como a relva só por um momento, sendo sua prosperidade breve e evanescente. E assim ele remove o que tinha sido quase um tropeço universal e base de escândalo; pois seria ridículo invejar a felicidade de pessoas que vivam condenadas a ser rapidamente destruídas e de quem se pode dizer que hoje florescem e amanhã são cortadas e murcham [Sl 129.6]. Mostrar-se-á quando considerarmos o Salmo ora citado que as ervas a que os ímpios são comparados são aquelas que crescem nos tetos das casas, as quais carecem de solo profundo e morrem por si sós por falta de nutrição. Na passagem que ora temos diante dos olhos, o salmista se satisfaz com simplesmente usar a figura de que a prosperidade dos ímpios arrasta após si uma destruição mais rápida do que a grama quando alcança o tamanho próprio para o uso da segadeira. Há também uma antítese delineada entre a brevidade de sua continuidade e a eterna destruição que os aguarda; pois não lemos que sejam cortados para depois florescerem outra vez, como as plantas que murcham e depois recuperam seu vigor; ao contrário, serão condenados à eterna destruição.[7] Ao dizer que Deus se assenta *exaltado para sempre*, para alguns significa que Deus detém o poder e o ofício de governar o mundo, e que não podemos ter certeza de que nada pode acontecer por acaso quando um governante e administrador tão justo mantém sob controle as atividades do mundo. Vários outros significados têm sido apresentados. Mas a mim parece que o salmista compara a estabilidade do trono de Deus com o caráter flutuante e mutável deste mundo, lembrando-nos que não devemos julgá-lo [a Deus] pelo que vemos no mundo, onde nada há de fixo e de natureza durável. Deus imperturbavelmente olha para baixo, lá das alturas celestiais, para todo o cenário terreno das coisas mutáveis, as quais nem afetam nem têm qualquer relação com ele. E isso o salmista apresenta não com outro intuito senão simplesmente para ensinar-nos a distinguir Deus de suas criaturas e atribuir a devida honra a sua majestade. Ele quer que aprendamos em nossas contemplações a maravilhosa e misteriosa providência de Deus, com o fim de elevar nossas concepções acima de nós mesmos e deste mundo, visto

---

7 "Comme s'il disoit qu'ils ne sont point retranchez, afin que sur le prim-temps ils rejettent derechef, ainsi que les herbes mortes reprenent nouvelle vigueur, mais qu'ils sout condamnez à perdition eternelle." – *v.f.*

que ele não passa de uma visão escura e confusa diante de nossa tacanha mente terrena. É com o propósito de levar-nos a uma descoberta própria dos juízos divinos, os quais não são vistos no mundo, que o salmista, ao fazer menção da majestade de Deus, quer que nos lembremos de que ele não opera de acordo com nossas concepções, mas de uma maneira correspondente a seu próprio Ser eterno. Nós, criaturas de vida breve como somos, amiúde frustrados em nossas tentativas, embaraçados e interrompidos por muitas dificuldades intervenientes, bem como entusiastas em abraçar a primeira oportunidade que se nos ofereça, costumamos avançar com precipitação; porém somos ensinados aqui a erguer nossos olhos para o eterno e imutável trono em que Deus se encontra assentado e com sabedoria defender a execução de seus juízos. As palavras, conseqüentemente, comunicam mais que um simples enaltecimento do glorioso Ser divino; elas se destinam a auxiliar nossa fé e a dizer-nos que, embora seu povo gema submerso em muita e ansiosa apreensão, Deus pessoalmente, o guardião de sua segurança, permanece nas alturas e os protege com seu eterno poder.

[vv. 9-11]
Pois eis que teus inimigos, ó Jehovah, eis que teus inimigos perecerão; todos os obreiros da iniqüidade serão dispersos.[8] Tu exaltarás, porém, meu chifre, como o chifre de um unicórnio;[9] tenho sido ungido profusamente

---

8 Hammond lê 'separados', e presume que essa poderia ser uma frase de caráter judicial, denotando a discriminação feita entre os homens, como a que será efetuada entre as ovelhas e os cabritos no último dia. "Todas as nações serão reunidas ou congregadas diante dele" (Mt 25.32), como um juiz, "e, ἀφοριεῖ αὐτοὺς ἀπ' ἀλληλων, ele separará uns dos outros, como um pastor, ἀφοριζει, separa as ovelhas dos cabritos." Para esta interpretação temos a autoridade da versão Caldaica, a qual parafraseia a oração assim: "No mundo por vir os obreiros da iniqüidade serão separados da congregação dos justos." Se tal sentido for admitido, a passagem corresponde às palavras do quinto versículo do primeiro Salmo: "Os ímpios não prevalecerão no juízo, nem os pecadores na congregação dos justos." A LXX, contudo, traduz a palavra original, יתפרדו, *yithparedu*, por διασκορπισθήσονται, "serão dispersos"; e a Siríaca apresenta uma versão semelhante. E assim ela pode denotar a *dispersão* dos inimigos, os quais foram vencidos no campo de batalha e se puseram em fuga.

9 O chifre é usado em todo o Oriente e é o símbolo de força e poder. Ele adorna a cabeça de todos os personagens principescos da mitologia oriental. Chifres grandes, representando a glória da divindade, são postos nas cabeças de seus ídolos ou depositados em suas mãos. O chifre é, portanto, amiúde empregado na Escritura como o emblema de poder e autoridade; e quando o salmista afirma que Deus exaltaria seu chifre, este expressa sua certeza de vitória sobre seus

com óleo fresco.¹⁰ E meus olhos o verão em meus inimigos; meus ouvidos o ouvirão naqueles que sobem contra mim, naqueles que me perseguem.

9. Pois eis teus inimigos, ó Jehovah! À luz do que ficou expresso no versículo precedente, o salmista conclui ser impossível que Deus não destrua seus inimigos. Isso, como já observei, claramente mostra que seu desígnio era estabelecer nossa fé nas fortes tentações a que ela se vê sujeita e, mais especialmente, remover do caminho aquela ofensa que tem perturbado as mentes de muitos, dispersando-a. Nossa referência é à prosperidade dos ímpios e seu efeito em causar certa perplexidade ante os juízos de Deus. Como nunca se permite que nossa fé seja provada mais grave e arduamente além deste ponto, o salmista enuncia a verdade que ele anuncia com uma expressão muito forte, usando exclamações e repetição. Primeiro, ele declara que a destruição dos inimigos de Deus é tão certa como se já houvera se concretizado e a qual ele houvera testemunhado com seus próprios olhos; em seguida reitera sua declaração: e à luz de tudo isso podemos ver quanto ele se beneficiara relanceando os olhos da fé para além deste mundo em direção ao trono de Deus nos céus. Ao titubearmos em nossa própria fé quando vemos a prosperidade dos ímpios, aprendamos pelo exemplo do salmista a subir, em nossas contemplações, a Deus no céu, e a convicção imediatamente se agigantará em nossa mente, ou, seja, que seus inimigos não podem seguir por muito tempo triunfando. O salmista nos diz que eles são aquilo que são os inimigos de Deus. Deus não odeia a ninguém sem causa; aliás, no sentido em

---

inimigos. Quanto ao animal implícito por "o unicórnio", grande variedade de interpretações tem sido abraçada tanto por críticos antigos quanto por modernos. A opinião mais provável é a de Bochart, que, apoiando-se em numerosas citações de árabes e outros escritores orientais, conclui que o ראם, *reem*, da Escritura é uma espécie de cabrito selvagem de uma cor branco-neve, tendo chifres longos e afiados e distinguidos por manter suas cabeças bem altas.

10 "O verbo no hebraico expressa muito mais do que uma unção superficial, a saber, é uma penetração de toda a substância do óleo numa pessoa. Veja o Léxico de Parkhrust, sob בל: *óleo fresco*; em vez de *óleo revigorante*." – Horsley. A palavra original para *fresco* significa *verde*. Mas, como observa Harmer, "não devemos supor que o salmista tenha em mente óleo de cor verde. Devemos entender a palavra no sentido de precioso, óleo aromático, tal como os príncipes que nos tempos de prosperidade eram ungidos com óleo." – *Harmer's*.

que os homens são feituras de sua mão, ele os abraça com seu amor paternal. Mas como nada é mais oposto a sua natureza do que o pecado, ele proclama guerra irreconciliável contra os ímpios. Contribui não pouco para o conforto do povo de Deus saber que a razão pela qual os ímpios são destruídos é que eles são os objetos da ódio de Deus, de modo que ele não pode deixar de castigá-los no mesmo grau em que ele não pode negar-se a si mesmo.[11]

O salmista pouco depois mostra que sua intenção é que isso fosse uma base de conforto e esperança em todas as preocupações, tristezas, ansiedades e embaraços. Ele fala, usando a figura do óleo, de usufruir as bênçãos divinas, e por óleo *verde* ou *fresco* está implícito o elemento ainda não corrompido ou não inadequado para o uso por gerações. É notável que ele se apropria e se utiliza para seu próprio conforto aquela graça de Deus que se estende a todo o povo de Deus sem exceção; e com isso nos ensina que a mera doutrina geral é algo tépido e insatisfatório, e que cada um de nós deve utilizá-la particularmente para si, na persuasão de que pertencemos ao número dos filhos de Deus. Em uma palavra, o salmista promete a si mesmo a proteção divina sob toda e qualquer perseguição que porventura viesse a sofrer de seus inimigos, quer secreta ou mais pública e violenta, para que ele se animasse a prosseguir com espírito infatigável no conflito contra o mundo. Daqui podemos julgar quão absurda é a opinião dos rabinos que conjeturam dizendo que Adão foi o autor deste Salmo[12] – como se fosse crível que sua posteridade se pusesse em rebelião contra ele!

---

11 "Qu'il faut necessairement qu'ils soyent hatys de Dieu, lequel ne se peut renoncer soy mesme." – *v.f.*

12 Esses rabinos afirmam que Adão o compôs imediatamente após a criação antes do Sábado. A paráfrase caldaica intitula o Salmo: "Um hino ou cântico que o primeiro homem falou concernente ao dia de Sábado." Mas se fosse o mesmo uma composição de Adão, a conclusão é que ele deveria ter encabeçado a coleção dos Salmos. Além disso, não havia naquele tempo instrumentos musicais ao som dos mesmos este Salmo pudesse ser cantado (veja-se v. 3); pois Tubal foi o pai daqueles que tocam harpa e órgão; nem, como observa Calvino, tinha Adão numerosos inimigos e homens perversos que se insurgissem contra ele, ao quê nenhuma referência se faz nos versículos 7, 9, 11. Podemos, pois, com razão considerar a tradição judaica que atribui a composição deste Salmo a Adão como uma fábula, não tendo a mínima base, senão que foi uma invenção e fantasia de algum de seus rabinos.

[vv. 12-15]
Os justos florescerão como a palmeira;[13] multiplicar-se-ão como os cedros no Líbano.[14] Aqueles que são plantados na casa de Jehovah florescerão nos átrios de nosso Deus. Na velhice ainda produzirão frutos; serão viçosos e verdes; para que revelem que Jehovah é reto, minha rocha, em quem não há qualquer iniqüidade.

12. Os justos florescerão como a palmeira. Ele então passa à consideração de outra verdade geral: que embora Deus exercite seu povo com muitas provações, o sujeite a dificuldades e o visite com privações, ele eventualmente mostra que não os tem esquecido. Não carece que nos sintamos surpresos ante sua insistência tão explícita e cuidadosa neste ponto, como nada sendo mais difícil do que para os santos de Deus nutrirem expectativas de se soerguerem e se verem livres quando forem reduzidos quase à condição dos mortos, cuja aparência não revela que estão vivos. Há quem pensa que a menção do cedro é uma insinuação de sua fragrância e aroma, e que a palmeira insinua a doçura de seu fruto. Esse, porém, é um significado sutil demais para impor às palavras. O sentido parece simplesmente que, embora os justos pareçam por algum tempo

---

13 A palmeira é uma das árvores mais nobres e mais belas. É mais notável do que qualquer outra árvore por sua *altitude* e *retitude*, e daí seu nome hebraico, תמר, *tamar*. Com freqüência ela chega a atingir mais de trinta metros de altura; e suas folhas, quando chegam à maturidade, chegam a cerca de dois metros de comprimento e de largura em proporção. Na idade de trinta anos, ela atinge seu maior vigor e continua em plena força e beleza por mais vinte anos, produzindo a cada ano cerca de trezentas a quatrocentas sementes em média. É coroada no topo com um largo tufo de folhas nascentes com cerca de um metro e meio de comprimento que nunca caem, mas sempre continuam na mesma verdura florescente. Sempre ouvimos que quando fica carregada com peso, ela possui a qualidade de resisti-lo e de subir sempre seguindo uma curvatura contrária para contrabalançar a pressão. Esta árvore, pois, tão distinta por sua retitude, imponência, fecundidade, longevidade, perpétuo verdor e poder de resistência, é empregada com grande elegância para expressar a beleza espiritual, elevação, frutificação, constância, paciência e vitória dos justos.

14 Os cedros do Líbano são uma imagem favorita para os escritores sacros. Eles chegam a um tamanho prodigioso, sobem a uma enorme altura e espalham seus galhos numa grande extensão, propiciando uma sombra grandiosa. Continuam a vicejar por mais de mil anos; e, quando cortados, sua madeira é tão durável que tem granjeado a fama de ser incorruptível. Que imagem notável e pitoresca: "Os justos crescerão como um cedro no Líbano", como árvore maciça, imponente, umbrosa e incorruptível que continua a florescer de geração em geração, sobrevivendo a impérios e ainda se revigorando mesmo depois de passar mil anos.

emurchecidos, ou que jazam cortados, novamente brotarão com renovado vigor e florescerão tanto e com tanta beleza na Igreja de Deus à semelhança dos cedros do Líbano. A expressão empregada – **plantados na casa do Senhor** – justifica a razão de seu vigoroso crescimento; tampouco significa que meramente têm um lugar ali (o que se pode dizer dos hipócritas), mas que estão firmemente fixos e profundamente arraigados nela, de modo a estarem unidos a Deus. O salmista fala dos *átrios* do Senhor, porque a ninguém, senão aos sacerdotes, se permitia entrar no santo lugar; o povo adorava no átrio. Pela expressão, *os que são plantados* na Igreja, ele quer dizer que somos unidos a Deus numa conexão real e sincera, e insinua que sua prosperidade não pode ser de uma natureza mutável e flutuante, porque ela não se fundamenta em algo pertencente a este mundo. Nem podemos duvidar que tudo o que tem suas raízes e se fundamenta no santuário continuará a florescer e a ter participação na vida, a qual é espiritual e eterna. É neste sentido que ele fala de *ainda produzir fruto* e *ser viçoso*, mesmo na velhice, quando o vigor e a seiva geralmente estão secos. A linguagem equivale a que estão isentos da sorte ordinária dos homens e têm uma vida que é removida de sob a lei comum da natureza.[15] É por isso que Jacó, falando da grande renovação que ocorreu na Igreja, faz menção daquele feliz período em que, tendo alguém cem anos de idade, seria ainda criança, significando que, embora a velhice naturalmente tende para a morte, e quem tiver vivido cem anos se encontra nos próprios limites dela, todavia no reino de Cristo uma pessoa deve se considerar como estando meramente em sua infância e se iniciando na vida, se ingressando num novo século. Isso só podia ser verificado no sentido em que depois da morte teremos outra existência no céu.

---

15 "*Na velhice ainda produzirão fruto*. Sendo assim plantados e regados, não só produzirão frutos de justiça, mas continuarão a viver assim até mesmo quando chegarem à velhice; contrariando a todas as árvores que, quando envelhecidas, cessam de produzir frutos; porém isso não se dá com os justos; a graça amiúde tem maior vigor quando a natureza se descai; testemunhas disso são Abraão, Jó, Davi, Zacarias e Isabel, bem como o bom velhinho Simão que foi para o túmulo como cachos de trigo plenamente maduro." – *Dr. Gill*.

15. Para que revelem que Jehovah é reto. À luz deste versículo se faz evidente que o grande objetivo do salmista é apaziguar a inquietude mental a que estamos sujeitos a sentir sob a desordem que aparentemente reina nas atividades deste mundo; bem como fazer--nos acalentar a expectativa (em tudo o que pode parecer severo e penoso em nossa sorte, e embora os ímpios usufruam de riquezas e poder, florescendo e transbordando em lugares e distinções), de que Deus eventualmente trará luz e ordem para o meio da confusão. *Para que revelem*, diz-se particularmente, *que o Senhor é reto*; pois através da influência de nossa corrupção podemos concluir, quando as coisas no mundo não procedem como gostaríamos, que Deus é culpado não só de negligência, mas também de injustiça, por abandonar seu povo e tolerar que se cometa pecado. Quando Deus exibe sua justiça ao continuar exercendo vingança sobre os ímpios, ver-se-á imediatamente que qualquer prosperidade que desfrutassem seria o precursor de uma destruição pior para eles reservada. O salmista, ao chamar Deus **minha rocha** mostra pela segunda vez que se reconhecia pertencente ao número daqueles em quem Deus ilustraria sua justiça estendendo--lhes sua proteção.

Salmo 93

O Salmo começa com a celebração da glória infinita de Deus. Então se declara que sua fidelidade é de tal proporção que ele nunca frustra seu próprio povo que, abraçando suas promessas, espera com mente tranqüila por sua salvação em meio a todas as tempestades e agitações do mundo.

[vv. 1, 2]
Jehovah tem reinado; ele se vestiu de majestade;[1] Jehovah se vestiu de força; ele se cingiu;[2] ele também estabeleceu o mundo, e este não se moverá.
Teu trono está firme; tu és desde outrora, desde a eternidade.

---

1 A tradução de Horsley é:
"Jehovah é Rei,
Jehovah está deslumbrantemente adornado."
E, na segunda linha, ele tem a seguinte nota: "A construção do original é dúbia, ainda que o sentido seja óbvio. O texto pode ser esclarecido numa destas duas formas: יהוה (*Jehovah*) לבש (*vestiu-se*) גאות לבש (*majestade do traje*); ou, גאות לבש (*a majestade do traje*) [é] לבש (*o traje*) יהוה (*de Jehovah*).

2 O Bispo Lowth supõe que aqui, tanto quanto naquela passagem, há uma alusão aos preciosos e magnificentes ornamentos da vestimenta dos sacerdotes. Diz ainda: "tal era a graciosidade, a magnificência das vestes sacerdotais, especialmente aquelas do sumo sacerdote, tão bem adaptadas eram elas, como diz Moisés (Êx 28.2), à expressão de glória e beleza, que aqueles que se impressionavam com igual opinião da santidade do usuário, nada podia parecer mais venerável e sublime. Portanto, a estas encontramos freqüente alusão nos poetas hebreus, quando têm ocasião de descrever a extraordinária beleza ou graça, ou a delinear a forma perfeita da suprema Majestade. O elegante Isaías (61.10) tem uma bela idéia desse gênero quando descreve, em seu próprio estilo peculiar (que é em extremo magnificente), a exaltação e glória da Igreja, depois de sua restauração triunfal. Dando seguimento à alusão, ele a decora com as vestes de salvação e a veste com um manto de justiça. Em seguida ele compara a Igreja a uma noiva vestida para as núpcias, comparação essa de incrível dignidade com a adição do termo *Ikohen*, uma metáfora certamente tomada dos paramentos dos sacerdotes, cuja força, portanto, nenhuma linguagem é possível expressar." – *Lectures on the Sacred Poetry of the Hebreus*, vol. I. pp. 174, 175.

1. Jehovah tem reinado. Aqui vemos algo para o qual já chamei a atenção, a saber: que no poder de Deus há exibido a nossos olhos base para confiança; pois não investimos a Deus com o poder que lhe pertence, como devíamos fazer, e assim impiamente o despojamos de sua autoridade, a qual é a fonte daquele temor e tremor que mui amiúde experimentamos. É verdade que não ousamos fazer isso publicamente, mas tínhamos de nos persuadir profundamente de seu poder invencível a fim de recebermos também um apoio invencível contra todos os assaltos da tentação. Todos admitem que a palavra que o profeta aqui ensina significa que Deus reina; mas quão poucos são os que usam este escudo contra os poderes hostis do mundo, ao ponto de levá-los a nada temerem, por mais terrível algo seja! Nisso, pois, consiste a glória de Deus: que ele governa a humanidade segundo sua vontade. Lemos que **ele se veste de majestade e força**; não que devamos imaginar haver nele alguma coisa que se derive de outra fonte, mas a intenção é mostrar, pelo efeito e indubitável experiência, sua sabedoria e justiça no governo da humanidade. O salmista prova que Deus não negligenciará nem abandonará o mundo à luz do fato de que ele o criou. Uma simples observação do mundo por si só é suficiente para atestar que existe uma Providência Divina. Os céus estão em constante movimento e, imensa como é sua estrutura e inconcebível a velocidade de seus movimentos, não notamos nenhum abalo – nenhum distúrbio na harmonia de seus movimentos. O sol, ainda que variando seu curso em cada movimento diurno, regressa anualmente ao mesmo ponto. Os planetas, em todo seu percurso, mantêm suas respectivas posições. Como é possível que a terra se mantenha suspensa no ar sem que seja sustentada pela mão divina? Por quais meios poderia ela manter-se sem sair de seu curso, enquanto os céus acima estão em constante e rápido movimento, não fosse o fato de que seu Divino Feitor a ter fixado e estabelecido? Conseqüentemente, a partícula. אף, *aph*, denotando ênfase, é introduzida – **sim**, *ele a estabeleceu*.

2. Teu trono é estável. Há quem lê *está preparado*, e isso concorda bem com o contexto, contanto que tomemos as duas frases como uma só sentença: *Ó Senhor, tu és desde a eternidade, ainda assim teu trono está erigido ou preparado desde aquele tempo*. Pois é pobre o sentido que alguns têm anexado às palavras, como se contivessem uma simples asseveração da eternidade de Deus; e o salmista, evidentemente, tenciona dizer que, como Deus é eterno em sua essência, assim ele esteve sempre investido de poder e majestade. O termo *trono* significa, por meio de sinédoque, justiça e ofício ou poder de governar; sendo costumeiro transferir tais imagens tomadas dos homens para Deus, à guisa de acomodação a nossa debilidade.[3] Com tal atribuição de louvor, o salmista efetivamente se desfez de todas as idéias disparatadas que têm sido aventadas com a intenção de negar ou desacreditar o poder de Deus, e declaram que Deus pode deixar de existir tanto quanto pode também deixar de ocupar seu trono no governo deste mundo.

> [vv. 3-5]
> Os rios levantaram, ó Jehovah, os rios levantaram sua voz; os rios levantaram suas ondas. As ondas[4] do mar são terríveis em virtude do ruído das grandes águas; Jehovah é terrível nas alturas. Teus testemunhos são singularmente verídicos; santidade é a glória de tua casa, ó Jehovah, por longos dias.[5]

---

3 "Sellon que ces similitudes-ci prinses des hommes ont de coustume d'estre appropriees à Dieu, pour le regard et la portee de nostre infirmite." – *v.f.*

4 A palavra hebraica, משברי, *mishberey*, aqui usada para *ondas*, significa 'ondas' que se 'chocam' contra a praia ou umas contra as outras, e assim são 'quebradas' – 'ressacas'. Por conseguinte, Mant traduz "as ressacas poderosas se arremessando para o alto." Horsley dá uma versão similar. Ele lê os versículos terceiro e quarto assim:
   3. Os rios, ó Jehovah, levantaram,
      Os rios levantaram sua voz;
      Os rios levantaram suas ondas,
      com o som das muitas águas.
   4. Poderosas são as ressacas do mar!
      Poderoso nas alturas é Jehovah!
Quanto à quarta linha, "Com o som das muitas águas", ele observa: "Esta é a primeira linha do quarto versículo, mas deve juntar-se ao quarto. E os rios não são aqui mencionados, os fluídos do caos indigesto, em selvagem e irregular agitação, antes que o Criador a houvesse reduzido à forma e à ordem? Ou, melhor, não poderiam eles ser místicos – os tumultos dos povos rebeldes?"

5 "Domui tuæ decus, sanctitas Jehovah in longitudinem dierum." – *v.l.* A tradução da versão

3. Os rios levantaram, ó Jehovah! Vários significados têm sido anexados a este versículo. Há quem pensa haver aqui uma alusão aos assaltos violentos promovidos contra a Igreja por seus inimigos, e a bondade de Deus é vista como a restringi-los.[6] Outros são de opinião que as palavras devam ser tomadas literalmente, e não figuradamente, neste sentido: Ainda que o ruído das muitas águas seja terrível, e as ondas do mar ainda mais terríveis, todavia Deus é ainda muito mais terrível que todas elas. Não pretendo insistir com minúcias demasiadas sobre qualquer comparação que poderia estar implícita. Não tenho dúvida de que o salmista queria realçar o poder de Deus adicionando uma breve ilustração das muitas que poderiam ser apresentadas,[7] insinuando que não precisamos ir longe demais para divisar um exemplo notável do poder divino – um que pudesse impressionar-nos com a noção de sua tremenda majestade – mais que os dilúvios e as agitações do oceano; como no Salmo 29.4, diz-se que a poderosa voz de Deus está no trovão. Deus manifesta seu poder no som dos rios e nas ondas tempestuosas do mar, de uma forma calculada com vistas a excitar nosso reverente temor. É preciso ter em mente que há aqui uma comparação intencional, e assim a última frase do versículo

---

francesa é diferente: "A ta maison *est donc* magnificence: la sainctete du Seigneur *est pour* un long temps." "Para tua casa, *pois, há* glória; a santidade do Senhor *é por* uma extensão de tempo." Na versão anterior, a santidade é representada como sendo a verdadeira glória e ornamento da casa de Deus; na última, ela é descrita como o atributo de Deus.

6 O Dr. Morison, depois de emitir a opinião de Mudge, o qual pensa que este Salmo foi composto por ocasião de alguma inundação violenta, a qual ameaçou uma confusão geral no mundo, acrescenta: "É mais provável, talvez, que os rios aqui mencionados sejam inteiramente figurativos; e que eles representam na linguagem oriental aqueles poderosos inimigos por meio de quem a paz de Davi e da Igreja antiga fosse tão amiúde perturbada. Mas ainda que os rios fossem elevados às alturas e ameaçassem destruir aqueles que estavam a seu alcance, todavia Jehovah era visto, por assim dizer, cavalgando sobre seus mais tempestuosos vagalhões e no meio de seu mais poderoso tumulto, seu trono era inabalável e seu reino inamovível." Em apoio deste ponto de vista, ele evoca outras passagens da Escritura, como Isaías 8.7, 8; 17.12, 13; onde os inimigos confederados da Igreja de Deus são comparados a tempestuosas ondas do poderoso oceano, as quais rodopiam umas após as outras como incansável fúria no torvelinho que envolve o veleiro.

7 "Non dubito quin Propheta quasi *per hypotyposin* Dei potentiam hic nobis exprimat." "Comme par une demonstration." – Em francês *Hypotyposis* significa estritamente os primeiros rascunhos de uma pintura.

seria entendida como uma adição, com este significado: todo o terror dos objetos mencionados equivale a nada quando passamos a considerar a majestade de Deus mesmo, tal como ele é no céu. Há ainda outro sentido que pode ser extraído das palavras, ou, seja: ainda que o mundo pareça ser abalado com comoções violentas, isso não prova que haja algum defeito no governo divino, visto que Deus pode controlar todas elas imediatamente através do exercício de seu poder onipotente.

5. Teus testemunhos[8] **são singularmente verídicos.** O salmista continua ainda insistindo sobre a excelência de Deus na obra da criação e seu governo providencial do mundo. Agora ele fala de sua proeminente bondade em relação a seu povo eleito, ao fazer-lhe conhecida a doutrina que traz salvação. Ele começa enaltecendo a fidedignidade e fidelidade absolutas da lei de Deus. Sendo este um tesouro que não se estende a todas as nações indistintamente, ele acrescenta logo a seguir que a causa de Deus seria adornada com uma glória que duraria para sempre. A bondade divina é exibida em todas as partes do mundo, porém o salmista com razão a considera como de todas as bênçãos a mais inestimável, a saber: que Deus teria depositado em sua Igreja a aliança de vida eterna, e fez sua glória resplandecer principalmente a partir dela. Alguns traduzem a palavra hebraica נאוה, *naävah, desejável*,[9] como se o salmista houvera dito que *o adorno do templo era precioso*; a construção gramatical, porém, não admitirá isso. A expressão *extensão de dias*

---

[8] "Os testemunhos de Deus, quando geralmente tomados, são as verdades que ele tem testificado ou declarado, inclusive não só dos preceitos morais, mas das graciosas e imutáveis promessas. O resultado combinado do qual, para imprimir nas mentes humanas profunda consideração, é que os que confiam na misericórdia de Deus devem, não num grau inferior, venerar e adorar sua santidade em todo seu diálogo com ele." – *Walford*.

[9] "Quidam, נאוה, pro desiderabili accipiunt: acsi dixisset propheta, Templi decus esse pretiosum" etc. – *v.l.* A versão francesa segue esta com exatidão. Mas a sentença é insatisfatória; e aí parece haver algum equívoco, ou omissão, no texto original. Se a palavra hebraica indicada for traduzida *desejável*, então quando associada a קדש, a frase deve ser lida: *a santidade é desejável* ou *conveniente a tua casa* etc. – e não *o adorno de tua casa é desejável ou precioso*.

significa *sucessão perpétua*,[10] e encontramos Isaías se reportando à mesma em termos extraordinários [59.21]: "Eis que pus minha palavra em tua boca, na boca de tua descendência e da descendência de tua descendência", significando que a verdade divina seria preservada em fiel custódia por eras sucessivas.

---

10 "A santidade convém a tua casa – para sempre, לארך ימים, *le-orec yamim*, por extensos dias; durante todo o lapso de tempo; até que o sol e a lua não existam." – *Dr. Adam Clarke*.

Salmo 94

O salmista implora a divina assistência contra os homens perversos e violentos, os quais perseguiam os retos de uma maneira cruel e tirânica. É evidente que ele se reporta aos inimigos domésticos, cujo injusto domínio era tão vexatório e opressivo sobre o povo de Deus quanto todas as injúrias recebidas das nações gentílicas do lado de fora.

[vv. 1-6]
Ó Jehovah, Deus das vinganças; Deus das vinganças,[1] resplandece.[2] Exalta-te tu, Juiz de toda a terra, dá a retribuição aos soberbos. Até quando os ímpios, ó Jehovah, até quando os ímpios triunfarão? Eles proferem, eles falam coisas duras, todos os obreiros da iniqüidade se exaltam. Reduzem teu povo a pedaços, ó Jehovah, e afligem tua herança. Matam a viúva e o estrangeiro, e o órfão assassinam.

---

1 Esta é uma tradução literal do original hebraico, e Secker acredita que ela é muito mais inspirada do que a de nossa versão inglesa. A palavra *vingança*, quando aplicada a Deus, nada mais significa que sua justiça retributiva. Pode não ser uma das palavras mais ditosas para representar o termo hebraico quando usado para expressar este atributo da Deidade, estando sujeita a má interpretação, como se subentendesse um espírito de retaliação, sentido esse que comumente se adequa quando aplicado aos homens. "Esta justiça retribuitiva", diz o Dr. Adam Clarke, "é o que amiúde chamamos *vingança*, mas, provavelmente, de forma inadequada; pois, para nós, vingança significa uma explosão de ira com vistas a gratificar o espírito vingativo, o qual presume haver recebido alguma injúria real; enquanto que, o que aqui se refere é o mero ato de justiça que dá a todos o que lhes é devido."
2 A tradução de Mant é:
"Resplandece com toda tua radiância e fulgor."
"O verbo hebraico", observa ele, "significa *irradiar, resplandecer*, como Deus em glória (Sl 80.1, 2); seja na vingança, como neste lugar, ou em atos de bondade, como em Jó 10.3." – Veja-se *Léxico de Parkhurst sobre* יפע.

1. Ó Jehovah, Deus das vinganças. Sabemos que os judeus viviam cercados por muitos vizinhos de quem não desfrutavam boas afeições, e amiúde se viam sujeitos aos assaltos e opressão de inimigos amargos. Como essa perseguição interna era ainda mais aflitiva do que a furiosa e desenfreada violência dos ímpios, não carece nos sentirmos surpresos com o fato de que o salmista tão fervorosamente suplique que Deus conceda o livramento dela. As expressões que ele usa, invocando a Deus para ele *resplandecer claramente* e para *elevar-se às alturas* equivalem a esta linguagem comum: que Deus oferecesse alguma manifestação real de seu caráter como Juiz ou Vingador; pois nesse caso ele é visto subindo a seu tribunal para executar o castigo devido ao pecado e demonstrar seu poder na preservação da ordem e do governo do mundo. A fraseologia é usada só em referência a nós, dispostos como somos a sentir-nos desamparados por ele, a menos que estenda sua mão e nos ajude de alguma maneira bem visível. Ao denominá-lo duas vezes seguidas de *o Deus das vinganças*, e então *o juiz da terra*, o salmista usa esses títulos como aplicáveis à presente situação em que se via envolvido, lembrando-o do ofício que lhe pertencia e dizendo: Ó Senhor, a ti cabe assumir a vingança contra os pecadores e julgar a terra – uma vez que continuavam na impunidade que aumentava ainda mais sua culpa, triunfando audaciosamente em sua perversidade! Não que Deus precisasse ser admoestado quanto ao que era seu dever, pois ele nunca se resigna à indiferença, e ainda quando pareça delongar seus juízos, apenas os regula de acordo com o que sabe ser a melhor razão; seu povo, porém, o concebe dessa forma, e ele aproveita a ocasião para encorajá-los e estimulá-los a aplicar-se à oração com mais veemência.[3] O mesmo se pode dizer da repetição que o salmista usa. Quando os ímpios então se entregam a excessos sem restrição, é preciso lembrar que Deus

---

3 "Mais les fideles s'arrestent à mediter ainsi en eux-mesmes la nature d'iceluy, afin de s'accourager à meilleure esperance, et soliciter à prier avec plus graude ardeur et vehemence." – *v.f.*

nunca pode deixar de asseverar seu caráter como o Juiz da terra, que toma vingança contra a iniqüidade. Em nossa apreensão carnal, ele às vezes parece manter-se afastado ou oculto? Apliquemo-nos, sem hesitação, à oração que nos é aqui ensinada pelo Espírito Santo, a saber: que ele *resplandeça*.

3. Ó Jehovah, até quando os ímpios? O salmista, neste versículo, se justifica em fazer uso de fervorosa importunação demonstrada nesta oração. Havia necessidade de socorro imediato, visto que os ímpios continuavam em sua extremada audácia. A necessidade de nossa causa deveria, com razão, estimular-nos em nossas petições, as quais devem ser todas ouvidas o mais depressa possível, já que são razoáveis. E aqui o salmista insiste que suas queixas não eram infundadas, nem se originaram de razões triviais, mas que foram motivadas por injúrias da mais flagrante descrição. É preciso observar a extensão de tempo durante o qual duraram suas perseguições, como sendo esta uma circunstância agravante. Eles se tornaram empedernidos ante a contínua paciência de Deus, e conseqüentemente cultivaram um espírito despudorado e obstinado, imaginando que Deus fazia vista grossa a sua perversidade, e ainda com uma ponta de favorecimento. O termo *até quando*, duas vezes reiterado, implica a concessão de extenso tempo de impunidade, não como se sua carreira começasse agora, mas que foram tolerados por um longo tempo e chegaram a converter-se em facínoras de um caráter ultrajante. Foi assim que outrora os homens perversos tiranizavam a Igreja em grau excessivamente grave, enquanto Deus não interferisse aplicando um antídoto. E não precisamos ficar surpresos ante o fato de que ela agora se encontre sujeita a prolongadas perseguições, nem concluamos que, já que ele não se propõe imediatamente a curar os males existentes, significa que a tenha abandonado completamente. O termo *triunfam* denota aquela plenitude de audácia e exaltação vangloriosa que os ímpios sentem quando estão intoxicados com soberba contínua, e crêem que podem entregar-se a todo gênero de excesso sem qualquer restrição.

4. Eles proferem, eles falam coisas duras.[4] Ele mostra em termos ainda mais claros como sua ferocidade na perseguição era tal que não tinham escrúpulo de vangloriar-se em sua culpa. O verbo hebraico, נבע, *nabang*, significa mais do que mero *falar*. Literalmente significa *tomar de assalto* ou *entrar em ebulição*, e chega ainda a denotar figuradamente a articulação de palavras inconseqüentes ou irrefletidas. Vemos como pessoas perversas são instigadas, pela soberba e vanglória, a aviltar-se e a desgraçar-se ao ponto de festejar vangloriosamente seu poder, respirando ameaças de sangue, violência e crueldades monstruosas. É a tais explosões que o salmista se refere, quando os homens que já perderam todo o senso de pudor e modéstia se vangloriam da perversidade que conseguem perpetrar à vontade. Isso é o que ele tem em mente a respeito de *falar coisas duras*, enunciando o discurso sem qualquer restrição de temor ou de consideração prudente, mas que se lançam à mais desabrida licenciosidade. Como o povo de Deus de outrora teve que suportar a pesada provação de ver a Igreja sujeita a essa selvagem tirania e desregramento, não nos devia parecer algo estranho ver a Igreja sofrendo ainda sob um miserável desgoverno ou opressão positiva, mas deveríamos orar pelo socorro divino que, embora suporte Deus a perversidade por algum tempo, eventualmente se manifesta para o livramento de seus filhos.

5. Fazem teu povo em pedaços, ó Jehovah! Havendo falado do discurso ou linguagem deles como vangloriosa e despudorada, ele agora prossegue falando de seus atos, em sua cruel perseguição à Igreja. É difícil até mesmo para os súditos de príncipes pagãos se sujeitarem à perseguição injusta, porém ainda mais intolerável é que aqueles que constituem o próprio povo de Deus, sua herança peculiar, se vejam tripudiados sob os pés da tirania. A oração que está diante de nossos olhos é uma que, como já observei, é formulada

---

4 Em nossa versão, este versículo é introduzido na forma interrogativa, e as palavras "até quando" são usadas como suplemento: "*Até quando* eles proferirão e falarão coisas duras?" Calvino o traduz como simples afirmação e sem qualquer palavra suplementar; o que Secker considera como sendo mais correto.

com a intenção de dar-lhe preferência e não a nós, quando nós ou outros somos perseguidos por homens ímpios, especialmente inimigos domésticos. Nossa segurança é preciosa aos olhos do Senhor, não só na qualidade de homens, feituras de sua mão, mas na qualidade de sua herança peculiar; e isso deve nos conduzir, no tempo em que cometermos erro, a recorrer a Deus com mais confiança. Acrescenta-se além disso que eles *não poupam nem ainda as viúvas, assassinando os órfãos e os estrangeiros*. Deus, além de nos ordenar em geral que cultivemos a eqüidade e a justiça em nossas relações comuns, nos confia o órfão, a viúva e o estrangeiro para que lhes dediquemos um cuidado peculiar, como sendo eles mais expostos aos danos, e por isso mais carentes de espírito humanitário e de compaixão. Tratar tais seres com crueldade seria prova de um singular grau de impiedade e desdenhar a autoridade divina, sendo não só um ultraje da justiça comum, mas a perda do privilégio da guarda especial com a qual Deus se condescendeu confiar-nos.[5] São eles culpados por tal conduta, particularmente por provocarem a ira divina. Quanto aos pequeninos, especialmente, sua impotência e tenra idade ainda os protegerão de ser atacados por cães e bestas selvagens. E o que pensar da monstruosa desumanidade de homens que fazem deles objetos de seus assaltos? Temos aqui um exemplo do terrível estado de coisas que então teria prevalecido na Igreja de Deus. A lei estava lá, as ordenanças e as designações divinas, todavia vemos a que terrível extensão chegou, proliferando toda espécie de perversidade. Devemos precaver-nos de não cair em semelhante estado de corrupção; e isso em decorrência de nossa observação pessoal sobre os homens que perseguem o estrangeiro, se assenhoreiam das viúvas e roubam os que vivem sem pais; que nós, imitando o salmista que queria poupar-nos de tal infortúnio, oremos para que Deus esteja alerta em sua defesa.

---

5 "Non seulement le droict commun est violé, mais aussi le privilege que Dieu a vonlu ordonner pour les maintenir en sauvete et seurete." – *v.f.*

[vv. 7-10]
E eles disseram: Deus não verá; o Deus de Jacó não saberá. Entendei, vós estúpidos⁶ dentre o povo; e vós, insensatos, quando sereis sábios? Aquele que implantou⁷ os ouvidos não ouvirá? Aquele que formou os olhos não verá? Aquele que açoita as nações não corrigirá? Ele é quem ensina ao homem o conhecimento.⁸

7. E eles disseram: Deus não verá. Ao falar o salmista dos ímpios como que insultando a Deus com cegueira e ignorância, não devemos imaginá-los como que exatamente nutrindo tal idéia a respeito dele em seus corações, porém desprezavam seus juízos como se ele não tomasse conhecimento das atividades humanas. Tivesse a verdade sido gravada nos corações dos homens, ou, seja, que não podem escapar aos olhos de Deus, e isso serviria como um freio para restringir sua conduta.⁹ Ainda que não sejam, pois, culpados da grosseira blasfêmia de asseverar, com um acúmulo de palavras, que Deus é ignorante quanto ao que se passa aqui no mundo – uma mera nulidade no universo –, o salmista mui apropriadamente os acusa de negarem o governo providencial de Deus, e, deveras, intencionalmente despindo-o do poder e função de Juiz e governante, já que, se realmente se deixassem persuadir como deveriam de sua providente superintendência, o honrariam com o senso de um temor reverente – como em outro lugar eu já observei de uma forma mais extensa. Sua intenção é expressar o mais vil e dissoluto estágio de depravação, no qual os pecadores expulsam totalmente de si o temor de Deus e se precipitam em todo gênero de excesso. Conduta tão enfatuada teria sido inescusável

---

6 "בערים, *boharm, vós, irracionais*. De בער, *um bruto*." – *Bythner*.

7 "O verbo hebraico denota *plantar* em vários sentidos; e é com grande propriedade aplicado à maravilhosa estrutura da audição e sua inserção e conexão com a cabeça." – *Mant*.

8 Sobre este versículo e o precedente, diz Grotius: "Este é um modo muito excelente de argumentar; pois toda e qualquer perfeição que haja nos seres criados se deriva de Deus; e portanto deve estar nele de uma maneira muito eminente." O Dr. Adam Clarke observa bem que "o salmista não diz: Aquele que implantou os ouvidos *não tem um ouvido*? Aquele que formou os olhos *não tem olhos*? Não; mas *não ouvirá*? Ele *não verá*? E por que ele procede dessa forma? Para obliterar o erro de humanizar a Deus; de atribuir membros ou partes corporais ao Espírito infinito."

9 "Et certes une asseurance tant lourde monstre qu'ils pecheut tout ainsi comme s'ils ne devoyent jamais estre appelez à rendre raison de leur vie." – *v.f.*

inclusive em pagãos, os quais jamais dão ouvidos à revelação divina; porém era monstruoso em seres humanos, os quais eram educados desde a infância no conhecimento da Palavra, revelarem tal comportamento de tanto cinismo e desdém por Deus.

8. Entendei, vós estúpidos no meio do povo. Visto ser uma execrável impiedade negar Deus em seu caráter de Juiz da terra, o salmista severamente censura sua estultícia por pensarem que podiam escapar de seu governo e ainda ir em frente usando de artifícios para se esquivarem de sua presença. A expressão *estúpidos no meio do povo* é mais forte do que se ele simplesmente os condenasse como néscios. Tornaram sua estultícia ainda mais inescusável por pertencerem à posteridade de Abraão, de quem disse Moisés: "Pois, que nação há tão grande, que tenha deuses tão chegados como o Senhor nosso Deus, toda vez que o invocamos? E que nação há tão grande, que tenha estatutos e juízos tão justos como toda esta lei que hoje ponho perante vós?" [Dt 4.7, 8].[10] Entretanto, talvez ele fosse considerado como que falando a governantes e aos que pertenciam a uma categoria mais elevada na comunidade, denominando-os de *degradados no meio do povo*, ou, seja, não melhores que a horda comum da plebe. Homens soberbos que se deixavam cegar pelo senso de sua importância, exigindo que fossem apresentados e vistos como sendo melhores que os demais na estima de Deus. Ele os põe no mesmo nível que a plebe, com o intuito de humilhar seu egocentrismo; ou, podemos supor que ele insinue com uma alusão irônica e sarcástica sua exaltada grandeza, crendo que eram eminentes acima dos demais com base principalmente em sua proeminente demência – acrescentando, ao mesmo tempo, como uma agravante adicional, que eram obstinados em sua adesão a ela; pois quanto há implícito na pergunta: **Quando sereis sábios?** Podemos considerar uma afirmação desnecessária da Providência Divina fazer aos ímpios a pergunta: **Não é ele quem fez o ouvido?** Porque não

---

10 A versão latina aqui tem a leitura: "Quis populus tam nobilis, qui deos sibi appropinquantes habeat, sicuti hodie Deus tuus ad te descendit? Hæc enim vestra est intelligentia coram cunctis Gentibus, et sapeientia, Deum habere legislatorem."

há ninguém tão execrando que publicamente se negue reconhecer os sucessos de Deus; mas, como já observei anteriormente, a flagrante audácia e autoconfiança que a maioria dos homens exibe em contraditar a vontade divina é prova suficiente de que em sua imaginação eles suplantam a Deus, e o substituem por um mero ídolo inerte; uma vez que, se realmente cressem estar ele ciente de suas ações, pelo menos demonstrariam mais consideração para com ele do que pelas criaturas, suas iguais, em cuja presença sentem alguma medida de restrição e são impedidos de pecar movidos por temor e respeito. Para despertá-los de tal estupidez, o salmista esboça um argumento extraído da própria ordem da natureza, inferindo que, se os homens vissem e ouvissem, por virtude das faculdades que receberam de Deus o Criador, é impossível que Deus mesmo, que formou o olho e o ouvido, não fosse detentor da mais perfeita observação.

10. Aquele que açoita as nações não corrigirá? Ele os teria argüido do maior para o menor, dizendo que, se Deus não poupou nem mesmo todas as nações, senão que visitou sua iniqüidade com açoites, eles não poderiam imaginar que ele permita que um mero punhado de indivíduos escape impunemente. A comparação tencionada, contudo, possivelmente seria entre gentios e judeus. Se Deus castigou as nações pagãs, que não ouviram sua palavra, com muito mais severidade os judeus poderiam esperar que eles, tão familiarizados com a instrução em sua casa, recebessem uma correção ainda mais severa, e que ele vindicaria sua justiça mais naquela nação que escolhera para presidir. Não obstante, o sentido anterior da passagem me parece preferível, a saber: que em qualquer número de indivíduos é insensato vangloriar-se impunemente, ao verem Deus infligindo castigo público sobre o povo coletivamente falando. Alguns pensam haver aqui uma alusão exclusivamente ao sinal e exemplos memoráveis do castigo divino registrado na Escritura, como na destruição de Sodoma com fogo descendo do céu [Gn 19] e de toda a família humana pelo dilúvio [Gn 7]. Mas o significado mais simples é melhor, ou, seja: que era o auge da demência pensarem que os indivíduos pudessem escapar enquanto nações perecem. Ao acrescentar que **Deus**

ensina conhecimento aos homens,[11] o salmista relanceia a arrogante confiança dos que desdenham de Deus e se orgulham de sua sagacidade e perspicácia, como Isaías que pronuncia uma maldição contra os astutos inimigos de Deus que cavavam fundo com o intuito de esconder-se de sua presença [24.15]. Eis uma doença que ainda é bastante prevalecente no mundo. Conhecemos os refúgios e esconderijos onde tantos os palacianos quanto os jurisconsultos aproveitam para dar vazão a seus indecentes motejos contra Deus.[12] É como se o salmista dissesse: Você pensa que pode esquivar-se de Deus através da confiança que deposita em seu sagaz entendimento, pretendendo pôr em dúvida o conhecimento do Onipotente, quando, na verdade, todo o conhecimento que há no mundo não passa de mera gota de sua própria e inexaurível plenitude?

[vv. 11-13]
Jehovah conhece os pensamentos dos homens,[13] [sabe] que são vaidade.[14]
Bem-aventurado o homem, ó Deus, a quem tens instruído, a quem ensinas tua lei; para lhe dares descanso dos dias maus, enquanto cavas um poço para os ímpios.

---

11 Em nossa versão da Bíblia, acrescentam-se as palavras *não saberá*? "Mas isso não é reconhecido pelo original nem por qualquer das versões. Aliás, nem é necessário; pois, ambas as palavras contêm uma proposição simples: 'É ele quem ensina conhecimento ao homem'; ou esta frase deve ser lida em conexão com o versículo 11: 'Jehovah, que ensina conhecimento ao homem, ele conhece as astúcias do homem, de que são vaidade.' Como ele ensina conhecimento ao homem, não conheceria ele todos os raciocínios e invenções do coração humano?" – *Dr. Adam Clarke*.

12 "Mais nous voyons avec qulles couvertures tant les courtisans que les gens de justice obscurcissent leurs entendemens afin que sans aucune vergongne ils osent bien se moquer de Dieu." – *v.f.*

13 Horsley traduz assim: "as invenções do homem"; e pergunta: Paulo, para אדם lê ערם, ou ערום. A referência é a 1 Coríntios 3.20.

14 [14] A palavra original, הָבֶל, é "de הָבֶל, que primeiro significa vaidade, ou vem a ser zero, como em Jeremias 2.5: 'Eles andam segundo הַהֶבֶל, vaidade, וַיֶּהְבָּלוּ, e desvanecidos, ou vem a ser zero'; e se entendido aqui nesse sentido, significaria *desvanecimento, transitório*, que logo desaparece; e conseqüentemente a Siríaca a traduz como *vapor*. Mas existe outra noção de הָבֶל; é expresso metaforicamente por 'stultescere', 'estultícia que cresce'. Assim no Salmo 62.10, é melhor traduzida do hebraico: 'Não confieis na opressão e na rapina, אַל־תֶּהְבָּלוּ, não vos ensoberbeçais', isto é, não sejais *insensatos*, significando que os que assim confiam, que dependem dos meios ilícitos para seu enriquecimento, certamente serão enganados, descobrindo que tudo isso é uma rematada *estultícia*. E o termo *estultícia*, sendo aquele por meio do qual os ateus são indicados com mais freqüência na Escritura, é o que mais se adequa aqui, onde as cogitações dos ateus são descritas (v. 7), confiantes de que *Deus não vê nem considera*; cujos pensamentos, que são incrédulos e portanto falsos, insensatos, como louca é a ignorância, assim são em extremo impudentes." – *Hammond*.

11. Jehovah conhece os pensamentos dos homens. Uma vez mais ele insiste em falar da insensatez dos homens em buscarem eles envolver-se em trevas e ocultar-se da vista de Deus. Para impedi-los de iludir-se com vãos pretextos, ele os lembra da névoa ilusória que se dispersará assim que chegarem à presença de Deus. Nada pode valer-lhes, já que Deus do céu estigmatiza sua vaidade em seus mais profundos propósitos. O desígnio do salmista, ao citá-los diante do Juiz de todos, era levá-los a sondar detidamente e a testar seus próprios corações; pois a grande causa de sua autoconfiança está em deixarem eles de compreender a Deus, sepultando toda e qualquer distinção entre certo e errado e, até onde possível, tornar-se empedernidos contra todo sentimento. Poderiam tentar suavizar suas mentes usando meios como esses, mas ele lhes diz que Deus ridiculariza toda essa futilidade. A verdade pode ser clara e bem conhecida; mas o salmista declara um fato que muitos olvidam e o qual bem faremos em recordar: que os ímpios, quando tentam ocultar-se em seus refúgios de sutilezas, não podem enganar a Deus, e inevitavelmente se equivocam. Há quem lê *Eles* (isto é, os próprios homens) *são vaidade*; mas tal tradução é demasiadamente forçada e a forma de expressão é aquela que tanto no grego quanto no hebraico pode ser assim traduzida: *Deus sabe que os pensamentos dos homens são vãos.*

12. Bem-aventurado o homem, ó Deus, a quem tens instruído! O salmista então passa da linguagem de censura para a de consolação, confortando a si e a outros dentre o povo de Deus com a verdade: embora Deus os afligisse por algum tempo, ele buscava seu real interesse e segurança. Em nenhum período da vida esta é uma verdade dispensável para se ter na memória, atraídos como somos a um contínuo bem-estar. Deus pode conceder-nos intervalos de tranqüilidade em consideração a nossa debilidade, porém estaremos sempre expostos a calamidades de todas as espécies. Já notamos os excessos audaciosos a que os ímpios se entregam. Não fosse pela consoladora consideração de que somos um povo abençoado a quem Deus exercita com a cruz, nossa condição seria realmente miserável. Devemos levar em conta que, ao chamar-nos para ser seu povo, ele nos separou do resto do mundo para participarmos da bendita paz e do cultivo mútuo da verdade e da justiça. A Igreja com freqüência é cruelmente oprimida por tiranos sob o pretexto da lei – o mesmo caso de que o salmista se queixa neste Salmo; pois é evidente que ele fala de inimigos domésticos, os quais pretendiam ser juízes da nação. Em tais circunstâncias, prevalece um juízo carnal, a saber: se Deus realmente se preocupasse com nosso bem-estar, ele jamais permitiria que tais pessoas perpetrassem tais monstruosidades. Para impedir tal coisa, o salmista não queria que confiássemos em nossas próprias idéias acerca das coisas, e que nutríssemos a necessidade daquela sabedoria que vem do alto. Considero a passagem por este prisma: é somente na escola do Senhor que podemos aprender a manter sempre o equilíbrio mental e uma postura de paciente e confiante expectativa sob a pressão do estresse. O salmista declara que a sabedoria que devemos conservar até o fim, com a paz e coragem interiores em meio às dificuldades renitentes, não procedem naturalmente de nós mesmos, mas emanam de Deus.[15] Conseqüentemente, ele exclama dizendo que aqueles são verdadeiramente abençoados, a quem Deus tem habituado, através de sua Palavra, a suportar a cruz, ele os impede, pelo secreto apoio e consolação de seu próprio Espírito, de mergulhar na adversidade.

As palavras com que o versículo tem início, **Bem-aventurado o homem a quem tens instruído**, sem dúvida é uma referência aos castigos e experiência da cruz, mas também compreendem o dom da iluminação interior; e em seguida o salmista acrescenta que essa sabedoria, que é interiormente comunicada por Deus, é ao

---

15 "Les hommes ne sont point si sages, qu'au millieu des afflictions continuelles ils taschent d'umn courage paisible de parvenir jusques au but; mais qui ceste sagesse-la leur est donnee de Dieu." – *v.f.*

mesmo tempo anunciada e dada a conhecer nas Escrituras.¹⁶ Dessa forma ele confere honra ao uso da Palavra escrita, como encontramos Paulo dizendo [Rm 15.4] que todas as coisas "foram escritas para nosso aprendizado, a fim de que, através da paciência e do conforto das Escrituras, tenhamos esperança." Isso revela de que esfera devemos extrair nossa paciência – dos oráculos de Deus que nos suprem com motivo de esperança para a mitigação de nossas tristezas. Em suma, o que o salmista pretende é sumariar isto: Os crentes devem, em primeiro lugar, ser exortados a desenvolver a paciência, não para desesperar-se sob a cruz, mas para esperar submissamente pelo livramento divino; e em seguida devem ser ensinados em como esta graça deve ser obtida, pois naturalmente nos dispomos a entregar-nos ao desespero, e qualquer esperança de nossa parte logo se extinguiria não fôssemos nós ensinados pela escola lá do alto que todas nossas angústias eventualmente resultam em nossa salvação. Temos aqui o testemunho do salmista em prol da verdade de que a Palavra de Deus nos supre com abundante base de conforto, e que nenhuma pessoa que corretamente se vale dela jamais terá motivo de sentir-se infeliz, nem de entregar-se à aflição e ao desespero. Uma marca com a qual Deus distingue o verdadeiro do falso discípulo é sua prontidão e preparo para suportar a cruz e esperar com serenidade o livramento divino, sem dar vazão ao mau humor e à impaciência. A verdadeira paciência não consiste na exibição de uma resistência obstinada aos males, nem naquela tenacidade inquebrantável que ficou conhecida como a virtude dos estóicos, mas naquela alegre submissão a Deus, baseada na confiança em sua graça. Por essa conta é com boas razões que o salmista começa lançando como verdade fundamental e indispensável para que todo o povo do Senhor a aprenda, a saber: que o alvo daquelas perseguições temporárias, às quais estamos

---

16 "Mais le Prophete adjouste incontinent, que ceste sagesse laquelle Dieu nous inspire au dedans, nous est quant-et-quant proposee et manifestee en la Loy." – *v.f.*

sujeitos, é que por fim sejamos conduzidos a um bendito repouso depois que nossos inimigos tiverem chegado a seus extremos. Ele poderia contentar-se em dizer que realmente bem-aventurados eram aqueles que haviam aprendido da Palavra de Deus a suportar a cruz com paciência; porém, com o fim de levá-los a se sentirem mais prontamente inclinados a uma alegre aquiescência das disposições divinas, ele juntou uma afirmação daquela consolação que visa a mitigar a tristeza de seu espírito. Supondo ainda que um homem deva suportar suas provações sem uma lágrima e sem um gemido, todavia, caso ele morda o freio em sombria infelicidade – caso ele apenas se valha de princípios como estes: "Somos criaturas mortais", "É debalde resistir a necessidade e lutar contra o acaso", "O destino é cego" –, isso equivale a obstinação, e não a paciência, e há uma oposição secreta contra Deus nessa indiferença às calamidades sob o pretexto de coragem. A única consideração que manterá nossa mente em dócil submissão é que Deus, ao sujeitar-nos às perseguições, tem em vista levar-nos ao desfruto de um real descanso. Onde quer que reine tal persuasão de um descanso preparado para o povo de Deus e o oferecimento de um refrigério ao calor e agitação de seus problemas, para que não pereçam com o mundo que os rodeia – isso bastará para provar sobejamente que serão aliviados de qualquer amargura proveniente de sua presente aflição.

Por *dias maus*, ou *dias do mal*, o salmista poderia tem em mente a eterna destruição que aguarda os ímpios, a quem Deus poupou por um certo intervalo. Ou suas palavras podem ser explicadas no sentido em que bem-aventurada é a pessoa que aprendeu a manter-se tranqüila nas provações. O descanso pretendido seria, pois, aquele de um tipo interior, usufruído pelo crente mesmo durante as tormentas da adversidade; e o escopo da passagem seria que a pessoa verdadeiramente feliz é aquela que até então tem tirado proveito da Palavra de Deus para sustentar os assaltos dos males provindos de fora, com paz e serenidade.

Visto, porém, que se acrescenta, **enquanto**[17] **se cava poço para os ímpios**, pareceria necessário, a fim de realçar a oposição contida nos dois membros da sentença, supor que o salmista antes enaltece a sabedoria daqueles que consideram como se Deus os afligisse com vista a salvá-los da destruição e conduzi-los eventualmente a um resultado feliz. Era indispensável esta afirmação da segunda base de conforto, porque nossos corações não suportam ser afetados com tristeza profunda demais, ao contemplarmos os ímpios triunfantes e sem qualquer restrição a eles imposta. O salmista satisfaz o impulso íntimo de oportunamente lembrar-nos que os ímpios são deixados na terra como o corpo morto é deixado estendido no leito mortuário até que sua sepultura seja cavada. Aqui os crentes são avisados de que, se mantiverem sua constância, poderão subir a sua torre de vigia, como nos afirma Habacuque [2.1], e divisar ao longe os juízos divinos. Verão os homens mundanos se espojando nos prazeres terrenos; e, se não conseguirem estender sua visão, começarão a dar vazão a sua impaciência. Devem, porém, moderar sua ansiedade para que só se lembrem que as casas que são nominalmente apropriadas para os vivos são, de fato, concedidas somente aos mortos, até que sua sepultura seja cavada; e que, embora habitem sobre a terra, já se encontram dedicados à destruição.[18]

[vv. 14, 15]
Seguramente, Jehovah não rejeitará seu povo, nem desamparará sua herança. O juízo, porém, se volverá para a justiça, e todos os retos de coração irão após ele.

---

17 Em nossa versão da Bíblia temos "*até que o poço seja cavado*"; sobre o quê Hammond, que faz a mesma tradução feita por Calvino, comenta assim: "A tradução de עד, *até que*, neste lugar, poderia conturbar o sentido e fazer crer que o *descanso* מימי רע, *dos maus dias*, isto é, da perseguição (veja-se Ef 5.16), o qual Deus dá aos homens bons, continuaria *até que* o poço fosse cavado para os ímpios, isto é, até a medida de seus pecados estiver cheia, e então a destruição lhes esteja preparada.

18 "Que les maisons qui sont destinees aux vivans, pour un peu de temps sont bien concedees aux morts cependant qu'on leur fait leur fosse; et qu'en ceste façon ceux qui neantmoins sont destinez à perdition, demeurent en vie" etc. – *v.f.*

14. Seguramente, Jehovah não rejeitará seu povo. Ele reforça a mesma verdade que havia apresentado supra, em termos ainda mais claros, negando ser possível que Deus rejeite seu povo, a quem escolhera de uma maneira tal que veio a ser sua herança. Quando assaltados por aflições, devemos voar rumo a esta consideração como um santuário de refúgio, ou, seja: que somos o povo de Deus, gratuitamente adotados em sua família, e que ele necessariamente se deleita em nos propiciar segurança, havendo prometido velar tão zelosamente sobre sua Igreja como se fosse sua própria herança. Somos assim novamente ensinados que nossa paciência logo vacilaria e por fim fracassaria, a menos que o tumulto das insinuações carnais seja apaziguado pelo conhecimento do favor divino resplandecente em nossas almas.

15. O juízo, porém, se volverá para a justiça. No tempo escuro da aflição, não é fácil reconhecer o amor secreto que Deus mesmo então concede a seus próprios filhos, e o salmista adiciona outra base de conforto, considerando que Deus eventualmente porá fim às confusões que os deixam perplexos e restabelecerá a ordem. A forma de expressão usada pelo salmista é um pouco obscura, e isso tem levado alguns a lerem a primeira parte do versículo como se contivesse duas orações distintas – *a justiça por fim regressará*; e então *o juízo voltará*. Isso é o mesmo que torcer o contexto de forma violenta. Não tenho dúvida de que o salmista pretendia dizer que o juízo seria adaptado ou conformado à justiça. E por *juízo* aqui está implícito, como em muitos outros lugares, o governo ou estado público dos negócios. A confusão que prevalece no mundo parece indicar algum defeito ou injustiça na administração; e ele oculta de nós aquilo que será bom no final. O que aqui se diz é mais do que meramente que os homens que se lançam à impudente opressão receberão de volta um tratamento equivalente. Há em jogo um significado mais profundo, a saber: que Deus, ao interpor-se para restaurar a condição de seu povo, trouxe à luz publicamente sua justiça que estivera oculta; não devendo entender com isso que ele se desviara um mínimo sequer, em sua providência, da mais estrita retidão; mas simplesmente que nem sempre há aquela harmonia e arranjo que poderiam tornar sua justiça evidente aos olhos humanos, e a correção dessa desigualdade é aqui chamada retidão governamental.[19] Como a luz do sol que à noite está oculta da vista, ou durante um tempo nublado, assim quando o ímpio persegue o justo e lhe é permitido praticar iniqüidade sem restrição, a justiça divina é obscurecida pelas nuvens que assim se interpõem entre nós e a providência de Deus, e o juízo de certa maneira fica separado da justiça. Mas quando as coisas são trazidas de volta a seu estado natural, a justiça e o governo são vistos juntos em perfeita harmonia na igualdade que prevalece.[20] A fé, sem dúvida, nos deve capacitar a discernir a justiça de Deus mesmo quando as coisas se acham envoltas por escuridão e desordem; mas a passagem fala do que seria óbvio aos sentidos e à observação real, e assevera que a justiça de Deus brilharia como o céu quando tudo for calmo e sereno.

E todos os que são retos de coração irão após ele. Alguns lêem *após ela*, isto é, *após a justiça*. Mas, como por *justiça* aqui devemos entender o governo harmonioso com base na igualdade que prevalece quando Deus toma vingança contra os ímpios e livra seu próprio povo, esta tradução dificilmente se adequará. Ao contrário, parece que Deus mesmo está subentendido, de modo que o relativo é aqui sem um antecedente. No hebraico, quando se faz menção de Deus, o relativo não é raramente expresso no lugar do nome. As palavras, pois, significam que, ao restaurar Deus a ordem no mundo, seu povo seria encorajado a segui-lo com maior alacridade. Mesmo quando chamados a suportar a cruz, suspiram após ele mergulhados

---

19 "Mais pource qu'au regard des hommes ou ne voit pas tousjours une telle moderation ou temperature que sa justice soit apparente; laquelle est nommee Gouvernement juste, apres que l'inequalite est corrigee." – *v.f.*
20 "On voit un tresbon accord entre la domination et justice en une equalite bien moderee." – *v.f.*

em suas dificuldades e angústias, porém ela os mantém mais perto de seu serviço quando vêem sua mão estendida dessa forma visível e sensivelmente experimentam seu livramento.

[vv. 16-19]
Quem se erguerá por mim contra meus adversários? Quem se porá por mim[21] contra os obreiros da iniqüidade? Se Jehovah não houvera me socorrido, minha alma teria habitado no silêncio.[22] Quando eu disse: Meu pé resvalou, tua bondade, ó Jehovah, me sustém.[23] Na multidão de meus pensamentos,[24] tuas consolações em meu íntimo deleitam minha alma.[25]

16. Quem se erguerá por mim contra meus adversários? Aqui o salmista realça, de uma maneira vívida e gráfica, quão destituído era ele de amparo humano. Como se no momento de perigo ele clamasse: *Quem se erguerá em meu favor?* Quem fará oposição a meus inimigos? E imediatamente a seguir ele replica que, se Deus não o houvera socorrido, ele teria ficado sem segurança. Ao declarar que fora assim miraculosamente resgatado da morte, quando abandonado por todo o mundo, ele enaltece ainda mais a bondade e a graça de Deus. Quando os homens nos ajudam, são apenas instrumentos pelos quais a graça de Deus opera; porém não estamos capacitados a reconhecer a mão divina quando vemos alguma agência subordinada no livramento. Ele fala de **sua vida habitando em**

---

21 A tradução de Horsley é: "Quem se porá em meu lugar?" As palavras originais são יתיצב לי מי־. "Tomo o verbo יתיצב", diz este crítico, "como um termo militar; literalmente, "tomar o lugar de alguém no batalhão".

22 "O hebraico é דומה, *Sepulchrum*, Pagn. *Silentium*, Mont. A Septuaginta tem τῷ ἅδῃ; e Jerônimo, *in inferno*." – *Reeves' Collation of the Hebrew and Greek text of the Psalms*.

23 "יסעדני, *yisadeni, me amparou*. É uma metáfora extraída de alguma coisa que está caindo, que é *amparada, escorada* ou *sustentada com contraforte*. Como amiúde faz a *misericórdia* de Deus, assim impede a ruína dos crentes fracos e daqueles que têm sido infiéis." – *Dr. Adam Clarke*.

24 Na Septuaginta e na Vulgata é "na multidão de minhas dores".

25 Horsley traduz todo o versículo assim:
"Na multidão de minhas ansiedades em meu íntimo,
Tuas consolações rejuvenescem minha alma."
E observa: "A palavra original, ישעשעו, significa 'fazer pular ou dançar de alegria'; nossa linguagem, porém, não suporta uma aplicação dessa imagem à alma; ainda que digamos: 'fazer nosso coração saltar de alegria'."

silêncio [v. 17], pois os mortos jazem na sepultura sem emoção e sem força. E assim o salmista confessa que não havia meios pelos quais sua vida pudesse ter sido preservada, não houvera Deus se interposto sem delonga.

18. Quando eu disse: Meu pé resvalou. O que se expressa neste versículo confirma a afirmação precedente. Para enaltecer ainda mais a bondade e o poder de Deus, ele declara que não fora de um perigo comum que se viu resgatado, mas como de uma morte iminente. O sentido da linguagem é que a morte estivera tão perto dele, que perdeu toda a esperança, como fala Paulo que levava em si mesmo a mensagem da morte, quando sua condição ficou desesperadora e perdera todo o alento da vida [2Co 1.9]. O fato de o salmista ter sido libertado depois de haver considerado a morte como certa, tornou a interposição divina ainda mais conspícua. Se o entendermos como que falando somente da morte temporal na expressão: *Meu pé resvalou*, não há nada de enigmático na circunstância de haver ele se desesperado,[26] como Deus amiúde prolonga a vida de seu povo no mundo quando este já havia perdido a esperança e já se preparava para sua partida. Entretanto, o salmista possivelmente só quisesse dizer que esta era a linguagem da razão; e isso é o mais provável, porque já vimos que ele nunca cessava de orar a Deus – uma prova de que ele ainda tinha alguma esperança. O versículo seguinte propicia ainda prova adicional, pois ali ele nos diz que suas aflições eram sempre mescladas com algum conforto. Por *pensamentos* ele quer dizer as preocupações ansiosas e perplexivas, as quais o teriam esmagado não fosse a consolação que lhe fora comunicada do alto. Aprendemos da passagem a seguinte verdade: Deus se interpõe em defesa de seu povo com a devida atenção na magnitude de sua provação e estresse, e no exato momento requerido, amparando-os em seus apertos,

---

26 "Si nous entendons le *glissement du pied*, seulement de la mort corporelle, il ne sera pont absurde de dire que le Prophete ait este en ce desepoir." – *v.f.*

conforme encontramos em outros lugares. Quando nossas mais pesadas calamidades crescem, devemos esperar que a divina graça se manifeste ainda mais poderosamente, confortando-nos no meio delas [Sl 4.1; 118.5]. Mas, quando nos vemos, através da fraqueza da carne, exasperados e atormentados por ansiosas preocupações, devemos ficar satisfeitos com o remédio do qual o salmista fala aqui em termos tão elevados. Os crentes estão cientes de dois estados mentais bem distintos. De um lado, são afligidos e angustiados com vários temores e ansiedades; do outro, há uma alegria secreta que lhes é comunicada do alto, e isso em acomodação a suas necessidades, ao ponto de preservá-los de serem tragados por alguma complicação ou força da calamidade que porventura os assalte.

> [vv. 20-23]
> Porventura o trono de iniqüidades tem comunhão contigo, forjando molestamento por lei?[27] Eles se juntarão contra a alma dos justos e condenarão o sangue inocente. Jehovah, porém, tem sido minha fortaleza; e meu Deus é a rocha de minha confiança. E ele os restituirá com sua própria iniqüidade, e os isolará em sua própria perversidade; Jehovah nosso Deus os eliminará.

20. Porventura o trono de iniqüidades tem comunhão contigo? Ele novamente extrai da natureza de Deus um argumento para a confiança, sendo impossível que ele seja favorável aos ímpios ou sancione seus vícios perversos. Com Deus por seu inimigo, como poderiam escapar de ser destruídos? As palavras têm maior força quando expressas na forma de pergunta, mostrando quão completamente contrária a todo pecado é a natureza divina. O termo *trono* é usado porque aqueles contra quem a presente acusação é

---

27 Dr. Kennicott traduz assim: "sub specie legis"; no que é seguido por Horsley: "Arquitetando opressão na presença da lei." A versão de Fry de todo o versículo fica assim:
"Está o tribunal da iniqüidade de acordo contigo?
Decretando injustiça contra mim por meio de lei?
"Formas legais", observa ele, "têm sido com freqüência dadas aos procedimentos dos perseguidores do povo de Deus; e as instituições sacras, tanto de autoridades civis como religiosas, têm sido pervertidas para que sejam instrumentos da opressão."

pronunciada não eram ladrões ou assassinos comuns, os quais são universalmente reconhecidos como infames, mas tiranos que perseguiam o povo de Deus a pretexto de lei. Estes, ainda que ocupando o trono que fora consagrado a Deus, o têm conspurcado e poluído com seus crimes, e portanto nada têm em comum com ele. O significado é posto em maior realce na frase subseqüente do versículo, onde são declarados como indivíduos totalmente alienados de Deus, que **arquitetam molestamento por lei**, ou, como a palavra hebraica חק, *chok*, significa *decreto de lei*, ou *ordem estatuária*. O salmista tem em mira aqueles juízes libertinos que, sob o pretexto de seguir um curso estrito do ofício, perpetram as piores espécies de monstruosidades. Juízes desse caráter libertino, como bem o sabemos, com nenhum outro propósito além de reter a posse de uma asquerosa fama de integridade, inventam diversas escusas em defesa de suas infames opressões. A intenção do salmista era então evidente, a saber: por mais honrado seja um trono, até onde essa honra pode ir, ele cessa de ter alguma honra ou estima diante de Deus quando nele impera o abuso e a impiedade de homens maus; pois a iniqüidade jamais poderá contar com a aprovação divina.

21. Eles se reunirão contra a alma dos justos. Como a palavra hebraica גדד, *gadad*, ou גוד, *gud*,[28] significa arregimentar forças ou um grupo de homens, o salmista evidentemente insinua que ele estava relacionado com pessoas de liderança influente, não meramente com aqueles que ocupam posição privativa. O termo implica também que não era um ou dois indivíduos particulares que o perseguiam, tampouco algum outro dentre o povo do Senhor, mas uma convenção pública. Melancolia e infortúnio teria sido o estado de coisas em existência ali, quando os ímpios assim dominavam em assembléia legal, e os que formavam o colegiado de juízes não eram melhores que um bando de ladrões. O caso se torna duplamente

---

28 "יגודו (já-ghod-du), *arregimentará uma tropa*. Targ. 'amontoará males'; LXX, 'perseguir'. De גדד, *perseguido por tropas, invadido por exército*." – Bythner.

vexatório quando vítimas inocentes da opressão são não apenas prejudicadas, mas têm um estigma fixo em seu caráter. E que espetáculo é mais indecente do que quando todo o curso da administração judicial não passa de torpe conspiração contra os homens bons e inocentes?[29] O exemplo aqui registrado deve preparar-nos para uma igual emergência, caso ocorra em nossos próprios dias que aos ímpios se permita, na providência de Deus, que se assentem no tribunal do juízo e lancem destruição sobre os retos e justos, a pretexto de lei. Intolerável quanto poderia parecer à primeira vista que pessoas inocentes de qualquer crime se deparem com perseguição implacável, inclusive nas mãos de juízes, ao ponto de serem cumuladas com toda sorte de ignomínia, vemos que Deus testou seus filhos em outros tempos com essa dupla espécie de opressão, e que devemos aprender submissamente a não só suportar violência injusta, mas as mais injuriosas e as mais imerecidas acusações contra nosso caráter.[30]

22. Jehovah, porém, tem sido minha fortaleza. O salmista declara que, por maiores que fossem as calamidades a que fora reduzido, ele encontrara suficiente auxílio na proteção singular de Deus; e assim pronunciando um novo enaltecimento de seu poder, diz que ficara tão sozinho, desamparado e exposto às maiores dificuldades – toda a força e fúria de seus numerosos inimigos. Ele faz mais que meramente dizer que Deus era uma fortaleza onde pudesse esconder-se em segurança, e de cujo topo pudesse resistir a todo assalto. Havendo se congratulado com a divina proteção, ele avança anunciando a destruição de seus inimigos; pois é preciso levar em conta que a prerrogativa especial de Deus é fazer com que o mesmo mal que seus inimigos engendram contra seu povo recaia sobre

---

[29] "Deinde quid minus consentaneum, quam ut tota forensis ratio nihil aliud sit quam scelsta conspiratio ad insontes damnandos?" – *v.l.*

[30] "Toutesfois pour autant que Dieu a jadis exercé ses serviteurs en l'une et l'autre sorte de tentation, apprenons non seulement de porter patiemment une violence injuste, mais aussi les calomnies indignes" etc. – *v.f.*

suas próprias cabeças. A mera derrota e frustração de seus intentos não propiciaria uma exibição trivial da justiça divina; mas o juízo de Deus se manifesta de forma muito mais grandiosa quando caem no poço que eles mesmos prepararam, quando todos os planos sutis que adotaram para perseguir o inocente terminam com eles sendo destruídos por sua própria astúcia; e quando tiverem feito seu máximo, caem por sua própria espada. Somos lentos em crer que este será o resultado, e conseqüentemente expressa-se duas vezes – **ele os eliminará – o Senhor nosso Deus os eliminará**. Deve-se focalizar também que o salmista, ao usar a expressão *nosso Deus*, põe em relevo um motivo de coragem para os fiéis, lembrando-nos do que dissera anteriormente, ou, seja, que Deus não se esquecerá de sua própria herança; sim, seu povo de quem ele tem reanimado a fé.

Salmo 95

O *escritor inspirado deste Salmo, quem quer que tenha sido ele,*[1] ao exortar os judeus a louvarem a Deus em assembléia solene, declara duas razões por que Deus deve ser louvado: uma, é porque ele sustenta com seu poder o mundo que ele mesmo criou; a outra, porque ele, por sua livre graça, adotou a Igreja para uma graciosa comunhão com ele. Visto muitos cantarem louvores a Deus com lábios hipócritas, ele ao mesmo tempo exorta o povo a ser sincero, sério e devotado ao serviço [divino], mostrando pelo teor de sua vida que não foram eleitos inutilmente. Para guardá-los mais eficientemente da hipocrisia, ele faz menção do fato de que seus pais, desde o princípio, cultivaram um espírito empedernido e foram culpados de ingratidão para com Deus. E ele realça o terrível castigo que lhes recaiu, o qual poderia muito bem deter seus filhos de seguirem os mesmos passos de sua rebelião

[vv. 1-5]
Vinde, regozijemo-nos na presença de Jehovah; façamos estrepitoso júbilo à Rocha de nossa salvação.[2] Cheguemo-nos diante de sua face com louvor

---

1 Este Salmo não tem título, porém as versões Septuaginta, Vulgata, Etiópica, Arábica e Siríaca, bem como o apóstolo Paulo em Hebreus 4.7, o atribuem a Davi; de modo que não pode haver dúvida de que ele é uma das composições do mavioso cantor de Israel.

2 Horsley traduz a segunda frase assim: "Elevemos uma retumbante melodia à Rocha de nossa salvação"; na qual ele tem a seguinte nota: "O verbo הריע significa provocar um som ruidoso de qualquer gênero, seja com a voz ou com instrumentos. Nos Salmos geralmente se refere ao som misto de vozes e vários instrumentos, na liturgia do templo. Este sentido amplo do termo não pode ser expresso de outra forma em nosso idioma senão através de perífrase." Mant, aderindo a essa noção, aventurou-se, de conformidade com ela, especificar em sua versão alguns dos instrumentos comumente usados na liturgia do templo:

e façamos jubiloso alarido diante dele com salmos. Porque Jehovah é Deus grande e um grande Rei, acima de todos os deuses. Porque em suas mãos estão os lugares profundos da terra,³ e as alturas dos montes são suas. Porque o mar é seu, e ele o fez, e suas mãos formaram a terra seca.

1. Vinde, regozijemo-nos na presença de Jehovah. Este Salmo é adaptado para o Sábado, quando, bem sabemos, as assembléias religiosas eram mais particularmente convocadas para o culto divino. Não é a indivíduos dentre os santos a quem ele exorta a celebrar os louvores divinos em particular. Ele ordena que estes [louvores] sejam oferecidos em reunião pública. Com isso ele revelou que o culto divino externo consistia primordialmente no sacrifício de louvor, e não em cerimônias mortas. Ele ordena diligência neles, por meio dos quais poderiam testificar de sua alacridade neste serviço [litúrgico]. Pois a palavra hebraica קדם, *kadam*, no segundo versículo, a qual eu traduzi *cheguemo-nos à presença de*, significa *apressar-se*. Ele os convoca a correr para a presença de Deus; e uma admoestação como essa se fazia necessária, considerando quão naturalmente relutantes somos nós quando convocados por Deus para o exercício de ação de graças. O salmista viu ser necessário proferir contra o antigo povo de Deus esta acusação indireta de indolência no culto; e nós mesmos devemos

---

"Vinde, entoemos o louvor de Jehovah!
Cantemo-lhe em coro altissonante,
Com trombeta e harpa e címbalo;
À Rocha sobre a qual são depositadas nossas esperanças!"

3 "Os lugares profundos da terra", que são contrastados com "as alturas dos montes", evidentemente significa as partes mais profundas e mais remotas do globo terrestre, as quais são exploradas pelos olhos de Deus, e tão-somente por eles. Horsley traduz o versículo assim:
"O Deus em cuja mão estão os recessos mais remotos da terra,
Na qual também estão os cumes inacessíveis das montanhas."
Ele diz ainda: "Este e o versículo seguinte são descritivos da grandeza da Deidade de Jehovah, mencionada no último versículo de forma geral. 'O Deus em cuja mão.' Assim, esforcei-me por preservar o pleno vigor da frase hebraica, אשר בידו." A versão de Bythney do último membro é: "E a força dos montes é sua." Ele deriva o substantivo ותועפות, *vethoaphoth*, o qual traduz por força, do verbo יעף, *yaäph*, ficou exausto; e observa que este é "um substantivo plural feminino, fadiga, contrastado com força; é lido quatro vezes na Escritura, e se refere a montes, prata e unicórnio, a fadiga e dificuldade em sobrepujar, denotando sua grande força." Pagninus faz uma tradução similar. Montanus tem cacumina, os cumes, com o quê a Septuaginta parece concordar, tendo traduzido τὰ ὕψη τῶν ὀρέων.

estar cientes de existir a mesma necessidade de estímulo em nosso próprio caso, cheios como são nossos corações de semelhante ingratidão. Ao convocá-los a *comparecerem perante a face de Deus*, ele usa uma linguagem que também era bem adequada para aumentar o ardor dos adoradores; nada sendo mais agradável do que oferecer na própria presença de Deus um sacrifício tal como o que ele declara que seria aceito. Virtualmente, ele diz assim a fim de prevenir sua suposição de que tal serviço era inútil e de que Deus estava presente para testemunhá-lo. Já mostrei em outro lugar em que sentido Deus estava presente no santuário.

3. Porque Jehovah é um Deus grande. Nestes termos o salmista nos lembra que temos sobejos motivos para louvar a Deus, e quão longe estamos da emergência de empregar o falso panegírico com que os escritores e oradores retóricos bajulam os príncipes terrenos. Primeiro, ele enaltece a grandeza de Deus, esboçando um tácito contraste entre ele e os falsos deuses tais como aqueles que os homens têm inventado para si. Sabemos que sempre houve uma hoste de deuses no mundo, como diz Paulo: "Há muitos na terra que são chamados deuses" [1Co 8.5]. Devemos focalizar a oposição expressa entre o Deus de Israel e todos os demais que o homem tem formado no exercício de uma imaginação em extremo libertina. Seja qual for a tese de que "um ídolo nada é no mundo" [1Co 8.4], basta responder que o salmista almeja denunciar as vãs ilusões dos homens que têm fabricado deuses segundo sua própria e tola invencionice. Admito, contudo, que sob este termo ele bem poderia ter compreendido os anjos, asseverando que Deus é possuidor de uma excelência tão incomensurável que é exaltado muito acima de toda glória celestial, bem como tudo quanto se pode considerar divino está muito além das divindades imaginárias da terra.[4] Os anjos de fato não são deuses, porém o título admite uma aplicação imprópria em virtude de estarem eles junto a Deus;

---

4 "Deum ita excellere, ut longe emineat supra omnem cœlestem gloriam et quicquid divinum est, non minus quam supra omne terrenum figmentum." – *v.l.*

e ainda mais, por conta de serem eles considerados não menos que deuses por pessoas que excessiva e supersticiosamente os exaltam. Se os próprios anjos celestiais devem render-se diante da majestade do Deus único, seria o cúmulo da indignidade compará-lo com deuses que não passam de meras ficções do cérebro [humano]. Como prova de sua grandeza, ele nos convida a olharmos para a forma que ele deu ao mundo, a qual ele declara ser **a obra das mãos de Deus** e sujeita a seu poder. Esta é uma razão geral por que Deus deve ser louvado, a saber: que ele claramente manifesta sua glória na criação do mundo e quer que o reconheçamos no governo do mesmo. Ao dizer ele que **as profundezas da terra estão em sua mão**, o significado consiste em que ela é governada por sua providência e está sujeita a seu poder. Alguns traduzem *os limites da terra*, porém a palavra significa *abismos* ou *profundezas*, como oposto a *as alturas dos montes*. A palavra hebraica significa propriamente *profundo*.

[vv. 6, 7]
Vinde, adoremos e prostremo-nos;[5] ajoelhemos diante da face de Jehovah nosso Criador. Porque ele é o nosso Deus, e nós o povo de seu pastoreio e o rebanho de sua mão; se hoje ouvirdes sua voz.

6. Vinde, adoremos. Agora que o salmista convida o povo eleito de Deus ao exercício da gratidão, pois aquela preeminência entre as nações ele a conferiu a eles no exercício de seu soberano favor, sua linguagem se torna mais veemente. Deus nos supre com amplos motivos de louvor quando nos reveste com distinção espiritual e nos promove a uma preeminência acima do resto da humanidade, sobre a qual não repousa nenhum mérito propriamente nosso. Em três termos sucessivos ele expressa um dever singular que está a cargo dos filhos de Abraão, aquele de um total devotamento de si a Deus. O culto divino, de que o salmista aqui fala, é certamente uma questão

---

5 "Isto é, ao ponto de tocar o chão com a fronte, enquanto o adorador se prostra sobre suas mãos e joelhos (veja-se 2Cr 7.3)." – *Fry*.

de tal importância que demanda toda nossa força; mas é preciso notar que ele particularmente transige num ponto, a saber: o favor paternal de Deus, evidenciado em sua adoção exclusiva da posteridade de Abraão para a esperança da vida eterna. É preciso observar também que ele faz menção não só da gratidão interior, mas também da necessidade de uma profissão externa de piedade. As três palavras que são usadas implicam que, ao desincumbir-se convenientemente de seu dever, o povo do Senhor deve apresentar-lhe um sacrifício público, genuflexo e outros emblemas de devoção. **A face do Senhor** é uma expressão que deve ser entendida no sentido que dei anteriormente – que o povo deve prostrar-se diante da Arca do Concerto, pois a referência é ao modo de cultuar sob a lei. Esta observação, contudo, deve ser feita com reserva, ou, seja: que os adoradores tinham de elevar seus olhos para o céu e servir a Deus de uma maneira espiritual.[6]

7. Porque ele é o nosso Deus. Embora seja verdade que todos os homens foram criados para louvar a Deus, existem razões por que a Igreja é especialmente qualificada para esse fim [Is 61.3]. O salmista foi autorizado a exigir esse serviço mais particularmente das mãos do povo eleito. Eis a razão por que ele imprime nos filhos de Abraão o incalculável privilégio que Deus lhes conferira ao tomá--los sob sua proteção. De fato se poderia dizer de Deus que ele, em certo sentido, tem beneficiado muitíssimo toda a humanidade. Mas quando se assevera ser ele o Pastor da Igreja, isso significa muito mais do que dizer que ele a favorece com nutrição, com apoio e com governo comuns, o que ele estende indiferentemente a toda a família humana. Ele é assim denominado por separá-la do resto do mundo, e cuida dela com um zelo peculiar e paternal. Seu povo é aqui indicado, conseqüentemente, como **o povo de seu pastoreio**, sobre quem ele vela com peculiar cuidado, e o cumula de bênçãos de todo gênero. A passagem poderia exprimir mais claramente se o

---

6 "Il faut neantmoins tousjours adjoustor ceste exception, que les fideles eslevans les yeux au ciel, adorent Dieu spirituellement." – *v.f.*

salmista os chamasse de *o rebanho de seu pastoreio* e *o povo de sua mão*;[7] ou, se ele houvera adicionado meramente – *e seu rebanho*[8] –, a figura poderia ter sido realçada mais consistente e claramente. Seu objetivo, porém, era usar uma expressão elegante e passar para o povo o senso do inestimável favor a eles conferido em sua adoção, por cuja virtude foram chamados a viver sob a fiel proteção de Deus e ao desfruto de todo gênero de bênçãos. São chamados *o rebanho de sua mão*, não tanto por serem formados pela mão divina como por serem governados por ela, ou, para usar a expressão francesa, *le Troupeau de sa conduite*.[9] A ênfase que alguns têm dado à expressão, como se ela insinuasse que a intenção de Deus era alimentar seu povo, fazendo isso ele mesmo em vez de empregar pastores contratados, talvez seria difícil ser corroborado pelas palavras em seu sentido genuíno; porém não se pode ter dúvida de que o salmista queria expressar o tipo mui gracioso e familiar de orientação que naquele tempo essa nação desfrutava. Não que Deus dispensasse a agência humana, como fez delegando o cuidado do povo aos sacerdotes, profetas e juízes, e posteriormente aos reis. O que está implícito não é mais do que isto: no cumprimento do ofício de pastor na vida deste povo ele exerceu uma superintendência sobre eles distinta daquela providência comum que se estende ao resto do mundo.

Se hoje ouvirdes sua voz.[10] De acordo com os expositores

---

7 Hammond, depois de fazer uma observação similar, acrescenta: "É mais razoável, porém, assumir a explicação dos diferentes significados de hur [a palavra que Calvino traduz por pastoreio] como alimento, e então governo, como igualmente aplicável aos homens e ao gado; do quê provém a analogia de que hurm, que significa pastagem da qual o gado se alimenta, também significaria domínio ou reino, ou algum tipo de πολιτεία, onde um povo é governado. E então a outra parte, ovelhas de sua mão, será uma expressão adequada, ainda que figurada; o pastor que alimenta e governa e guia as ovelhas, fazendo-o com sua mão que maneja a vara e o cajado (Sl 23.4). A arábica judaica tem a redação: 'o povo de sua pastagem, ou rebanho, e as ovelhas de sua orientação'."

8 O texto tem: "Si tantum nomen Legis posuisset." Isso é evidentemente um equívoco de gráfica para *Gregis*. A versão francesa traz: "de Troupeau."

9 O rebanho de sua condução ou orientação.

10 Os escritores hebreus antigos amiúde aplicavam essas palavras ao Messias; e seu argumento era que, se todo o Israel se arrependesse por apenas um dia o Messias viria; porquanto está

hebreus, esta é uma sentença condicional, estando conectada com a sentença anterior; por cuja interpretação o salmista deve ser considerado como a advertir o povo a que retivesse a posse de seu privilégio e distinção em todo o tempo que continuasse obediente a Deus.[11] A versão grega a une com o versículo que se segue: *Se hoje ouvirdes sua voz, não endureçais vossos corações*, e a redação fica bem nesta conexão. Se adotarmos a distribuição dos expositores hebreus, o salmista parece dizer que a posteridade de Abraão era o rebanho da mão de Deus, visto que ele tinha posto sua lei no meio deles, a qual era, por assim dizer, seu cajado, e com isso ele se revelava como seu pastor. A partícula hebraica אִם, *im*, a qual tem sido traduzida *se*, nesse caso seria antes expositiva do que condicional, e pode ser traduzida *quando*,[12] denotando as palavras a grande distinção existente entre os judeus e as nações vizinhas, que Deus havia dirigido sua voz àqueles, como freqüentemente se observa que ele não o fez a estas [Sl 147.20; Dt 4.6, 7]. Moisés declarara que isso constituía a base de sua supremacia sobre os outros povos, dizendo: "Pois, que nação há tão grande que tenha deuses tão chegados como o Senhor nosso Deus, todas as vezes que o invocamos?" Os escritores inspirados, emprestando com freqüência de Moisés,

---

escrito: "Se hoje ouvirdes sua voz."

11 Hammond observa que a partícula אִם, *im*, aqui traduzida *se*, é em outros lugares usada em sentido optativo, como em Êxodo 32.32: "se não, risca-me" para "Oh, que tu queiras perdoá-los"; e que, portanto, a tradução aqui pode ser: "Oh, que hoje vós ouvis sua voz." Uma redação, diz ele, que "pode ser considerada necessária para tornar o sentido completo neste versículo, o qual, de outra forma, é considerado pendente (ainda que não tão adequadamente) do versículo 8, e não pode ser concluído sem ele." Ele então continua dizendo: "Mas pode-se considerar também se este versículo não seria mais completo em si mesmo traduzindo אִם, *se*, assim: 'adoremos e curvemo-nos e ajoelhemo-nos diante do Senhor nosso Criador; pois ele é o nosso Deus, e nós somos o povo de seu pastoreio e ovelhas de sua mão, se ouvirdes sua voz hoje', isto é, depressa – se depressa prestardes obediência a ele –, pondo as palavras na forma de uma promessa condicional, visando a reforçar o cumprimento da condição de nossa parte. A condição ao cumprimento sobre a qual são exortados (v. 6) é prestar a Deus o culto e plena obediência a ele devidos; e a promessa assegurada a eles neste cumprimento, de que *ele* será o seu *Deus* e eles serão *o povo de seu pastoreio* etc., isto é, que Deus tomará deles o cuidado que um pastor faz com suas ovelhas: preservando-os de todos os inimigos, os midianitas, filisteus, cananeus e outros."

12 "Non erit proprie conditionalis, sed expositiva; vel pro temporis adverbio sumetur." – *v.l.* "Ne sera pas proprement conditionnelle, mais expositive; ou bien elle sera prinse pour *Quand*." – *v.f.*

como é bem notório, e do salmista, por meio da expressão *hoje*, notificam quão enfaticamente os judeus, ao ouvirem a voz de Deus, eram seu povo, pois a prova não estava longe, consistia em algo que estava presente, bem diante de seus olhos. Ele os convida a reconhecerem a Deus como seu Pastor, visto que ouviam sua voz; e ela era um exemplo de sua graça singular, isto é: ele lhes falava de uma maneira mui condescendente e familiar. Alguns tomam o advérbio como sendo de caráter hortativo, e lêem: *Gostaria que eles ouvissem minha voz*; porém isso faz violência às palavras. A passagem flui bem tomada no outro sentido que já lhe atribuímos. Visto que tinham uma oportunidade constante de ouvir a voz de Deus – já que ele lhes dera não só uma prova do cuidado que mantinha sobre eles como Pastor, ou uma prova anual dela, mas uma contínua exemplificação dela –, não podia haver dúvida de que os judeus tinham de ser seu rebanho eleito.

[vv. 8-11]
Não endureçais vosso coração, como em Meribá, como no dia de Massá no deserto.[13] Quando vossos pais me tentaram, me provaram, não obstante terem visto minha obra. Por quarenta anos[14] lutei por essa geração, e disse: Eles são um povo que erra no coração,[15] e não tem

---

13 Ou, seja, no deserto de Midiã, no qual o povo penetrou depois de passar pelo Mar Vermelho. Em sua jornada para o Horebe, sua quarta parada foi em Refidim, onde se fizeram culpados da conduta pecaminosa aqui mencionada.

14 Paulo, citando esta passagem em Hebreus 3.9, junta as palavras *quarenta anos* à parte conclusiva do versículo precedente: "Quando vossos pais me tentaram, me provaram, e viram minhas obras por quarenta anos"; enquanto que, no texto hebraico, e como Calvino as conecta, formam o início do versículo 10. Mas isso depende do sistema de pontuação dos massoretas, a qual o apóstolo não seguiu. É de pouca importância se as palavras *quarenta anos* são conectadas com o final do versículo 9 ou com o início do versículo 10; sendo o sentido em ambos os casos substancialmente o mesmo. Se os israelitas tentaram a Deus por quarentas anos, ele lutou com eles durante aquele período; e se ele lutou com eles por tanto tempo, foi porque eles o tentaram. O apóstolo mostra que uma dessas leituras pode ser indiferentemente adotada, quando, no versículo 17 desse capítulo, em vez de falar dos quarenta anos como um espaço de tempo durante o qual Deus foi entristecido por esse povo rebelde. "Mas por quem foi ele entristecido por quarenta anos? Não foi por aqueles que pecaram, cujos cadáveres caíram no deserto?"

15 עַם תֹּעֵי לֵבָב, *am toe lebab*, "uma nação de coração inconstante". תֹּעֵי, *toe*, se deriva de תָּעָה, *taäh, ele se extraviou, desviou*. A LXX, à qual Paulo segue em Hebreus 3.10, traz ἀεὶ πλανῶνται; à luz do quê Reeves conjetura que, em vez de תֹּעֵי עַם, *populus errantium*, "um povo que erra", ele

conhecido meus caminhos. Por isso jurei em minha ira que não entrariam em meu descanso.[16]

8. Não endureçais vosso coração, como em Meribá. O salmista, tendo exaltado e recomendado a bondade de Deus como seu Pastor, aproveita a ocasião, já que eram obstinados e desobedientes, para lembrar-lhes seu dever, como seu rebanho, a saber: que deviam render-lhe dócil e humilde submissão; e para impressionar ainda mais sua mente, ele os culpa da obstinação de seus pais. O termo מריבה, *Meribah*, pode ser usado como uma designação no sentido de *rusga* ou *contenda*; mas, como o salmista evidentemente se reporta à história contida em Êxodo 17.2-7,[17] preferi entendê-lo como uma referência

---

poderia ter lido עלם העי, "sempre errando". A frase, *errando no coração*, é enfática, indicando a grande angústia que Deus põe no estado do coração. Moses Stuart, em seu comentário sobre esta passagem como citada em Hebreus 3.10, entende *coração* como pleonástico; de modo que a frase simplesmente significa: *Eles sempre erram*, isto é, estão continuamente saindo do caminho reto. Mas a frase, como pensamos, tem a intenção de comunicar outra idéia, a saber: que Deus, ao julgar o caráter e conduta dos homens, tem sua especial atenção voltada para o estado do coração. É o coração que ele principalmente requer em nossa obediência; e é para este que ele principalmente olha nos homens desobedientes. Quando ele [o coração] é reto quanto a sua estrutura geral, seu desígnio e princípio, ele [Deus] suportará muitas falhas e inconveniências. Quando ele [o coração] não é sincero, ele [Deus] não dá o menor valor a suas confissões ou ações externas, por melhores que sejam. Nós também agimos sob o mesmo princípio, e somos justificados em agir assim. Se uma pessoa descobre que tem boas razões para suspeitar de que o coração daquele com quem mantém relação íntima é falso e enganoso para com ela, então cessa de respeitá-lo e de amá-lo, por mais que confesse o contrário. As linhas do poeta grego, ainda que inconsistente com o sentimento dominado e o matiz da benevolência cristã, a qual, em vez de ódio por uma pessoa, produz pesar e tristeza, todavia mostra que os homens, universalmente, à luz de sua própria natureza, levam em conta o estado do coração ao estimar as confissões e conduta de outros para com eles:
"Ἐχθὸς γάρ μοι κεῖνος ὁμῶς ἀΐδαο πυλῃσιν,
Ὅς χ᾽ ἕτερον μὲν κεύθει ἐνὶ φρεσίν, ἄλλο δὲ βάζει."
"Eu o odeio como as portas do inferno, o qual, pretendendo amizade por mim, reserva outras coisas em sua mente."

16 O juramento a que Deus aqui se refere está registrado em Números 14.20, 23.

17 Esta parte extraordinária da história judaica é mencionada em outros lugares e com diversos propósitos. Às vezes para censurar os israelitas por causa de seus pecados, como em Deuteronômio 9.22: "E em Massá provocastes o Senhor à ira"; às vezes para adverti-los contra a possibilidade de queda em pecados semelhantes, como em Deuteronômio 4.16: "Não tentareis o Senhor vosso Deus como o tentastes em Massá"; e, em outras vezes, como um exemplo da fidelidade dos levitas que aderiram a Deus em tais circunstâncias de provação (Dt 33.8): "E de Levi ele disse: Que teu Tumim e teu Urim sejam para teu santo, que tu provaste em Massá e com quem contendeste junto às águas de Meribá."

a lugar – e assim de מסה, *Massah*.[18] Na segunda frase, contudo, o lugar onde a tentação se efetuou pode ser suficientemente descrito sob o termo *deserto*, e ao ser lido: *segundo o dia da tentação* (em vez de *Massá) no deserto*, não pode haver nenhuma objeção. Alguns preferem crer que Massá e Meribá eram dois lugares distintos; eu, porém, não vejo base para crer que assim fosse; e, numa questão de tão pouca importância, não devemos ser demasiadamente rigorosos nem curiosos. Ele amplia em diversas expressões a dureza do coração evidenciada pelo povo, e, para produzir maior efeito, introduz Deus mesmo falando.[19] Por dureza de coração, sem dúvida ele não quer dizer algum tipo de desprezo demonstrado pela Palavra de Deus, ainda que existam muitos tipos diferentes dele. Descobrimos que, quando proclamado, ele é ouvido por alguns de uma forma fria e displicente; que alguns impertinentemente se esquivam dele depois de o haver recebido; que outros arrogantemente o rejeitam; enquanto há homens que francamente dão vazão a sua ira contra ele com desdém e blasfêmia.[20] O salmista, naquele termo que ele empregou, abarca todos esses defraudadores, os displicentes – os impertinentes –, os que zombam da palavra e são enfatuados em sua posição em relação a ela com frenesi e paixão. Antes que o coração possa ser considerado

---

18 Na Bíblia inglesa, temos "na provocação – no dia da tentação". Os críticos mais eminentes, porém, concordam com Calvino em crer que será melhor reter os termos *Meribá* e *Massá* do que traduzi-los. Os lugares chamados por esses nomes foram assim designados à luz da atitude dos israelitas em provocar e tentar a Deus neles; e a retenção dos nomes próprios dá mais efeito e vivacidade à alusão. Veja-se Salmo 81.7 [p. 287, nota 11, deste volume].

19 Mant e Walford presumem que é na segunda parte do versículo 7, "Se hoje ouvirdes sua voz", onde Deus é introduzido como que falando. "Por meio de uma transição quase imperceptível", observa o primeiro crítico, "a pessoa aqui [última frase do versículo 7] muda; Jehovah se torna o orador; e com uma mudança correspondente de tópico, a Ode, que começara com uma exortação espiritual para exultar nas bênçãos do evangelho, conclui com uma solene, afetiva e impressiva admoestação do perigo da desobediência a ele; deixando a advertência na mente com uma expressão abrupta peculiarmente bem calculada para excitar a atenção e produzir o efeito desejado." Dimock conjetura que, como Deus é introduzido como a falar na última frase do versículo 7, devemos ler בקולי, por בקלו: "Oh, que possais neste dia ouvir *minha* voz; que não sejais duros de coração" etc.

20 "Ab aliis frigide audiri, et contemptim; ab aliis fastidiose respui; ab aliis superbe rejici; ab aliis etiam fuisose non sine probro et blasphemia proscindi." – *v.l.*

flexível e maleável ao ouvir a Palavra de Deus é necessário que a recebamos com reverência e com disposição de a obedecer. Se ela não possuísse nenhuma autoridade e peso, então demonstraríamos que ele não é mais que um mero homem semelhante a nós; e aqui está a dureza de nossos corações, seja qual for a causa dela: se mera displicência, se soberba ou se rebelião. Ele destacou intencionalmente o termo odioso aqui empregado para fazer-nos saber quão execrável é desdenhar a Palavra de Deus; como, na lei, *adultério* é usado para denotar todo gênero de fornicação e impureza; e *homicídio*, todo gênero de violência, injúria, ódio e animosidade. Conseqüentemente, ao homem que meramente trata a Palavra de Deus com negligência e se nega a obedecê-la, aqui declara-se que o mesmo possui um coração insensível e empedernido, ainda que não seja um franco inimigo de Deus. É ridícula a tentativa dos papistas de descobrir nesta passagem sua doutrina favorita da liberdade da vontade. É preciso notar, em primeiro lugar, que todos os corações humanos são naturalmente insensíveis e empedernidos; pois a Escritura não fala desse fato como uma doença peculiar a uns poucos, mas uma característica geral de todo o gênero humano [Ez 37.26]. É uma depravação congênita; e é ainda voluntária; não somos insensíveis da mesma forma que o são as pedras;[21] e o homem que não se deixa governar pela Palavra de Deus faz com que seu coração, que era insensível antes, se torne ainda mais insensível e ainda mais convicto de seu próprio senso e sentimento de obstinação. A conseqüência de forma alguma provém do fato de que a aquiescência do coração – um coração indiferentemente flexível em qualquer direção – está em nosso comando.[22] A vontade do homem, através da corrupção natural, é totalmente inclinado para o mal; ou, falando de modo mais apropriado, é levado de roldão à prática do mesmo. E no entanto, o homem que desobedece

---

21 "Combien qu'une telle perversite nous soit naturelle, toutesfois prource qu'elle est voluntaire, et que nous ne sommes pas insensibles comme les pierres." – *v.f.*

22 "Il ne s'ensuit pas neantmoins qu'il soit en nostre puissance d'amollir nostre cœur, ou de le flechir en l'une et l'autre part." – *v.f.*

a Deus assim, se endurece; pois a culpa de seu erro não repousa em ninguém mais, senão nele mesmo.

9. Quando vossos pais me tentaram, me provaram. O salmista insinua, como já observei, que os judeus, desde o princípio, tinham cultivado um espírito perverso e quase intratável. E houve duas razões que tornavam muitíssimo proveitoso lembrar os filhos da culpa lançada sobre seus pais. Sabemos quão aptos são os homens para seguirem o exemplo de seus predecessores; o costume gera uma sanção; o que é antigo se torna venerável, e tal é a cega influência do exemplo doméstico, que tudo quanto foi feito por nossos antepassados é considerado uma virtude sem exame. Temos um exemplo disso em Popedom, da audácia com que a autoridade dos pais se põe contra a Palavra de Deus. Os judeus eram de todos os demais os mais passíveis de serem enganados, tão acostumados estavam de gabar-se de seus pais. O salmista, conseqüentemente, os destaca dos pais, observando a monstruosa ingratidão de que eram culpados. A segunda razão, e uma contra a qual já chamei a atenção, consiste em que ele lhes mostra a necessidade de serem advertidos sobre o presente tema. Não tivessem seus pais manifestado um espírito rebelde, poderiam reportar-se a eles com a seguinte pergunta: Sobre que base ele os advertia contra a dureza de coração, tendo sua nação até então mantido um caráter de docilidade e maleabilidade? Sendo outro o caso – tendo sido seus pais desde o princípio perversos e refratários, o salmista tinha uma nítida razão para insistir sobre a correção deste vício particular.

Há duas maneiras de interpretar as palavras que seguem. *Tentar a Deus* nada mais é que ceder a um anseio mórbido e injustificável de testar seu poder.[23] Podemos considerar o versículo como conectado ao todo, e lê-lo assim: *Eles me tentaram e me provaram, não obstante já terem visto minha obra.* Deus com muita razão se queixa de que eles insistiam em novas provas, quando seu poder já havia sido amplamente atestado

---

23 "Quando as Escrituras falam de homens *tentando* a Deus, o significado é que os homens fazem algo que testa a divina paciência, tolerância, bondade etc.; a embaraçam, por assim dizer, para dificultar sua estrita preservação." *Stuart*, sobre Hebreus 3.8.

por meio de evidências irrefutáveis. Entretanto, há outro significado que pode ser dado ao termo *provado* – segundo o qual, o significado da passagem seria este: Vossos pais me tentaram ao me perguntarem onde estava Deus, não obstante todos os benefícios que eu lhes fizera; e me provaram, ou, seja, tiveram real experiência do que eu sou, visto que não cessei de dar-lhes claras provas de minha presença, e conseqüentemente viram minha obra. Seja qual for o sentido que adotemos, o desígnio do salmista é evidentemente mostrar quão inescusáveis eram os judeus em desejarem descobrir o poder de Deus, como se ele estivesse oculto e não lhes fosse ensinado pelas mais incontestáveis provas.[24] Admitindo que não tivessem recebido nenhuma demonstração prévia dele [poder], teriam evidenciado um espírito inconveniente exigindo de Deus a razão pela qual ele deixara de sustentá-los com comida e bebida; pôr em dúvida, porém, sua presença depois que os tirara do Egito com mão estendida, e evidenciado seu zelo por eles com os mais convincentes testemunhos – duvidar de sua presença da mesma forma como se ele nunca lhes fora revelado –, era um perverso esquecimento que agravava ainda mais sua culpa. No todo, considero o sentido da passagem como sendo o seguinte: Vossos pais me tentaram, embora tivessem provas sobejas percebidas por evidências claras e inegáveis de que eu era o seu Deus; sim, embora minhas obras fossem postas diante de seus olhos de forma muito clara. A lição é a mesma que também nos é aplicável; pois quanto mais abundantes forem os testemunhos que tivermos do poder e benignidade do Senhor, maior será nosso pecado, caso insistamos em receber provas adicionais deles. Quantos de nós, em nossos próprios dias, somos surpreendidos exigindo milagres, enquanto outros vivem murmurando contra Deus por ele não ceder a seus caprichos? Alguns poderiam perguntar por que o salmista seleciona o caso particular de Meribá, quando havia muitos outros exemplos que poderia lançar mão.

---

24 "D'autant qu'ils ont desiré que la vertu de Dieu, laquelle leur estoit declaree par tant d'experiences, leur fust manifestee, comme s'ils ne l'eussent jamais cognue." – *v.f.*

Nunca cessaram de provocar a Deus desde o momento de sua travessia pelo Mar Vermelho; e ao evocar esta acusação singular contra eles, ele poderia parecer, ao silenciar sobre outros pontos, justificar sua conduta. Mas a figura de sinédoque é comum na Escritura, e seria bastante natural supor que um único caso fosse escolhido em lugar de muitos. Ao mesmo tempo, poderia haver outra razão para a especificação, ou, seja: como transparece de Moisés, a ingratidão e rebelião do povo atingiu seu ápice nessa ocasião, quando murmuravam por água. Estou ciente de que os intérpretes diferem sobre esse caso. Entretanto, isso era um fato. Então completaram sua primeira impiedade; ela não existia até que esse protesto se consumou, como o ato consumatório de toda sua perversidade anterior, quando deram franca prova de que sua obstinação era incurável.[25]

10. Por quarenta anos eu lutei com esta geração.[26] O salmista apresenta como uma agravante de sua perversa obstinação, o fato de que Deus lutou com eles por tão longo tempo sem qualquer resultado. Ocasionalmente sucederá haver uma violenta manifestação de perversidade que logo se amaina; Deus, porém, se queixa de que tinha constante motivo para contender com seu povo ao longo de todos os quarenta anos. E isso nos demonstra a incurável insensibilidade do povo. A palavra *geração* é usada com o mesmo propósito. A palavra rwd, *dor*, significa uma época, ou um determinado período da vida humana; e ela é aqui aplicada aos homens de uma época, como se o salmista dissesse que os israelitas a quem Deus libertara eram incorrigíveis, durante todo o período de sua vida. O verbo fwqa, *akut*, o qual traduzi por *lutei*, é por alguns traduzido por *contendi*, e na Septuaginta é proswcqisa,[27] *exasperar, enfurecer*. Os intérpretes hebreus, porém,

---

25 "Solus ille strepitus, qusi omnium actionum catastrophe, palam ostenderit insanabilem esse eorum pervicaciam." – *v.l.*
26 "*Os homens daquela época*; ou, como diríamos hoje, *a geração* então em vigor." – *Stuart* sobre Hebreus 3.10.
27 "προσωχθιζα, fiquei indignado, fui ofendido. A palavra é helenista. Os gregos usam ὀχθέω ϵ ὀχθίζω. Segundo a etimologia, ele consiste de πρός, *a, contra*, e ὀχθη, *ribanceira, praia*. É aplicado primariamente a um navio que se aproxima da praia, ou, como diríamos, encalhado. Ele corresponde

retêm o significado genuíno: Deus lutou com eles no curso contínuo da controvérsia. Essa era uma prova memorável de sua extrema obstinação; e Deus é introduzido no versículo como pronunciando formalmente juízo sobre eles, para notificar que, havendo demonstrado sua impiedade de maneira tão diversificada, não podia haver dúvida quanto a sua enfatuação. *Errando no coração* é uma expressão intencional, não para atenuar sua conduta, mas para estigmatizá-la com insensatez e demência, como se dissesse que estava lidando com feras selvagens, e não com homens dotados com senso e inteligência. A razão anexa é que não atentavam para as muitas obras de Deus manifestadas ante seus olhos e, pior ainda, não atentavam para sua própria Palavra; pois o termo hebraico דרך, *derech*, o qual traduzi por *caminhos*, compreende sua lei e reiteradas admoestações, tanto quanto por seus milagres realizados diante deles. Era uma demonstração de espantosa enfatuação o fato de que, quando Deus se condescendia em habitar de maneira familiar no meio deles, e depois de exibir-se a si mesmo de forma tão clara, tanto através da Palavra quanto através de suas obras, o que faziam era fechar seus olhos e ignorar tudo quanto ele fazia. Eis a razão por que o salmista, considerando que se desviavam pela vereda do erro em meio à luz e aos privilégios, fala de sua estupidez como equivalente a demência.

11. Por isso jurei em minha ira. Não vejo objeção alguma de ser o relativo אשר, *asher*, entendido em seu sentido próprio e ser lido: *A quem eu tenho jurado*. A versão grega, tomando-o por um sinal de similitude, traz a redação: *como tenho jurado*. Eu, porém, penso que ele poderia ser considerado propriamente como a expressar uma inferência ou conclusão; não como se fossem então, por fim, privados da herança prometida quando tentaram a Deus; mas o salmista, havendo falado em nome de Deus daquela obstinação que ostentavam, aproveita a oportunidade para extrair a inferência de que havia boa razão para serem proibidos, com um juramento, de entrar na terra.

---

ao hebraico קץ מאס קוט, etc." *Stuart* sobre Hebreus 3.10.

À medida que multiplicavam suas provocações, fazia-se ainda mais evidente que, sendo incorrigíveis, foram merecidamente eliminados do descanso de Deus.[28] O significado seria mais claro com a leitura no mais-que-perfeito: *eu jurara*. Pois Deus já os havia privado da herança prometida, havendo assinalado de antemão sua má conduta diante daquele que por eles lutava. Já chamei a atenção, em outra parte, para a explicação que é dada para a forma elíptica em que ocorre o juramento.[29] A terra de Canaã é chamada o *descanso* de Deus em alusão à promessa. Abraão e sua posteridade tinham sido peregrinos nela até que chegou a plenitude do tempo para que tomassem posse dela. O Egito tinha sido um asilo temporário e, por assim dizer, um lugar de exílio. Ao preparar a radicação dos judeus, de acordo com sua promessa, em seu legítimo patrimônio de Canaã, Deus poderia mui adequadamente chamá-la de *descanso*. Não obstante, a palavra deve ser tomada no sentido ativo; sendo esse o grande benefício que Deus concedera, a saber: que os judeus deviam habitar ali, como sendo seu próprio solo nativo e numa habitação tranqüila. Podemos deter-nos por um momento aqui e comparar o que o apóstolo afirma no terceiro e quarto capítulos de sua Epístola aos Hebreus, com a passagem que ora jaz diante de nossos olhos. Que o apóstolo segue a versão grega não deve causar surpresa. Nem deve ele ser considerado como a elaborar esta passagem de uma forma ostensiva. Ele simplesmente

---

28 "Satis superque innotuit, quia corrigi nullo modo poterant, non temere fuisse abdicatos a requie Dei." – *v.l.*

29 Veja-se o comentário aos Salmos 27.13 e 89.35. "Os hebreus usavam אם na última cláusula de um juramento, que transcorria assim: *Deus me faça assim, se* (אם) *eu agir ao contrário* etc. Vejam-se a forma completa em 1 Samuel 3.17; 2 Samuel 3.35; 2 Reis 6.31. A primeira parte deste juramento era às vezes omitida, e אם tinha então a função de uma negativa forte; vejam-se 2 Samuel 11.11; 1 Samuel 14.45, *alibi*. Também no Salmo 95.11, אם יבאון contém uma negativa forte, a qual a LXX e Paulo mais tarde (Hb 3.11) traduziram εἰ εἰσελεύσονται, *não entrarão*." – *Stuart* sobre Hebreus 3.11. "A expressão", diz o Dr. Owen, "é imperfeita e se relaciona com o juramento de Deus, quando jurou por si mesmo. É como se ele dissesse: 'Que eu não viva, ou que eu não seja Deus, se entrarem', que é a maior e mais grave asseveração de que não entrariam. O cancelamento do compromisso, como alguns supõem à luz de παθος, provocando uma desconexão do discurso, porém oriunda da reverência de quem fala. A expressão é perfeita e absolutamente negativa. Assim Marcos 8.12 com Mateus 16.4; 1 Samuel 14.44; 1 Reis 20.10." – *Commentary on Heb. 3.11*.

insiste sobre o advérbio *hoje* e sobre o substantivo *descanso*. Primeiramente ele afirma que o termo *hoje* não deve confinar-se ao tempo em que a lei foi dada, mas propriamente se aplica ao evangelho, quando Deus começou a falar mais abertamente. A declaração mais plena e mais perfeita da doutrina demandava maior participação da atenção. Deus não cessou de falar; ele revelou seu Filho e está diariamente nos convidando a ir a ele; e, indubitavelmente, é nosso estrito dever, em tal oportunidade, obedecer a sua voz.

O apóstolo em seguida argumenta sobre o *descanso* numa extensão que nos tolhe de presumir o que as palavras do próprio salmista não autorizam.[30] Ele assume como uma primeira posição que, visto que houve uma promessa implícita no castigo aqui anunciado, deve haver algum descanso prometido ao povo de Deus melhor que a terra de Canaã. Pois, quando os judeus entraram na terra, Deus deu a seu povo o prospecto de outro descanso, o qual é definido pelo apóstolo como sendo aquela renúncia de nós mesmos, por meio do quê descansamos de nossas próprias obras que Deus opera em nós. À luz desse fato, ele aproveita a ocasião para comparar o antigo sábado, ou descanso, sob a lei, o qual era prefigurativo, com a novidade da vida espiritual. [31] Ao dizer que ele *jurou em sua ira*, significa que ele foi de certa forma forçado a aplicar tal castigo, que a provocação não era de forma alguma comum ou leve, mas que sua terrível obstinação inflamou sua ira e arrancou dele este juramento.

---

30 "Subtilius disputat quam ferant Prophetæ verba." – *v.l.*
31 "Vetus et legale Sabbathum quod umbratile tantum erat, cum spirituali vitæ novitatæ." – *v.l.*

Salmo 96

Este Salmo contém uma exortação à prática de louvar a Deus, exortação essa que se dirige não só aos judeus, mas a todas as nações. À luz dessa afirmação, inferimos que ele aponta para o reino de Cristo. O nome de Deus não podia ser invocado em qualquer outra parte do mundo além da Judéia, até que o mesmo fosse revelado; e as nações pagãs estavam naquele tempo necessitadas e totalmente impossibilitadas para um exercício como esse.[1] Não obstante, é evidente que o Espírito Santo incitou os santos que estavam sob a lei a celebrarem os divinos louvores, até que chegasse aquele período quando Cristo, pela difusão do evangelho, enchesse toda a terra com sua glória.

[vv. 1-3]
Cantai a Jehovah um cântico novo, cantai a Jehovah toda a terra. Cantai a Jehovah, bendizei seu nome; anunciai sua salvação de dia em dia. Declarai sua glória entre os pagãos; suas maravilhas entre todos os povos.

1. Cantai a Jehovah um cântico novo. Este início revela que, como já observei, o salmista está exortando o mundo inteiro, e não apenas os israelitas, ao exercício da devoção. Isso não poderia ser efetuado, a menos que o evangelho fosse universalmente difundido como o meio de comunicar o conhecimento de Deus. A declaração do apóstolo tem de ser necessariamente válida: "Como invocarão aquele

---

1 "Mutæ erant ac surdæ." – *v.l.*

em quem não creram?" [Rm 10.14]. O mesmo apóstolo prova a vocação dos gentios, anexando o testemunho dela: "Louvai ao Senhor, vós, gentios, com seu povo" – do quê se deduz que a comunhão na fé está conectada com a celebração uníssona de louvor [Rm 15.11]. Além disso, o salmista demanda um *novo cântico*,[2] não um que fosse comum e já anteriormente celebrado. Portanto, ele estaria se reportando a alguma exibição inusitada e extraordinária da bondade divina. E assim, quando Isaías fala da restauração da Igreja, a qual seria maravilhosa e inusitada, diz ele: "Cantai ao Senhor um cântico novo" [Is 42.10]. O salmista notifica, conseqüentemente, que o tempo viria quando Deus erigiria seu reino no mundo de uma maneira totalmente imprevista. Ele notifica ainda mais claramente como ele procede, ou, seja: que todas as nações partilharia do favor divino. Ele convoca a todos a anunciarem sua salvação e, desejando que a celebrassem dia após dia, insinua que ela não era de uma natureza transitória ou evanescente, mas que duraria para sempre.

3. Declarai sua glória entre os pagãos. Termos adicionais são adicionados para enaltecer a salvação em pauta. Ela é denominada *sua glória* e *suas maravilhas*; o que equivale dizer que ela era gloriosa e admirável. Com tais títulos o salmista quer distingui-la de quaisquer outros livramentos que anteriormente foram realizados em favor

---

2 Deparamo-nos com um Salmo muito parecido a este em 1 Crônicas 16, entregue por Davi a Asafe, para ser cantado por ocasião da remoção da arca da casa de Obede-Edom para Sião. Mas a ode, como se acha em 1 Crônicas 16, é consideravelmente mais longa, estendendo-se do versículo 8 ao 36; e essa é apenas a parte dele do versículo 23 ao 33. A suposição é que esta parte foi extraída do Salmo supramencionado; e, com umas poucas alterações inconsideráveis, adaptadas à solenidade da dedicação do segundo templo. Esta opinião se fundamenta no título do Salmo como se acha nas versões Septuaginta, Vulgata, Etiópica e Arábica, ou, seja: "Um cântico de Davi quando a casa foi construída depois do cativeiro." Conseqüentemente, estritamente falando, este não é um *novo cântico*. Mas pode ser chamado *novo* por haver sido adaptado para um novo propósito – de pretender o mesmo ser a celebração das novas misericórdias conferidas aos judeus e a elevar a mente para a gloriosa era da vinda do Messias e o estabelecimento de seu reino, que era, provavelmente, um assunto de expectativa mais geral no seio do povo eleito, no período quando o templo foi construído do que quando a arca foi conduzida ao Monte Sião, levada da casa de Obede-Edom. Pode-se observar ainda que o primeiro versículo não está no poema original, como registrado no livro de Crônicas, mas parece ter sido adicionado para uma nova ocasião à qual este Salmo mais breve foi adaptado.

dela, como deveras não pode haver senão uma única opinião de que, quando Deus apareceu como Redentor de todo o mundo, ele fez uma exibição de sua misericórdia e de seu favor, tal como jamais se dignou fazer antes. Seria impossível que esta salvação, como eu já disse, fosse celebrada pelas nações gentílicas, caso elas continuassem privadas dela. As palavras nos ensinam que nunca podemos dizer corretamente como a redenção efetuada por Cristo pode ser apreendida, a menos que nossa mente tenha sido aguçada para a descoberta de algo incomparavelmente maravilhoso.

[vv. 4-6]
Porque grande é Jehovah, e ele deve ser grandemente louvado; ele é terrível acima de todos os deuses.³ Pois todos os deuses das nações são vaidades;⁴ Jehovah, porém, fez os céus. Força e honra estão diante dele; poder e glória estão em seu santuário.

4. Porque grande é Jehovah, e ele deve ser grandemente louvado. Ele particularmente descreve aquele Deus a quem queria que os homens celebrassem louvores, e isso porque as nações gentílicas se inclinavam a mergulhar no erro sobre este tema. Para que o mundo inteiro pudesse abjurar suas superstições e aderir à verdadeira religião, ele salienta que somente Deus é digno do louvor universal. Este é um ponto da maior importância. A menos que os homens se restrinjam, movidos pelo respeito para com esse louvor, outra coisa não farão senão desonrar a Deus em sua tentativa de cultuá-lo. É preciso observar esta ordem, caso não queiramos profanar o nome de Deus e fazer parte da categoria dos incrédulos, os quais adotam deuses de sua própria invenção. Pelo termo *deuses*, no presente versículo, se pretende, como eu já observei [Sl 95.3], ou anjos ou

---

3 A palavra original para deuses é אלהים, *elohim*. Dr. Adam Clarke, que nutre dúvidas se esta palavra é sempre, por uma construção justa, aplicada a falsos deuses ou ídolos, tem a redação:
"Grande é Jehovah, e grandemente será louvado.
Elohim deve ser temido acima de todos."
4 "Ou, idoles." – *v.f.m.* "Ou, ídolos."

ídolos. Sou ainda da opinião de que o termo compreende tudo o que é ou se considera divindade. Visto que Deus, por assim dizer, envia raios, procedentes dele mesmo, por todo o mundo, pela instrumentalidade de seus anjos, estes refletem algumas fagulhas da Deidade.[5] Os homens ainda, ao fabricarem ídolos, confeccionam deuses para si, os quais são destituídos de existência [real]. O salmista deseja convencê-los de seu grosseiro erro em atribuir honra indevida ou aos anjos ou aos ídolos, denegrindo assim a glória do Deus único e verdadeiro. Ele convence as nações pagãs de enfatuação ostensiva, com base no fato de que seus deuses não passam de vaidade e vacuidade, pois esse é o sentido do termo hebraico אֱלִילִים, *elilim*,[6] o qual aqui se aplica aos ídolos em tom de desdém. A grande tese do salmista consiste em mostrar que, como a Deidade, real e verdadeiramente, não será encontrada em nenhum outro senão no Criador do mundo, tais religiões são vãs e desprezíveis, e que corrompem seu santo culto. Alguém poderia perguntar: Os anjos, pois, podem ser considerados nada e vaidade, simplesmente porque muitos se têm enganado ao imaginá-los como se fossem deuses? Respondo: nós injuriamos os anjos quando lhes atribuímos aquela honra devida unicamente a Deus; e, embora nossa intenção não seja considerá-los uma nulidade em si mesmos, todavia toda e qualquer glória imaginária que porventura lhes atribuamos equivale a nada.[7] O salmista, porém, tem em mente as ilusões grosseiras dos pagãos que impiamente fabricam deuses para si.

---

5 "Quia Deus per angelos irradiat totum mundum, in illis refulgent Deitatis scintillæ." – *v.l.* "Pource que Dieu jette comme ses rayons sur tout le monde par les auges, des estincelles de Divinite reluisent en iceux." – *v.f.*

6 אֱלִיל, *elil*, significa *algo que nada vale*; como se de אַל, *not*, a letra ל fosse duplicada para denotar extrema nulidade. Assim uma falsa visão ou profecia sobre a qual não se pode pôr nenhuma dependência, chama-se אֱלִיל, *elil*, "algo de nenhum valor" (Jr 14.14), e um pastor que abandona seu rebanho e, em vez de visitá-lo, curá-lo e nutri-lo, o devora e o dilacera, é chamado em Zacarias 11.15, 16 "um pastor הָאֱלִיל, *haelil*, *de nenhum préstimo*." Neste sentido a palavra é usada para os falsos deuses dos pagãos. Em vez de serem אֱלֹהִים, *elohim*, *deuses*, são אֱלִילִים, *mero nada*. Por conseguinte, Paulo, em 1 Coríntios 8.4, fala de um ídolo como sendo "nada no mundo".

7 "Sed quicquid imaginarium illis affingitur, nihilum esse." – *v.l.*

Antes de refutar suas noções absurdas, ele observa mui criteriosamente que Deus é *grande, e deve ser grandemente louvado* – insinuando que sua glória, como a glória do Infinito, excede infinitamente a qualquer glória que eles sonhem atribuir a seus ídolos. Não podemos deixar de notar a confiança com que o salmista enaltece a glória do verdadeiro Deus em oposição à opinião universal nutrida pelos homens em geral. O povo de Deus daquele tempo foi convocado a sustentar um conflito de proporção considerável e inusitada com as hostes e massas prodigiosas de superstições que então saturavam o mundo inteiro. Poder-se-ia dizer que o verdadeiro Deus estava confinado dentro das fronteiras tacanhas e obscuras da Judéia. Júpiter era o deus aceito por toda parte e adorado em todos os rincões da Ásia, Europa e África. Cada país tinha seus próprios deuses peculiares a ele, porém estes não eram desconhecidos em outras partes; e somente o verdadeiro Deus era usurpado daquele glória que lhe é inerente. Todo o mundo havia conspirado a dar crédito à mentira. Todavia o salmista, consciente de que as vãs ilusões dos homens em nada derrogariam da glória do Deus único,[8] ele desdenha com indiferença da opinião e sufrágio universal da humanidade. A inferência é clara, ou, seja: não devemos concluir ser indispensável que a verdadeira religião conte com a aprovação das multidões; pois o juízo formado pelo salmista teria caído por terra imediatamente, se a religião fosse algo a ser determinado pelos sufrágios dos homens, e seu culto dependesse de seus caprichos. Sendo, pois, que tantos sempre concordam no erro, insistiremos em consonância com o Espírito Santo que eles não podem denegrir a glória de Deus; pois o homem é inerentemente vaidade, e tudo o que dele procede deve ser alvo de desconfiança.[9] Havendo asseverado a grandeza de Deus, ele a prova fazendo uso da referência à

---

8 "Quia eorum vanitas nihil derogat unius Dei gloriæ." – *v.l.*
9 "Car tout ainsi qu'ils sont vanite, aussi tout ce qui procede d'eux est vain et plein de deception." – *v.f.*

formação do mundo, o qual reflete suas perfeições.[10] Deus, necessariamente, deve existir por si mesmo e ser auto-suficiente, o que demonstra a vacuidade de todos os deuses que não poderiam ter criado o mundo. Os *céus* são mencionados – uma parte pelo todo – como sendo o poder de Deus visto principalmente neles, quando ponderamos sobre sua beleza e adorno.

6. Força e honra estão diante dele. Traduzo a palavra hebraica הוד, *hod*, por *força*, e penso que os intérpretes que a traduzem por *glória* não levam devidamente em conta o contexto. É evidente que o próximo membro do versículo é uma repetição, e ali deve ser lido: *Poder e glória estão em seu santuário*. O salmista quer dizer que não podemos dizer que conhecemos a Deus se ainda não descobrimos que há nele incomparável glória e majestade. Ele primeiro notifica seu poder e força como sendo aqueles elementos em que sua glória consiste. Ali, como Deus é invisível, ele dirige o pensamento de seu povo para o santuário, o qual, já vimos, era o símbolo de sua presença. Tal é a debilidade de nossa mente que a erguemos com dificuldade para a contemplação de sua glória nos céus. O salmista nos lembra que não temos razão em dizer que sua glória é obscura, visto haver emblemas de sua presença no templo, nos sacrifícios e na arca da aliança. Quando fizermos menção de Deus, esforcemo-nos por conceber essa glória que brilha diante dele – do contrário, se não apreendermos seu poder, o que adoramos não passará de um Deus morto, em vez de ser um Deus vivo.[11]

---

10 "O argumento da superioridade de Deus sobre todos os demais seres, extraído de sua criação do mundo, é sublimemente expressa nas seguintes linhas atribuídas por Justino Mártir (*de Monarhild*, p. 159, ed. Oxon. 1703) a Pitágoras:
Εἴ τις ἐρεῖ, Θεός εἰμι, πάρεξ ἑνὸς οὗτος ὀφείλει
Κόσμον ἴσον τούτῳ στήσας εἰπεῖν ἐμὸς οὗτος.
Um só Deus nossos corações confessam: quem mais
Aspira com ele nossa homenagem dividir,
Que um mundo tão belo primeiro designe
E diga: Está concluído: 'Este é meu'." – *Merrick's Annotations*.
11 "Car ceux qui separent de luy sa puissance, imaginent plustost une essence morte, qu'une Divinite vive." – *v.f.*

[vv. 7-9]
Dai a Jehovah, ó assembléias dos povos, dai a Jehovah glória e força.¹² Dai a Jehovah a glória de seu nome; trazei oferendas¹³ e entrai em seus átrios. Adorai diante de Jehovah na beleza de seu santuário;¹⁴ trema toda a terra diante de sua face.

7. Dai a Jehovah etc. Uma vez que o louvor esperado por Deus em Sião [Sl 65.1], lugar devotado à celebração de seu culto e onde a posteridade de Abraão foi a única investida com o privilégio do sacerdócio, não podemos nutrir dúvidas de que o salmista esteja se reportando aqui àquela mudança que ocorreu na Igreja com o advento de Cristo. Uma oposição ou distinção se propõe entre o antigo povo de Deus e as tribos gentílicas que mais tarde seriam adotadas na mesma comunhão. Declarar *sua glória e sua força* é o mesmo que declarar *a glória de sua força*. E para mostrar que o homem não pode ostentar nada que seja propriamente seu, ao recusar-se a celebrar a glória de Deus, impiamente o despoja de suas justas honras, ele anexa: **Dai ao Senhor a glória de seu nome**; expressão essa que denota que Deus não toma por empréstimo nada que seja externo, mas abarca em si mesmo tudo o que é digno de louvor. Ele convoca as nações

---

12 A palavra original para *força* que é derivada de עז, *azaz, ele era forte*."A mesma palavra", diz Hammond, a qual se deriva do que o grego chama ἐξουσια, *poder, domínio, império*. A noção de *força* ou *valor* provavelmente possa ser usada no versículo 6, onde tanto *beleza* quanto *força* diz-se estar no santuário; *beleza* com respeito à glória da divina presença, mediante a proteção dos anjos que assistem ali; e *força* com respeito à assistência que é por Deus providenciada e fornecida ali a todos quantos a buscam em oração. Mas a outra noção é mais adequada para este lugar, onde a palavra é anexada a *glória* e atribuída a Deus; e assim em 1 Pedro 5.11, que parece ser tomada αὐτῷ ἡ δόξα καὶ τὸ κράτος 'a ele seja a glória e o domínio'; e daí o título de Deus, παντοκράτωρ, é melhor traduzido, não 'onipotente' nem 'aquele que tem toda a força', mas 'aquele que tem o עז ou κράτος, *domínio* ou *império sobre todos*'."

13 Horsley traduz: "Levai uma oferenda." "*A mincha*", diz ele, "uma *oferenda* de pão e flor de farinha, não de carne."

14 As palavras בהדרת־קדש, as quais Calvino traduz "na beleza do santuário", são traduzidas em nossa Bíblia inglesa "na beleza da santidade". A Septuaginta traduz, ἐν αὐλῷ ἁγίᾳ αὐτου, "no átrio de sua santidade"; à luz do quê se tem pensado que o texto originalmente tinha בחצר־קוו. Veja esta palavra no fim do versículo precedente. No Salmo 29.2 ocorre a mesma sentença. A versão de Calvino, e a de Jerônimo, que são precisamente a mesma, *in decore sanctuarii*, participam o hebraico e a versão Septuaginta.

gentílicas, com ricos termos, para que rendam a Deus o mesmo culto que os judeus prestavam; não que devamos adorar a Deus agora segundo o ritual externo que fora prescrito sob a lei, mas significa que haveria uma regra e forma de religião na qual todas as nações concordariam. Ora, a menos que o muro de separação fosse derrubado, os gentios não poderiam ter entrado em companhia dos filhos de Deus nos átrios do santuário. De modo que temos aqui uma clara predição da vocação dos gentios, os quais necessitavam de ter sua impureza removida antes que pudessem ser introduzidos na assembléia dos santos. A *mincha*, ou *oblação*, era meramente um tipo de sacrifício, porém é aqui tomada para denotar todo o culto divino, porque ela era uma parte do serviço divino mais ordinariamente praticado. À luz desta e de outras passagens vemos que o escritor inspirado descreve o culto interior de Deus sob símbolos comuns na época em que viveram. Deus não queria que lhe fossem apresentadas oferendas de carne depois que Cristo viesse; mas as palavras que o salmista emprega insinuam que os portões do templo, uma vez fechados, agora seriam abertos para a admissão dos gentios. O apóstolo, em sua Epístola aos Hebreus [13.15], nos diz quais são os sacrifícios que agora Deus requer para ser adorado. Daí o absurdo dos papistas que evocam tais passagens em abono da missa e suas demais parvoíces. Entretanto, podemos mui apropriadamente aprender dessas palavras que não devemos chegar à presença de Deus de mãos vazias, estando instruídos como devemos apresentar-nos a nós e a tudo quanto temos como um culto racional a ele oferecido [Rm 12.1; 1Pe 2.5].

9. Adorai diante de Jehovah. O salmista segue o mesmo fio de pensamento. Ao requerer oblações de seu povo, não se deve considerar que Deus necessite do culto das criaturas, mas que lhes concede a oportunidade de professar sua fé. Portanto, a verdadeira razão aqui mencionada por que se requeria oblação é para que seu povo pudesse prostrar-se diante dele e reconhecer que eles e tudo o que lhes pertencia eram dele. Faz-se menção da **beleza do templo**, uma referência ao fato de que os gentios seriam soerguidos para uma nova honra ao se associarem ao mesmo corpo com o povo eleito de Deus.[15] Ao tempo em que este Salmo foi escrito, geralmente se julgava escassamente crível que as nações pagãs fossem admitidas no templo em companhia da santa semente de Abraão. Isso nos deve levar a pensar em nossa vocação, na qualidade de gentios, como sendo algo naturalmente incrível e impraticável. Devemos convencer-nos de que somente Deus poderia ter-nos aberto a porta da salvação. *A beleza do templo* é uma expressão que tem o propósito de gerar em nós uma profunda reverência pelo templo, para que os homens se aproximem dele com humilde temor, em vez de precipitar-se na presença de Deus sem uma reverente ponderação. A próxima frase do versículo é inserida com o mesmo propósito – **tremer diante de sua face** –, notificando que devemos prostrar-nos diante dele como humildes suplicantes sempre que atentarmos para sua terrificante majestade. Não significa que devamos deter os adoradores de aproximar-se de Deus. Quando buscarem sua face, devem nutrir mais prazer e júbilo. Mas ele quer que sejamos humildes quando buscarmos oferecer um culto divino correto e sério. Podemos acrescentar que a beleza ou glória do santuário não consistia em prata ou ouro, na preciosidade da matéria do qual foi feito, nem nas pedras polidas, nem em qualquer esplendor e decoração desse gênero, mas na representação do modelo celestial que foi mostrado a Moisés no monte [Êx 25.9].

[vv. 10-13]
Dizei entre os pagãos: Jehovah reina; também o mundo será estabelecido, e não se moverá; ele julgará os povos[16] com justiça [literalmente, em justiça]. Regozijem-se os céus e a terra exulte; brame o mar e sua plenitude. Rejubile-se o campo e tudo o que nele há; e assim se regozijarão[17] todas as árvores do bosque diante de Jehovah; porque ele vem julgar a terra; julgará o mundo com justiça, e os povos com sua verdade.[18]

---

15 "Pour monstrer que les gentils devoyent estre receus à un honneur nouveau, qu'ils feront un mesme corps avec le peuple eleu." – *v.f.*

16 "*Os povos*. A palavra hebraica é plural, e é traduzida como plural por todas as versões antigas. Não é apenas um povo, mas todas as nações da terra que Deus julgará." – *Street*.

17 A palavra hebraica רננו, *rannenu*, aqui traduzida por *regozijar-se*, "expressa", diz Mant, "o movimento vibratório ou dos pés do dançarino ou dos lábios do cantor".

18 Este Salmo tem sido admirado por sua grandeza e magnificência. Os três últimos versículos,

10. Dizei entre os pagãos: Jehovah reina. Sua linguagem novamente implica que somente onde Deus governa e preside é que ele pode ser adorado. Os gentios realmente não podiam professar o culto de Deus enquanto seu trono se limitasse ao restrito rincão da Judéia e não chegassem a reconhecer seu governo. Conseqüentemente, o salmista fala do propósito de estender seu reino por todas as partes do mundo, com vistas a congregar para si, em um só corpo, todos os que anteriormente havia dividido e dispersado. A expressão, *Dizei entre os pagos*, significa que Deus alargaria as fronteiras de seu reino pela instrumentalidade de sua palavra e doutrina. Quanto à expressão, **também o mundo será estabelecido**, é particularmente digna de nossa observação. No que concerne à ordem da natureza, sabemos que ele foi divinamente estabelecido e fixado desde o princípio; que o mesmo sol, lua e estrelas continuam a brilhar no céu; que os perversos e incrédulos são sustentados com alimento e respiram o ar vital, da mesma forma que os justos. Devemos ainda lembrar-nos de que, enquanto a impiedade exercer domínio na mente humana, o mundo estiver mergulhado nas trevas, o mesmo deve ser considerado como algo precipitado em estado de confusão e em horrível desordem e desgoverno; pois é impossível haver estabilidade fora de Deus. Portanto, lemos aqui, mui apropriadamente, que o mundo seria estabelecido, que ele não seria abalado, quando os homens fossem reconduzidos a um estado de sujeição a Deus. Descobrimos esta verdade à luz desta idéia: que embora todas as criaturas devam cumprir seus vários ofícios, lemos que nenhuma ordem pode prevalecer no mundo enquanto Deus não erigir seu trono e reino entre os homens. Que desordem mais monstruosa se pode conceber do que onde o próprio Criador não é reconhecido? Os homens perversos e incrédulos podem sentir-se

---

em particular, têm sido amiúde citados como um exemplo de sublimidade no sentimento e na linguagem, que não podem ser ultrapassadas. "Nada pode ultrapassar neste aspecto", observa o Bispo Lowth, "que a sublime exultação da natureza universal no Salmo 96, que tem sido assim enaltecido, onde toda a criação animada e inanimada se une nos louvores de seu Criador. A poesia aqui parece assumir o mais sublime tom de triunfo e exultação." – *Lectures on Sacred Poetry*, vol. I, p. 378.

satisfeitos com sua própria condição, mas ela é inevitavelmente muito insegura e instável; e destituídos como estão de qualquer fundamentação em Deus, sua vida, pode-se dizer, está suspensa por um fio.[19] Devemos ter em mente o que já vimos ensinado [Sl 46.5]: "Deus está no meio da santa cidade; ela não se moverá." Mui provavelmente haja aqui uma alusão indireta ao estado imperfeito e incompleto de coisas sob a lei, e possivelmente haja aqui um contraste entre a condição perfeita de coisas que se alcançam em Cristo e o prelúdio dela no período anterior. Em seguida ele prediz que o reino a ser introduzido seria distinguido pela justiça, de acordo com o que já vimos [Sl 45.6]: "Um cetro de justiça é o cetro de teu reino." O termo *julgar*, no hebraico, inclui governo de qualquer tipo. Se o método de Deus de governar os homens consiste em formar e regular suas vidas para a [prática da] justiça, podemos inferir que, quanto mais espontaneamente os homens ficam satisfeitos consigo mesmos, necessariamente tudo se torna mais errado com eles enquanto não se sujeitarem a Cristo. E essa justiça da qual fala o salmista não é uma mera referência às ações externas. Ela compreende um novo coração, tendo seu ponto de partida na regeneração [procedente] do Espírito, pela qual somos formados novamente na semelhança de Deus.

11. Regozijem-se os céus e a terra exulte. Com o propósito de nos dar uma concepção mais elevada da exibição da bondade divina em condescender Deus em tomar todos os homens sob seu governo, o salmista convoca as coisas irracionais: as árvores, a terra, os mares e os céus a aderirem ao júbilo geral. Tampouco devemos entender que pelo termo *céus* ele queira dizer os anjos; e por *terra*, os homens;[20] pois ele convoca até mesmo os peixes mudos das profundezas a gritarem de alegria. A linguagem, pois, deve ser hiperbólica, designada a expres-

---

19 "Semper tamen fluctuari necesse est, et vitam eoram pendere de filo, quia in Deo fundatus non est eorum status." – *v.l.*

20 "Neque enim metonymice de angelis vel hominibus loquitur." – *v.l.* "Il ne faut pas penser que ce soit yci la figure nommce Metonymie, et que par les Cieux il entende les Anges, par la Terre les hommes." – *v.f.*

sar a aspiração e bem-aventurança de ser conduzido à fé em Deus. Ao mesmo tempo, ela denota que Deus não reina com terror nem como tirano, mas que seu poder é exercido serenamente de modo a difundir alegria entre seus súditos. Os perversos tremem quando seu reino é introduzido, mas a ereção dele é indiretamente a única causa do tremor deles.[21] Podemos notar também que a hipérbole aqui empregada não requer um certo fundamento de um tipo mais literal. Como todos os elementos na criação gemem e sofrem juntamente conosco, segundo a declaração de Paulo [Rm 8.22], podem racionalmente regozijar-se na restauração de todas as coisas segundo seu ardente desejo. As palavras nos ensinam quão enfatuado é tal júbilo, o qual se manifesta libertinamente nos homens sem Deus. Do último Salmo aprendemos ser impossível experimentar a mais leve medida de genuína alegria enquanto não tivermos contemplado a face de Deus: **Regozijai-vos diante do Senhor, porque ele vem**. E se o próprio oceano e a terra pranteiam enquanto Deus está ausente, não é o caso de perguntarmos o que será de nós, que somos propriamente os objetos da terrível maldição divina? O salmista, para remover toda dúvida com respeito a um evento que poderia parecer incrível, reitera sua afirmação dele, e declara, ao mesmo tempo, em que consiste tal atitude, a qual ele mencionara anteriormente, quando acrescenta que *Deus governará o mundo com justiça e verdade*. Isso nos mostra que é somente pela luz da justiça e verdade divinas que a perversidade e a hipocrisia dos homens podem ser removidas e ser extintas.

---

21 "C'est une chose accidentale." – *v.f.*

Salmo 97

A descrição que temos do reino de Deus, neste Salmo, não se aplica ao estado dele sob a lei. Por conseguinte, podemos inferir que ele contém uma predição daquele reino de Cristo que foi erigido com a introdução do evangelho. O salmista, enquanto o enaltece, insistindo sobre sua grandeza e glória, tão bem calculadas para compelir os homens a um reverente temor, fornece uma agradável representação dele, nos informando que o mesmo foi erigido para a salvação da humanidade pecadora.

[vv. 1-5]
Jehovah reina; regozije-se a terra; alegrem-se as grandes ilhas.[1] Nuvens e escuridão estão em torno dele; justiça e juízo são a habitação[2] de seu trono. Um fogo vai adiante de sua face e abrasa seus inimigos ao redor.

---

1 "Ou, que beaucoup d'isles." – v.f.m. "Ou, que as muitas ilhas." Horsley e alguns outros críticos contestam contra traduzir a palavra original, אִיִּים, iyim, por ilhas. Ele lê: "que os vários seguimentos humanos se alegrem"; sobre o quê observa: "Não posso traduzir mais exatamente a força do hebraico , do que por esta perífrase. Nosso idioma não tem uma única palavra que comunique a mesma idéia; e a palavra 'ilhas' dificilmente tenha alguma relação com ela." A nota de Fry, aqui, é como segue: "Os termos hebraicos traduzidos 'a multidão das ilhas', os vários seguimentos dos homens', 'as extensas praias' parecem de uma maneira especial designar essas partes ocidentais do mundo, as quais eram conhecidas como costas distintas visitadas pelos navios de Tiro. Toda a Europa poderia originalmente estar dentro desta denominação, com algumas partes das costas marítimas da África e mesmo da Ásia; nem pode haver qualquer dúvida de que todas as descobertas subseqüentes via marítima, uma vez desabitadas, mas agora colonizadas e dividas pelos antigos países, seriam designadas por este termo. Algumas nações desta descrição são convocadas, em particular, a se regozijar no surgimento do Salvador."

2 A palavra מָכוֹן, mechon, aqui traduzida 'habitação', vem de כּוּן, kun, ele preparou, adaptou, confirmou. "É usada", diz Hammond, "para um *lugar, sede*, mas especialmente *uma base*, onde se guarda tudo; daí a LXX tinha seu μεχωνώθ (a mesma palavra hebraica, מְכֹנוֹת), para base, 1 Reis 7.27.

Seus relâmpagos iluminam o mundo; a terra verá e tremerá. Os montes se derretem como cera na presença de Jehovah, na presença do Senhor de toda a terra.

1. Jehovah reina. Seu convite para que os homens se regozijem é uma prova de que o domínio de Deus está inseparavelmente conectado com a salvação e a mais plena felicidade da humanidade. E a alegria de que ele fala como sendo comum ao mundo inteiro e às regiões além-mar, é evidente que ele está fazendo uma previsão do alargamento do reino de Deus, o qual estivera confinado dentro das tacanhas fronteiras da Judéia, a uma extensão muito mais ampla. O salmista, ao enunciar os vários detalhes da glória divina nos quatro versículos que seguem, seu intuito era imprimir em todos os homens um reverente temor por Deus. Assim ele nos fornece uma representação da tremenda majestade inerente de Deus, para golpear e humilhar a vã confiança e a soberba carnal. Um céu carregado de nuvens nos intimida mais do que um céu límpido, como as trevas produzem sobre os sentidos um efeito peculiar. O salmista faz uso deste símbolo, sem dúvida, com o intuito de imprimir no mundo uma reverência mais profunda por Deus. Outros espiritualizam demais as palavras, crendo que as nuvens envolvem a Deus com o propósito de refrear a impaciência e presunção humanas e restringir a excessiva curiosidade que se intromete além do necessário nos mistérios da Deidade. Esta é uma interpretação das palavras que as faz comunicar uma lição muito útil. Quanto a mim, porém, sou contra todas as traduções que espiritualizam demais, e creio que o salmista tinha a intenção de associar as trevas com Deus para imprimir nos corações humanos o temor de Deus de um modo geral.³ O mesmo significado se sobressai no contexto restante, quando lemos que *o fogo vai adiante dele e queixa seus inimigos; seus relâmpagos abalam a terra; e os montes vêm abaixo.* Seja qual

---

3 "Que le Prophete a voulu par ce regard obscur de Dieu, toucher au vif les cœurs des hommes, afin qu'ils tremblent." – *v.f.*

for a objeção de que isso não concorda com o que se diz da alegria que seu reino difunde, respondo que, antes de tudo, embora Deus esteja pronto, de sua parte, a difundir a bem-aventurança onde quer que ele reine, todos são capazes de apreciá-la. Além disso, como já sugeri, a verdade é um elemento muito útil aos crentes, humilhando a soberba da carne e aprofundando sua adoração a Deus. O trono de Deus é representado como que fundado na *justiça* e no *juízo*, para explicitar o benefício que derivamos dele. A maior miséria que se pode conceber é a vida sem justiça e sem juízo; e o salmista menciona este fator como motivo do louvor que se deve exclusivamente a Deus: quando ele reina, a justiça revive e renova o mundo. O salmista evidentemente nega que possamos ter alguma justiça enquanto Deus não nos sujeitar ao jugo de sua palavra por meio das suaves, porém poderosas, influências de seu Espírito. Uma grande proporção dos homens obstinadamente resiste e rejeita o governo de Deus. Daí o salmista se ver forçado a exibir Deus em seu mais severo aspecto, com o intuito de ensinar aos ímpios que sua perversa oposição não passará impune. Quando Deus arrasta os homens para si com cordas de misericórdia, e eles não conseguem recebê-lo com a conveniente reverência e respeito, isso implica impiedade de um gênero muitíssimo grave; o que explica que essa linguagem de denúncia se adequa bem ao reino de Cristo. O salmista insinua que aqueles que desprezam a Deus na pessoa de seu Filho unigênito sentirão no devido tempo e infalivelmente o terrível peso de sua majestade. Muito mais se acha implícito na expressão usada: **A terra verá**. Pois os ímpios, quando descobrirem que suas tentativas de lutar contra Deus são fúteis, recorrerão ao subterfúgio e dissimulação. O salmista declara que não serão bem sucedidos, qualquer que seja seu fútil artifício em ocultar-se de Deus.

[vv. 6-8]
Os céus têm declarado sua justiça, e todos os povos têm contemplado sua glória. Confundidos sejam todos os que servem às imagens de escultura,

os que se gloriam em suas invenções;[4] que se prostrem diante dele todos os deuses. Sião ouviu e se alegrou; e as filhas de Judá[5] se regozijaram por causa de teus juízos, ó Jehovah!

6. Os céus têm declarado sua justiça. Aqui ele declara que haveria uma exibição tão esplendorosa da justiça de Deus, que os próprios céus seriam seu arauto. O significado não é o mesmo que no início do Salmo 19: "Os céus proclamam a glória de Deus" etc. Naquele Salmo, Davi tem em mente não mais que isto: a sabedoria e o poder de Deus se acham tão visivelmente expostos na estrutura cósmica, que é como se Deus os tivera dotado com voz audível. O significado da passagem que se acha diante de nossos olhos é este: a justiça espiritual de Deus se manifestaria tão magistralmente sob o reinado de Cristo, ao ponto de encher céu e terra. Há muita força nesta personificação, na qual os céus, como se eles se compenetrassem da justiça de Deus, é como se passassem a falar dela. É igualmente provável, não obstante, que os céus signifiquem aqui *os anjos que permeiam o céu*, pelo uso de metonímia ou sinédoque; enquanto que, na sentença correspondente, em vez de mencionar a terra, ele fala dos povos que a habitam. Com muita propriedade se pode dizer dos anjos como que anunciando e celebrando a glória divina.

7. Confundidos sejam todos os que servem às imagens de escultura. O salmista esboça uma ampla distinção aqui, como fez no Salmo seguinte a este, entre o verdadeiro Deus e os falsos deuses que os homens engendram para si. Ele faz isso para que o louvor que descrevera não fosse celebrado a ninguém mais além do verdadeiro Deus.

---

4 "Ou, idoles." – *v.f.m.* "Ou, ídolos." A palavra original aqui é אלילים, *elilim*. Veja-se p. 517, nota 6, deste volume.

5 *"Filhas de Judá*, as cidades e vilas inferiores da Judéia, assim chamadas com referência à metrópole ou cidade mãe. Esse é um tipo muito elegante de personificação, por meio do qual o sujeito, adjunto, acidente, efeito ou algo afim de qualquer coisa ou lugar é chamado o filho ou, como no presente caso, a filha daquela coisa ou lugar. Daí os poetas hebreus amiúde introduzem, por assim dizer, no palco, nações, países ou reinos, vestidos de mulher e a exercer as funções adequadas para tal mister. A prática é familiar a nossas mentes; mas provavelmente seja assim traduzido com base em nossa habitual familiaridade com o idioma hebraico, ao qual parece dever sua origem." – *Mant on Psalm 48.11.*

Todos os homens se prontificam a admitir que devem celebrar os louvores de Deus; porém, se acham tão naturalmente inclinados à superstição, que poucos se dispõem a adorar a Deus da maneira correta. Quase nada têm a ver com Deus além de desviar-se para as mais vis ilusões. Cada um forma para si um deus, e todos escolhem o que se adeqúe melhor à miscelânea de suas invenções. Essa é a razão por que os escritores sacros, cedendo à preocupação pelos homens que se volvem para os falsos deuses, munindo-se de precaução quando ministra exortações em prol do culto divino, declaram ao mesmo tempo quem é Deus. A ordem que o salmista observa sugere esta observação: as superstições nunca serão removidas enquanto a verdadeira religião não for abraçada. Embaraçados em sua aproximação do verdadeiro Deus em virtude da lentidão de sua apreensão espiritual, os homens não conseguem deixar de vaguear por entre suas próprias vaidades; e é pelo conhecimento do verdadeiro Deus que estas se dissiparão, como o sol dissipa as trevas. Todos inerentemente possuímos algum matiz de religião, desde nosso nascimento;[6] mas devido à cegueira e estupidez, bem como à debilidade de nossa mente, a percepção que nutrimos de Deus é imediatamente depravada. A religião se torna assim o princípio de todas as superstições, não em sua própria natureza, mas através das trevas que se têm arraigado nas mentes humanas, as quais impedem os homens de fazerem distinção entre os ídolos e o verdadeiro Deus. A verdade de Deus só é estabelecida quando ela se manifesta dispersando e dissipando as superstições. O sol absorve os vapores que se interpõem na atmosfera; e a presença de Deus não será muito mais eficaz? Não carece, pois, que nos sintamos surpresos ante o fato de o salmista, ao proclamar o reino de Deus, triunfar sobre as nações ímpias, as quais se vangloriavam de suas imagens de escultura, como quando Isaías, ao falar da manifestação do evangelho, acrescenta: "Então todos os ídolos do Egito estremecerão diante dele" [Is 19.1]. Visto que o conhecimento de Deus tem se ocultado da vista

---

6 "Les hommes ont naturellement quelque religion" etc. – *v.f.*

dos homens, somos ensinados também que não há razão alguma para surpresa diante do volume de superstições que têm permeado o mundo inteiro. Temos um exemplo da mesma verdade em nossos próprios dias. O conhecimento da religião genuína foi extinta entre os turcos, os judeus e os papistas; e, como uma conseqüência inevitável, todos se acham imersos no erro; pois é impossível que readquiram uma mente sã, ou se arrependam de seus erros, uma vez que se deixaram dominar pela ignorância do verdadeiro Deus. Quando o salmista fala de serem eles *confundidos*, sua intenção é que viria o tempo quando os que se entregaram à idolatria se arrependeriam e voltariam a cultuar o verdadeiro Deus. Não que todos sem exceção seriam conduzidos ao genuíno arrependimento – pois a experiência nos tem ensinado, em nossos próprios dias, como os homens ateus[7] se desvencilham da superstição, e no entanto assumem a mais cínica impudência –, mas que esta é uma daquelas conseqüências que o conhecimento de Deus efetua, a saber: a conversão dos homens, de seus erros, para Deus. Alguns há que obstinadamente resistem a Deus, dos quais temos inúmeros exemplos no papado; porém temos sobejas razões para crer que são secretamente prostrados por aquilo que afetam desprezar e ainda assim são confusos em sua oposição. O que o salmista diz um pouco adiante, **Que todos os deuses**[8] **se prostrem [em adoração] diante dele**, se aplica propriamente aos anjos, nos quais ali resplandece alguma pequena fagulha da divindade; todavia pode, ainda que menos apropriadamente,

---

7 "Lucianici homines." – *v.l.* "Disciples de Lucian et Atheistes." – *v.f.*
8 Com a exceção da versão Caldaica, a qual, em vez de 'deuses' traz 'povos', todas as versões antigas traduzem por *anjos* – *todos seus anjos*, como se a redação do hebraico originalmente tivesse ויכאלמ לכ, e não como em nossas cópias atuais, כל אלהים. Tem sido, aliás, questionado se אלהים, *elohim*, pode ser corretamente traduzido por *anjos*. A maioria dos lexicógrafos e críticos modernos rejeita este sentido da palavra. "Mas o uso, além de tudo", diz Moses Stuart, "pleiteia em favor dela. A Septuaginta traduz אל (*Deus*) por ἄγγελος, em Jó 20.15; e אלהים por ἄγγελοι, no Salmo 8.6; 96.7; e também, ao citar o Salmo 97.7 em Hebreus 1.6; isto é, supondo que ele realmente o cita. Não é esta uma evidência suficiente de que houve um *usus loquendi* entre os judeus, os quais aplicaram a palavra אלהים ocasionalmente para designar *anjos*? Admite-se que reis e magistrados são chamados *elohim* em virtude de sua posição ou dignidade. Há alguma coisa improvável na suposição de que os anjos fossem também chamados אלהים, que presentemente são elevados acima dos homens (Hb 2.7)?"

estender-se aos deuses fictícios, como se ele quisesse dizer: Tudo o que é considerado ou defendido como sendo deus deve ser removido de seu lugar e renunciadas suas reivindicações, para que tão-somente Deus seja exaltado. Daí se pode deduzir que esta é a verdadeira definição de piedade, a saber: quando o verdadeiro Deus é perfeitamente servido, e quando ele é o único Ser exaltado, então que nenhuma outra criatura obscureça sua divindade; e, conseqüentemente, se a verdadeira piedade não estiver destruída entre nós, que sustentemos, pois, este princípio: Que nenhuma criatura seja exaltada por nós além da medida própria.

8. Sião ouviu e se alegrou. Na parte anterior do Salmo, ele falou da alegria que seria comum ao mundo inteiro. Agora ele faz menção especial da nação eleita de Deus; e isso em parte porque deveriam desfrutar das primícias dessa alegria; e, em parte, porque ele removeria toda ocasião para rivalidade ou inveja. Conseqüentemente, havendo dito que as nações gentílicas desfrutariam de iguais privilégios com a posteridade de Abraão, ele acrescenta que os judeus não suportariam qualquer diminuição da honra dessa participação de privilégios, mas preferivelmente poderiam racionalmente regozijar-se com o fato de serem o povo eleito de Deus, e por isso eram a fonte da qual o mundo poderia beber e refrescar-se. Aqueles de quem o salmista fala eram os filhos legítimos de Abraão, e tão-somente eles. Tinham uma dupla razão para alegrar-se, visto que Deus estende seu governo e glória desde o nascente até o poente; pois enquanto ele lhes exibia em Cristo o pleno cumprimento daquela redenção que lhes fora prometida, ao mesmo tempo viram a glória de Deus difundindo-se desde os tacanhos limites da Judéia e se espalhando por todos os rincões do mundo. Quando as nações fossem abençoadas na semente de Abraão, de conformidade com a predição que haviam recebido, isso constituiria uma considerável confirmação de sua fé, como também quando viram sendo abraçada uma religião que tinha sido detestada e desprezada universalmente. Mas, pode-se perguntar, por que ele fala daquelas coisas sendo *ouvidas* em vez de *vistas*? Podem-se apresentar duas razões para isso. Primeiro, ele queria que o povo crente em Deus antecipasse a bênção através da esperança, antes que chegasse sua consumação; e, além disso, a linguagem insinua que a glória do evangelho seria difundida aos rincões mais distantes, e que os judeus ouviriam dela mais por meio de notícias do que por testemunharem-na com seus próprios olhos.

[vv. 9-12]
Pois tu, ó Jehovah, és elevado acima de toda a terra; tu és exaltado muito acima de todos os deuses. Vós, que amais a Jehovah, odiai o mal. Ele preserva as almas de seus humildes; ele os libertará da mão dos perversos. Semeia-se luz para os justos e alegria para os de coração reto. Regozijai-vos em Jehovah, vós, justos, e celebrai a memória de sua santidade.

9. Pois tu, ó Jehovah, és elevado acima de toda a terra. Havendo já, em outra parte, explicado essas palavras, presentemente nada mais direi sobre elas. Só é preciso observar que há uma comparação traçada entre Deus e os anjos e tudo quanto possui alguma eminência a reivindicar. O salmista limita todas as demais excelências de maneira tal que não deixa espaço algum a questionamento de que toda majestade se acha compreendida unicamente em Deus. Esse foi o caso mais eminente quando Deus se manifestou em seu Filho unigênito, o qual é sua imagem expressa. Antes desse período, sua grandeza era menos evidente, porque ele era menos conhecido.

10. Vós, que amais a Jehovah, odiai o mal. Os que temem a Deus são aqui concitados à prática da justiça, no dizer de Paulo: "Afaste-se da iniquidade todo aquele que confessa o nome do Senhor" [2Tm 2.19]. À luz da própria natureza de Deus, ele mostra que não podemos ser julgados e reconhecidos como seus servos, a menos que nos apartemos do pecado e pratiquemos a santidade. Deus é em si mesmo a fonte da justiça, e ele necessariamente odeia toda e qualquer iniquidade – a menos que presumamos que ele negue a si mesmo – e só teremos comunhão com ele quando nos apartarmos da injustiça. Como a perseguição dos perversos quase sempre nos leva a recorrer à vingança e aos métodos ilícitos de escape, o salmista nos põe em guarda contra tal tentação, asseverando que Deus é o guardador e protetor de seu povo. Se nos persuadirmos de que estamos sob a guarda divina, não nos digladiaremos com os perversos, nem retaliaremos as injúrias daqueles que nos causam injustiça; mas confiaremos nossa segurança àquele que fielmente a defenderá. Esse gracioso ato de condescendência, pelo qual Deus nos toma sob sua guarda, servirá como um freio contra qualquer impaciência que porventura sentamos na luta contra o mal[9] e na preservação do curso da integridade sob qualquer provocação.

11. Semeia-se luz para os justos. Ele confirma a verdade em andamento e antecipa uma objeção que poderia surgir contra ela. Já vimos que o povo do Senhor é amiúde ameaçado com a máxima crueldade e injustiça e às vezes parece estar abandonado à fúria de seus inimigos. O salmista nos lembra, para nosso encorajamento, que Deus, mesmo quando não livra imediatamente seus filhos, os prepara com seu poder secreto.[10] Na primeira sentença do versículo há uma metáfora dupla. Por *luz* se quer dizer alegria ou um resultado próspero (segundo a fraseologia comum da Escritura), como trevas denotam adversidade. A segunda metáfora é *semear*, de compreensão bem mais difícil.[11] Alguns pensam que a alegria é semeada para os justos como a semente que, quando lançada ao solo, morre ou é sepultada na terra por um

---

9 "De nous tenir en bride, de peur qu'il ne nous soit fascheux ou grief de nous abstenir de malice" etc. – *v.f.*
10 "Quamvis non statim suos liberet Deus, arcana tamen virtute tucri corum salutem." – *v.l.*
11 Walford objeta contra a versão *semeia-se luz*, sobre a base de que ela apresenta uma incongruente combinação de figuras; e a traduz: "a luz é difundida". "Quem pode dizer", observa ele, "o que está implícito por semeia-se luz? A difusão ou expansão da luz é inteligível e significa que, embora os homens bons estejam em trevas ou em meio a adversidades, a luz e a prosperidade surgirão através das nuvens." A Septuaginta, a Vulgata, a Siríaca e a Etiópica traduzem: "*desponta-se* a luz para os justos", provavelmente lendo חרז, *zarach*, que De Rossi encontrou em um manuscrito, em vez de זרע, *zara*. Houbigant e outros adotam esta redação, crendo ser ela mais plausível à idéia comum de luz. Muis, porém, vindica o texto do Salmo 126.5; e Secker crê que 'semear' é uma expressão muito própria. Em abono da mesma redação, Merrick, em suas *Anotações*, cita várias passagens dos autores gregos clássicos, nas quais tanto luz quanto alegria são expressas em termos de semear.

tempo considerável antes de germinar. É possível que esta seja uma boa idéia; mas, talvez, o significado mais simples dos termos seja o seguinte: ainda que os justos estejam quase banidos do mundo e impossibilitados de aventurar-se a sair em público, tendo que viver escondidos da vista, Deus difundirá amplamente sua alegria como a semente, ou fará despontar a luz de sua alegria que estivera oculta. A segunda sentença do versículo é uma exegese da primeira: a *luz* sendo interpretada no sentido de *alegria*, e *os justos* como tais são *os de coração reto*. Esta definição de justiça é digna de nota: ela não consiste numa mera aparência externa, porém compreende a integridade de coração, sendo requerido mais para constituir-nos como justos à vista de Deus do que simplesmente guardando nossa língua, mãos ou pés da perversidade. No versículo conclusivo ele exorta o povo do Senhor à gratidão; que, olhando para Deus como seu Redentor, levem uma vida correspondente à mercê que têm recebido, e descansem contentes em meio a todos os males que porventura encontrem, cônscios de que desfrutarão sua proteção.

Salmo 98

Este Salmo contém uma grande semelhança com o 96, não só em conteúdo, mas também em linguagem. O grande desígnio dele é mostrar que a glória de Deus seria eminentemente exibida na difusão do conhecimento de seu nome por todo o mundo, a partir do mais amplo cumprimento que se daria à manifestação do Salvador, conforme as promessas feitas à posteridade de Abraão, e da súbita expansão da salvação a todas as partes da terra. Ele convoca os homens a magnificarem o nome de Deus por esse motivo.

Salmo.

[vv. 1-3]
Cantai a Jehovah um cântico novo, porque ele tem feito coisas maravilhosas; sua própria destra e o braço de sua santidade lhe granjearam vitória.[1]
Jehovah tem feito notória sua salvação; revelou sua justiça aos olhos dos pagãos. Lembrou-se de sua bondade e verdade para com a casa de Israel; todos os confins da terra têm visto a salvação de nosso Deus.[2]

1. Cantai a Jehovah um cântico novo. Já observei que a expressão aqui usada denota uma atribuição de louvor extraordinário,

---

1 A última frase é "literalmente, *operou livramento por ele*, isto é, não o livramento dele, como se Deus mesmo estivesse em perigo ou em aperto, mas operou *em favor de* alguém a quem se atendem com prazer os desejos, intenções sob sua instigação. O original, portanto, expressa que o livramento operado foi originalmente designado e decretado por Deus, e que seu poder imediato efetuou o que era tencionado sem qualquer outro auxílio."– *Horsley.* Street traduz assim: "operou a salvação para nós." Ele crê que, em vez de לו, *para ele*, devemos ler לנו, *para nós.*

2 A última parte deste versículo traz as mesmas palavras de Isaías 52.10.

não costumeiro. Isso transparece da razão que lhe é assinalada: ele manifestou sua salvação de uma maneira singular e incrível. Pois ao falar de *coisas maravilhosas*, ele representa isso como a suma de tudo, a saber, que Deus conquistou a salvação *com sua própria destra*;[3] ou, seja, não por meios humanos, nem de uma maneira ordinária, porém livrando sua Igreja de uma maneira sem precedente. Isaías amplia este milagre do poder de Deus, dizendo: "E vendo que ninguém havia, maravilhou-se de que não houvesse um intercessor; por isso seu próprio braço lhe trouxe a salvação, e sua própria justiça o susteve" [Is 59.16]. Em ambas as passagens, *o braço de Deus* está em oposição aos meios ordinários, os quais mesmo quando em operação nada derrogam da glória de Deus; não obstante, eles nos impedem de descobrir plenamente sua presença que de outra forma perceberíamos. A linguagem do salmista equivale a uma declaração de que Deus não salvaria o mundo por meios de um caráter ordinário, mas que se manifestaria e demonstraria que ele era o autor de uma salvação em todos os aspectos extremamente singular. Ele logicamente infere que uma mercê tão maravilhosa, e para nós de um tipo tão incompreensível, deve ser celebrada por uma inusitada medida de louvor. Isso é realçado ainda mais claramente no versículo que segue, onde lemos que sua **salvação e justiça são exibidas a todas as nações**. O que se poderia esperar menos do que o fato de a luz ter despontado sobre tão densa escuridão e regiões em trevas, e que a justiça apareceria nas habitações da perversidade irremediável? Menciona-se primeiro a salvação, embora ela seja, propriamente falando, o efeito da justiça. Tal inversão da ordem natural observa-se amiúde quando os benefícios divinos são declarados; tampouco surpreende que, o que é o meio, e deve ser mencionado primeiro, às vezes é expresso no fim e segue à guisa de explicação. Eu poderia acrescentar que a justiça de Deus, que é

---

3 "Car apres avoir parlé des miracles, il les restreint specialement à une somme, asçavoir, que Dieu s'est acquis salut par sa propre vertu." – *v.f.*

a fonte da salvação, não consiste em recompensar ele os homens segundo suas obras, mas que é simplesmente a ilustração de sua mercê, graça e fidelidade.

3. Ele se lembrou de sua bondade. Havendo falado da manifestação geral de sua salvação, ele agora celebra sua bondade mais peculiarmente em relação a seu próprio povo eleito. Deus se manifestou como Pai dos gentios da mesma forma que era Pai dos judeus; mas dos judeus primeiro, os quais eram, por assim dizer, o primogênito.[4] A glória dos gentios está em serem eles adotados e enxertados na santa família de Abraão e no fato de a salvação do mundo inteiro emanar da promessa feita a Abraão, no dizer de Cristo: "A salvação vem dos judeus" [Jo 4.22]. O salmista, pois, mui apropriadamente observa que Deus, ao redimir o mundo, *lembrou-se de sua verdade*, a qual ele confiara a seu povo Israel – linguagem que também implica que ele não se deixara influenciar por nenhum outro motivo senão que fielmente cumprira o que a si mesmo prometera.[5] Para mais claramente mostrar que a promessa de forma alguma se fundamentava no mérito ou na justiça do homem, ele faz menção primeiramente da *bondade* de Deus, e em seguida de sua *fidelidade*, a qual lhe estava conectada. A causa, em suma, não se deve buscar fora de Deus mesmo (para usar uma expressão comum), mas em seu próprio beneplácito, o qual fora testificado muito antes de Abraão e sua posteridade. O verbo *lembrar* é usado à guisa de acomodação à compreensão humana; pois o que há muito foi suspenso parece haver-se esquecido. Um lapso de mais de dois mil anos transcorrera desde o tempo em que se pronunciou a promessa do aparecimento de Cristo, e como o povo de Deus estivera sujeito a muitas aflições e calamidades, não precisamos admirar que tivessem visto e dado vazão a ominosos temores acerca do cumprimento de sua redenção. Ao acrescentar, **todos os confins da terra têm visto a salvação de**

---

4 "Afin qu'ils fussent comme les aisnez." – *v.f.*
5 "Qu'il n'a point este induit par autre raison, sinon afin que fidelement il accomplist ce qu'il avoit promis." – *v.f.*

Deus, isso não é um mero enaltecimento da grandeza da salvação, significando que ela seria tão ilustre, que a notícia dela atingiria os confins da terra; mas significa que as nações, anteriormente imersas em ilusões e superstições, participariam dela.

[vv. 4-9]
Exultai diante de Jehovah toda a terra; gritai bem alto, alegrai-vos e cantai louvores. Cantai a Jehovah com harpa, com harpa e com a voz de um salmo.⁶ Com trombetas e o som de corneta, cantai diante de Jehovah o Rei. Brame o mar e sua plenitude; o mundo e os que nele habitam.⁷ Os rios batam palmas;⁸ os montes se alegrem juntamente, diante de Jehovah; pois ele vem julgar a terra; julgará o mundo com justiça e os povos com eqüidade.

4. Exultai diante de Jehovah toda a terra. Aqui ele reitera a exortação que expressou no início; e ao dirigi-la às nações em geral, ele indica que, quando Deus derrubasse o muro de separação, todos se congregariam movidos por uma fé comum formando uma só Igreja no mundo inteiro. Ao falar de instrumentos musicais, a alusão é evidentemente à prática da Igreja naquele tempo, sem qualquer intenção de jungir os gentios à observância das cerimônias da lei. A repetição é enfática e implica que as mais ardentes tentativas

---

6 A tradução de Horsley é:
"Entoai louvores a Jehovah com harpa,
Com harpa e ao som do zimrah."
"זמרה, *aqui*", observa ele, "como no Salmo 81.2, é certamente o nome de algum instrumento musical. Mas, que instrumento particular poderia ser, que recebesse esse nome, é totalmente incerto. Portanto, eu retenho a palavra hebraica."

7 Street é de opinião que os casos nominativos da parte conclusiva deste versículo não pertencem ao verbo da sentença precedente, mas ao verbo no versículo subseqüente. "Ruja o globo", diz ele, "e os que nele habitam" não é uma expressão muito própria como "O globo e os que nele habitam batam palmas."

8 "Os rios batam palmas" é uma prosopopéia muito bela, uma figura para a qual os poetas hebreus são extraordinários e a qual manejam com igual elegância e ousadia. Horsley a traduz assim: "Que os rios aplaudem"; observando que literalmente é "bater suas mãos". "O verbo רנן", acrescenta, "expressa o movimento vibratório, dos pés de um dançarino ou dos lábios de um cantor. Portanto, quando aplicado figuradamente a algo inanimado que não pode dançar nem cantar, é melhor verter seu sentido geral do que limitá-lo a qualquer imagem particular. Nosso idioma não tem nenhum termo que, como o hebraico, expresse a dança ou o canto indiscriminadamente."

que os homens fizessem em celebrar a grande obra da redenção do mundo esmaeceriam diante das riquezas da graça divina. Isso é realçado ainda mais vividamente no que vem em seguida, onde se atribui sentimento às coisas inanimadas. A passagem como um todo já foi explicada em outro lugar, e se torna desnecessário insistir mais nela.

Salmo 99

Este Salmo difere dos que o precedem em um só aspecto, a saber: ele fala do reino de Deus e das bênçãos subseqüentes, como se limitando à Judéia; e preferivelmente convoca a posteridade de Abraão, em distinção às nações circunvizinhas, a louvar a Deus pelo privilégio de sua adoção.

[vv. 1-4]
Jehovah reina; tremam os povos. Ele habita entre os querubins; que a terra se mova. Jehovah é grande em Sião; e está acima de todas as nações. Elas reconhecerão teu grande e terrível nome; ele é santo. A força[1] do rei também ama o juízo; tu estabeleceste a eqüidade; tu tens feito juízo e justiça em Jacó.

1. Jehovah reina. As pessoas que anteriormente foram convocadas a se regozijarem recebem agora a ordem para tremerem. Pois como os judeus se viam cercados por inimigos, era de suma importância que o poder de Deus se manifestasse entre eles, para que soubessem que, enquanto vivessem sob sua guarda, estariam constante e completamente seguros contra o ódio e fúria de todos os inimigos. A palavra hebraica רגז, *ragaz*, já vimos em outra parte, às vezes significa *tremer*, e outras vezes, *ficar irado*; em suma, denota qualquer emoção forte,

---

1 "*A força do rei* parece aqui substituir o próprio rei." – *Merrick*. Street remove a palavra original para *força*, pondo-a no final do versículo precedente, lendo *santo* e *poderoso*; e traduz a primeira parte deste versículo assim: "Tu és um rei que ama o juízo"; observando que no hebraico temos מלך, *melech*, não המלך, *hamelech*, que a palavra אהב, *aheb*, *que ama*, é um particípio aqui, e que o pronome אתה, *atah*, *tu*, pertence à primeira sentença.

quer de ira, quer de medo.² Conseqüentemente, o profeta aqui tem em mente que Deus, na emancipação de seu povo escolhido, faria uma exibição tão palpável de seu poder, que abalaria todas as nações com desvanecimento e as faria sentir quão loucamente se precipitaram em sua própria destruição. Pois é com respeito aos homens que se fala de Deus reinando, quando ele se exalta mediante as magnificentes exibições que ele faz de seu poder; porque, enquanto o auxílio que ele lhes propicia permanece invisível, os incrédulos agem ainda mais presunçosamente, precisamente como se Deus não existisse.

2. Jehovah em Sião. É bom que não nos esqueçamos da antítese que mencionei, isto é, que Deus é grande em Sião para destruir e aniquilar todos os inimigos de sua Igreja. E que quando o salmista passa a dizer que **ele está muito acima de todas as nações**, sua intenção não é que ele preside sobre elas para promover seu bem-estar, mas para frustrar seus conselhos, malograr seus desígnios e subverter todo seu poder. O que imediatamente vem a seguir sobre **louvar o nome de Deus** se reporta não às nações em geral, mas, em minha opinião, aos fiéis, unicamente de quem o profeta demanda um tributo de gratidão. Pois embora Deus compila seus inimigos vencidos a reconhecê-lo, todavia, como não cessam de falar contra sua glória e de blasfemar

---

2 רגז, *ragaz*, "denotando comoção ou do corpo ou da mente, implica na última aceitação particularmente de duas coisas: *temor* e *ira*, aquelas duas emoções primordiais da mente. No sentido de ira, a temos em Gênesis 45.24, onde a traduzimos por desavir-se, contender; e em 2 Reis 19.27, 28, onde a traduzimos por raiva. Assim, Provérbios 29.9 e Gênesis 41.10, o hebraico קָצַף (acerca de Faraó, isto é), ele se irou, na Caldaica temos רגז. E essa é uma aceitação muito mais freqüente da palavra no Velho Testamento." – *Hammond's note on Psalm IV.4*. No texto que temos diante de nós, depois de observar que Abu Walid explica este radical como significando na versão Arábica *tremor* e *comoção*, às vezes se origina da ira, às vezes do temor e outras causas, o mesmo crítico diz: "Aqui o contexto poderia parecer nutrir a noção de mera comoção, no sentido de ἀκαταστασια, *sedição* ou *tumulto de rebeldes* ou outros adversários. E então o sentido ficaria assim: O Senhor reina, comova-se o povo, isto é: Agora que Deus estabeleceu Davi em seu trono, e firmou pacificamente o reino nele, a despeito de todas as comoções do povo. A tradução da LXX tem esse sentido, como o Salmo 4.4, ὀργιζέσθωσαν λαοὶ: que o povo se enfureça ou lamente à vontade." O verbo aqui, e o verbo que encerra o versículo, podem ser lidos no tempo futuro: "O povo ou as nações tremerão e a terra se moverá", justamente como na promulgação da lei "o povo tremeu" e "a terra se abalou". Assim a passagem pode ser considerada como uma predição da sujeição do mundo pagão ao domínio de Cristo.

seu santo nome, não é possível que esta exortação lhes seja dirigida: **Louvai o nome de Deus, pois ele é santo**; mas aos fiéis que, reconhecendo ser santo o nome de Deus, mui cordialmente se empenham na celebração de seus louvores.

4. A força do rei também ama o juízo. Isso pode ser considerado como uma ameaça destinada a encher seus inimigos com desalento; como se quisesse dizer: tal é a consideração divina pela justiça e eqüidade, que Deus se revestiu com poder para vingar as injúrias lançadas pelos inimigos sobre ele. Entretanto, creio ser preferível aplicá-lo à Igreja, visto estar ela sob o governo de Deus, para expressar o propósito[3] de praticar a justiça e a santidade. Há outra interpretação que de modo algum admite objeção, a saber: aquilo que não associa idéias de tirania com o governo de Deus visto haver constante harmonia entre seu poder e justiça. Mas quando considero o contexto como um todo, não tenho dúvida de que o profeta, depois de haver introduzido a Deus assentado em seu régio trono, agora fala da maneira como ele governa seu reino; pois acrescenta: *tu estabeleceste a eqüidade* e a justiça. Esta sentença é suscetível de duas interpretações: ou que Deus, em sua lei, ordenou a seu povo a praticar a perfeita eqüidade, ou que, ao apoiá-lo e defendê-lo, uniformemente testificou de sua profunda consideração para com sua justiça e eqüidade. É mui verdadeiro que a mais elevada eqüidade sempre caracterizou as obras e juízos divinos, todavia parece mais provável que a referência seja àquele sistema que forma o governo que Deus, com amor e justiça, designou no seio do povo de Israel e que era a melhor regra para orientar uma vida de honestidade e integridade. E daí o verbo *fazer* ser impropriamente tomado no sentido de *ordenar* ou *mandar*. Quem preferir considerar esta última sentença como sendo relativa ao governo de Deus, de modo algum me disponho a discordar dele. Pois não há nada que mais anima e encoraja os fiéis a renderem obediência a Deus, ou os inspira com maior zelo a observarem sua lei do que descobrir nesse curso de ação que são

---

3 "A ceste condition." – *v.f.* "Em condição."

os objetos de seu paterno cuidado, e que a justiça que ele demanda de seu próprio povo em palavras é que de sua parte pratiquem mutuamente atos de bondade.

[vv. 5-9]
Exaltai a Jehovah nosso Deus, e adorai ante seus pés; ele[4] é santo. Moisés e Arão, entre seus sacerdotes, e Samuel, entre os que invocam seu nome; invocaram a Jehovah e ele lhes respondeu. Ele lhes falou na coluna de nuvem;[5] eles guardaram seus testemunhos e o estatuto que lhes deu. Tu lhes respondeste, ó Jehovah nosso Deus; tu foste um Deus que lhe foi favorável, ainda que tomaste vingança de suas invenções. Exaltai a Jehovah nosso Deus e adorai ante seu santo monte; pois santo é Jehovah nosso Deus.

5. Exaltai a Jehovah nosso Deus. Esta exortação é propriamente dirigida tão-somente à Igreja, porque, havendo ela se tornado participante da graça de Deus, deve, pois, com muito maior zelo devotar-se a seu serviço e ao amor em piedade. O salmista, pois, convoca os judeus

---

4 A tradução marginal em nossa Bíblia é *eles* [os pés] *são santos,* conectando santo com os pés de Jehovah, mencionados na sentença anterior. Esta construção parece ser mais apropriada. Os versículos 3, 5 e 9 terminam com esta expressão, a qual parece ser um tipo de estribilho, e assim divide o Salmo em três partes. A primeira parte termina atribuindo *santidade* ao *nome* de Jehovah; o segundo, atribuindo a mesma propriedade a sua *habitação;* e na conclusão, atribui-se santidade essencial, infinita e imutável à *pessoa de Jehovah.*

5 Indubitavelmente, Deus falou a Moisés e a Arão da coluna de nuvem. Em Êxodo 16.10, 11, lemos: "E aconteceu que, quando falou Arão a toda a congregação dos filhos de Israel, e eles se viraram para o deserto, eis que a glória do Senhor apareceu na nuvem. E o Senhor falou a Moisés, dizendo" etc. E quando o Senhor disse a Moisés: "E eis que eu estarei ali diante de ti sobre a rocha", o significado, sem dúvida, é que a coluna de nuvem, da qual ele falara, estaria em Horebe. Veja-se também Êxodo 19.9, 18, 19. Arão e Moisés foram admitidos a essa comunhão, como descobrimos do versículo 24 desse capítulo e de 20.21, 22. A única dificuldade aqui é como Deus poderia ter falado a Samuel da coluna de nuvem, da qual não temos nenhum registro específico em sua história. A isso se pode responder que, quando Deus chamou Samuel quatro vezes sucessivamente, na quarta vez ele "veio e pôs-se ali, e chamou como das outras vezes: Samuel, Samuel" (1Sm 3.10), tudo indicando que as palavras paralelas são as de Deus a Moisés (Êx 17.6), e portanto pode-se presumir que a nuvem, o emblema usual da presença divina sob a antiga dispensação, veio e ficou diante de Samuel, e que Deus falou do meio dela, ainda que seja evidente que nas três vezes precedentes ela não apareceu. Além disso, quando as ofertas e orações de Samuel foram então magistralmente aceitas em Mispa (1Sm 7), lemos no versículo 10: "O Senhor lhe respondeu"; e no versículo 10: "O Senhor trovejou com grande trovão"; e onde troveja, presume-se existir nuvens; e a resposta dada a Samuel por meio de trovão logicamente pode ter sido Deus lhe falando também desta vez do meio da nuvem.

a exaltarem ao Deus de quem receberam um auxílio tão palpável, e lhes ordena a renderem aquele culto designado em sua lei. O templo, deveras, é amiúde denominado em outros lugares de o trono, a casa, o repouso ou o lugar de habitação *de Deus*; aqui ele é chamado estrado de seus pés, e há a melhor de todas as razões para o uso desta metáfora. Pois Deus desejava habitar no meio de seu povo, de uma maneira tal, não só para dirigir seus pensamentos para o templo externo e para a arca do concerto, mas, antes, elevá-los a coisas superiores. Daí o termo *casa* ou *habitação* se propõe a comunicar-lhes coragem e confiança, para que todos os fiéis nutrissem a ousadia de se chegarem a Deus espontaneamente, a quem viam chegar para nutri-los com seu beneplácito.

Mas, como a mente dos homens sempre se inclina para a superstição, era necessário refrear essa propensão para que associassem com suas noções de Deus as coisas carnais e terrenas, e seus pensamentos fossem totalmente açambarcados pelas formas externas de culto. O profeta, pois, ao chamar o templo *estrado de Deus*, deseja que os santos elevem seus pensamentos ao alto, pois ele enche o céu e a terra com sua glória infinita. Não obstante, com esses meios ele nos lembra que o verdadeiro culto não pode ser prestado a Deus em qualquer outro lugar fora do monte Sião. Pois ele emprega um estilo de escrita que tinha o propósito de elevar as mentes dos santos acima do mundo e, ao mesmo tempo, não detrai um mínimo sequer da santidade do templo, de todos os lugares da terra o único que Deus escolheu como o lugar onde fosse adorado. À luz desse fato podemos ver, desde os dias de Agostinho, quão futilmente muitos se perturbam tentando averiguar a razão para o profeta dizer que o estrado de Deus fosse adorado. A resposta de Agostinho é engenhosa. Diz ele: Se olharmos para a humanidade de Cristo, perceberemos a razão por que podemos adorar o escabelo de Deus, e todavia permanecer isentos da culpa de idolatria; pois aquele corpo no qual ele deseja ser adorado foi tomado da terra, e nesta terra nada mais além de Deus deve ser adorado, pois a terra é tanto a habitação da Deidade quanto Deus mesmo se condescendeu em tornar-se terra. Tudo isso é muito plausível, porém é estranho ao desígnio do profeta que, tencionando fazer distinção entre o culto legal (que era o único culto que Deus sancionou) e os ritos supersticiosos dos pagãos, convoca os filhos de Abraão a comparecerem no templo, como se para seu modelo ali, segundo uma forma espiritual, fosse cultuar a Deus por ele habitar em sua glória celestial.

Agora que a dispensação com base em sombras passou, creio que Deus não pode ser adorado de outra forma senão achegando-nos a ele diretamente através de Cristo, em quem habita toda a plenitude da Deidade. Seria impróprio e absurdo alguém qualificá-lo de *escabelo*. Pois o profeta fala dessa maneira meramente para mostrar que Deus não se confina ao templo visível, mas que ele deve ser buscado para além de todos os céus,[6] visto que ele se acha infinitamente acima do mundo inteiro.

Os frenéticos bispos gregos, no segundo Concílio de Nicéia, mui vergonhosamente perverteram esta passagem, quando tentaram por meio dela provar que Deus quer ser adorado através de imagens e pinturas. A razão[7] que se apresenta para exaltar a Jehovah nosso Deus, e cultuar ante seu escabelo, contém uma antítese: **ele é santo**. Pois o profeta, ao santificar o nome do Deus único, declara que todos os ídolos dos pagãos são profanos; como se quisesse dizer: ainda que os pagãos reivindiquem para seus ídolos uma santidade imaginária, eles são, não obstante, meras inutilidades, uma ofensa e abominação. Alguns traduzem esta sentença assim: **pois ele** [o escabelo] **é santo**; mas à luz do final do Salmo transparecerá que o desígnio do profeta para este título era distinguir Deus de todos os ídolos.

6. Moisés e Arão. O salmista magnifica a graça especial que Deus, de uma maneira mui notável, concede à semente de Abraão, que daí escolheu para si profetas e sacerdotes para que fossem, por assim dizer, mediadores entre ele e o povo, para ratificar o pacto da sal-

---

6 "Comme aussi il est eslevé par dessus tout le monde." – *v.f.*
7 "La cause qu'il rend." *v.f.* "Causæ redditio." – *v.l.*

vação. E ele menciona três pessoas que foram famosas nos tempos de antanho. Pois Moisés era, por assim dizer, um mediador para reconciliar o povo com Deus. Arão foi investido com o mesmo ofício; e, subseqüentemente, Samuel sustentou o mesmo caráter. Entretanto, não há dúvida que sob essas três pessoas ele incluiu todo o povo com quem Deus fez um pacto. Ele, porém, faz menção dos nomes daqueles que eram os depositários e guardiães desse tesouro de valor incomensurável. Pode parecer impróprio que ele falasse de Moisés como um *dentre os sacerdotes*, visto que seus filhos só eram contados entre os levitas comuns, e que Moisés mesmo, depois de promulgar a lei, nunca exerceu o ofício de sumo sacerdote. Mas, como os hebreus chamam כוהנים, *chohanim*, os que são personagens[8] principais e mui eminentes, tais como os filhos dos reis, nada há que impeça o profeta de dar a Moisés essa designação, como se dissesse que ele era um dos santos governantes da Igreja.[9] Além do mais, se voltarmos ao primeiro original – ao período anterior à publicação da lei –, é certo que Moisés era então investido com o ofício de sumo sacerdote. É preciso também ter em mente o desígnio do profeta, a saber: que Deus não só adotou a semente de Abraão, mas separou alguns deles para a função de mediadores, aos quais ordenou que invocassem seu nome a fim de que seu pacto fosse ainda mais confirmado. Pois a *invocação* de que ele fala não deve ser entendida indiscriminadamente como sendo qualquer forma de *invocação*, mas só aquela que pertence aos sacerdotes, os

---

8 "Ceux qui sont les principaux et les plus excellens personnages." – *v.f.*
9 Conseqüentemente, alguns em vez de *sacerdotes* lêem *príncipes*, ou *homens eminentes*. כהן, *de* כהן, *ministrar*, é um título comum tanto de oficiais civis quanto eclesiásticos. Daí, em Êxodo 2.16, para o termo hebraico כהן, a Caldaica tem רבא, "os príncipes de Mediã". E em 2 Samuel 8.18 lemos dos filhos de Davi que eram כהנים, que ali não significa *sacerdotes*, mas *príncipes* ou *principais governantes*; רברבין, *grandes homens*, como consta na Caldaica, ou הראשונים, *homens principais* ou *eminentes* sobre o rei", como são intitulados em 1 Crônicas 18.17. Dessa estirpe era Ira o jairita, que em 2 Samuel 20.26 é chamado כהן, que ali não denota sacerdote, mas um *eminente governante* sobre Davi. Assim, como no sentido mais geral do termo, ele compreende os governantes civis e eclesiásticos, é evidente que Moisés, não menos que Arão, podia ser considerado בכהניו entre os *governantes* ou *príncipes de Deus*; e, como afirma Calvino, deve-se notar que Moisés era, propriamente falando, o Sacerdote dos israelitas antes da designação de Arão e sua família para o ofício sacerdotal.

quais foram escolhidos por Deus como intercessores para comparecerem perante ele em nome de todo o povo e falar em seu favor.

Eles invocaram a Jehovah. O salmista explica mais plenamente o que acabamos de dizer, ou, seja: que Deus, desde o princípio, e com especial referência a seu gracioso pacto, outorgou grandes benefícios aos descendentes de Abraão – os judeus. E portanto freqüentemente experimentavam a benignidade de Deus, levando-os a recordar da benignidade de outrora. O profeta também faz particular menção do símbolo visível da *coluna de nuvem* por meio da qual Deus dignou-se testificar em todos os tempos que sua presença estaria sempre com seu povo, segundo o emprego que ele fez dos sinais temporais, não só para o benefício de quem eram exibidos, mas também para o benefício dos que haviam de sucedê-los. Não que Deus exibisse sempre uma coluna de nuvem aos olhos de seu antigo povo, mas considerando que o embotamento dos homens é tão profundo, que não perceberiam a presença de Deus a não ser que a tivessem em sua mente através de sinais externos, o profeta mui apropriadamente lembra aos judeus este memorável emblema. E como Deus aparecera publicamente no deserto a seus pais, assim sua posteridade poderia estar bem segura de que ele também estaria bem perto deles. Ele acrescenta que *haviam guardado seus testemunhos*, com o propósito de reforçar às gerações futuras o dever de semelhante obediência.

8. Ó Jehovah nosso Deus. O profeta aqui os lembra que Deus ouvira suas orações por causa da graça dele e da piedade concomitante deles. Conseqüentemente, encorajados por seu exemplar sucesso em oração, sua posteridade deveria invocar a Deus, não meramente pronunciando seu nome com seus lábios, mas guardando seu concerto de todo seu coração. Ele nos lembra mais que, se Deus não exibisse sua glória de forma tão liberal e tão profusamente em cada época, a culpa é dos próprios homens, cuja posteridade ou esqueceu completamente, ou declinou-se terrivelmente da fé dos pais. Não se deve admirar que Deus encolhesse sua mão ou, pelo menos, a estendesse de uma maneira extraordinária, ao contemplar neste mundo a piedade se arrefecendo.

Ó Deus, tu lhes tens sido propício.[10] À luz dessas palavras é completamente óbvio que o que o salmista anteriormente dissera concernente a Moisés, Arão e Samuel tem referência a todo o povo; pois seguramente eles não oficiaram como sacerdotes meramente em seu próprio benefício, mas em benefício comum de todos os israelitas. Daí ser mais natural a transição que ele faz desses três [homens] para o corpo restante do povo. Pois não restrinjo os [pronomes] relativos a esses três homens, nem os interpreto exclusivamente em referência aos mesmos, mas, antes, creio que o estado de toda a Igreja é realçado; ou, seja, que enquanto Deus, ante as orações dos sacerdotes, se fez propício aos judeus, ele, ao mesmo tempo, severamente os castigou por seus pecados. Pois, de um lado, o profeta magnifica a graça de Deus pelo fato de os haver tratado tão bondosamente, e assim misericordiosamente perdoou sua iniqüidade; do outro lado, ele especifica esses terríveis exemplos de castigo pelos quais os puniu por

---

10 Hammond traduz assim: "Ó Deus, tu te propiciaste por amor a eles." Ele observa que להם, *lahem*, que Calvino traduz *a eles* [lhes], não deve ser entendido meramente no sentido do caso dativo, "tu lhes foste propício", ou "os perdoaste", porém significa *por eles*, isto é, *por amor a eles*. Deus poupa seu povo por ou em consideração às orações de Moisés, Arão e Samuel. Deus não os destruiu quando estes homens santos e devotos pleitearam perante ele em favor deles; ele os poupou retirando deles a mão da vingança em resposta à oração. Tal foi o efeito da intercessão de Moisés. Quando o povo levou Arão a fazer um bezerro de ouro e o adorou, a ira de Deus se acendeu contra eles. E então ele disse a Moisés: "Agora, pois, deixa-me, para que meu furor se acenda contra ele, e o consuma; e farei de ti uma grande nação." Tivesse Moisés deixado Deus fazer o que propunha, e toda aquela raça teria sido totalmente exterminada. Mas ele pleiteou junto a Deus em favor do povo e "o Senhor arrependeu-se do mal que propusera fazer ao povo" (Êx 32.10-15). Tampouco Arão prevaleceu menos em reverter a ira de Deus contra os israelitas rebeldes, como se faz evidente à luz de Número 16.43-45. Quando por ocasião da rebelião e murmuração do povo contra Moisés e Arão por causa do que sobreveio a Coré e seu grupo, disse Deus a Moisés: "Levantai-vos do meio desta congregação, e a consumirei num momento." Moisés e Arão "caíram sobre seus rostos" e oraram. Então segue-se o versículo 46: E disse Moisés a Arão: Toma teu incensário, e põe nele fogo do altar, e deita incenso sobre ele, e vai depressa à congregação, e faz expiação por eles; porque grande indignação saiu de diante do Senhor; já começou a praga. E tomou-o Arão, como Moisés tinha falado, e correu ao meio da congregação; e eis que já a praga havia começado entre o povo; e deitou incenso nele, e fez a expiação pelo povo. E estava em pé entre os mortos e os vivos; e cessou a praga" (vv. 46-48). Igualmente bem sucedida foi a intercessão de Samuel. Quando os israelitas foram dolorosamente oprimidos pelos filisteus, o povo falou a Samuel: "Não cesses de clamar ao Senhor nosso Deus por nós, para que nos livre da mão dos filisteus. Então tomou Samuel um cordeiro em holocausto ao Senhor; e clamou Samuel ao Senhor por Israel, e o Senhor lhe deu ouvidos" (1Sm 7.7-9).

sua ingratidão, para que seus descendentes aprendessem a submeter-se-lhe devidamente. Pois não se deve esquecer que, quanto mais graciosamente Deus nos trata, menos facilmente ele suporta que tratemos sua liberalidade com escárnio.

Na conclusão do Salmo ele reitera a mesma sentença que tivemos no versículo 5, apenas substituindo *seu santo monte* por *seu escabelo*; e por amor à brevidade, ele anteriormente dissera um tanto obscuramente קדוש אוה, *kadosh hu, ele é santo*, ele agora diz mais claramente: *Jehovah nosso Deus é santo*. Sua intenção é mostrar que Deus não seria adorado pelos israelitas aleatoriamente (visto a religião dos pagãos depender apenas de fantasia), mas que seu culto se fundamenta na certeza de fé.

Salmo 100

O título deste Salmo pode servir para um sumário de seu conteúdo. Além do mais, sua brevidade faz desnecessário um discurso extenso. O salmista, de uma maneira especial, convida os crentes a louvarem a Deus, porque ele os escolheu para que fossem seu povo, e os tomou sob seu cuidado.

Salmo de Louvor

[vv. 1-3]
Celebrai com júbilo a Jehovah todas as terras. Servi a Jehovah com alegria; entrai em sua presença com júbilo. Sabei que o próprio Jehovah é Deus; ele nos fez e não nós a nós mesmos; somos povo seu e ovelhas de sua pastagem.

1. Celebrai com júbilo. O salmista remonta somente àquela parte do culto divino que consiste na celebração de seus benefícios e em render graças. E uma vez que ele convida a todos os habitantes da terra indiscriminadamente a louvarem a Jehovah, tudo indica que, no espírito de profecia, a referência seja ao período em que a Igreja seria congregada dentre as diferentes nações. Daí ordenar ele [v. 2] que Deus seja *servido com alegria,* notificando que sua bondade para com seu povo é tão imensa que lhes fornece bases profusas para se regozijarem. Isso é melhor expresso no terceiro versículo, no qual ele primeiro repreende a presunção daqueles homens que impiamente se revoltaram contra o verdadeiro Deus, tanto em modelar para si muitos deuses, quanto em inventar várias formas de cultuá-lo. E visto que uma multidão de deuses destrói e substitui o verdadeiro conhecimento do Deus único e desdoura sua glória, o profeta, com grande propriedade, convoca todos os homens a repensarem e a cessarem de usurpar a Deus da honra devida a seu nome; e, ao mesmo tempo, a invectivarem sua loucura nisto: não contentes com o único Deus, se tornaram fúteis em suas imaginações. Porque, quanto mais se vêem constrangidos a confessar com os lábios que Deus existe, o Criador de céu e terra, não obstante de quando em quando tentam despojá-lo gradualmente de sua glória; e assim a Deidade é, na máxima extensão do poder deles, reduzido a mera nulidade. Visto, pois, restringir os homens na prática do culto divino em sua pureza ser algo em extremo difícil, o profeta, não destituído de razão, lembra o mundo de sua costumeira vaidade e o ordena a reconhecer a Deus como tal. Pois devemos atentar bem para esta breve definição do conhecimento dele, a saber: que sua glória seja intocavelmente preservada, e que nenhuma divindade se lhe oponha com o intuito de obscurecer a glória de seu nome. É verdade, aliás, que no papado Deus ainda retém seu nome; mas, como sua glória não se acha compreendida nas meras letras de seu nome, é certo que ali ele não é reconhecido como Deus. Saiba-se, pois, que o genuíno culto de Deus não pode ser preservado em toda sua integridade enquanto a vil profanação de sua glória, que é a inseparável acompanhante da superstição, não for completamente erradicada.

O profeta, em seguida, faz menção dos grandes benefícios recebidos de Deus, e, de uma maneira especial, deseja que os fiéis meditem sobre os mesmos. Dizer que **Deus nos fez** é uma verdade geralmente bem reconhecida; porém não é comum atentar para a ingratidão tão natural entre os homens, de que raramente um entre uma centena seriamente reconhece que ele mantém sua existência como Deus, embora, quando quase não é expressa, não negam que foram criados a partir do nada; todavia, cada um faz de si mesmo um deus e virtualmente se adora, quando atribui a seu próprio poder o que Deus declara pertencer-lhe exclusivamente. Além do mais, é preciso ter em mente que o profeta aqui não está falando da criação em geral (como eu já disse anteriormente), mas daquela regeneração espiritual por meio da qual ele cria de novo sua imagem em seus eleitos. Os crentes são as pessoas sobre quem o profeta aqui declara ser obra da mão de Deus, não que fossem feitos homens no ventre de sua própria mãe, porém no sentido que Paulo expressa em Efésios 2.10, chamando-os Τὸ ποίημα, *feitura* de Deus, porque são criados para as boas obras as quais de antemão Deus preparou para que andassem nelas. E de fato isso concorda melhor com o contexto subseqüente. Pois quando ele diz: **Somos seu povo e ovelhas de seu pasto**, evidentemente a referência é àquela graça inusitada que levou Deus a separar seus filhos como sua herança, a fim de que pudesse, por assim dizer, alimentá-los debaixo de suas asas, o que é um privilégio muito mais excelente do que ser meramente nascidos como seres humanos. Qualquer pessoa estaria, porventura, disposta a vangloriar-se de ter sido transformada em um novo ser, sem sentir aversão ante a vil tentativa de roubar a Deus daquilo que lhe pertence? Nem devemos atribuir esse nascimento espiritual a nossos pais terrenos, como se por seu próprio poder nos gerassem: pois o que poderia produzir uma semente corrompida? Não obstante, a maioria dos homens não hesita reivindicar para si todo o louvor da vida espiritual. O que mais querem declarar os arautos do livre-arbítrio, senão dizer-nos que, por nosso próprio empenho, nós mesmos, filhos de Adão, nos tornamos filhos de Deus? Em oposição a isso o profeta, ao chamar-nos *povo de Deus*, nos informa que provém de sua própria boa vontade o fato de sermos espiritualmente regenerados. E ao denominar-nos *ovelhas de seu pasto*, ele nos dá a conhecer que, através da mesma graça que uma vez nos foi comunicada, continuamos a salvos e intocáveis até o fim. A tradução poderia ser diferente, a saber: *ele nos fez seu povo* etc.[1] Mas, como o significado não é alterado, retive aquela que veio a ser a redação geralmente mais aceita.

---

1 O texto hebraico tem um *keri*, que é וְלוֹ אֲנַחְנוּ, "e somos seus", em vez de וְלֹא אֲנַחְנוּ, "e não de nós mesmos". A Septuaginta endossa a última redação, o *ketib*, καὶ οὐχ ἡμεῖς, "e não nós mesmos"; no que é seguida pelas versões Siríaca e Vulgata. Jerônimo concorda com o keri, *Ipse fecit nos, et ipsius sumus*; e assim a Caldaica. "Estou persuadido", diz Lowth, em *Merrick's Annotations*, "que a correção massorética, ולו (e somos *seus*), é correta; a construção e o paralelismo a favorecem."

[vv. 4, 5]
Entrai por suas portas com louvor e em seus átrios com regozijo; dai-lhe glória² e bendizei seu nome. Porque Jehovah é bom, sua misericórdia dura para sempre, e sua verdade de geração em geração.

4. Entrai por suas portas. A conclusão do Salmo é quase a mesma que sua introdução, exceto que o salmista adota um modo de expressão que se relaciona com o culto divino promulgado sob a lei;³ na qual, porém, ele meramente nos lembra que os crentes, ao renderem graças a Deus, não cumprem seu dever corretamente, a menos que também continuem na prática de uma franca profissão de piedade. Entrementes, sob o título *templo* sua intenção é dizer que Deus não pode ser de outra forma adorado senão em estrita concordância com a maneira prescrita em sua lei. E, além disso, ele acrescenta que **a misericórdia de Deus dura para sempre**, e que **sua verdade é** igualmente **eterna**, com o intuito de enfatizar que jamais sofreremos prejuízo por promovermos constantemente seu louvor. Se, pois, Deus nunca cessa de tratar-nos dessa forma, seria a mais vil ingratidão de nossa parte se nos cansássemos de render-lhe o tributo de louvor do qual é o único merecedor. Observamos em outra parte a razão por que *verdade* é conectada com *misericórdia*. Pois tão insensatos somos que raramente sentimos a misericórdia de Deus enquanto publicamente a manifesta, nem mesmo quando faz a mais palpável exibição dela, até que abra seus santos lábios para declarar sua paternal consideração por nós.

---

2 "Donnez-luy glorire." – *v.f.*
3 "Sinon qu'il mesle des maniers de parler, qui se rapportent au service de Dieu qui estoit sous la Loy." – *v.f.*

Salmo 101

Davi não havia ainda tomado pose do reino; mas tendo já se tornado rei pela designação divina, ele se prepara para exercer o governo da melhor maneira possível. E não só se estimula a cumprir fielmente os deveres de seu régio ofício meditando devotadamente sobre este assunto, mas também se engaja em um solene voto de ser um fiel servo de Deus, a fim de induzi-lo a imediatamente estabelecê-lo com solidez na posse do reino.

Salmo de Davi

[vv. 1-5]
Cantarei a misericórdia e o juízo; a ti, ó Jehovah, cantarei salmos. Portar-me-ei com prudência no caminho perfeito, até que venhas a mim;[1] no seio de meu lar andarei na integridade de meu coração. Não porei diante de meus olhos coisa perversa; odeio a obra[2] dos que se desviam; ela não se apossará de mim. O coração perverso se apartará de mim; não conhecerei o mal.[3] Aquele que calunia seu vizinho em secreto, eu o destruirei; o homem cujos olhos são altivos, não o suportarei.

1. Cantarei a misericórdia e o juízo. O que Davi diz aqui sobre cantar deve ser entendido pelo leitor como uma sugestão de que este Salmo contém a substância de suas meditações secretas, sobre que gênero de rei ele seria assim que tomasse posse do poder soberano que

---

1 "Ou, quand viendras-tu à moy?" – *v.f.m.* "Ou, quando virás a mim?"
2 "*Toute œuvre.*" – *v.f.* "*Toda* a obra."
3 "Ou, le mauvais." – *v.f.m.* "Ou, o homem mau."

lhe fora prometido. Portanto, *cantar a misericórdia e o juízo* equivale a declarar em termos solenes que ele seria um rei justo e íntegro. Agostinho entende isto no sentido em que Deus deve ser louvado, quer ele castigue os homens com severidade ou quer se mostre misericordioso para com eles; mas tal interpretação é demasiadamente sutil. Davi não fala dos juízos secretos de Deus, mas da correta administração do reino, para que [Davi] pudesse, por palavras e por feitos, cumprir sua vocação.

Ao asseverar: **a ti, ó Jehovah, cantarei salmos**, ele reconhece que era pelo favor de Deus que ele fora designado a um ofício tão eminente e honroso; pois que seria um ato de precipitada presunção ter-se lançado a ele, cedendo a um mero impulso de sua própria mente. Ele mui apropriadamente enfeixa todas as virtudes principescas sob esses dois particulares: *misericórdia* e *juízo*. Pois como o principal dever de um rei é conferir a cada pessoa seu direito pessoal, assim ele também requeria para si a posse de um considerado amor e compaixão para com seus súditos. Salomão, portanto, diz com muita razão: "O trono é estabelecido pela justiça" [Pv 16.12].

2. Portar-me-ei com prudência no caminho perfeito. Davi aqui mostra que considerava cuidadosamente quão pesado cargo lhe era imposto quando se tornasse rei de fato. Sabemos, e é uma verdade que a experiência nos ensina, que quase todos os reis se vêem intoxicados com os esplendores da realeza; e nos tempos de antanho usava-se um provérbio não sem fundamento: "Um rei tem de nascer ou nobre ou tolo." É deveras um equívoco dizer que os reis nascem tolos. Os homens foram impelidos a usar tal terminologia porque comumente sucede que aqueles que são investidos com o governo dos reinos e impérios se tornam tolos e cabeças duras. E seguramente é um exemplo notável da vingança divina que bestas, e como tais totalmente indignas de figurar entre os humanos, comumente possuem o mais elevado grau de autoridade. Mas embora os reis não nasçam tolos, todavia se tornam tão embotados por sua dignidade, que acreditam não dever nenhum respeito para com seus súditos, tornando-se arrogantes e presunçosos em seu desempenho, mergulhando de ponta cabeça e temerariamente em seus prazeres e, por fim, esquecem totalmente de si próprios. Davi, pois, diz: *Portar-me-ei com prudência*, ou, o que equivale a mesma coisa, olharei precavidamente para mim mesmo; sendo uma rara virtude que um homem possa fazer o que bem lhe agrade e no entanto exerce a moderação para não se permitir a liberdade de fazer o mal em qualquer grau possível. É dotado do verdadeiro discernimento, pois, aquele que é exaltado ao poder soberano, e no entanto, em vez de tentar avançar além do que lhe é possível na vereda dos malfeitos, se restringe pelo domínio próprio. Em suma, Davi protesta que não será como os demais reis que se deixam enfatuar por sua dignidade pessoal; mas que, segundo a grandeza do cargo que lhe fora imposto, agiria sabiamente na concretização de seu dever. É preciso observar que ele representa a sabedoria como que consistindo em *um caminho perfeito*, ou em retidão. Disto aprendemos que os tiranos que empregam seus talentos em formar projetos ímpios e que estão diariamente inventando novos métodos para sobrecarregar e oprimir seus súditos, em suma, que são engenhosos somente em fazer danos, não são sábios diante de Deus. Muitas pessoas, é verdade, sentem aversão por tais astúcias; mas ainda assim é inegável que, se os reis intentam alargar as fronteiras de seu reino e se tornam mestres em astuciosa política para a consecução de tal propósito, essa é considerada a mais perfeita sabedoria que possam possuir e é enaltecida até os céus. Davi, ao contrário, não ambiciona nenhuma outra sabedoria senão aquela que seja a mestra da integridade.

Até que venhas a mim. Estas palavras podem ser lidas de duas maneiras. Alguns as traduzem na forma interrogativa: *Quando virás?*, como se Davi rogasse a Deus que não o sujeitasse a mais delonga. E de fato ele tinha boas razões para suspirar e lamentar, quando se via tão oprimido com pobreza e fugitivo de um lugar a outro em miserável exílio. Ter-lhe-ia sido melhor viver em obscuridade e ignotamente na tenda de seus pais, seguindo sua anterior ocupação como mero pastor, do que ser ungido rei e viver como proscrito de seu país em completa desonra e odiado. Prefiro, porém, ler a sentença sem a interrogação: *até que venhas* ou *quando vieres*; e no entanto mesmo isso eu interpreto um tanto diferentemente da maioria dos comentaristas, entendendo-o neste sentido: embora Davi ainda continuasse na condição de uma pessoa ignota e não desfrutasse do poder real que lhe fora prometido, não obstante não cessava, no ínterim, de seguir após a retidão. E assim ele põe *o seio de seu lar* em oposição a palácios e edifícios públicos; como se quisesse dizer: Na privacidade de meu lar ou em minha família.

3. Não porei nenhuma coisa perversa diante de meus olhos. Depois de haver protestado que ao viver uma vida privativa praticaria a virtude e a justiça, mesmo porque os bons príncipes começam assim, ele agora acrescenta que, ao executar o ofício de príncipe, será o inimigo número um de toda injustiça e perversidade. *Ter uma coisa perversa diante dos olhos* equivale a dispor fazer algo que seja perverso. Ele, pois, declara que fugirá de toda e qualquer perversidade; e é certo que ninguém pode ser um castigador justo e imparcial do malfeitor senão aquele que sente sincera aversão por si mesmo. Do que se segue que os reis, para a realização de seu dever, devem manter-se inteiramente isentos da prática de qualquer perversidade. Ele anexa à primeira sentença a palavra עשוה, *asoh*, a qual traduzimos por *obra*, e suprimos a letra ל, *lamed*; como se houvera dito: Não porei diante de meus olhos qualquer perversidade com o intuito de praticá-la, ou: nada que seja mau me será aceitável para executá-lo. O outro sentido, porém, é mais provável, a saber: que Davi, depois de haver declarado que não suportaria qualquer iniqüidade diante de seus olhos, imediatamente acrescenta, à guisa de confirmação, que seria um ferrenho inimigo de toda injustiça. Se a última sentença aponta para as pessoas que se desviam, então há uma mudança de número. Entretanto, ela pode ser explicada a partir da própria obra, significando que ele jamais teria qualquer participação nos ímpios desvios da vereda da retidão.

4. Apartarei de mim o coração perverso. Pela expressão, *coração perverso*, alguns entendem os homens pérfidos; porém rejeito isso como um sentido forçado demais, e além do mais é inconsistente com o contexto. Como Davi acrescentou na segunda sentença, à guisa de explicação, *Não conhecerei o mal*, indubitavelmente na primeira ele protesta que viveria isento de toda perfídia e perversidade. O equivalente é que ele tudo faria para guardar-se de todo malfeito e que nem mesmo conheceria o que significa prejudicar seus vizinhos.

5. Quem calunia seu vizinho[4] em segredo, eu o destruirei. Neste versículo, ele fala mais distintamente do dever de um rei que se vê armado com espada, com o propósito de refrear os malfeitores. A detração, a soberba e os vícios de todo gênero são justamente ofensivos a todas as pessoas boas; porém todas as pessoas más não têm o poder nem o direito de eliminar o soberbo ou os detratores, uma vez que não estão investidas com autoridade pública e, conseqüentemente, têm suas mãos atadas. É muito importante atentar para esta distinção: que os filhos de Deus se mantenham dentro dos limites da moderação, e que nenhum deles ultrapasse a esfera de sua própria vocação. É certo que, enquanto Davi vivia meramente na categoria de um membro individual da sociedade, ele nunca ousou tentar qualquer coisa desse gênero. Mas depois de ser posto no trono real, ele recebeu a espada das mãos divinas, a qual empregou na punição dos atos maus. Ele particulariza certos tipos de perversidade, para que, sob uma só espécie, por meio da figura de sinédoque, ele pudesse notificar sua determinação de castigar todos os tipos de perversidade. Aviltar secreta e furtivamente a reputação de outrem é uma praga excessivamente nociva e destrutiva. É como se uma pessoa matasse um semelhante de emboscada; ou, melhor, um caluniador que administra veneno a

---

4 A redação da Caldaica é notável: "Aquele que fala com uma língua tríplice", "isto é", diz Bythner, "*um informante, caluniador, detrator*, que injuria três almas: a sua própria, a de seus ouvintes e a caluniada; ele inflige uma profunda ferida em sua própria consciência, põe uma mentira nos lábios de seu ouvinte e injuria o sujeito de sua calúnia. Sobre isso, diz Heródoto: Διαβολή έστι δεινότατον έν τῆ δύο μέν είσιν οί άδικέοντες, είς δε ό άδικεόμενος. 'A calúnia é muitíssimo iníqua, na qual há duas pessoas: a que injuria e a que é injuriada'." A palavra מלושני, *meloshni*, traduzida por *calúnia*, procede do substantivo לשון, *lashon, a língua*. No Salmo 140.12, lemos: "Que nenhum איש לשון, *ish lashon, homem de língua* (isto é, caluniador) seja estabelecido na terra."

suas vítimas desprevenidas, as quais são inocentemente destruídas. É um sinal de perversa e traiçoeira disposição ferir o bom nome de outrem, quando ele não tem qualquer oportunidade de defender-se. Davi tenciona castigar tal vício, o qual é por toda parte em extremo prevalecente, e o qual não deve ser tolerado na sociedade dos homens.

Em seguida ele caracteriza os soberbos usando duas formas de expressão. Ele os descreve como aqueles cujos *olhos são altivos*: não que todos os soberbos olhem com um semblante altivo, mas porque comumente traem a arrogância de seus corações soberbos pela altivez de seu semblante. Ele os descreve ainda como de *coração alargado*:[5] porque aqueles que aspiram grandes coisas necessariamente são enfatuados e inchados. Nunca estão satisfeitos, a não ser que devorem o mundo inteiro. Disto aprendemos que não pode existir boa ordem a menos que os príncipes diligentemente estejam em guarda para reprimir os soberbos, os quais necessariamente atraem e engendram ultraje e crueldade, linguagem vil, rapina e todo gênero de tratamento maligno. E assim sucederia que os inocentes e pacíficos estariam à mercê dos mais poderosos, não fosse a intervenção da autoridade dos príncipes coibindo a audácia daqueles. Visto ser a vontade de Deus que os reis bons e fiéis mantenham os soberbos em execração, este vício é inquestionavelmente o alvo de seu próprio ódio. O que ele, pois, requer de seus filhos é que sejam educados e mansos, porquanto ele é inimigo declarado de todo aquele que se esforça para elevar-se acima de sua real condição.

[vv. 6-8]
Meus olhos estão voltados para os fiéis da terra, para que possam habitar comigo; o que anda em caminho reto esse me servirá. O que opera [ou

---

5 O substantivo hebraico רחב, *rechab*, para *amplo* ou *grande*, deriva-se de רחב, *rachab*, *dilatus est*. "Aplicado ao coração ou à alma, denota amplitude de desejos. Assim Provérbios 28.25: 'Aquele que é נפש רחב, grande de alma'; onde a LXX traduz adequadamente רחב por ἄπληστος, 'insaciável', aplicando-o ou à riqueza ou à honra, o desejo insaciável por uma delas ou que 'incita discórdia'. E assim aqui o traduziram novamente ἀπλήστῳ καρδίᾳ, 'aquele que não consegue ter o coração cheio', isto é, a pessoa cobiçosa ou ambiciosa. A redação da Siríaca é *amplo* ou *vasto*; assim também a Judaica Árabe: Aquele que tem os olhos elevados e de coração amplo não posso ter paciência com nenhum dos dois." – *Hammond*.

pratica] engano não habitará no meio de minha casa; o que fala falsidade não permanecerá perante meus olhos. Pela manhã[6] destruirei todos os ímpios da terra, para desarraigar da cidade de Jehovah todos os obreiros da iniquidade.

6. Meus olhos estão voltados para os fiéis da terra. Aqui Davi estabelece outra virtude de um príncipe sábio, afirmando que sua preocupação será tomar todos *os fiéis da terra* como seus amigos íntimos – para utilizar-se de seus bons ofícios e ter servos domésticos que se distinguem por seu valor pessoal. Há quem entende as palavras **para que habitem comigo** em um sentido geral, assim: não negligenciarei os bons e inofensivos, nem deixarei que sejam injustamente molestados; mas me certificarei de que sob minha administração vivam numa condição de paz e tranquilidade. Sua intenção, porém, é antes esta: que ele exerceria discrição e prudência para que, em vez de tomar indiscriminadamente pessoas a seu serviço, sabiamente determinaria o caráter de cada um para que, os que vivem uma vida de estrita integridade, sejam seus amigos, e lhes confie os ofícios de estado. Em primeiro lugar, ele fala dos *fiéis* porque, embora alguém possua talentos de uma ordem superior, todavia, caso não se devote à fidelidade e à integridade, jamais executará com justeza o ofício de juiz. Isto é digno de especial observação; pois ainda que um príncipe seja o melhor dentre os homens, contudo, se seus servos e oficiais não forem de um caráter correspondente, seus súditos dificilmente experimentarão algum benefício de sua integridade impoluta. Os servos são as mãos de um príncipe, e tudo quanto ele determinar para o bem de seus súditos eles o sublevarão, uma vez que são avarentos,

---

6 "Heb. aux matins." – *v.f.m.* "Heb. nas manhãs." Os tribunais, para a execução da justiça pública, costumava reunir-se de manhã nos tempos antigos, como se dá ainda entre nós; ou, pelo menos, começava de manhã e continuava até à noite. Hugo Grotius e outros acreditam que haja aqui uma alusão a esses tribunais. Diz Hammond: "לבקרים, mais provavelmente no plural, *pelas manhãs*, aqui se refere ao tempo em que Davi, como um juiz entrando no tribunal, destrói e desarraiga os malfeitores. A primeira parte do Salmo contém sua resolução de escolher conselheiros e oficiais de estado, preferindo os íntegros e honestos aos maquinadores de sutilezas; e a última parte trata da execução da justiça, descoroçoando e judicialmente *eliminando todos os ímpios*."

fraudulentos e rapaces. Isso se tem suficientemente demonstrado pela própria experiência. A maioria dos reis, de fato, ignorando os bons e íntegros, ou, o que é pior, desvencilhando-se deles, propositadamente buscam para serem seus servos os que se lhes assemelhem e que tolamente se adeqüem a sua tirania; sim, mesmo príncipes bons e bem dispostos amiúde manifestam tanta indolência e espírito irresoluto, que suportam ser governados pelos piores conselheiros, e inconsideradamente prostituem os ofícios de estado conferindo-os a pessoas indignas.

7. O que opera engano não habitará no seio de minha casa. Este versículo pode ser explicado em relação a todos os magistrados a quem se confia a responsabilidade do exercício dos juízos públicos, bem como dos servos domésticos. Mas, como Davi acabou de falar de todos os oficiais em geral, parece então falar propriamente daqueles que se encontram junto à pessoa do rei. Quando os principais conselheiros dos reis, e outros conhecidos íntimos que tenham granjeado a posse de suas atenções, são enganadores e ladinos, isso se transforma na fonte de todas as corrupções; porque, por meio de seu exemplo, estimulam outros no caminho do mal, sendo hasteados como se fossem bandeiras da licenciosidade. E é impossível que alguém, que não mantenha a boa ordem de sua própria casa, seja a pessoa adequada para manter o governo de todo um reino. A autoridade que não pode preservar sua influência sob o teto doméstico é de pouco valor nas atividades de estado.

8. De manhã destruirei todos os ímpios da terra. O salmista por fim conclui asseverando que exercerá o máximo de seu poder para purgar a terra das pessoas infames e ímpias. Afirma que fará isso *de manhã*; pois se os príncipes forem apáticos e indolentes, jamais remediarão em tempo os males que se proliferam. Portanto, eles devem fazer oposição ao mal começando de suas raízes. O juiz, não obstante, não deve cuidar de ceder à influência da ira, nem agir precipitadamente e sem a devida ponderação. A palavra original para *de manhã* está no plural (sendo propriamente *pelas manhãs*), o que denota exercício ininterrupto. Se não bastar que um juiz puna o perverso pronta e severamente em uma ou duas instâncias, então ele deve continuar perseverantemente nesse dever. Com esta palavra condena-se a indolência dos príncipes quando, ao verem os perversos insistindo em cometer seus crimes, se fazem coniventes com eles dia após dia, ou movidos pelo medo ou pela clemência pusilânime. Que os reis e magistrados, pois, tenham em mente que se acham armados com a espada para que pronta e resolutamente executem os juízos divinos. É verdade que Davi não pôde expurgar da terra todas as corrupções, por mais corajosamente ele se aplicasse à tarefa de fazê-lo. Na verdade ele não esperava ser capaz de fazê-lo. Apenas promete que, sem acepção de pessoas, mostraria ser um juiz imparcial na luta por desarraigar todos os perversos. A timidez às vezes dificulta os juízes de reprimir com suficiente rigor os maus, quando estes se exaltam. É conseqüentemente necessário que eles estejam revestidos com um espírito de vigor invencível para que, confiando no auxílio divino, cumpram os deveres do ofício com o qual foram investidos. Além do mais, a ambição e o favor às vezes os tornam maleáveis, ao ponto de nem sempre castigarem ofensas afins quando se deveria fazê-lo. Daí aprendermos que a austeridade, quando não levada a excesso, é muitíssimo agradável a Deus; e, em contrapartida, ele não aprova a benevolência cruel que dá rédeas soltas aos maus; aliás, não pode haver um estímulo mais intenso ao pecado do que quando se deixam passar por alto as ofensas sem qualquer punição. Portanto, é preciso ter em mente o que disse Salomão: "Aquele que justifica o perverso, e aquele que condena o justo, ambos são abominação ao Senhor" [Pv 17.15].

É também enfático o que Davi acrescenta: **Para que eu elimine da cidade de Deus todos os obreiros da iniqüidade**. Se até mesmo aos reis pagãos se ordena em geral que castiguem os crimes, Davi bem sabia que ele estava sob a obrigação de um gênero mais sacro de agir assim, visto que a responsabilidade da Igreja de Deus lhe fora confiada. E, certamente, se os que ocupam uma situação tão honrosa não se munirem de seu poder máximo para a remoção de todas as corrupções, se acharão culpados de poluir, o quanto neles está, o santuário de Deus; e não só agem infielmente para com os homens comprometendo seu bem-estar, mas também cometendo alta traição contra Deus mesmo. Ora, como o reino de Davi era apenas uma pálida imagem do reino de Cristo, devemos pôr Cristo diante de nossos olhos, o qual, embora exerça paciência para com os muitos hipócritas, todavia será o juiz do mundo quando, por fim, convocar a todos a prestarem contas, e quando separar as ovelhas dos cabritos. E se nos parece que ele demora demasiadamente, lembremo-nos daquele dia que repentinamente raiará, quando todas as imundícies serão expurgadas e a verdadeira pureza irromperá com todo seu fulgor.

Salmo 102

Esta oração parece ter sido ditada aos fiéis quando se achavam debilitados no cativeiro babilônico. Em sofrimento e humilhados, primeiro deploram suas aflições. Em seguida, pleiteiam junto a Deus em prol da restauração da cidade santa e do templo. Para animar-se a chegar-se perante ele em oração com maior confiança, evocam a memória das promessas divinas em referência à ditosa renovação tanto do reino quanto do sacerdócio. E não só se asseguram do livramento do cativeiro, mas também rogam a Deus que mantenha reis e nações em sujeição a si. Na conclusão do Salmo, depois de haver interposto uma breve queixa concernente a sua ansiedade e condição aflitiva, eles extraem consolação da eternidade de Deus; pois, ao adotar seus servos para uma melhor esperança, os separou da sorte comum dos homens.

> Oração pelo aflito quando se acha encerrado e derrama sua meditação perante Jehovah.

Quem quer que dentre os profetas tenha composto este Salmo, o fato é que ele o ditou aos fiéis como uma forma de oração em prol do restabelecimento do templo e da cidade. Alguns o limitam ao tempo quando, depois do regresso dos judeus de Babilônia, a construção dele foi barrada pelas nações vizinhas; mas não posso concordar com isso. Sou antes de opinião que o poema foi escrito antes do regresso do povo, quando o tempo de seu prometido livramento estava bem perto; pois então os profetas começaram a ser mais ardorosos em elevar os corações dos santos segundo as palavras de Isaías: "Consolai, consolai meu povo, diz vosso Deus" [Is 40.1].[1] O desígnio do poeta sacro não era simplesmente inspirar o povo com coragem, mas sobretudo injetar neles maior preocupação pelo bem-estar da Igreja. O título do Salmo indica o fim e propósito a que pretendia servir. Os que traduzem os verbos no pretérito, *Uma oração pelos aflitos, quando estavam em angústia e derramavam sua meditação*,[2] parecem extrair uma visão incorreta da mente do profeta. Ao contrário, ele tencionava aliviar a dor daqueles cujos corações se achavam opressos; como se quisesse dizer: Ainda que estejais aflitos com angústia e desespero, nem por isso deveis desistir da oração. Alguns traduzem o verbo עטף, *ataph, quando ele se ocultar*, e concebem que esta é uma expressão metafórica do gesto de uma pessoa engajada em oração, quando, em razão de sua tristeza, se acha impossibilitada de erguer sua fronte, ela, por assim dizer, se oculta e mantém sua cabeça mergulhada em seu peito. Mas aí me parece haver um elegante jogo de palavras, quando as angústias mentais, e a mente como se estivesse *fechada*, são pronunciadas, de um lado, *e derramadas* em oração, do outro; ensinando-nos que, quando nos sentimos fechados em nossa tristeza, privados da luz e da presença dos homens, a porta está se fechando contra nossas orações, esse então é de fato o melhor tempo de nos engajarmos em oração, pois é um singular alívio de nossas tristezas quando temos a oportunidade de livremente derramar nosso coração diante de Deus. O verbo שוח, *suach*, às vezes denota *orar*; mas, como ele também

---

1 "Este poema queixoso foi escrito por algum exilado piedoso para quando expirassem os setenta anos de cativeiro, durante o qual o povo de Israel permaneceu em Babilônia. O autor do Salmo mui provavelmente fora levado para o cativeiro quando ainda bem jovem. Ele sobrevivera quase até o fim do período, e agora, estremecido com cuidados e ansiedade, apela com veemência a Deus para que o livramento chegue depressa, para que ele não entre no túmulo sem contemplar as deleitosas cenas pelas quais sua imaginação era arrebatada, sem testemunhar o cumprimento das esperanças que os profetas de Deus nutriram, a saber, as predições que proclamaram relativas à prosperidade que de novo reinaria em seu amado país." – *Walford*. Hammond crê que o Salmo foi escrito por Neemias, depois do regresso de Esdras com a comissão de reconstruir o templo. Veja-se Neemias 1.3s. Outros o atribuem a Jeremias ou a Daniel.
2 "Sa plainte."– *v.f.* "Sua reclamação".

significa *meditar*, o substantivo derivado dele significa propriamente, neste lugar, *meditação*. Além do mais, é preciso observar que, com essas palavras, o salmista admoesta os israelitas quanto à constituição da mente quando costumavam usar esta forma de oração diante do trono da graça; como se dissesse que a prescreveu somente àqueles que se sentiam angustiados em virtude da condição desolada da Igreja.

[vv. 1, 2]
Ouve, ó Jehovah, minha oração e chegue a ti meu clamor. Não escondas de mim teu rosto no dia de minha aflição; inclina para mim teus ouvidos; no dia em que eu clamar, apressa-te a responder-me.

1. Ouve, ó Jehovah, minha oração. Essa solicitude mostra, uma vez mais, que essas palavras não foram escritas para serem pronunciadas pelo displicente e leviano, o que não poderia ser feito sem grosseiramente insultar a Deus. Ao falar assim, os judeus cativos davam testemunho da severa e cruciante angústia que suportavam, bem como do ardente desejo de obter algum alívio com que eram inflamados. Ninguém podia pronunciar essas palavras com os lábios sem profanar o nome de Deus, a menos que, ao mesmo tempo, agisse com um sincero e ardente afeto do coração. Devemos particularmente atentar para a circunstância para a qual já chamamos a atenção, ou, seja: que somos assim incitados pelo Espírito Santo ao dever da oração em favor do bem-estar comum da Igreja. Enquanto cada pessoa toma suficiente cuidado em prol de seus próprios interesses individuais, raramente encontramos um em uma centena que se sinta afetado pelas calamidades da Igreja. Temos, pois, mais necessidade de estímulos, mesmo quando vemos o profeta aqui empenhado com um acúmulo de palavras a corrigir nossa tibiez e indolência. Admito que o coração deve mover e dirigir a língua à oração; mas, como amiúde sucede de o mesmo debilitar-se ou de cumprir seu dever de uma maneira lenta e apática, requer-se que o mesmo seja auxiliado pela língua. Há aqui uma influência recíproca. Como o coração, em contrapartida, deve seguir antes das palavras e aquecê-las, assim a língua, por sua vez, ajuda e cura a tibiez e torpor do coração. Os verdadeiros crentes de fato podem com freqüência orar não só ansiosamente, mas também fervorosamente, ainda que não saia de seus lábios um único vocábulo. Entretanto, sem dúvida o profeta pela expressão *clamar* tem em mente a veemência com que a tristeza nos constrange a gritar.

2. Não escondas de mim teu rosto no dia de minha aflição. A oração, para que Deus não ocultasse seu rosto, longe está de ser supérflua. Visto que o povo se enfraquecera no cativeiro ao longo de quase setenta anos, poderia parecer que Deus tivesse para sempre suprimido deles seu favor. Não obstante, eles decidiram, em sua extrema aflição, recorrer à oração como seu único remédio. Afirmam que *clamaram no dia de sua aflição*, não como costumam fazer os hipócritas que articulam suas queixas de uma forma tumultuosa, mas porque sentiam que então eram convocados por Deus a clamar-lhe.

Apressa-te em responder-me. Havendo em outro lugar falado mais plenamente dessas formas de expressão, é suficiente aqui observar em termos breves que, quando Deus nos permite apresentar francamente diante dele nossa fragilidade, sem qualquer reserva, e pacientemente suportar nossa estultícia, ele lida conosco com grande ternura. Derramar nossas queixas diante dele como fazem as criancinhas certamente seria tratar sua Majestade com bem pouca reverência, caso não lhe agradasse permitir-nos tal liberdade. Intencionalmente faço uso desta ilustração para que os fracos, que temem aproximar-se de Deus, entendam que são convidados a chegar-se a ele com tal mansidão que nada os impeça de, familiar e confiadamente, ter-lhe acesso.

[vv. 3-6]
Porque meus dias se consomem como a fumaça,³ e meus ossos ardem

---

3 Hammond traduz assim: "Meus dias se consomem na fumaça." "A Siríaca", diz ele, "traduz *em fumaça*, e assim o sentido será melhor, ou *meus dias* ou *o tempo de minha vida*, כלה, *se consome* e murcha *em fumaça*, como o Salmo 119.83, *um odre na fumaça*, as aflições têm tido o mesmo efeito sobre mim que a fumaça sobre aquelas coisas que estão penduradas no meio dela, me secaram e me deformaram. Ou, talvez כלה, *findar* ou *esvair-se*, ou consumir na fumaça (como quando algo inflamável se consome, tudo o que procede dele é fumaça, e assim ele chega ao fim), e para isso a última parte do versículo para convergir: 'E meus ossos, ou membros, ou corpo, ardem', o que equivale a *consumir-se*."

como uma fornalha acesa.⁴ Meu coração está ferido e seco como a erva, porque esqueci de comer meu pão. Por causa da voz de meu gemido, meus ossos se apegam a minha carne.⁵ Tornei-me como o pelicano⁶ do deserto; tornei-me como uma coruja nos ermos solitários.⁷ Vigio e me assemelho a um pardal solitário no telhado.⁸

3. Porque meus dias se consomem como fumaça.

Essas expressões são hiperbólicas, mas ainda mostram quão profundamente a desolação da Igreja teria ferido o coração do povo de Deus. Que cada

---

4 Hammond traduz assim: "ardem como lenha seca." "Quanto a כמוקד, que é adicionado", diz ele, "os intérpretes diferem na interpretação dela. A palavra vem de יקד, *accensus est*, pode ser ou o lugar onde se acha o fogo, ou o ponto que é aquecido pela chama de fogo, ou a lenha que é posta no fogo. A Siríaca parece adotar a primeira noção, traduzindo assim: 'meus ossos se tornam esbranquiçados como a lareira', pois assim ocorre com a chaminé ou a lareira com o fogo constantemente a queimar nela. A Caldaica traduz assim: 'como uma das pedras que são postas debaixo da panela ou do caldeirão.' Mas a LXX traduz assim: ὡσεί φρύγιον, 'como a lenha seca'; e a Latina: *sicut cremium*, 'como madeira seca inflamável', e que é mais aplicável à questão em foco; os ossos ou membros do corpo, seu ser ardente como madeira seca denota a rapidez com que consome a umidade radical, que logo termina consumindo tudo. E então todo o versículo se harmoniza com justeza: 'Meus dias murcham na fumaça', ou, talvez, 'terminando na fumaça, meus ossos ardem como lenha seca'."

5 "Tienent à ma peau." – *v.f.* "Adere a minha pele." *Carne* é mais literal; vejam-se, porém, Salmo 119.120 e Jó 19.20.

6 O pelicano é uma ave do ermo solitário, à qual os escritores sacros fazem freqüente alusão. Seu nome hebraico, קאת, *kaäth*, literalmente significa *o que vomita*, sendo derivado do verbo קוא, *ko, vomitar*. Ele tem um grande papo ou bolsa suspensa de seu bico ou garganta, a qual serve tanto como depósito para seu alimento quanto como uma rede para capturá-lo.

7 É bem provável que a coruja seja a ave aqui em pauta. A palavra original, כוס, *kos*, que evidentemente se deriva do verbo כסה, *kasah, esconder*, se aplica, com muita propriedade, para denotar aquela ave que constantemente se esconde durante o dia e entra em cena somente à noite. כוס, *kos*, é seguido na construção por חרבות, *charaboth*, oriundo de חרב, *charab, ser destruído* ou *devastado* (Is 60.12; Jr 26.8; Sf 3.6), que significa um lugar devastado ou desolado, como as ruínas de uma casa não habitada. A tradução própria, pois, seria não *a coruja do deserto*, mas *a coruja de um edifício desolado* ou *em ruínas*, que corresponde exatamente aos hábitos dessa ave; pois tais lugares em ruína, como se sabe muito bem, são seu refúgio ordinário onde, em solidão imperturbável, pode emitir seus lamentos melancólicos. O hábito da coruja em esconder-se da luz do dia e deleitar-se com a solidão descreve bem a sensibilidade com que o salmista, através da profundidade de sua tristeza, se esquiva da sociedade e curtia a reclusão. Bochart afirma que כוס aqui significa não *a coruja*, mas *a avestruz*, e se o salmista está se comparando com as duas aves especificadas em razão de sua gemido, isso parece favorecer essa tradução; pois a fêmea da avestruz tem um piado mais sinistro e lamentoso, muito semelhante à lamentação de um ser humano em profunda tristeza. Mas, como já se observou, o salmista parece referir-se não ao som lamentoso dessas aves, mas a sua condição solitária.

8 Há aqui uma referência ao teto plano das casas orientais, lugar costumeiro de retiro, nos tempos antigos, e mesmo hoje, para os habitantes desses países.

ser humano, pois, se examine à luz destas palavras. Se não preferirmos à Igreja a todos os demais objetos de nossa solicitude, somos indignos de ser contados entre seus membros. Sempre que encontrarmos formas de expressão tais como estas, recordemos que elas recriminam nossa indolência em não nos deixarmos afetar, como devíamos, com as aflições da Igreja. O salmista compara seus dias *a fumaça* e *seus ossos a pedras da lareira*, as quais, no transcurso dos dias, são consumidas pelo fogo. Por *ossos* ele quer dizer a força do homem. E, não fossem os homens desprovidos de sensibilidade, um espetáculo tão melancólico da ira de Deus seguramente teria o efeito de secar seus ossos e desgastar todo seu vigor.

4. Meu coração está ferido e seco como a erva. Aqui ele emprega uma terceira similitude, declarando que seu coração está emurchecido e totalmente seco como a erva ceifada. Sua intenção, porém, é expressar algo mais do que estar seu coração murcho e seus ossos reduzidos a um estado de sequidão. Sua linguagem implica que, à semelhança da erva quando cortada não pode mais receber a umidade da terra, não retém a vida e o vigor que se derivam da raiz, assim seu coração sendo, por assim dizer, rasgado e decepado desde a raiz, estava privado de sua nutrição natural. O significado da última sentença, **esqueci de comer meu pão**, é: Minha tristeza tem sido tão profunda que negligenciei meu alimento ordinário. Sabe-se que os judeus, durante seu cativeiro babilônico, tinham seu alimento; e teria sido uma evidência de sua queda em desespero pecaminoso houvessem eles passado fome até a morte. Mas o que ele tem em mente é que se encontrava tão aflito, em profunda tristeza, que recusava todos os deleites e se privava até mesmo do alimento e bebida. Os crentes genuínos podem cessar por algum tempo de fazer uso de seu alimento ordinário, quando, por meio do jejum voluntário, humildemente rogam a Deus que revogue sua ira; o profeta, porém, aqui não fala desse tipo de abstinência da subsistência física. Ele fala daquele efeito de extrema angústia mental que é acompanhada da supressão do alimento e do uso de tudo. Na conclusão do versículo, ele acrescenta que seu corpo estava, por assim dizer, consumido ou desgastado, de tal sorte que seus ossos aderiam a sua pele.

6. Tornei-me como um pelicano do deserto. Em vez de traduzir a palavra original, *pelicano*, alguns a traduzem *abetouro*; e outros, *cuco*. O termo hebraico aqui usado para *coruja* é traduzido pela Septuaginta, νυκτικοραξ, que significa *um morcego*.[9] Mas se os próprios judeus nutrem dúvidas quanto ao tipo de aves que estão aqui em pauta, nos seja suficiente simplesmente saber que neste versículo está em realce certas aves melancólicas cujo lugar de habitação é nos buracos dos montes e nos desertos, e cujo canto, longe de deleitoso e suave aos ouvidos, inspira com terror os que o ouvem. É como se ele dissesse: Estou afastado da sociedade dos homens e me tornei quase como um animal selvagem da floresta. Embora o povo de Deus habitasse numa região bem cultivada e fértil, todavia todo o país da Caldéia e Assíria lhes era como um deserto, visto que seus corações ainda estavam vinculados pelos mais fortes laços de afeição ao templo e a seu país natal do qual tinham sido expulsos. A terceira similitude, que é extraída dos *pardais*, denota a tristeza oriunda de uma profunda inquietude [de espírito]. A palavra צפור, *tsippor*, significa em geral qualquer tipo de ave; porém não tenho dúvida de que ela deve ser, aqui, entendida como sendo o pardal. Este é descrito como sendo uma ave *solitária* ou *sozinha*, porque se viu destituída de seu companheiro; e tão profundamente afetadas são essas pequenas aves quando se vêem separadas de seus companheiros, que sua tristeza excede quase que a toda e qualquer dor.[10]

---

9 "La translation Grecque há Nicticorax qaui est Chauvesouris." – *v.f.*

10 Embora Calvino se expresse como não tendo dúvida de que o que aqui se pretende é o pardal, a maioria dos expositores eminentes nutre uma opinião distinta, afirmando ser difícil conciliar com a natureza do pardal as idéias da quietude e solidão que o salmista representa como sendo a característica da ave a que ele compara. O pardal não é uma ave monótona e solitária que vive no topo das casas, nem tão tímida que se encafurne nos cantos para esconder-se e passar a maior parte da noite em insone ansiedade. Ele é gregário, comumente encontrado chilreando e voejando em grupos, criatura barulhenta que constrói seus ninhos nas habitações humanas. Cada parte da descrição leva à suposição de que alguma ave noturna é que está aqui subentendida, a qual instintivamente odeia a luz e só sai de seu esconderijo quando as sombras da noite descem

[vv. 8-11]
Meus inimigos me têm afrontado diariamente; e os que se enfurecem contra mim têm jurado contra mim.[11] Pois tenho comido cinzas como pão e misturado com lágrimas meu pranto [ou minhas lágrimas], por causa de tua indignação e tua ira; pois tu me levantaste e me arremessaste. Meus dias são como uma sombra que declina; e como erva vou secando.

8. Meus inimigos me têm afrontado. Os fiéis, com o fim de incitar a compaixão divina em seu favor, lhe contam que são não apenas objetos do motejo de seus inimigos, mas também que têm sido por eles amaldiçoados. A indignidade protestada consiste em que os ímpios triunfavam tão vergonhosamente contra o povo eleito ao ponto de roubar de suas calamidades a fórmula de juramento e imprecação. Equivalia considerar o destino dos judeus como um magistral padrão da linguagem de imprecação. Quando, pois, nos dias atuais os ímpios, de igual maneira, dão rédeas soltas derramando contra nós linguagem insultante, aprendamos a fortificar-nos com essa armadura, por meio da qual seja vencido esse tipo de tentação, por mais agudo que o mesmo seja. O Espírito Santo, ao ditar para os fiéis essa fórmula de oração, quis testificar que Deus se deixa comover por tais insultos e socorre seu povo; mesmo porque encontramos declarado em Isaías 37.23: "A quem afrontaste e blasfemaste? E contra quem alçaste a voz, e ergueste teus olhos ao

---

com o fim de caçar sua presa, e do meio dos fragmentos de alguma lúgubre ruína atrai a atenção do ser humano para sua voz lamentosa. Conseqüentemente, tem se pensado que o salmista faz referência a alguma espécie da coruja, distinta por seu piado plangente e de disposição solitária.
– *Paxton's Illustrations of Scripture*, Vol. II, pp. 355-357.
11 Horsley traduz a sentença conclusiva assim:
"E os libertinos fazem de mim seu padrão de execração."
"Houbigant", diz ele, "corretamente observa que o verbo נשבע, governando seus objetos pelo prefixo ב, significa *jurar por*, não *jurar contra*. Portanto, ele deve substituir נשבעו por outra palavra; a qual, contudo, não porta o mesmo sentido que ele pretende impor sobre ela. Secker tenta explicar o texto como está, mas, em minha opinião, sem sucesso, a menos que נשבע venha a significar *execrar* alguém a si próprio ou a outrem. Não encontro nenhum exemplo desse uso do verbo. Mas o [uso] do substantivo em Números 5.21 e em Isaías 65.15, pode parecer, em alguma medida, contrariar tal interpretação. As outras passagens a que ele faz referência são poucas para o propósito."

alto? Contra o Santo de Israel." E no versículo imediatamente precedente, o profeta diz: "A virgem, a filha de Sião, te despreza, de ti zomba; a filha de Jerusalém meneia a cabeça por detrás de ti." Certamente é um inestimável conforto que, quanto mais insolentes são nossos inimigos contra nós, mais impelido é Deus em nos socorrer. Na segunda sentença, o escritor inspirado expressa com mais veemência a crueldade de seus inimigos, ao falar de *sua fúria contra ele*. Como o verbo הלל, *halal*, o qual temos traduzido por *enfurecer*, geralmente significa *louvar*, pode aqui ser entendido como tendo, à guisa de antífrase, sentido que é o próprio oposto – *os que me desprezavam* ou *me repreendiam*. Mas é melhor seguir a interpretação comumente aceita. Há quem mantém que são tidos como *enfurecidos* porque manifestavam sua própria loucura, evidenciando de sua maneira de agir que eram pessoas sem préstimo; mas tal opinião faz demasiada violência ao texto. O sentido mais satisfatório é que o povo de Deus acusa os que o insultam de o tratar com crueldade ou ódio furioso.

9. Porque tenho comido cinzas no pão. Há quem crê que a ordem aqui está invertida, e que a letra כ, *caph*, sinal de similitude, que é posta antes de לחם, *lechem*, a palavra para *pão*, אפר, *epher*, a palavra para *cinzas*, deveria ser posta antes; como se dissesse: Não encontro alívio em meu pão mais do que em minhas *cinzas*; e a razão consiste em que a dor do coração produz aversão ao alimento. Mas o significado mais simples é que, ao ficarem prostrados no chão, eles, por assim dizer, lambiam a terra, *e assim comiam cinzas em vez de pão*. Para os que pranteavam era costume estender-se de bruço com o rosto no chão. O profeta, contudo, tencionava expressar uma idéia diferente – notifica que, quando tomava suas refeições, não havia mesa posta diante dele, senão que seu pão lhe era lançado ao chão de uma maneira torpe e repulsiva. Falando, pois, na pessoa dos fiéis, ele assevera que se encontrava tão prostrado em terra, que nem mesmo podia erguer-se para tomar sua refeição. A mesma idéia é expressa na última parte do versículo

– **Tenho misturado minha bebida com o pranto**; pois embora as carpideiras geralmente refreassem sua dor durante um curto tempo no qual se revigoravam com alimento, ele declara que seu pranto era sem intermissão. Alguns, em vez de lerem a primeira sentença, *como pão*, lêem *no pão*;[12] e como as duas letras, כ, caph, e ב, beth, se assemelham muito, prefiro ler *no pão*, que se harmoniza melhor com a segunda sentença.

10. Por causa de tua indignação e de tua ira. Ele então declara que a profundidade de sua tristeza procedia não só das dificuldades e calamidades externas, mas também do senso de que as mesmas representavam o castigo que lhe era aplicado por Deus. E seguramente nada há que fira mais profundamente nossos corações do que quando sentimos que Deus está irado conosco. O significado, pois, equivale a isto: Ó Senhor, não detenho minha atenção naquelas coisas que costumam envolver a mente dos homens profanos; antes, volvo meus pensamentos para a razão da ira; pois não estivesses tu irado contra nós, e estaríamos ainda usufruindo a herança que nos deste, da qual com justiça fomos expulsos por teu desprazer. Quando Deus, pois, nos golpeia com sua mão, não devemos meramente gemer sob os açoites a nós infligidos, como os homens insensatos costumam fazer, mas principalmente levar em conta a causa por que realmente fomos humilhados. Eis uma lição que deveria ser-nos de grande vantagem aprender.

A última sentença do versículo, **Tu me ergueste e me arremessaste**, pode ser entendida de duas formas. Como erguemos o que pretendemos arremessar ao chão com maior violência, a sentença poderia denotar um método violento de arremessar, como se ele quisesse dizer: Tu me esmagaste mais severamente, arremessando-me de ponta cabeça do alto, do que se meramente eu caísse da posição em que me encontrava.[13] Mas isso parece

---

12 Supondo que a leitura seja בלחם, *balechem*, em vez de כלחם, *calechem*; e à luz da semelhança na forma entre as letras ב e כ, os copistas poderiam facilmente ter lido a última pela primeira.

13 "O que está implícito por נשאתני, 'tu me ergueste' etc., deve ser julgado pelos antecedentes

ser outra ampliação de sua tristeza. Nada sendo mais amargo a uma pessoa do que ver-se ela reduzida a uma infeliz condição de extrema miséria, o profeta plangentemente se queixa de que o povo eleito fora privado das vantagens distintivas que Deus lhe havia conferido nos tempos de outrora, de modo que a própria lembrança de sua bondade de outrora, a qual devia proporcionar-lhes consolação, tornava ainda mais acerba sua dor. Tampouco o motivo da tristeza era o efeito da ingratidão por volver ele à ponderação sobre os benefícios divinos que antigamente receberam; visto que reconheciam que foram reduzidos a tal estado de miséria e degradação por causa de seus pecados. Deus não se deleita em condenar, depois de haver alguns experimentado sua bondade, como se pretendesse doravante privar-nos de sua bondade. Visto sua bondade ser inexaurível, assim sua bênção fluiria sobre nós sem intermissão, não fosse por nossos pecados que interrompem o curso dela. Ainda, pois, que a lembrança dos benefícios divinos deveria amenizar nossas angústias, todavia ainda é um grande agravo de nossa calamidade havermos descido de uma elevada posição e descobrirmos que temos provocado tanto sua ira, ao ponto de fazê-lo subtrair de nós sua mão benfazeja e liberal. E assim, ao considerarmos que a imagem de Deus, a qual distinguiu Adão, era o resplendor da glória celestial; e quando, ao contrário, vemos agora a ignomínia e degradação a que Deus nos tem submetido ao emblema de sua ira, tal contraste não pode seguramente deixar de fazer-nos sentir mais profundamente a miséria de nossa condição. Portanto, sempre que Deus, depois de haver-nos privado das bênçãos que outrora nos conferira, passa a reprovar-nos, aprendamos que temos muito maior motivo para lamentar-nos, visto que, através de nossa falha, retrocedemos da luz para as trevas.

---

imediatos, *indignação* e *ira*; com isso se quer dizer desprazer e ira veementes, e em Deus, em quem não se encontra ira, efetuar aquela analogia com o que procede da ira dos homens.

11. Meus dias são como a sombra que declina.[14] Quando o sol se encontra diretamente acima de nossa cabeça, ou, seja, ao meio-dia, não observamos as súbitas mudanças das sombras que sua luz produz; mas quando ele começa a declinar para o ocidente, as sombras variam a quase cada instante. Essa é a razão por que o escritor sacro faz expressa menção da *sombra que declina*. O que ele atribui à Igreja aflita de fato parece ser igualmente aplicável a todos os homens; mas ele tinha uma razão especial para empregar essa comparação com o fim de ilustrar a condição da Igreja quando sujeita à calamidade do exílio. É verdade que, assim que chegamos à velhice, nossa decadência avança rapidamente. Aqui, porém, a queixa consiste em que isso sobreveio ao povo de Deus na flor de sua idade. Pelo termo *dias* deve-se entender todo o curso de sua vida; e o significado é que o cativeiro era para os santos como o pôr-do-sol, visto que rapidamente desfaleciam. No final do versículo, a similitude da *erva que murcha*, usada um pouco antes, é reiterada para notificar que sua vida durante o cativeiro estava envolta em tantas dores que secava neles a própria seiva da vida. Isso tampouco surpreende, visto que viver em tal condição teria sido pior que cem mortes, não tivessem sido sustentados pela esperança de futuro livramento. Mas embora não estivessem totalmente esmagados pela tentação, pelo menos estavam em grande angústia, porquanto se viam abandonados por Deus.

[vv. 12-14]
E tu, ó Jehovah, permanecerás para sempre; e tua memória, de geração em geração. Tu te levantarás e terás misericórdia de Sião; pois o tempo de te apiedares dela, o tempo de te compadeceres dela, já chegou. Porque teus servos se deleitam em suas pedras e terão compaixão de seu pó.

---

14 Literalmente é: "Meus dias são como uma sombra estendida." Como o sol se estende no firmamento, a sombra de qualquer objeto terrestre gradualmente se estende e cresce até chegar a uma distância incrível, e desaparece. O salmista se queixa de que seus dias eram como uma sombra estendida quase a sua extensão máxima ao ponto de quase tornar-se trevas completas." Veja-se Salmo 119.23.

12. E tu, ó Jehovah, permanecerás para sempre. Quando o profeta, em busca de estímulo pessoal, se põe diante da eternidade de Deus, parece, à primeira vista, ser uma consolação um tanto forçada. Pois que benefício nos adviria por Deus assentar-se imutavelmente em seu trono celestial, quando, ao mesmo tempo, nossa frágil e perecível condição não nos permitem continuar estável por um só momento? E, o que é pior, tal conhecimento do bendito repouso que Deus desfruta nos capacita a melhor percebermos que nossa vida não passa de mera ilusão. O escritor inspirado, porém, evocando a lembrança das promessas pelas quais Deus declarou faria da Igreja o objeto de seu especial cuidado, e particularmente que o artigo extraordinário do pacto: "Habitarei em vosso meio" [Êx 25.8], e, confiando naquele sacro e indissolúvel laço, não hesita um só momento em representar todo o enfraquecimento dos santos, embora estivessem em um estado de sofrimento e miséria, como participantes dessa glória celestial na qual Deus habita. A palavra *memorial* deve ser também considerada na mesma luz. Que vantagem extrairíamos dessa eternidade e imutabilidade do Ser de Deus, a não ser que tenhamos em nossos corações o conhecimento dele, o qual é produzido por sua graciosa cobertura e gera em nós a confiança oriunda de uma mútua relação entre ele e nós? O significado, pois, é este: "Somos como a erva murcha; a todo instante nos degeneramos; não estamos distantes da morte; sim, já estamos, por assim dizer, habitando no túmulo; visto, porém, que tu, ó Deus, fez conosco um pacto, por meio do qual prometeste proteger-nos e defender teu próprio povo e te puseste em íntima relação conosco, nos dando a mais plena certeza de que habitarás sempre em nosso meio, em vez de desapontamento, devemos nutrir bom ânimo; e embora nada vejamos além de motivo de desespero, se dependermos somente de nós mesmos, devemos, não obstante, erguer nossa fronte e olhar para o trono celestial, donde por fim estenderás tua mão para socorrer-nos." Quem estiver familiarizado, mesmo que moderadamente, com os escritos sacros, prontamente reconhecerá que estamos sempre sitiados pela morte, de variadas formas, e assim arrazoará: Visto que ele continua sendo imutavelmente o mesmo – "sem variedade nem sombra de mudança" –, nada pode impedi-lo de ajudar-nos; e isso ele fará porque temos sua palavra, por meio da qual ele se pôs sob obrigação para conosco, e porque ele depositou conosco seu próprio memorial, o qual contém em si um sacro e indissolúvel vínculo de comunhão.

13. Tu te erguerás e terás misericórdia de Sião. Temos aqui a conclusão extraída da verdade expressa no versículo anterior – Deus é eterno, e por isso ele terá compaixão de Sião. A eternidade de Deus deve ser considerada como que impressa no memorial, ou palavra, por meio da qual ele se pôs sob obrigação de manter nosso bem-estar. Além disso, visto ele não ser destituído de poder, e visto ser impossível que ele negue a si mesmo, não devemos nutrir nenhuma preocupação de ele deixar de cumprir, em seu tempo próprio, o que prometeu. Já observamos, em outra parte, que o verbo *erguer* tem referência ao que se faz evidente com os olhos dos sentidos; pois embora ele continue sempre imutável, todavia, ao publicar seu poder, ele também manifesta sua majestade por meio do ato externo, como é chamado.

Ao tratar o profeta da restauração da Igreja, ele apresenta a misericórdia divina como sua causa. Ele representa esta misericórdia sob um duplo aspecto, e por isso emprega palavras distintas. Em primeiro lugar, como no tema ora em consideração, os bons méritos dos homens estão inteiramente fora de questão; e como Deus não pode ser levado a edificar sua Igreja movido por alguma causa externa a si próprio, o profeta conecta a causa dela unicamente com o beneplácito de Deus.

Em segundo lugar, ele contempla esta misericórdia como estando conectada com as promessas divinas. **Tu terás misericórdia de Sião, quando chegar o tempo designado, segundo teu beneplácito.** Entrementes, é preciso observar que, ao magnificar a misericórdia divina, seu desígnio era ensinar aos verdadeiros crentes que sua segurança dependia tão-somente dela. Mas agora temos que atentar para o tempo aludido. A palavra מוֹעֵד, *moed*, significa todo tipo de dias fixados ou designados. Há, pois, além de toda dúvida, uma referência à profecia de Jeremias, registrada no capítulo 29 de seu livro, no versículo 10, e reiterada no último capítulo do segundo livro de Crônicas, no versículo 21. A fim de que os fiéis não mergulhassem no desespero, em decorrência da longa continuação de suas calamidades, precisavam ser sustentados pela esperança de que lhes fora designado por Deus um ponto final de seu cativeiro, e que o mesmo não se estenderia além de setenta anos. Daniel se dedicou à meditação sobre esse mesmo tópico, quando "ele volveu seu rosto para o Senhor Deus, a buscar, por meio de oração e súplicas", o restabelecimento da Igreja [Dn 9.2]. De modo semelhante, o objetivo ora almejado pelo profeta era estimular a si e a outros à confiança em oração, focalizando Deus no tocante a esta memorável profecia, como um argumento para induzi-lo a levar a bom termo o melancólico cativeiro deles. Seguramente, se em nossas orações não nos lembrarmos das promessas divinas, nossos desejos serão meramente lançados ao ar como fumaça. Entretanto, é preciso observar que, embora o tempo do livramento prometido estivesse às portas, ou já houvesse chegado, todavia o profeta não interrompe o exercício da oração, ao qual Deus nos incita por meio de sua palavra. E embora o tempo já estivesse estabelecido, todavia ele invoca a Deus, como se ainda estivesse recorrendo exclusivamente a seu gracioso beneplácito. Pois as promessas por meio das quais Deus se pusera sob a obrigação em relação a nós de modo algum obscurece sua graça.

14. Pois teus servos têm prazer em suas pedras. Restringir isso à pessoa de Ciro e Dario é totalmente insustentável. De fato não surpreende encontrar os doutores judaicos à caça, com excessiva energia, de tolas sutilezas; eu, porém, me sinto surpreso que alguns de nossos comentaristas modernos subscrevam uma interpretação tão pobre e árida. Estou certo de que, em alguns lugares, os descrentes e os perversos são chamados servos de Deus, como em Jeremias 25.9, porque Deus faz deles seus instrumentos para a execução de seus juízos. Não só isso, admito que Ciro é chamado pessoalmente *servo escolhido de Deus* [Is 44.28], mas o Espírito Santo não teria concedido um título tão honroso, nem a ele nem a Dario, sem alguma qualificação. Além disso, é provável que este Salmo foi composto antes que o decreto fosse publicado, o qual concedia ao povo liberdade para regressar a seu país natal. Portanto, segue-se que unicamente o povo de Deus foi incluído no catálogo de seus servos, porque seu propósito visa a que, durante toda sua vida, obedecesse ele sua vontade em todas as coisas. O profeta, não tenho dúvida, fala em termos gerais de toda a Igreja, notificando que este não era o desejo nutrido meramente por um único homem, mas que era partilhado por todo o corpo da Igreja. Por mais eficazmente sentisse Deus induzido a ouvir sua oração, ele convoca todos os santos que viviam então no mundo a se unirem a ele na mesma solicitude e súplica. Inquestionavelmente, muito contribui para aumentar a confiança de sucesso, quando todo o povo de Deus, congregado, faz súplicas, como a voz de uma única pessoa, segundo a afirmação do Apóstolo Paulo: "Ajudando-nos também vós com orações por nós, para que, pela mercê, que por muitas pessoas nos foi feita, por muitas também sejam dadas graças a nosso respeito" [2Co 1.11].

Demais, quando os materiais deformados que restaram das ruínas do templo e da cidade são enfaticamente denominados *as pedras de Sião*, isso se destina a indicar não só que os fiéis nos tempos de outrora foram afetados pelo esplendor externo do templo, quando, além de atrair os olhos dos homens, tinham o poder de extasiar com admiração todos seus sentidos, mas também que, embora o templo estivesse destruído, e nada se via em seu lugar senão horrenda desolação, todavia o afeto por ele continuava inalterável, e reconheciam a glória de Deus em suas pedras calcinadas e restos deploráveis. Como o templo fora construído pela designação divina, e como Deus prometera sua restauração, sem dúvida era próprio e oportuno que os santos não se desvanecessem em seu afeto por suas ruínas. Entrementes, como um antídoto contra a desestimulante influência do viu desdém dos pagãos, eles exigiam que se buscasse na palavra divina algo mais que aquilo que se apresentava a seus olhos corporais. Sabendo que o próprio local do templo fora consagrado a Deus, e que aquele sagrado edifício tinha de ser reconstruído no mesmo lugar, não cessavam de considerá-lo com reverência, ainda que suas pedras estivessem em desordem, mutiladas e quebradas, e montões de restos inúteis eram vistos espalhados aqui e ali. Mais triste é a desolação a que a Igreja tem sido conduzida, a menos que nossos afetos estejam alienados dela. Sim, ao contrário, essa compaixão que os fiéis de então exerceram[15] deve arrancar de nós suspiros e gemidos; e quisera Deus que a melancólica descrição nesta passagem não fosse tão aplicável a nossa própria época como de fato é! Ele, sem dúvida, tem suas igrejas erigidas em alguns lugares, onde é adorado com pureza; mas, se erguermos nossos olhos para o mundo todo, visualizaremos sua palavra por toda parte tripudiada e seu culto maculado por incontáveis abominações. Sendo esse o caso, seu santo templo é por toda parte ousadamente demolido e permanece num estado de deplorável desolação; sim, mesmo as pequenas igrejas nas quais ele habita são diaceradas e dispersas. O que são esses humildes monumentos quando comparados com aquele esplêndido edifício descrito por Isaías, Ezequiel e Zacarias? Não obstante, nenhuma desolação deve impedir-nos de amar as próprias pedras e pó da Igreja. Deixemos os papistas vangloriar-se de seus altares, seus esplêndidos edifícios e suas demais exibições, pompas e esplendores; pois toda essa pagã magnificência nada mais é senão uma abominação aos olhos de Deus e de seus anjos, enquanto as ruínas do verdadeiro templo são sacras.

---

15 "Mais qui plus est ceste *compassion* que les fideles out tenu lors." – *v.f.*

[vv. 15-18]
E as nações temerão o nome de Jehovah,[16] e todos os reis da terra, tua glória. Pois Jehovah tem edificado Sião e tem aparecido em sua glória. Ele tem considerado a oração do solitário[17] e não desprezou suas orações.[18] Isso será registrado para a geração que há de vir; e o povo a ser criado o louvará.[19]

15. E as nações temerão o nome de Jehovah. Aqui o profeta descreve o fruto que resultaria do livramento das antigas tribos; ou, seja, que com isso a glória de Deus se tornaria eminente entre nações e reis. Ele afirma tacitamente que, quando a Igreja se acha oprimida, a glória divina é ao mesmo tempo vilipendiada; ainda quando o Deus de Israel, sem dúvida, no período referido, era menosprezado pelos ímpios, como se estivesse destituído do poder de socorrer seu povo. Portanto, declara-se que, se ele os redimir, propiciará uma prova tão notável de seu poder que constrangerá os gentios a reverenciarem Àquele a quem condenavam.

A parte conclusiva do versículo 16, **Ele apareceu em sua glória**, aponta para a manifestação que Deus fez de si quando arrancou sua Igreja das trevas da morte; mesmo porque lemos em outra parte concernente a seu primeiro livramento: "Judá era seu santuário e

---

16 "Craindront ton nom, Seigneur." – *v.f.* "Temerá seu nome, ó Senhor!"
17 A palavra original para *o solitário* é הרער, *ha-ârâr*; e como ערער significa a *tamargueira* ou *murta*, alguns a traduzem "o homem aflito ou rejeitado"; sendo a murta um emblema de um vil e desprezível estado da Igreja. Conseqüentemente, na Caldaica temos: "a oração do desolado"; e na Septuaginta: "a oração do humilde". Houbigant deriva a palavra de רעע, *frangere, quebrar*, e a traduz: "o aflito". Outros lêem: "o destituído", presumindo ser a palavra oriunda de ערה, *estava nu*, como Fry: "Quando ele se voltou para a oração do destituído – o povo se esvaziou e derramou – feito nu ou despido." Outros preferem a versão: "Ele o considerou enquanto estimulava sua oração", como se a raiz do termo hebraico fosse עור, *excitar*.
18 Horsley traduz no presente os verbos dos versículos 16 e 17:
"Realmente Jehovah está edificando Sião;
Ele aparece em sua glória.
Ele considera a oração do destituído,
E sua oração ele não despreza."
Ele considera o Salmo como uma "oração e lamentação de um crente no tempo da última perseguição anticristã"; e depois de observar que os versículos 16 e 17 são traduzidos por nossa Bíblia inglesa no futuro, diz: "Tais futuros, no original, são todos presentes: edifica, aparece, considera e não despreza. O salmista, em sua confiança, fala do evento como em realização."
19 "Le Seigneur." – *v.f.* "O Senhor." No hebraico, temos יה, *Jah*.

Israel, seu domínio" [Sl 94.2]. De igual forma, na presente passagem, ao congregar novamente a si seu povo que estivera disperso, e ao soerguer sua Igreja, por assim dizer, dentre os mortos para a vida, ele apareceu em sua glória. Por certo que não é uma consolação comum saber que o amor de Deus para conosco é tão incomensurável que manifestará sua glória em nossa salvação. É verdade que, quando os judeus piedosos se encontravam imersos em suas aflições, a ação do poder divino estava oculta deles; mas eles, não obstante, sempre a visualizaram pelos olhos da fé e no espelho das promessas divinas.

17. Ele tem considerado a oração do solitário. É digno de nota que o livramento das tribos eleitas seja atribuído às orações dos fiéis. A mercê divina era deveras a única causa que o levou a livrar sua Igreja, visto que graciosamente lhe prometera essa bênção. Mas, para incitar os verdadeiros crentes a uma mais profunda solicitude à oração, ele promete que, o que propusera fazer movido por seu próprio beneplácito, ele concederia em resposta a seus pedidos. Tampouco existe alguma inconsistência entre estas duas verdades, a saber: que Deus preserva a Igreja no exercício de sua soberana mercê, e que ele a preserva em resposta às orações de seu povo. Pois, visto que suas orações se acham conectadas às promessas graciosas, o efeito daquelas depende inteiramente destas. Ao dizer que *as orações do solitário* foram ouvidas, não se deve entender as orações de um único homem (pois, na sentença imediatamente seguinte, usa-se o plural), mas de todos os judeus, enquanto permaneciam lançados fora de seu próprio país e viviam exilados em terra estranha, são chamados *solitário*, porque, embora os países da Assíria e Caldéia fossem notavelmente férteis e deleitosos, todavia esses miseráveis cativos, como já observei previamente, perambulavam como por um deserto. E como naquele tempo esse povo solitário obteve favor por seus lamentos, assim agora, quando os fiéis se acham dispersos e destituídos de suas assembléias regulares, o Senhor ouvirá seus gemidos nessa desolada dispersão, contanto que todos eles, de comum acordo e com fé inabalável, sinceramente aspirem a restauração da Igreja.

18. Isso será registrado para a geração que há de vir. O salmista magnifica ainda mais o fruto do livramento de seu povo, com o propósito de estimular a si e a outros na esperança de obter o objeto de suas orações. Ele afirma que essa será uma memorável obra de Deus, cujo louvor será entoado por gerações sucessivas. Muitas coisas são dignas de encômios, as quais são logo esquecidas; o profeta, porém, faz distinção entre a salvação da Igreja, em prol da qual ele faz súplica, e os benefícios comuns. Pelo termo *registro* ele tem em mente que a história desse fato seria digna de figurar nos registros públicos, cujo memorial seria transmitido a gerações futuras. Há nas palavras um belo contraste entre a nova criação do povo e a presente destruição, do qual os intérpretes impropriamente omitem qualquer observação. Quando o povo foi expulso de seu país, a Igreja foi igualmente extinta. Seu próprio nome parecia estar morto, quando os judeus se misturaram entre as nações pagãs e não mais constituíam um corpo distinto e unido. Seu regresso, conseqüentemente, foi por assim dizer um segundo nascimento. Por conseguinte, o profeta com propriedade espera uma nova criação. Embora a Igreja houvesse perecido, ele se persuadia de que Deus, por seu prodigioso poder, a faria ressurgir da morte para a vida renovada. Esta é uma passagem extraordinária, mostrando que a Igreja nem sempre é tão preservada que continue aparentemente viva, mas que, quando ela parece estar morta, é subitamente recriada, segundo o beneplácito divino. Portanto, que nenhuma desolação que porventura sobrevenha à Igreja nos prive da esperança de que, como Deus uma vez do nada criou o mundo, assim sua obra é fazer sua Igreja sair das trevas da morte.

[vv. 19-22]
Pois ele olhou do alto de sua santidade;[20] Jehovah olhou dos céus para a terra a fim de ouvir o gemido do prisioneiro; a fim de livrar os filhos da

---

20 "Du haut lieu de son sanctuaire." – *v.f.* "do alto de seu santuário."

morte;[21] para que o nome de Jehovah seja declarado em Sião e seu louvor, em Jerusalém; quando os povos [ou as nações] se congregarem e os reinos servirem a Jehovah.

19. Pois ele olhou do alto de sua santidade. Agora o profeta contempla o livramento pelo qual aspira com sôfrego desejo, como se já estivesse concretizado. Para que a malignidade dos homens não tente obscurecer uma bênção celestial tão magistral, ele publicamente e em termos expressos reivindica para Deus seu fiel louvor; e o povo foi constrangido de muitas formas a reconhecer nele a mão divina. Muito antes que fossem arrastados para o cativeiro, esta calamidade fora predita, ou, seja: que quando ela ocorresse o juízo divino claramente se manifestaria; e ao mesmo tempo que o livramento lhes fora prometido, setenta anos foi o tempo designado para sua duração. Portanto, a ingratidão dos homens não poderia engendrar ou inventar alguma outra causa à qual pudessem atribuir seu regresso, senão o mero beneplácito divino. Conseqüentemente, lemos que *Deus olhou do céu*, para que os judeus não atribuíssem à graça e favor de Ciro o livramento que evidentemente procedia do céu. *O alto de sua santidade* ou *santuário* é aqui equivalente a céu. Como o templo, em algumas partes da Escritura [Sl 26.8 e 76.2], é chamado "a habitação de Deus", em referência aos homens, assim também, para que não imaginemos que haja alguma coisa terrena em Deus, ele é designado como que habitando o céu, não porque ele esteja enclausurado ali, mas para que o busquemos para além do mundo [físico].

20. A fim de ouvir o gemido do prisioneiro. Aqui o profeta reitera uma vez mais o que previamente tocara de leve sobre a oração, com o fim de novamente estimular os corações dos santos a engajarem-se

---

21 "C'est, ceux qui estoyent jugez à mort." – Nota *v.f.m.* "Isto é, os que foram designados para a morte, ou destinados a morrerem." "*Filhos* da morte" é um hebraísmo. "Segundo o idioma hebraico, aquilo que é o efeito, o objeto, a produção de outro elemento, ou de algum modo quase se pode dizer lhe pertence, é chamado 'o filho' do outro elemento. A expressão nos é tão natural, que quase não temos consciência de sua origem, a qual parece estar presente nos escritores hebreus." – *Mant.*

nesse exercício, e para que, após seu livramento, soubessem que o mesmo lhes fora concedido em resposta a sua fé, porque, dependendo das promessas divinas, remeteram ao céu seus gemidos. Ele os chama *prisioneiros*, pois embora não estivessem presos com grilhões, seu cativeiro se assemelhava à mais rigorosa prisão. Sim, ele afirma um pouco depois que *foram devotados à morte*, dando-lhes a entender que sua vida e segurança teriam sido totalmente sem esperança, caso não tivessem sido libertados da morte pelo poder extraordinário de Deus.

21. Para que o nome de Jehovah seja declarado em Sião. Aqui se celebra um fruto ainda mais amplo e rico desse livramento, além do previamente mencionado, a saber: que os judeus não só seriam unidos em um só corpo para darem graças a Deus, mas que, quando regressassem a seu próprio país, também reuniriam a si reis e nações na mesma unidade de fé e no mesmo culto divino. Naquele tempo era algo totalmente inacreditável não só que os louvores de Deus ressoassem dentro de um curto período, como nos dias de outrora, no mesmo templo que se achava calcinado e em completas ruínas,[22] mas também que as nações surgiriam de todos os lados e se associariam aos judeus no serviço divino, que então se assemelhavam a cadáveres putrefatos. O profeta, com o fim de inspirar o povo com a esperança de regressar a sua própria terra, argumenta dizendo que era impossível que o lugar que Deus escolhera para si fosse deixado em perpétua desolação; e declara que, longe de ser esse o caso, haveria um novo motivo para se louvar a Deus, visto que seu nome seria adorado por todas as nações e a Igreja consistiria não de uma única nação, mas do mundo inteiro. Sabemos que isso se cumpriu sob a administração de Cristo, como foi anunciado em profecia pelo santo patriarca: "O cetro não se apartará de Judá, nem o legislador dentre seus pés, até que venha Siló; e *a ele se congregarão os povos*" [Gn 49.10]. Mas, como os profetas costumavam, ao celebrarem o livramento do cativeiro babilônico, estendê-lo à vinda de Cristo, o poeta inspirado, neste lugar, tira proveito não só

---

22 "Qui estoit bruslé et du tout ruiné." – *v.f.*

de uma parte do tema, mas leva a bom termo a graça de Deus até sua consumação. E embora não fosse necessário que todos os convertidos a Cristo subissem a Jerusalém, todavia, seguindo o método usual de expressão dos profetas, ele estabelece a observância do culto divino que fora designado sob a lei como uma característica da genuína piedade. Além do mais, podemos aprender desta passagem que o nome de Deus nunca é melhor celebrado do que quando a verdadeira religião é extensamente propagada e quando a Igreja cresce, a qual por essa conta é chamada "plantações do Senhor, para que ele seja glorificado" [Is 61.3].

[vv. 23-28]
Ele afligiu minha força no caminho e abreviou meus dias. Eu disse: Ó meu Deus, não me leves no meio de meus dias; pois[23] teus anos são de geração a geração. Desde a antiguidade fundaste a terra, e os céus são obra de tuas mãos. Eles perecerão; tu, porém, durarás; e todos eles envelhecerão como um manto; como roupa os mudarás, e serão mudados. Tu, porém, és o mesmo,[24] e teus anos não falharão.[25] Os filhos de teus servos continuarão, e sua semente será estabelecida perante ti.

23. Ele afligiu minha força no caminho. Há quem impropriamente restringe esta queixa ao tempo em que os judeus se viram sujeitos a muito aborrecimento depois que se lhes concedeu a liberdade de

---

23 "Car." – Este suplemento não se encontra na versão latina.

24 A palavra original para *o mesmo* é הוא, *hua*, literalmente, *Ele* – "Mas tu és Ele", isto é, *o* Eterno; *necessariamente eterno*; e, conseqüentemente, imutável e imperecível. "A palavra hebraica parece ser um dos nomes divinos, como se fosse dito: 'Aquele que possui existência permanente, que existe eminentemente.' Lowth observa que ela às vezes é equivalente ao Deus verdadeiro e eterno, e que a frase, neste lugar, expressa a eterna e imutável natureza de Deus." – *Mant.*

25 Este versículo e os dois precedentes são aplicados pelo apóstolo a Cristo em Hebreus 1.10, 11, 12, como prova de sua superioridade aos anjos. Nesta passagem, tudo indica que é Cristo a pessoa em pauta; pois se a inspiração do apóstolo for admitida, a exatidão de sua interpretação das Escrituras veterotestamentárias não pode ser posta em dúvida. É evidente que aplicações impróprias seria inconsistente com seu modo de falar sob a infalível orientação do Espírito de Deus. E se esses versículos forem aplicáveis ao Salvador dos homens, eles contêm uma prova irrefutável de sua divindade essencial. Ele é chamado *Jeová* por todo o Salmo, nome esse peculiar unicamente a Deus; a criação de todas as coisas diz-se ser realizada por ele, obra essa peculiar unicamente a Deus; atribuem-se-lhe eternidade e imutabilidade, atributos esses, no sentido restrito e absoluto, pertencentes exclusivamente a Deus.

regressarem a sua própria terra. Devemos, antes, entender a palavra *trajetória* ou *caminho* em um sentido metafórico. Como a manifestação de Cristo era o alvo da corrida que o antigo povo de Deus estava empreendendo, com razão se queixam de que eram afligidos e enfraquecidos em meio a seu curso.[26] E assim eles confrontam Deus com sua promessa, dizendo-lhe que, embora não houvessem corrido a esmo, mas que tinham confiado em sua proteção, foram, não obstante, quebrados e esmagados por sua mão no meio de sua jornada. Na verdade não tinham encontrado falha nele, como se sua esperança fosse frustrada, mas estavam plenamente persuadidos de que ele não trata enganosamente os que o servem, com esta queixa se fortalecem na esperança de um resultado favorável. No mesmo sentido, eles acrescentam que **seus dias eram abreviados**, porque dirigiam seus olhos rumo à plenitude do tempo, a qual ainda não havia chegado porque Cristo ainda não havia se revelado.[27]

Por conseguinte, segue o versículo 24: **Não me elimines no meio de meus dias**. Eles comparam o período interveniente até Cristo como que surgindo no meio da vida; pois, como já observei, a Igreja só alcançou sua era perfeita em sua vinda. Esta calamidade, sem dúvida, fora prevista, mas a natureza do pacto que Deus sancionou com seu antigo povo requeria que ele os tomasse sob sua guarda e os defendesse. O cativeiro, pois, era, por assim dizer, um violento rapto, por cuja causa os santos oravam com a mais intensa confiança, para que não fossem prematuramente arrebatados em meio a sua trajetória. Ao falar assim, não fixam para si um determinado limite de vida, mas, como Deus, ao adotá-los graciosamente,

---

26 *Caminho* ou *jornada* é um termo amiúde usado na Escritura para denotar o curso da vida de uma pessoa. E aqui o salmista fala, como outros escritores sacros fazem com freqüência, de toda a nação judaica, como se fosse um só homem, e de seu avanço que duraria até a vinda de Cristo, como se fosse a vida de um só homem. Estava agora, por assim dizer, apenas no meio de seu curso. Uma atenção para esta observação fará com que o leitor entenda a exposição de Calvino sobre esta passagem.

27 Conseqüentemente, a ruína e desolação a que pareciam ter sido entregues pelo cativeiro babilônico eram como se seus dias fossem cortados ou abreviados.

lhes dera o princípio de vida com a garantia de que os manteria até o advento de Cristo, podiam licitamente evocar e reivindicar esta promessa. Era como se dissessem: Senhor, tu nos prometeste a vida, não por uns poucos dias, nem por alguns meses ou anos, mas até que renoves o mundo inteiro e congregues todas as nações sob o domínio de teu Ungido.

Qual, pois, é a intenção do profeta quando ora: **Não nos faças perecer no meio de nossos anos?**[28] A razão declarada na sentença imediatamente seguinte: **Teus anos são de geração a geração**, parece ser completamente inaplicável no presente caso. Só porque Deus é eterno, segue-se, pois, que os homens também sejam eternos? No Salmo 90.2, porém, demonstramos como podemos com propriedade evocar sua eternidade, como um motivo de confiança em referência a nossa salvação; pois ele deseja ser conhecido como eterno, não só em sua misteriosa e incompreensível essência, mas também em sua palavra, segundo a declaração do profeta Isaías: "Toda carne é erva e toda sua beleza como a flor do campo. Seca-se a erva e cai a flor, soprando nela o Espírito do Senhor. Na verdade o povo é erva. Seca-se a erva, e cai a flor, porém a palavra de nosso Deus subsiste eternamente" [Is 40.6-8]. Ora, visto que Deus nos une a si por meio de sua palavra, por maior que seja a distância entre nossa frágil condição e sua glória celestial, nossa fé, não obstante, penetra esse bendito estado donde ele contempla nossas misérias. Embora a comparação entre sua eterna existência e a breve duração da vida humana seja introduzida também com outro propósito,

---

28 "Possivelmente o salmista (o qual alguns intérpretes eruditos supõem ser Daniel) tenha em vista aquela profecia de Daniel 9.24, 25, a qual provavelmente foi publicada antes deste tempo; porque este tempo era quase precisamente o meio dos dias entre a edificação do templo material por mãos de Salomão e a edificação do templo espiritual, ou a Igreja, por mãos do Messias; havendo cerca de mil anos de distância entre esses dois períodos, dos quais setenta semanas proféticas ou quatrocentos e noventa anos estavam ainda por vir. E assim ele ora para que Deus não os sepultasse no cativeiro babilônico, mas que graciosamente lhes restaurasse sua própria terra e os preservasse como Igreja e nação ali, até a vinda do Messias." – *Poole's Annotations*.

mas quando ele vê que os homens passam por um breve momento e rapidamente se desvanecem, isso o move à compaixão, como oportunamente se declarará de forma mais extensa.

25. Tu na antigüidade fundaste a terra. Aqui o escritor sacro amplia o que previamente afirmara, declarando que, em comparação a Deus, o mundo inteiro é uma forma que se desvanece com muita rapidez; e no entanto um pouco depois ele representa a Igreja como isenta dessa comum sorte de todas as coisas terrenas, porque ela tem como seu fundamento a palavra de Deus, enquanto sua segurança é garantida pela mesma palavra. Portanto, dois temas são aqui apresentados para nossa consideração. O primeiro consiste nisto: visto que os próprios céus são aos olhos de Deus quase tão evanescentes quanto a fumaça, a fragilidade de toda a raça humana é tal que bem poderia excitar sua compaixão; e o segundo consiste nisto: embora não haja estabilidade nos céus e na terra, todavia a Igreja continuará firme para sempre, porque ela é sustentada pela verdade de Deus. Pela primeira dessas posições, os crentes genuínos são ensinados a considerar com toda humildade, quando se chegam à presença de Deus, quão frágil e transitória é sua condição, que nada podem trazer consigo senão sua própria vaidade. Esse aviltamento pessoal é o primeiro passo para nossa obtenção de favor aos olhos de Deus, mesmo quando ele também afirme que, à vista de nossas misérias, se deixa mover de compaixão por nós. A comparação tomada dos céus é uma ilustração muito feliz; por quanto tempo continuamos a existir, quando contrastado com o breve espaço da vida humana, a qual passa ou, melhor, voa tão velozmente? Quantas gerações de seres humanos já passaram desde a criação, enquanto os céus ainda continuam em meio a essa contínua flutuação? Além disso, tão belo é seu arranjo, e tão excelente sua estrutura, que todo seu arcabouço é declarado como o produto das *mãos de Deus*.[29] E todavia nem o longo período durante o qual os

---

29 "A frase é emprestada do fato de que *as mãos* são os instrumentos pelos quais os homens comumente realizam alguma operação; e isso é, como outras operações e feitos humanos, figuradamente transferido para Deus." – *Stuart sobre Hebreus* 1.10.

céus têm existido, nem seu belo adorno, os isentará de perecer. O que, pois, será de nós, pobres mortais, que morremos quando mal acabamos de nascer? Porque não há parte de nossa vida que não se apresse velozmente para a morte.

Entretanto, nem todos os intérpretes explicam no mesmo sentido estas palavras: **Os céus perecerão**. Alguns as entendem como que expressando simplesmente a mudança que experimentarão, a qual será uma espécie de destruição; pois embora não serão reduzidos a nada, todavia tal mudança de sua natureza, como se pode qualificar, destruirá o que é mortal e corruptível neles, de modo a se tornarem, de certa forma, céus diferentes e novos. Outros explicam as palavras condicionalmente, e fazem o suplemento: "Se assim for do agrado de Deus", considerando como algo absurdo dizer que os céus estão sujeitos à corrupção. Mas, primeiramente não há necessidade de introduzir tais palavras suplementares, as quais obscurecem o sentido, em vez de torná-lo mais claro. Em segundo lugar, esses expositores impropriamente atribuem aos céus um estado imperecível, do qual Paulo declara que "gemem e sofrem as dores do parto", como a terra e demais criaturas, até o dia da redenção [Rm 8.22], porque estão sujeitos à corrupção; aliás, não voluntariamente, nem em sua própria natureza, mas porque o homem, ao precipitar-se de ponta cabeça na destruição, arrastou o mundo inteiro a uma participação da mesma ruína. Duas coisas devem estar aqui em pauta: primeiro, que os céus estão realmente sujeitos à corrupção em decorrência da queda do homem; e, segundo, que serão tão renovados ao ponto de justificar o profeta quando diz que *perecerão*; pois tal renovação será tão completa que eles não serão os mesmos, mas outros céus. Equivale dizer que, para todo lado que volvamos nossos olhos, nada vemos senão motivo de desespero enquanto não formos para Deus. O que há em nós senão podridão e corrupção? E o que mais somos nós senão um espelho da morte? Além disso, quais são as mudanças que o mundo inteiro experimenta senão um tipo de presságio? sim, um prelúdio de destruição? Se toda a estrutura do mundo se apressa para seu fim, o que será da raça humana? Se todas as nações estão condenadas a perecer, que estabilidade haverá nos homens individualmente considerados? Não devemos, pois, buscar estabilidade em nenhuma outra parte senão em Deus.

28. Os filhos de teus servos continuarão. Com estas palavras o profeta insinua que não pede a preservação da Igreja por ser ela uma parte da raça humana, mas porque Deus a elevou acima das revoluções do mundo. E, indubitavelmente, quando ele nos adotou como seus filhos, seu desígnio era acalentar-nos, por assim dizer, em seu próprio seio. A inferência do poeta inspirado não é, portanto, artificial, quando, em meio a inumeráveis tormentas, cada uma das quais podendo arrebatar-nos, ele espera que a Igreja tenha uma existência permanente. É verdade que quando, por nossa própria falha, nos tornamos alienados de Deus, somos também, por assim dizer, cortados da fonte da vida; mas tão logo nos reconciliamos com ele, também recomeça a derramar sobre nós suas bênçãos. Donde se segue que os verdadeiros crentes, quando são regenerados pela semente incorruptível, continuarão vivendo depois da morte, porque Deus continua sendo imutavelmente o mesmo. Pelo termo *continuar* deve-se entender uma herança permanente e eterna.

Quando se diz que a semente dos servos de Deus será estabelecida *ante sua face*, o significado é que não é segundo o método do mundo, nem segundo o modo em que os céus e a terra são estabelecidos, que a salvação dos verdadeiros crentes se faz estável, mas por causa da santa união que existe entre eles e Deus. Pelas expressões *a semente* e *filhos* dos santos deve-se entender não todos seus descendentes sem exceção – porquanto muitos dos que nascem segundo a carne se tornam degenerados –, mas os que não se desviam da fé de seus pais. Gerações sucessivas são expressamente postas em destaque, porque o pacto se estende mesmo a eras futuras, como veremos no Salmo subseqüente. Se firmemente guardarmos o tesouro da vida a nós confiado, embora venhamos a ser visitados por inumeráveis mortes, não hesitemos em lançar a âncora de nossa fé no céu, para que a estabilidade de nosso bem--estar repouse em Deus.

Salmo 103

Por meio deste Salmo cada santo é instruído a dar graças a Deus pelas mercês que lhe são outorgadas em particular, e então pela graça que Deus concede a todos seus escolhidos em comum, fazendo um pacto de salvação com eles em sua lei, a fim de os tornar participantes de sua adoção. O salmista, porém, magnifica principalmente a misericórdia por meio da qual Deus sustenta e nutre seu povo; e que não é por conta de seus méritos e dignidade, porquanto só merecem ser visitados com severo castigo, mas porque ele se compadece de sua fragilidade. O Salmo é por fim concluído com uma atribuição geral de louvor a Deus.

Salmo de Davi.[1]

---

1 O autor deste belo e afetuoso Salmo foi Davi; mas o tempo e ocasião de sua composição são incertos. Alguns são de opinião que ele é um cântico de gratidão pela recuperação de Davi de alguma enfermidade perigosa. Outros pensam que ele foi escrito ao receber ele a certeza de que seu grande pecado no caso de Batseba e Urias fora perdoado. "Não me sinto preparado a dizer", observa Walford, "que tal opinião seja certamente correta; mas como não é um tema de muita importância, estou disposto a concordar com ela. Se esse foi o caso, então temos dois exemplos mui instrutivos de iluminada e fervorosa piedade, os quais estão contidos nas Sagradas Escrituras, ocasionados por uma falha na conduta de um bom homem que era habitualmente extraordinário por sua constante obediência às leis de Deus. Um desses exemplos está no Salmo 51, no qual o escritor sacro registra sua profunda e humilde penitência; e o outro, o qual ora se acha diante de nós, exibe os sentimentos de santa alegria e gratidão, em termos que são os mais deleitosos e consoladores. Tão admiravelmente adaptados são estes dois Salmos aos variados sentimentos e emoções do coração cristão, que dificilmente consigo supor que exista algum crente real no evangelho que não tenha, em múltiplas ocasiões, feito

[vv. 1-5]
Bendiz, ó minha alma, a Jehovah, e todas minhas partes íntimas bendigam a seu santo nome. Bendiz, ó minha alma, a Jehovah, e não te esqueças de nenhum de seus benefícios: quem perdoa todas tuas iniquidades; quem sara todas tuas enfermidades; quem redime tua vida da sepultura; quem te coroa² com misericórdia e compaixões; quem satisfaz [ou enche] tua boca com bens; tua juventude será renovada como a da águia.³

1. Bendiz, ó minha alma, a Jehovah! O profeta, ao estimular-se à gratidão, ministra com seu próprio exemplo uma lição sobre o dever que pesa sobre cada ser humano. E sem dúvida nossa tibiez nesta matéria carece de incessante estímulo. Se inclusive o profeta, que se via inflamado com intenso e fervoroso zelo, mais que todos os homens, não estava isento de tal doença, da qual sua solicitude em estimular-se é uma franca confissão, quanto mais necessário se nos torna, nós que temos sobeja experiência de nosso próprio torpor, aplicar os mesmos meios para nossa vivificação! O Espírito Santo, por meio de sua boca, indiretamente nos refreia de nos considerarmos como sendo mais diligentes em louvar a Deus, e ao mesmo tempo põe em realce o remédio, para que cada pessoa se compenetre e corrija sua própria apatia. Não contente em só compelir sua *alma* (com isso inquestionavelmente ele tem em mente a sede do entendimento e dos afetos) a bendizer a Deus, o profeta expressamente acrescenta suas *partes íntimas*, dirigindo-se, por assim dizer, a sua própria mente e coração e a todas as faculdades de ambos. Quando dessa forma fala a si mesmo, é como se, removido da presença dos homens, ele se examinasse diante de Deus. A re-

---
deles os objetos de sua atenta meditação, ao ponto de ter, se não as palavras expressas, pelo menos o sentido deles esculpido em seu coração e memória, em caracteres jamais apagados a não ser pela morte."
2 "Ou, envirrone." – *v.f.m.* "Ou, cerca."
3 A tradução que Walford faz deste versículo é assim:
"Quem satisfaz tua idade avançada com bens,
Tua juventude é renovada como a da águia."
Em defesa da tradução "tua idade avançada", em vez de "tua juventude", como se acha em nossa versão inglesa, e como a de Calvino, ele observa: "A versão aqui adotada é a da Caldaica, e é endossada pelo paralelismo na sentença seguinte."

petição torna sua linguagem ainda mais enfática, como se com isso pretendesse reprovar sua própria indolência.

2. E não te esqueças de nenhum de seus benefícios. Aqui ele nos instrui dizendo que Deus não é, de sua parte, incapaz de nos fornecer abundante motivo para louvá-lo. É nossa própria ingratidão que nos inibe de nos engajarmos nesse exercício. Em primeiro lugar, ele nos ensina que a razão pela qual Deus nos trata com tal liberalidade é para que sejamos levados a celebrar seu louvor; ao mesmo tempo, porém, ele condena nossa inconstância, a qual nos impulsiona a algum outro objeto além de Deus. Como é possível sermos tão apáticos e entorpecidos na realização deste primordial exercício da verdadeira religião, senão porque nosso deplorável e perverso esquecimento sepulta em nosso coração os inumeráveis benefícios de Deus, os quais publicamente manifestam o céu e a terra? Para que pelo menos retenhamos a lembrança deles, o profeta nos assegura que devemos estar suficientemente inclinados à realização de nossos deveres, já que a única proibição que ele nos impõe é que *não os esqueçamos*.

3. Quem perdoa todas nossas iniquidades. Ele então enumera as diferentes espécies de benefícios divinos, levando em conta o que ele nos disse, a saber, que somos demasiadamente esquecidos e indolentes. Não é sem causa que ele começa com a mercê perdoadora de Deus, porque a reconciliação com ele é a fonte da qual fluem todas as demais bênçãos. A benignidade divina se estende inclusive aos ímpios; mas eles, não obstante, estão tão longe de desfrutá-la, que nem mesmo experimentam seu sabor. Então a primeira de toda as bênçãos das quais temos o verdadeiro e substancial desfruto é aquela que consiste em Deus graciosamente perdoar e apagar nossos pecados e receber-nos em seu favor. Sim, além do perdão dos pecados, visto o mesmo ser acompanhado de nossa restauração ao favor divino, também santifica todas as boas coisas que ele nos outorga e que contribuem para nosso bem-estar. A segunda sentença é uma repetição ou da mesma idéia ou de outra que abre dela uma visão mais ampla; pois a conseqüência do perdão gratuito é que Deus nos governa por meio de seu Espírito, mortifica as concupiscências de nossa carne, nos purifica de nossas corrupções e nos restaura à saudável condição de uma vida piedosa e íntegra. Os que entendem as palavras, **quem sara todas tuas enfermidades**, como uma referência às enfermidades do corpo, e como significando que Deus, quando tiver perdoado nossos pecados, também nos liberta das mazelas corporais, parecem impor-lhes um significado restrito demais. Não tenho dúvida de que a medicina aqui expressa tem uma referência ao ato de apagar a culpa; e, em segundo lugar, ao curar-nos das corrupções inerentes a nossa natureza, a qual é afetada pelo Espírito de regeneração; e se alguém acrescentar como um terceiro elemento, que uma vez sendo Deus pacificado em relação a nós, também remite o castigo que merecemos, não farei objeção. Aprendamos desta passagem que, enquanto o Médico celestial não nos socorre, acalentamos em nosso íntimo não só muitas doenças, mas inclusive muitas mortes.

4. Quem redime tua vida da sepultura. O salmista expressa mais claramente qual é nossa prévia condição antes de Deus ministrar a cura de nossas mazelas – que estamos mortos e destinados à sepultura. Portanto, a ponderação de que a misericórdia divina nos liberta da morte e da destruição deve levar-nos a apreciá-la de forma mui sublime. Se a ressurreição da alma, do túmulo, é o primeiro passo da vida espiritual, que espaço se deixa ao homem para que se vanglorie? O profeta em seguida nos ensina que a graça incomparável de Deus resplandece já nos primórdios de nossa salvação e permeia todo seu progresso; e para realçar ainda mais o enaltecimento desta graça, ele adiciona a palavra *compaixões*, no plural. Ele assevera que vivemos cercados por elas; como se quisesse dizer: Adiante, por trás, de todos os lados, por cima e por baixo, a graça de Deus se nos apresenta em abundância incomensurável; de modo que não há como evitá-la. Ele amplifica a mesma verdade mais adiante com estas palavras:

tua boca é satisfeita, por cuja metáfora ele alude à graciosa indulgência do paladar, à qual nos rendemos quando diante de uma mesa bem farta; pois os que têm escassez de comida apenas ousam comer até que fiquem meio satisfeitos.[4] Não que ele aprove a glutonaria em devorar avidamente os benefícios divinos, como os homens dão rédeas soltas à intemperança sempre que têm grande abundância; mas tomam por empréstimo esta fraseologia do costume comum dos homens para ensinar-nos que quaisquer coisas boas que nosso coração porventura deseje promanam da liberalidade divina até à plena saciedade. Os que tomam a palavra hebraica עדי, *adi*, por *ornamento*[5] desfiguram a passagem imprimindo-lhe um mero conceito pessoal; e me surpreende como tão infundada imaginação teria se aninhado em sua mente, não fosse explicada a circunstância de que é costumeiro aos homens de mente curiosa e indagadora, quando revelam sua ingenuidade, apresentar meras puerilidades. Em seguida o salmista acrescenta, dizendo que Deus estava constantemente recusando-lhe novo vigor, de modo que sua força continuava incomunicada, mesmo quando o profeta Isaías [65.20], em seu discurso sobre a restauração da Igreja, diz que um homem de cem anos de idade se assemelharia a uma criança. Com esse modo de expressão, porém, ele notifica que Deus, juntamente com uma mui abundante provisão de todas as coisas boas, comunica-lhe também vigor interior, para que as possa desfrutar; e assim sua força vem a ser como que continuamente renovada. Ante a comparação da

---

4 "A grand' peine osent-ils manger à demi leur saoul." – *v.f.*
5 "Abu Walid menciona duas interpretações: 1. A de nossos tradutores ingleses; 2. a que toma עדיך no sentido de *ornamento*: 'que multiplica tua decoração com bens', isto é, 'que te adorna fartamente com bens'. Aben Ezra aprova a noção de *ornamento*, porém a aplica à alma, o ornamento do corpo, isto é, 'que satisfaz tua alma com bens'. – *Hammond*. A Septuaginta tem evpiqumi,an sou, "teu desejo" ou "apetite sensível", cuja satisfação é prover para o corpo todas as coisas boas segundo suas necessidades, e assim é equivalente a "satisfazer", ou "encher a boca", o órgão que comunica nutrição ao corpo. Kimchi entende a frase como que expressando a recuperação de Davi de alguma enfermidade. Na doença a alma tem aversão por pão, inclusive por comida fina (Jó 33.20). O médico inclusive limita a dieta do paciente e prescreve coisas que são nauseabundas ao paladar. Este comentarista, portanto, supõe que Davi aqui descreve a bênção da saúde, por *sua boca estar cheia de coisas boas*.

águia, os judeus aproveitaram a ocasião para inventar, à guisa de explicação, uma história fabulosa. Embora desconhecessem inclusive os rudimentos de qualquer ciência, todavia se revelam tão presunçosos, que qualquer que seja a matéria em discussão, nunca hesitam em tentar explicá-la, e sempre que encontram alguma coisa que não podem entender, não há ficção tão tola que não a apresentem como se fosse um oráculo de Deus. E assim, para expandir a presente passagem, realçam que as águias, a cada dez anos, sobem ao fogo elementar para que suas penas sejam queimadas[6] e então mergulham no mar e imediatamente lhes nascem novas penas. Mas podemos facilmente deduzir a simples intenção do profeta que extrai da natureza da águia, como descrita pelos filósofos e a qual é bem conhecida pela observação. Essa ave continua nova e vigorosa, mesmo em idade extrema, sem se enfraquecer pelos anos e isenta de doenças até que, finalmente, morre de fome. É certo que ela vive muito; mas, por fim, seu bico cresce tanto que ela não mais pode comer, e, conseqüentemente, se vê forçada a sugar seu próprio sangue para nutrir-se. Daí o antigo provérbio em referência aos homens idosos que se habituam a beber *a antigüidade da águia*; porque então a necessidade constrange as águias a beberem muito. Mas, como só a bebida é insuficiente para manter a vida, elas morrem mais de fome do que por decadência das energias e por fraqueza natural.[7] Agora percebemos, sem o auxílio de qualquer

---

6 "Afin que leurs plumes soyent bruslees." – *v.f.*

7 O que Calvino aqui assevera sobre a águia possui tão pouco fundamento de verdade como a ficção judaica que acabara de descartar. A explicação de Agostinho, sobre a renovação da juventude da águia, é igualmente uma fábula. Ele afirma que em sua velhice seu bico se torna tão longo, e fica tão encurvado, que a impede de alimentar-se, assim pondo em risco sua vida, mas que ela remove a excrescência batendo seu bico contra uma pedra, de modo a tornar possível tomar seu alimento ordinário e rejuvenescer-se. Diz o Dr. Adam Clarke: "Há tantas lendas em torno da águia, entre os antigos escritores, como há no calendário de alguns santos, e todas *igualmente verdadeiras*. Mesmo entre os doutores modernos, autores de dicionários bíblicos, continuam a difundir-se os mais ridículos e disparatados contos concernentes a esta ave. E não pequena porção deles tem sido aglomerado em comentários sobre este mesmo versículo." De tais "lendas sobre a águia", relatos feitos pelos comentaristas judaicos, pelo próprio Calvino e por Agostinho, são um exemplo; pois são totalmente destituídos de apoio da história natural. O salmista, ao falar da renovação de

história inventada, o genuíno significado do profeta, a saber: que, como a águia sempre retém seu vigor, e ainda em sua velhice ela continua jovem, com vistas a que os santos se sentissem sustentados por uma influência secreta derivada de Deus, por meio da qual continuassem de posse daquele vigor inalterado. É verdade que eles nem sempre têm seu corpo robustecido enquanto peregrinam por este mundo; ao contrário, arrastam dolorosamente suas vidas em contínua fraqueza; contudo o que se diz aqui se aplica a eles em certo sentido. Isso é inquestionavelmente comum a todos em geral, ou, seja, que têm sido arrancados da sepultura e experimentam aquela liberalidade que Deus lhes concede de inumeráveis maneiras. Não refletisse ele, devidamente, o quanto cada um deles é devedor a Deus, e não diria com toda razão que *sua boca está cheia de coisas boas*; assim como Davi, no Salmo 40.5 e 139.18, confessa que era incapaz de enumerar os benefícios divinos, visto que "eram mais numerosos que as areias do mar". Nossa própria perversidade cega nosso entendimento para não vermos que, mesmo na fome, somos supridos com alimentos, de tal maneira que Deus nos revela as multiformes riquezas de sua benevolência. Com respeito à renovação de nossa força, o significado consiste em que, mesmo quando nosso homem exterior se decompõe, somos renovados para uma vida melhor e não temos razão de afligir-nos quando nossa força se

---

sua juventude, está simplesmente se referindo a suas penas. Como todas as demais aves, a águia tem sua estação anual de mudar as penas, quando as velhas são substituídas e se vê munida de uma nova plumagem. Quando sua plumagem é assim renovada, sua aparência se torna mais jovem e bela, enquanto que, ao mesmo tempo, seu vigor e vivacidade são melhorados. De igual modo, pelas comunicações da graça divina, a beleza espiritual, a força e a atividade do povo de Deus aumentam. Embora qualquer outra ave teria servido ao propósito do salmista, não obstante ele preferiu a águia, não só porque ela é a rainha das aves, superior em tamanho, em força e em vivacidade às outras da família, mas porque ela retém o vigor com uma idade avançada e preserva sua jovial aparência até o fim por meio da mudança de plumagem. O Profeta Isaías usa a mesma alusão, com o fim de ilustrar a perseverança dos santos em santidade (40.31): "Os que esperam no Senhor renovarão suas forças; subirão com asas como as águias." A águia parece ter tomado seu nome hebraico, נשר, *nesher*, da exuberância de sua plumagem. Sua origem está no verbo caldaico נשר, *nashar, decidit, defluxit, ele caiu, ele derramou*. "O nome concorda com שור, *olhar para*", diz Bythner, "porque a águia pode olhar para diretamente para o sol; também com ישר, *ser direto*, porque ela voa numa direção reta."

esvai, especialmente quando ele nos sustenta por meio de seu Espírito sob a fraqueza e languidez de nossa estrutura mortal.

[vv. 6-8]
Jehovah executa justiça e juízo em prol de todos quantos são oprimidos.
Ele fez conhecidos seus caminhos a Moisés, seus feitos aos filhos de Israel.
Jehovah é misericordioso e gracioso, tardio em irar-se e rico em bondade.

6. Jehovah executa justiça. Tendo Davi ponderado sobre os benefícios divinos a ele concedidos, agora, desta consideração pessoal, passa a fazer um amplo exame do tema. Entretanto, não há dúvida de que, quando declara que Deus é aquele que socorre *o oprimido*, ele se inclui entre seu número, porquanto experimentara o socorro divino em meio a muitas perseguições; e, à luz de sua própria experiência, ele descreve o caráter no qual Deus costumava manifestar-se em prol de todos quantos eram injustamente afligidos. Como os fiéis, enquanto neste mundo, estão sempre vivendo entre lobos, usando o plural, ele celebra a variedade de livramentos para ensinar-nos que a obra costumeira de Deus é socorrer seus servos sempre que os vê injuriosamente tratados. Daí sermos instruídos no exercício da paciência quando descobrimos que Deus toma sobre si a vingança de nossos erros, e que os cobre com o escudo de sua justiça, ou nos defende com a espada de seu juízo, sempre que somos injustamente assaltados.

7. Ele fez conhecidos seus caminhos a Moisés. Davi então fala em nome do povo eleito; e isso ele faz com muita propriedade, sendo a isso conduzido pela ponderação sobre os benefícios que Deus lhe concedera. Convencido de que somente como membro da Igreja poderia ele ser enriquecido com tantas bênçãos, imediatamente volve suas contemplações para o pacto comum feito com o povo de Israel. Não obstante, ele prossegue com o mesmo fio de pensamento como fez no versículo precedente; porque esses *caminhos*, que ele diz haver sido mostrados a Moisés, nada eram senão o livramento operado em favor do povo até que o mesmo entrasse na terra da promessa. Ele selecionou isso como um exemplo da justiça e do juízo de Deus, excedendo a todos os demais, para provar que Deus sempre se mostra justo socorrendo os que se acham oprimidos. Visto, porém, que este exemplo dependia da promessa divina, sem dúvida ele tem sua atenção voltada principalmente para ela; significando sua linguagem que a justiça de Deus era claramente demonstrada e vista na história do povo eleito, a quem ele adotara e com quem entrara em aliança. Lemos que Deus fizera seus caminhos conhecidos primeiramente a Moisés, que foi servo e mensageiro, e mais tarde a todo o povo. Moisés é aqui representado como investido com o ofício para o qual fora divinamente designado; pois a vontade de Deus era que o mesmo se tornasse conhecido ao povo pela mão e operação desse homem tão eminente. Os *caminhos*, pois, e os *feitos de Deus*, são sua manifestação com miraculoso poder no livramento do povo, seu ato de guiá-lo pelo Mar Vermelho e de manifestar sua presença com eles por meio de muitos sinais e milagres. Mas visto que tudo isso emanava do soberano pacto, Davi os exorta a que fossem seu povo peculiar, iluminando suas mentes com as verdades de sua lei. Sendo o homem, sem o conhecimento de Deus, o mais miserável objeto que se pode imaginar, a descoberta que mais aprouve a Deus nos fazer em sua Palavra, de seu paternal amor, é um tesouro incomparável da perfeita felicidade.

8. Jehovah é misericordioso e gracioso. Tudo indica que aqui Davi está fazendo alusão à exclamação de Moisés, registrada em Êxodo 34.6, onde a natureza de Deus, revelada de uma forma extraordinária, é mais claramente descrita do que em outros lugares. Quando a Moisés foi permitido ter uma visão mais próxima da glória divina do que comumente se alcançava, ele exclamou ante a contemplação dela: "Ó Deus misericordioso e gracioso, que perdoa a iniqüidade, tardio em irar-se e rico em bondade." Portanto, como ele compreendeu resumidamente nessa passagem tudo quanto nos é importante saber concernente ao caráter divino, Davi ditosamente aplica esses termos, por meio dos quais Deus é ali descrito, segundo seu presente propósito. Seu desígnio é atribuir inteiramente à bondade de Deus o fato de que os israelitas, que por sua própria perversidade perdera de tempo em tempo sua relação com ele, como seu povo adotivo, não obstante continuava nessa relação. Além disso, devemos entender, em geral, que o verdadeiro conhecimento de Deus corresponde ao que a fé descobre na Palavra escrita; pois sua vontade é que não façamos inquirições acerca de sua essência secreta, exceto até onde ele queira que o conheçamos, ponto esse digno de nossa especial observação. Vemos que, sempre que Deus é mencionado, as mentes humanas se deixam perversamente arrebatar por frias especulações e a fixar sua atenção em coisas que nenhum proveito lhes trazem; enquanto que, nesse ínterim, negligenciam aquelas manifestações das perfeições divinas que satisfazem nossos olhos e que propiciam um vívido reflexo de seu caráter. De todos os temas a que os homens aplicam sua mente, nenhum há do qual derivam maior vantagem do que aquele da contínua meditação em sua sabedoria, bondade, justiça e misericórdia; e especialmente o conhecimento de sua bondade que se adequa tanto a edificar nossa vida quanto a ilustrar seus louvores. Conseqüentemente Paulo, em Efésios 3.18, declara que nossa altura, largura, comprimento e profundidade consistem em conhecermos as insondáveis riquezas da graça, as quais se nos manifestam em Cristo. Esta é também a razão por que Davi, copiando de Moisés, magnifica, pelo uso de grande variedade de termos, a misericórdia de Deus. Em primeiro lugar, que nossa mais grave falha é aquela diabólica arrogância que rouba a Deus de seu devido louvor; a qual, não obstante, se acha tão profundamente arraigada em nós, que não pode ser facilmente erradicada. Levante-se Deus e transforme em nada a presunção da carne que ousa subir ao céu; declare ele em termos sublimes sua própria misericórdia, a qual é o único elemento que nos faz permanecer diante dele. Além disso, quando devíamos confiar na graça de Deus, nossa mente treme ou vacila, e nada achamos mais difícil do que reconhecer que ele nos é misericordioso. Davi, para satisfazer e vencer esse duvidoso estado mental, segundo o exemplo de Moisés, emprega tais sinônimos: primeiro, que Deus é misericordioso; segundo, que ele é gracioso; terceiro, que ele paciente e compassivamente suporta os pecados dos homens; e, finalmente, que ele é rico em misericórdia e bondade.

[vv. 9-12]
Ele não reprovará perpetuamente, nem reterá sua ira para sempre. Ele não nos tratou segundo nossos pecados; nem nos recompensou segundo nossas iniquidades. Pois como os céus se elevam acima da terra, assim é a grandeza de sua bondade[8] sobre[9] aqueles que o temem. Assim como está distante o oriente do ocidente, assim afasta ele de nós nossas transgressões.

9. Ele não reprovará perpetuamente. Davi, à luz dos atributos atribuídos a Deus no versículo anterior, chega à conclusão de que, quando Deus é ofendido, ele se dispõe à reconciliação, visto que, por sua natureza, ele sempre se inclina a perdoar. Era necessário acrescentar esta afirmação; pois nossos pecados estariam continuamente fechando o portão contra sua bondade não houvesse alguma forma de propiciar sua ira. Davi tacitamente notifica que Deus institui uma ação contra os pecadores para pô-los sob um genuíno senso de sua culpa; e que no entanto se retrocede dela sempre que os vê subjugados e humilhados. Deus fala de maneira distinta em Gênesis 6.3, onde diz: "Meu Espírito não agirá por muito tempo no homem", porque a perversidade dos homens, sendo plenamente provada, era então o tempo de os condenar. Aqui, porém, Davi afirma que Deus não reprovará perpetuamente, porque ele está tão pronto a se reconciliar e tão disposto a perdoar, que não age rigidamente contra nós segundo as demandas de

---

8 "Ou, il a magnifié sa bonte." – *v.f.m.* "Ou, ele tem magnificado sua bondade."

9 Hammond prefere ler *acima*. "Embora על", diz ele, "signifique *em* e *para com*, tanto quanto *acima* ou *sobre*, e pode ser adequadamente assim traduzidos, os versículos 13 e 17, onde (como aqui) lemos que a *misericórdia* de Deus está על, *sobre seus filhos*, e על, *sobre aqueles que o temem*; todavia a comparação que aqui se faz entre o *céu* e a *terra*, e a altura ou excelência de um על (não *sobre*, mas) *acima* do outro, correspondendo, no ἄντα πόδοσις, pela *grandeza* ou *força* (assim significa גבר) da *misericórdia* de Deus, יראיו על; essa frase deve, por analogia, ser traduzida *acima*, não *sobre*, nem *para com aqueles que o temem*. Então o significado deve necessariamente ser este: seja qual for nosso *temor* ou *obediência* a Deus, sua misericórdia para conosco está tão *acima* do tamanho ou proporção dela, como *o céu está acima da terra*, isto é, não há proporção entre eles; um é um ponto para o qual o outro é uma vasta circunferência; sim, a diferença é muito maior, como a *misericórdia* de Deus é infinita, tal como ele mesmo, e assim infinitamente excedendo o deploravelmente imperfeito grau de nossa obediência. A outra expressão que segue ao versículo 12, tomada da distância que mede *o oriente do ocidente*, é escolhida, diz Kimchi, porque dois quartos do mundo são de maior extensão, sendo todos conhecidos e habitados."

sua justiça. O mesmo propósito tem a linguagem na segunda sentença: **nem conservará para sempre sua ira**. A expressão, *conservará para sempre*, corresponde à frase francesa: *Je lui garde, Il me l'a gardé*,[10] a qual usamos quando o homem, que não pode perdoar as injúrias recebidas, nutre vingança secreta em seu coração, e aguarda uma oportunidade para retaliação. Ora, Davi nega que Deus, segundo o costume dos homens, conserve a ira em virtude das injúrias que lhe são feitas, visto que ele se dispõe a se deixar reconciliar. É preciso, contudo, entender que esta afirmação não representa o estado da mente divina para com todo gênero humano, sem distinção; ela apresenta um privilégio especial da Igreja; pois Deus é expressamente chamado por Moisés [Dt 5.9], "um vingador terrível, que visita as iniquidades dos pais nos filhos". Davi, porém, deixando os incrédulos, sobre quem repousa a eterna e indescritível ira divina, nos ensina quão amorosamente ele perdoa seus próprios filhos, ainda quando ele mesmo fala em Isaías: "Por um breve momento te deixei, mas com grandes misericórdias te recolherei; com um pouco de ira escondi minha face de ti por um momento; mas com benignidade eterna me compadecerei de ti, diz o Senhor, teu Redentor" [Is 54.7, 8].

10. Ele não nos tratou segundo nossos pecados. O salmista aqui prova com base na própria experiência, ou no efeito, o que declarou concernente ao caráter divino; pois foi inteiramente devido à maravilhosa paciência de Deus que os israelitas até agora continuavam existindo. Que cada um de nós, como se ele dissesse, examine sua própria vida; inquiramos de quantas maneiras temos provocado a ira de Deus, ou, melhor, como continuamente a provocamos. E no entanto ele não só prorroga nossa punição, mas liberalmente sustenta aqueles a quem poderia com justiça destruir.

11. Pois como os céus se elevam acima da terra. O salmista aqui confirma, à guisa de comparação, a verdade de que Deus não castiga os fiéis como de fato merecem, mas, por sua mercê, luta contra seus

---

10 "Eu estou velando por ele, como ele tem velado para fazer o mal retroceder a mim."

pecados. A forma de expressão equivale dizer que a misericórdia de Deus para conosco é infinita. Com respeito à palavra rbg, *gabar*, é de pouca importância se ela é tomada num sentido neutro ou transitivo, segundo a nota na margem; pois, em ambos os sentidos, a imensurabilidade da mercê divina é comparada à vasta extensão do mundo. Como a misericórdia de Deus não poderia alcançar-nos, a menos que o obstáculo de nossa culpa fosse removido, acrescenta-se imediatamente [v. 12] que Deus remove nossos pecados e os lança para longe de nós, *como está distante o oriente do ocidente*. O equivalente é que a misericórdia de Deus é derramada sobre os fiéis de forma muito ampla, segundo a magnitude do mundo; e que, para a remoção de todo impedimento de seu curso, seus pecados são completamente apagados. O salmista confirma o que acabo de afirmar, isto é, que ele não trata, em termos gerais, do que Deus é em relação ao mundo todo, mas do caráter no qual ele se manifesta em relação aos fiéis. Do que também se faz evidente que ele aqui não fala da misericórdia por meio da qual Deus a princípio nos reconcilia consigo, mas daquela com a qual continuamente segue aqueles a quem ele tem abraçado com seu amor paternal. Há um tipo de misericórdia por meio do qual ele nos restaura da morte à vida, ainda que lhes sejamos estranhos; e outro por meio do qual ele sustenta a vida restaurada; pois essa bênção doravante seria perdida se ele não a confirmasse em nós pelo perdão diário de nossos pecados. Do que também deduzimos quão clamorosamente os papistas brincam imaginando que a remissão gratuita dos pecados é concedida apenas uma vez, e que depois a justiça é adquirida ou retida pelo mérito das boas obras, e que toda e qualquer culpa que contraímos é removida por meio de satisfações. Aqui Davi não limita a uma fração de tempo a misericórdia por meio da qual Deus nos reconcilia consigo, não nos imputando nossos pecados, mas a estende até ao término da vida. Não menos poderoso é o argumento que esta passagem nos fornece em refutação dos fanáticos que fascinam a si mesmos e a outros com uma fútil opinião de que obtiveram a justiça perfeita, de modo que não mais necessitam de perdão.

[vv. 13-16]
Como um pai se compadece de seus filhos, assim Jehovah se tem compadecido[11] daqueles que o temem. Pois ele sabe do que somos feitos; ele se lembrou de que somos pó. Quanto ao homem, seus dias são como a erva; como a flor do campo, assim ele floresce. Assim que o vento sopra sobre ela, logo desaparece;[12] e seu lugar não se conhece mais.

13. Como um pai se compadece de seus filhos. O salmista não só explica, à guisa de comparação, o que ele já havia declarado, mas também ao mesmo tempo assinala a causa por que Deus tão graciosamente nos perdoa, a saber: porque ele é *um pai*. Portanto, é em decorrência de haver Deus gratuita e soberanamente nos adotado como seus filhos que ele continuamente perdoa nossos pecados e, conseqüentemente, somos atraídos àquela fonte donde emana a esperança de perdão. E como ninguém jamais foi adotado com base em seu próprio mérito, segue-se que os pecados são gratuitamente perdoados. Deus é comparado a pais terrenos, não porque ele seja em todos os aspectos como eles, mas porque não há imagem terrena que forme paralelo com seu amor para conosco, e o qual seja melhor expresso. Para que a bondade paternal de Deus não fosse pervertida como um estímulo ao pecado, Davi novamente reitera que Deus é assim favorável somente em prol dos que são seus sinceros adoradores. É deveras uma prova de incomum paciência o fato de Deus "fazer seu sol nascer sobre maus e bons" [Mt 5.45]; mas o tema aqui tratado é a livre imputação da justiça por meio da qual somos reputados filhos de Deus. Ora, esta justiça só é oferecida aos que se devotam inteiramente a um Pai tão liberal, e reverentemente se submetem a sua palavra. Mas como nossa obtenção de santidade neste mundo, qualquer medida que ela tenha, longe está da perfeição, então só resta uma coluna de apoio sobre a qual nossa salvação seguramente pode repousar: a bondade de Deus.

---

11 No verbo francês está no tempo presente: "Assim Jehovah se compadece."
12 Supõe-se que há aqui uma referência àquele doentio vento destrutivo do oriente, chamado o Simoon, o qual, por causa de seu extremo calor, destrói de uma vez por todas tudo o que é verde. Doença e morte se assenhoreiam do homem e o reduzem a seu pó original, tão segura e rapidamente assim que esse vento açoitante sopra sobre a tenra flor.

14. Porque ele sabe. Aqui Davi aniquila toda e qualquer dignidade que os homens porventura arroguem para si e assevera que é em consideração a nossa miséria, e tão-somente isso, que Deus se sente movido a exercer paciência para conosco. É preciso que observemos isso uma vez mais e com muita prudência, não só com o propósito de vencer o orgulho de nossa carne, mas também para que o senso de nossa indignidade não nos impeça de confiar em Deus. Quanto mais miserável e deplorável é nossa condição, mais inclinado se vê Deus a exercer misericórdia, pois à vista de sermos barro e pó é suficiente para incitá-lo a fazer-nos o bem.

Para o mesmo fim é a comparação imediatamente seguinte [v. 15], a saber: que toda a excelência do homem fenece como uma frágil flor à primeira lufada de vento. É deveras impróprio dizer que o homem *floresce*. Mas como é possível alegar-se que ele é, não obstante, distinguido por um ou outro dote, Davi admite que ele floresce como a erva, em vez de dizer, como tem feito com razão, que ele é um vapor ou sombra, ou algo que se converte em nada. Ainda que, enquanto vivermos neste mundo, sejamos adornados com dons naturais, e, para nada dizer de outras coisas, "vivemos, nos movemos e temos nosso existência em Deus" [At 17.28], todavia, como nada temos exceto o que depende da vontade de outro, e que pode ser tirado de nós a qualquer momento, nossa vida é apenas uma mostra ou sombra que passa. O tema aqui discutido é propriamente a brevidade da vida, o que Deus leva em conta para mui compassivamente nos perdoar, como lemos em outro Salmo: "Porque se lembrou de que eram de carne, vento que passa e não volta" [Sl 78.39]. Se alguém pergunta por que Davi, não fazendo menção da alma, a qual todavia é a parte principal do homem, declara sermos pó e barro, respondo que basta que Deus seja misericordiosamente induzido a sustentar-nos, quando ele vê que nada excede nossa vida em fragilidade. E ainda que a alma, depois de partir da prisão do corpo, permanece viva, todavia, ao se dar assim com ela, isso não provém de algum poder inerente que porventura exista nela. Caso Deus subtraísse sua graça, a alma não seria mais que uma bolha ou sopro, ainda quando o corpo não passa de pó; e assim com certeza não seria achado em toda a constituição humana outra coisa senão mera vaidade.

[vv. 17, 18]
Mas a bondade de Jehovah é de eternidade a eternidade sobre aqueles que o temem, e sua justiça sobre os filhos dos filhos; aos que guardam sua aliança, e se lembram de seus estatutos para os cumprir.

17. Mas a bondade de Jehovah é de eternidade a eternidade. O salmista não deixa para a autoconfiança humana nada senão a misericórdia de Deus; pois seria monstruosa loucura buscar um motivo para a autoconfiança humana. Depois de ter mostrado a total futilidade humana, ele acrescenta uma consolação oportuna, a saber: embora não tenham nenhuma excelência intrínseca, que não vire fumaça, todavia Deus é uma fonte inexaurível de vida a suprir suas necessidades. É preciso observar particularmente tal contraste; pois a quem ele assim priva de toda excelência? Os fiéis que são regenerados pelo Espírito de Deus, e que o adoram com genuína devoção, tais são pessoas a quem ele nada deixa em que repouse sua esperança senão na bondade de Deus. Como a bondade divina é eterna, a fragilidade e desvanecimento dos fiéis não os impedem de gloriar-se na salvação eterna no término de sua vida [terrena] e às portas da própria morte. Davi não confina sua esperança dentro dos limites do tempo; ele a vê como de duração incomensurável com a graça na qual ela se fundamenta. À *bondade* se anexa a *justiça*, palavra que, como tivemos ocasião de observar reiteradamente, denota a proteção por meio da qual Deus defende e preserva seu próprio povo. Ele é então chamado *justo*, não porque galardoa cada pessoa segundo seu merecimento, mas porque ele trata fielmente seus santos, estendendo sobre eles a mão de sua proteção. O profeta intencionalmente colocou esta justiça depois da bondade, como sendo o efeito desta. Ele também assevera que ela se estende aos filhos e aos filhos dos filhos, segundo as palavras textuais em

Deuteronômio 7.9: "Deus conserva a misericórdia até mil gerações." É uma prova singular de seu amor que ele não só recebe cada um de nós individualmente em seu favor, mas nele também nos associa com nossa prole, como que por direito hereditário, para que sejamos participantes da mesma adoção. Como nos lançaria fora, ele que, ao receber nossos filhos e os filhos dos filhos em sua proteção, nos mostra na pessoa deles quão preciosa a seus olhos é nossa salvação?

Além do mais, como nada é mais fácil do que para os hipócritas bajular sob falso pretexto de que estão bem com Deus, ou para os filhos degenerados infundadamente aplicar a si as promessas feitas a seus pais, declara-se novamente, à guisa de exceção, no versículo 18, que Deus só é misericordioso para com *os que*, de sua parte, *guardam sua aliança*, a qual os incrédulos, por sua perversidade, tornam de nulo efeito. A *guarda* ou *observância da aliança*, que é aqui expressa em vez de *o temor de Deus*, mencionado no versículo anterior, é digna de nota; pois assim Davi notifica que ninguém é verdadeiro adorador de Deus senão aqueles que reverentemente obedecem a sua Palavra. Mui longe disto estão os papistas que, crendo serem eles iguais aos anjos em santidade, não obstante lançam de si o jugo de Deus, como bestas selvagens, pisoteando sua Santa Palavra. Davi, pois, corretamente julga a piedade dos homens à luz de sua submissão à Palavra de Deus e de seguirem eles ou não a regra que ele lhes prescreveu. Pois a aliança começa com um solene artigo contendo a promessa da graça que requer fé e oração, acima de todas as coisas, para a observância própria dela.

Tampouco supérflua é a sentença adicional: **que se lembra de seus estatutos**; pois embora Deus os esteja continuamente pondo em nossa mente, todavia tão depressa corremos para as preocupações mundanas, nos deixando envolver por uma multiplicidade de entretenimentos e arrastados por seduções variadas. E assim o esquecimento extingue a luz da verdade, a não ser que os fiéis se estimulem de tempo em tempo. Davi nos diz que essa lembrança dos estatutos divinos tem um efeito revigorante quando os homens se aplicam a cumpri-los. Muitos se aplicam demasiadamente a discuti-los com suas línguas, mas cujos pés são lentos demais, e cujas mãos se acham quase que inertes em referência ao serviço ativo.

[vv. 19-22]
Jehovah estabeleceu nos céus seu trono; e seu reino domina sobre tudo. Bendizei a Jehovah, vós seus anjos, que são poderosos em força, que obedecem a sua ordem, ouvindo[13] a voz de sua palavra. Bendizei a Jehovah, todas suas hostes; vós ministros seus, que fazem sua vontade. Bendizei a Jehovah, todas suas obras em todos os lugares de seu domínio; bendiz, ó minha alma, a Jehovah!

19. Jehovah estabeleceu nos céus seu trono. Tendo Davi recordado os benefícios por meio dos quais Deus põe cada um de nós em particular, bem como toda sua Igreja, sob a obrigação em relação a ele, agora enaltece em geral sua glória infinita. Equivale dizer que, sempre que se faz menção de Deus, os homens aprendem a elevar sua contemplação acima de todo o mundo, porque sua majestade transcende os céus; e eles aprendem ainda a não medir seu poder pela medida humana, visto ter ele o controle sobre todos os reinos e domínios. Para que ninguém pensasse que somente criaturas terrenas são postas aqui em sujeição a Deus, o salmista se dirige principalmente aos anjos. Ao convocá-los a unir-se em louvor a Deus, ele ensina, a eles e a todos os santos, que não há melhor nem mais desejável exercício do que louvar a Deus, visto que não há mais excelente serviço em que inclusive os anjos se dedicam. Os anjos são certamente tão dispostos e prontos ao cumprimento desse dever, que procuram incitar-nos a seu exercício. Com que desfaçatez, pois, pode-se dizer, podemos nós, cuja indolência

---

13 Na versão francesa, temos "en obeissant", "ao obedecer". Hammond traduz assim: "ao ouvir"; e observa: "O sentido de לשמע, neste lugar, parece melhor expresso pela versão Arábica, 'assim que eles ouvem'; pois esse é o caráter da obediência dos anjos, que assim que eles ouvem a voz da palavra de Deus, assim que sua vontade lhes é revelada, pronta e imediatamente a obedecem. A Caldaica traduz: 'sua voz sendo ouvida'; e a LXX: τοῦ ἀκοῦσαι, 'quando ouvem', ou 'assim que ouvem'."

é tão marcante, assumir o papel de exortá-los? Mas ainda que esses eminentes seres corram velozmente adiante de nós, e com dificuldade vamos com atraso após eles, para que, por seu exemplo, sejamos despertados de nossa modorra. O objetivo que ele tem em vista, para o quê já chamamos a atenção, ao dirigir aos anjos seu discurso, é ensinar-nos que o mais elevado fim a que se propõem é a difusão da glória divina. Por conseguinte, enquanto numa só sentença ele os veste com poder, na imediatamente seguinte ele os descreve como obedientes à Palavra de Deus, sempre aguardando suas ordens: **que obedeceis suas ordens**. É como se ele dissesse: Por maior que seja o poder com que sois revestidos, nada considerais mais honrado do que obedecer a Deus. E não se diz apenas que executam as ordens de Deus, mas, para expressar mais distintamente a prontidão de sua obediência, assevera-se que estão sempre prontos a cumprir tudo quanto se lhes ordena.

21. Bendizei a Jehovah, vós todas suas hostes. Por *hostes* não se deve entender as estrelas, como alguns o explicam. O tema do versículo precedente tem ainda seguimento. Tampouco é supérflua a repetição; pois o termo *hostes* nos ensina que há miríades de miríades que se põem diante do trono de Deus, prontas a receberem toda a intimação de sua vontade. Além disso, são chamados **ministros seus que fazem sua vontade**, com o fim de notificar-nos que eles não estão ali com o intuito de contemplar ociosamente a glória de Deus, mas que foram designados como nossos ministros e guardiães, que estão sempre preparados para seu trabalho. Em vez de *palavra*, o termo aqui usado é *prazer* [*vontade*], e ambos são empregados com muita propriedade; pois embora o sol, a lua e as estrelas observem as leis que Deus lhes ordenou, todavia, não possuindo intelecto, não se pode dizer com propriedade que obedecem a sua palavra e voz. O termo *obedecer* é deveras às vezes transferido para as coisas mudas e insensíveis da *criação*.[14] Entretanto, é somente no sentido metafórico que se pode dizer que *atentam para a voz de Deus*, quando, por um secreto instinto

---

14 "Aux creatures muetes et insensibles." – *v.f.*

da natureza, cumprem seus propósitos. Mas isso no sentido próprio procede em referência aos anjos, os quais ativamente o obedecem com seu intelecto, de seus santos lábios, o que ele quer que façam. A palavra *prazer* [*vontade*] expressa mais claramente uma obediência jubilosa e espontânea, significando que os anjos não só obedecem às ordens de Deus, mas também que voluntariamente e com o mais profundo deleite recebem as intimações de sua vontade para que realizem o que ele quer que façam. Tal é a essência do substantivo hebraico, como já se notificou em outro lugar.

22. Bendizei a Jehovah, vós todas suas obras. O salmista, em conclusão, se dirige a todas as criaturas; pois embora sejam elas sem fala e entendimento, todavia em certo sentido devem fazer ecoar os louvores de seu Criador. Isso ele faz por nossa causa, para que aprendamos que não existe sequer um recanto no céu ou na terra onde Deus não seja louvado. Somos ainda menos justificados se, quando todas as obras de Deus, louvando seu Criador, nos repreendem por nossa indolência, pelo menos que não sigamos seu exemplo. A expressa menção de **todos os lugares de seu domínio** parece destinar-se a estimular os fiéis a um mais profundo ardor nesse exercício; pois se nem mesmo os países onde sua voz não é ouvida devem cerrar seus lábios em seu louvor, como é possível ficar destituído de culpa quem cerra seus lábios, nos antecipando ele com sua própria e sacra voz? Em suma, Davi mostra que seu desígnio, ao relembrar os benefícios divinos e magnificar a vastidão de seu império, era animar-se ao máximo para o exercício dos louvores divinos.

Salmo 104

Este Salmo difere do anterior, visto que nele não se trata dos benefícios especiais que Deus outorga, nem nos desperta à esperança da vida celestial, mas, ao apresentar-nos uma vívida imagem de sua sabedoria, poder e bondade na criação do mundo, bem como na ordem da natureza, ele nos encoraja a louvá-lo pela manifestação de sua paternidade, em relação a nós, nesta frágil e perecível vida.[1]

[vv. 1-4]
Bendiz, ó minha alma, a Jehovah! Ó Jehovah Deus, tu és excessivamente grande; te vestes com louvor e glória. Estando ataviado[2] com luz como com um manto; e estendendo os céus como uma cortina. Pondo nas águas

---

1 "Pela regularidade de composição, riqueza de imagem, sublimidade de sentimento e elegância e perspicuidade de expressão, este hino talvez seja o principal poema em toda a coleção destes cânticos inspirados. Como não há nele alusão ao ritual mosaico, nem qualquer menção do livramento dos israelitas do Egito, tudo faz crer que ele foi composto numa época anterior ao Êxodo. Ele consiste em partes cantadas alternadamente por dois corais. As partes são facilmente distinguidas, visto que um coral sempre fala de Deus na terceira pessoa, e o outro se lhe dirige na segunda." – *Horsley*.

2 "É uma circunstância singular", diz Horsley, "na composição deste Salmo que cada uma das partes do primeiro coral, depois do primeiro versículo (isto é, vv. 2, 3, 4, 5, 10, 13, 14, 19), comece com um gerúndio. E tais gerúndios são acusativos, concordando com יהוה, o objeto do verbo ברכי, no início de todo o Salmo. Bendiz a Jehovah: vestindo, estendendo, lançando, constituindo, viajando, fazendo, pondo, enviando, regando, fazendo, fazendo. Assim, este verbo transitivo, no início do Salmo, estendendo seu governo através das partes sucessivas do mesmo coral, exceto a última, as une todas num único e longo período. Como este singular artifício de composição parece ser característico de uma espécie particular de ode, neste Salmo, tenho escrupulosamente me conformado a ele em minha tradução, à expensa da elegância de meu estilo inglês." Calvino, na maior parte, traduz essas palavras como gerúndios, porém no caso nominativo.

os vigamentos de suas câmaras superiores;[3] fazendo das nuvens sua carruagem; e cavalgando sobre as asas do vento; fazendo dos ventos seus mensageiros; e de seus ministros, uma chama de fogo.

1. Bendiz, ó minha alma, a Jehovah! Após haver exortado a si mesmo a louvar a Deus, o salmista acrescenta que há sobejos motivos para tal exercício; e assim indiretamente condena a si aos demais por sua ingratidão, caso os louvores de Deus, para que sejam cada vez mais conhecidos, ou melhor celebrados, sejam sepultados pelo silêncio. Ao comparar *a luz* com a qual representa Deus como que paramentado com um manto, ele notifica que, embora Deus seja invisível, todavia sua glória é suficientemente proeminente. No que diz respeito a sua essência, Deus indubitavelmente habita em luz inacessível; mas, como ele irradia sobre o mundo inteiro com seu esplendor, este é o manto no qual ele, que em si mesmo é oculto, nos aparece de uma forma visível. O conhecimento desta verdade é da maior importância. Se os homens tentassem alcançar a altitude infinita a que Deus é exaltado, ainda que voem acima das nuvens, fracassariam em meio a seu percurso. Os que buscam vê-lo em sua nua majestade, certamente são em extremo estulto. Para que desfrutemos de sua visão, ele tem que deixar-se ver por meio de sua vestimenta; equivale dizer, devemos

---

3 "A palavra original, oriunda de עלה, *ascendit*, significa qualquer *câmara superior* à qual as pessoas sobem. Por conseguinte, a LXX aqui a traduz ὑπερῷον, 'uma câmara superior', e o latim, 'superiora ejus', 'seus tesouros superiores'. Portanto, por עליותיו está implícito, embora não a região suprema, todavia a região superior ou média do ar, a qual é aqui descrita como um depósito superior numa casa firmado com vigas (que considera a terra e a região do ar como sendo o lugar inferior), e esse piso se diz em termos poéticos como estando 'sobre as águas', aquelas águas que (Gn 1) estão acima da expansão ou região inferior do ar, a qual divide as águas das águas. Isso é bem evidente à luz do versículo 13, onde lemos que Deus 'rega os montes מעליותיו, *dessas suas câmaras superiores*, essas nuvens donde a chuva desce'. Nelas, diz o salmista, foram postas as vigas dessas câmaras superiores, isto é, enquanto se edifica um *depósito superior*, deve haver alguns muros ou colunas para apoiar seu peso e em que se põem *vigas*, Deus aqui, por seu próprio poder imediatamente miraculoso, *pôs* e desde então sustentou essas câmaras superiores, onde nada existe senão águas para sustentá-las; e essas, bem o sabemos, em sua maior parte, são corpo líquido oscilante, incapaz de sustentar-se; e por isso outra obra de seu divino poder é que as *águas* que são tão fluídas e incapazes de conter-se dentro de seus próprios limites, no entanto estão pendentes no meio da atmosfera, e por meio de muros ou colunas são mantidas naquela região do ar, a qual outra coisa não é senão outro corpo fluído." – *Hammond*.

pôr nossos olhos na própria beleza da estrutura do mundo na qual ele deseja ser visto por nós, e não sermos demasiadamente curiosos e nos precipitarmos a inquirições acerca de sua essência secreta. Ora, visto que Deus se nos apresenta vestido de luz, os que vivem à busca de pretextos, para viverem sem o conhecimento dele, não podem alegar em escusa de sua indolência que ele se acha oculto em densas trevas. Ao lermos que *os céus são uma cortina*, isso não significa que Deus se oculta neles, mas que por meio deles sua majestade e glória se exibem; sendo, por assim dizer, seu régio pavilhão.

3. Pondo nas águas os vigamentos de suas câmaras. Davi então prossegue explicando, em extensão mais ampla, o que brevemente afirmara sob a figura do manto de Deus. O escopo da passagem é sucintamente este: que não precisamos romper caminho acima das nuvens com o propósito de encontrar Deus, já que ele se encontra na estrutura do mundo e em toda parte se exibe no cenário que se acha diante de nós da mais vívida descrição. Para não imaginarmos que haja nele alguma coisa derivada, como se, pela criação do mundo, ele recebesse algum acréscimo em sua perfeição essencial e glória, devemos ter em mente que ele se veste com esse manto por nossa causa. A representação metafórica de Deus, como que *pondo nas águas os vigamentos de suas câmaras*, parece algo difícil de entender; mas o desígnio do profeta, partindo de algo que nos seja incompreensível, era que fôssemos arrebatados com a mais intensa admiração. A menos que os vigamentos sejam substanciais e fortes, não poderiam sustentar nem mesmo o peso de uma casa comum. Quando, pois, Deus faz das águas o fundamento de seu palácio celestial, quem seria capaz de não extasiar-se ante um milagre tão portentoso? Quando levamos em conta a lentidão de nossa compreensão, tais expressões hiperbólicas não são de modo algum supérfluas; pois é com dificuldade que nos despertam e nos capacitam para a obtenção mesmo que seja de um leve conhecimento de Deus.

O que está embutido na expressão, **cavalgando nas asas do vento**, se torna mais óbvio à luz do versículo seguinte, onde lemos que **as**

asas são seus mensageiros. Deus cavalga as nuvens e é levado nas asas do vento, visto ele utilizar-se dos ventos e das nuvens segundo seu beneplácito, e ao enviá-los de um lado a outro tão velozmente como lhe apraz, com isso exibe os sinais de sua presença. Com tais palavras somos instruídos que os ventos não sopram ao acaso, nem os relâmpagos faíscam em obediência a um impulso fortuito, mas que Deus, no exercício de seu soberano poder, governa e controla todas as agitações e distúrbios da atmosfera. É possível colher desta doutrina uma dupla vantagem. Em primeiro lugar, se em algum tempo manifestar-se um vento nocivo, se o vento sul empestar o ar, ou se o vento norte crestar o trigo, e não só arrancar as árvores pelas raízes, mas destruir as casas; e se outros ventos destruírem os frutos da terra, é inevitável que tremamos sob os açoites da Providência. Em segundo lugar, se em contrapartida Deus moderar o excessivo calor mandando uma brisa calma e refrescante; se purificar a atmosfera poluída pela instrumentalidade do vento norte, ou se ele umedecer o solo ressecado pela instrumentalidade do vento sul, é mister que nisso contemplemos sua benevolência.

Como o apóstolo, ao escrever aos Hebreus [1.7], cita esta passagem e a aplica aos anjos, os expositores, tanto gregos quanto latinos, são quase unânimes em considerar Davi, aqui, como que falando em termos alegóricos. De igual modo, visto que Paulo, ao citar o Salmo 19.4, em sua Epístola aos Romanos [10.18], parece aplicar aos apóstolos o que ali se declara concernente aos céus, o Salmo todo passou a ser desafortunadamente explicado como se fosse uma alegoria. O desígnio do apóstolo, naquela parte da Epístola aos Hebreus indicada, não era simplesmente explicar a intenção do profeta neste lugar; visto, porém, que Deus se nos exibe, por assim dizer, visivelmente num espelho, o apóstolo mui apropriadamente estabelece a analogia entre a obediência que os ventos manifestam e perceptivelmente rendem a Deus, e aquela obediência que ele recebe dos anjos. Em suma, o significado consiste nisto: como Deus faz uso dos ventos como seus mensageiros, fazendo-os soprar numa e noutra direção, acalmando-os e despertando-os como bem lhe apraz, para que por seu ministério ele declare seu poder, assim os anjos foram criados para executar suas ordens. E certamente pouco proveito extrairíamos da contemplação da natureza universal se não contemplarmos com os olhos da fé aquela glória espiritual da qual uma imagem se nos apresenta no mundo.

[vv. 5-9]
Ele fundou a terra sobre seus fundamentos, de modo que ela para sempre não será removida. Ele a cobriu com o abismo como com um manto; as águas estarão acima das montanhas. A tua repreensão fugirão; à voz de teu trovão se apressarão.[4] Os montes subirão e os vales descerão[5] ao lugar que fundaste para eles. Tu fixaste um limite ao qual jamais ultrapassarão; não voltarão a cobrir a terra.

5. Ele fundou a terra sobre seus fundamentos. Aqui o profeta celebra a glória de Deus, como se manifestou na estabilidade da terra. Uma vez que ela se acha suspensa no ar e é sustentada apenas por colunas de água, o que a faz manter-se em seu lugar de forma tão inabalável que daí não se pode mover? Admito que isso pode ser explicado com base em princípios naturais; pois a terra, que ocupa um lugar inferior, sendo o centro do mundo, naturalmente permanece firme ali. Mas, mesmo nesse artifício ali se manifesta o maravilhoso poder de Deus. Uma vez mais, se as águas são mais altas que a terra, porque são mais leves, por que elas não cobrem toda a terra de uma só vez? Certamente, a única resposta que os filósofos podem dar a isso é que a

---

4 "As águas, por meio de uma bela prosopopéia, supõem-se postas em pânico à voz de Jehovah.Veja Salmo 87.16." – *Dimock*.

5 Calvino aqui traduz *montes* e *vales* no caso nominativo. Em nossa versão inglesa são traduzidos no acusativo: "Eles subiram pelos montes e desceram pelos vales." "Aqui não está definido", diz Hammond, "se הרים, *montes*, e בקעות, *vales* ou *planícies*, devam ser lidos no caso nominativo ou no acusativo. Caso seja no nominativo, então devemos ler como em parêntesis ('os montes sobem, as planícies ou vales descem') juntando ao final do versículo, 'para o lugar' etc. e 'apressar', com o versículo 7, assim: 'As águas uma vez pairando acima dos montes – os lugares que agora existem; mas ao som da voz de Deus fugiram e se apressaram (os montes subindo e os vales descendo) para o lugar que tu lhes preparaste.' Assim a LXX e a latina o entendem: ἀναβαίνουσιν ὄρη καταβαίνουσι πεδία 'ascendunt montes, et descendunt campi', 'os montes sobem e as planícies descem', se referindo à mudança que se operou na terra, fazendo-a perfeitamente esférica e cercada de águas."

tendência das águas de procederem assim é contrabalançada pela providência de Deus, para que se suprisse uma habitação para o homem. Se não admitem que as águas são restringidas pela infalível determinação de Deus, então revelam não só sua depravação e ingratidão, mas também sua ignorância, e são totalmente bárbaros. O profeta, pois, não sem razão, reputa entre os milagres de Deus aquele que nos seria totalmente incrível, mesmo que ainda a experiência demonstrasse sua veracidade. Na verdade nossa vileza ficaria a descoberto se, ensinados por provas tão indubitáveis, não aprendêssemos que nada no mundo é estável senão enquanto for sustentado pela mão divina. O mundo não originou a si próprio; conseqüentemente, toda a ordem da natureza de nada mais depende senão da própria designação divina, por meio da qual cada elemento tem sua própria propriedade peculiar. Tampouco deve a linguagem do profeta ser entendida meramente como uma exortação a que rendamos graças a Deus; ela também visa a fortalecer nossa confiança com respeito ao futuro, para que não vivamos neste mundo num estado de constante temor e ansiedade, como seria o caso se Deus não testificasse que ele deu a terra para a habitação dos seres humanos. É uma bênção singular que ele nos outorgou, fazendo-nos habitar a terra com uma mente tranqüila, nos dando a certeza de que a estabeleceu sobre colunas eternas. Embora as cidades amiúde pereçam por meio de terremotos, todavia o próprio corpo da terra permanece. Sim, todas as agitações que lhe sobrevêm mais plenamente nos confirma a verdade de que a terra seria tragada num instante, não fosse ela preservada pelo poder secreto de Deus.

6. Ele a cobriu com o abismo como com um manto. Isso pode ser entendido de duas maneiras: ou implicando que agora o mar cobre a terra como um manto, ou que no início, antes de Deus com sua onipotente palavra ter ajuntado as águas num só lugar, a terra era coberta com um abismo. Mas o sentido mais próprio parece ser que o mar agora é a cobertura da terra. Na primeira criação, o abismo era não tanto um manto, mas uma sepultura, visto que nada se assemelha menos ao adorno de vestuário do que o estado de confusa desolação e caos informe em que a terra então existia. Conseqüentemente, em minha opinião, há aqui celebrado aquele maravilhoso arranjo por meio do qual o abismo, ainda que sem forma, todavia é a vestimenta da terra. Mas, como o contexto parece conduzir a um prisma diferente, os intérpretes se inclinam antes a explicar a linguagem neste sentido: Que a terra foi coberta com o abismo antes que as águas fossem reunidas em um lugar separado. Esta dificuldade, contudo, é facilmente resolvida se as palavras do profeta, *As águas pairam acima dos montes*, forem transformadas no modo potencial, assim: *As águas devem ficar acima dos montes*; o que é suficientemente justificado pelo uso da linguagem hebraica. Aliás, não tenho dúvida de que o profeta, depois de dizer que Deus vestiu a terra com águas, acrescenta, à guisa de exposição, que as águas estariam acima dos montes não fosse o fato de elas fugirem à repreensão divina. Donde provém que os montes se elevam e que os vales se afundam, senão porque limites foram postos às águas para que não voltem a cobrir a terra? A passagem, pois, é óbvia e poderia com propriedade ser entendida assim: o mar, embora seja um poderoso abismo que enche de terror por sua vastidão, é contudo uma bela vestimenta para a terra. Eis a razão da metáfora: a superfície da terra permanece descoberta. O profeta afirma que isso não acontece por acaso; pois se a providência de Deus não restringisse as águas, imediatamente não voltariam elas a cobrir toda a terra? Ele, pois, fala sabiamente quando insiste que a aparência de qualquer parte da superfície da terra não é o efeito da natureza, mas é um evidente milagre. Fosse Deus dar rédeas soltas ao mar, e as águas de repente cobririam os montes. Agora, porém, fugindo à repreensão divina, se amontoam em seu devido lugar.

Por **a repreensão de Deus e a voz de seu trovão** significa a terrível ordem de Deus, pela qual ele restringe o violento fragor do mar. Embora no princípio, tão-somente por sua palavra, ele confinasse o mar dentro de determinados limites e continua até o presente a mantê-lo dentro deles, todavia, se considerarmos quão tumultuosamente seus vagalhões o fazem espumar quando ele se agita, não é sem razão que o profeta fala dele como que dominado com freios pela poderosa ordem divina; assim, em Jeremias [5.22] e em Jó [28.25], Deus, com tanta sublimidade, enaltece seu poder, como exibido no oceano. O *subir os montes*, e o *descer os vales* são figuras, significando que, a menos que Deus confine o abismo dentro de limites, a distinção entre montes e vales, os quais contribuem para a beleza da terra, cessaria de existir, pois que ele engolfaria toda a terra. Lemos que Deus **fundou um lugar para os vales**; pois não haveria terra seca nos sopés dos montes, senão somente abismos, não ordenasse Deus que o mar deixasse um espaço desocupado pelo mar, como se fosse contrário à natureza.

9. Tu puseste um limite ao qual elas não ultrapassarão. O milagre expresso é neste versículo ampliado a partir de sua perpetuidade. Os filósofos naturais se vêem compelidos a admitir, e esse é ainda um de seus primeiros princípios, que a água é circular e ocupa a região intermédia entre a terra e o ar. É inteiramente em virtude da providência de Deus que uma parte da terra permanece seca e se adequa à habitação dos seres humanos. Eis um fato do qual os marinheiros têm a mais satisfatória evidência. Sim, se os mais rudes e mais estúpidos de nossa raça simplesmente abrissem seus olhos, e contemplariam no mar montanhas de água que se elevam muito acima do nível da terra. Certamente nenhum barranco e nem mesmo nenhum portão de aço poderia fazer com que as águas, que em sua própria natureza são fluídos voláteis, se conservem juntas e em determinado lugar, como vemos ser o caso. Acabei de dizer que os terremotos, os quais trazem destruição a muitos lugares, deixam o globo, como um todo, como era antes, e, de igual modo, embora o mar, em algumas partes do mundo, ultrapasse suas fronteiras, todavia a lei, que o confina dentro de certos limites, não cede, para que a terra seja uma habitação adequada à raça humana. O Mar Báltico, em nossos próprios dias, inundou grandes faixas de terra e trouxe grandes prejuízos ao povo flandrense e a outras nações circunvizinhas. Por meio de um exemplo desse gênero somos advertidos sobre quais seriam as conseqüências caso as restrições impostas ao mar, pela mão divina, fossem removidas. Como é possível que, com isso, não temos sido juntamente tragados, senão porque Deus tem refreado esses elementos impulsivos por meio de sua palavra? Em suma, embora a tendência natural das águas seja cobrir a terra, todavia isso não sucederá, porque Deus estabeleceu, por sua palavra, uma lei que contrapõe; e visto que sua verdade é eterna, tal lei deve permanecer inabalável.

[vv. 10-15]
Fazendo sair as fontes pelos vales, as quais correrão entre[6] as colinas. Todos os animais do campo beberão delas; os jumentos[7] selvagens estancarão[8] sua sede. Junto delas as aves do céu habitarão; do meio de seus ramos emitirão sua voz.[9] Regando os montes desde suas câmaras, a terra será saciada do fruto de tuas[10] obras. Fazendo crescer a erva para o gado e a verdura para o serviço do homem; para que da terra ele faça produzir pão, e vinho que alegra o coração do homem; fazendo seu rosto reluzir com óleo e pão que sustente o coração do homem.[11]

---

6 "בין", diz Hammond, deve ser traduzido não *em meio de*, mas *entre*, ἀναμέσον, *son*, diz a LXX, para denotar as cavidades recipientes das águas entre os montes, ou surgir do solo de ambos os lados."

7 O jumento selvagem difere do doméstico só por ser mais forte e mais lépido, mais corajoso e vívido. Os jumentos selvagens são ainda encontrados em número considerável nos desertos do Grande Tártaro, na Pérsia, Síria, nas ilhas do Arquipélago e por toda a Mauritânia. São gregários e têm sido conhecidos por juntar-se às centenas e aos milhares. Tem-se observado que esses animais, ainda que obtusos e estúpidos, são notáveis por seu instinto em descobrir no árido deserto as vias para os rios, ribeiros ou fontes de águas, de modo que o viajante sedento só tem que observar e seguir seus passos a fim de ser guiado a uma fonte de água fria.

8 A tradução literal da palavra hebraica ישברו, *yeshberu*, é *quebrará*, sendo derivada de שבר, *shabar*, *quebrar*. Quando aplicada à fome ou à sede, deve significar *mitigar*, ou, como aqui, *matar a sede*, significando *estancar*. A frase é comunicada a outros idiomas e é comum em nosso meio que, ao *quebrar o jejum*, entendemos *comer*.

9 "De entre esses arbustos ou folhagens as aves do céu emitem sua voz, não simplesmente cantando (pois isso é peculiar a poucas), mas fazendo algum ruído que lhes é próprio." – *Hammond*. Nos versículos 10 a 12, Dimock observa o seguinte: "Os riachos murmurantes, o grande número de animais e gados, com as aves melodiosas, se oferece o mais pitoresco cenário do deleite rural."

10 Na sentença precedente Deus é mencionado na terceira pessoa; e aqui, na segunda. A mudança de pessoas, da segunda para a terceira, e da terceira para a segunda, é bem notável em todo este Salmo.

11 Na versão francesa temos: "Et le vin qui resjouit le cœur de l'homme, et l'huile pour faire reluire as face, et le pain qui soustient le cœur de l'homme." – "E vinho para alegrar o coração do homem, e óleo para fazer seu rosto luzir, e pão que sustenha o coração do homem."

10. Fazendo sair as fontes pelos vales. Aqui o salmista descreve outro exemplo tanto do poder quanto da bondade de Deus, ou, seja: que ele faz com que fontes borbotem dos montes e corram pelo meio dos vales. Embora seja indispensável que haja terra seca para ser-nos uma habitação adequada, contudo, a menos que tenhamos água para beber, e a menos que a terra abra suas artérias, todos os gêneros de criaturas vivas pereceriam. O profeta, pois, fala à guisa de acomodação daquele arranjo pelo qual a terra, ainda que seca, todavia nos supre com água por sua umidade. A palavra נחלים, *nechalim*, a qual traduzi por *fontes*, é por alguns traduzida por *torrentes* ou *rios*; porém *fontes* é [um termo] mais apropriado. No mesmo sentido acrescenta-se imediatamente que *correm por entre os montes*; e contudo é difícil de se crer que fontes pudessem emanar das rochas e lugares pedregosos. Aqui, porém, pode-se perguntar por que o profeta diz que *os animais do campo matam sua sede*, e não os homens, em prol de quem o mundo foi criado. Eu observaria, em resposta, que ele obviamente falou dessa forma com o propósito de enaltecer a bondade de Deus, que se digna em estender seu cuidado protetor à criação bruta, sim, inclusive aos jumentos selvagens, sob cuja espécie se incluem todos os demais gêneros de animais selvagens. E ele intencionalmente faz referência a lugares desérticos para que cada um de nós compare com eles as partes mais prazenteiras e cultiváveis da terra, mencionadas mais adiante. Os rios correm inclusive através de grandes e desolados desertos, onde os animais selvagens desfrutam de alguma bênção divina; e nenhum campo é tão estéril que não tenha árvores crescendo aqui e ali, onde as aves fazem a atmosfera ressoar com as melodias de seu gorjeio. Visto que ainda aquelas regiões onde tudo é desolação e terras não cultiváveis fornecem manifestos emblemas da bondade e poder divinos, com que admiração deveríamos considerar aquela abundantíssima provisão de todas as coisas boas as quais são contempladas nas regiões cultiváveis e favoráveis! Seguramente em países onde não só pelo menos um rio flui, ou onde não só a relva cresce para a nutrição dos animais selvagens, mas onde uma múltipla e variada abundância de coisas boas por toda parte se apresenta a nossa vista, nossa estupidez é mais que brutalidade, se nossa mente, ante tais manifestações da divina bondade, não se fixar em devota meditação sobre sua glória.

O mesmo tema tem seguimento no versículo, onde lemos **que Deus rega os montes desde suas câmaras**. Não é um milagre ordinário que os montes, que parecem existir condenados a perene sequidão, e que, de certo modo, existem suspensos no ar, não obstante são ricos em pastagens. O profeta, pois, com razão conclui que essa fertilidade não tem outra procedência senão da agência de Deus, que é seu secreto cultivador. Aliás, não se pode atribuir, no sentido próprio, labor a Deus, porém não lhe é aplicado sem razão, porque, por meramente abençoar a terra do lugar de seu repouso, ele trabalha com mais eficácia do que se todos os homens do mundo se desgastassem em incessante labor.

14. Fazendo a erva crescer para o gado. O salmista agora se dirige aos homens, de quem Deus se digna tomar especial cuidado como seus filhos. Após ter falado da criação irracional, ele declara que se produz trigo e dele se faz o pão para a nutrição da raça humana; e então menciona em adição a isso vinho e azeite, dois elementos que não só suprem as necessidades do gênero humano, mas também contribuem para seu ditoso desfruto da vida. Há quem entende a palavra hebraica לעבדה, *laäbodath*, a qual traduzi *para o serviço*, como se denotasse o labor que os homens aplicam à administração; pois enquanto a erva sozinha cresce nos montes e sem o labor humano, grãos e ervas, que são semeados, só podem ser produzidos, como se sabe muito bem, pelo trabalho e suor dos homens. Em sua opinião, o significado é que Deus abençoa o labor dos homens no cultivo dos campos. Mas sendo essa uma interpretação demasiadamente forçada, é melhor entender a palavra *serviço* no sentido ordinário do termo. Com respeito à palavra *pão*, não faço objeção à interpretação dos que a entendem num sentido restrito, embora provavelmente inclua todos os gêneros de alimento; só descarto a opinião dos que excluem o pão. Não há força na razão que alegam para assumir este ponto de vista, isto é, que no versículo seguinte acrescenta-se outro uso do pão, quando se diz que ele fortalece o coração do homem; pois ali se expressa a mesma coisa em palavras diferentes. O profeta, ao afirmar que Deus fez com que a terra produzisse ervas para o sustento dos homens, tenciona dizer que a terra os supre não só com alimento de grãos, mas também com outras ervas e frutos; pois os meios de nossa subsistência não se limitam exclusivamente a um só tipo de alimento.

15. E vinho que alegra o coração do homem. Nestas palavras somos ensinados que Deus não só provê para as necessidades dos homens e lhes concede o quanto é suficiente para os propósitos ordinários da vida, mas que em sua bondade ele os trata ainda com mais liberalidade ao alegrar seus corações com vinho e azeite. Certamente que a natureza se satisfaria com água como bebida; e portanto a adição de vinho se deve à superabundante liberalidade divina. A expressão, **e azeite para fazer luzir seu rosto**, tem sido explicada em diferentes formas. Como a tristeza espalha uma sombra melancólica por todo o semblante, alguns fazem esta exposição: Quando os homens desfrutam as comodidades do vinho e do azeite, seus rostos brilham de contentamento. Alguns com uma interpretação mais refinada, porém sem fundamento, conectam isto com as *lâmpadas*. Outros, considerando a letra מ, *mem*, como sinal de grau comparativo, formam este significado: o vinho faz o rosto dos homens brilhar mais do que quando ungido com azeite. O profeta, porém, não tenho dúvida, fala de ungüentos, insinuando que Deus não só dá aos homens o que é suficiente a seu uso moderado, mas que vai além dessas coisas, dando-lhes inclusive seus manjares finos.

Quanto às palavras na última frase, **e pão que sustenta o coração do homem**, eu as interpreto assim: O pão deve ser suficiente para o sustento da vida humana, mas Deus, além do mais, para usar uma expressão comum, lhes concede vinho e azeite. A repetição, pois, do propósito ao qual serve o pão não é supérflua; é empregada para nos encomendar a bondade de Deus em nutrir ele, terna e ricamente, os homens como um pai afetuoso faz a seus filhos. Por essa razão, afirma-se aqui novamente que, como Deus se revela um pai de criação suficientemente liberal em prover o pão, liberalidade essa que se mostra ainda mais conspícua em nos dar os petiscos mais deliciosos.

Mas, como não há nada a que mais nos inclinamos do que usar mal os benefícios divinos, dando vazão aos excessos, quanto mais liberal ele se revela para com os homens, mais devem eles tomar cuidado para não poluírem, com sua intemperança, a abundância que é posta diante deles. Paulo, pois, tinha boas razões para ministrar aquela proibição [Rm 13.14]: "Não façais provisões para a carne em suas concupiscências", pois se darmos toda rédea aos desejos da carne, não haverá limites. Como Deus liberalmente nos sustenta, assim ele designou uma lei de temperança, para que cada um voluntariamente se restrinja em sua abundância. Ele envia bois e asnos às pastagens, e eles se contentam com a suficiência; mas ao suprir-nos com mais do que necessitamos, ele nos incita à observância das normas da moderação, para que não devoremos vorazmente seus benefícios; e ao prodigamente nos dar mais abundante provisão de coisas boas além dos requerimentos de nossas necessidades, ele põe nossa moderação à prova. A regra própria com respeito ao uso da subsistência corporal é participando dela para que ela nos sustente, porém não nos prejudique. A comunicação mútua das coisas necessários para o sustento do corpo, o qual Deus nos ordenou, é um freio muito bom contra a intemperança; pois a condição sob a qual os ricos são favorecidos com sua abundância é que, por sua vez, mitiguem as necessidades de seus irmãos. Visto que o profeta, neste relato da bondade divina na providência, não faz referência aos excessos dos homens, deduzimos de suas obras ser lícito usar vinho não só em casos de necessidade, mas também por meio dele nos tornar mais joviais. Tal jovialidade, entretanto, deve ser temperada com sobriedade; primeiro, para que os homens não esqueçam, conspurcando seus sentidos e destruindo seu vigor, mas se regozijem diante de seu Deus, segundo a prescrição de Moisés [Lv 23.40]; e, segundo, para que estimulem suas mentes com o senso de gratidão, de modo que se tornem mais ativos no serviço de Deus. Aquele que se regozija dessa forma também estará sempre preparado para suportar as tristezas, sempre que a Deus aprouver lhas enviar. É precito ter sempre em mente aquela regra paulina [Fp 4.12]: "Aprendi a passar necessidade e aprendi a viver em fartura." Caso se manifeste algum emblema da ira divina, inclusive para aquele que desfruta de superabundância de todos os gêneros de guloseimas, esse mesmo deve restringir-se em sua dieta, tendo consciência de ser convocado a vestir-se de cilício e a sentar-se sobre cinzas. Muito mais deve aquele, a quem a pobreza compele à temperança e sobriedade, abster-se de tais delícias. Em suma, se uma pessoa se vê constrangida a abster-se de vinho em decorrência de enfermidade, se outra tem apenas vinho insosso, e se uma terceira nada tem senão água, que cada uma se contente com sua própria sorte e voluntária e submissamente se desabitue daquelas gratificações que Deus lhe nega.

As mesmas observações se aplicam ao azeite. Desta passagem vemos que os ungüentos estavam muito em voga entre os judeus, tanto quanto entre as demais nações orientais. Na atualidade, o inverso se dá conosco, que ao contrário guardamos os ungüentos para propósitos medicinais, em vez de usá-los como artigos de luxo. O profeta, contudo, diz que o azeite é também dado aos homens para que o usem como ungüento. Mas, como os homens são tão propensos ao prazer, deve-se observar que a lei da temperança não deve ser separada da beneficência de Deus, para que não abusem de sua liberdade entregando-se a excessos concupiscentes. É preciso acrescentar-se sempre esta exceção: que nenhuma pessoa tem o direito de estimular-se à licenciosidade, lançando mão desta doutrina.

Além do mais, quando os homens prudentemente tiverem aprendido a refrear sua luxúria, é importante que saibam que Deus lhes permite desfrutar de prazeres com moderação, onde houver habilidade para administrá-los, ou jamais participarão mesmo do pão e do vinho com uma consciência tranqüila; sim, começarão a ter escrúpulo de provar água, pelo menos jamais se chegarão à mesa a não ser com temor. Entrementes, a maior parte do mundo se engolfará nos prazeres sem discriminação, porque não consideram o que Deus lhes permite; pois sua paternal bondade nos deve ser a melhor mestra a ensinar-nos a moderação.

[vv. 16-18]
As árvores de Jehovah[12] serão saciadas; os cedros do Líbano, os quais ele plantou; pois ali as aves constroem seus ninhos; a cegonha,[13] cuja habitação é nas faias. Os montes altos são para as cabras monteses;[14] e as rochas são um lugar de refúgio para os coelhos.[15]

---

12 "Na Septuaginta temos 'árvores do campo'; portanto, se lê עֲצֵי שָׂדַי; e שֹׂדַי sendo um dos nomes do Onipotente, quando pontuado de forma diferente, assim: שַׁדַּי, foi depois mudado para יְהוָה, 'Jehovah', como está no texto atual. Teodoreto nota em seu tempo que o hebraico, e outros intérpretes gregos dele, tinham ξύλα του κυριου, 'árvores do Senhor'. Assim era o hebraico dos dias de Jerônimo, o qual tem *ligna Domini*". – *Reeves' Collation.*

13 חֲסִידָה, *chasidah*, a palavra original para *a cegonha*, vem de חֶסֶד, *piedade, beneficência*, porque, diz Bythner, "a cegonha nutre, sustenta e carrega em suas costas, quando exaustos, seus pais idosos". As cegonhas são uma espécie de aves mui numerosas na Palestina e outros países orientais. Doubdan, em seu relato de uma viagem de Caná a Nazaré na Galiléia (p. 513), assim fala delas: "Todos esses campos estavam tão cheios de bandos de cegonhas, que pareciam totalmente brancos, contando acima de mil em cada bando, e quando voam, são como nuvens. À noite repousam nas árvores."

14 "Ou, chevreux." – *v.f.m.* "Ou, os cabritos." Calvino, ao fazer duas traduções diferentes da palavra original, parece ter ficado perplexo à vista do animal em pauta. "O animal aqui em pauta", diz Mant, "é o cabrito montês, uma espécie de cabrito selvagem, derivando seu nome hebraico da maravilhosa maneira como ele sobe o topo das rochas mais altas, cuja capacidade os escritores sacros aludem nas outras passagens onde a palavra ocorre da mesma forma que nesta (vejam-se 1Sm 24.3; Jó 39.1).

15 "Ou, connils." – *v.f.m.* "Ou, os coelhos." O nome hebraico desse animal, שָׁפָן, *shaphan*, do verbo שָׁפַן, *shaphan*, ou סָפַן, *saphan, ocultar*, parece indicar uma criatura de disposição tímida e inofensiva. Débil e percebendo o perigo, ele busca um refúgio por entre as fendas das rochas, onde possa se ver livre de seus inimigos. A tal circunstância é que se faz alusão aqui; Salomão também faz referência a ele (Pv 30.26): "Os coelhos são um povo débil; e contudo têm sua casa na rocha." Destas palavras se faz evidente que os coelhos são gregários. Que animal em particular, pois, é indicado com esse nome? Calvino, dando ao termo original uma tradução no texto e outra diferente na margem, parece que ficou indeciso quanto à espécie de animal requerido aqui, e neste ponto se obtém considerável variedade de opinião. Algumas cópias da Septuaginta trazem *ouriço--cacheiro*; e outros, *lebre*; sendo a primeira provavelmente a redação correta, quando a Vulgata concorda com ela.

16. As árvores de Jehovah serão saciadas. O salmista novamente trata da providência geral de Deus em revelar cuidado por todas as partes do mundo. Em primeiro lugar, ele assevera que, pela irrigação de que falara, as árvores são saciadas, ou ficam cheias de seiva, assim florescendo para que haja lugar de habitação para as aves. Em seguida declara que as cabras e os coelhos selvagens têm também seu lugar de refúgio, para mostrar que nenhuma parte do mundo fica esquecida por ele, o qual é o melhor de todos os pais, e que nenhuma criatura é excluída de seu cuidado. A transição que o profeta faz dos homens para as árvores é como se quisesse dizer: Não surpreende que Deus tão liberalmente nutra os homens que são criados a sua própria imagem, visto que ele não revela má vontade nem mesmo para estender seu cuidado às próprias árvores. Pela expressão, **as árvores do Senhor**, está em pauta aquelas que são altas e de excessiva beleza; pois a bênção de Deus se faz mais evidente nelas. É difícil de se imaginar que alguma seiva da terra chegue a uma altura tão imensa e ainda as árvores renovem sua folhagem a cada ano.

[vv. 19-23]
Ele designou a lua para distinguir as estações; o sol conhece seu ocaso. Tu fazes a escuridão e se faz noite; quando todos os animais da floresta se movimentam. Os leões rugem após sua presa, e de Deus buscam seu alimento.[16] O sol nascerá, e eles se reúnem e se deitam em seus covis.[17] O homem sairá para sua obra e seu labor até a noite.

19. Ele designou a lua para distinguir as estações. O salmista agora chega a outra exaltação da providência divina como manifesta

---

16 O que aqui peculiarmente se diz dos *leões*, que 'rugem após sua presa e de Deus buscam seu alimento', pode ser ilustrado pelo que se observa dessas criaturas: que a despeito de sua grande força, ganância e rapacidade, não são proporcionalmente providos de ligeireza física para sair em perseguição de sua presa no deserto, nem tão espertos ao ponto de segui-la e arrastá-la para seu lugar de repouso. Portanto, foi necessário que esses animais fossem compensados de tais deficiências com algum outro recurso. E por isso alguns têm afirmado que seu próprio *rugir* lhes é útil para este fim, e que quando não podem surpreender sua presa, eles usam seu urro feroz para assustar os pobres animais, que caem diante deles

17 Na versão francesa, todos os verbos neste versículo são traduzidos no tempo presente.

no maravilhoso arranjo por meio do qual o curso do sol e da lua sucede alternadamente um ao outro; pois a diversidade em sua mudança mútua longe está de produzir confusão, ou, seja, que todos devem perceber a impossibilidade de encontrar algum método melhor de distinguir o tempo. Ao lermos que *a lua foi designada para distinguir as estações*, os intérpretes concordam que isso se deve entender como referência às festas ordinárias e designadas. Os hebreus haviam se acostumado a computar seus meses pela lua, e isso servia para regular seus dias e assembléias festivos, tanto sacros quanto políticos.[18] O profeta, não tenho dúvida, fazendo uso de sinédoque, expressa uma parte pelo todo, sugerindo que a lua não só distingue os dias das noites, mas igualmente determina os dias, anos e meses festivos e, em suma, corresponde a muitos propósitos, visto que a distinção de tempos é tomada de seu curso.

Quanto à sentença, **O sol conhece seu ocaso**, a entendo não só em referência a seu circuito diário, mas como também denotando que, ao gradualmente pôr-nos mais perto de um tempo e deixando-nos mais afastados de outro, ele sabe como regular seus movimentos pelos quais produz verão, inverno, primavera e outono. Afirma-se ainda que **os animais da floresta se movem durante a noite**, porque é a medo que saem de seus covis. Alguns traduzem o verbo רמש, *ramas, andar*; mas a significação própria que lhe tenho dado não é inadequada; pois ainda que a fome às vezes deixa os animais selvagens furiosos, todavia *velam* nas trevas da noite, para que possam mover-se à vontade, saindo de seus esconderijos, e por causa desse destemor são descritos como a mover-se.

21. Os leões rugem após seu presa. Ainda que os leões, caso a fome os compila, saiam de seus covis e rujam mesmo ao meio-dia, todavia o profeta descreve o que mais comumente ocorre. Ele, pois,

---

18 "A maior parte das festas judaicas, como a Lua Nova, a Páscoa, o Pentecostes etc., era governada pela lua." – *Dimock*.

diz que os leões não se aventuram a sair de um lado para outro durante o dia, mas que, confiando na escuridão da noite, então saem em busca de sua presa. Nisso se manifesta a maravilhosa providência de Deus, a saber: que um animal tão terrível se esconda em seu covil para que os homens se locomovam com maior liberdade. E se leões às vezes perambulam com mais liberdade, isso se deve imputar à queda de Adão, a qual privou os homens de seu domínio sobre os animais selvagens. Há, contudo, ainda alguns resquícios da bênção original conferida por Deus aos homens, visto que ele afasta tantos animais selvagens da luz do dia, como que por grades ou cadeias de ferro. A expressão, **buscam de Deus seu alimento**, não deve ser entendida como uma referência a sua busca do cuidado de Deus, como se o reconhecessem como seu pai de criação, mas realça o próprio fato de Deus, de uma forma maravilhosa, prover alimento para esses animais vorazes.

22. O sol nascerá. O salmista continua perseguindo o mesmo tema, mostrando que Deus assim distribui as sucessões do tempo, de modo que o dia pertence propriamente ao homem. Não pusesse Deus restrição a tantos animais selvagens que nos são hostis, e a raça humana tão logo se tornaria extinta. Como pudesse parecer que os animais selvagens, desde a queda do homem, vinham à existência com o fim de nos prejudicar, rasgar e fazer em pedaços todos quantos os encontrem, essa crueldade selvagem deve ser conservada sob freio pela providência divina. E a fim de mantê-los encerrados em seus covis, o único meio que ele emprega é inspirando-os com terror, simplesmente pela luz do sol. O profeta enaltece esse exemplo de bondade divina mais em virtude de sua necessidade; pois do contrário os homens não teriam liberdade de sair e empreender seus labores e os negócios da vida. Sendo o homem assim protegido pela luz contra a violência e danos provenientes dos animais selvagens, é preciso que se veja nisso a bondade de Deus sem paralelo, o qual de uma maneira tão paternal tem providenciado para sua conveniência e bem-estar.

[vv. 24-26]
Ó Jehovah, quão magnificentes são tuas obras! Com sabedoria fizeste todas as coisas; a terra está cheia de tuas riquezas. Grande é este mar e muito espaçoso, onde há seres sem conta, animais pequenos e grandes. Ali percorrem os navios;[19] e o leviatã que formaste para nele folgar.

24. Ó Jehovah, quão magnificentes são tuas obras! O profeta não apresenta um número completo das obras de Deus, o que seria uma tarefa interminável, mas apenas toca de leve em certos particulares, para que cada um de nós se deixe guiar à consideração delas, ponderando mais atentamente sobre aquela sabedoria pela qual Deus governa o mundo inteiro e cada parte particular dele. Conseqüentemente, interrompendo sua descrição, ele exclama com admiração: *Quão imensamente louváveis são tuas obras!* Ainda quando simplesmente atribuímos a Deus a devida honra quando tomados de admiração reconhecemos que nossas línguas e todos nossos sentidos fracassam em fazer justiça a um tema tão incomensurável. Se uma pequena porção das obras de Deus nos deixa extasiados, quão inadequadas são nossas débeis mentes para compreenderem toda a extensão delas! Em primeiro lugar, lemos **que Deus fez todas as coisas com sabedoria**, e então acrescenta-se **que a terra está cheia de suas riquezas**. A menção de *sabedoria* sozinha não significa a exclusão do poder divino, mas significa que não existe nada confuso no mundo – que a vasta variedade de coisas que se entrelaçam nele é organizada com infinita sabedoria, ao ponto de

---

19 A tradução que Fry faz deste texto é: "Ali passam os navios", e em nota de rodapé: "Ali percorrem as baleias." "Não posso", diz ele, "me entregar a conjeturas neste lugar, ou, seja: que a palavra que traduzimos por *navios* tinha antigamente outro sentido e significava algum animal aquático; ou que por אניה devamos ler חנינים ou חנים (compare-se Gn 1.21: 'E Deus criou as grandes baleias, תנינים הגדלים, e toda criatura vivente que se move, הרמשה החיה, que as águas produziram abundantemente segundo sua espécie.' Entretanto, tem-se imaginado que o que se pretende aqui não eram baleias, mas alguns animais marinhos de grande porte, conhecidos nos litorais do Mar Mediterrâneo." "A primeira linha deste versículo", diz Dimock, "provavelmente deva ser lida entre parênteses, caso não seja ele uma interpolação, e a construção gramatical requeira que leiamos הלכון. Essa maravilhosa peça de mecanismo, *um navio*, pelo qual o homem se torna o senhor dos mares, parece ter sido originalmente construído sob a diretriz divina. – Veja-se Gênesis 6.14."

tornar-se impossível que alguma coisa seja acrescida, abstraída ou melhorada. Esse enaltecimento é posto em contraste com as imaginações profanas que sobem a nossa mente quando somos incapazes de descobrir os desígnios de Deus em suas obras, como se de fato ele estivesse sujeito à estultícia como estamos nós, ao ponto de ter que suportar a repreensão dos que são cegos sem poderem considerar suas obras. O profeta também, pelo mesmo louvor, reprova a demência dos que sonham, como se o mundo fosse introduzido em sua presente forma pelo acaso, como Epicuro que delirou sobre os elementos como sendo compostos meramente de átomos. Visto ser uma imaginação mais que irracional supor que uma estrutura tão elegante, e de uma beleza tão fascinante, fosse reunida pelo fortuito concurso de átomos, o profeta aqui nos concita a atentar mais detidamente para a sabedoria de Deus e para aquela maravilhosa habilidade que se manifesta em todo o governo do mundo. Sob o termo *riquezas* se compreendem a bondade e a beneficência divinas; pois não foi para si mesmo que ele tão ricamente reabasteceu a terra, mas por nossa causa, para que nada que contribua para nosso proveito estivesse ausente. Devemos saber que a terra não possui tal fertilidade e riquezas provindas dela mesma, mas unicamente pela bênção de Deus, que a faz o meio de administrar-nos sua liberalidade.

25. Grande é este mar e mui espaçoso. Depois de haver tratado das evidências que a terra propicia da glória de Deus, o profeta desce ao mar e nos ensina que ele é um novo espelho no qual podemos visualizar o poder e a sabedoria divinos. Ainda que o mar não fosse habitado por peixes, mesmo assim a mera visão de sua vastidão excitaria nossa admiração, especialmente quando ele de tempo em tempo engrossa com ventos e tempestades e em outras ocasiões fica calmo e imperturbável. Além disso, embora a navegação seja uma arte que se tem adquirido pela habilidade do homem, todavia ela depende da providência de Deus, que tem concedido aos homens uma passagem pelos poderosos abismos. Mas a abundância e variedade de peixes realçam extraordinariamente a glória de Deus no mar. Dentre essas criaturas, o salmista celebra especialmente *o leviatã* ou *a baleia*,[20] porque esse animal, ainda que não mais exista, se apresenta a nossa vista suficiente, sim, mais que suficiente prova do terrível poder de Deus; e pela mesma razão temos um amplo relato dele no livro de Jó. Como seus movimentos não só lançasse o mar em terrível agitação, mas também golpeasse com alarme os corações dos homens, o profeta, com a palavra *folgar*, insinua que seus movimentos não passam de *esporte* em relação a Deus; como se quisesse dizer: O mar é dado aos leviatãs, como um campo no qual se exercitem.

[vv. 27-30]
Todas as coisas esperam em ti, para que lhes dês alimento em tempo oportuno. Tu lhos darás, e o recolherão; tu abrirás tua mão, e eles se encherão [ou se fartarão] com alimento. Tu ocultarás tua face, e eles ficarão conturbados; tirarás seu fôlego, e morrerão, e voltarão a seu pó. Enviarás teu Espírito, e serão criados;[21] e renovarás a face da terra.

27. Todas as coisas esperam em ti. O profeta aqui uma vez mais descreve a Deus como que fazendo o papel do dono de uma casa, e um pai de criação em relação a todas as sortes de criaturas viventes, provendo-lhes liberalmente. Ele dissera antes que Deus fez com que alimento crescesse nos montes para o sustento do gado, e que subsistência fosse ministrada aos próprios leões pela mão do mesmo Deus, embora vivam de sua presa. Agora ele amplia esse portento da beneficência divina fazendo uso de uma circunstância adicional. Enquanto as diferentes espécies de criaturas viventes são quase inumeráveis, e o número de cada espécie, tão grande, não existe, contudo, sequer uma

---

20 O leviatã, o qual se descreve mais extensamente em Jó 40, agora é geralmente tido pelos comentaristas não como sendo a baleia, mas o crocodilo, um habitante do Nilo. Que ele deve ser aqui arrolado entre os animais marinhos não deve nos surpreender, visto que o objetivo do poeta divino era meramente exibir o reino do *mundo aquático*. Desses amplos domínios *o mar do Nilo* forma, em sua visão, uma parte. Est igitur in specie *Nilus*. Jeremias 19.5; Naum 3.8." – *Sim. Lex. Heb.*
21 "Essa é uma alusão a Gênesis 1.2, visto que a sucessão contínua das coisas é um tipo de criação." – *Dimock*.

que não careça de alimento diário. O significado, pois, da expressão, *Todas as coisas esperam por ti*, consiste em que não poderiam continuar existindo, ainda que por uns poucos dias, a menos que Deus suprisse diariamente suas necessidades, nutrindo a cada uma delas em particular. Assim sabemos por que existe tão grande diversidade de frutos; pois Deus assinada e designa o alimento adequado e próprio a cada uma das criaturas viventes. Os animais irracionais não são deveras dotados com razão e critério para buscarem em Deus a provisão de suas necessidades, senão que, abaixando-se para a terra, buscam empanturrar-se de alimento; todavia o profeta fala com propriedade quando as representa como que esperando em Deus; pois sua fome deve ser mitigada por sua liberalidade, do contrário logo morreriam. Tampouco é supérflua a especificação do *tempo oportuno* em que Deus lhes fornece o alimento, visto que Deus lhes armazena para que tenham os meios de subsistência durante todo o curso do ano. Como a terra no inverno encerra suas entranhas, o que seria delas se ele não lhes provesse alimento por muito tempo? O milagre, pois, é maior conforme a circunstância, pois Deus, ao fazer a terra frutífera nesses tempos, estende assim sua bênção ao restante do ano que nos ameaça com fome e escassez. Quão desditosos seríamos quando a terra, no inverno, encerra suas riquezas, não fossem nossos corações acalentados com a esperança de uma nova proliferação! Neste sentido, o salmista apropriadamente afirma que Deus *abre sua mão*. Se o trigo crescesse diariamente, a providência de Deus não seria tão manifesta. Mas quando a terra se torna estéril, é como se Deus fechasse sua mão. Daí se segue que, quando a faz frutífera, ele, por assim dizer, do céu estende sua mão para dar-nos alimento. Ora, se ele supre os animais selvagens e irracionais com a subsistência no devido tempo, pelo quê eles são alimentados até fartar-se, sua bênção sem dúvida nos seria uma fonte inexaurível de abundância, contanto que nós mesmos, com nossa incredulidade, não a obstruamos para que não jorre.

29. Tu ocultarás tua face, e eles ficarão conturbados. Nestas palavras o salmista declara que ficamos de pé ou caímos segundo a vontade de Deus. Continuamos vivos enquanto ele nos sustenta com seu poder;

mas tão logo ele subtrai seu Espírito doador de vida, morremos. Inclusive Platão sabia disto, o qual mui amiúde ensina que, propriamente falando, há somente um Deus, e que todas as coisas subsistem ou têm seu ser unicamente nele. Tampouco nutro dúvida de que a vontade de Deus, por meio da qual esse escritor pagão, era despertar todos os homens para o conhecimento de que derivam sua vida de outra fonte que se acha além deles mesmos. Em primeiro lugar, o salmista assevera que, *se Deus oculta sua face, eles ficam conturbados*; e, em segundo lugar, que, *se ele retira seu fôlego, eles morrem, e voltam a seu pó*; por quais palavras ele realça que, quando Deus se digna estimar-nos, que parece dar-nos vida, e que enquanto seu sereno semblante brilha, este inspira todas as criaturas com vida. Nossa cegueira, pois, é duplamente inescusável, se de nossa parte não estendermos nossos olhos para a bondade que comunica vida ao mundo inteiro. O profeta descreve passo a passo a destruição das criaturas vivas, subtraindo Deus delas sua energia secreta para que, do contraste, ele melhor enaltecesse aquela inspiração contínua, por meio da qual todas coisas são mantidas com vida e vigor. Ele poderia ter avançado mais e asseverado que todas as coisas, a não ser que seu ser seja sustentado por Deus, voltariam ao nada; porém se contentou em afirmar, em termos gerais e em linguagem popular, que tudo o que não é nutrido por ele cai em corrupção. Ele novamente declara que o mundo é diariamente *renovado*, porque *Deus envia seu espírito*. Na propagação das criaturas viventes, vemos indubitável e continuamente uma nova criação do mundo. Não há contradição em ele chamar agora *aquele* espírito de Deus, o qual antes representara como sendo o espírito [fôlego] das criaturas viventes. Deus envia aquele espírito que permanece com ele até quando lhe aprouver; e assim que o envia, todas as coisas são criadas. Dessa forma, o que lhe pertencia ele faz que seja nosso. Mas isso não dá expressão ao antigo sonho dos maniqueus, o qual aquele cão imundo, Serveto, fez ainda pior em nossos próprios dias. Os maniqueus diziam que a alma do homem é uma partícula do Espírito divino e é propagada dele como o rebento de uma árvore; mas esse homem vil tem a audácia de asseverar que os bois, os asnos e os cães são partes da essência divina. Os maniqueus, pelo menos, tiveram como pretexto para seu erro que a alma foi criada segundo a imagem de Deus; mas para manter isso com respeito aos suínos e bovinos, é no mais elevado grau monstruoso e detestável. Nada estava mais distante da intenção do profeta do que dividir o *espírito de Deus* em partes, de modo que uma porção dele habitaria essencialmente em cada criatura vivente. Mas ele denominava assim aquele *Espírito de Deus* que procede dele. Fora isso, ele nos instrui dizendo que ele é nosso, porque ele nos é dado para nos vivificar. O equivalente do que se afirma é que, quando vemos o mundo diariamente se deteriorando, e diariamente sendo renovado, o poder de Deus, gerador de vida, nos é refletido nele como um espelho. Todas as mortes que ocorrem entre as criaturas viventes são, por assim dizer, tantos exemplos de nossa nulidade; e quando outros são produzidos e ocupam seu espaço, temos nisso apresentada uma renovação do mundo. Visto, pois, que o mundo diariamente morre e é diariamente renovado em suas várias partes, a manifesta conclusão é que ele só subsiste por uma virtude secreta de Deus.

[vv. 31-35]
A glória seja a Jehovah para sempre; que Jehovah se regozije em suas obras. Quando ele olhar para a terra, ela tremerá; se ele tocar os montes, eles fumegarão.[22] Cantarei a Jehovah enquanto eu viver; cantarei salmos a meu Deus enquanto eu tiver minha existência.[23] Que meu discurso [ou palavras[24]] seja por ele aceito;[25] regozijar-me-ei em Jehovah. Que os pecadores pereçam da terra e que os ímpios cessem de existir. Bendiz, ó minha alma, a Jehovah. Aleluia.

---

22 "*Eles fumegam*. Gejerus, Patrick e outros conectam isso com Êxodo 19.18. Mas não poderia ser também uma referência aos montes vulcânicos em geral?" – *Dimock*.

23 "*Ao longo de toda minha existência*, בעוד, *para minha perpetuidade*. – Veja-se a palavra usada no mesmo sentido no Salmo 139.18." – *Horsley*.

24 "Ou, meditation." – *v.f.m.* "Ou, meditação."

25 Nossa Bíblia inglesa tem "Minha meditação dele será doce." Como o prefixo על, *al*, significa *para* ou *em*, pode ser duvidoso se עליו deva ser traduzido *para ele* ou *nele*. Se no último sentido, nossa versão está correta, "Minha meditação dele ou nele será doce"; e com isso a última sentença do versículo concordaria bem: "Eu me alegrarei no Senhor", que é um efeito da doçura sentida na meditação sobre ele. Mas todas as versões antigas apresentam a primeira tradução, segundo essas palavras no Salmo 19.14: "Que a meditação de meu coração seja aceitável a teus olhos." Assim a Septuaginta tem ἡδυνθείη αὐτῷ, "Que lhe seja doce", e semelhante é a tradução em outras versões.

31. A glória seja a Jehovah para sempre. O escritor inspirado mostra com que propósito ele celebrou na parte precedente do Salmo o poder, a sabedoria e a bondade de Deus em suas obras, isto é, para estimular os homens a louvá-lo. Não é pequena honra que Deus, por nossa causa, tenha assim magnificentemente adornado o mundo, a fim de que não sejamos meros espectadores desse grandioso teatro, mas também a múltipla abundância e variedade de coisas boas que nos são apresentadas nele. Nossa gratidão em render a Deus o louvor que lhe é devido é por ele considerada como uma recompensa singular.

O que o salmista adiciona, **Que Jehovah se regozije em suas obras**, não é supérfluo; pois ele deseja que a ordem que Deus estabeleceu desde o princípio seja contínua no uso lícito de seus dons. Como lemos em Gênesis 6.6, que "arrependeu-se o Senhor de haver feito o homem sobre a terra", assim quando ele vê que as boas coisas que ele concede são poluídas por nossas corrupções, ele cessa de deleitar-se em concedê-las. E certamente a confusão e desordem que ocorrem, quando os elementos cessam de cumprir seu ofício, testificam que Deus, insatisfeito e enfadado, é provocado a descontinuar e a pôr ponto final ao curso regular de sua beneficência; ainda que a ira e a impaciência não tenham, estritamente falando, lugar em sua mente. O que aqui se nos ensina é que ele exibe o caráter do melhor dos pais, os quais têm prazer em amorosamente cuidar de seus filhos e em nutri-los com liberalidade. No versículo seguinte mostra-se que a estabilidade do mundo depende desse regozijar-se de Deus em suas obras; pois ele não deu vigor à terra por meio de seu gracioso e paternal apreço para logo depois olhá-la com um semblante severo; se assim fosse, ele a faria tremer e faria cada monte fumegar.

33. Cantarei a Jehovah enquanto eu viver. Aqui o salmista indica a outros seus deveres movidos por seu próprio exemplo, declarando que, em todo o curso de sua vida, ele proclamará os louvores de Deus sem jamais se cansar desse exercício. A única fronteira que ele fixa para a celebração dos louvores de Deus é a morte; não que os santos, quando passam deste mundo para o outro estado de existência, desistem desse dever religioso, mas porque o fim para o qual somos criados é para que o nome divino possa ser celebrado por nós na terra. Cônscios de sua indignidade em oferecer a Deus tão precioso sacrifício, ele humildemente ora [v. 34]: **que os louvores que ele cantará a Deus lhe sejam aceitáveis**, ainda que procedessem de lábios polutos. É verdade que não há nada mais aceitável a Deus, nem qualquer coisa que ele mais aprove, do que a publicação de seus louvores, mesmo porque não há nenhum outro serviço que ele mais peculiarmente requeira que realizemos. Mas como nossa impureza macula aquilo que em sua própria natureza é santíssimo, o profeta, com boas razões, se vale da bondade de Deus, e sobre essa base única roga que ele aceite seu cântico de louvor. Conseqüentemente, o Apóstolo, em Hebreus 13.15, ensina que nossos sacrifícios de ações de graças são bem-vindos a Deus, quando lhe são oferecidos pela mediação de Cristo. Contudo, sendo que, enquanto todos os homens indiscriminadamente desfrutam os benefícios de Deus, há no entanto bem poucos que olham para o autor deles, o profeta junta a sentença: **Eu me regozijarei no Senhor**; insinuando que esta é uma virtude rara; pois nada é mais difícil do que evocar à mente aqueles deleites selvagens e extravagantes que se dispersam pelo céu e pela terra, nos quais se desvanecem, para que se fixem somente em Deus.

35. Que os pecadores pereçam da terra. Esta imprecação depende da última sentença do versículo 31: **Que Jehovah se regozije em suas obras**. Como os ímpios infectam o mundo com suas conspurcações, a conseqüência é que Deus se deleita menos em sua própria obra e ainda quase se desgosta dela. Isso é impossível, senão que tal impureza, se estendendo e se difundindo através de cada parte do mundo, vicia e corrompe um produto tão nobre de suas mãos, termina lhe sendo ofensivo. Visto, pois, que os ímpios, por meio de seu perverso abuso dos dons divinos, prejudicam o mundo de forma degradante e apostatam de seu princípio original, o profeta com razão deseja que sejam exterminados, até que a raça deles desapareça completamente. Que sejamos prudentes ante tão grande peso da providência de Deus, sendo-lhe totalmente devotados e obedientes, usando corretamente e com pureza os benefícios que ele santifica para nosso desfruto deles. Além do mais, que nos entristeçamos ante o fato de que tão preciosos tesouros sejam impiamente dissipados, e que consideremos como monstruoso e detestável que os homens não só se esqueçam de seu Criador, mas também, por assim dizer, intencionalmente se volvam à perversidade e usem para um fim indigno todas as boas coisas que ele lhes concede.

Salmo 105

O salmista magnifica a singular graça de Deus exibida em selecionar e soberanamente adotar um povo dentre todas as nações do mundo. Para mostrar que não foi com meras palavras que ele fez um pacto com Abraão e sua descendência, Deus não cessou, depois os haver libertado do Egito, de conferir-lhes inumeráveis benefícios; e seu desígnio nesse ato foi para que os que foram libertados pudessem, de sua parte, fielmente guardar seu pacto e devotar-se sinceramente a seu serviço.[1]

[vv. 1-5]
Louvai a Jehovah; invocai seu nome; anunciai suas obras no meio dos povos. Cantai-lhe, cantai-lhe salmos; falai de todas suas maravilhas. Regozijai-vos em seu santo nome;[2] regozije-se o coração dos que buscam a Jehovah. Buscai a Jehovah e sua força; buscai continuamente sua face. Lembrai-vos das obras portentosas que ele tem realizado; suas maravilhas e os juízos de sua boca.

---

1 Este Salmo não recebeu esse título da versão Hebraica ou da Caldaica, mas da Vulgata, Septuaginta, Etiópica e Arábica; o *aleluia* que encerra o Salmo precedente é prefixado como a legenda. Os primeiros cinco versículos correspondem à primeira parte de um cântico de ações de graças que Davi compôs para ser cantado depois que a arca fosse conduzida de Obede-Edom a Jerusalém (veja-se 1Cr 15.8-22). Daí concluírem alguns que Davi foi seu autor inspirado, e que ele provavelmente o ampliou em algum período subseqüente de sua história, para que ele pudesse suprir uma comemoração mais completa da magistral e extraordinária bondade de Deus para com os israelitas desde os dias de Abraão até seu final estabelecimento na terra de Canaã; enquanto outros concluem que ele foi ampliado por algum poeta hebreu na restauração dos judeus do cativeiro babilônico. Este Salmo contém forte semelhança com o 78, tanto em seu tema quanto em seu estilo, exceto, talvez, que a elocução aqui é de um tipo bem mais simples.

2 Na versão francesa temos: "Louvai seu santo nome." Hammond, concordando com isso, traduz: "Louvai o nome de sua santidade"; crendo que ב, *beth, em*, é um pleonasmo.

1. Louvai a Jehovah. O objetivo destas palavras iniciais é simplesmente que a descendência de Abraão atribua toda sua bem-aventurança à soberana adoção divina. Esta não era uma bênção a ser desprezada, ou, seja: que Deus havia criado os homens; que tinham sido protegidos no mundo pelo cuidado paternal de Deus; e que tinham recebido a subsistência de sua mão; porém era um privilégio muito mais excelente o fato de terem eles sido escolhidos para que fossem seu povo peculiar. Enquanto toda a raça humana é condenada em Adão, a condição dos israelitas era tão diferente da de todas as demais nações, ao ponto de dar-lhes motivo de gloriar-se de que foram consagrados a Deus. Eis a razão por que o profeta cumula tantas palavras em enaltecimento desta graça. Ele não trata do governo do mundo inteiro como fez no Salmo precedente, mas celebra o favor paternal que Deus tem manifestado em prol dos filhos de Israel. De fato ele intitula, em termos gerais, de *suas obras* e *suas maravilhas*, porém limita ambas àquele pacto espiritual por meio do qual Deus fez a escolha de uma igreja, para que ela pudesse viver na terra uma vida celestial. Ele não pretende incluir, entre essas maravilhas, que o sol, a lua e as estrelas diariamente aparecem para dar luz ao mundo; que a terra produz seu fruto em suas estações próprias; que cada criatura vivente é sustentada com a abundância de todas as boas coisas para seu alimento; e que a família humana é liberalmente provida com tantas conveniências; porém ele celebra a soberana graça de Deus, por meio da qual ele escolhe para si, dentre a raça perdida de Adão, uma pequena porção à qual ele pudesse revelar-se como Pai. Conseqüentemente, ele lhes ordena *a regozijar-se no nome de Deus* e *a invocá-lo*; privilégio esse por meio do qual somente a Igreja é distinguida. Donde se segue que essa linguagem não é dirigida a nenhum outro senão aos crentes verdadeiros, de quem Deus quer receber glória a seu nome, visto que ele os tomou sob sua especial proteção.

4. Buscai a Jehovah e a sua força.[3] Embora no versículo pre-

---

3 "Para עֻזּוֹ, *sua força*, a LXX parece ter entendido עֹזוּ, *ser fortalecido*, e por conseguinte o traduziu κραταιωθῶτε; o latim, 'confirmamini', ser confirmado', e assim a Siríaca, 'ser fortalecido'. Este sentido ficaria bem: 'Buscai o Senhor e sejais confirmados'; que toda vossa força seja buscada

cedente ele tenha caracterizado os fiéis pela honrosa designação, *aqueles que buscam a Deus*, contudo novamente ele os exorta a buscá--lo com ardor, o que não constitui uma exortação desnecessária. É verdade que buscar a Deus é o sinal por meio do qual todos os santos genuínos são particularmente distinguidos dos homens do mundo; mas estão longe de buscá-lo com o devido ardor; e por conseguinte têm sempre necessidade de estímulos para impeli-los a esse exercício, embora voluntariamente o negligenciem. Aqueles a quem o profeta aqui incita a buscar a Deus não são pessoas volúveis, nem se assemelham aos que são totalmente indolentes e que aderem às impurezas da terra, mas os que, com uma mente ativa e disposta, já almejam fazer isso; e ele assim os estimula, porque percebe que são obstruídos por muitos impedimentos de avançarem em seu curso com suficiente rapidez. Por mais dispostos estejamos, pois, temos, não obstante, necessidade de tal incitamento para corrigirmos nossa lentidão. A *força* e *a face de Deus*, indubitavelmente, indicam aquele tipo de manifestação por meio da qual Deus, acomodando-se à rudeza dos tempos, atraiu a si, naquele tempo, os crentes genuínos. A arca do concerto é em muitos outros lugares chamada tanto a *força* como *a face de Deus*, porque, por meio desse símbolo o povo era lembrado de que ele estava perto deles, bem como realmente também experimentavam seu poder.[4] Quanto mais familiarmente, pois, Deus se lhes mostrava, com mais prontidão e euforia o profeta quer que eles apliquem seus corações em buscá-lo; e o auxílio com o qual Deus alivia nossa fraqueza deve provar um estímulo adicional ao nosso zelo. Recomenda-se-nos também modéstia, para que, incitando nossa lentidão em buscar a

---

nele. Assim o árabe judaico: 'Buscai o Senhor, e buscai-o para que ele vos fortaleça, ou buscai a força dele; ou certamente sereis fortalecidos', se por meio da oração diligentemente o buscardes."
– *Hammond*. Horsley também o traduz assim: "Buscai o Senhor, e sereis fortes."

4 Com isso concorda a interpretação de Lowth: "A *arca santa*, e a *shechinah* que permanecia sobre ela, e símbolo da divina presença, são chamadas a *face de Deus*; e buscar a face de Deus significa comparecer diante da arca para adorar no santuário de Deus, o que era requerido dos israelitas três vezes ao ano (vejam-se 2Sm 21.1; 2Cr 7.14; Sl 27.8; Êx 23.17." – *Lectures on the Sacred Poetry of the Hebrews*, Vol. II, p. 241.

Deus, possamos guardar o caminho que ele nos prescreveu, e não desprezemos os rudimentos através dos quais ele paulatinamente nos conduz a si. Acrescenta-se *continuamente*, para que ninguém se enfadasse desse exercício, ou, ensoberbecido com néscia opinião de haver atingido a perfeição, não negligenciasse os auxílios externos da piedade, como praticados por muitos que, depois de haver subido uns poucos degraus no conhecimento de Deus, se isentam da comum condição dos outros, como se fossem elevados acima dos anjos. Além disso, emite-se a ordem de *lembrar-se das portentosas obras que Deus havia realizado*, no livramento de seu povo do Egito, quando exibiu seu poder de formas novas e inusitadas. Por **os juízos de sua boca** alguns entendem como sendo a lei. Mas, como leio as outras três expressões, *suas obras maravilhosas, suas maravilhas* e *os juízos de sua boca*, como se referindo a uma série de eventos, prefiro explicá-la como uma referência aos milagres pelos quais Deus subjugou a soberba de faraó. Entretanto, ainda há alguma dúvida quanto à razão desse tipo de expressão. Alguns são de opinião que esses milagres são chamados os juízos da boca de Deus porque ele lhes predissera por boca de Moisés, o que é bem provável. Ao mesmo tempo, a expressão pode ser tomada simplesmente como denotando que o poder de Deus se manifestara de uma maneira extraordinária nesses milagres; do quê seria fácil deduzir que foram realizados por ele. Não pretendo excluir o ministério de Moisés, a quem Deus levantara para ser um profeta aos egípcios, para que, ao anunciar o que estava para acontecer, ele pudesse mostrar que nada acontecia por acaso. Todavia creio haver aqui uma alusão ao caráter manifesto dos milagres, como se quisesse dizer: Embora Deus não houvera pronunciado sequer uma palavra, os fatos por si sós evidentemente mostravam que ele era o libertador de seu povo.

[vv. 6-11]
Vós, semente de Abraão seu servo, vós, filhos de Jacó seu escolhido. Ele é Jehovah nosso Deus; seus juízos estão por toda a terra. Ele lembrou-se de seu concerto para sempre, a palavra que ele ordenou a mil gerações; que

ele fez com Abraão,[5] e seu juramento que ele jurou a Isaque;[6] e o estabeleceu a Jacó por lei, e a Israel por um concerto eterno,[7] dizendo: Dar-te-ei a terra de Canaã, a corda [ou linha de medir[8]] de vossa herança.

6. Vós, semente de Abraão, seu servo. O salmista se dirige nominalmente a seus próprios compatrícios, a quem, como já se afirmou, Deus uniu a si por uma adoção especial. Foi um laço de união ainda mais sacra, a saber, que por mero beneplácito de Deus eles foram preferidos a todas as demais nações. Ao chamá-los *a semente de Abraão*, e *os filhos de Jacó*, ele os lembra que não tinham atingido grande dignidade com base em seu próprio poder, mas porque descendiam dos santos pais. Entretanto, ele afirma, ao mesmo tempo, que a santidade de seus pais emanou exclusivamente da eleição divina, e não de sua própria natureza. Ele expressamente afirma ambas essas verdades: primeiro, que antes que nascessem filhos de Abraão, já eram herdeiros do pacto, porque derivaram sua origem dos santos pais; e, segundo, que os pais, por sua vez, não adquiriram tal prerrogativa de seu próprio mérito ou dignidade, mas foram soberanamente escolhidos; pois esta é a razão por que Jacó é chamado *escolhido* de Deus. Embora Abraão seja aqui também chamado *servo* de Deus [Gn 26.24], visto que com pureza e sinceramente o adorara, todavia na segunda sentença testifica-se que o enaltecimento dessa distinção não pode ser ligada aos

---

5 Veja-se Gênesis 15.17, 18; 17.2; 22.16; 26.3; 35.11.
6 Veja-se Gênesis 26.3.
7 A Jacó ele também renovou em Berseba todas as graciosas garantias do pacto que ele fez com Abraão, e o ratificou a Isaque (Gn 28.10-15); e novamente lhes renovou em Padã-Arã (Gn 35.9-15; 13.5), quando mudou seu nome de Jacó para Israel.
8 Em nossa versão inglesa temos *sorte*. Mas a palavra original significa uma *corda* ou *linha*. Há aqui uma alusão às várias sortes ou porções em que a terra de Canaã foi dividida entre as doze tribos, as quais eram medidas com linhas. Alguns eruditos têm imaginado que os descendentes de Heber possuíram a terra de Canaã antes dos cananeus, e que estes injustamente voltaram e os desapossaram; Dimock supõe que a frase, "a sorte de vossa herança", refere-se a essa possessão anterior e injusta. Mas a designação que eles recebem no versículo 12, como *estrangeiros* nela, parece militar contra tal opinião. Tampouco é necessário vindicar a Deus por ter recorrido a tal suposição. Visto ser o supremo proprietário de toda a terra, ele tem o direito de dá-la a quem lhe apraz; e a perversidade dos cananeus justificou suficientemente sua expulsão.

homens, mas tão-somente a Deus, o qual conferiu aos israelitas a honra de os haver escolhido para serem sua possessão peculiar.

Deste pacto o salmista infere que, embora o governo de Deus se estenda ao mundo inteiro, e embora ele execute seu juízo em todos os lugares, não obstante ele era especialmente o Deus daquele povo único [v. 7], segundo a declaração que se encontra no cântico de Moisés [Dt 32.8, 9]: "Quando o Altíssimo dividiu entre as nações a herança delas, quando separou os filhos de Adão, ele pôs fronteiras aos povos, segundo o número dos filhos de Israel: Porque seu povo é a porção do Senhor; Jacó é a sorte de sua herança." O profeta uma vez mais pretendia mostrar que a razão por que os filhos de Israel exceliam aos demais não era porque eram melhores do que os demais, mas porque tal foi o beneplácito de Deus. Se os juízos divinos se estendem a todas as regiões do globo, a condição de todas as nações é igual neste aspecto. Donde se segue que a diferença referida procedia do amor de Deus – que a fonte da superioridade dos israelitas às demais nações era seu favor soberano. Ainda que ele seja o legítimo proprietário de toda a terra, declara-se que ele escolheu um povo sobre o qual pudesse reinar. Esta é uma doutrina que se aplica também a nós nestes dias. Se ponderarmos devidamente sobre nossa vocação, indubitavelmente descobriremos que Deus não foi induzido com base em algo fora de si mesmo a preferir-nos a outros, mas que lhe aproue fazer isso com base em sua própria e soberana graça.

8. Ele lembrou-se de seu pacto para sempre. O salmista agora celebra o efeito e real cumprimento do pacto, e prova com base no livramento operado em prol dos israelitas, o qual se referiu antes, ou, seja: Que Deus, enquanto exercia domínio sobre todas as nações, estendeu seu favor peculiar exclusivamente à prole de Abraão. Como sucedeu que Deus, ao livrar seu povo, exibisse o poder de seu braço através de tantos milagres, senão para que fielmente concretizasse a promessa que fizera a seus servos no passado? É evidente, pois, que o antigo concerto foi a causa do livramento dispensado às tribos eleitas; pois a fim de Deus poder fielmente guardar suas promessas, coube-lhe primeiramente ser misericordioso. Enquanto a série de anos passou entre a promessa e a concretização, o profeta usa a palavra *lembrar*, insinuando que as promessas não se tornaram obsoletas ao longo desse tempo, mas que, mesmo quando o mundo imagine que são extintos e completamente esquecidos, Deus retém como distinta uma recordação deles como nunca, para que os cumpra no devido tempo. Isso é mais fortemente confirmado na próxima sentença, onde se celebra a correspondência entre a forma ou teor do concerto e a concretização. Não é por um dia, diria ele, nem por uns poucos dias que Deus fez um pacto com Abraão, tampouco limitou ele a continuação de seu pacto à vida do homem, mas prometeu ser o Deus de sua semente até mil gerações. Portanto, embora o cumprimento foi por longo tempo suspenso, Deus, não obstante, mostrou pelo efeito que sua promessa não falhou ao longo do tempo.

Como Abraão foi o primeiro a ser chamado quando vivia misturado com idólatras, o profeta começa com ele. Entretanto, depois declara que o pacto foi também confirmado na mão de seu filho e do filho de seu filho. Deus, pois, depositou seu pacto com Abraão, e por meio de juramento solene concordou em ser o Deus de sua semente. Mas para dar maior segurança da veracidade de sua promessa, ele graciosamente se dignou renová-lo com Isaque e Jacó. O efeito de sua extensão é para que sua fidelidade se arraigasse mais profundamente nos corações dos homens; e, além disso, sua graça, quando é assim testificada em ocasiões de freqüente recorrência, torna-se melhor conhecido e mais excelente entre os homens. Conseqüentemente, ele é aqui declarado por gradação quão firme e inamovível é este pacto; pois o que é afirmado concernente a cada um dos patriarcas pertence igualmente a todos eles. Lemos que Deus *jurou a Isaque*. Mas, ele não havia jurado antes a Abraão? Indubitavelmente, sim. Lemos também *que ele foi estabelecido com Jacó por meio de uma lei e por um pacto eterno*. Isso significa que o pacto foi previamente apenas temporal e transitório, e que então sua natureza foi mudada? Tal idéia está totalmente em desacordo com a intenção do escritor sacro. Por meio dessas diferentes formas de expressão, ele assevera que o pacto foi plena e perfeitamente confirmado, de modo que, se porventura a vocação foi obscura em um homem, ele poderia ser mais evidente por haver Deus transmitido o testemunho dele à posteridade; pois por esse meio a veracidade dele foi melhor manifesta. Aqui uma vez mais devemos lembrar que Deus, com grande bondade, considera nossa debilidade quando, por seu juramento e por freqüentemente reiterar sua palavra, ele ratifica o que uma vez nos prometeu. Nossa ingratidão, pois, parece ainda mais repugnante quando não cremos nele e quando ele não só nos fala, mas também nos faz juramento.

11. Dizendo: dar-te-ei a terra de Canaã. Visto ter sido esta apenas uma pequena porção das bênçãos oferecidas aos pais, o profeta parece a princípio considerar também de forma muito limitada o pacto de Deus, o qual se estendeu até mesmo à esperança de uma herança eterna. Mas ele o considerou bastante para mostrar, pelo uso de sinédoque, que uma parte do que Deus prometera aos pais recebera seu completo cumprimento. Sua intenção é notificar que não possuíram a terra de Canaã por algum outro direito senão porque ela era herança legítima de Abraão segundo o pacto que Deus fizera com ele. Se um homem exibe uma prometida garantia de um contrato, ele não viola o contrato. Quando, pois, o profeta prova pelo uso de um símbolo visível que Deus não fez debalde um pacto com seus servos, e que ele não frustrou sua esperança, ele não anula nem abole as demais bênçãos anexadas nele. Ao contrário, quando os israelitas ouviram que possuíam a terra de Canaã por direito de herança, por serem o povo escolhido de Deus, eles passaram a olhar para além disso e a formar uma visão compreensível de todos os privilégios por meio dos quais ele se dignou distingui-los. Daí, deve-se notar que, quando ele em parte cumpre suas promessas a nosso respeito, somos vis e ingratos se tal experiência não nos conduzir à confirmação de nossa fé. Sempre que se mostra ser-nos Pai, indubitavelmente ele de fato sela em nossos corações o poder e a eficácia de sua palavra. Mas se a terra de Canaã teria levado os filhos de Israel, em suas contemplações, ao céu, visto que sabiam que foram introduzidos nela em virtude do pacto que Deus selou com eles, a consideração de nos ter dado ele seu Cristo, "em quem as promessas são sim e amém" [2Co 1.20], deve ter muito maior peso em relação a nós. Ao lermos: *Dar-te-ei a linha de medir de vossa herança*, a mudança de número realça que Deus fez um pacto com todo o povo em geral, ainda que expressasse os termos somente em relação a uns poucos indivíduos; ainda quando já vimos um pouco antes que ele era um decreto ou uma lei eterna. Os santos patriarcas foram os primeiros e as principais pessoas em cujas mãos a promessa foi confiada; mas não abraçaram a graça que lhes foi oferecida como se ela pertencesse somente a eles, mas como algo de sua propriedade em comum com aqueles que se tornaram participantes dela.

[vv. 12-15]
Quando eram apenas uns poucos em número e estrangeiros nela; e andavam de nação a nação, e de um reino a outro povo, ele não permitiu que os homens os ferissem, e por causa deles repreendeu reis, dizendo: não toqueis em meus ungidos e não maltrateis meus profetas.[9]

12. Quando eram apenas uns poucos em número. O profeta aqui relembra os benefícios que Deus conferira aos santos pais desde o princípio, com o intuito de manifestar que mesmo de longa data, antes do livramento do Egito, o pacto não era destituído de eficácia. O grande objetivo em vista neste recital é demonstrar que sempre, desde que Deus tomou a Abraão sob sua proteção, ele cuidou dele de uma forma prodigiosa; e também que seu paternal amor e cuidado se exibiram na manutenção e defesa dos outros dois patriarcas. Ao dizer que *eram*

---

9 Dr. Morison explica os versículos 13, 14 e 15 assim: "Quando foram de uma parte a outra parte de Canaã, a qual acharam possuída por sete grandes nações (Gn 7.1); quando foram expulsos de um reino para outro – às vezes no Egito (Gn 12.10), às vezes em Gerar (Gn 20.1; 26) e às vezes nos países do Oriente, donde saíram (Gn 24.1), não sofreram nenhum maltrato deles; ao contrário, ele suscitou-lhes amigos (Gn 31.24-42), repreendeu os reis do Egito (Gn 12.16, 17) e de Gerar (Gn 20.3) por causa deles, e os aconselhou em termos os mais solenes que não tocassem nem maltratassem as pessoas de seus servos ungidos (Gn 26.11, 29), por meio de quem, isto é, por Abraão, Isaque e Jacó, o Altíssimo comunicava sua vontade a sua Igreja, derramando seu Espírito sobre eles e fazendo deles reis e sacerdotes nas famílias eminentes a que pertenciam."

apenas uns poucos em número, também se realça o poder de Deus pelo qual esta circunstância é não apenas magnificada, mas a causa por que ele foi tão beneficente para com eles. Devemos, pois, em primeiro lugar, atentar para isto: que o profeta, para que os judeus nada arrogassem para si, expressamente declara, mesmo quando eram frágeis e desprezados, que vagavam de um lugar a outro, em todos os aspectos pobres e miseráveis segundo a carne. Assim também Moisés os reprova: "O Senhor não teve prazer em vós, nem vos escolheu porque vossa multidão era mais do que a de todos os outros povos, pois vós éreis menos em número do que todos os povos; mas porque o Senhor vos amava, e para guardar o juramento que fizera a vossos pais, o Senhor vos tirou com mão forte e vos resgatou da casa da servidão, da mão de faraó, rei do Egito" [Dt 7.7, 8]. Em suma, na escolha desse povo não se levou em conta número nem qualquer excelência pessoal. Só havia a casa de Abraão, mesmo assim era estéril. Isaque foi compelido a banir para longe de si um de seus dois filhos, e então viu o outro eliminado de sua família. A casa de Jacó na verdade era mais frutífera, mas era, não obstante, de condição humilde. Além disso, eram não só ignóbeis e desprezíveis quando peregrinavam em terra estranha, mas famintos e também carentes de outras coisas, de modo que os compeliam a mudar com freqüência de um lugar para outro. Todas essas coisas, sendo levadas em conta, a consideração de dignidade humana cai por terra e se vê claramente que todas as bênçãos que Deus lhes concedera não fluíam de nenhuma outra fonte senão de seu próprio e soberano amor. E a causa desse amor não deve ser buscada fora de Deus mesmo. Se o Espírito Santo é tão cuidadoso em magnificar a graça de Deus nessas bênçãos terrenas, quanto mais observaria ele esta regra, quando o tema de que ele fala é a herança celestial! Ao dizer que **andaram de nação em nação**, isso notifica mais claramente quão prodigiosamente a divina proteção foi exibida em sua preservação. Tivessem eles encontrado algum ninho tranqüilo em que repousar, tal conforto teria sido um notável sinal da benevolência divina; mas quando não passavam de exilados em diversos países, e vagueavam de um lugar a outro, enfrentando amargos escárnios, como a palha levada pelo vento, a guarda que exerceu sobre eles se exibe de uma forma muito mais nítida. Visto que sua vida por toda parte pendia apenas por um fio, e a mudança de seu lugar como peregrinos os expunha de tempo em tempo a novos maus tratos, é evidente que era tão-somente o poder divino que os conservava em segurança.

14. Ele não permitiu que os homens os maltratassem. Abraão e seus filhos tinham não meramente dois ou três inimigos. Na verdade eram acossados por todas as nações. Como, pois, muitos surgiam uns após outros em hostes contra eles, o salmista diz indefinidamente que os homens foram impedidos de maltratá-los; pois אדם, *adam*, é a palavra aqui usada, a qual é a mais geralmente empregada para significar *homem*. Em seguida ele exemplifica o amor de Deus para com seus servos, pondo-se em oposição a reis por amor deles. Quando Deus não poupou nem mesmo os reis do Egito e de Gerar, faz-se evidente quão precioso era a seus olhos o bem-estar de Abraão e de sua prole. Já dissemos um pouco antes que os santos pais não desfrutavam de nenhum apreço aos olhos do mundo. Deus, pois, exibiu sua bondade, preferindo-os infinitamente aos reis. Então vemos aqui que os judeus eram humilhados na pessoa de seus pais, para que não lhes surgisse em mente que acharam favor aos olhos de Deus em virtude de seus méritos pessoais.

15. Dizendo: Não toqueis em meus ungidos. O salmista avança mais, afirmando que, quando Deus fazia guerra aos reis em prol de seus servos, eram defendidos por ele, não só como costumava socorrer o miserável e injustamente oprimido, mas porque ele os tomara sob sua guarda especial. Deus protege seu povo não só sobre uma base geral, mas porque ele declarara, com base em sua soberana adoção, que os sustentaria. Eis a razão por que esses santos patriarcas são aqui honrados com duas designações: *seus profetas* e *seus ungidos*. Ao falar de outros homens, Deus teria dito: Não toqueis nesses homens que a ninguém têm prejudicado; não prejudiqueis essas criaturas, pobres e miseráveis, que não merecem tal tratamento em vossas mãos.

Na pessoa de Abraão e seus filhos, porém, ele mostra que havia outra razão para defendê-los assim. Ele os chama *meus ungidos*, porque os havia separado para que fossem seu povo peculiar. No mesmo sentido, ele os designa de *profetas* (título esse com que Abraão é também honrado [Gn 20.7]), não só porque Deus se lhes manifestara de um modo mais íntimo, mas também porque fielmente difundira a verdade divina por toda parte, para que a memória dela os fizesse sobreviver e florescer após sua morte. É verdade que a unção não estava ainda em uso, como esteve mais tarde sob a lei; mas o profeta ensina que, o que Deus em um período subseqüente exibiu nas cerimônias da lei, estava realmente e em cada ato em Abraão, mesmo porque Deus imprime a marca de santificação em todos seus eleitos. Se a unção interior de Deus era de uma eficácia tão poderosa, mesmo na época em que ainda não designara nem instituíra as figuras da lei, com tanto maior cuidado defenderá ele a seus servos agora, depois de nos haver exibido a plenitude da unção em seu Filho unigênito!

[vv. 16-19]
E chamou ele a fome sobre a terra; quebrou ele todo o sustento do pão. Enviou um homem adiante deles; José foi vendido como escravo. Eles afligiram seus pés nos troncos; o ferro entrou em sua alma, até o tempo em que veio sua palavra; a palavra de Jehovah o provou.

16. E chamou ele a fome sobre a terra. Aqui o escritor inspirado recorda uma eminente prova da providência divina para com o povo eleito, no tempo em que o pacto poderia parecer estar invalidado e abolido. A herança da terra de Canaã (como se afirmou antes) foi acrescentada como um penhor ou garantia para confirmação. Os descendentes de Jacó no Egito, cuja casa ficou privada da visão da terra, não podiam fazer com que o pacto perecesse. Neste fato a constância divina se revelou ainda mais esplendente; sim, por meio dessa provação ele manifestou mais claramente quão providente pai era ele em preservar a semente de Abraão. Mas é melhor considerar cada particular no versículo. Em primeiro lugar, ensina-se que a fome que levou Jacó para o Egito não aconteceu por acaso. Embora se trate aqui apenas de uma fome específica, deve-se ter como princípio geral que não há outra causa de qualquer escassez de subsistência exceto esta: que Deus, ao encolher sua mão, subtraiu os meios de subsistência. A maldição divina é expressa mais enfaticamente quando se diz que a fome *foi chamada*; como se ela se dispusesse movida por sua ordem, como ministra de sua ira. Por esse meio somos instruídos que a fome, a pestilência e outros açoites divinos não visitam os homens por acaso, mas são dirigidos por sua mão para onde lhe aprouver, e são obedientes a sua vontade.[10] A maneira como a fome foi chamada é em seguida expressa, isto é, quando **ele quebrou o sustento do pão**. A metáfora do *sustento* é muito apropriada; porquanto Deus pôs no pão o poder e propriedade de fortalecer o homem por uma secreta virtude que faz com ele nos sustente. Enquanto lhe aprouver nutrir-nos com tais meios, é como se uma energia estivesse oculta nele. Esse sustento é quebrado de duas formas: ou, primeiro, quando ele subtrai a provisão de grão necessária para nossa nutrição, cujo sentido parece ser usado em Ezequiel 4.16, "Eis que quebrarei o sustento de pão em Jerusalém, e comerão o pão por peso, e com ansiedade"; ou, segundo, quando ele bafeja ira sobre o próprio pão, de modo que aqueles que se satisfariam em devorá-lo, em vez de ter sua fome estancada, continuam ainda famintos. E certamente à esterilidade da terra acrescenta-se comumente esta segunda, isto é, que ele remove a energia que nutre, que é o pão; porque, como se declara em Deuteronômio 8.3, o pão em si não comunica vida, mas empresta sua virtude secreta da boca de Deus.

17. Ele enviou um homem diante deles. Toda esta passagem graficamente nos ensina que o que sobreveio a esse povo provinha da mão e do conselho de Deus. O simples recital seria dizer que a fome sobreveio à terra depois que José foi vendido por seus irmãos e levado para o Egito. O profeta, porém, fala enfaticamente declarando que José, movido por divino conselho foi enviado antecipadamente ao Egito para sustentar a casa

---

10 "Fome, aqui, é excelentemente apresentada como serva, pronta a vir e ir em obediência ao 'chamado' e ordem de Deus; pois as calamidades, quer públicas ou privadas, são os mensageiros da divina justiça." – *Horne*.

de seu pai, que depois da fome foi chamada, e que então, pela providência de Deus, apresentou-se um remédio que estava além de toda esperança. Aliás, isso é geralmente real nas atividades humanas; porém há aqui enaltecido um cuidado especial que Deus assumiu ao governar e nutrir sua Igreja. Além do mais, o profeta menciona isso como em segundo lugar aquilo que estava em primeiro na ordem do tempo. Conseqüentemente, com respeito à palavra *enviar*, o tempo mais-que-perfeito expressaria melhor o sentido, *ele enviara*; implicando que antes de Deus afligir a terra de Canaã com fome, ele preparara um remédio para seu servo Jacó e para sua casa, ao enviar antes José como administrador a fim de prover-lhes alimento. Aqui declara-se dois opostos para tornar a superintendência divina, em seu todo, ainda mais conspícua. Como José foi o enviado de Deus? Foi assim: ao ser condenado à morte, sucedeu que seus irmãos preferiram vendê-lo a deixá-lo naquela cisterna. Essa venda, se considerada meramente em si, como uma nuvem que se interpõe, obscureceu e ocultou a providência divina. Quando se tomou conselho para que José fosse morto, quem teria esperado que ele fosse o sustentáculo da casa de seu pai? Depois um tipo de morte menos cruel lhe foi arquitetado; mas então ele foi lançado num poço ou cisterna; e nessa situação, como poderia ele socorrer outros? A última esperança era que, por fim, sendo vendido, fosse retirado da cisterna. Mas uma vez mais ele quase apodreceu toda sua vida numa masmorra.

Quem poderia imaginar que processos tão intrincados e tortuosos fossem controlados pela divina providência? O profeta, portanto, se desvencilha de sua dificuldade dizendo que, pelo prisma dos homens, de fato ele foi *vendido*; mas que, não obstante, ele foi previamente enviado pelo propósito divino. A passagem é digna de nota, admiravelmente vindicando, como faz, a providência de Deus contra a perversa estupidez de nossa natureza corrupta. Descansando nas causas secundárias que satisfazem à vista, ou atribuindo à diretriz humana tudo o que acontece neste mundo, ou imaginando que todas as coisas acontecem por acaso, bem poucos as vinculam à determinação divina. E no entanto a venda de José não é aqui interposta como um véu a ocultar a providência divina;

mas, ao contrário, é apresentada como um magistral exemplo dela para ensinar-nos que tudo quanto os homens porventura empreendam, os resultados estão nas mãos de Deus; ou, melhor, que por uma influência secreta, ele inclina os corações dos homens naquela direção que lhe apraz, para que, por sua instrumentalidade, quer queiram quer não, ele possa fazer acontecer o que de antemão determinou fazer. De acordo com isso, José disse a seus irmãos: "Agora, pois, não vos entristeçais, nem vos pese a vossos olhos por me haverdes vendido para cá; porque, para conservação da vida, Deus me enviou adiante de vós" [Gn 45.5]. Além disso, Deus assim governa as atividades humanas por sua secreta e controladora influência, e sujeita os vícios perversos dos homens a um fim justo, como se seus juízos fossem, não obstante, não contaminados pela depravação dos homens. Os irmãos de José impiamente conspiraram sua morte; também injustamente o venderam; a falha está neles mesmos. Contemple-se agora como Deus dirige e controla tudo. Pela mão desses irmãos ele provê para o bem deles mesmos e de seu pai Jacó; sim, para o bem de toda a Igreja. Esse santo propósito não contrai mácula ou nódoa da malícia dos que almejavam um fim inteiramente oposto; ainda quando José mais tarde testificou: "Vós bem intentastes mal contra mim; porém Deus o intentou para bem, para fazer como se vê neste dia, para conservar muita gente com vida" [Gn 50.1].

18. Eles afligiram seus pés nos grilhões. Não é sem causa que o salmista prossiga o curso sinuoso da antiga história de Jacó, a qual poderia assim confundir as mentes dos homens ao ponto de impedi-los de dirigir sua atenção para o conselho de Deus. O que parecia menos provável do que crer que Deus, ao opor assim indireta e tortuosamente uma vereda, pretendesse concretizar o que havia proposto? Sua providência, porém, transpondo tantos obstáculos, é realçada com mais clareza do que se ele tivesse desenrolado toda a matéria por uma via curta e fácil. Tivera José, assim que chegou ao Egito, se apresentado ao rei e se feito governador, o caminho que ele seguiu teria sido fácil. Mas quando ele foi levado para a prisão e ali separado da sociedade humana, vivendo como um semimorto; e numa época bem depois desta, quando ele veio a tornar-se conhecido do rei, e além de toda expectativa, uma mudança tão brusca tornou-se um milagre muito mais evidente. Este curso tortuoso, pois, o qual o profeta recorda, serve não pouco para ilustrar o tema em pauta. José foi muitas vezes morto antes de ser vendido. Daí se segue que Deus mui amiúde revelou seu cuidado por sua Igreja libertando aquele que podia ser chamado seu pai. Mais tarde, tendo sido introduzido no Egito, a José foi comunicado, de mão em mão, até que desceu a outra sepultura, à luz desse fato não se manifesta mais claramente que Deus, quando parece estar dormitando no céu, está o tempo todo mantendo a mais estrita vigilância sobre seus servos, e que está levando a bom termo seu propósito com mais eficiência por vias as mais tortuosas, em vez de seguir um curso reto, sim, em vez de correr com passos rápidos e livres? Por essa razão o profeta afirma que *seus pés foram afligidos nos grilhões*; fato esse que, embora não declarado na narrativa de Moisés, ele fala do que bem conhecia. E, sem dúvida, muitas coisas foram transmitidas aos judeus por meio de tradição da qual não se faz menção nas Escrituras.[11] É também bastante provável que, em vez de a princípio ser posto em restrição moderada, como foi mais tarde o caso, ele foi rigorosamente confinado. Se lermos *sua alma entrou em ferros* ou *o ferro entrou em sua alma*,[12] o significado, que em outro caso é o mesmo, equivale a isto: que o santo homem foi assim preso com grilhões, que era como se sua vida fosse ferida a espada. Daí se segue que a segurança de sua vida ficou sem esperança, como a restauração de um corpo morto à vida.

---

11 A memória dessa circunstância bem que poderia ter sido preservada por meio de tradução; ou poderia simplesmente ser uma conclusão extraída do encarceramento de José e do crime do qual fora acusado. Quando se leva em conta que os prisioneiros eram ordinariamente presos com correntes, e quando a magnitude do crime lançado sobre ele, o de fazer uma tentativa contra a castidade de sua senhora é levado mais em conta, é uma inferência bem provável que, quando lançado em prisão, ele foi preso com correntes.

12 A primeira das redações é a mais provável. O hebraico é ברזל באה נפשו. "Sendo o verbo aqui do gênero feminino, mostra que o sujeito é נפשו, e que ברזל é acusativo. Dessa forma a frase é traduzida pela LXX Σίδηρον διώλθεν ἡ ψυχὴ αὐτοῦ, 'sua alma passou pelo ferro'; e assim a Siríaca, 'sua alma entrou em ferro'; mas a Caldaica, desconsiderando o gênero, a tomou em outro aspecto, 'a cadeia de ferro entrou em sua alma'." – (Phillips, *Psalms in Hebrew, with a Critical, Exegetical, e Philological Commentary.*)

19. Até o tempo em que veio sua palavra. Aqui o profeta ensina que, embora, segundo o juízo da carne, Deus pareça retardar demais seus passos, todavia ele mantém supremo domínio sobre todas as coisas, para que ele, por fim, realize no devido tempo o que determinara. Quanto ao termo *palavra*, sem dúvida deve ser aqui tomado não como doutrina ou instrução, mas como um decreto celestial. O relativo *seu* admite ser entendido ou como de Deus mesmo ou de José; sua aplicação, porém, à última me parece a preferível, implicando que José permaneceu na prisão até que se manifestasse o resultado de sua aflição, o qual estava oculto no propósito divino. Deve-se sempre ter em mente que o profeta desperta a lembrança dos homens para esse ímpia imaginação, a qual representaria a fortuna como a exercer um cego e caprichoso controle sobre as atividades humanas. Visto que nada poderia ser mais envolvido em incertezas do que o bem-estar da Igreja, enquanto José era considerado uma pessoa condenada, o profeta aqui eleva nossas mentes e nos convida a visualizar a palavra oculta, isto é, o *decreto*, a oportunidade e tempo próprios para cuja manifestação ainda não havia chegado. Da mesma forma explico o que segue: **a palavra de Deus o provou.** Explicá-lo, como muitos fazem, como sendo o profetizar[13] de José parece forçado demais. Até que viesse

---

13 O Dr. Kennicott o entendeu assim. Ele anexa a primeira sentença do versículo à completação da interpretação de José dos sonhos do copeiro e do padeiro; opinião que não se pode admitir, pois José ainda não fora libertado naquele tempo, mas *dois anos depois* (Gn 41.1). Ele anexa a segunda sentença à interpretação dos sonhos de faraó, chamados a *Palavra* ou *Oráculo de Jehovah*, porque foram enviados por ele a faraó. É neste sentido que Hammond também o interpreta. "*A palavra do Senhor*", diz ele, "é Deus lhe mostrando o significado daqueles sonhos" (Gn 41.39), Deus lhe contando ou lhe revelando a interpretação deles." Alguns que assumem este ponto de vista explicam o verbo *provou* não como uma referência à provação da paciência de Jehovah, mas como uma referência à prova da inocência de José. "צרף", diz Street, "em seu sentido primário, significa *refinar metais*, ou *examinar sua pureza pelo fogo*; por meio de metáfora, aplica-se ao coração humano e significa *purificar, provar, examinar*; mas como o metal, já livre de sua escória, não seria refinado, mas apenas *revela sua pureza* ao ser testado, assim aqui a palavra parece significar *demostrado que ele era inocente*. Para protestar José sua inocência diante do copeiro de faraó, diz: 'Aqui também nada fiz para que me pusessem nesta masmorra' (Gn 40.10); e faraó apresenta como sua razão para tirá-lo da prisão e colocá-lo sobre a terra do Egito: 'Poderíeis achar como este um homem em quem está o Espírito de Deus?' (Gn 41.38). Ao interpretar ele, pela inspiração divina, os sonhos de faraó, ficou imediatamente isento de ser visto como criminoso e posto na mais elevada honra." "Esta palavra", diz Phillips, "provou José ou o purificou, como o verbo literalmente significa, pois o fez aparecer puro ou inocente aos olhos do povo, que foi assim assegurado que

a lume o feliz resultado, o qual Deus manteve oculto e em suspenso por muito tempo, a paciência de José foi severamente provada. O que os homens mundanos, que não reconhecem a Deus como sendo o Governante das atividades humanas, chamam *destino*, o profeta distingue por meio de um título mais apropriado, chamando-o *palavra*, e palavra de cada homem. Tampouco vejo alguma impropriedade em usar a palavra francesa *destinée* [destino]. Quando se torna acirrada a disputa, ou, melhor, o tagarelar dos estóicos sobre o destino, não só envolvem a si mesmos e aquilo de que tratam em intrincado emaranhado, mas, ao mesmo tempo, envolvem em perplexidade uma verdade indubitável; pois ao imaginar uma concatenação de causas, privam a Deus do governo do mundo. É uma ímpia invenção jungir assim causas, entretecendo umas com as outras, como se Deus mesmo estivesse jungido a elas. Nossa fé, pois, deve remontar a seu secreto conselho, por meio do qual, sem ser controlado, dirige todas as coisas a seu fim. Esta passagem também nos ensina que Deus continuará a afligir os santos só até aquele ponto em que se revelem totalmente provados.

[vv. 20-24]
Mandou o rei e o fez soltar; sim, o governador dos povos, e o pôs em liberdade. Ele o fez senhor sobre sua casa; e governador sobre toda sua subsistência; para sujeitar seus príncipes[14] a seu bel-prazer; e ensinar sabedoria a seus anciãos. E Israel entrou no Egito; e Jacó peregrinou na terra de Cam.[15] E ele aumentou seu povo grandemente, e os multiplicou[16] sobre seus opressores.

Deus estava com ele, e que ele, portanto, seria uma pessoa pia, sem culpa do crime que o levou a ser lançado na masmorra."

14 "O significado de *obrigar seus príncipes* é exercer o controle sobre os maiores homens no reino, cujo poder foi conferido por faraó a José (veja-se Gn 41,40 ; também os vv. 43, 44). A capacidade de *obrigar* deve ser considerada como uma evidência de autoridade; um poder controlador da obediência; ou, na ausência desta, de infligir castigo." – *Phillips*.

15 "Como os dois membros do mesmo versículo expressam substancialmente a mesma coisa, inferimos que a terra de Cam era o próprio Egito. Cam, filho de Noé, foi pai de Mizrain, que supostamente foi o fundador do povo egípcio, e daí os dois nomes do país. Jerônimo, em sua nota sobre Gênesis 10.6, observa que o Egito era chamado, em seus dias, no idioma egípcio, pelo nome de Cam." – *Ibidem*.

16 "Ou, fortifia." — v.f.m. "Ou, fortaleceu."

20. Mandou o rei e o fez soltar. O salmista celebra em termos sublimes o livramento de José; pois o poder singular de Deus foi claramente exibido numa questão tão incrível. O que existe da mais rara ocorrência do que para o mais poderoso monarca tirar da prisão um estrangeiro a fim de constituí-lo governante sobre todo seu reino, e elevá-lo a uma posição de honra, só sendo o segundo ele próprio? A frase no versículo 22, obrigar seus príncipes, é comumente explicada como significando que José foi investido com a primordial soberania na administração do governo, de modo que pudesse lançar na prisão, a seu bel-prazer, até mesmo os nobres do reino. Outros, concebendo ser esta interpretação algo um tanto abrupto, derivam o verbo לאסור, *lesor*, que Moisés emprega, não de אסר, *asar*, que significa *obrigar*, mas de יסר *yasar*, que significa *instruir*, pela mudança da letra י, *yod*, em א, *aleph*.[17] No entanto me sinto surpreso que nenhum deles tenha percebido a metáfora contida nesta palavra, ou, seja, que José manteve os senhores do Egito obrigados a ele a seu bel-prazer, ou sujeitos a seu poder. Aqui não se fala de grilhões, mas de vínculo ou obrigação de obediência, estando os príncipes e os demais súditos dependentes de sua vontade. A expressão, que é adicionada pouco depois, **ensinar sabedoria a seus anciãos**, evidencia que José não se portou como um tirano, algo difícil e raro aos homens, quando se vêem investidos com poder soberano, não dar rédeas soltas a seu próprio humor. Ele, porém, era governo e padrão, mesmo para o principal dentre eles, no elevado grau da atribuição, o que ele exemplificou na administração dos negócios de estado.

23. E Israel entrou no Egito. O profeta não recorda toda a história, nem mesmo era necessário. Apenas apresenta a nossa visão como a providência divina a entremeou, o que bem poucos consideram ao lerem a narrativa de Moisés. Ele, portanto, declara que, depois que José foi enviado adiante ao Egito como o meio de sustento para seu

---

17 "Para לאסר, a LXX, a Vulgata e Jerônimo certamente traduziram ליסר, 'para tutor'; ou tomaram אסר no sentido de יסר, como fizeram em Oséias 10.10." – *Horsley*.

pai e toda sua família, Jacó então entrou no Egito, isto é, ele fez isso quando todas as coisas foram admiravelmente ordenadas, para que encontrasse abundância de pão no seio de um povo, o mais soberbo de todo o mundo,[18] quando todos os demais estavam perecendo por falta de alimento. À luz desse fato transparece que, o que se considera como sendo lentidão em Deus, não tem nenhum outro propósito senão realizar ele sua obra na melhor ocasião possível.

24. E ele aumentou seu povo grandemente. O singular favor de Deus em prol de sua Igreja é agora enaltecido pela circunstância adicional, que dentro de curto espaço de tempo o povo eleito aumentou além da proporção comum. Nesta questão, a prodigiosa bênção de Deus foi extraordinariamente exibida. Tanto mais ofensivo, pois, é o latir de alguns cães que insolentemente escarnecem do relato dado por Moisés da multiplicação do povo, porque ela vai além do que ocorre no curso ordinário dos fatos. Tivera o povo aumentado só em grau comum, e tais pessoas teriam imediatamente objetado dizendo que assim nenhuma obra de Deus poderia ser contemplada. Assim o objetivo que perseguem por meio de suas cavilações nenhum outro é senão fazer com que se creia que a bênção de Deus não tinha conexão com o caso. Nós, porém, que nos persuadimos de que não temos a autoridade de medir o poder de Deus segundo nossos próprios critérios, ou segundo o que acontece pela lei comum da natureza, reverentemente admiramos esta extraordinária obra de sua mão.

A sentença subseqüente é um pouco obscura, especialmente se lermos: **O povo foi fortalecido**;[19] pois o profeta não parece indicar aquele período em que os israelitas viveram tranqüilamente e em prosperidade, mas o tempo em que foram desprezível e barbaramente tratados como escravos. Não obstante, podemos entender a linguagem como usada por antecipação – indicando o que estava

---

18 "En un peuple le plus superbe de tout le monde." – *v.f.*
19 "O radical עצמ", diz Phillips, "significa *ser forte*, não só com respeito à força física, mas também com respeito ao número (Sl 38.20; 40.6; 69.5; etc.); em alemão, um grande número é chamado *eine starke Anzahl, um número forte*. O que se acha referido nesta passagem parece ser *número*.

por acontecer. No versículo seguinte afirma-se que os egípcios, tendo mudado sua mentalidade, começaram a tratar o povo com crueldade. Embora, pois, os egípcios não exercessem ainda publicamente sua crueldade contra o povo, quando seu número e força foram aumentando, todavia o profeta os chama *perseguidores*. É certo que os israelitas, mesmo quando foram oprimidos como escravos, se constituíram num terror para seus inimigos; e Moisés afirma claramente [Êx 1.12] que quando estavam sob tirania e injusta opressão, era ainda ricamente manifesto que a bênção de Deus repousava sobre eles.

[vv. 25-30]
Ele retrocedeu o coração deles para que odiassem seu povo e tratassem seus servos com astúcia. Enviou a Moisés, seu servo; a Arão a quem ele escolheu. Puseram no meio deles as palavras de seus sinais e seus milagres na terra de Cam. Enviou trevas e fez-se escuro; e não foram rebeldes contra suas palavras. Converteu suas águas em sangue e matou seus peixes. Sua terra produziu rãs até nas câmaras de seus reis.

25. Ele retrocedeu o coração deles para que odiassem seu povo. Os egípcios, ainda que a princípio bondosos e anfitriãs dóceis para com os israelitas, vieram depois a ser inimigos cruéis; e isso também o profeta atribui ao conselho de Deus. Sem dúvida foram induzidos a agir assim movidos por um espírito perverso e maligno, pela soberba e inveja; porém mesmo isso não se deu sem a providência de Deus, que de uma maneira incompreensível assim concretizou sua obra nos réprobos, como que das trevas ele fizesse romper a luz. A forma de expressão a alguns parece um tanto rude, e por isso traduzem o verbo passivamente, *seu* (isto é, dos egípcios) *coração se retrocedeu*. Mas isso é pobre e não se adequa ao contexto; pois vemos que o objetivo expresso do escritor inspirado era pôr todo o governo da Igreja em Deus, de modo que nada pode acontecer senão de acordo com sua vontade. Se os ouvidos sensíveis de alguns se ofendem com tal doutrina, então que se observe que o Espírito Santo inequivocamente afirma em outros lugares, como faz aqui, que as mentes dos homens são impelidas daqui para ali por um secreto impulso [Pv 21.1], de modo que não poderão nem farão coisa alguma exceto como Deus quer. Que demência nada aceitar que não seja recomendado pela razão humana! Que autoridade a palavra de Deus teria, se não admitir-se nada que não nos inclinamos a receber? Aqueles, pois, que rejeitam esta doutrina, só porque ela não gratifica o entendimento humano, se deixam dominar por perversa arrogância. Outros malignamente a entendem mal, não movidos por ignorância nem por equívoco, mas só para excitar movimento na Igreja, ou para promover ódio entre os ignorantes. Alguns, movidos pelo excesso de timidez, gostariam, por amor à paz, que esta doutrina permaneça sepultada. Certamente não estão qualificados a lidar com as diferenças. Essa foi a mesma razão pela qual nos primeiros tempos os doutores da Igreja, em seus escritos, se esquivaram das verdades puras e genuínas do evangelho e se volveram para a filosofia pagã. Donde se originou a doutrina do livre-arbítrio, a da justiça procedente das obras, senão porque esses bons pais temiam suscitar ocasião aos homens de má língua ou malignos, se livremente professassem o que se acha contido nas Sagradas Escrituras? E não houvera Deus, como que por forte mão, impedido Agostinho, e ele, neste respeito, teria feito exatamente o que fez o resto. Deus, porém, por assim dizer, o educou com um martelo, corrigiu a estulta sabedoria, a qual empina sua crista contra o Espírito Santo. Vemos, pois, que o Espírito Santo afirma que os egípcios eram tão ímpios, que Deus retrocedeu seu coração para odiar seu povo. Os homens intrigantes buscam evadir-se e qualificar esta afirmação, dizendo que o ato de retroceder o coração denota em permitirem eles tal coisa;[20] ou, que quando os egípcios instigaram seus corações a odiarem os israelitas, ele fez uso de sua malícia, de modo que, por assim dizer, ela se pôs acidentalmente em seu caminho; como se o Espírito Santo, sendo imperfeito no poder da linguagem, falasse uma

---

20 "Diz Crisóstomo que *ele retrocedeu* é o mesmo que *ele permitiu retroceder*. Veja sua nota sobre este versículo." – *Phillips*.

coisa quando na verdade queria outra. Se a doutrina deste texto, vista a princípio, nos parece estranha, lembremo-nos de que os juízos divinos, em outros lugares, são com razão chamados 'insondáveis' [Rm 11.33] e "um grande abismo" [Sl 36.6]. Se nossa capacidade não falhasse em alcançar a altitude de seus juízos, eles não teriam essa complexidade e mistério pelos quais são caracterizados. Entretanto, deve-se observar que a raiz da malícia estava nos próprios egípcios, de modo que a falha não pode ser transferida para Deus. Digo que eram espontânea e inerentemente ímpios, e não forçados pela instigação de outro. No tocante a Deus, deve ser-nos suficiente saber que essa era sua vontade, embora a razão pode ser-nos desconhecida. Mas a razão é também evidente, a qual vindica sua justiça contra toda e qualquer objeção. Se aprendermos e mantivermos em mente somente esta pequena palavra de conselho – que a vontade revelada de Deus deve ser reverentemente aceita –, receberemos, sem disputa, aqueles mistérios que tanto ofendem o soberbo, ou como tal seria cuidadoso demais remover as dificuldades, nas quais, segundo seu ponto de vista, tais mistérios parecem estar envolvidos.[21] O profeta em seguida expressa a maneira na qual os egípcios agiram mal contra o povo de Deus, a saber: não os assaltaram abertamente para que fossem postos à morte, mas planejaram, de um modo astuto e político, oprimi-los paulatinamente. Sua expressão é emprestada do próprio Moisés. E, intencionalmente, é usada para que não imaginemos que aos corações dos ímpios se permite, sem restrição, operar nossa destruição. É uma consideração que deve seguramente satisfazer nossas mentes, isto é, que seja qual for a trama que o diabo e os ímpios engendram contra nós, Deus, não obstante, reprime suas tentativas. Mas é uma dupla confirmação de nossa fé quando ouvimos não só que suas mãos são amarradas, mas também seus corações e pensamentos, de modo que nada podem fazer exceto o que Deus queira.

---

21 "Ou ceux qui veulent estre trop prudens pour remedier aux inconveniens, ce leur semble." – *v.f.*

26. Ele enviou a Moisés seu servo. Aqui o profeta sucintamente chama a atenção para tais coisas no tocante ao livramento do povo como se fossem dignas de especial observação. Tivessem os egípcios, espontaneamente, feito o povo desviar-se, não se teria requerido nem o serviço de Moisés nem os milagres. Deus, pois, determinou que seu livramento ocorresse de tal maneira que se tornasse impossível a negação de ser ele seu Autor. Moisés é chamado *servo do Senhor* para ensinar-nos que ele não elegeu a si mesmo para seu ofício, e que ele nada tentou por sua própria autoridade, mas, sendo ministro de Deus, executou seu ofício para o qual fora instruído. A mesma coisa é expressa ainda mais claramente com respeito a Arão, quando dele se diz *haver sido escolhido*. O que se atribui a cada um desses homens eminentes, em particular, se aplica igualmente a ambos, e por isso a sentença deve ser explicada assim: Deus enviou Moisés e Arão, seus servos, não em virtude de sua própria aptidão intrínseca, ou em virtude de espontaneamente lhe oferecerem seu serviço, mas porque ele os escolhera. Esta passagem nos ensina que aqueles que se engajam no serviço ativo e útil da Igreja não são preparados exclusivamente por seus próprios esforços, ou equipados para ele por seus próprios talentos, mas são estimulados e impelidos por Deus. Moisés era um homem de virtude heróica, porém, considerado meramente em si mesmo, ele nada era. Conseqüentemente, o profeta levou tudo isso em conta como algo digno de ser lembrado em Moisés, bem como em Arão, para que fosse atribuído exclusivamente a Deus. Assim parece que tudo quanto os homens façam para o bem-estar da Igreja, devem a Deus o poder de efetuá-lo, o qual, de sua soberana bondade, aprouve assim honrá-los.

27. Eles puseram em seu meio as palavras de seus sinais.[22] O profeta, em primeiro lugar, em termos breves relanceia sobre aquelas

---

22 "*As palavras de seus sinais* – isto é, declarações; as quais mais tarde foram confirmadas por meio de sinais." – *Cresswell*. "Nesta frase", diz Hammond, "*as palavras de seus sinais* ou *prodígios*, דברי, *palavras*, parecem ser algo mais que mero pleonasmo. Deus lhes dissera quais sinais usariam, para antes convencer o povo, e então a faraó, de sua missão; e assim em cada juízo Deus ordena, e eles mostram o sinal; e assim contar ou falar de Deus a eles é propriamente דבר, *palavras*, e a substância dessas palavras expressas por אחותיו, *sinais* ou *prodígios* como se fossem dele – isto é, que assim como ele dirigiu, ele também os capacitaria a agir entre o povo."

coisas que Moisés detalhou em maior extensão. Tampouco segue ele a ordem dos eventos observada na história; pois ele se contenta em mostrar que o livramento do povo eleito era obra de Deus. Novamente distingue entre o poder de Deus e o ministério de Moisés e Arão. Deveras ele assevera que esses homens realizaram *milagres*, mas esses milagres procediam de Deus, de modo que o poder celestial não foi obscuramente exibido por sua instrumentalidade.

No versículo 28 ele especifica um desses milagres, o qual, não obstante, não era o primeiro em ordem, mas de cuja luz é fácil deduzir que Deus foi o Autor do livramento de Israel, e no qual o curso da natureza foi totalmente mudado; pois nada é mais espantoso do que ver a luz converter-se em trevas. Na segunda sentença, ele enaltece a fidelidade de Moisés e de Arão, em corajosamente executar tudo quanto Deus lhes ordenara: **E eles não foram rebeldes contra sua palavra**.[23] Houve, como se quisesse dizer, a mais perfeita harmonia entre a ordem de Deus e a obediência de ambos seus servos.

29. Ele converteu suas águas em sangue. Quão grave foi esta praga para os egípcios, pode-se conjeturar à luz de consideração, a saber, que o elemento água é um dos dois grandes meios de sustento da vida. E o poder de Deus resplandece ainda mais à luz do fato de que, embora a terra do Egito seja bem irrigada, todavia os egípcios foram abrasados com sequidão em meio à abundância de água. Depois lemos que **se produziram rãs,**[24] e entravam até **nas câmaras dos reis**; por meio do quê Deus manifestamente evidenciou que ele era o autor do milagre; pois embora todo o Egito se viu tragado por enxame de rãs, as câma-

---

23 Executaram a ordem de Deus, com respeito às pragas trazidas sobre os egípcios, embora soubessem que ao agirem assim incorreriam no pesado desprazer de faraó, e exporiam suas vidas a perigos consideráveis. "O significado de מרו לא, *eles não resistiram*", diz Hammond, "parece ser não mais que aquilo afirmado na história (Êx 10.21, 22): 'O Senhor disse a Moisés: Estende tua mão'. E Moisés estendeu sua mão', isto é, prontamente obedeceu e fez o que Deus ordenara, e isso numa época em que faraó estava igualmente irritado e veementemente ofendido com ele e Arão.

24 O verbo hebraico para produzir é שׁרץ, sharats, que significa multiplicar excessivamente; e "o substantivo é usado para coisas rastejantes, porque se procriam em grande profusão. Portanto não pode ser mais adequadamente traduzido, segundo a observação de Hammond, do que por enxamear." – Phillips.

ras dos reis deveriam ter ficado imunes dessa repugnância. Pelo termo *reis* denota-se ou os nobres do reino ou os filhos do rei que viviam tomados pela expectativa do poder real; pois naquele tempo, como se sabe muito bem, somente um rei reinava sobre todo o Egito. À luz desse fato aprendemos quão facilmente, e como que por meio de uma espécie de zombaria, Deus humilha os que se vangloriam na carne. Ele não arregimentou um exército para lutar contra os egípcios, nem em seguida armou seus anjos, nem trovejou do céu, mas convocou rãs, as quais desdenhosamente tripudiaram o orgulho dessa arrogante nação, a qual tinha em desprezo o mundo inteiro. Não lhe teria sido desditoso deixar-se vencer por poderosos inimigos; mas quão desonroso lhe era ser vencido por rãs! Deus assim pretendia mostrar que ele não carecia de hostes poderosas para destruir os ímpios; pois ele pode fazer isso, como se fosse um esporte, sempre que queira.

[vv. 31-38]
Ele falou, e veio enxame de moscas[25] e piolhos[26] em todos seus termos. Ele lhes deu chuvas com saraiva e fogo abrasador em sua terra. E feriu suas vinhas e suas figueiras, e quebrou as árvores de seus termos. Ele falou, e vieram gafanhotos e a lagarta[27] sem número, e devoraram toda a erva de

---

25 A palavra original para *um enxame de moscas* é ערב, *arob*.
26 A palavra hebraica para piolho é כנים, *kannim*. A redação na LXX é σκνιφες, e na Vulgata é *sciniphes*, que significa uma espécie de mosquitos que ferroam dolorosamente nos campos pantanosos do Egito; o *culex reptans* de Linnæus, ou o *culex molestus* de Forskal. Em apoio da exatidão dessa interpretação tem-se dito que, como os tradutores da Septuaginta moravam no Egito, dificilmente se pode supor que fossem ignorantes do que pretendiam pelo nome hebraico. Filo, um judeu alexandrino, e Orígenes, um pai cristão, que igualmente viveu em Alexandria, também confirmou esta interpretação. Tanto Filo quanto Orígenes representam esses insetos como sendo muito pequenos, porém incomodam muito. O último os descreve como insetos alados, porém tão pequenos que escapam à visão a qualquer um, a não ser que a mesma seja boa; e diz que, quando pousam no corpo, o ferem com a mais aguda e dolorosa picada.
27 A palavra hebraica traduzida por *lagarta* é ילק, *yelek*. Esta palavra, em nosso idioma, é traduzida por *lagarta*, aqui e em Jeremias 51.27; mas em Joel 1.4; 2.25; Naum 3.15, é traduzida por *gafanhoto devorador* ou *cortador*. Na passagem de Naum, a criatura é descrita como sendo alada e peluda, o que leva alguns comentaristas a presumirem que aqui está em pauta uma espécie de locusta. "Certamente significa algum inseto notável por destruir os vegetais, provavelmente o 'besouro daninho às plantas', βρουχος, como a LXX a traduz em cinco passagens das oito em que ocorre. A Vulgata em todos os lugares a traduz por *bruchus*, 'besouro'. Michaelis crê que ela significa o 'besouro', particularmente em seu estado *vermicular*, quando é muito mais destrutivo às plantas, isto é, roer, comer e danificar as raízes, do que depois de criar asas." – *Parkhurst's Lexicon II sobre* ילק, *em* לק.

sua terra, e consumiram o fruto de seus campos. E feriu todo primogênito em seu país, inclusive as primícias de todo seu vigor.[28] E os tirou para fora com prata e ouro, nem havia pessoa frágil entre suas tribos. O Egito regozijou-se com sua partida; pois seu terror caíra sobre eles.

31. Ele falou, e veio enxame de moscas. Pelo termo *falou* o salmista sugere que *as moscas* e *os piolhos* não surgiram por acaso. A ordem, bem sabemos, foi pronunciada pelos lábios de Moisés; pois embora Deus pessoalmente pudesse ter dado a ordem, ele interpôs Moisés como seu arauto. Deus, contudo, não imprimiu menos eficácia a sua palavra, quando ordenou que ela fosse enunciada por um homem, do que se ele mesmo a trovejasse do céu. Quando o ministro executa fielmente sua comissão, falando somente o que Deus pôs em sua boca, o poder interno do Espírito Santo é anexado a sua voz externa. Aqui uma vez mais observa-se que os egípcios foram afligidos com a praga das moscas e dos piolhos para que Deus, com ignomínia ainda mais profunda, subjugasse sua rebelião e obstinação. Ao dizer que ele lhes deu *chuvas com saraiva*, isso denota um tipo de saraiva com tal violência, que não se podia atribui-la a causas naturais. É provável que o Egito não se visse sujeito a tal molestamento como outros países, pois ele é mui raramente visitado inclusive por chuva, uma vez que é irrigado pelo Nilo. Isso pareceu aos egípcios ainda mais prodigioso, ao serem abalados por saraiva. Para tornar tal calamidade ainda mais terrível, Deus também a misturou com fogo. A saraiva, pois, foi acompanhada por vento tempestuoso, para que os egípcios, que se endureceram contra os outros milagres, inspirados com terror, soubessem que estavam tratando era com Deus mesmo.

34. Ele falou, e vieram gafanhotos. Esta calamidade, que era trazida sobre os campos, não poderia ser atribuída ao destino; por-

---

28 O *princípio*, ou *as primícias de todo seu vigor*, é entendido por Lowth no sentido de primogênito da mãe. Sua nota sobre o versículo em *Merrick's Annotations* é como segue: "'Ἀπαρχὴν πόνου, *Primitias Laboris* vel *partus*. LXX, Vulg. Hieron. Compare-se Gênesis 35.18. Creio ser esta a tradução correta. Os primogênitos, que foram mortos nessa ocasião, foram aqueles que abriram a madre; o primogênito da mãe, não do pai, como transparece à luz das circunstâncias da história." O primogênito do gado é sem dúvida o que está em pauta. – Vejam-se Gênesis 49.3; Salmo 78.51.

que os gafanhotos surgiram de repente em nuvens incontáveis, de modo que cobriram toda a terra do Egito. O milagre se fez mais evidente em virtude da palavra falada, por meio da qual ele foi introduzido. Ao ser anunciado seu acontecimento, isso removeu toda dúvida de ser ele obra do Altíssimo. Por conseguinte, diz-se expressamente que os gafanhotos e as lagartas, à ordem de Deus, se precipitaram como soldados que correm à batalha ao som de trombeta. Sempre que esses insetos nos molestam e destroem os frutos da terra, com certeza são o azorrague de Deus; aqui, porém, a intenção é realçar uma obra extraordinária de sua mão. Por fim, o profeta recita o último milagre, o qual foi operado pelo anjo na noite anterior à partida do povo, quando ele matou todos os primogênitos por todo o Egito. Nesta história apenas relanceio rapidamente, como tenho igualmente feito com os outros fatos precedentes, e desta vez nos é suficiente conhecer o propósito do escritor sacro. Entretanto, ele amplia essa exibição do poder divino, à guisa de repetição, declarando que **os primogênitos e a flor de seu vigor seriam destruídos**. Infelizmente alguns traduzem: *O princípio de sua dor*. Como o vigor do homem se mostra na geração, os hebreus denominam o primogênito de *o princípio do vigor*, como já explicamos em Gênesis 49.3: "Ruben, tu és meu primogênito, minha força e o princípio de meu vigor."

37. E os tirou para fora com prata e ouro.[29] O profeta, em contrapartida, celebra a graça de Deus que preservou o povo eleito intocado e isento de todas essas pragas. Se ambas as partes tivessem sido indiscriminadamente atingidas por elas [as pragas], a mão de Deus não teria sido tão magistralmente manifesta. Agora, porém, quando os israelitas, em meio a tantas calamidades, experimentaram uma total isenção do mal, essa diferença nos exibe, como num quadro, o cuidado paternal de Deus sobre seu povo.

---

29 A alusão é aos israelitas levando consigo, em sua partida do Egito, jóias de prata e de ouro, as quais pediram emprestadas dos egípcios (Êx 12.36).

É por essa razão que se declara: **Nem havia pessoa fraca, ou alguém que tropeçasse**;[30] pois o verbo כשל, *kashal*, tem ambos esses significados. Quanto a mim, porém, prefiro tomá-lo simplesmente neste sentido: Que enquanto o Egito corria célere para a destruição, o povo de Deus era vigoroso e livre de toda enfermidade. Ao lermos: *Ele os tirou para fora*, e quando se acrescenta depois, *em suas tribos*, há uma mudança de número, o que é bem comum no idioma hebraico. Alguns ligam a palavra *suas* a Deus; mas receio que isso seja forçado demais.

38. O Egito regozijou-se em sua partida. O salmista realça o poder de Deus à luz da circunstância adicional, a saber: que os egípcios voluntariamente permitiram que o povo eleito partisse, quando nada estava mais distante de sua intenção. Embora desejassem que fossem destruídos centenas de vezes, contudo, como costumamos dizer, pensavam que tinham um lobo em seu encalço;[31] e assim o medo da vingança os fez mais determinados a apagar a memória daquele povo. Daí se segue que, quando todos desistiram imediatamente de propósito anterior, essa era uma obra secreta da providência divina.[32] Com o mesmo propósito é a afirmação no versículo precedente: *foram tirados para fora com prata e ouro*. Os egípcios jamais poderiam ter-se voluntariamente tirado o que era seu para enriquecer aqueles a quem espontaneamente privaram da vida. Essa, pois, foi a liberalidade de Deus, em cujas mãos e a cuja disposição estão todas as riquezas do mundo. Ele poderia ter tomado

---

30 "*E não havia alguém tropeçando entre suas tribos*. A LXX traduziu כושל por ἀσθενής, *enfermo*, de modo que entenderam o salmista como a dizer: não havia ninguém incapaz de acompanhar a multidão – ninguém que fosse impedido por doença ou enfermidade de seguir a jornada." – *Phillips*. Que notável contraste entre sua condição e a de seus opressores! Enquanto em cada moradia egípcia a morte deixava uma vítima, ninguém, de todos os filhos de Israel, era impossibilitado de prosseguir sua fuga da terra da servidão, orientado pelo céu.

31 O significado desse provérbio é estar em perigo ou cercado de todos os lados; pois se você segura o lobo, ele lhe morde a mão; se você o deixa ir, poderá destruí-lo.

32 À luz do pesado e esmagador juízo infligido sobre faraó e seu povo, por recusar-se a permitir a partida dos israelitas, chegaram a associar-se à presença desse povo em sua terra, com as mais terríveis manifestações do desprazer divino. Isso por fim os levou, depois de toda sua inveterada impenitência, a louvar com gratidão a partida das tribos odiosas.

à força dos egípcios o que lhes havia dado; porém *curvou* o coração deles, de modo que, de comum acordo, se deixaram despojar. A expressão, **pois seu terror caiu sobre eles**, deve ser entendida passivamente; porque os israelitas não estavam com medo dos egípcios; pelo contrário, metiam medo neles. Tampouco o profeta fala de um medo ordinário. Um pouco antes o medo os incitara à crueldade e tirania; mas, como ainda naquele dia se comportaram com indomável audácia, sacudindo de si todo temor, Deus de repente os põe prostrados por extraordinário terror que lhes sobreveio. Portanto, aqui com justiça se reconhece entre as exibições do prodigioso poder de Deus, que ele subjugou a fúria impetuosa com que os egípcios ardiam antes, para que viessem a permitir-lhes que partissem, a quem determinaram tratar rudemente e usar em atividades servis; que era como entregar ovelhas a lobos vorazes.

[vv. 39-43]
Estendeu uma nuvem por coberta, e fogo para fornecer luz durante a noite. Pediram-lhe, e ele trouxe codornizes, e os fartou com o pão do céu. Fendeu uma rocha, e borbotaram águas; correram nos lugares secos como um rio. Porque se lembrou de sua santa promessa, a qual fez a Abraão seu servo. E tirou dali seu povo com alegria, e seus eleitos com regozijo.

39. Estendeu uma nuvem por coberta. O salmista enumera certos milagres por meio dos quais Deus deu seguimento a sua graça em prol de seu povo no deserto. Esta ordem é digna de nota; pois não foi insignificante confirmação que se acrescentou àquela incomparável obra de redenção, quando Deus não cessou de revelar-se como o guia de suas jornadas. Conseqüentemente, depois de haver transposto o Mar Vermelho, ele estendeu uma nuvem sobre eles, de dia, para protegê-los do sol ardente; e, durante a noite, deu-lhes luz provinda de uma coluna de fogo, para que, mesmo em meio à escuridão, pudessem ter um brilhante emblema de sua presença. Essa exibição contínua de sua benevolência era seguramente uma inquestionável prova de seu perpétuo amor, uma pública demonstração de que ele adotara os filhos de Abraão, para sustentá-los sob sua proteção até o fim. O que segue, concernente às *codornizes*, é introduzido para um propósito distinto daquele que, por cuja referência, é feito ao mesmo fato no Salmo 78.26. Nessa passagem, o envio divino de codornizes em abundância é atribuído a sua ira antes que a sua beneficência, para que o povo pudesse saciar a carne; e já vimos, na exposição daquele caso, que isso é mencionado com o intuito de reprová-los. Neste texto que se acha diante de nós, porém, lembrando sua ingratidão, o profeta celebra o incessante exercício da benignidade divina para com eles. Alguns, contudo, podem sentir-se mais inclinados a tomar a palavra *pedir* em um sentido negativo, porque o povo não dirigiu sua súplica a Deus com humildade,[33] mas por sua impaciência prosseguiu murmurando, ou, melhor, arrogantemente falaram contra ele. Assim focalizada, a passagem, à guisa de ampliação, significaria que Deus, abrindo mão de seu próprio direito, foi indulgente inclusive com seus desejos profanos. Entretanto, como sua falta não é aqui mencionada, apoiemo-nos naquele significado que é o mais simples, isto é, que as bênçãos pelas quais Deus ratificou a redenção que operara estão aqui acumuladas. Em seguida diz: **se fartaram do pão do céu**. Esta designação, como já vimos em outra parte, é dada ao maná à guisa de celebridade. A via natural pela qual se obtém o alimento que ingerimos é o solo; mas Deus, então, abriu sua mão mais amplamente aos judeus, e os nutriu inclusive do céu. Como não lhes era suficiente ser renovados com alimento quando estavam famintos, a menos que fossem também supridos com bebida, acrescenta-se que **a rocha se fendeu** e que dela **jorraram águas nos lugares secos** ou *desertos*.

42. Porque ele se lembrou de sua santa promessa. O salmista uma vez mais faz menção da causa por que Deus tratou

---

[33] "De forma alguma transparece da história que os israelitas suplicaram a Deus, mas que apenas murmuraram contra Moisés e Arão por os terem conduzido ao deserto." – *Phillips*.

tão graciosamente àquele povo e o sustentou com tanta afeição, isto é, para que ele cumprisse sua promessa; pois ele firmara um pacto com Abraão, se comprometendo a ser o Deus de sua semente. Tampouco os profetas sem causa ensinaram de forma tão prudente como os encontramos fazendo, ou, seja: que o pacto gratuito é a fonte donde emana o livramento e o bem-estar contínuo do povo. Daí a graça de Deus se torna melhor conhecida, visto que, o que aconteceu, até então acontecendo tão de repente e sem antecipação, era apenas o cumprimento do que havia prometido quatro séculos antes. Deus, pois, por eras antes de agir, deu a luz da palavra de sua promessa, para que sua graça e sua verdade fossem trazidas a lume de uma forma distinta. Por essa razão o profeta novamente reitera que Deus não foi movido por alguma nova causa a libertar seu povo, mas que seu desígnio em agir assim foi para provar a fidelidade de seu pacto e levá-lo à concretização; justamente como um homem tiraria do solo um tesouro que nele sepultara. Nem se deve pôr em dúvida que o profeta almejava guiar a fé de seus patrícios mais adiante – que seu objetivo era que sua posteridade se persuadisse além de toda dúvida de que Deus então provara, na experiência dessa geração, a veracidade infalível e substancial de sua promessa enunciada muitos séculos antes, e assim ele não seria em relação a eles algo diferente do que fora com seus pais no passado. Por conseguinte, ele sinaliza esta promessa pelo epíteto *santa*, insinuando que depois da morte de Abraão ela reteve sua virtude e eficácia inalteráveis. Deus falou a Abraão; porém o vigor do pacto não morreu com ele. Deus continuou se revelando fielmente à posteridade do patriarca.

43. E ele tirou seu povo com alegria. O profeta faz menção de *alegria* e *regozijo* para magnificar ainda mais sublimemente a grandeza da graça divina. Não era de pouca importância que no mesmo tempo em que os egípcios eram afligidos por uma praga severa e terrível – quando todo o reino se encheu de pranto e lamento – e quando em quase toda casa havia um cadáver –, o povo que um pouco antes gemia com profunda aflição, ou, melhor, quase morto, saiu com os corações jubilosos. Pela designação *os escolhidos de Deus* são lembrados que o favor divino não era assim exercido em prol deles em virtude de seus méritos pessoais, ou em virtude da dignidade de sua raça, mas porque ele os adotara, para que os homens, nada restando em si que os fizesse vangloriar-se, aprendessem a glorificar unicamente a Deus.

[vv. 44-45]
E ele lhes deu os campos das nações; e possuíram o labor dos povos.[34]
Para que observassem suas ordenanças e guardassem sua lei. Aleluia.

44. E lhes deu os campos das nações. O salmista apresenta a causa final pela qual Deus de tantas formas exibira seu prodigioso poder em redimir o povo, por que ele não cessou de cuidar deles e defendê-los no deserto – por que lhes deu a posse da terra como havia prometido; e isso se deu para que se dedicassem e se devotassem totalmente ao seu serviço. E de fato o fim a que Deus propôs em nossa eleição foi para que pudesse ter na terra um povo por meio do qual ele fosse invocado e servido. Quanto mais eficazmente os judeus fossem estimulados à gratidão, mais o profeta magnifica a grandeza da bondade divina, declarando que ocupariam uma extensão ainda mais ampla dos *campos das nações*, e que toda propriedade que muitos estados haviam adquirido com grande labor, agora possuíam como que por direito de herança. O plural, quanto às palavras *campos e nações*, serve para exibir numa luz ainda mais notável a bondade divina sobre o assunto em pauta. O Salmo se conclui definindo sumariamente o modo de glorificar a Deus: **Para que guardem sua lei.** Não seria suficiente celebrar sua graça

---

34 Isto é, os produtos de seu labor; seus edifícios, vinhas, campos cultivados etc. Os israelitas tomaram posse da terra de Canaã, e naturalmente possuíram as vantagens oriundas de sua ocupação, e o cultivo realizado por aqueles que habitaram previamente nela (vejam-se Dt 6.10, 11; Js 24.13).

apenas com a língua. A isso se deve acrescentar piedade prática e experimental. E como Deus rejeita todos os serviços religiosos de invenção humana, a única maneira que resta de servi-lo corretamente consiste na observância de seus mandamentos.

Salmo 106

Esse Salmo difere do precedente, visto que ali o salmista mostrou que Deus foi mais que um pai liberal para com seu povo eleito, a fim de granjear para si, em eras vindouras, uma raça de adoradores puros, embora aqui ele reconheça que benefícios tão extraordinários tinham se convertido em mal resultado. Porque os judeus, de tempo em tempo, lançavam de si o jugo divino, com toda vileza abusando de sua bondade, maculando-se com infindas contaminações e também perfidamente se apartando de sua palavra. Não obstante, não é tanto na agudeza de uma reprovação ou queixa, quanto na confissão de seus pecados, a fim de se obter o perdão deles. Porquanto o profeta começa com os louvores de Deus, com o propósito de encorajar a si e a outros a nutrir boa esperança nele. Então ele ora para que Deus continue abençoando a semente de Abraão. Visto, porém, que o povo, depois de tão amiúde revoltar-se contra Deus, de tornar-se indigno de continuar recebendo sua bondade, ele pede que o perdão se estenda a eles, e isso depois de haver confessado que do primeiro ao último tinham todos provocado a ira de Deus com sua malícia, ingratidão, orgulho, perfídia e outros vícios.[1]

---

1 O primeiro e os dois últimos versículos deste Salmo formam uma parte daquele Salmo que Davi entregara nas mãos de Asafe e seus irmãos para que fosse cantado diante da arca do concerto depois de ser conduzida da casa de Obede-Edom ao monte Sião. Veja-se 1 Crônicas 16.34-36. Daí ser ele atribuído à pena de Davi. Muitos dos antigos pensavam, e são seguidos por Horsley e Mudge, que ele fora escrito durante o cativeiro; apoiando sua opinião principalmente no versículo 47; mas, como aquele versículo ocorre no Salmo de Davi, registrado em 1 Crônicas 16, no versículo 35, este argumento é claramente sem vigor.

[vv. 1-5]

Aleluia.[2] Louvai a Jehovah, porque ele é bom;[3] porque sua misericórdia dura para sempre. Quem expressará o poder de Jehovah? Quem declarará todo seu louvor? Bem-aventurados são os que guardam o juízo, e bem-aventurados o que agem com justiça em todos os tempos.[4] Lembra-te de mim, ó Jehovah, com a boa vontade que tens para com teu povo; visita-me com tua salvação; para que eu veja o bem de teus eleitos, para que eu me regozije com a alegria de tua nação, para que me glorie com tua herança.

1. Louvai a Jehovah. Esta exortação supre a falta de título; não que o Salmo nada mais contenha senão ação de graças e louvor a Deus, mas para que o povo, com base na experiência de favores antigos, pudesse obter a certeza de reconciliação; e assim nutre a esperança de que Deus, embora ofendido no presente, logo seja pacificado em relação a eles. Ao celebrar os louvores de Deus, portanto, ele lhes ordena a lembrar-se de tais coisas como se tivessem a tendência de mitigar sua tristeza à vista dos males atuais, e animar seus espíritos e impedi-los de mergulhar em desespero.[5]

2. Quem expressará. Este versículo é suscetível de duas interpretações; pois se o lermos em conexão com o imediatamente seguinte, o sentido será que todos os homens não agem igualmente na incumbência de louvar a Deus, porque os ímpios e os perversos nada fazem senão profanar seu santo nome com seus lábios impuros; como lemos no Salmo 50: "Mas ao ímpio diz Deus: Que fazes tu em recitar meus estatutos, e em tomar minha aliança em tua boca?" [v. 16].

---

2 הללו יה, *Louvai o Senhor*. Estas palavras constituem o título, e não devem ser consideradas como que fazendo parte do texto do Salmo. A Caldaica as retém como título; a LXX e a Vulgata conservam as palavras hebraicas, as quais são enfeixadas numa só; enquanto a Siríaca tem em seu lugar uma sorte de tábuas de conteúdo do Salmo." *Phillips*.

3 "כי־טוב, *Porque ele é bom*. טוב é empregada enfaticamente, denotando que Deus é bom, sem qualquer mescla de mal, perfeitamente bom em si mesmo, e é, por assim dizer, a fonte da qual flui todo bem, e nada senão o bem. Daí lermos em Mateus 19.17: "Não há ninguém bom, senão um só, isto é, Deus." – *Ibidem*.

4 Horsley, seguindo a Siríaca, que traz משפטיו, e a todas as demais versões, que trazem עשי, traduz o versículo assim: "Bem-aventurados são os que guardam seu juízo e agem com justiça em todos os tempos."

5 É da competência da fé celebrar a divina mercê nas circunstâncias mais desesperadoras.

E daí a necessidade de esta sentença ser anexada à seguinte, na forma de resposta: **Bem-aventurados os que guardam o juízo**. Entretanto, sou de opinião que o profeta tinha outro desígnio, isto é, que não há homem que já conseguiu concentrar todas suas energias, sejam físicas, sejam mentais, em louvar a Deus, senão que se revelará inapto para um tema tão elevado, a grandeza transcendente que sobrepuja todos nossos sentidos. Não que exalte o poder de Deus intencionalmente para impedir-nos de celebrar seus louvores, mas, antes, como o meio de estimular-nos a fazer o uso máximo de nossa energia. Há alguma razão para cessarmos nossos esforços, para com toda alegria seguirmos nosso curso, embora atinjamos tão pouco a perfeição? O que deve inspirar-nos, porém, com ainda maior ânimo é o conhecimento de que, embora a habilidade nos traia, os louvores que de coração oferecemos a Deus lhe são aceitáveis. O que se recomenda é que atentemos para o perigo da insensibilidade; pois certamente é um grande absurdo que aqueles que não podem atingir o nível da perfeição aproveitem a ocasião para não atingir nem mesmo uma centésima parte dela.

3. Bem-aventurados os que guardam o juízo. Faço distinção entre este e o versículo precedente, e ainda assim preservo a conexão entre eles. Pois o profeta, havendo declarado a magnitude do poder de Deus ao ponto de a língua não poder expressar todos seus louvores, agora diz que os louvores meramente dos lábios não são aceitáveis a Deus, mas que é indispensável a participação do coração; mais ainda, que todo nosso ser deve estar em uníssono com esse exercício. Ora, ao ordenar primeiro que *guardem o juízo*, e então que *ajam com justiça*, ele nos dá uma breve descrição da genuína piedade. Não tenho dúvida de que, na primeira sentença, ele descreve a sincera afeição do coração, e que, em segundo lugar, ele faz referência às obras externas. Pois sabemos que nada existe senão sombra de retidão quando o homem cordialmente não se devota à prática da honestidade. Ele requer perseverança também para que ninguém imagine ser possível tal dever já estar cumprido com propriedade sem almejar constante e continuamente um viver íntegro e justo. Observamos não poucos que exibem apenas uma religiosidade vazia; outros revelam alguns sinais de virtude, porém não mantêm um consistente curso de conduta.

4. Lembra-te de mim. Com tais palavras o profeta declara ser seu primordial desejo que Deus lhe estenda aquele amor que nutre por sua Igreja, para que assim ele venha a ser participante de todas as bênçãos que, desde o início, ele outorga a seus eleitos, e que dia a dia ele continue de posse delas. Tampouco deseja isso exclusivamente para si mesmo, porém em nome da Igreja universal oferece uma oração em prol igualmente de todos, para que, mediante seu exemplo, venha a estimular os fiéis a apresentarem petições afins.

Lembra-te de mim, diz ele, **com a boa vontade que nutres por todo teu povo**; ou, seja, concede-me a mesma bondade imerecida que te apraz conferir a teu povo, para que eu jamais seja eliminado de tua Igreja, mas que esteja sempre incluído no rol de teus filhos. Pois a frase, *boa vontade para com teu povo*, deve ser entendida passivamente, em referência àquele amor que Deus graciosamente nutre por seus eleitos. Entretanto, é por meio de metonímia que o profeta a emprega para realçar as marcas do amor divino. Pois dessa graciosa fonte flui aquela prova que ele real e experimentalmente fornece de sua graça. Mas o profeta, se se considerava pertencente ao rol do povo de Deus, então considerava esse fato como sendo o supra sumo da verdadeira felicidade; porque, por esse meio, ele sentiria que Deus se reconciliava com ele (do quê nada é mais desejável), e assim, *lembra-te*, se relaciona com a circunstância de tempo, como veremos mais no final do Salmo, o qual foi escrito quando o povo vivia em estado extremamente triste e calamitoso, para que os fiéis não nutrissem qualquer sensação secreta de que seu Deus os abandonara. Esclarecer isso é a tendência da sentença seguinte, **visita-me com tua salvação**. Pois lemos que Deus visita aqueles aos quais aparentemente afastou de si; e sua salvação é a demonstração de seu beneplácito para com eles. No versículo seguinte ele reitera a mesma idéia: **para que eu veja o bem de teus eleitos**. Pois ele deseja ser um associado e participante das bênçãos que são constantemente desfrutadas pelos eleitos de

Deus. O verbo *ver* é mui claramente usado para denotar o desfruto das bênçãos, como "ver o reino de Deus" [Jo 3.3]; e "ver o bem e a vida" [1Pe 3.10] denota as bênçãos correspondentes. Aqueles que a explicam: para que eu te veja fazer o bem aos eleitos, estão equivocados; porque o versículo precedente, do qual este depende, não apoiará tal interpretação, e a exposição que tenho feito é endossada pelas palavras que seguem: **para que me regozije na alegria de tua nação, para que me glorie com tua herança**. Pois é bastante óbvio que o profeta está solícito em tornar-se participante de todos os benefícios que são a porção dos eleitos, para que, satisfeito unicamente com Deus, e sob seu providencial cuidado, ele viva jubiloso e feliz. Seja qual for o lastimável estado da Igreja naquela época, o profeta, em meio a todos esses tumultos, contudo adere firmemente a este princípio, a saber: que não há nada melhor do que ser considerado pertencente ao rebanho e povo de Deus, o qual sempre provará ser o melhor dos pais para com os seus, o fiel guardião de seu bem-estar. Tudo o que ele pede é que Deus o trate segundo seu costume no trato com sua Igreja; e declara que não suportaria a idéia de ser execrado ou separado da sorte comum da Igreja. Tais palavras, contudo, implicam uma tácita queixa, ou, seja, que naquele tempo Deus havia velado sua benignidade de sua Igreja aflita, como se ele a houvera definitivamente lançado fora.

> [vv. 6-11]
> Nós pecamos com nossos pais, temos agido iniquamente, temos andado perversamente. Nossos pais não entenderam teus prodígios no Egito; não se lembraram da multidão de tua benignidade; se rebelaram no mar, sim, no Mar Vermelho. Não obstante, ele os salvou por amor de seu nome, para fazer conhecido seu poder. Também repreendeu o Mar Vermelho e o secou; e os fez caminhar através dos abismos como através do deserto. E os salvou da mão do inimigo, e os livrou da mão do perverso. E as águas cobriram seus opressores; nem um só deles ficou.

6. Temos pecado com nossos pais. À luz destas palavras fica bem claro que, embora o profeta pudesse ter falado na pessoa de um só homem, não obstante ele dita uma forma de oração destinada a um uso comum de toda a Igreja, visto que ele agora se identifica com toda a corporação. E daqui até o final do Salmo, ele respiga das histórias antigas dizendo que seus pais sempre cultivaram um espírito maligno e perverso, uma prática corrupta, rebelde, ingrata e pérfida em relação a Deus; e confessa que seus descendentes não eram melhores; e tendo feito esta confissão,[6] eles foram e pediram a remissão de seus pecados. E como estamos impossibilitados de obter o perdão de nossos pecados até que antes nos confessemos culpados de pecado, e como nossa dureza de coração afasta de nós a graça de Deus, o profeta, portanto, com grande propriedade, humildemente reconhece a culpa do povo neste seu severo e doloroso castigo, e que Deus, com justiça, poderia infligir-lhes um castigo ainda mais duro. Em contrapartida, para os judeus era vantajoso ter seus pecados diante de seus olhos; porque, se Deus nos pune severamente, prontamente presumimos que suas promessas falharam. Mas quando, ao contrário, somos lembrados de que estamos recebendo a recompensa devida a nossas transgressões, então, se sinceramente nos arrependemos, essas promessas nas quais Deus aparece como pacificado em relação a nós virão em nosso socorro. Além disso, pelas três expressões que ele emprega em referência a suas transgressões, ele realça sua hediondez, ou, seja (como geralmente é o caso), seus corações não podem ser só levemente afetados, mas profundamente feridos com tristeza. Pois sabemos como os homens são agrilhoados por seus vícios e quão prontos a buscar a solidão, até que sejam compelidos a examinar-se com diligência; sim, mais ainda, quando Deus os cita em juízo, fazem uma espécie de confissão verbal de suas iniquidades, enquanto, ao mesmo tempo, a hipocrisia cega suas mentes. Quando, pois, o profeta diz que **o povo agiu iniquamente pecando**, e tornou-se ímpio e perverso, ele não emprega um acúmulo inútil e desnecessário de palavras. Examinemo-nos, pois, e facilmente descobriremos que temos igual necessidade de ser constrangidos a fazer uma humilde confissão de nossos pecados; pois ainda que não

---

6 "Ils vienent à demander pardon de leurs pechez." – *v.f.*

ousemos dizer que não temos pecado, todavia não existe um entre nós que não se disponha a buscar uma capa e subterfúgio para seu pecado. De uma maneira bem semelhante, Daniel, no nono capítulo de suas profecias, reconhece a culpa de suas próprias iniqüidades e as do povo; e é possível que o autor deste Salmo seguisse o mesmo exemplo. De ambos aprendemos que a única forma de agradar a Deus é instituindo um rígido curso de auto-exame. Observemos também cuidadosamente que os santos profetas, os quais nunca se apartaram do temor e do culto de Deus, invariavelmente confessavam sua culpa pessoal, solidarizando-se com o povo; e isso faziam não com base numa humildade fingida, mas porque eram cônscios de que eles mesmos eram manchados com infindáveis corrupções, pois quando a iniqüidade é ampla, é quase impossível que mesmo o melhor dos homens se guarde de ser infectado por seus mortíferos efeitos. Não se comparando com os demais, mas assentando-se diante do tribunal de Deus, de repente percebem a impossibilidade de escape.

Naquele tempo a impiedade havia atingido um grau extremo entre os judeus, não surpreendendo que mesmo os homens melhores e mais justos fossem arrebatados pela violência de uma tempestade. Quão abominável, pois, é a soberba daqueles que raramente imaginam um mínimo sequer que sua atitude seja tão ofensiva. Aliás, ainda concebiam, como ocorre com certos fanáticos da atualidade, que já haviam atingido um estado de perfeição impecável! É preciso ter em mente, contudo, que Daniel, que cuidadosamente se mantinha sob o temor de Deus e em quem o Espírito Santo, pelos lábios do profeta Ezequiel, declara ser um dentre os homens mais justos, reconhece, não com lábios fingidos, suas transgressões pessoais e as do povo, quando as confessou, mergulhado em profundo senso de seu caráter grave e terrivelmente abominável aos olhos de Deus. Aliás, é verdade que ele não fora esmagado pela mesma torrente de iniqüidade como os demais; porém sabia que havia contraído um volume grande demais de culpa. Além disso, o profeta não apresentou seus pais com o propósito de mitigar sua própria delinqüência (como fazem muitos hoje desdenhando toda admoestação, escudando-se em si mesmos com isto: que foram tão instruídos por seus pais, e que, portanto, sua má educação vem do erro dos pais, e não deles próprios), mas, antes, para mostrar que ele e os de sua própria nação eram merecedores de severo castigo, porquanto desde o princípio, e como se fosse coexistente com sua primeva infância, nunca cessaram de provocar o desagrado de Deus contra eles, mais e mais, por suas reiteradas transgressões. É dessa maneira que ele envolve os pais com os filhos em muitos dos motivos de condenação.[7]

7. Nossos pais não entenderam teus prodígios no Egito. Aqui ele relata como o povo, desde o começo de sua emancipação da servidão, se revelou ingrato para com Deus e se conduzia de maneira insidiosa. Tampouco ele se confina à história de um único período, senão que todo curso de sua narrativa consiste em realçar que o povo nunca cessou de agir impiamente, embora Deus, por seu turno, os sacie com inconcebível bondade, o que era uma prova da invencível e extrema perversidade dessa nação. Ele primeiro censura a loucura dessas pessoas como sendo a ocasião de tal ingratidão. Ao dar o nome de *loucura*, ele não tenciona amenizar a ofensa (como alguns às vezes costumam fazer), senão que pretende expor a vil e desditosa estupidez do povo, ao deixar-se cegar por questões tão claras; pois as obras de Deus eram tão claras, que até um cego podia visualizá-las. Donde poderia tão grosseira ignorância originar-se, senão do fato de que Satanás os tornara tão dementes que não conseguiam atentar para os milagres de Deus, os quais podiam remover as próprias pedras? Ora, ao acrescentar, *não se lembraram*, ele expressa mais vigorosamente a natureza inescusável de sua ignorância; sim, que sua cegueira era o resultado de estúpida indiferença, mais que a própria falta de instrução. Pois a causa de sua ignorância provinha de passarem por alto aquelas questões que, em si mesmas, eram sobejamente visíveis. Ele menciona ainda quão rapidamente tal

---

7 "En beaucoup d'articles de condennation." – *v.f.*

esquecimento os açambarcava e tendia a avolumar sua culpa. Pois era prodigioso o fato de que nem mesmo a própria visão dessas coisas conseguia despertar seu espírito. Daí suceder que, enquanto mal tinham saído do Egito e passaram pelo mar, soberbamente se levantaram contra seu libertador. Seguramente não apenas por um ano, nem ainda por um século, de sua mente foram apagados os feitos tão dignos de serem lembrados. Que demência, pois, terem eles naquele tempo murmurado contra Deus, como se ele os houvera abandonado para que fossem massacrados por seus inimigos! Aquele braço do mar pelo qual o povo passou é, em hebraico, chamado o *Mar de Sufe*. Há quem o traduz por *Mar de Junco*, e pensam que a palavra סוף, *suph*, significa *alga marinha*.[8] Mas, seja qual for sua derivação, não pode haver dúvida quanto ao lugar. É bem provável que o nome lhe fosse dado por causa de sua grande agitação.

---

8 "No *Mar Vermelho*, isto é, no *Golfe Arábico*; literalmente, no *Mar de Sufe*, o que, se Sufe aqui não for um nome próprio (como parece ser o caso em Dt 1.1 e com ligeira variação em Nm 21.14), significa o *mar das algas*; e esse mar é ainda chamado por um nome similar no Egito moderno. Este, em sua designação por todos os livros do Velho Testamento, é na versão Siríaca e na paráfrase Caldaica igualmente traduzido o *mar das algas*; nome esse que bem poderia derivar-se das ervas que crescem junto a sua praia, ou das algas que, segundo Diodorus Siculus e Kircher, são abundantes nele, e as quais eram vistas através de suas águas transluzentes. Finati, citado por Laborde, fala da transparência de suas águas e dos corais vistos em suas profundezas." – *Cresswell*. Amiúde se tem asseverado que esse mar recebeu a designação de *Vermelho* em virtude de sua cor. Entretanto, tem sido fartamente atestado pelos que o têm visto, que a água não é mais vermelha que qualquer outro mar. Niebuhr, em sua descrição da Arábia, diz: "Os europeus costumam dar ao Golfo Arábico o nome de Mar Vermelho; não obstante, não encontrei nele algo mais vermelho do que o Mar Negro ou o Mar Branco, ou qualquer outro mar do mundo." Artemidorus em *Strabo* expressamente nos diz que "seu aspecto é *verde*, por razão da abundância de algas marinhas e do musgo que nele crescem". Tudo indica que ele derivou seu nome "Mar Vermelho" de Edom, nome que significa *vermelho*. Embora por toda a Escritura do Velho Testamento ele seja chamado *Yam Suph*, o *mar das algas*, todavia entre os antigos habitantes dos países adjacentes a ele era chamado *Yam Edom*, o *mar de Edom* (1Rs 9.26; 2Cr 8.17, 18), a terra de Edom se estendendo até o Golfo Arábico; e os edomitas ou idumeus, tendo em certo tempo ocupado uma parte, se não tudo, da Arábia Pétrea. Os gregos, que tomaram o nome do mar dos fenícios, que o chamavam *Yam Edom*, em vez de traduzi-lo por o *mar de Edom*, ou o *mar dos idumeus*, como devem ter feito, tomaram a palavra Edom por equívoco por um apelido, em vez de um nome próprio, e conseqüentemente o traduziram ερυθρα θαλασσα, isto é, o *Mar Vermelho*. no que foi seguido pelos autores de nossa versão inglesa. Mas o *mar das algas* é indubitavelmente a melhor tradução do texto hebraico. – Veja *Prideaux' Connections* etc., vol. i. pp. 39, 40.

8. E os salvou. Aqui o profeta ensina que qualquer um poderia facilmente aprender da sentença precedente que os israelitas eram salvos, não por que mereciam ser salvos, mas porque Deus levou em conta sua própria glória. Sendo tal obstáculo removido, Deus prosseguiu na realização daquele livramento que começara a fim de que seu santo nome não viesse a ser reprovado entre os pagãos. Além disso, não devemos ignorar a antítese entre o *nome de Deus* e os méritos dos homens, visto que Deus, levando em conta sua própria glória, não pode achar em nós nenhuma causa pela qual ele fosse movido a salvar-nos. A bondade inestimável de Deus, a qual, por amor de um povo tão perverso, alterou a ordem comum da natureza, é mais ilustrativamente exibida pelo relato que foi dado mais tarde dos meios pelos quais eles foram preservados. Ao dizer que o mar foi repreendido, ele enaltece o poder de Deus, à cuja ordem e vontade o mar secou – as águas se recuaram, e desse modo abriu uma livre passagem entre os montões opostos de águas. Com o desígnio de magnificar o milagre, ele emprega uma similitude, a qual, com toda probabilidade, foi extraída de Isaías; pois, no capítulo 63, versículo 13, ele diz: "Tu fizeste teu povo caminhar pelos abismos, como um cavalo no deserto, para que ele não viesse a tropeçar." Quando o povo andou pelo mar como numa planície seca, o profeta nos informa que isso só foi feito por intermédio do assombroso poder de Deus. É bem possível que no deserto pelo qual o povo perambulou houvesse abismo, vereda acidentada, colina, vale e rocha escarpada. Mas não pode haver dúvida de que o profeta aqui enaltece o poder de Deus na passagem através do mar, e com essa consideração realça que a vereda através daquele mar profundo era suave. Além disso, ele dá maior força ao milagre quando diz que *seus inimigos foram tragados*; porque, quando o mar propiciou uma livre passagem para os filhos de Israel, cobriu e engolfou os egípcios, de modo que *nenhum deles escapou vivo*, donde procedia essa instantânea diferença senão disto: que Deus fez distinção entre um povo e o outro?

[vv. 12-15]
Então eles creram em suas palavras; cantaram seus louvores. Porém cedo esqueceram suas obras; não atentaram para seu conselho; e foram dominados pela cobiça no deserto e tentaram a Deus no ermo. E ele satisfez seu desejo; porém enviou magreza a suas almas.

12. Então creram em suas palavras. Ao declarar que creram na palavra de Deus e cantaram seus louvores, o profeta não diz isso em seu enaltecimento, mas, antes, para aumentar, de uma maneira dupla, sua culpa; porque, sendo convencidos por um testemunho tão indubitável, contudo instantaneamente reassumiram sua má disposição mental e começaram a rebelar-se contra Deus, como se jamais tivessem visto suas obras portentosas. Quão inescusável era aquela impiedade que num instante pudesse esquecer os benefícios extraordinários que se viram constrangidos a admitir! Sucumbidos pela grandeza das obras de Deus, diz ele que se viram compelidos, a despeito deles mesmos, a crer em Deus e a dar-lhe glória, e assim a criminalidade de sua rebelião se desenvolveu; porque, ainda que sua obstinação fosse vencida, não obstante imediatamente reincidiram em seu estado anterior de incredulidade. Entretanto, surge uma questão, visto que sua fé sempre corresponde à natureza da palavra, e como a palavra é uma semente incorruptível, e assim sucede que quase nunca ela vem a ser totalmente destruída. Mas existe uma fé temporária, como Marcos a chama [4.7], a qual não é tanto um fruto do Espírito de regeneração, mas uma certa emoção mutável e prontamente se desvanece. O que aqui é enaltecido pelo profeta não é uma fé voluntária, mas, antes, aquilo que resulta da compulsão, isto é, porque os homens, quer queiram quer não, movidos por um senso que têm do poder de Deus, se vêem constrangidos a demonstrar alguma reverência por ele. Esta passagem deve ser bem ponderada, para que os homens, quando uma vez tiverem rendido submissão a Deus, não se enganem, porém saibam que a pedra de toque da fé é quando espontaneamente recebem a palavra de Deus e continuam firmes e constantes em sua obediência a ela.

Com o fim de realçar a inconstância do povo, ele diz **cedo esqueceram**. Há quem explica esta expressão da seguinte forma: depois que empreenderam sua jornada, depressa chegaram ao lugar chamado Mara. Isso, contudo, é fazer uma representação insípida demais do estilo enfático com que fala o profeta, ao repreender severamente sua impaciência e precipitada partida pelo caminho, crendo só por um curto período e logo depois esquecendo as obras de Deus; pois só tinham viajado três dias desde a passagem pelo mar até chegar a Mara, e no entanto começaram a murmurar contra Deus, só porque não podiam adquirir águas potáveis.[9] Entrementes, aqui devemos observar o que já vimos em outro lugar, ou, seja, que a única causa de os homens serem tão ingratos para com Deus consiste em esquecerem eles os benefícios divinos. Se a lembrança destes se apoderasse de nossos corações, e ela serviria como freio para guardar-nos em seu temor. O profeta declara qual foi sua transgressão, isto é, que não refrearam seus desejos até que se lhes deparasse uma oportunidade de os satisfazer. A natureza insaciável de nossos desejos é algo estarrecedor, ou, seja, raramente damos a Deus pelo menos um dia para saciá-los. Pois se ele não os satisfaz imediatamente, logo nos tornamos impacientes e corremos o risco de eventualmente cair em desespero. Esta, pois, é a culpa do povo: não lança todas suas preocupações sobre Deus; não o invoca com calma nem espera pacientemente até que ele queira responder seus pedidos, mas se deixa arrastar por temerária precipitação, como se quisesse ditar a Deus o que ele deveria fazer. E, portanto, para intensificar a culpabilidade de seu penoso curso, ele emprega o

---

9 A história a que se faz referência aqui está registrada em Êxodo 15. Lemos no versículo 22 desse capítulo que os israelitas "saíram para o deserto de Sur e caminharam três dias pelo ermo e não acharam água". Então chegaram a Mara, onde havia abundância de água; mas era tão amarga que não puderam beber dela. Vendo assim sua esperança frustrada ante a visão de uma água bela à vista, porém não potável, murmuraram contra Moisés, dizendo: "*O que beberemos?*" Quão rápida foi a transição da gratidão e louvor para o descontentamento e murmuração! Tão logo um novo problema surgia entre o povo, logo também se entregavam à impaciência, não mais se lembrando da longa série de milagres operados em seu livramento do Egito, desconfiando de Deus, como se ele estivesse sempre pronto a interromper sua bondade ante a primeira rebelião contra ele e contra Moisés, seu líder.

termo *conselho*; porque os homens não admitem que Deus seja possuidor de sabedoria nem julgam seguro depender de seu conselho, senão que são mais providentes do que lhes convém e antes governam a Deus do que se permitem ser governados por ele de conformidade com seu beneplácito. Para que sejamos preservados de provocar a Deus, retenhamos sempre este princípio: é nosso dever deixar que ele nos proveja tais coisas segundo bem sabe ser para nosso benefício. E de fato a fé, nos despindo de nossa sabedoria pessoal, nos capacita esperançosa e tranqüilamente a aguardarmos até que Deus realize sua própria obra; enquanto que, ao contrário, nosso desejo carnal irá tomar sempre a dianteira do conselho de Deus, movido por sua exagerada pressa.

14. E foram dominados pela cobiça. Ele prossegue, segundo a história, fazendo menção do pecado que, em concordância com o dever de seu ofício de mestre, ele sucintamente observara. Alguém inquiriria de que maneira não atentaram para o conselho de Deus, e ele responde: porque se entregaram à satisfação de suas luxúrias; pois a única forma de agir com moderação própria é quando Deus governa e preside nossos afetos. E por isso se faz ainda mais necessário refrear aquela forte tendência para as luxúrias da carne que naturalmente estão em fúria dentro de nós. Pois todo aquele que se permite desejar mais do que lhe é necessário, francamente se põe em direta oposição a Deus, visto que todas as luxúrias carnais se lhe opõem diretamente.

Tentar a Deus é o contrário de ceder a sua vontade; é desejar mais do que ele se dispõe a ceder. E visto que há uma grande variedade de modos de tentar a Deus, o profeta aqui aponta para aquele modo de o fazer, isto é, que o povo foi tão presunçoso, ao ponto de limitar a Deus quanto a seu modo de agir; e assim, ao rejeitarem o caminho que deviam ter seguido, atribuíram a Deus uma propriedade totalmente nova, que equivale dizer: Se Deus não nos alimentar com carne, não o consideraremos como Deus. Ele lhes deu o alimento que os deveria ter satisfeito. E ainda que Deus não se deixa limitar por quaisquer meios, todavia sua vontade é que nossas mentes se tornem subservientes aos meios que ele designou. Por exemplo, embora ele possa nutrir-nos sem pão, não obstante sua vontade é que nossa vida seja sustentada por tal provisão; e se a negligenciarmos, e quisermos designar-lhe outro meio de nutrir-nos, tentamos seu poder.

15. Ele lhes satisfez o desejo. Há uma excelente paranomásia na palavra רזון, *razon*, pois se em vez de ז, *zain*, lermos צ, *tsädhé*, a palavra significaria *bom prazer*. O profeta, portanto, em alusão à luxúria deles, usando a palavra que é muito semelhante a bom prazer ou desejo, diz que **Deus enviou magreza a suas almas**; significando com isso que ele de fato satisfez os desejos desordenados do povo; não obstante, de uma maneira tal que os que se enfadaram do maná agora nada recebiam senão magreza.[10] E assim o profeta parece acusar o povo do quê diariamente observamos entre os que vivem luxuosamente e são impertinentes, especialmente quando seu estômago, em decorrência do que se derrama nele, se viciando, já não aprecia alimento saudável. Pois tais pessoas só sente prazer em alimentos perniciosos; e portanto, quanto mais se mimem com eles, mais se tornam criaturas de hábitos nocivos; e assim, em curto tempo, o próprio alimento os definha. Portanto, o profeta parece aplicar à mente o que diz sobre o desditoso estado do corpo, e

---

10 A referência aqui é às codornizes que Deus enviou ao povo em resposta a seu pedido por carne, mas que, devido ao excesso com que participaram delas, em vez de propiciarem nutrição, provaram ser causa de doença. Quando o alimento de uma qualidade insalubre é deglutido, a natureza violentamente procura regurgitá-lo do sistema através de várias evacuações. Daí segue uma súbita e quase incrível perda da energia e vigor. Os israelitas, quando Deus lhes deu as codornizes, dando rédeas soltas a seu imoderado apetite (Êx 16.8; Sl 78.25, 29), o efeito foi que se apoderou deles uma doença súbita e devastadora, o que alguns supõem ter sido o que se chama cólera, uma doença que produz uma rápida prostração do vigor e definhamento de toda a estrutura. Essa opinião parece confirmada pelo que se declara em Números 11.20, onde se ameaça que as codornizes "sairiam de suas narinas", provavelmente indicando vômitos violentos que acompanham essa doença. De fato lemos que o Senhor golpeou o povo com uma praga terribilíssima (Nm 11.33). Mas a agência de Deus, e ainda sua agência miraculosa, admitem a subserviência dos meios. French e Skinner traduzem a frase assim: "Mas ensinou uma assoladora doença entre eles." "A palavra רזה, atenuar, definhar", diz Hammond, "é também usada para destruir (Sf 2.11), quando Deus ameaça que definhará, isto é, destruirá todos os deuses. E então רזון pode ser traduzida, em termos mais gerais, por destruição ou praga, e assim R. Tanchum sobre Sofonias a traduz por destruição."

compara os judeus às pessoas mórbidas cuja voracidade, em vez de promover a saúde, a deteriora, porque não derivam de seu alimento aquela nutrição de que carecem. A razão consiste em que Deus subtraiu sua bênção do alimento que tão imoderadamente desejaram, a fim de que esse seu castigo por sua transgressão os humilhasse. Sua perversidade, porém, se divisa de forma gigantesca, tanto que esse método de castigá-los não consegue dominar a obstinação de seu coração. É um dito proverbial dizer que os tolos aprendem a sabedoria mediante sua experiência do mal. Quão insano e incorrigível devem ter sido eles, os quais nem mesmo a compulsão os transformou!

[vv. 16-22]
E invejaram a Moisés no acampamento, e a Arão, o santo de Jehovah. A terra abriu-se e engoliu a Datã e cobriu a tenda de Abirão. E um fogo se acendeu em sua assembléia, e a chama consumiu os perversos. Fizeram um bezerro em Horebe, e adoraram diante de uma imagem fundida. E mudaram sua glória na semelhança de um boi que come erva. E se esqueceram de Deus, seu preservador, que havia feito grandes coisas no Egito; e obras maravilhosas na terra de Cam, e coisas terríveis no Mar Vermelho.

16. E invejaram. Aqui ele faz referência bem sucinta a outra transgressão, de maneira a fornecer motivos para si e para outros de profunda consideração. Porque, como o povo, ao inventar de tempo em tempo novos métodos de pecar, revelou tanta astúcia em suas tentativas de provocar a ira divina, assim devemos encher-nos, por essa conta, ainda mais de temor. Além disso, ao dizer que *invejaram a Moisés e a Arão*, sua intenção é que, agindo sob a influência de diabólica soberba, levantaram-se contra Deus e tudo faziam para lançar de si o jugo que ele lhes havia imposto; é como Moisés também diz: "O que eu sou, e o que é Arão, para que murmurem contra nós?" [Nm 16.11]. Como a vontade de Deus era governar o povo por meio de Moisés e Arão, não submeter-se a sua diretriz virtualmente era o mesmo que obstinadamente resistir à autoridade de Deus mesmo. Portanto, há grande importância anexada ao termo *inveja*, isto é, que ao mesmo tempo que Deus tratava os filhos de Israel com a máxima bondade e cuidado, contudo se desgostavam de sua sorte e se rebelavam contra ele. Pudesse tal demência servir a algum outro propósito além de mostrar que, desvencilhando-se de toda dependência da providência de Deus para seu sustento, aspiravam elevar-se acima do próprio céu? Neste sentido Arão é chamado *o santo de Jehovah*,[11] a fim de que pudessem saber que tanto ele quanto Moisés eram igualmente identificados com Deus; pois sob a pessoa de um deles, a designação é aplicada a ambos, e dessa forma o profeta mostra que tinham sido divinamente investidos com aquela autoridade que estavam exercendo. Ao renunciarem sua autoridade, pois, e tudo fazendo para desonrar esses santos, Datã e Abirão estavam se rebelando não contra os homens, mas contra Deus.

17. A terra abriu. A hediondez de seu pecado pode ser vista na magnitude do castigo pelo qual foram visitados. Mas o desígnio do profeta era acusar e reprovar publicamente a obstinação do povo que, se ressentindo amargamente de suas correções (embora a vingança de Deus fosse tão terrível quase ao ponto de mover as próprias pedras), se conduziram ainda mais perversamente. Seguramente, foi um caso terrivelmente ominoso quando **a terra tragou vivos a Datã e a Abirão** e a todos seus cúmplices; e quando fogo desceu do céu e os consumiu,[12] segundo a afirmação de Moisés: "Se estes morrerem como morrem todos os homens, e se forem visitados como são visitados todos os homens, então o Senhor não me enviou. Mas, se o Senhor criar alguma coisa nova, e a terra abrir sua boca e os tragar com tudo o que é seu, e vivos descerem ao abismo, então conhecereis que estes homens irritaram ao Senhor.

---

11 "*O santo*, isto é, um homem consagrado com santo óleo para o ofício do sacerdócio e que usava em sua mitra a inscrição: 'Santidade ao Senhor' (Êx 28.36)." – *Cresswell*. "יהוה קדוש, *santo ao Senhor*. Arão é assim chamado porque fora separado de toda a congregação de Israel e designado para dirigir o culto público e oferecer os sacrifícios. Em referência a isso, Moisés disse a Coré: 'O Senhor mostrará quem é seu e quem é santo' (Nm 16.5)." – *Phillips*.

12 O fogo consumiu duzentos e cinqüenta, e quatorze mil e setecentos morreram com a praga (Nm 16.35, 49).

E aconteceu que, acabando ele de falar todas estas palavras, a terra que estava debaixo deles se fendeu. E a terra abriu sua boca, e os tragou com suas casas, como também a todos os homens que pertenciam a Coré, e a todos os seus bens. E eles e tudo o que era seu desceram vivos ao abismo, e a terra os cobriu, e pereceram do meio da congregação" [Nm 16.29-33]. Quando os israelitas se sentiram tão enfatuados ao ponto de levantar-se em rebelião contra Deus, então a terrível natureza de seu desequilíbrio veio à tona, ao ponto de não poder curar-se pelo remédio restringente que lhe foi aplicado. E como inclusive os hipócritas temem quando sentem a severidade de Deus, era o auge da loucura que se queixassem e discutissem com Deus quando este estava visitando suas iniquidades com açoites. Alguém poderia perguntar por que Deus culpa os erros de uns poucos a todo a agremiação do povo. A resposta é óbvia; pois embora houvesse apenas dois indivíduos que se constituíam nos principais instigadores da conspiração, e juntamente com eles duzentas e setenta pessoas sediciosas, todavia tudo indica que, à luz das murmurações e cavilações de toda a congregação, também foram afetadas pelo mesmo desequilíbrio. O castigo não se estendeu além dos capitães[13] e líderes dessa perversa conspiração, sendo o desígnio de Deus mitigá-lo e poupar o povo em geral, o qual, não obstante, nutria mais desejo de renovação, visto que não podiam suportar a autoridade de Moisés e Arão.

19. Fizeram um bezerro.[14] Aqui ele representa sua rebelião como sendo excessivamente vil pelo fato de haverem abandonado o verdadeiro culto divino e feito para si um bezerro. Pois ainda que fosse sua

---

13 "Capitaines et portenseignes." – *v.f.*

14 Este ídolo parece ter sido uma imitação do deus egípcio Apis, ou Serapis, uma palavra que significa a cabeça de um boi por haver os egípcios exaltado aquele animal à categoria de um deus ao qual absurdamente cultuavam, e ao qual recorriam como a um oráculo. "Os judeus modernos asseveram que seus ancestrais eram nesse sentido mal influenciados por certos prosélitos egípcios que acompanharam os israelitas quando foram libertados de sua escravidão. O salmista, pode-se observar, não registra a ordem de tempo em sua narrativa, fazendo com que o bezerro fosse anterior ao destino de Datã e Abirão (Êx 32.4, 5)." – *Cresswell*.

intenção cultuar a Deus segundo essa forma, todavia o profeta repreende sua brutal estupidez, visto que **adoraram diante de uma imagem fundida**,[15] e representaram a Deus **pela figura de um bezerro que comia erva.**[16] À luz desse fato o profeta infere que Deus fora esbulhado de sua honra, e que toda sua glória fora embaciada. E seguramente é assim; pois embora os idólatras finjam servir a Deus com grande zelo, contudo quando, ao mesmo tempo, representam para si um deus visível, então abandonam o Deus verdadeiro e impiamente fazem para si um ídolo. Ele, porém, os repreende por se fazerem culpados de uma impiedade ainda mais grave, quando diz: *segundo a semelhança de um boi que come erva*; e o contrasta com *a honra e a glória deles*. Pois visto que Deus os havia vestido com sua própria glória, que demência era substitui-lo não apenas por um boi, mas pela forma inanimada de um boi, como se houvesse alguma semelhança entre Deus que cria todos os tipos de alimento e esse animal irracional que se alimenta de erva!

É necessário, contudo, observar o desígnio do profeta, que é realçar a cegueira dos homens como sendo por demais vil e abominável, porque não se contentam com qualquer forma comum de superstição, mas, desfazendo-se de todo pudor, se entregam às mais chocantes formas de culto a Deus. Houvera o povo formado para si uma semelhança de Deus sob a forma de um homem, ainda que estivessem impiamente esbulhando a Deus do que lhe é devido, quanto mais deprimente era sua conduta quando assimilavam Deus como se fosse um boi! Quando os homens preservam sua vida comendo e bebendo, reconhecem quão frágeis são, porque derivam[17] de criaturas mortas os meios de sua subsistência. Quão maior é a desonra feita a Deus quando é ele comparado

---

15 "Mais propriamente, *a imagem revestida*; ou, ainda mais literalmente, *armação de metal*." – *Horsley*. "A palavra hebraica", diz Mant, "aqui como em outros lugares, traduzida por nossos tradutores, *imagem fundida*, estrita e propriamente significa *caixa de metal* ou cobertura envolvendo madeira entalhada. É às vezes associada a imagem de madeira entalhada que a cobre. O bezerro de Arão era assim feito de madeira e coberto com ouro."

16 "*Que comia feno* – os egípcios, quando consultavam a Apis, apresentavam um recipiente de feno ou de grama, e se o boi o recebia, esperavam bom êxito." – *Cresswell*.

17 "Empruntent des creatures mortes la continuation d'icelle." – *v.f.*

a manadas brutas! Além do mais, a comparação indicada aumenta a enormidade de sua culpa. Pois que crédito era para um povo santo adorar a semelhança inanimada de um boi em vez do Deus verdadeiro? Deus, porém, se condescendera em estender as asas protetoras de sua glória sobre os filhos de Abraão, para que fossem revestidos da mais sublime honra. Portanto, ao desnudar-se desta honra, expuseram sua própria vileza ao repúdio de todas as nações da terra. E daí Moisés empregar a frase *de nudez*, quando mostra aquele crime de idolatria: "E, vendo Moisés que o povo estava despido, porque Arão o havia deixado despir-se para vergonha entre seus inimigos" [Êx 32.25]. Qualquer um que se dispuser a dizer que a arca do concerto era uma representação de Deus, minha resposta é: esse símbolo foi dado aos filhos de Israel, não para açambarcar toda sua atenção, mas apenas com o propósito de assisti-los e dirigi-los no culto espiritual de Deus.

21. Esqueceram-se de Deus. O profeta uma vez mais reitera que o povo pecara não simplesmente movido por ignorância, mas também voluntariamente, visto que Deus já havia fornecido uma manifestação bem palpável de seu poder e glória. E visto que ele se faz conhecido na criação dos céus e da terra, a cegueira dos homens é totalmente injustificada. Mas muito mais agravante é o pecado dos filhos de Israel que, depois de Deus se lhes fazer conhecido, da maneira a mais condescendente, o substituem totalmente e se entregam à prática de brutal idolatria. E havendo Deus desde o céu manifestado seu onipotente poder para a salvação deles, seguramente não seria de pouca importância anexa a tais exibições de seu poder proclamar o louvor e a honra de seu grande Nome. Houvera ele meramente dado um ordinário emblema de seu poder, ainda assim isso deveria ter arrancado deles a consideração por ter guardado seu povo no temor e culto de Deus. Agora que esses milagres eram assim tão notáveis, ou, antes, terríveis e raros, o povo agia de forma a mais vil fechando seus olhos para os mesmos [milagres] e entregando-se à idolatria. Pois como as trevas são dispersas pelos raios furtivos do sol, assim todas as invenções e erros perversivos se desvanecem diante desse conhecimento de Deus.

[vv. 23-27]
E ele disse que os destruiria, não houvera Moisés, seu escolhido, ficado diante dele na brecha, para desviar sua indignação, para que os não destruísse. E desprezaram a terra aprazível, e não deram ouvidos à voz de Jehovah. E ele ergueu sua mão contra eles para os destruir no deserto; e para destruir sua semente entre os pagãos e os dispersar por todas as terras.[18]

23. E ele disse. O profeta nos informa, com essas palavras, que o povo tinha um senso comum de que seu extraordinário livramento impediria a destruição, simplesmente por meio de oração, a qual, por algum tempo, restringiu a abrasadora vingança de Deus contra eles. Em um tempo bem curto, contudo, voltaram a sua disposição mental costumeira, uma chocante prova da terrível perversidade de seus corações. Para representar quão profundamente Deus fora ofendido, o profeta diz que ele se propôs destruir os transgressores; não que Deus esteja sujeito a paixões humanas, sentindo-se irado por pouco tempo e imediatamente a seguir sendo apaziguado, muda seu propósito. Pois Deus, em seu conselho secreto, determinara sobre seu perdão, ainda quando realmente os perdoou. O profeta, porém, faz menção de outro propósito, pelo qual Deus designara golpear o povo com terror, para que, chegando a conhecer e a reconhecer a grandeza de seu pecado, se sentisse humilhado por essa conta. Este é aquele arrependimento tão amiúde referido nas

---

18 Alguns intérpretes, como Mudge e Horsley, têm sentido grande dificuldade na interpretação deste versículo. "Nada", diz o último crítico, "se diz sobre aniquilar a semente, no tempo em que os adultos que saíram do Egito foram sentenciados a perecer no deserto. Ao contrário, foi prometido que seus pequenos, isto é, os que tinham menos de vinte anos no tempo da chamada geral, se estabeleceriam na terra de Canaã (Nm 14)." Acrescenta ainda: "nada se diz no tempo aludido sobre a dispersão da semente que seria estabelecida em Canaã, em algum período futuro, pelas terras." E conclui sua nota sobre o versículo observando que, no todo, não poderia explicá-lo satisfatoriamente. Mas tudo indica que, nesta passagem, está em pauta aquelas denúncias proféticas mais tarde pronunciadas, por meio das quais Deus ameaçou que puniria os pecados dos israelitas, não só em suas próprias pessoas, mas também em sua posteridade – denúncias que se têm cumprido nos dias atuais (Lv 26.33; Dt 28.64). "É óbvio", diz o Dr. Morison, "que esses intérpretes estão equivocados quando fazem com que as alusões do versículo 27 indiquem a mesma história do versículo 26. As pessoas subvertidas no deserto tinham de ser destruídas por pestilência; mas a destruição ameaçada no versículo 27 seria por meio de banimento e cativeiro."

Escrituras. Não que Deus seja em si mutável, mas ele usa a linguagem humana para que sejamos afetados com o mais profundo senso de sua ira; como o rei que resolvera perdoar determinado ofensor, todavia o assentou diante de seu tribunal para o deixar ainda mais eficientemente impressionado com a magnitude da bondade demonstrada por ele. Deus, pois, enquanto conserva em seu íntimo seu propósito secreto, declarou publicamente ao povo que tinham cometido transgressão que merecia ser punida com a morte eterna. Em seguida ele diz que **Moisés se pôs na brecha**, significando que fizera intercessão junta a Deus para que sua terrível vingança não se concretizasse no meio do povo. Aqui há uma alusão à maneira como as cidades são tomadas de assalto; pois se for feita uma brecha no muro, por algum dos vários engenhos que se empregam na guerra, os soldados bravos são instantaneamente postos na brecha em sua defesa.[19] Daí Ezequiel repreender os falsos profetas que, contrários a Moisés, enganando o povo com suas fraudes, fazendo, por assim dizer, um muro de argila, não se puseram na brecha no dia da batalha. "Não subistes às brechas, nem reparastes o muro para a casa de Israel, para estardes firmes na peleja no dia do Senhor" [Ez 13.5]. Alguns expositores são de opinião que o profeta se refere à separação que o povo fez em seu próprio seio ao violar o pacto divino e a sacra relação que mantinham entre si; mas o significado é o mesmo. Pois naquela brecha que deu origem a esta metáfora ou similitude Deus, ao defender seu povo tão fielmente,

---

19 Os pecados do povo tinham aberto uma brecha ou fenda pela qual Deus, como inimigo, poderia entrar e destruí-los. Mas, como soldados que se põem na brecha que foi feita nos muros de uma cidade sitiada para impedir a irrupção do inimigo, Moisés, por meio de oração fervorosa, obstruiu essa brecha (Êx 32.11-14). "Moisés é aqui mencionado no caráter de um mediador, sob a figura de alguém que se põe na brecha do muro de uma cidade feita por sitiadores, com o fim de obstruir as mais hostis agressões. A figura de uma brecha é amiúde empregada na Escritura para denotar alguma destruição da parte de Deus. Assim em Juízes 21.15, Deus fez uma brecha, פרץ, nas tribos de Israel, isto é, ele destruiu uma das tribos, a saber, a de Benjamim (vejam-se também 2Sm 6.8; Ez 22.30). Daí nesta passagem entendermos que Deus teria destruído os israelitas, não houvera Moisés ficado na brecha, isto é, intercedido com suas orações, justamente no momento em que os juízos divinos estavam para ser executados. A Caldaica fez esta paráfrase: Se Moisés não se pusesse diante dele e não prevalecesse em oração, isto é, deteve a destruição." – Phillips.

era para eles um lugar murado ou baluarte. Havendo-o provocado à ira novamente, ele estava para precipitá-los à destruição, não houvera Moisés se interposto como seu intercessor.

24. E desprezaram. Era uma evidente demonstração da invencível impiedade dos judeus que, depois de se virem nas guelras da destruição, e enquanto raramente escapavam de ira tão imensa e tão iminente, se insurgiram em rebelião contra Deus. Qual foi a causa dessa rebelião? O haver eles desprezado a Terra Santa, que de todas as coisas deveria ter sido a mais desejada por eles. O país de Canaã, que lhes fora destinado como o lugar onde fossem mantidos sob o cuidado paternal de Deus, e como um povo separado das nações pagãs adorassem somente a ele, e que também lhes fosse mais especialmente um penhor da herança celestial – esse país aqui, e em várias outras passagens, é mui apropriadamente denominado *a terra aprazível*. Porventura não foi uma ingratidão mui vil do povo eleito desprezar a santa habitação de Deus? É por causa desse escárnio que o profeta diz: **não creram na palavra de Deus**. Pois houvessem eles aderido à promessa de Deus com aquela fé que estava sob sua responsabilidade, e teriam se inflamado com um anelo tão ardente pela terra, ao ponto de vencerem todos os obstáculos que porventura surgissem em seu caminho. Entrementes, não crendo em sua palavra, não só rejeitaram a herança que lhes fora oferecida, mas ainda provocaram rebelião no acampamento, erguendo seus braços contra Deus.

26. E ele ergueu sua mão. Ele descreve outro exemplo da vingança de Deus, cuja lembrança devia ficar profundamente assentada em seus corações, de modo a nutrir constante temor dele, para que velassem por si próprios com a máxima solicitude. Não tendo bom resultado de tudo isso, é óbvio que a demência daquele povo era incurável. Naquele tempo Deus não restringiu sua ira, não dispersando sua descendência por todas as várias partes da terra; porém sua ameaça teria sido suficiente para subjugar seu orgulho se eles se mostrassem incorrigíveis. *Erguer a mão*, nesta passagem, é suscetível de dois significados. Na Escritura lemos de Deus com freqüência erguendo sua mão para aplicar o castigo. Mas como geralmente se admite que o profeta aqui está falando de juramento,[20] minha opinião coincide prontamente com esta. A prática de erguer a mão, como se invocassem a Deus no céu, era um rito solene e usual entre eles, acompanhado de um juramento; e por isso é impropriamente aplicado a Deus, cuja sublimidade se põe acima de todas as coisas e o qual, como diz o apóstolo, não pode jurar por alguém maior que ele [Hb 6.13]. Portanto, ao empregá-lo deve-se ter em mente que ele o toma emprestado dos costumes comuns que prevaleciam entre eles. Não fora a Terra Santa preservada ao povo pelas orações de Moisés, terrível deveras teria sido sua dispersão.

[vv. 28-31]
E se juntaram a Baal-peor e comeram os sacrifícios dos mortos. E provocaram Deus à ira com suas obras;[21] e prorrompeu a praga entre eles. E Finéias levantou-se e executou justiça; e a praga cessou. E esse ato lhe foi imputado para justiça de geração em geração para sempre.

28. E se juntaram a Baal-peor. O profeta nos diz que os judeus, depois de serem ameaçados com castigo em extremo terrível, logo caíram em nova espécie de apostasia. Há quem pensa que são indiretamente acusados de apostasia em relação às superstições dos midianitas, em decorrência de haverem cedido à intriga feminina. Esse, como bem se sabe, foi o desígnio de Balaão, assim que soube que lhe fora proibido por Deus amaldiçoar o povo. Seu conselho ao rei Balaque foi que se pusessem as filhas de Moabe diante do povo com o intuito de atraí-los com seus encantos à prática da idolatria: "E eis que estas foram as que, por conselho de Balaão, deram ocasião aos filhos de Israel de transgredir contra o Senhor no caso de Peor; por isso houve aquela praga entre a congregação do Senhor" [Nm 31.16]. E como a idolatria

---

20 A passagem se refere ao juramento que Deus fez contra esse povo registrado em Números 14.21-23. Há no Salmo 95.11 uma alusão ao mesmo juramento. A Caldaica parafraseia assim: "Ele ergueu sua mão com um juramento."
21 Algumas versões em português trazem "suas invenções". Horsley diz: "seus divertimentos".

aqui mencionada se originou de intrigas carnais, alguns expositores são de opinião que por essa conta o profeta responsabiliza o povo pelo cometimento de dupla transgressão: não só por se deixarem engodar pelas mulheres midianitas, mas também em se deixar prender por outro laço a Baal-peor [Nm 25]. Seja como for, o profeta exclama contra a perfídia de sua própria nação, porque, ao abandonarem o verdadeiro culto de Deus, quebraram aquela santa união por meio da qual o haviam desposado. Pois sabemos que, como Deus adota sua Igreja como sua consorte, quando ela se entrega à idolatria viola vergonhosamente sua fidelidade não menos quando uma esposa deixa seu esposo e se converte em adúltera. Sabe-se muito bem que Baal-peor era o ídolo dos midianitas; porém não se sabe muito bem como ele recebeu esse nome. A palavra בעל, *Baal*, tem um significado[22] equivalente a *senhor*, *dono* ou *patrão*. E visto que פער, *paar*, significa *abrir*, alguns a traduzem *o Deus da abertura*, e dão como razão, embora eu não ouse afirmar, que vergonhosamente se expunham em sua presença. Talvez seja o nome de algum lugar, pois sabemos que os pagãos às vezes davam a seus ídolos nomes de países onde eram adorados.[23] Agora percebemos a

---

22 "Signifie autant comme Maistre ou Patron." – *v.f.*
23 Baal era um nome muito comum do principal deus masculino das nações do Oriente, como Astarote era um nome bem comum de sua principal divindade feminina. Os moabitas, fenícios, assírios, babilônios e às vezes os hebreus adoravam esse ídolo. Entre os babilônios, ele era chamado Bel ou Belus. Somente o sol a princípio podia ser adorado sob esse nome, como sabemos que sob ele os fenícios adoravam aquela luminária. Mas por fim ele veio a ser aplicado a muitos outros ídolos, segundo estas palavras do apóstolo: "Há muitos deuses e muitos baalins [ou senhores]" (1Co 8.5). Como o ídolo Júpiter entre os romanos tinha diferentes nomes e diferentes ritos de culto, às vezes ocasionados dos diferentes benefícios que se imaginava eram concedidos aos homens, como Júpiter Plúvio, porque ele dava chuva; Júpiter Lucétio, porque ele dava luz; Júpiter Altitona, o trovão; e às vezes de diferentes lugares – como Júpiter Olímpio, do monte Olímpio; Júpiter Capitolino, do monte Capitólio; Júpiter Latialis, daquela parte da Itália que é chamada Latium. Assim Baal tinha seus títulos distintivos e diferentes ritos de culto, ocasionados da mesma maneira. Ele às vezes recebia seu nome dos benefícios que, supunha-se, ele conferia, como Baal--tsephon (Êx 14.1), denotando o último termo um vigia, e Baal-zebube (2Rs 1.2), que significa o senhor das moscas. Ele era adorado sob este último nome pelos cirênios, mas principalmente pelos ecronitas, porque, sempre que sacrificavam a ele, criam que enxames de moscas, que naquele tempo molestavam o país, morriam. Naquele tempo ele recebeu um apelido distintivo dos lugares onde era adorado, como Baal-peor, do monte Peor, mencionado em Números 23.28; e seu templo, que ficava no mesmo monte, era chamado Beth-peor (Dt 3.29). Possivelmente, contudo, o monte pode ter recebido seu nome do deus que era ali adorado. O ídolo chamado Chemosh, em Jeremias

intenção do profeta: que os judeus impiamente haviam se revoltado contra Deus e se conspurcaram se juntando a Baal-peor. Ao dizer que **comeram os sacrifícios dos mortos**,[24] ele põe em relevo a mais profunda vileza de sua ofensa. Pelos sacrifícios dos ídolos ele quer dizer que comiam coisas que eram sacrificadas aos ídolos, como se tivessem o costume de participar daqueles sacrifícios que os obrigavam ao Deus verdadeiro, a inexaurível fonte de vida. Daí sua conduta ser ainda mais detestável, quando de bom grado se entregam à morte por perpetrarem tão hediondo crime. E sabemos que os banquetes eram em certa medida conectados a seu culto. O resultado disso era que, renunciando ao Deus verdadeiro, se uniam em matrimônio aos mortos; e assim o profeta os culpa de agirem desditosamente, não só em curvarem os joelhos a Baal e oferecerem-lhe sacrifícios, mas também em refestelarem-se nesses sacrifícios.

29. E provocaram Deus à ira. O profeta uma vez mais nos informa que tinham sido despidos de sua guarda por outra praga para que parecesse que Deus teve sempre estrita consideração por sua própria glória, ao castigar o povo; mas visto que não melhoravam com essas pragas, tais castigos eram infrutíferos. Tendo anteriormente afirmado que a ira de Deus tinha sido apaziguada pelas orações de Moisés, ele agora diz que a praga tinha se arrefecido ou cessado por meio da bondosa intervenção de Finéias. Alguns traduzem a palavra פלל, *pillel, orar*; mas a outra tradução, *executar justiça*, está mais em concordância com o contexto; isto é, que, por seu zelo em executar justiça sobre os apóstatas, ele reverteu a vingança de Deus sobre os israelitas. Portanto, ele *levantou-se*, isto é, ele ergueu-se ou se interpôs, quando

---

48.7, imagina-se ser o mesmo Baal-peor. Diz Goodwin: "Considero-o aplicado a Baal-peor, à guisa de desprezo, como se alguém dissesse: seu deus cego, conforme se faz no Salmo: "Têm olhos, e não vêem"; pois a primeira letra, caph, significa como se fosse, ou como, e מוש, musch, andar às cegas, ou lamentar à maneira de pessoas cegas". Este ídolo era também chamado Baal-bereth (Jz 8.33 e 9.4), de seus adoradores se obrigando por meio de pacto.

24 "Os mortos" parece ser um termo de desdém aplicado aos ídolos. São assim chamados em oposição ao Deus vivo e verdadeiro. Pode haver também uma alusão ao fato de muitos dos ídolos pagãos serem homens que tinham sido deificados [ou canonizados] depois de sua morte.

todos os demais se mantinham em displicente indiferença. Visto que os judeus eram cônscios de que foi pela fiel intervenção de um só homem que a praga ora estava curada, sua obstinação era ainda menos injustificada não pondo cobro ao pecado. Não devemos esquecer que todas essas coisas são dirigidas a nós. Pois quando Deus de tempo em tempo nos castiga e nos convoca ao arrependimento, pondo diante de nós o exemplo de outros, quão pouco proveito tiramos de suas correções! Além do mais, merece ser notado que a praga cessou no exato momento em que Finéias executou justiça. Disto podemos aprender que o modo mais eficaz de acender o fogo da ira de Deus é quando o pecador voluntariamente se assenta em juízo para o castigo de suas próprias transgressões; como diz Paulo em 1 Coríntios 11.31: "Porque, se nós nos julgássemos a nós mesmos, não seríamos julgados." E seguramente Deus nos confere não pequena honra pondo a nosso alcance o castigo de nossos pecados. Ao mesmo tempo, deve-se observar que naquela ocasião a praga cessou em decorrência do castigo de uma única pessoa, porque o povo então se esquivou da abominável impiedade a que tinha se entregado.

31. E aquele ato foi imputado. O profeta, ao exaltar assim um indivíduo, cumula de censura toda a corporação do povo. Pois inferimos deste emblema de aprovação com que o Espírito Santo se condescendeu esculpir a excelente ação de Finéias, quão vil deve ter sido a conduta deles. Tampouco foi esta honra reservada unicamente a ele, porém sua posteridade iria desfrutá-la por todas suas gerações subseqüentes. Portanto, com o fim de lançar maior censura sobre o povo, Finéias é o único contrastado com eles. Talvez alguns se disponham a inquirir como o zelo de um único indivíduo ultrapassou as fronteiras[25] de sua vocação, tomando de uma espada e executando justiça, pudesse ser aprovado por Deus! Pois pareceria como se ele se aventurasse a esta ação sem a devida consideração. Respondo que os santos às vezes se acham sob impulsos peculiares e extraordinários,

---

25 "Lequel outre les limites de sa vocation." – *v.f.*

os quais não devem ser estimados pelo padrão ordinário das ações. Quando Moisés matou o egípcio [Êx 2.12], embora ainda não chamado por Deus a ser o libertador de Israel, e enquanto ainda não se achava investido com o poder da espada, é certo que ele se viu movido pelo impulso invisível e interno de Deus para executar aquele ato. Finéias foi movido por um impulso semelhante. Ninguém deveras imaginava que ele estivesse armado com a espada de Deus, contudo ele estava cônscio de ser movido por uma influência celestial nesta questão. E daí ser preciso observar que o modo e a ordem comuns de vocação que Deus adota não o impede, sempre que for necessário e oportuno, incitar seus eleitos, pela influência secreta do Espírito, à realização de atos dignos de louvor.

Não obstante, uma questão muito difícil ainda permanece: Como tal ação poderia ser imputada a Finéias para justiça?[26] Paulo prova que os homens são justificados unicamente por meio da fé, porque está escrito: "Abraão creu em Deus, e isso lhe foi contado para justiça" [Rm 4.3]. Em Gênesis 15.6, Moisés emprega a mesma palavra. Se a mesma coisa pode ser dita em referência às obras, o raciocínio de Paulo seria não apenas frágil, mas frívolo. Antes de tudo, examinemos se Finéias foi ou não justificado tão-somente por conta desse ato. Na verdade a lei, ainda que pudesse justificar, de modo algum promete salvação em virtude de alguma obra [humana], mas faz a justificação consistir na perfeita observância de todos os mandamentos. Portanto, resta afirmarmos que a obra de Finéias lhe foi imputada para justiça, do mesmo modo que Deus imputa as obras dos fiéis a eles para justiça, não em decorrência de algum mérito intrínseco que porventura possuam,

---

26 "*E lhe foi contado para justiça*. Dr. Hammond observa com propriedade que esta expressão significa algo mais que *justificar*, como sendo o oposto de *condenar*; pois assim denotaria a Finéias não mais que *adquirir*, o qual certamente não havia cometido nenhuma ofensa; ao contrário, com esse ato um Deus ofendido ficaria satisfeito. Portanto, ele dá a צדקה o sentido de *recompensar*, no quê ele é apoiado pela versão Caldaica, a qual traz לזכו, *por mérito*. Também Mendlessohn, em seu Beor a Gênesis 15.6, onde esta frase ocorre, designa a צדקה o significado de *mérito* ou *galardão*. O galardão, neste caso, aprendemos da história, consistia em estabelecer o sacerdócio em sua família *para todo o sempre*, como se afirma na próxima porção do versículo (veja-se Nm 25.13)." – *Phillips*.

mas de sua própria graça que é soberana e imerecida. E como assim parece que tão-somente a perfeita observância da lei (a qual não existe em parte alguma) constitui a justiça, todos os homens devem prostrar-se confusos diante do tribunal de Deus. Além disso, fossem nossas obras detidamente examinadas, e se descobriria que estão eivadas de todo gênero de imperfeição. Portanto, não temos nenhuma outra fonte senão fugir para o refúgio da soberana e imerecida misericórdia de Deus. E não só recebemos justiça pela graça através da fé, mas como a lua empresta sua luz do sol, assim a mesma fé torna justas nossas obras, porque sendo mortificadas nossas corrupções, elas [a graça e a fé] nos são computadas para justiça. E agora voltamos a Paulo. E não é de uma única expressão que ele argumenta, dizendo que somos justificados soberanamente, e tão-somente pela instrumentalidade da fé, mas ele assume os mais elevados princípios, aos quais já fiz referência, a saber: que todos os homens são destituídos de justiça, até que Deus os reconcilie consigo mesmo pelo sangue de Cristo; E que a fé é o meio pelo qual se obtêm perdão e reconciliação, porque não se obtém em parte alguma a justificação pelas obras. Daí ele mui apropriadamente conclui que somos justificados tão-somente por meio da fé. A justiça por meio das obras, porém, é como se fosse subordinada (como dizem) à justiça supramencionada, enquanto que as obras não possuem valor algum em si mesmas, exceto por pura benevolência, Deus no-las imputa para justiça.

[vv. 32-39]
E o provocaram à ira junto às águas da contenda,[27] de sorte que sucedeu mal a Moisés por causa deles; pois entristeceram seu espírito,[28] de modo que ele falou irrefletidamente. Não destruíram as nações, como Jehovah lhes ordenara; mas se misturaram com[29] os pagãos e aprenderam suas obras. E serviram a seus ídolos; os quais propiciaram ocasião para sua ruína. E sacrificaram seus filhos e filhas aos demônios, e derramaram sangue

---

27 *Junto às águas de Meribá*, onde "onde lutaram contra o Senhor" (Nm 20.13). Veja-se Salmo 95.8.
28 "Ou, feirent rebeller." – *v.f.m.* "Ou, fizeram seu espírito rebelar-se."
29 "Mas se misturaram entre". Melhor: "Mas formaram alianças com." – *Horsley*.

inocente, o sangue de seus filhos e suas filhas, os quais sacrificaram aos ídolos de Canaã; e a terra se manchou de sangue. E assim se contaminaram com suas próprias obras, e se prostituíram com suas próprias invenções.[30]

32. E o provocaram. O profeta faz menção de outra ofensa da qual se fizeram culpados, a saber: contenderam com Deus junto às águas da contenda, de cuja circunstância esse lugar derivou seu nome. Na verdade o clamor surgiu diretamente contra Moisés; mas se examinarmos a matéria com cuidado, descobriremos que virtualmente murmuraram contra Deus mesmo. E para realçar a agravante de sua ofensa, ele diz que Moisés foi duramente tratado por essa conta. Disto pode-se inferir que sua transgressão foi por demais hedionda, ao ponto de Deus não poupar nem mesmo a seu próprio servo, a quem escolhera em preferência a todos os demais. Não negamos que Moisés merecesse aquele castigo; mas se examinarmos a origem do delito, descobriremos que foi o pecado do povo que recebeu a visita divina. Se Moisés foi impedido de entrar na terra de Canaã em decorrência da influência do pecado de outros e em oposição às convicções de sua própria mente, ele foi impingido de cometer iniquidade, quanto mais inescusável é a impiedade daquele povo que deliberadamente lutou contra Deus; e por sua insensatez e impaciência levaram Moisés a participar de sua culpa?

33. Pois entristeceram seu espírito. O verbo מרה, *marah*, significa propriamente *exasperar* ou *irritar*, mas como é expresso aqui no que os hebreus chamam conjugação hifil, alguns são de opinião que ele deve ser entendido passivamente, para denotar que foi o povo que deu ocasião à rebelião; interpretação essa que não me parece causar muita objeção. Não posso, contudo, concordar com os que querem que a partícula את, *eth*, seja um sinal do que se denomina o caso dativo, como se Moisés dissesse ter-se rebelado contra o Espírito de Deus. Houvera ele agido assim, então com certeza o

---

30 "E se prostituíram com suas próprias invenções"; melhor: "e se vilipendiaram com seus hábitos perversos." – *Horsley*.

profeta não teria falado tão severamente do pecado e insensatez em que ele inadvertidamente caíra. O significado sobre o qual já dei sobejas respostas, ou, seja, que os primeiros autores da rebelião teriam cometido uma ofensa mui hedionda, visto que Moisés, que se deixou arrastar pela impetuosidade do povo e pecou, fora tratado tão severamente por Deus. Mas embora o profeta nos informe que Moisés foi castigado por conta do povo, ele não deve ser entendido como dizendo que era diretamente culpado. Pois mesmo admitindo que seu espírito se ensoberbecera em decorrência do tumulto do povo, isso deve tê-lo tornado mais prudente em prosseguir firme em sua adesão à lei de Deus. Ele acrescenta que **ele falou irrefletidamente**; e tomo isso como uma referência a Moisés, não havendo base alguma para a conjetura de que se refere ao castigo que Deus expressamente pronunciara contra Moisés. É mais provável que essas palavras fossem entendida pelo profeta como expressando quão profundamente o espírito de Moisés se agitou quando publicamente murmurou contra Deus. O profeta, pois, nos informa que o espírito submisso e manso de Moisés se inflamou contra a perversidade do povo, de tal forma que falou irrefletidamente, dizendo: "Deus pode dar-vos água da rocha?" [Nm 20.10]. Pois tal foi a indignação que sentiu queimar em seu íntimo, que não pôde calmamente esperar a ordem de Deus para então ferir a rocha.

34. E não destruíram as nações. Parece-me que as pessoas se equivocam quando pensam que o profeta está aqui simplesmente dando uma relação do castigo que foi infligido sobre os judeus, como se ele estivesse lhes imputando toda a culpa de não haver exterminado as nações, em decorrência de não haverem eles merecido a honra de obter algumas vitórias mais sobre elas. Mas ele prefere mais lançar outra culpa sobre eles, a saber: que tinham sido remissos em expulsar os pagãos, ou, mais provavelmente, que não tinham obedecido a divina ordem para erradicá-los da terra. Agora que o cálice da iniqüidade dos amonitas estava cheio, o propósito de Deus era que fossem exterminados, para que sua sociedade provasse ser injuriosa contra o povo santo. Pois Deus, havendo escolhido aquela terra para que lhe fosse habitação, pretendia que ela fosse santa e purificada de toda mácula. Portanto, ao recusar-se a executar a vingança ordenada sobre eles, o povo mostrou sua disposição em associar-se com os habitantes incircuncisos de Canaã. Ao manifestar indiferença à ordem divina referente à expulsão dessas nações, davam justa causa a que sua ira se inflamasse contra eles. Eis, diz ele, que ordenei que todas essas nações sejam eliminadas pela espada; e agora, visto que não obedecestes minha voz, "serão espinhos em vossos olhos, e aguilhões em vossas virilhas, e apertar-vos-ão na terra em que habitardes" [Nm 33.55]. Ao não destruírem todas essas nações, porém permitindo que algumas delas ficassem, poderia parecer um ato de misericórdia; mas ao agir assim o povo era culpado de negligenciar a execução da justa vingança de Deus sobre elas, e de deixar a terra vulnerável às contaminações de suas abominações. À luz dessas coisas se deve observar que são dois os extremos a que os homens se prontificam a ceder, ou sendo desnecessária e extremamente rigorosos, ou frustrando os fins da justiça com extrema indulgência. Devemos, pois, aderir estritamente ao mandamento de Deus, caso desejemos evitar ambos os extremos. Pois se os israelitas são condenados por pouparem totalmente algumas dessas nações, o que pensarmos daqueles juízes que, devido a uma tímida e apática atenção aos deveres responsáveis de seu ofício, agem com extrema indulgência em favor de umas poucas pessoas, debilitando assim os restringentes das enseadas do vício em detrimento do bem público?

35. Mas se misturaram. Ele descreve qual foi o resultado de tão infantil espírito de humanidade; isto é, que se deixaram contaminar com as poluições das nações que haviam poupado. Tivessem eles exclusivamente habitado a terra de Canaã, e teriam mais facilmente retido a pureza do culto divino. Deixando-se influenciar por tais vizinhos, não admira que tão logo se degenerassem das pegadas de seus pais, porque somos mais inclinados a seguir o exemplo dos maus do que dos bons. E agora ele fala dos descendentes dos que tão amiúde provocavam a ira de Deus no deserto, e declara que, como a mesma descrença, rebelião e ingratidão se proliferaram na raça sucessiva, não eram melhores que seus pais.

Ao misturarem-se com os pagãos, publicamente rejeitaram a benignidade distintiva de Deus, que os adotara como seus filhos sob a expressa condição de que seriam separados das nações profanas. Portanto, ao se associarem com elas indiscriminadamente, fizeram este santo pacto sem o menor efeito. Ao acrescentar: **eles aprenderam suas obras**, ele nos adverte que nada é mais perigoso do que a associação com os ímpios; porque, sendo mais inclinados a seguir os vícios do que a virtude, outra coisa não resulta senão que, quanto mais coniventes somos com a corrupção, mais amplamente ela se difunde. Em tais circunstâncias, requer-se o máximo cuidado e cautela para que os perversos, com quem entrarmos em contato, não nos contaminem com seus vícios morais. E particularmente onde há perigo de cedermos à idolatria, à qual todos nós somos naturalmente propensos. Qual, pois, será o efeito produzido em nós quando instigados por outros a cometer pecado, senão acrescentar pecado sobre pecado?[31] O profeta, pois, declara que os judeus já tinham vivido tanto sob a influência dos pagãos que se deixaram dominar pela prática de seus ritos idolátricos. Ao empregar a palavra *servir*, ele refuta a desprezível evasão dos papistas que pretendem que não prestam às imagens o culto devido exclusivamente a Deus, mas apenas uma sorte de adoração honrosa.[32] Mas se a adoração das imagens fosse lícita, o profeta não teria razão suficiente para condenar sua própria nação por servir a deuses estranhos. Portanto, desprezível é a distinção de que se deve prestar homenagem exclusivamente a Deus, e que uma espécie de adoração de honra se deve dar às imagens. Ele acrescenta que isso **resultou**

---

31 "Quid igitur fiet ubi oleum camino addet aliena instigatio?" – *v.l.* "Que sera-ce donc quand l'instigation d'autruy iettera (comme l'on dit) de l'huile dedans le feu?" – *v.f.*

32 "Dum adoratione duliæ, non latriæ, se imagines colere excusant." – *v.l.*

na ruína deles, a fim de que sua obstinação anexada a suas loucuras e a seu desprezo pelos castigos divinos se realçassem ainda mais claramente.

37. E sacrificaram. Aqui o profeta menciona uma espécie de superstição que demonstra a terrível cegueira do povo, a saber: não hesitaram sacrificar seus filhos e filhas aos demônios.[33] Ao aplicar uma designação tão abominável ao pecado do povo, sua intenção era exibi-lo nas cores mais odiosas. Daqui aprendemos que zelo inconsiderado é um inconsistente pretexto em favor de algum ato de devoção. Pois quanto mais os judeus se deixavam influenciar por um zelo ardente, tanto mais o profeta os convence de serem culpados da mais profunda perversidade; porque sua demência os arrebatava a um nível tal de entusiasmo, que não poupavam nem mesmo sua própria prole. Fossem as boas intenções meritórias, como presumem os idólatras, então, ao anularem eles toda afeição natural, sacrificando seus próprios filhos, este seria um ato merecedor do mais sublime louvor. Mas quando os homens agem sob o impulso de seus próprios sentimentos caprichosos, quanto mais se ocupem com atos de culto externo, mais avolumam sua culpa. Pois que diferença havia entre Abraão e aquelas pessoas de quem o profeta faz menção senão que o primeiro, sob a influência da fé, estava pronto a oferecer seu filho, enquanto estas se deixam arrebatar pelo impulso de zelo desequilibrado, renunciando a toda afeição natural, e embebendo suas mãos no sangue de sua própria prole.

---

33 "לשדים, *aos demônios*. Esta palavra se encontra somente aqui e em Deuteronômio 32.17: 'Sacrificaram aos *demônios*, não a Deus' etc. Há quem deriva esta palavra de שוד, *devastar*. Michaelis extrai a idéia de uma palavra árabe que significa *ficar preto*. Hengstenberg a extrai de uma palavra árabe que significa *exercer senhorio*. Seja qual for a verdadeira raiz, não há dúvida de que שדים denota falsos deuses de um tipo ou de outro aos quais se oferecem sacrifícios humanos." – *Phillips*. Que os cananeus e seus descendentes, os cartagineses, bem como outras nações pagãs, sacrificavam homens, e inclusive seus mais queridos filhos, com o intuito de apaziguar suas divindades, é um fato estabelecido não só à luz das Sagradas Escrituras, mas também da história profana. E, por mais estranho que possa parecer, não é menos certo que nisso foram imitados pelos israelitas, que ofereciam seus filhos e filhas aos mesmos falsos deuses (2Rs 16.3; 17.17; 21.6; 2Cr 28.3; 33.6). Foram expressamente advertidos contra tão hórrida prática (Lv 18.21; 20.3; Dt 12.31; 18.10); mas eram tão enfatuados, e tal é a desesperada perversidade do coração humano e o poder de Satanás sobre os homens, que amiúde reincidem na mesma prática.

38. E derramaram. Ele se precipita com ainda maior indignação contra aquele frenesi religioso que os levava a sacrificar seus próprios filhos, poluindo assim a terra pelo derramamento de sangue inocente. Alguém objetaria dizendo que Abraão é louvado porque não negou seu único filho; a resposta é cristalina: ele o fez em obediência à ordem divina, de modo que todo vestígio de desumanidade foi apagado por meio da pureza da fé. Pois se a obediência é melhor que o sacrifício [1Sm 15.22], ela é a melhor regra tanto para a moralidade quanto para a religião. É uma terrível manifestação da ira vingadora de Deus quando os pagãos supersticiosos, entregues a suas próprias invenções, se tornam empedernidos nos atos de hórrida crueldade. Enquanto os mártires expõem sua vida ao perigo em defesa da verdade, o incenso de tal sacrifício é agradável a Deus. Mas quando os dois romanos, de nome Decii,[34] de uma maneira execrável se consagraram à morte, esse foi um ato de atroz impiedade. Não é sem justa causa, portanto, que o profeta realça a culpabilidade do povo por esta consideração: que ao modo perverso de adorar a Deus acrescentaram excessiva crueldade. Nem há menos razão para serem acusados de haver poluído aquela terra da qual Deus lhes ordenara que expulsassem os antigos habitantes, a fim de que ele a transformasse no cenário peculiar onde pudesse ser adorado. Os israelitas, pois, eram duplamente perversos, não só maculando a terra com sua idolatria, mas também por cruelmente assassinarem seus filhos, roubando a Deus do que lhe é devido, e de certa maneira frustraram seus desígnios.

39. E foram contaminados com suas próprias obras. Ele então conclui declarando em termos gerais que os judeus, ao adotarem as práticas abomináveis dos pagãos, vieram a ser totalmente imundos; porque em todos os vícios dos homens nada mais existe senão impureza. Ele denomina de *obras dos homens* todo o falso culto que inventaram sem a sanção divina; como se ele dissesse que a santidade,

---

34 "Mais quand les deux Romains nommez Decii." – *v.f.*

que é verdadeiramente conectada com o culto divino, procede de sua palavra, e que todas as invenções e misturas humanas no campo da religião são profanas e tendem a corromper o ministério de Deus. Sem dúvida, a intenção dos israelitas era servir a Deus, mas o Espírito Santo declara que todo o fruto de seu ardente zelo consistia em se tornarem cada vez mais abomináveis aos olhos de Deus com suas invenções. Pois uma adesão restrita à palavra de Deus constitui a castidade espiritual.

[vv. 40-46]
E a ira de Jehovah se acendeu contra seu povo, e ele abominou sua própria herança; e os entregou nas mãos dos pagãos; e seus inimigos se assenhorearam deles. E seus adversários os oprimiram, e foram afligidos debaixo de sua mão. Muitas vezes os entregou; e eles o provocaram com seu conselho, e foram oprimidos por sua iniqüidade. E ele viu quando estavam em apertura, ouvindo seu clamor; e se lembrou de seu concerto feito com eles, e arrependeu-se segundo a grandeza de suas misericórdias. E fez com que achassem compaixão da parte dos que levaram cativos.

40. E a ira de Jehovah se acendeu. A severidade do castigo infligido ao povo confirma a veracidade do que dissemos previamente: que se fizeram culpados não de uma ofensa trivial; tudo fizeram para corromper o culto divino. E eles mesmos mostraram quão sem esperança era sua reforma, ou, seja, que em tudo isso fracassaram para que fossem conduzidos ao genuíno arrependimento de seu pecado. O fato de o povo, que veio a ser a herança sacra e eleita de Deus, entregar-se às abominações dos pagãos, que por sua vez eram escravos do diabo, foi uma terrível manifestação de sua ira vingadora. Então, pelo menos deveriam ter sentido repulsa de sua própria perversidade, por meio da qual foram precipitados em tão horrendas calamidades. Ao dizer: **foram subjugados e afligidos por seus inimigos**, o profeta realça, de uma maneira ainda mais espantosa, a vileza de sua conduta. Reduzidos a um estado de escravidão e opressão, sua loucura surge ainda mais desditosa, ou, seja: que não se humilharam verdadeira e sinceramente sob a onipotente mão de Deus. Pois antes disso tinham sido advertidos por Moisés de que não foi casualmente que caíram naquela escravidão que lhes parecia tão agradável, nem havia acontecido pelo valor de seus inimigos, mas porque foram dados e, por assim dizer, vendidos a ela por Deus pessoalmente. Que aqueles que se recusassem suportar seu jugo fossem entregues aos tiranos para acossá-los e oprimi-los; e os que não suportassem ser governados pela autoridade paterna de Deus, então que fossem subjugados por seus inimigos, que fossem pisoteados sob a planta de seus pés, como notável exemplo da justiça retribuitiva de Deus.

43. Muitas vezes. Visto que a obstinada perversidade do povo se manifestou no fato de que os severos castigos de Deus não produziram sua reabilitação, assim agora, em contrapartida, o profeta deduz a detestável dureza de seus corações do fato de que todos os benefícios que haviam recebido de Deus não puderam curvá-los à obediência. Aliás, no tempo de suas aflições gemeram sob seu fardo; mas quando Deus não só mitigou seu castigo, mas também lhes outorgou maravilhosos livramentos, porventura podem ser desculpados de sua subseqüente apostasia? É preciso que tenhamos em mente que aqui, como num espelho, temos um quadro da natureza de todo gênero humano; porque Deus, que adotara aqueles mesmos meios que empregou outrora em relação aos israelitas, a fim de reivindicar a maioria dos filhos dos homens, quão comparativamente poucos há que não estejam prosseguindo nas mesmas condições daqueles de outrora? E se ele, ou nos humilha pela severidade de sua vara, ou nos molda por sua bondade, o efeito é apenas temporário; porque, embora nos visite com correção e mais correção, e amontoe bondade sobre bondade, contudo logo reincidimos em nossas práticas viciosas e corruptas. Como para os judeus sua insensata estupidez era intolerável, agora, não obstante os muitos e magnificentes livramentos que Deus operara em prol deles, não desistem de suas reincidências. Pois o salmista diz que eles, não obstante, provocaram a Deus com suas invenções perversas. Então declara que receberam a justa e merecida recompensa ao serem eles oprimidos por sua iniqüidade. Além do mais, ele nos informa que, embora fossem merecedores de todas suas aflições, todavia seus gemidos foram ouvidos; daí aprendermos que Deus, em sua incansável benevolência, não cessou de empenhar com eles por conta da perversidade de seu espírito.

Pois que compaixão era essa, ouvir o clamor dos que faziam ouvidos moucos a suas sábias instruções e não levavam a sério todas suas advertências e ameaças? E no entanto, depois de toda essa paciência e longanimidade, seus corações excessivamente depravados permaneciam insensíveis.

45. E se lembrou. A consciência que Deus tinha de seu pacto é aqui indicada como a causa de sua mais profunda misericórdia e longanimidade. Nesse pacto ele não só declara que há um gracioso perdão para as transgressões, mas também adverte contra a perversa cegueira dos que não se deixam reconduzir ao pacto pela instrumentalidade de tais remédios, no qual estavam bem cientes de estar depositada sua segurança. Mas, acima de tudo, ele os acusa de ingratidão; porque, quando merecidamente pereciam, não reconheceram que estavam em dívida exclusivamente com a misericórdia de Deus em sua preservação. Esta observação é corroborada pela próxima sentença do versículo, na qual ele diz que Deus os poupara **em conformidade com a grandeza de suas misericórdias**. Pois a grandeza do castigo que seus pecados mereciam pode ser inferida dos grandes tesouros de sua benignidade, os quais Deus teve que abrir a fim de granjear sua redenção. A idéia de *arrependimento* [em referência a Deus] não expressa nenhuma mudança nele, mas apenas no modo de administrar suas correções. Pode parecer que Deus tenha alterado seu propósito, quando ele mitiga o castigo, ou quando retira sua mão para não executar seus juízos. A Escritura, contudo, acomodando-se a nossa debilidade e tacanha capacidade, fala de acordo com os costumes dos homens.

46. E fez com que achassem compaixão. Como já se expressou, dizendo que os judeus foram entregues nas mãos de seus inimigos, visto que a ira de Deus era, por assim dizer, as armas de seus adversários para subjugá-los; assim agora ele diz que o mesmo Deus abrandara o coração desses mesmos inimigos, os quais, por terríveis meios e com profunda crueldade, executaram sobre eles a vingança divina. Como, pois, os corações de todos os homens estão inteiramente sob o controle de Deus, ao endurecê-los ou ao abrandá-los segundo seu soberano beneplácito, equivale dizer que, enquanto ao mesmo tempo sua ira se acendia contra seu povo, seus inimigos eram também inflamados com ressentimento implacável contra eles. Mas, no momento em que sua ira era apaziguada, o fogo que saía da fornalha de seu juízo era extinto e a crueldade de seus inimigos se convertia em misericórdia. E que os inimigos, cruéis e bárbaros, começassem a amar e ter compaixão daqueles a quem anteriormente odiavam, era uma mudança tão assustadora quanto incrível, não tivessem eles, pela bondosa providência de Deus, se convertido de lobos em ovelhas?

[vv. 47, 48]
Salva-nos, ó Jehovah nosso Deus, e congrega-nos dentre os pagãos, para louvarmos teu santo nome e nos gloriarmos em teus louvores. Bendito seja Jehovah, Deus de Israel, para todo o sempre; e que todos os povos digam: Amém. Louvai a Jehovah.[35]

47. Salva-nos, ó Jehovah nosso Deus! À luz desta conclusão do Salmo é evidente que ele foi composto durante a dolorosa e calamitosa dispersão do povo. E ainda que subseqüente aos tempos

---

[35] A expressão hebraica para "Louvai a Jehovah", é הללו־יה, Haleluyah – palavra que ocorre com muita freqüência no início e no fim dos Salmos. A LXX, deixando de traduzi-la, tem Άλληλουϊα. À luz dessa solene forma de louvar a Deus, que sem dúvida era muito mais antiga que os tempos de Davi, os gregos antigos evidentemente tinham sua aclamação semelhante: Eleleu Ih, com a qual começavam e terminavam seus poemas ou hinos em honra de Apolo. – Veja-se Parkhurst's Lexicon IV sobre llh. Com este Salmo se concluem os quatro livros nos quais os Salmos foram divididos pelos judeus.

de Ageu e Malaquias nenhum profeta famoso se levantasse entre o povo, não obstante é provável que alguns dos sacerdotes fossem revestidos com o espírito de profecia, a fim de que pudessem dirigi--los à fonte donde poderiam receber toda consolação necessária. Minha opinião é que, depois que foram dispersos pela tirania de Antíoco, esta forma de oração foi adaptada à exigência de suas circunstâncias existentes, nas quais o povo, refletindo sobre sua história antiga, pudesse reconhecer que seus pais tinham, de inumeráveis formas, provocado a Deus à ira, desde o tempo em que os havia libertado. Pois lhes era necessário que fossem completamente humilhados, a fim de deixarem de murmurar contra as dispensações divinas. E visto que Deus estendera perdão a seus pais, ainda que sem qualquer merecimento, o mesmo foi concedido para inspirá-los no porvir com a esperança de perdão, contanto que criteriosa e cordialmente buscassem sua reconciliação; e especialmente neste caso, porque aqui há uma solene lembrança do pacto, através da fé para que por ela pudessem aproximar-se de Deus, mesmo quando sua ira não fora ainda desviada. Além disso, como Deus os escolhera para ser seu povo peculiar, o invocam para reunir em um só corpo os membros separados e exaustos, segundo a predição de Moisés: "Ainda que teus desterrados estejam na extremidade do céu, dali o Senhor teu Deus te ajuntará, e dali te tomará" [Dt 30.4]. Esta predição foi por fim consumada, quando a multidão amplamente dispersa foi congregada e se desenvolveu na unidade da fé. Pois ainda que aquele povo nunca reconquistasse seu reino e sua política terrena, todavia, ao serem enxertados no corpo de Cristo, esse foi um congraçamento ainda mais preferível. Por onde quer que iam, eles eram unidos uns aos outros, bem como aos gentios convertidos, pelos laços santos e espirituais da fé, de modo que chegaram a constituir uma só Igreja, a qual se estendeu por toda a terra. Eles acrescentam o fim contemplado por sua redenção do cativeiro, isto é, para que **pudessem celebrar o nome de Deus** e engajar-se continuamente em seus louvores.

48. Bendito seja Jehovah, Deus de Israel. Aqui o profeta regula as orações e aspirações do povo de tal maneira que, no meio de grave opressão, os desalentados cativos não cessassem de render graças a Deus; e esta é uma questão que deve ser cuidadosamente ponderada, porque, quando arrastados pela adversidade, raramente há um em uma centena que, com compostura de espírito, se chega a Deus; mas, ao contrário disso, revela o orgulho de seu coração pela maneira displicente e insípida como ora, ou em derramar suas queixas sobre sua aflitiva condição. Mas a única forma em que podemos esperar que Deus incline seus ouvidos favoráveis à voz de nossas súplicas é, no espírito de mansidão, submetendo-nos a suas correções e pacientemente suportando a cruz que lhe aprouve pôr em nossos ombros. É com grande propriedade, pois, que o profeta exorta os aflitos cativos a que bendigam a Deus, inclusive quando ele os castiga com considerável severidade. É com o mesmo propósito que se acrescenta, **que o povo diga: Amém**. Como se ele lhes ordenasse a louvar a Deus com unânime consentimento, ainda que, privativa ou publicamente, estivessem submersos em um oceano de tribulações.

FIEL
MINISTÉRIO

O Ministério Fiel tem como propósito servir a Deus através do serviço ao povo de Deus, a Igreja.

Em nosso site, na internet, disponibilizamos centenas de recursos gratuitos, como vídeos de pregações e conferências, artigos, e-books, livros em áudio, blog e muito mais.

Oferecemos ao nosso leitor materiais que, cremos, serão de grande proveito para sua edificação, instrução e crescimento espiritual.

Assine também nosso informativo e faça parte da comunidade Fiel. Através do informativo, você terá acesso a vários materiais gratuitos e promoções especiais exclusivos para quem faz parte de nossa comunidade.

Visite nosso website

www.ministeriofiel.com.br

e faça parte da comunidade Fiel

Esta obra foi composta em Cheltenham Std Book 10.5, e impressa
na Promove Artes Gráficas sobre o papel Pólen Soft 70g/m²,
para Editora Fiel, em Fevereiro de 2021